典当纠纷实用案例裁判与述评（上）

林　晨　金赛波　主编

Dian & Dang (Pawn)：New Development and Case Comments on Chinese Traditional Mortgage & Pledge

《典当纠纷实用案例裁判与述评》编委会名单

主　编：林　晨　金赛波

编　委：林恩伟　江　伟　张　振
赵怡璐　应　巧　林　格

总　　序

我国台湾地区著名学者谢在全教授最近在中国人民大学法学院所作的“担保物权发展的新动向”报告中指出，担保制度的发展趋势之一是从传统的不动产担保中心主义到现代的担保标的多元化，动产、债权及其他无形资产乃至未来的物和财产权利等，均可作为担保标的，且动产和财产权利等作为担保标的的情况日益普遍，重要性也日益隆显。从立法来看，传统的不动产抵押、动产质押的规则已经颇为成熟，而非占有型的动产抵押、权利质押、让与担保等，是当今担保制度最活跃、最具发展潜力的领域，具有广阔的发展空间，但相关规则却未臻完善。在我国当今的金融担保实务中，动产担保和权利担保的实践已远远走在了立法和学术研究的前面，出现了很多创新性的做法，但其合法性、规范性等却时常引发争议，甚至出现了诸多结论不一的判例。由此可见，动产和权利作为担保标的的制度构建、规则设计等，亟待加强。

本套丛书的主要编著者金赛波律师告知我，从已经出版和将要出版的书单内容看（见本书他的后记内容），本套丛书将会涉及动产担保法律甚至是我国法律的多个领域。相信该丛书的问世，对于从事金融担保业务的人员、司法实务工作者以及理论研究工作者都具有重要的参考价值。我更希望，该书的出版对解决我国中小微企业的融资困难、促进社会经济的发展起到推动作用。

我十几年前就开始关注本书的主要策划人和主要编者金赛波律师。他多年来在法律出版社出版多本有关我国担保法律实务方面的书籍，他将律师实务和学术研究紧密结合从而使两者相得益彰。2013 年我们受最高人民法院的邀请共同就《最高人民法院关于审理独立保函纠纷案件若干问题的规定》这一司法解释进行论证时，他在会议上就有关独立保函法律原则和相关国际银行实务的发言也令我印象深刻，我后来了解到他是这个司法解释第一个建议稿的起草人。

这可能都归功于他多年来对这些专门的担保法领域特别是国际和国内独立担保和动产担保法律和实务的持续关注和国际参与。例如，他作为国际商会（The International Chamber of Commerce, ICC）银行委员会见索即付保函工作组（Task Force on Demand Guarantee）的中国成员之一，参与了有关《见索即付保函统一规则》（Uniform Rules for Demand Guarantees, URDG）这一国际银行标准实务部分官方意见的讨论和修订。他作为主要成员也参与另一国际惯例《备用信用证实务（ISP98）》[由美国国际银行法律和实务研究所（Institute of International Banking Law & Practice, IIBLP）起草]2017年和2018年最新版本的修订小组的部分工作。他作为国际上以从事应收账款融资著名的国际保理商联合会（Factors Chain International, FCI）唯一来自亚洲的主要成员参与了法律委员会的部分工作。最后作为中国商务部的特邀专家参加中国代表团参与了联合国贸易法委员会（The United Nations Commission on International Trade Law, UNCITRAL）第六工作组即担保利益工作小组（Working Group 6 on Security Interests）就《动产担保示范法》（Model Law on Secured Transactions）起草和修改最后阶段的讨论工作。看起来，本系列丛书是他以上长期专业实践和研究瓜熟蒂落的一个收获。

为此我热烈祝贺这一系列书籍的出版并期待这套书为相关专业的读者喜欢。是为序。

刘保玉
中国政法大学法律硕士学院教授
2018年4月3日

序　　言

典当作为信用授受市场的组成部分，在当下正规金融供给不足的情形下，对中小微企业融资起着重要的补充作用。典当"因物称信"的交易表象和承认"流质契约"的法律特性，使之成为别异于传统信贷的一类特殊交易。因此，无论是交易当事人之间权利义务的分配，还是行业监管指标和手段，都不同于信贷交易。

目前，调整典当交易的特殊规范集中于《典当管理办法》（商务部、公安部令 2005 年第 8 号），位阶较低。典当行就当物本身享有优先受偿权，从立法权限的角度来看，典当这一特殊的交易类型在民事法律关系上应由法律或行政法规加以规定。为了规范典当活动，加强对典当业的监督管理，促进典当业健康发展，制定《典当业管理条例》早已纳入国务院的立法规划，我也多次参加立法论证，但由于种种原因，这一条例仍然未及时出台。失范的典当经营，影响着民间金融的正常发展。严格界定典当行的业务范围，让典当行回归典当主业，不得借由典当融资放大杠杆，就成了目前控制金融风险的任务之一。

日益频繁的典当交易不可避免地会引发典当纠纷，典当民事法律制度的供给不足，给裁判实践带来了很大困难。各级法院就此进行了有益的探索。事实上，经由裁判解决的典当纠纷，反映着法律和现实之间的紧张关系，也揭示了不同法官在解释适用法律时存在的分歧。如此，整理和研究典当纠纷的裁判案例，就成了我国民法典编纂和《典当业管理条例》制定时的基础工作。

本书精选近些年来的典型典当纠纷案例，梳理了典当法律关系的特性及其与类似交易的区别，从典当经营规则的视角分类研究了当票、当金、当物、赎当、续当、绝当、利息、综合费用、违约金在裁判中的认定。在体例结构上，既有每一个案集中展现的问题提示,也有类案所体现的解释分歧的述评,具有较高的价值。

春节前收到赛波兄快递过来的样书,嘱我写个序言。窃以为还没有资格为他人著述作序,但在多年的交往中一直为赛波兄对金融实践发展的关注和研究所折服。利用春节假期粗读了样书之后,斗胆草沥数行,聊以为序。

高圣平

教育部“长江学者奖励计划”特聘教授(2017)

中国人民大学法学院副院长、教授、博士研究生导师

教育部人文社会科学重点研究基地中国人民大学民商事法律科学研究中心副主任

2018 年 2 月 15 日于傲城尊邸寓所

简　　目

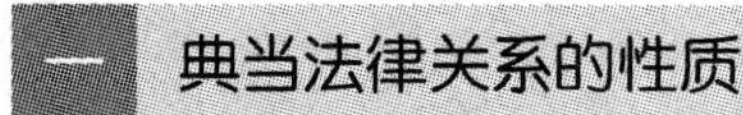

一　典当法律关系的性质

1. 典当的法律性质

2. 典当合同的法律属性

3. 典当纠纷的法律适用

二　典当合同的成立生效和效力

1. 典当与信用贷款

2. 典当与保证贷款

3. 当物未移转占有的动产质押典当合同

4. 未办理财产权利质押登记的典当合同

5. 未办理不动产抵押登记的典当合同

6. 抵(质)押权被确认无效或被撤销的典当合同

7. 设立动产抵押的典当合同

8. 典当行对外借贷

9. 典当合同与股票质押

10. 典当合同与让与担保

11. 刑民交叉的典当纠纷

三　典当经营规则——当票、当金、当物

1. 当票的性质

2. 当票的证明力

3. 当金的认定

4. 当物的限制

5. 第三人提供的当物

6. 收当赃物的风险

7. 当物毁损灭失的风险

四　典当经营规则——赎当、续当、绝当

1. 赎当的性质

2. 抽当的效力

3. 续当的认定和后果

4. 转当的认定与效力

5. 绝当的法律后果

6. 绝当后保证人的责任

五 典当经营规则——利息、综合费、违约金

1. 当期内利息、综合费的司法保护幅度

2. 利息、综合费的预扣

3. 当期外利息、综合费的保护幅度和期限

4. 违约金、律师费的保护范围

目　　录

(上　册)

一　典当法律关系的性质

1. 典当的法律性质

2. 典当合同的法律属性

3. 典当纠纷的法律适用

二　典当合同的成立生效和效力

1. 典当与信用贷款

2. 典当与保证贷款

3. 当物未移转占有的动产质押典当合同

4. 未办理财产权利质押登记的典当合同

5. 未办理不动产抵押登记的典当合同

6. 抵(质)押权被确认无效或被撤销的典当合同

7. 设立动产抵押的典当合同

8. 典当行对外借贷

9. 典当合同与股票质押

10. 典当合同与让与担保

11. 刑民交叉的典当纠纷

一

典当法律关系的性质

1. 典当的法律性质

【问题提示】典、当与典当，三者之间有什么联系和区别？

【案例一】淄博富隆典当有限公司诉毕义超、宋家云等典当纠纷案
（2016 年 7 月 15 日）

【法律点】典当权在我国传统民法理论中被视为一种用益物权，是财产所有权人将自己的动产、财产权利作为当物质押或者将其不动产作为当物抵押给典当权人，获取相应的财物或者款项，并约定在一定期限内回赎。典权是以不动产标的物设定的物权，而当权是以动产标的物设定的物权。但现行的物权法并没有将典当权作为一种用益物权加以规定，典当合同只能归属于债权范畴。

【关键词】典当权　典权　当权　用益物权　债权

山东省淄博市张店区人民法院
民事判决书

（2015）张商初字第 1494 号

原告：淄博富隆典当有限公司。住所地，××区××路。

法定代表人：孙东霞，董事长。

委托代理人：王宝林，山东鲁杰律师事务所律师。

被告：毕义超。

被告：宋家云。

被告：毕方梁。

被告:山东彩神印刷有限公司。住所地,××区××路。

法定代表人:毕方梁,经理。

被告:王倩。

共同委托代理人:冯建钟,山东大地人(临淄)律师事务所律师。

被告:于素兰。

委托代理人:于春林,山东大地人(临淄)律师事务所律师。

被告:梁永庆。

被告:许燕。

被告:淄博盛世百川物流有限公司。住所地,××区××镇××村。

法定代表人:许燕,总经理。

共同委托代理人:宋兆云,山东洪筹律师事务所律师。

原告淄博富隆典当有限公司与被告毕义超、宋家云、毕方梁、山东彩神印刷有限公司、王倩、于素兰、梁永庆、许燕、淄博盛世百川物流有限公司典当纠纷一案,本院立案受理后,依法组成合议庭公开开庭进行了审理。原告的委托代理人王宝林,被告毕义超、宋家云、毕方梁、山东彩神印刷有限公司、王倩的共同委托代理人冯建钟,被告于素兰的委托代理人于春林,被告许燕,被告梁永庆、许燕、淄博盛世百川物流有限公司的共同委托代理人宋兆云到庭参加诉讼。本案现已审理终结。

原告淄博富隆典当有限公司诉称,2013 年 3 月 19 日,被告毕义超、宋家云以资金周转为由,与原告签订典当合同,被告毕义超、宋家云以其持有的山东彩神印刷有限公司股权做质押典当。同时被告毕方梁、山东彩神印刷有限公司、王倩、于素兰、梁永庆、许燕、淄博盛世百川物流有限公司为被告毕义超、宋家云的典当合同提供连带责任保证。合同约定了典当金额、典当期限、利息及月综合费率、律师费及实现债权的一切费用等,当日原告与被告毕义超、宋家云到淄博市工商局齐鲁石化分局办理了质押登记。合同签订后,原告依约履行了发放当金义务。典当期满后,被告拒不赎当,也不续当,保证人也不履行保证义务。为此,原告诉至法院请求判令:1. 被告毕义超、宋家云偿还典当本金 4,400,000 元、利息及综合费 3,828,000 元,律师费 309,240 元,共计 8,537,240 元;2. 被告毕方梁、山东彩神印刷有限公司、王倩、于素兰、梁永庆、许燕、淄博盛世百川物流有限公司对以上诉求承担连带清偿责任;3. 本案诉讼费、保全费等由被告承担。庭审时,原告提出请求放弃对律师费的主张。

被告毕义超、宋家云、毕方梁、王倩辩称,原告的起诉与事实不符,我方在 2013 年 3 月 19 日从未给被告山东彩神印刷有限公司做过担保,请求驳回原告的诉求。

被告山东彩神印刷有限公司辩称,原告的起诉与事实不符,双方于2013年3月19日签订股权质押合同后,原告于2013年3月21日分两笔汇入被告于素兰(系我方财务人员)账户,当日要求退回66,000元,实际借款为4,434,000元,后我方自2013年3月29日开始分批、分次归还本金1,911,800元,支付利息1,760,200元。我方在2014年6月13日向原告提出因经营困难利息不再计算,原告同意,因此,利息应当计算至2014年6月13日。对原告起诉的不实部分,应当予以驳回。

被告于素兰辩称,我在2013年3月19日没有为原告与被告毕义超、宋家云签订的典当合同提供过担保,原告的诉讼没有事实和法律依据,请求驳回原告对我方的诉求。

被告梁永庆、许燕、淄博盛世百川物流有限公司辩称,原告诉称在2013年3月19日与被告毕义超、宋家云签订典当合同并且由被告山东彩神印刷有限公司的股权作为质押典当,我方没有为此提供过担保。其他同上述被告的答辩意见。

经审理查明,2013年3月19日,被告毕义超、宋家云作为当户,被告毕方梁、于素兰、山东彩神印刷有限公司、王倩、梁永庆、许燕、淄博盛世百川物流有限公司作为保证人,与原告淄博富隆典当有限公司签订一份典当合同,约定由被告毕义超、宋家云以财产权利质押向原告典当借款4,400,000元,典当期限从2013年3月19日起至2013年9月18日止,月综合服务费率为24‰、利息为5‰;典物权属证件号码:齐工商股质登记企设字〔2013〕第0001号、〔2013〕第0003号;当户按照本合同约定取得和使用当金,按时归还当金,出现绝当由保证人承担连带责任保证,保证责任范围包括并不限于本金、综合费率、利息、罚息、违约金、诉讼费、律师费、拍卖费等债权人实现债权的一切费用,保证期限自典当合同期限届满之日起两年,保证人承诺放弃先执行典当物的抗辩权;当户未按照本合同约定期限归还当金,逾期五日即形成绝当,如当物价值3万元以上典当行有权通过诉讼将典当物拍卖优先偿还当金、综合费率、利息、罚息、违约金、诉讼费、律师费、拍卖费等债权人实现债权的一切费用,如剩余归还当户,不足部分典当行仍有权向当户及保证人追偿,本典当合同绝当后当金、综合费率、利息、罚息仍按本合同约定收取,直到典当行实现全部债权。上述典当合同签订当日,被告毕义超、宋家云与原告分别签订了股权质押合同,并到淄博市工商行政管理局齐鲁石化分局就毕义超、宋家云持有的山东彩神印刷有限公司的股权办理了股权出质登记。2013年3月21日,原告根据被告毕义超、宋家云提供的指定划款账户,向被告于素兰的银行账户电汇汇入2,000,000元,委托周园向被告于素兰的银行账户通过银行卡转账方式转入2,400,000元。当日,被告毕义超、宋家云通过于素兰向原告支付当月借款利息

66, 000 元。此后,被告毕义超、宋家云通过于素兰按月向原告支付利息及综合费。典当合同期满后,被告毕义超、宋家云未能偿还借款本金,而是继续按月向原告支付利息及综合费至 2014 年 9 月。自 2013 年 3 月 21 日至 2014 年 9 月 16 日,被告毕义超、宋家云共偿还原告借款本息及综合费 3, 672, 000 元,其中包含利息及综合费 2, 296, 800 元和借款本金 1, 375, 200 元。剩余借款本金 3, 024, 800 元及相应利息、综合费,被告毕义超、宋家云至今仍未清偿,被告毕方梁、于素兰、山东彩神印刷有限公司、王倩、梁永庆、许燕、淄博盛世百川物流有限公司作为保证人,亦未履行保证责任。为此,原告诉至法院请求依法裁判。

上述事实,有典当合同、股权质押合同、股权出质设立登记通知书、指定账户划款确认书、电汇凭证、银行卡取款业务回单、中国农业银行银行卡交易明细清单及原、被告当庭陈述等在卷佐证,足以认定。

庭审时,被告梁永庆、许燕、淄博盛世百川物流有限公司向法庭提供了(2014)桓民初字第 2149 号民事裁定书和津天鼎外〔2015〕物证鉴字第 418 号鉴定意见书,拟证明原告已在桓台县法院造了一批类似假案。经质证,原告认为上述证据系复印件,与本案无关联。经审核,被告提供的上述证据系民事裁定书和鉴定意见书,对其真实性本院予以采信,但该民事裁定书的原告为毕永祜,并非本案原告,与本案缺乏关联性,对其证明内容本院不予采纳。

诉讼中,被告许燕向本院提交鉴定申请书及补充鉴定申请书,申请对典当合同中的手写字迹是否为 2013 年 3 月 19 日书写,典当合同与借款合同与借款合同第五页签字盖章是否为同一时间形成,典当合同中许燕及淄博盛世百川物流有限公司签字盖章的形成时间,典当合同与借款合同的手写部分是否为同一人所写等事项进行鉴定。

本院认为,典当权在我国传统民法理论中被视为一种用益物权,是财产所有权人将自己的动产、财产权利作为当物质押或者将其不动产作为当物抵押给典当权人,获取相应的财物或者款项,并约定在一定期限内回赎。典权是以不动产标的物设定的物权,而当权是以动产标的物设定的物权。依据《中华人民共和国物权法》第五条物权法定的原则,物权法没有将典当权规定为一种用益物权,因此,财产所有权人或者使用权人将财产质押或抵押给典当企业获取借款所签订的典当合同,具有质押或抵押借款合同的性质,属于债权的范畴,应适用合同法的相关规定处理。

本案原、被告于 2013 年 3 月 19 日签订的典当合同,系其各方当事人当时真实意思的表示,除合同约定的月综合服务费率 24‰、利息 5‰二者之和超出法定利率标准部分无效外,其余内容没有违反法律和行政法规的强制性规定,合法有效,原、被告均应遵照履行,该合同在性质上属于有保证人担保的质押借款合同。原告按合同约定向被告毕义超、宋家云提供了4,400,000元借款,被告毕义超、宋家云在借款到期后尚有借款本金3,024,800元及相应利息、综合费未偿还,已构成违约,根据典当合同约定,被告毕义超、宋家云应对所欠借款本金、利息及综合费承担清偿责任,被告毕方梁、于素兰、山东彩神印刷有限公司、王倩、梁永庆、许燕、淄博盛世百川物流有限公司作为保证人已承诺放弃先执行典当物的抗辩权,故应对被告毕义超、宋家云的上述债务承担连带保证责任。原告诉求的借款本金、利息及综合费数额与本院查明的实际数额不符,本院依法予纠正。被告毕义超、宋家云、毕方梁、王倩的辩称与事实不符,且脱离本案实际,本院不予采纳。被告山东彩神印刷有限公司的辩称,系将其作为借款人进行答辩,除其陈述的通过于素兰已偿还借款本息及综合费3,672,000元属实外,其余内容均不属实,本院不予采纳。被告于素兰辩称未给被告毕义超、宋家云与原告签订的典当合同提供担保,与其本人在典当合同上面的签字相矛盾,本院不予采纳。被告梁永庆、许燕、淄博盛世百川物流有限公司的辩称亦与事实不符,本院不予采纳。对于被告许燕向本院提交的鉴定申请书及补充鉴定申请书所涉鉴定事项,因被告许燕及淄博盛世百川物流有限公司对典当合同中的签字、捺印、盖章并未提出异议,被告的上述签字、捺印、盖章行为代表着其对典当合同内容的认可,此外,被告作为保证人应当仔细审核合同内容,在自身充分清楚、理解合同内容的前提下签字,本案中,即使被告系在空白合同上签字,也应视为其自动放弃了审查担保债务的相关信息,由此造成的不利后果应由保证人自行承担。因此,被告许燕的上述鉴定申请已无实质意义,本院不予准许。据此,依照《中华人民共和国合同法》第一百零七条、第二百零六条、第二百零七条,《中华人民共和国担保法》第十二条、第三十一条的规定,判决如下:

一、被告毕义超、宋家云于本判决生效后十日内偿还原告淄博富隆典当有限公司借款本金3,024,800元、利息及综合费725,952元(以所欠借款本金3,024,800元为基数,自2014年9月17日至2015年9月17日,按年利率24%计算)。

二、被告毕方梁、于素兰、山东彩神印刷有限公司、王倩、梁永庆、许燕、淄博盛世百川物流有限公司对被告毕义超、宋家云的上述债务承担连带保证责任,其履行保证责任后有权向被告毕义超、宋家云追偿。

三、驳回原告淄博富隆典当有限公司的其余诉讼请求。

如果未按照本判决指定的期间履行给付金钱义务,应当依照《中华人民共和国民事诉讼法》第二百五十三条之规定,加倍支付迟延履行期间的债务利息。

案件受理费71,561元、保全费5000元,共计76,561元,原告承担41,660.50元,被告承担34,900.50元。

如不服本判决,可在判决书送达之日起十五日内,向本院递交上诉状,并按对方当事人的人数提出副本,上诉于山东省淄博市中级人民法院。

审 判 长 张克峰

审 判 员 胡维丽

审 判 员 于东镇

二〇一六年七月十五日

书 记 员 吕桐芳

【案例二】王新生诉邱红卫、胡新团、嵩县车村镇人民政府侵权责任纠纷案（2015年2月25日）

【法律点】商业部、公安部制定的《典当管理办法》，是对典当制度的规定，并非是对典权制度的规定。典权与典当主要区别在于典权属于用益物权，而典当属于担保物权；典权标的为不动产，而典当标的为动产或不动产；出典人回收典物只需支付典价，不必付利息，而出当人回赎当物时须支付一定数量的利息和本金。

【关键词】典权　典当　用益物权　担保物权　典当管理办法　侵权责任

河南省嵩县人民法院
民事判决书

(2014)嵩民六初字第109号

原告：王新生，住嵩县。

委托代理人：刘云明，住嵩县，特别授权代理。

被告：邱红卫，住嵩县。

被告：胡新团，住嵩县。

被告：嵩县车村镇人民政府。住所地，嵩县车村镇××街。（以下简称车村镇政府）

法定代表人：段喜波，镇长。

委托代理人：王晓国，住嵩县。特别授权代理。

原告王新生因与被告邱红卫、胡新团、嵩县车村镇人民政府侵权责任纠纷一案，原告于2013年4月22日向本院起诉。本院受理后，依法组成合议庭进行审理，于2013年11月26日作出判决。宣判后，被告邱红卫、胡新团不服提出上诉。2014年9月24日二审法院将该案发回重审。本院另行组成合议庭，并追加车村镇政府为被告，于

2014 年 12 月 17 日公开开庭审理了本案。原告王新生及其委托代理人刘云明、被告邱红卫、胡新团、被告嵩县车村镇人民政府的委托代理人王晓国均到庭参加了诉讼。本案现已审理终结。

原告王新生诉称：车村镇政府所有的白云山购物中心曾租给被告使用，其间车村政府将该中心典当给原告，并进行了移交，当时被告邱红卫、胡新团无任何异议，但被告邱红卫、胡新团却一直拒绝搬出白云山购物中心。因此，请求判令邱红卫、胡新团立即搬出白云山购物中心，并赔偿原告损失暂计算 22 万元，要求按照当地相近房屋租金水平每年 11 万元计算至被告实际搬出房屋之日；诉讼费由被告负担。

被告邱红卫、胡新团辩称：答辩人租赁被告车村镇政府的白云山购物中心时经其同意由答辩人代替偿还车村镇政府应归还的原租赁人财物，并以此折抵答辩人房租，实际答辩人已缴纳房屋租金至 2014 年 10 月底。原告和车村镇政府签订的典当协议，答辩人并不知情，该协议没有法律效力，不能对抗不知情的答辩人。原告提供的财产交接清单，是答辩人经营期间的该中心的财产清单，并没有显示有关交接的内容，也显示不出答辩人同意交接。因此，答辩人认为：1. 原告不是适格的原告，无权提起对答辩人的诉讼，无权请求赔偿。2. 典当协议无效。3. 原告的起诉没有法律依据；除买卖不破租赁外，租赁权优于其他物权，但应优先保护答辩人的租赁权。按照民间典当规定，在出典人、中人签字后，合同生效。而原告与车村镇政府的协议，没有中间人签字。典权属于用益物权，其成立必须以登记为要件，而该案典当协议没有登记。根据《典当管理办法》办理典当行必须符合公司法的规定，而且必须办理抵押登记，典当期限不能超过六个月，因此，原告与车村镇政府的协议违反了上述规定，原告不具备条件。4. 原告请求赔偿 22 万元没有依据，故不同意原告诉求。

被告车村镇政府辩称：1. 车村镇政府不应成为本案被告，因为镇政府与原告所签订的协议合法有效，并且在协议签订后镇政府派工作人员在被告邱红卫参与的情况下，对白云山购物中心进行了财产盘点和交接。镇政府已经履行了协议义务，原告与被告邱红卫的纠纷与镇政府没有任何关系。因此，原告申请镇政府为被告不能成立。2. 被告邱红卫答辩称不知道镇政府与原告签订有协议不是事实，在签订协议前镇政府向社会发布有公告，并且在白云山购物中心张贴有公告，因此被告应当是知情的。3. 被告邱红卫认为房租交到 2014 年 10 月底不是事实。4. 镇政府与原告所签订的协议是合法有效的，被告认为原告与镇政府签订的协议无效是不能成立的。

原告提供证据如下：

1. 典当协议。以证明原告与车村镇人民政府间存在真实有效的合同关系，依此原告取得本案标的物的相关权益。

2. 2011 年 5 月 5 日石战超出具的收到 200, 000 元的证明 1 份。

3. 2011 年 5 月 18 日石战超出具的收到 300, 000 元的证明 1 份。

4. 2011 年 5 月 5 日车村镇政府出具的收到 200, 000 元的证明 1 份。

5. 2011 年 5 月 18 日车村镇政府出具的收到 300, 000 元的证明 1 份。

以上证据以证明合同已履行。

6. 2013 年 4 月 15 日车村镇政府出具的证明。

7. 白云山购物中心财产清单。以证明房屋出典前车村镇人民政府曾征求被告意见，被告放弃权利并在财产移交时签字认可，以及原告适格。

8. 2013 年 4 月 15 日车村镇政府出具的证明。以证明原告有起诉的资格和权利。

9. 2013 年 4 月 16 日郭喜旺出具的书面证明 1 份及其出庭所作证言。

10. 2013 年 4 月 16 日肖民生出具的书面证明 1 份及其出庭所作证言。

11. 2013 年 4 月 15 日车村镇政府证明 1 份。以证明原告签订典当协议后。在交接时被告邱红卫签字认可。

12. 2013 年 4 月 15 日王占超证明 1 份。以证明本案协调处理经过。

13. 2013 年 4 月 19 日郭英飞证明 1 份。以证明被告与镇政府之间无书面合同，仅为临时租赁。

14. 李松录证明及其身份证明复印件。

15. 王新生向李松录所出具的借条。

16. 邓红宾证明及其身份证复印件。

17. 王新生向邓红宾出具的借条。

以上证据以证明原告为购买白云山购物中心向他人借款的事实，同时证明借款约定有利息，系有偿使用。

被告邱红卫对原告提供的证据质证意见如下：对证据 1，有异议，认为是无效协议，没有法律效力。对证据 2、3、4、5，有异议，相互矛盾，不予认可。对证据 6、8、11，有异议，车村镇人民政府应是本案当事人，有利害关系。对证据 7，有异议，不能证明财产已移交原告。对证据 9、10，有异议，证人郭喜旺说的当时四个人签字不属实，当时只有邱红卫一个人签字；证人没有说是移交的，当时政府说没有底。对证人肖民生的质证意见同郭喜旺。对证据 12、13，证人无出庭，不予认可。

被告胡新团对原告所举证据质证意见为：对原告所举证据 7，白云山购物中心财产清单，我并不知道情况。其他证据同邱红卫质证意见。

被告嵩县车村镇人民政府对原告所举证据质证意见为:对原告所举证据的1~13无异议,但我们认为镇政府已经将购物中心移交给原告。对其他证据政府不清楚,个人借款政府不清楚,个人认为也符合情理。

被告邱红卫、胡新团为证明自己的主张共同举证如下:

1. 2010年10月5日清单。

2. 2013年6月24日证明一份。

3. 郭英飞证明一份。

4. 财政所交款收据2张。

5. 2010年9月28日合同书一份。

原告对被告邱红卫、胡新团所举证据质证:对证据1,对其真实性有异议。形式不合法,财产所所长不能代替镇政府的法人,没有任何人给他授权。被告邱红卫、胡新团与镇政府的财产纠纷与原告取得购物中心的典当权没有任何关系。自己是被告还自己来确定价格,而且两天干完17,100元的活,既不符合事实,也不符合情理。对证据2,证据来源不合法,是被告胡新团自己给自己出证,不是事实,武云飞的签字其人既没有到庭,镇政府也没有给其授权,不予认可。对证据3,证人所说不是事实,且没有到庭,不能作为证据使用。对证据4,在典当前的收据与原告无关。对证据5,以前原告没有听说过,原告有异议,也与原告无任何关系。

被告车村镇政府对被告邱红卫、胡新团所举证据质证意见为:对证据1,政府没有盖章,需要核实一下,即使是顶房租款应该是政府与原告签订协议以前的房租,该证据政府不予认可。对证据2,政府没有盖章,不予认可,顶房租也没有说是顶什么时候的房租。对证据3,该证人没有出庭作证,证言所说的内容是政府与原告签协议之前的事情,与本案没有关系,证言形式不合法,证人应单独作证。对证据4,真实性无异议,但是,在政府与原告签协议之前所交的房租,与本案没有关系。对证据5,真实性无异议,但是,在与原告签协议之前的合同,与本案无关。

被告车村镇政府无提供证据。

根据有关法律规定及当事人的举证质证意见,本院对证据作如下认定:对原告提供的证据1、2、3、4、5,被告虽有异议,但无相反证据,这些证据能相互印证,本院予以确认。对证据6、8、11,被告的异议理由成立,本院不予认定。对证据7、9、10,被告虽有异议,但这些证据能相互印证,本院予以确认。对证据12、13,证人未出庭作证,本院不予确认。对证据14、15、16、17,证人未出庭作证,借条也不能证明与本案存在关联性,本院不予确认。

对被告提供的证据、该证据与本案没有关联性,本院不予确认。

根据原被告的诉辩意见及本院确认的证据,本院确认以下事实:被告车村镇政府所有的位于嵩县白云山景区的白云山购物中心,原由被告邱红卫、胡新团租赁使用。被告邱红卫、胡新团与车村镇政府未签订书面租赁合同。2011 年 5 月 6 日,被告车村镇政府和原告签订《典当协议》。协议主要约定:车村镇政府将其所有的白云山购物中心以 50 万元典当给原告;当期 70 年(2011 年 5 月 7 日至 2081 年 5 月 7 日);协议期内,房屋设施维修、一切涉外经济手续、税费等事项由原告承担,车村镇政府不承担任何责任;协议期满,如车村镇政府收回所当房产,退还原告所交当金;如车村镇政府无经济能力收回所当房产,车村镇政府愿提供一切房产手续,原告支付变更费用,将房产产权转移给原告。合同签订后原告于 2011 年 5 月 5 日、5 月 18 日分两次付给被告车村镇政府 50 万元。2011 年 5 月 9 日,被告车村镇政府指派郭喜旺、肖民生到白云山购物中心办理交接手续。郭喜旺、肖民生召集被告邱红卫、原告王新生到白云山购物中心将属于被告车村镇政府的动产制作清单交付原告王新生。郭喜旺、肖民生、邱红卫、王新生均在财产清单上签名。并将房屋交付给原告。后被告邱红卫、胡新团反悔,仍在使用白云山购物中心进行经营。被告邱红卫、胡新团租赁被告车村镇政府的白云山购物中心时租金为每年 1.5 万元。

本院认为:行为人因过错侵害他人民事权益,应当承担侵权责任。本案中原告与车村镇政府签订的《典当协议》名为"典当协议",实为"典权协议"。典权与典当主要区别在于典权属于用益物权,而典当属于担保物权;典权标的为不动产,而典当标的为动产或不动产;出典人回收典物只需支付典价,不必支付利息,而出当人回赎当物时须支付一定数量的利息和本金。因此,原告与被告车村镇政府所签订的协议符合典权制度的法律特征,该协议并未违反法律规定,应为有效合同。因此,原告是白云山购物中心的合法用益物权人。商业部、公安部制定的《典当管理办法》,是对典当制度的规定,不是对典权制度的规定,不适用本案的《典当协议》,因此,被告邱红卫、胡新团辩称本案《典当协议》没有登记、没有法律效力的意见,本院不予采纳。在原、被告三方对白云山购物中心进行交接后,被告邱红卫、胡新团拒不搬出白云山购物中心,侵犯了原告的用益物权,被告邱红卫、胡新团应立即搬出白云山购物中心,并赔偿由此给原告造成的损失。被告车村镇政府在本案中没有过错,不承担责任。被告邱红卫、胡新团与被告车村镇政府之间如有纠纷,可另案起诉。原告的损失按 50 万元的利息损失为宜,(按中国人民银行同期同类贷款利率自 2011 年 5 月 10 日计算至被告邱红卫、胡新团实际搬出白云山购物中心之日)。依据《中华人民共和国侵权责任法》第六条、第十五条第一款第四、六项、第十九条的规定,《最高人民法院关于贯彻执行民事政策法律若干问题的意见》第五十八条的规定,经院审判委员会研究决定,判决如下:

一、被告邱红卫、胡新团于判决书生效后五日内搬出白云山购物中心;

二、被告邱红卫、胡新团赔偿原告王新生 50 万元的利息损失(利息按中国人民银行同期同类贷款利率自 2011 年 5 月 10 日计算至被告邱红卫、胡新团实际搬出白云山购物中心之日);

三、驳回原告王新生的其他诉讼请求。

如不按本判决书确定的期间履行金钱给付义务,应当依照《中华人民共和国民事诉讼法》第二百五十三条之规定加倍支付迟延履行期间的债务利息。

本案诉讼费 4600 元,由被告邱红卫、胡新团负担。受理费原告王新生已垫付,待执行时一并由被告邱红卫、胡新团支付原告王新生。

如不服本判决,可在本判决书送达之日起十五日内写出上诉状,并按对方当事人人数提供副本,上诉于河南省洛阳市中级人民法院。

审　判　长　谢会鹏

审　判　员　赵海方

人民陪审员　张议方

二〇一五年二月二十五日

书　记　员　仝秋彦

【案例三】潍坊博远典当有限公司诉潍坊海科置业有限公司、任立学等借款合同纠纷案（2014年5月20日）

【法律点】典权，是指支付典价，占有他人不动产而为使用受益的权利。典权为不动产物权，为他物权，系在支付典价的对价下，对他人之物进行占有、使用、收益的权利。典权现仅存在于我国台湾地区的法律规范中，为我国台湾地区特有的法律制度。虽然典权在我国大陆现行法律中并无明文规定，但在法律实践中以习惯法的形式存在。最高人民法院自1951年至2004年的相关答复、批复和意见中，均认可典权的存在。

【关键词】典权　不动产物权　他物权　习惯法

山东省潍坊市奎文区人民法院
民事判决书

（2013）奎商初字第766号

原告：潍坊博远典当有限公司。

委托代理人：杨卫华，山东求是和信律师事务所律师。

委托代理人：李桂平，山东求是和信律师事务所律师。

被告：潍坊海科置业有限公司。

被告：任立学。

被告：代晓青。

被告：孙万胜。

上述被告共同委托代理人：杜昆明，山东海瑞达律师事务所律师。

原告潍坊博远典当有限公司诉被告潍坊海科置业有限公司、任立学、代晓青、孙万胜借款合同纠纷一案，本院立案受理后，依法组成合议庭，公开开庭进行了审理。原告潍坊博远典当有限公司委托代理人杨卫华、李桂平,被告潍坊海科置业有限公司、任立学、代晓青、孙万胜共同委托代理人杜昆明均到庭参加了诉讼。本案现已审理终结。

原告潍坊博远典当有限公司诉称:2012 年 10 月 12 日,被告潍坊海科置业有限公司以其合法拥有的房地产作为当物向原告借款 1,800,000 元,借款期限自 2012 年 10 月 12 日至 2013 年 4 月 9 日,被告任立学、代晓青、孙万胜对该借款提供连带责任保证。借款到期后,被告潍坊海科置业有限公司未归还借款,2013 年 4 月 9 日、2013 年 7 月 8 日,原告和被告潍坊博远典当有限公司办理了两次续当。在续当期限内,被告潍坊海科置业有限公司未支付续当期间的利息和综合费用,也未偿还典当借款本金,被告任立学、代晓青、孙万胜亦未承担保证责任。故诉至法院,要求被告潍坊海科置业有限公司偿还借款本金 1,800,000 元及利息、综合费用和逾期违约金,支付实现债权费用,被告任立学、代晓青、孙万胜承担连带清偿责任,原告对抵押物享有优先受偿权,并承担诉讼费、保全费。

被告潍坊海科置业有限公司辩称:原被告之间款项发生属实,但是,1. 原告不属于银行类的金融机构,原、被告之间的法律关系是民间借贷关系;2.《典当管理办法》所确定的综合费率、利息标准与现行的司法解释相违背,没有法律效力,即使典当行为合法有效,在典物没有交付原告管理的情况下,原告收取高额的综合管理费用也是不公平的;3. 涉案款项应当首先由抵押物承担责任,不足部分由其他被告承担保证责任;4. 实现债权费用是属于原告自身应当承担的费用,不应当由被告承担。

被告任立学辩称:答辩意见同被告潍坊海科置业有限公司。

被告代晓青辩称:答辩意见同被告潍坊海科置业有限公司。

被告孙万胜辩称,答辩意见同被告潍坊海科置业有限公司。

经审理查明,2012 年 10 月 12 日,原告潍坊博远典当有限公司与被告潍坊海科置业有限公司签订抵押借款合同一份,约定被告潍坊海科置业有限公司作为借款人向原告借款 1,800,000 元,借款期限自 2012 年 10 月 12 日至 2013 年 4 月 9 日,借款利率为月利率 0.3%,综合费率为月费率 2.7%。合同第七条约定,被告潍坊海科置业有限公司以位于潍坊市奎文区潍州路 619 号北王国际数码港 × 号楼 × - ×××(房产证号为潍房权证奎文字第 ×× 号,土地证号为潍国用〔2005〕第 A283 号)的房地产作为抵押物;第十七条约定,因合同订立、履行及争议解决发生的费用(包括但不限于律师代理费等)由借款人承担。

同日,原告潍坊博远典当有限公司与被告任立学、孙万胜签订保证合同一份,约定被告任立学、孙万胜为被告潍坊海科置业有限公司的上述借款提供连带责任保证,保证范围包括本金、利息、违约金、赔偿金、实现债权的费用(包括但不限于诉讼费用、律师费用、公证费用、执行费用等)、因债务人违约而给债权人造成的损失和其他所有应付费用,保证期间为主债权的清偿期届满之日起两年。合同第四条第三款约定,主债务在本合同之外同时存在其他物的担保或者保证的,不影响债权人本合同项下的任何权利及其行使,保证人不得以此抗辩债权人。

同日,被告任立学向原告出具个人财产担保承诺书一份,该承诺书载明:本人自愿为借款人被告潍坊海科置业有限公司的上述借款提供连带责任担保,如借款人不能归还借款本息形成的债务,则贷款人有权对本担保人和共有人的家庭财产进行折价或拍卖、变卖,并就得价款有限受偿,被告任立学在保证人处签字捺手印,被告代晓青在共有人处签字捺手印。

合同签订后,原告潍坊博远典当有限公司与被告潍坊海科置业有限公司到房屋登记管理部门办理了抵押登记手续,他项权利种类为一般抵押,他项权利人为原告。

同日,被告潍坊海科置业有限公司向原告出具通知书一份,载明被告坊海科置业有限公司通知原告将上述借款款项转入指定账户:任立学,6222××××××4294,工商银行潍坊分行奎文支行。同日,原告将借款款项1,800,000元汇入被告潍坊海科置业有限公司指定的账户内,被告潍坊海科置业有限公司向原告出具借据一份,载明其借到1,800,000元,于2013年4月9日归还。同时,原告向被告潍坊海科置业有限公司签发了当票一份,载明被告潍坊海科置业有限公司向原告借款1,800,000元,当物名称为数码城×-×-×××,典当金额为1,800,000元,月利率为0.3%,月费率为2.7%,综合费、利息到期一次性收取,典当期限为2012年10月12日至2013年4月9日,原告在典当行处加盖公章,被告潍坊海科置业有限公司在当户处加盖公章。

2013年4月9日,原告潍坊博远典当有限公司与被告潍坊海科置业有限公司、任立学、代晓青、孙万胜签订续当协议一份,约定因被告潍坊海科置业有限公司不能如期归还上述借款而申请续当,借款金额为1,800,000元,续当期限自2013年4月9日至2013年7月8日,月利率为0.3%,月综合费率为2.7%。第五条约定,当物担保范围为本合同项下的当金及息、费、违约金、赔偿金和原告实现债权和抵押而发生的费用(包括但不限于律师费、诉讼费、财产保全费等);第六条约定,本合同项下的利息和综合费用不受续当期限的影响,续当期限届满,利息和综合费仍按照抵押借款合同约定的标准连续计算,直至原告债权获得完全清偿之时;第八条约定,被告如未按期偿还原告利息和综合费,应根据逾期天数每日按当金的万分之五向原告支付逾期违约金,如逾期支付当金,除按本合同约定的利率、费率支付利息和综合费外,还应根据逾期天数每日按所欠当金的万分之十向原告支付逾期违约金。被告潍坊海科置业有限公司在借款人处加盖公章,被告任立学、代晓青、孙万胜分别在保证人处签字认可并捺手印。

2013年7月8日,因被告潍坊海科置业有限公司未按期归还借款,原告潍坊博远典当有限公司和被告潍坊海科置业有限公司、任立学、孙万胜签订延期还款协议书一份,约定被告潍坊海科置业有限公司向原告借款1,800,000元已于2013年7月8日到期,被告潍坊海科置业有限公司因资金周转困难申请延期使用,展期金额为1,800,000元,展期期限自2013年7月8日至2013年11月7日,延期后的贷款利率按照每月利息3%执行,延期后的其他权利义务均按照原合同条款执行。被告潍坊海科置业有限公司在借款人处加盖公章,被告任立学、孙万胜分别在保证人处签字认可。

另查,自2012年10月12日至2013年4月9日,被告潍坊海科置业有限公司按照抵押借款合同约定的月综合费率为2.7%、月利率为0.3%,共计向原告支付利息、综合费率324,000元。

再查,合同签订后,在合同履行过程中,抵押房产并未交付给原告,仍然由被告潍坊海科置业有限公司占有、使用。

庭审中,原告主张被告应当支付利息、综合费率,按照合同约定的标准,自2013年4月10日计算至实际付款之日。被告认为原告主张的利息、综合费率过高。

庭审中,原告主张被告应当支付违约金,按照合同约定的每日万分之十,自续当期满即2013年7月8日计算至实际付款之日。被告认为违约金过高。

庭审中,原告提供委托代理合同一份、律师费发票一份和网上银行电子回单一份,主张原告为实现上述债权支出律师费90,000元,按照合同约定,应由被告承担。被告质证后认为,该律师费过高,应当按照低标准收费。

庭审中,原告提供委托担保及反担保协议一份、担保费发票一份,主张原告为实现上述债权,申请法院财产保全,支出担保费用12,600元,应由被告承担。被告质证后认为,该项费用不应由被告承担。

庭审中,被告辩称应当首先实现物的担保,不足部分由人的保证来承担,原告主张可向任一被告要求保证责任,根据保证合同约定,不存在先后顺序。

上述事实有当事人陈述、原告提供的抵押借款合同、当票、他项权证、保证合同、个人财产担保承诺书、通知书、转账凭据、借据、续当协议、延期还款协议书、委托代理合同、律师费发票、中国工商银行网上银行电子回单、委托担保及反担保协议、担保费发票记录在案为证。

本院认为,庭审中被告潍坊海科置业有限公司、任立学、代晓青、孙万胜对原告提交的抵押借款合同、通知书、借据、保证合同、个人借款担保协议书、续当协议、延期还款协议书、当票、借据的真实性提出异议，经法庭行使释明权之后，被告潍坊海科置业有限公司、任立学、代晓青、孙万胜并未在法庭规定的时间内提交书面的鉴定申请，也未到本院进行笔迹采集，亦未提供相关证据否定原告提交的上述证据真实性，故本院依法认定原告提交的上述证据的真实性。

原告和被告潍坊海科置业有限公司签订的抵押借款合同、当票，原告和被告任立学、孙万胜签订的保证合同，被告任立学和代晓青出具的个人财产担保承诺书，被告潍坊海科置业有限公司出具的通知书、借据，以及原告和被告潍坊海科置业有限公司、任立学、孙万胜、代晓青签订的续当协议和延期还款协议书，均系当事人的真实意思表示，依法成立，合法有效。

原被告双方争议的主要焦点问题是原告和被告潍坊海科置业有限公司之间的法律关系的性质。原告主张原告和被告潍坊海科置业有限公司之间的合同关系的法律性质为典当法律关系，原因是原告是依法成立的经营典当业务的工商企业，领取《典当经营许可证》，具有从事动产质押典当业务、财产权利质押典当业务、房地产抵押典当业务、限额内绝当物品的变卖、鉴定评估及咨询服务和商务部依法批准的其他典当业务的资格，被告潍坊海科置业有限公司以其合法拥有的房地产作为当物抵押给原告，双方签订典当借款合同，约定了当金本金、利息、综合费用、典当期限等事项。被告认为原告和被告潍坊海科置业有限公司之间的合同关系的法律性质为企业之间的借款合同。

本院认为，所谓典当，是我国传统民法中特有的概念。典权，是指支付典价，占有他人不动产而为使用受益的权利。占有他人不动产而享有使用受益权利的一方，为典权人；收取典价而将自己的不动产交典权人占有、使用、受益的一方，为出典人；作为典权客体的不动产，成为典物；典价为典权人为对他人不动产占有、使用、收益而付出的对价。从以上概念中可以看出，典权为不动产物权，为他物权，系在支付典价的对价下，对他人之物进行占有、使用、收益的权利。

典权，在我国大陆现行法律中并无明文规定，仅存在于我国台湾地区的规范中，为我国台湾地区特有的制度。虽然典权在我国大陆现行法律中并无明文规定，但在法律实践中是以习惯法的形式存在的。而且，最高人民法院自 1951 年至 2004 年的答复、批复和相关意见中，均认可典权的存在，例如，1951 年 9 月 8 日最高人民法院就山西省院请示联合提出意见希研究转知的指复（法督二字第 12 号）、1986 年 5 月 27 日最高人民法院关于典当房屋回赎中几个有关问题的批复、1993 年 12 月 4 日最高人民法院关于李秀萍、李生华诉朱伯华房产纠纷一案如何处理的复函等法律文件中，均对典权予以认可并进行了阐述。

本案的涉案合同，从形式上看，双方签订的为抵押借款合同，借款人为被告潍坊海科置业有限公司，贷款人为原告；从内容来看，借款用途为流动资金，被告潍坊海科置业有限公司以其所有的房产提供抵押担保，合同第七条约定，抵押期间，若抵押物毁损、灭失或被征收等，抵押权人可以就获得的保险金、赔偿金或者补偿金等优先受偿。并且，原告和被告潍坊海科置业有限公司在合同第十一条中就抵押权的实现进行了明确约定；从合同的履行情况来看，合同签订后，原告和被告潍坊海科置业有限公司到房管部门就抵押房产进行了抵押登记，抵押房产仍然由被告潍坊海科置业有限公司占有、使用，并未交付给原告。因而，本案的涉案借款合同，无论从形式、内容，还是从履行的方式来看，均不具有典的法律特征，本案的涉案借款合同，实质上是以房产作抵押向原告潍房博远典当有限公司借款的借款合同，故认定为抵押借款合同为宜。

原告和被告潍坊海科置业有限公司之间的法律关系为抵押借款合同关系，合同中关于利息、综合费率和违约金的约定过高，本院予以适当调整，以利息、综合费率和违约金的总和不超过中国人民银行同期贷款基准利率5.6%的四倍为宜。因被告潍坊海科置业有限公司已经按照合同约定的利息、综合费率支付了自2012年10月12日至2013年4月9日的利息、综合费率324,000元，按照中国人民银行同期贷款基准利率5.6%的四倍，以借款本金1,800,000元为基数，该324,000元所对应的利息、综合费率支付期间应当自2012年10月12日计算至2013年8月5日，2013年8月6日及以后的利息、综合费率和违约金，按照中国人民银行同期贷款基准利率5.6%的四倍，计算至实际付款之日止。

原告和被告潍坊海科置业有限公司之间存在合法有效的抵押担保关系，原告依法享有抵押财产位于潍坊市奎文区潍洲路619号北王国际数码港×号楼×－×××房产（房产证号为潍房权证奎文字第××号，土地证号为潍国用〔2005〕第A283号）的抵押权，被告潍坊海科置业有限公司不履行到期债务，原告有权就该抵押财产优先受偿。

原告和被告任立学、孙万胜签订的保证合同中约定，主债务在本合同之外同时存在其他物的担保或者保证的，不影响债权人本合同项下的任何权利及其行使，保证人不得以此抗辩债权人。该条关于物的担保和人的担保实现顺序的约定，符合《中华人民共和国物权法》第一百七十六的规定，即被担保的债权既有物的担保又有人的担保的，债务人不履行到期债务或者发生当事人约定的实现担保物权的情形，债权人应当按照约定实现债权；没有约定或者约定不明确，债务人自己提供物的担保的，债权人应当先就该物的担保实现债权;第三人提供物的担保的,债权人可以就物的担保实现债权,也可以要求保证人承担保证责任。提供担保的第三人承担担保责任后,有权向债务人追偿。因合同中关于物的担保和人的担保进行了明确约定,故原告有权按照合同约定就债权的实现作出选择,故被告任立学、孙万胜辩称先实现物的担保后再实现人的担保的抗辩理由,于法无据,本院不予采信,原告主张被告任立学、孙万胜对上述债务承担连带保证责任的诉讼请求,合法有据,本院予以支持。

原告和被告潍坊海科置业有限公司、任立学、代晓青、孙万胜签订的续当协议中,并未约定实现物的担保和人的担保的实现顺序,合同中约定的物的担保是由借款人即被告潍坊海科置业有限公司提供的,根据《中华人民共和国物权法》第一百七十六条的规定,债权人即原告应当先就物的担保实现债权,即原告应当就抵押财产先实现抵押权,不足部分再由被告代晓青承担连带清偿责任。

原告主张被告承担律师费90,000元,该律师费系原告为实现债权所支出的合理费用,符合合同约定,但数额过高,本院根据《山东省律师服务收费标准》予以适当调整,以80,000元为宜。

原告主张被告承担担保费12,600元,该担保费系原告为实现债权所实际支出的合理费用,符合合同约定,本院予以支持。

综上所述,被告潍坊海科置业有限公司应当偿还原告借款本金1,800,000元及利息、综合费率和违约金(自2013年8月6日起至实际付款之日止,按照中国人民银行同期贷款基准利率5.6%的四倍计算),并承担律师费80,000元、担保费12,600元,被告任立学、孙万胜对上述债务承担连带清偿责任,原告对抵押财产享有优先受偿权,被告代晓青对原告实现抵押权后的不足部分承担连带清偿责任。

据此,依据《中华人民共和国合同法》第六十条,《中华人民共和国担保法》第十八条,《中华人民共和国物权法》第一百七十六条、第一百七十九条、第一百八十五条、第一百八十七条和《中华人民共和国民事诉讼法》第四十六条之规定,判决如下:

一、被告潍坊海科置业有限公司于本判决生效之日起十日内偿还原告潍坊博远典当有限公司借款本金1,800,000元及利息、综合费率和违约金(自2013年8月6日起至实际付款之日止,按照中国人民银行同期贷款基准利率5.6%的四倍计算),并承担律师费80,000元、担保费12,600元;

二、被告任立学、孙万胜对本判决第一项确定的债务承担连带清偿责任;

三、原告潍坊博远典当有限公司对被告潍坊海科置业有限公司名下的位于潍坊市奎文区潍洲路619号北王国际数码港×号楼×-×××房产(房产证号为潍房权证奎

文字第××号、土地证号为潍国用〔2005〕第 A283 号)享有优先受偿权;

四、被告代晓青在原告潍坊博远典当有限公司实现优先受偿权后的不足部分承担连带清偿责任。

案件受理费 21,000 元,财产保全费 5000 元,由被告负担。

如不服本判决,可在判决书送达之日起十五日内向本院递交上诉状,预交上诉费,并按对方当事人的人数提出副本,上诉于山东省潍坊市中级人民法院。

审 判 长 崔心波

审 判 员 李 银

人民陪审员 张轲友

二〇一四年五月二十日

代 书 记 员 南娟娟

2. 典当合同的法律属性

【问题提示】典当合同是独立的合同类型吗?

【案例四】安徽德合典当有限公司诉汪为春、柳星翠、汪恒焱、怀宁县星春矿业有限公司典当合同纠纷案(2015年8月17日)

【法律点】 1. 典当是指当户将其动产、财产权利为当物质押或者将其房地产作为当物抵押给典当行,交付一定比例的费用,取得当金,并在约定期限内支付当金利息、偿还当金、赎回当物的行为。故典当法律关系是复合法律关系,即借贷关系与担保关系混合在一起,彼此之间发生有机的结合,没有主次之分,应适用统一的典当法律规则来处理;而一般借贷与担保法律关系之间是两个法律关系,借贷关系是主法律关系,担保关系属于从法律关系,原则上借贷合同的效力会影响到担保合同的效力。

2. 以房地产作为当物的典当纠纷,系因不动产的权利确认引起的物权纠纷。根据民事诉讼法的规定,因不动产纠纷提起的诉讼,由不动产所在地人民法院管辖。

【关键词】 典当法律关系　复合法律关系　主法律关系　从法律关系　不动产纠纷

安徽省高级人民法院
民事裁定书

(2015)皖民二终字第00756号

上诉人(原审被告):汪为春。

被上诉人(原审原告):安徽德合典当有限公司。住所地,安徽省××市××区。

法定代表人:徐立新,该公司董事长。

原审被告:柳星翠,住安徽省芜湖市繁昌县。

原审被告:汪恒焱,住安徽省芜湖市镜湖区。

原审被告:怀宁县星春矿业有限公司。住所地,安徽省××市××县。

法定代表人:汪为春。

上诉人汪为春因与被上诉人安徽德合典当有限公司,原审被告柳星翠、汪恒焱、怀宁县星春矿业有限公司等典当合同纠纷一案,不服安徽省合肥市中级人民法院2015年4月21日作出的(2015)合民二初字第00127-1号驳回管辖异议民事裁定,上诉称:典当合同实质是房地产抵押借款合同,故本案属于不动产抵押纠纷,应当按照不动产纠纷确定管辖;因涉案不动产位于繁昌县,本案应当移送有管辖权的芜湖市中级人民法院审理。

本院经审理认为,典当是指当户将其动产、财产权利为当物质押或者将其房地产作为当物抵押给典当行,交付一定比例的费用,取得当金,并在约定期限内支付当金利息、偿还当金、赎回当物的行为。故典当法律关系是复合法律关系,即借贷关系与担保关系混合在一起,彼此之间发生有机的结合,没有主次之分,应适用统一的典当法律规则来处理。而一般借贷与担保法律关系之间是两个法律关系,借贷关系是主法律关系,担保关系属于从法律关系,原则上借贷合同的效力会影响到担保合同的效力。本案是一起当户将其房地产作为当物的典当纠纷,系因不动产的权利确认引起的物权纠纷。根据民事诉讼法的规定,因不动产纠纷提起的诉讼,由不动产所在地人民法院管辖。本案涉案不动产位于芜湖市繁昌县,故安徽省芜湖市中级人民法院依法对本案具有管辖权。上诉人汪为春的上诉理由成立。依据《中华人民共和国民事诉讼法》第三十三条第一款第一项、第一百七十条第一款第二项、第一百七十五条的规定,裁定如下:

一、撤销安徽省合肥市中级人民法院(2015)合民二初字第00127-1号民事裁定;

二、本案由安徽省芜湖市中级人民法院管辖。

本裁定为终审裁定。

审　判　长　王永实

审　判　员　夏传国

代理审判员　谷　莹

二〇一五年八月十七日

书　记　员　昂永华

【案例五】山东德鑫泉典当有限公司诉德州百信动物药业有限公司、宋涛、禹城九州泰兴塑胶有限公司、山东千禧药业有限公司等典当纠纷案（2015年3月2日）

【法律点】依据物权法定原则，我国物权法并没有将典当作为一种新的物权进行规定。因此，典当合同系具有质押借款合同的性质，属于混合合同，包含借款合同和担保合同两个方面的内容，应受合同法关于借款合同以及物权法关于抵押和质押规定之调整。

【关键词】物权法定原则　典当合同　质押借款合同　混合合同

山东省德州市中级人民法院
民事判决书

（2014）德中民终字第1001号

上诉人（原审被告）：山东千禧药业有限公司。住所地，××市××工业园。

法定代表人：相玉霞，经理。

委托代理人：姚虹，山东环周律师事务所律师。

被上诉人（原审原告）：山东德鑫泉典当有限公司。住所地，山东省××市××街北侧。

法定代表人：胡永平，董事长。

委托代理人：张洪飞，山东禹法律师事务所律师。

原审被告：德州百信动物药业有限公司。住所地，××市××街南侧。

法定代表人：宋涛，经理。

原审被告:禹城九州泰兴塑胶有限公司。住所地,××市××区。

法定代表人:王振巍,经理。

原审被告:德州震森机电设备有限公司。住所地,××市××街。

法定代表人:戎振森,经理。

原审被告:禹城佳明灯饰有限公司。住所地,××市××工业园。

法定代表人:王子和,经理。

原审被告:宋涛。

原审被告:相玉霞。

委托代理人:姚虹,山东环周律师事务所律师。

原审被告:王子和。

原审被告:王振巍。

原审被告:王滨。

原审被告:戎振森。

原审被告:靳军。

上诉人山东千禧药业有限公司因典当纠纷一案,不服山东省禹城市中级人民法院(2013)禹商初字第574号民事判决,向本院提起上诉。本院受理后依法组成合议庭公开开庭审理了本案,上诉人山东千禧药业有限公司及原审被告相玉霞的委托代理人姚虹,被上诉人山东德鑫泉典当有限公司的委托代理人张洪飞均到庭参加诉讼,原审被告德州百信动物药业有限公司、禹城九州泰兴塑胶有限公司、德州震森机电设备有限公司、禹城佳明灯饰有限公司、宋涛、王子和、王振巍、王滨、戎振森、靳军经合法传唤未到庭参加诉讼。本案现已审理终结。

原审判决查明,2011年10月10日,原告德鑫泉公司与被告百信公司签订编号为德典字最高2011第1010-1号最高额动产质押典当合同。合同约定:1. 当金用于生产经营,本合同项下被担保的主债权的发生期间自2011年10月10日起至2013年10月9日止,主债权每笔当金的发放日均不超过该期间的届满日,最高典当金额为100万元,当金月利率为5‰,月综合费率为26‰,债务履行期不足5日的,按5日收取有关费用;2. 本合同采用质押和保证两种担保方式,保证担保合同由各方另行订立;3. 违约金计付方法:(1)逾期归还本金、利息时,按逾期金额每日收取高于典当利率30%的违约金,计算公式为典当利率(日)×(1+30%)×逾期金额×违约天数,违约金当然包括本金违约金、利息违约金;(2)综合费用违约金按(1)的计算方法以综合费率为基准计算;(3)违反本合同其他约定的,违约金按给甲方造成实际损失的130%计算。合同还对其他事项做了约定。2011 年 10 月 10 日,原告德鑫泉公司与被告百信公司达成了质押物清单约定,百信公司提供三维运动混合机等机器设备作为质押物并移交德鑫泉公司保管,同日,德鑫泉公司与百信公司法定代表人宋涛签订代保管协议一份,约定由宋涛代德鑫泉公司保管上述质物,保管期限自 2011 年 10 月 10 日起至 2012 年 2 月 10 日,保管场所在百信公司。2011 年 12 月 23 日,原告德鑫泉公司与百信公司法定代表人宋涛又签订代保管协议一份,约定由宋涛代德鑫泉公司保管上述质物,保管期限自 2011 年 12 月 23 日至 2013 年 5 月 23 日,保管场所在百信公司。2011 年 10 月 10 日,原告德鑫泉公司与被告百信公司、九州公司、震森公司、王振巍、戎震森、宋涛、靳军签订编号为德最高保字 2011 第 1010 - 1 号最高额保证担保合同,主要内容是:1. 约定保证人提供连带责任保证,担保的主债权为自 2011 年 10 月 10 日起至 2013 年 10 月 9 日止,甲方与乙方之间产生的全部典当金额,被担保的债权的最高限额是 100 万元;2. 保证期间为本合同生效之日起至主合同项下主债务履行期限届满之后两年止;保证范围包括当金 100 万元、利息、综合费用、违约金等。该合同第六条第四款约定,本合同项下的当物的担保不成立、被确认无效、被撤销或甲方单方面解除、抛弃或发生当物灭失、损毁情形,各保证人仍对乙方依本合同的全部债务对甲方承担无限连带责任保证,不因当物的担保不存在而产生任何影响。合同还对其他事项作了约定。被告百信公司作为当户、被告宋涛、九州公司、震森公司、王振巍、戎震森、靳军作为保证人在合同上签名、盖章。2013 年 1 月 15 日,被告千禧药业、相玉霞、佳明公司、王子和、王滨自愿为原告德鑫泉公司出具了保证担保函,主要内容是:1. 五保证人自愿提供连带责任保证,担保的债权是 2011 年 10 月 10 日原告德鑫泉公司与被告百信公司签订的编号为德典字最高 2011 第 1010 - 1 号最高额动产质押典当合同项下的当金。2. 保证期间为本函生效之日起至主合同项下当户的债务履行期限届满之后两年止,保证范围包括当金 100 万元、利息、综合费用、违约金等。3. 本保证条款的效力独立于合同其他条款,合同其他条款不生效、无效或者部分无效、被撤销、被解除并不影响本条款的效力;如上述合同关系被确认为不成立、不生效、全部或者部分无效、被撤销、被解除,则保证人对于当户因返还财产或者赔偿损失而形成的债务也承担连带责任;如果主合同项下债务到期,当户未按时足额履行或者当户违反主合同的其他约定,保证人应在保证范围内立即承担连带保证责任。4. 无论典当公司对主合同项下的债权是否有其他担保,不论上述其他担保何时成立、是否有效、是否为当户自己所提供、典当公司是否向其他保证人提出权利主张,也不论是否有第三方同意承担主合同项下的全部或者部分债务,保证人在主合同项下的保证责任均不因此减免,典当公司均可直接要求保证人依照主合同约定在其保证范围内承担保证责任,保证人不能提出任何异议。如果主合同项下债务到期,当户未按时足额履行或者当户违反主合同的其他约定,则保证人自愿放弃抵押物优先受偿的抗辩权而无条件的直接向债权人承担连带保证担保责任。保证担保函还约定了其他事项。2013 年 1 月 15 日,德鑫泉公司向百信公司出具当票,当票中载明:典当金额 70 万元,当金月利率为 0.5%,月综合费率为 0.8%,预扣除综合费用 10,827 元,实付 689,173 元,典当期限自 2013 年 1 月 15 日起至同年 3 月 13 日止。同日德鑫泉公司向百信公司付款 689,173 元,百信公司出具借据,借据中载明:今借到 2011 年 10 月 10 日与德鑫泉公司签订的编号为德典字最高 2011 第 1010 - 1 号《最高额动产质押典当合同》(对应当票号 NO. 37110110561)项下当金 70 万元,期限自 2013 年 1 月 15 日起至 2013 年 3 月 13 日止。另查明,德鑫泉公司持有我国商务部颁发的《典当经营许可证》和德州市公安局颁发的《特种行业许可证》。

原审法院认为,依据《中华人民共和国物权法》第五条物权法定的原则,物权法没有将典当权规定为一种用益物权,因此,财产所有权人或使用权人将财产抵押给典当企业获取借款所签订的典当合同,具有抵押借款合同的性质,属于债权的范畴,应适用合同法的相关规定处理。德鑫泉公司作为一家依法成立的典当行,有权在法律、法规规定的范围内经营有关业务。《典当管理办法》第二十五条规定,经批准,典当行可以经营下列业务:(一)动产质押典当业务;(二)财产权利质押典当业务;(三)房地产(外省、自治区、直辖市的房地产或者未取得商品房预售许可证的在建工程除外)抵押典当业务;(四)限额内绝当物品的变卖;(五)鉴定评估及咨询服务;(六)商务部依法批准的其他典当业务。德鑫泉公司虽与百信公司确认达成质押财产清单,百信公司提供其机器设备作为质押财产,并移交德鑫泉公司保管,但同日德鑫泉公司与百信公司法定代表人宋涛签订代保管协议约定由宋涛代德鑫泉公司保管上述质押财产,保管场地仍在百信公司,即实际上作为出质人的百信公司依然占有质押财产,而质权人德鑫泉公司未实际占有控制质物,故编号为德典字最高 2011 第 1010 - 1 号最高额动产质权并未设立。德鑫泉公司与被告百信公司、宋涛、九州公司、震森公司、王振巍、戎震森、靳军签订编号为德最高保字 2011 第 1010 - 1 号最高额保证担保合同及被告千禧药业、相玉霞、佳明公司、王子和、王滨自愿为原告德鑫泉公司出具了保证担保函主体适格,意思表示真实,内容不违反法律行政法规的强制性规定。《中华人民共和国担保法》第五条第一款规定,担保合同是主合同的从合同,主合同无效,担保合同无效。担保合同另有约定的,按照约定。根据《保证合同》第六条第四款的约定,本案的保证合同合法有效,保证人应按合同约定承担连带保证责任。借款法律关系、质押法律关系是典当法律关系所包含的两个法律关系,但是两者并非必须并存,即质押法律关系不成立或者无效不影响典当借款法律关系的成立,不能因质押法律关系的缺陷而否认借款法律关系的性质认定,并由此将其界定为其他形式的借贷关系,这一做法不但不符合现行相关法律的规定,也违背了典当借款制度设立的目的,从而无法真正实现典当借款法律制度的社会价值和法律价值。故被告震森公司、千禧药业、戎震森、相玉霞提出的典当合同无效的辩称无法律与事实依据,本院不予采纳。《中华人民共和国合同法》第二百条规定,借款的利息不得预先在本金中扣除。利息预先在本金中扣除的,应当按照实际借款数额返还借款并计算利息。德鑫泉公司向百信公司实际提供借款689,173元,事实清楚,证据确实充分,百信公司应按约定偿还德鑫泉公司借款并支付法律保护范围内的利息、综合费用、违约金(总和不得超过中国人民银行同期贷款基准利率的四倍)。典当合同中记载的当金月综合费率与当票不一致时,应以当票记载为准。依据保证合同、担保函及担保法的相关规定,被告宋涛、九州公司、震森公司、佳明公司、千禧药业、王振巍、戎震森、靳军、王子和、王滨、相玉霞应承担连带保证责任,故原告请求判令被告百信公司偿还借款本息及违约金、上述保证人承担连带清偿责任的诉讼请求,本院依法予以支持。因质权未设立,德鑫泉公司请求判令在被告百信公司未履行上述第一项付款义务时,有权拍卖、变卖第一被告提供的质押物,以所得的价款优先受偿,不予支持。因未提供出充分证据证实,故本院对原告提出的由被告承担案件律师费用的请求不予支持。被告百信公司、九州公司、佳明公司、王振巍、宋涛、王子和、王滨、靳军经本院合法传唤,未到庭参加诉讼,应视为对自己诉讼权利的自愿放弃,并不影响本院在查清事实的基础上依法作出裁决。据此,原审法院依照《中华人民共和国合同法》第六十条、第二百条、第二百零六条、第二百零七条,《中华人民共和国担保法》第五条、第十八条、第三十一条,《中华人民共和国民事诉讼法》第九十二条、第一百四十四条的规定,作出如下判决:一、被告德州百信动物药业有限公司偿还原告山东德鑫泉典当有限公司借款本金689,173元及利息、综合费用、违约金(1. 以689,173元为本金,自2013年2月15日起至2013年3月13日止,按月息0.5%计算利息、按月息0.8%计算当金综合费用;2. 以689,173元为本金,自2013年3月14日起至本判决确定的履行期限届满之日止按中国人民银行同期贷款基准利率的四倍计算利息、综合费用、违约金)。二、被告禹城九州泰兴塑胶有限公司、德州震森机电设备有限公司、禹城佳明灯饰有限公司、山东千禧药业有限公司、宋涛、戎振森、王子和、王振巍、王滨、靳军、相玉霞对上述第一判项应付款项承担连带责任。保证人承担保证责任后,有权向债务人追偿。三、驳回原告山东德鑫泉典当有限公司的其他诉讼请求。以上给付内容限于本判决生效后三日内履行完毕。如果未按本判决指定的期间履行给付金钱义务,应当依照《中华人民共和国民事诉讼法》第二百五十三条之规定,加倍支付迟延履行期间的债务利息。案件受理费10,800元,财产保全费4100元,公告费700元,共计15,600元,由原告山东德鑫泉典当有限公司负担200元,由被告德州百信动物药业有限公司、禹城九州泰兴塑胶有限公司、德州震森机电设备有限公司、禹城佳明灯饰有限公司、山东千禧药业有限公司、宋涛、戎振森、王子和、王振巍、王滨、靳军、相玉霞共同负担15,400元。

上诉人山东千禧药业有限公司不服原审判决上诉称,一审法院认定事实不清,适用法律不当。本案系典当纠纷,一审法院已认定编号为德典字最高2011第1010－1号最高额动产质权并未设立。因质权未设立,所以被上诉人与一审被告德州百信动物药业有限公司所签订的最高额质押典当合同是无效合同。因该合同是无效合同,所以上诉人依据该合同与被上诉人所签订的《最高额保证担保合同》也不应成立。根据《中华人民共和国担保法》第五条第一款规定,担保合同是主合同的从合同,主合同无效,担保合同无效。上诉人为一审被告德州百信动物药业有限公司提供的担保是为其典当行为及当金提供的担保,百信药业并未发生典当行为,也未获得当金,所以上诉人没有义务为它的其他借款行为提供担保。所以,一审法院在认定质权未设立的前提下,又判定上诉人为百信药业的其他借款行为承担还款义务是没有法律依据的。综上所述,上诉人提起上诉,敬请二审法院依法撤销原判,驳回被上诉人的诉讼请求。

被上诉人山东德鑫泉典当有限公司答辩称,1. 一审认定法律事实清楚。一审认定编号为德典字最高2011第1010－1号《最高额动产质押典当合同》合法有效,各方依据该合同所签订的德最高保字2011第1010－1号《最高额保证担保合同》亦合法有效。这种认定是正确的。理由为:主法律关系即典当借贷法律关系要件齐备。(1)主体合法,从主体上看,答辩人为有资质的典当公司,准许从事动产质押典当业务,第一被告德州百信动物药业有限公司为生产型企业,为生产经营所需使用当金;(2)合同的内容包括借款种类、币种、用途、数额、利率、期限利还款方式等条款;(3)当物合法,质押给答辩人的物为第一被告公司的生产设备,动产质押典当业务符合《典当管理办法》经营范围要求;(4)利率和综合费率符合《典当管理办法》规定,不超上限;(5)答辩人已实际履行了合同义务,即向当户发放了70万当金;(6)尽管一审认定质物交付有瑕疵动产质权未设立,但质押担保的从法律关系不能影响主借贷法律关系的有效性。且《最高额保证担保合同》第六条保证责任明确约定:"(一)如果主合同项下债务到期,乙方未按时足额履行或者乙方违反该合同的其他约定,保证人应在保证范围内立即承担连带保证责任。(二)甲方无须先向乙方追偿或起诉或处置当物,即有权直接要求保证人承担连带保证责任,即保证人保证责任与当物的担保系平行的、并列的,甲方可以优先实现保证债权,不受当物担保物权存在的影响。各保证人郑重承诺:如果主合同项下债务到期,乙方未按时足额履行或者乙方违反该合同的其他约定,保证人放弃优先处置典当物受偿的抗辩权而完全同意在在保证范围内直接向甲方承担连带保证责任直至债务全部清偿……(四)本合同项下的当物的担保不成立(不论是否系因乙方违反诚实信用原则造成)、被确认无效、被撤销或甲方单方面解除、抛弃,或发生当物灭失、损毁(不论灭失、损毁系由谁的原因造成的,或者由不可抗力造成)情形,各保证人仍对乙方依本合同的全部债务对甲方承担无限连带责任保证,不因当物的担保不存在而产生任何影响。"综上事实可见本案的保证合同合法有效,保证人应按该保证合同承担连带保证责任。2. 一审适用法律正确。山东省高级人民法院关于印发全省民事审判工作会议纪要的通知(2011 年 11 月 30 日,鲁高法〔2011〕297)第四条规定关于典当法律性质问题中明确把典当借款合同定性为债权范畴,要求应适用合同法的相关规定处理。《中华人民共和国担保法》第五条第一款规定,担保合同是主合同的从合同,主合同无效,担保合同无效,担保合同另有约定的,按照约定。本案中主借贷合同有效,且《最高额保证担保合同》第六条也有明确的约定由保证人自愿承担连带保证责任。故保证人理应承担连带保证责任。又根据《中华人民共和国物权法》第一百七十六条的规定,被担保的债权既有物的担保又有人的担保的,债务人不履行到期债务或者发生当事人约定的实现担保物权的情形,债权人应当按照约定实现债权,没有约定或者约定不明确,债务人自己提供物的担保的,债权人应当先就该物的担保实现债权;第三人提供物的担保的,债权人可以就物的担保实现债权,也可以要求保证人承担保证责任。提供担保的第三人承担担保责任后,有权向债务人追偿。故本案中答辩人选择保证人承担连带保证责任符合本条意思自治的规定。另外,最高人民法院民二庭 2012 年 12 月 11 日以(2012)民二他字第 18 号函答复江苏省高级人民法院。复函如下:"《典当管理办法》系行政规章,根据《最高人民法院关于适用中华人民共和国合同法若干问题的解释(一)》第四条规定,不能作为认定合同效力的依据。典当行与当户签订动产抵押借款合同,违反了《典当管理办法》关于典当行经营业务范围的规定,但不应据此认定合同无效……"此函明确即使有超出《典当管理办法》规定的经营范围所从事典当业务情形也不能确认典当合同无效。综上,一审认定事实清楚,适用法律正确,理应维持,上诉人上诉无理,请依法驳回上诉。

原审被告相玉霞述称,1. 被上诉人与一审被告德州百信动物药业有限公司签订的最高质押典当合同,明为典当实为借款合同,被上诉人典当公司和百信公司恶意串通,符合《中华人民共和国合同法》第五十二条第三项,该质押典当合同无效,双方通过质押典当借款的方式,骗取上诉人为德州百信动物药业有限公司担保,损害了上诉人的利益,符合《中华人民共和国合同法》第五十二条第二项的规定,该合同应为无效。2. 保证担保函是格式条款,其中加重保证人责任的条款无效。3. 被上诉人典当公司明知百信公司以财产质押为条件,骗取上诉人担保,上诉人应免除其责任。4. 被上诉人典当的过错行为,致使财产质权不能设立,上诉人的相应的保证应免除。

原审被告德州百信动物药业有限公司、禹城九州泰兴塑胶有限公司、德州震森机电设备有限公司、禹城佳明灯饰有限公司、宋涛、王子和、王振巍、王滨、戎振森、靳军未作答辩。

二审查明的事实与一审判决认定事实一致。

本院认为,本案双方当事人争议的焦点问题:被上诉人山东德鑫泉典当有限公司与原审被告德州百信动物药业有限公司所签订的最高额动产质押典当合同是否有效,上诉人山东千禧药业有限公司是否应当承担保证责任。《中华人民共和国物权法》第五条规定,物权的种类和内容,由法律规定。而物权法并没有将典当作为一种新的物权进行规定,本案原审被告德州百信动物药业有限公司将自己所有的动产质押给被上诉人山东德鑫泉典当有限公司所签订的典当合同,具有质押借款合同的性质,并且典当合同属于混合合同,包含有借款合同和担保合同两个方面的内容,应受合同法关于借款合同以及物权法关于抵押和质押规定之调整。本案被上诉人山东德鑫泉典当有限公司与原审被告德州百信动物药业有限公司所签订的最高额动产质押典当合同,系双方当事人真实意思表示,内容不违反法律及行政法规的强制性规定,应认定合法有效。虽然在合同履行过程中,质权人未实际占有控制质物,动产质权未成立,但并不影响合同的效力,只是被上诉人不能对质押物主张优先受偿权。上诉人认为质权未设立,典当合同即无效的主张不能成立,本院不予支持。

关于上诉人山东千禧药业有限公司是否应当承担保证责任的问题,上诉人千禧药业于2013年1月15日为被上诉人典当公司出具保证担保函,承诺:无论典当公司对主合同项下的债权是否有其他担保,不论上述其他担保何时成立、是否有效、是否为当户自己所提供、典当公司是否向其他保证人提出权利主张,也不论是否有第三方同意承担主合同项下的全部或者部分债务,保证人在主合同项下的保证责任均不因此减免、典当公司均可直接要求保证人依照主合同约定在其保证范围内承担保证责任,保证人不能提出任何异议,如果主合同项下债务到期,当户未按时足额履行或者当户违反主合同的其他约定,则保证人自愿放弃抵押物优先受偿的抗辩权而无条件的直接向债权人承担连带保证担保责任。以上承诺是上诉人的真实意思表示,且内容不违反法律法规的强制性规定,应认定有效。故虽然本案质权未成立,但被上诉人仍有权依照该保证担保函要求上诉人对全部债务承担连带保证责任。上诉人认为担保合同不成立不应承担保证责任的主张,没有事实和法律依据,本院不予支持。

综上所述,原审判决认定事实清楚、适用法律正确,上诉人的上诉理由不能成立,对其上诉请求不予支持。依照《中华人民共和国民事诉讼法》第一百七十条第一款第一项、第一百七十五条之规定,判决如下:

驳回上诉,维持原判。

二审案件受理费10,800元,由上诉人山东千禧药业有限公司负担。

本判决为终审判决。

审　判　长　崔书江
代理审判员　王子超
代理审判员　范世静
二〇一五年三月二日
书　记　员　许晓东

【案例六】中山市恒源典当有限公司诉周元红典当纠纷案（2016年6月15日）

【法律点】依法设立的典当企业依据《典当管理办法》与债务人签订典当合同，由债权人提供借款，债务人以财产权利、动产设定质押担保或以房地产设定抵押担保，从典当企业获取借款的，该合同性质为借贷合同，属于特殊的借贷合同。

【关键词】典当合同　最高额抵押合同　自动续当　特殊的借贷合同　公平原则　诚实信用原则

广东省中山市第一人民法院
民事判决书

（2016）粤2071民初5154号

原告：中山市恒源典当有限公司。住所地，广东省中山市××镇。

法定代表人：张灿成，总经理。

委托代理人：陈俊峰、张倩茗，员工。

被告：周元红，现住广东省中山市。

原告中山市恒源典当有限公司（以下简称恒源典当公司）诉被告周元红典当纠纷一案，本院于2016年3月16日立案受理后，依法由审判员饶琨独任审判，于2016年6月12日公开开庭进行了审理。原告恒源典当公司委托代理人陈俊峰、张倩茗到庭参加诉讼。被告周元红经本院合法传唤，无正当理由未到庭参加诉讼。本案现已审理终结。

原告恒源典当公司诉称：被告因资金周转需要，于2014年9月18日与原告签订《最高额典当合同》，约定在2014年9月18日至2015年3月17日期间，被告可向原告申请典当借款，具体借款数额以当票记载为准，且约定典当借款的综合费为

1.64%/月、利息0.36%/月。同时,双方签署了《最高额抵押合同》,约定被告以其名下位于中山市沙溪镇宝珠中路2号御隆廷A2幢×房物业作为抵押贷款的担保,对2014年9月18日至2015年3月17日发生的典当借款提供担保,最高抵押债权金额373,000元,双方并办理了抵押物的抵押登记手续。2014年9月24日,被告申请取得了借款200,000元,首期当期为2014年9月24日至10月23日,且约定每月按当金金额的2%向原告支付综合费和利息,其中综合费为1.54%/月、利息0.46%/月,对于该200,000元的借款,被告向原告曾申请续当,将借款期限延至2016年1月17日。贷款期间由于国家贷款利率调整,原告与被告双方协商并同意五次对利率作出调整。1. 2015年3月23日起典当借款的综合费1.54%/月、利息0.46%/月,调整为综合费1.56%/月、利息0.44%/月;2. 2015年6月21日起典当借款的综合费1.56%/月、利息0.44%/月,调整为综合费1.58%/月、利息0.42%/月;3. 2015年7月21日起典当借款的综合费1.58%/月、利息0.42%/月,调整为综合费1.60%/月、利息0.40%/月;4. 2015年9月19日起典当借款的综合费1.60%/月、利息0.40%/月,调整为综合费1.62%/月、利息0.38%/月;5. 2015年11月18日起典当借款的综合费1.62%/月、利息0.38%/月,调整为综合费1.64%/月、利息0.36%/月。然而,上述典当借款的典当期限届满后,被告再未如期进行赎当或续当,为此,原告曾多次向被告催讨,但均无果。为维护自身的合法权益,原告特向法院提起诉讼,请求判令:1. 被告向原告返还当金170,000元及其相应的综合费用、利息(其中:当金综合费按170,000元当金金额的1.64%/月为标准,从2016年1月17日起计算至被告偿还该当金之日止,当金利息按170,000元当金金额的0.36%/月为标准,从2015年12月17日起计算至被告偿还该当金之日止);2. 被告向原告支付逾期罚息(以170,000元当金为基础,以每日5‰为标准,自起诉之日起,计至被告还清当日止);3. 原告在最高额抵押债权范围内,对被告抵押物即位于中山市沙溪镇宝珠中路2号御隆廷A2幢×房处理后所得价款享有优先受偿权;4. 被告承担本案诉讼费用。

庭审中,原告恒源典当公司补充事实和理由为:被告于2014年12月23日之前向原告偿还当金30,000元,故从2014年12月23日起按当金170,000元计算相应的综合费及利息。

原告恒源典当公司为支持其诉讼请求在举证期限内提交证据如下:1. 最高额典当合同;2. 最高额抵押合同;3. 土地证、房产证及粤房地他项权证;4. 当票;5. 收款收据;6. 续当凭证及续当协议书各15份。

被告周元红未向本院提交答辩意见,在举证期限内亦未向本院提交证据。

经审理查明:2014 年 9 月 18 日,恒源典当公司(甲方、典当行贷款人)与周元红(乙方、当户借款人)签订了一份《最高额典当合同》,约定:本合同所涉及的房地产抵押物为当票所记载的抵押物,是乙方自有物业,位于中山市沙溪镇宝珠中路 2 号御隆廷 A2 幢×房;在 2014 年 9 月 18 日至 2015 年 3 月 17 日期间内,本合同项下的最高额典当当金为 373,000 元,乙方可循环使用上述当金额度,每次提款的当金金额以当票的记载为准;乙方每次提款的典当期限自乙方实际提款日起至约定还款日止,以当票的记载为准;甲方每月按当金金额 2.0% 向乙方计收综合费和利息。其中:综合费按每月 1.54% 计算,利息按每月 0.46% 计算(以当票记载为准)。乙方同意甲方在支付当金时预扣首期综合费,利息费在典当期限届满时支付。续当时,按续当票上记载的金额、综合费率及利率计收综合费和利息。乙方逾期归还本金的,按最近一期当票或续当票上记载的综合费率和利率计收综合费和利息至实现债权之日止;若乙方未能在当期届满后五日内赎当,且乙方未在上述期限内,向甲方以书面形式表示拒绝赎当或拒绝续当的,则视为自动续当一次,续当期限为一个月;典当期限届满五日后,乙方不赎当也不续当的,为绝当,甲方有权按照《物权法》和《典当管理办法》的有关规定处理绝当抵押物品;乙方除归还甲方当金本金外,还应向甲方承担由于逾期(从当期届满至实现甲方债权时止)归还当金本金导致的持续发生的典当综合费及利息费用,并承担按当金金额 5‰/日标准计算的罚息(含复利),以及违约金和实现抵押权的费用(包括但不限于律师费、诉讼费、拍卖费)等相关费用。合同还约定了其他事项。同日,双方还签订了一份《最高额抵押合同》,约定:周元红以位于中山市沙溪镇宝珠中路 2 号御隆廷 A2 幢×房的房地产对其于 2014 年 9 月 18 日至 2015 年 3 月 17 日期间在 373,000 元最高当金余额内与恒源典当公司签订的所有当票、续当凭证、最高额典当合同及续当合同(以下统称主合同)提供抵押担保;抵押担保的范围包括:主合同项下全部当金本金、利息、复利、罚息、违约金、赔偿金、实现抵押权的费用和所有其他应付的费用;发生绝当事项,恒源典当公司在行使抵押权时,有权依据法律规定,对抵押物进行折价处理或对抵押物进行拍卖、变卖以取得价款优先受偿以抵偿按主合同约定周元红所应承担的债务及其他费用。合同还约定了双方的其他权利义务。次日,就上述抵押物,恒源典当公司与周元红办理了房地产抵押登记手续。据他项权证记载,该房地产所担保的债权数额为 373,000 元。

另查:2014 年 9 月 24 日,恒源典当公司向周元红支付当金 200,000 元,双方约定典当期限为 2014 年 9 月 24 日至 10 月 23 日,综合费为 1.54%/月、利息为 0.46%/月,在支付当金时扣除首期综合费用 3080 元,实际支付周元红 196,920 元。上述典当期限届满后,周元红于2014年12月20日前向恒源典当公司偿还当金30,000元,之后周元红继续缴纳综合费和利息,恒源典当公司默认续当,最后一期的续当期限为2015年12月18日起至2016年1月16日止,并付息至2015年12月17日为止。为此,恒源典当公司依双方约定制作了《续当协议书》及续当凭证各15份,续当协议书及续当凭证主要是就典当余额、续当期限及当期综合费、利息的约定作了变更。上述当金的当期届满后,周元红未按合同约定赎当或续当,也未偿还当金,恒源典当公司遂具状诉至本院,主张前述实体权利。

庭审中,恒源典当公司称,根据《典当管理办法》的规定,综合费是可以提前预扣的。

本院认为:本案为典当纠纷。恒源典当公司系具有抵押典当业务经营资格的合法典当机构,其与周元红签订的最高额典当合同及最高额抵押合同是双方当事人的真实意思表示,内容没有违反法律、行政法规的强制性规定,应确认有效。合同签订后,恒源典当公司依约向周元红支付了200,000元当金,周元红未在典当有效期限届满前办理赎当或续当,其行为已构成绝当,应向恒源典当公司返还当金并支付相应的综合费、利息,同时承担相应的违约责任。

关于恒源典当公司主张的综合费。《最高额典当合同》中约定综合费按1.54%/月、利息按0.46%/月计算,现恒源典当公司主张综合费调整为1.64%/月,利息0.36%/月,未违反《典当管理办法》的规定,亦符合双方当事人在合同中“乙方逾期归还本金的,按最近一期当票或续当票上记载的综合费率和利率计收综合费和利息”的约定,本院予以支持。另外,《典当管理办法》第三十八条将综合费界定为各种服务及管理费用,即典当行在为典当借款行为时为当户提供服务以及对典当借款行为进行管理的费用,是典当行提供相应服务的合理报酬。绝当后,当户对当物丧失了赎回权,典当行可依法或依约处置当物以优先清偿自身债权,不存在再为当户提供服务或管理当物的情形,故典当行无权在当户绝当后继续收取综合费。本案中,《最高额典当合同》中约定“若乙方未能在当期届满后五日内赎当,且乙方未在上述期限内,向甲方以书面形式表示拒绝赎当或拒绝续当的,则视为自动续当一次,续当期限为一个月”“典当期限届满五日后,乙方不赎当也不续当的,为绝当”,故自最后一次续当期限届满次日即2016年1月17日后自动续当至2016年2月16日,此后再加五日即2016年2月21日后为绝当,周元红应向恒源典当公司支付绝当前的综合费3252.67元(170,000元×1.64%+170,000元×1.64%÷30天×5天),对恒源公司主张绝当后的综合费不予支持。

关于恒源典当公司主张的利息、逾期罚息。根据合同中对利息标准的约定,利息计至绝当前为1326元(170,000元×0.36%×2个月+170,000元×0.36%÷30天×5天)。绝当后,恒源典当公司仍有权继续收取利息,现恒源典当公司既主张利息,又主张当金金额5‰/日的逾期罚息,显然过高。本院认为,依法设立的典当企业依据《典当管理办法》与债务人签订典当合同,由债权人提供借款,债务人以财产权利、动产设定质押担保或以房地产设定抵押担保,从典当企业获取借款的,该合同性质为借贷合同。由于典当合同属于特殊的借贷合同,绝当后,当户未能偿还当金所需承担的责任应参照适用借贷合同的相关法律规定。由于恒源典当公司就利息、罚息两者同时主张,有违我国合同法的公平原则。考虑到恒源典当公司的实际损失状况,根据公平原则和诚实信用原则,本院酌定绝当后利息、逾期罚息按年利率24%计付。

涉案的房地产已抵押给恒源典当公司并办理了相关的抵押登记手续,当周元红不履行债务时,恒源典当公司有权以该财产折价或者以拍卖、变卖该财产所得的价款在债权数额373,000元的范围内优先受偿。

综上,恒源典当公司诉求合理部分,本院予以支持。周元红经本院合法传唤,无正当理由拒不到庭参加诉讼,视为其自动放弃答辩、举证、质证、辩论等诉讼权利,应自行承担相应的诉讼风险。依照《中华人民共和国合同法》第五条、第六十条第一款、第一百零七条、第一百一十四条,《中华人民共和国物权法》第一百七十九条,《中华人民共和国民法通则》第四条,《中华人民共和国民事诉讼法》第一百四十四条之规定,缺席判决如下:

一、被告周元红于本判决发生法律效力之日起七日内向原告中山市恒源典当有限公司偿还当金170,000元并支付截至2016年2月21日的综合费3252.67元、利息1326元;

二、被告周元红于本判决发生法律效力之日起七日内向原告中山市恒源典当有限公司支付利息、逾期罚息(利息、逾期罚息以当金170,000元为基数,从2016年2月22日起至债务清偿之日止按年利率24%计算);

三、原告中山市恒源典当有限公司对被告周元红名下的位于中山市沙溪镇宝珠中路2号御隆廷A2幢×房折价或者以拍卖、变卖该房地产所得的价款在债权数额373,000元的范围内享有优先受偿权;

四、驳回原告中山市恒源典当有限公司的其他诉讼请求。

如果未按本判决指定的期间履行给付金钱义务,应当依照《中华人民共和国民事诉讼法》第二百五十三条之规定,加倍支付迟延履行期间的债务利息。

案件受理费3916元,减半收取1958元(原告中山市恒源典当有限公司已预付),由原告中山市恒源典当有限公司负担62元,被告周元红负担1896元(该款被告周元红于本判决生效之日起七日内支付原告)。

如不服本判决,可在判决书送达之日起十五日内,向本院递交上诉状,并按对方当事人的人数提出副本,上诉于广东省中山市中级人民法院。

审　判　员　饶　琨

二〇一六年六月十五日

书　记　员　罗　敏

3. 典当纠纷的法律适用

【问题提示】典当纠纷是否应当适用或参照适用《典当管理办法》?

【案例七】浙江××责任公司诉胡××民间借贷纠纷案(2009年6月18日)

【法律点】典当作为一种民间融资制度,我国一直没有相应的法律规定予以规范。商务部、公安部于2005年联合颁布的《典当管理办法》,是我国政府有关部门针对典当行业专门作出的行政规章,在目前处理典当纠纷中应当参照适用。

【关键词】典当　典当管理办法　行政规章　典当纠纷　参照适用

浙江省建德市人民法院
民事判决书

(2009)杭建商初字第1256号

原告:浙江××责任公司。住所地,建德市××街道××东路××号。

法定代表人:宋××。

委托代理人:詹××、聂××。

被告:胡××。

原告浙江××责任公司(以下简称电联××)为与被告胡××民间借贷纠纷一案,于2009年5月12日向本院起诉,本院于同日立案受理后,依法由审判员赖某君适用简易程序于2009年6月18日公开开庭进行审理。原告电联××的委托代理人聂××到庭参加了诉讼;被告胡××经本院合法传唤无正当理由拒不到庭。本案现已审理终结并当庭宣告判决。

原告电联××起诉称,2007年8月13日,我公司与被告签订《房屋典当合同》一份,约定由原告向被告提供当金150,000元,典当期限至2007年9月11日止。被告以其所有的建房权证梅移字第002410号房屋所有权和建国用(2007)第1716号土地使用权抵押典当给原告。合同对典当费用计算方式、续当和赎当等事宜进行了约定,还约定如被告违约,除应当归还典当本金、支付综合服务费、利息外,还应向原告承担违约金、律师诉讼代理费等费用。典当合同成立后,双方依法进行了抵押登记,办理了建房新他字第12495号房屋他项权证。原告扣除了合同约定的综合服务费2700元后,依约支付了被告全部当金,被告使用该款后,经原告同意先后办理了十余次续当手续,将当期延期至2008年11月4日。但此后被告未办理赎当手续,现已绝当。诉请判令:1. 被告立即归还当金150,000元,并支付违约金8190元(从2008年11月5日计算至2009年5月5日,自2009年5月6日至判决确定付款之日的违约金按所欠当金的每日万分之三另行计算);2. 被告赔偿原告为实现本案债权而支付的律师诉讼代理费4800元;3. 本案案件受理费由被告承担;4. 确认原告对典当抵押物的拍卖或处置款在上述应付款项范围内具有优先受偿权。

原告为证明其主张,提供了下列证据材料:

1. 房屋典当合同、房屋所有权证、土地使用权证各一份,证明原、被告双方就建立房屋典当关系达成合议的内容以及抵押物情况。

2. 房屋他项权证一份,证明典当抵押物已办理抵押登记手续的事实。

3. 当票一份,证明原告已依约支付当金的事实。

4. 续当凭证十四份,证明双方办理续当手续,将当期延期到2008年11月4日的事实。

5. 委托代理合同、律师收费发票各一份,证明原告为实现合同项下的债权而支出了律师代理费4800元,根据合同约定应由被告方承担。

6. 违约金计算清单一份,证明自2008年11月5日至2009年5月5日,按当金的每日万分之三的方式计算,违约金为8190元的事实。

被告胡××经本院合法传唤无正当理由拒不到庭,在法定期间内亦未提交书面答辩状及证据材料,应视为其放弃对本案事实进行抗辩和对证据进行质证的权利。

原告提交的上述证据,符合证据的真实性、合法性及关联性要求,能证明原告的待证事实,本院予以确认。根据原告陈述及提供的相关证据,结合被告放弃答辩的事实,本院认定事实如原告所述。

本院认为，典当作为一种民间融资制度，我国一直没有相应的法律规定予以规范。2005年2月9日商务部、公安部联合颁布的《典当管理办法》，是我国政府有关部门针对典当行业专门作出的行政规章，在目前处理典当纠纷中应当参照适用。《典当管理办法》第三条第一款规定："本办法所称典当，是指当户将其动产、财产权利作为当物质押或者将其房地产作为当物抵押给典当行，交付一定比例费用，取得当金，并在约定期限内支付当金利息、偿还当金、赎回当物的行为。"原、被告双方签订的典当合同，其内容未违反法律、法规强制性规定，且系双方当事人真实意思表示，应当确认合法有效。原、被告双方就抵押物已办理了相关登记手续，抵押权成立。被告在典当期限届满后，依约与原告办理了十四次续当手续，将典当期间延期至2008年11月4日，此后未办理赎当手续，已构成违约，应当承担相应的违约责任。故原告要求被告立即归还当金、偿付违约金、赔偿原告为实现本案债权支付的律师代理费以及对当物处置后所得价款享有优先受偿权的诉讼请求，有事实和法律依据，本院予以支持。据此，依照《中华人民共和国民事诉讼法》第一百三十条，《中华人民共和国合同法》第二百零六条、第一百一十四条和《中华人民共和国物权法》第一百七十条之规定，判决如下：

一、被告胡××于本判决生效后十日内归还原告浙江××责任公司当金人民币150,000元，支付违约金8190元（计至2009年5月5日，2009年5月6日至判决确定付款之日止的违约金按所欠当金的每日万分之三另行计算）。

二、被告胡××于本判决生效后十日内赔偿原告浙江××责任公司为实现本案债权所支付的诉讼代理费人民币4800元。

三、原告浙江××责任公司有权对被告胡××位于建德市梅城镇门街东某花某2幢一单元302室房屋处置所得价款在被告胡××上述一、二项应付款项范围内享有优先受偿权。当事人如果未按本判决指定的期间履行给付金钱义务，应当依照《中华人民共和国民事诉讼法》第二百二十九条之规定，加倍支付迟延履行期间的债务利息。案件受理费1780元（减半收取），由被告胡××负担。

当事人在本判决书生效后十五日内到本院办理诉讼费用结算手续，逾期不交纳应负担的诉讼费用，依法强制执行。

如不服本判决，可在判决书送达之日起十五日内，向本院递交上诉状及副本一份，上诉于浙江省杭州市中级人民法院，并向浙江省杭州市中级人民法院预交上诉案件受理费3560元。在上诉期满后七日内仍未交纳的，按自动撤回上诉处理［人民法院户名（浙江省杭州市中级人民法院），账号12×××09008802968，开户行（工商银行湖滨分行)]。对财产案件提起上诉的,案件受理费按照不服本院判决部分的上诉请求由本院另行书面通知预交。原告应在本判决确定的履行期限届满后两年之内向本院申请执行,逾期本院将不予执行。

审　判　员　赖某君

二〇〇九年六月十八日

书　记　员　江　洪

【案例八】青岛市金达典当行有限责任公司诉青岛昊通房地产开发有限公司、纪群传借款合同纠纷案（2016年3月16日）

【法律点】在《最高人民法院关于审理民间借贷案件适用法律若干问题的规定》施行后尚未审结的典当借款合同纠纷不适用该规定，应参照适用《典当管理办法》的规定。

【关键词】典当借款合同　特别法优于一般法　参照适用　典当管理办法　民间借贷利率

山东省青岛市中级人民法院
民事判决书

（2016）鲁02民终599号

上诉人（原审被告）：青岛昊通房地产开发有限公司。

法定代表人：纪群传，总经理。

委托代理人：刘金泽，山东青成律师事务所律师。

被上诉人（原审原告）：青岛市金达典当行有限责任公司。

法定代表人：张善朋，总经理。

委托代理人：熊纪奎，山东中商律师事务所律师。

委托代理人：陈妍洁，山东中商律师事务所实习律师。

原审被告：纪群传。

委托代理人：刘金泽，山东青成律师事务所律师。

上诉人青岛昊通房地产开发有限公司（以下简称昊通公司）因与被上诉人青岛市

金达典当行有限责任公司(以下简称金达公司)、原审被告纪群传借款合同纠纷一案,不服青岛市市北区人民法院(2015)北民初字第2577号民事判决,向本院提起上诉,本院于2016年1月14日受理。本院受理后,由审判员王立杰担任审判长,代理审判员张仁珑担任本案主审,与代理审判员阚红艳共同组成合议庭审理了本案。本案现已审理终结。

金达公司在一审中诉称:2014年5月7日,金达公司与昊通公司签订典当借款合同、典当抵押合同,合同约定:昊通公司以其自有的位于即墨市城马路200号×号楼×单元×户、×单元×户、×单元×户、×号楼×单元×户、×户、×户,×号楼×单元×户,×号楼×单元×户、×户,×单元×户、×户、×户、×户房产设定抵押,向金达公司典当借款2,261,100元,借款期限为2014年5月7日至2014年11月6日,月综合费率为2.7%,在上述期限内,昊通公司可申请循环使用上述资金,合同记载的典当金额、发放日期、到期日期与当票不一致时,以当票记载为准。合同同时约定,在抵押借款期限内,典当到期或者典当期限届满后五日内,经双方协商可以续当,典当期限或续当期限届满后,昊通公司应在五日内赎当或者续当,逾期不赎当也不续当,为绝当。如昊通公司在典当到期后未续当或者形成绝当,应当自典当到期之日起,每天按典当金额的1.3‰支付滞纳金,形成绝当后,金达公司有权采取相关措施,实现本合同项下的债权。如果昊通公司违约,应当承担全部的违约责任,并向金达公司支付借款额20%的违约金。合同签订后,上述房产已办理抵押登记,金达公司取得上述房产的他项权证。同日,纪群传对昊通公司的上述典当借款与金达公司签订担保合同,对上述典当借款提供连带保证,担保期限至债权人实现全部债权止。2014年5月9日,金达公司依照上述合同约定向昊通公司签发典当期限为2014年5月9日至2014年6月8日的当票,并于当日向昊通公司发放典当借款2,261,048元,届时金达公司已全面履行了其上述合同义务。上述当票到期后,经双方协商同意连续续当至2014年11月8日,而截至起诉当日,上述续当、赎当期限早已届满,昊通公司未办理续当、赎当,该典当形成绝当,纪群传也没有履行连带还款义务。为此,请求依法判令:1. 昊通公司、纪群传连带偿还金达公司典当借款本金2,261,048元;2. 昊通公司、纪群传连带向金达公司支付以典当借款本金为基数,自2014年11月9日起至判决生效之日止按照每月2.7%计算的典当综合费用、按每天1.3‰计算的滞纳金及典当款额20%的违约金(暂计算至2015年4月17日为1241,089.25元);3. 金达公司有权以昊通公司抵押登记的位于即墨市城马路200号共计13套房地产(他项权证号为:即房地权市他字第××××号)享有抵押权,并有权以该财产折价或者拍卖、变卖的价款优先受偿;4. 昊通公司、纪群传连带承担诉讼费、财产保全费、执行费、公告费、送达费及律师代理费152,485元等金达公司为实现债权的全部费用。

金达公司为支持其诉讼请求,提交以下证据:

证据一:典当借款合同一份、付款通知书两份、付款说明一份、收款收据两份、当票两份。证明2014年5月7日,金达公司与昊通公司签订了典当借款合同,约定昊通公司向金达公司典当借款人民币2,261,100元,借款期限为2014年5月7日至2014年11月6日,月综合费率为2.7%,在上述期限内,昊通公司可申请循环使用上述资金,典当金额、发放日期、到期日期等具体以当票记载为准,典当期限或续当期满后,昊通公司在五日内赎当或续当,逾期不赎当也不续当为绝当。形成绝当后,金达公司依法采取相应措施,实现本合同项下债权,昊通公司承担金达公司因实现债权而产生的所有费用(包括但不限于交通费、诉讼费、律师费等);2014年5月9日,金达公司委托青岛市金达典当行有限责任公司漳州二路分公司通过银行转账方式向昊通公司支付借款共计人民币2,261,048元,并于当日签发当票,典当期限为2014年5月9日至2014年6月8日,并于当日向昊通公司发放典当借款2,261,048元,届时金达公司已全面履行了其上述合同义务,昊通公司应按照约定偿还典当借款及相关利息、典当综合费。

证据二:典当抵押合同一份、他项权证一份。证明2014年5月7日,金达公司与昊通公司签订上述典当借款合同的同时,签订了相对应的典当抵押合同,合同约定,昊通公司以其所有的位于即墨市城马路200号×号楼×单元×户、×单元×户、×单元×户;×号楼×单元×户、×户、×户;×号楼×单元×户;×号楼×单元×户、×户、×单元×户、×户、×户、×户共计十三套房产设定抵押,为昊通公司的上述典当借款提供担保,担保范围包括但不限于借款本金、综合费、违约金、损害赔偿金和实现抵押权的费用等,并于合同签订当日办理抵押登记,金达公司取得上述房地产的他项权证,因此,金达公司有权就上述抵押房屋拍卖变卖所得价款优先受偿。

证据三:担保合同一份。2014年5月7日,纪群传与金达公司签订担保合同,对昊通公司的上述典当借款提供无限连带保证,担保期限至债权人实现全部债权止,担保范围为债权本金、约定的债权人息费收益、债务人的违约金、债权人实现债权的费用(包括诉讼费、律师费、交通费等)。

证据四:续当凭证十张。证明当票到期后,经双方协商同意续当,最后一次续当到期日为2014年11月8日;最后一次续当到期后,昊通公司没有办理续当手续,也没有偿还典当借款,昊通公司应当按照约定偿还借款本金、利息、综合费、违约金及实现债权产生的全部费用,纪群传应当对此承担连带保证责任。

证据五:委托代理合同一份、律师费支付凭证一份。证明典当借款到期后,经金达公司多次催要,昊通公司、纪群传拒绝偿还典当借款,金达公司委托山东中商律师事务所代理向法院提起诉讼,为此,金达公司支付律师费152,485元,昊通公司、纪群传应连带向金达公司承担该律师费支出。

证据六:律师费发票。证明因昊通公司、纪群传违约金达公司支付律师费152,485元,结合证据五,昊通公司、纪群传应连带向金达公司承担该律师费。

证据七:限期交费的通知一份。证明借款到期后金达公司多次追要借款,并于2015年1月27日发出该通知。昊通公司、纪群传承诺按照典当合同约定支付典当管理费,并提出了具体的支付日期,该份通知书可证明昊通公司、纪群传自愿按照双方典当合同的约定,每月2.7%的标准向金达公司支付典当综合管理费。

昊通公司、纪群传在一审中辩称:1. 双方约定的利率每月2.7%过高,根据法律规定最高为同期银行贷款利率的四倍,因此要求降低调整。2. 金达公司要求另支付违约金及律师代理费等,因约定利率明显过高,因此要求调整取消。

昊通公司、纪群传为支持其抗辩主张,提交付款明细一份,证明昊通公司已付款305,240元。

原审法院对证据的认证如下:

昊通公司、纪群传对金达公司提交的证据一至五的真实性均无异议,予以采信。昊通公司、纪群传在金达公司提交证据六、七时未出庭质证,应视为其放弃质证权利。对金达公司提交的证据六、七予以采信。

金达公司对昊通公司、纪群传提交的证据有异议,认为系复印件,对真实性无法确认。但金达公司对昊通公司、纪群传提交证据所证明的事实无异议,对该事实予以采信。

原审法院查明和认定的基本事实是:金达公司在民事起诉状所列明的事实与其提交证据所证明的事实一致,证据确实充分,证明事实清楚。

昊通公司已于2014年6月10日、7月8日、10月22日、12月2日,分别还款61,048元,共计还款305,240元。金达公司确认收到上述款项,认为均为每月的典当管理费,其中2014年12月2日支付的是2014年10月9日至2014年11月8日的管理费。

金达公司在2015年1月27日向昊通公司发出通知,要求昊通公司于2015年2月26日前将拖欠借款综合服务费结清。纪群传在通知上注明“春节前付壹个月息,余3月30日把息付清”。

昊通公司、纪群传在典当续当期满后,未按时偿还当金及利息。

原审法院认为:昊通公司、纪群传对典当借款事实无异议,予以确认。典当续当届满后,昊通公司、纪群传也未按时偿还当金及利息,昊通公司、纪群传应按典当借款合同及担保合同的约定承担违约责任。关于典当综合费用。《典当管理办法》第三十八条第一款明确规定,典当综合费用包括各种服务费和管理费。综合费用的性质是典当行为当户提供服务时及对典当物进行管理所支出的费用,并不属于利息,是典当行提供服务时的综合报酬。绝当时,典当行对典当物享有优先受偿权,典当行无权再收取综合费用。故对金达公司主张的综合费用不予支持。关于滞纳金和违约金。双方在典当借款合同中约定,昊通公司逾期赎当应当按每天1.3‰收取滞纳金及按抵押借款款项20%的违约金,同时纪群传按担保合同的约定承担保证责任。滞纳金或违约金是双方对违约行为所造成损失的赔偿约定。绝当后,典当行不能再收取综合费用,但典当行支出的当金未能收回而会产生损失,滞纳金或违约金就是用于弥补上述损失的,因此,昊通公司、纪群传应当向金达公司支付违约金和滞纳金。昊通公司提出违约金过高,依照相关法律规定,本案中昊通公司应按中国人民银行公布的同期同类金融机构人民币贷款基准利率的四倍承担滞纳金和违约金为限。关于律师费。典当借款合同中约定昊通公司应承担金达公司实现债权时支出的律师费,金达公司有权要求昊通公司承担其因本案支出的律师费。参照《山东省律师服务收费标准》的规定,在必要、合理的范围内计算律师费为86,000元由昊通公司承担。昊通公司以房产作为抵押已在房产管理部门办理抵押权登记,金达公司依法享有抵押权。综上所述,依照《中华人民共和国合同法》第一百零七条、第一百零九条、第一百一十四条,《中华人民共和国物权法》第一百七十九条、第一百九十五条,《中华人民共和国担保法》第十八条、第二十一条,《最高人民法院〈关于人民法院审理借贷案件的若干意见〉》第六条,《典当管理办法》第三条、第三十八条第一款、第四十条第一款的规定,判决:一、青岛昊通房地产开发有限公司偿还青岛市金达典当行有限责任公司典当借款本金2,261,048元;二、青岛昊通房地产开发有限公司给付青岛市金达典当行有限责任公司滞纳金(以典当借款本金2,261,048元为准,自2014年11月9日起按中国人民银行公布的同期同类金融机构人民币贷款基准利率的四倍计算至判决生效之日止);三、青岛昊通房地产开发有限公司给付青岛市金达典当行有限责任公司律师费86,000元;上述一至三项青岛昊通房地产开发有限公司于判决生效之日起十日内一次性履行完毕;四、纪群传对上述一至三项所确认的债务承担连带还款责任;五、青岛昊通房地产开发有限公司以位于即墨市城马路200号×号楼×单元×户、×单元×

户、×单元×户、×号楼×单元×户、×户、×户,×号楼×单元×户,×号楼×单元×户、×户,×单元×户、×户、×户、×户房产对上述债务承担抵押担保责任,青岛市金达典当行有限责任公司对抵押房产享有抵押权,有权对抵押的房产经协商折价或以拍卖、变卖质押房产所得的价款优先抵偿上述债务;六、驳回青岛市金达典当行有限责任公司的其他诉讼请求。如果未按判决指定的期间履行给付金钱义务,应当依照《中华人民共和国民事诉讼法》第二百五十三条之规定,加倍支付迟延履行期间的债务利息。案件受理费36,037元、保全费5000元,共计41,037元,由青岛市金达典当行有限责任公司负担8671元,由青岛昊通房地产开发有限公司、纪群传共同负担32,366元。宣判后,昊通公司不服,上诉至本院。

上诉人昊通公司上诉称:根据2015年9月1日实施的《最高人民法院关于审理民间借贷案件适用法律若干问题的规定》第二十九条、第三十条的规定,一审判决主文第二项明显超出24%年利率。另外,律师费属于经济损失,根据上述规定,已经包含在年利率24%中,因此不应重复计算。请求二审法院撤销一审判决第三项,变更第二项为自2014年11月9日起按不超过年利率24%计算的利息或违约金,并由金达公司承担上诉费。

被上诉人金达公司答辩称:1. 一审判决支持律师费86,000元有事实和法律依据。《典当借款合同》第十条、第十五条均约定,昊通公司在违约的情况下应支付金达公司借款本金、综合费用、利息、违约金、滞纳金等,以及为实现债权而支出的费用(包括但不限于交通费、诉讼费、律师费等)。昊通公司的严重违约行为已经给金达公司造成严重的经济损失,金达公司被迫提起诉讼来实现债权,因此支出了律师费,律师费属于金达公司为实现债权而额外支出的费用,不属于违约金、滞纳金的范畴。根据《中华人民共和国物权法》第一百七十三条、《中华人民共和国合同法》第六十条的规定,一审判决昊通公司按照合同约定支付金达公司为实现本案债权而支出的律师费有事实和法律依据。2. 本案系典当借款合同纠纷,依法应当适用《典当管理办法》的规定,昊通公司应自2014年11月9日起按照每月2.7%的标准向金达公司支付典当综合管理费。金达公司是经政府主管部门依法批准成立的典当行,是与银行等金融机构并行的特殊融资机构,综合费是其提供典当服务的对价。从金达公司在一审诉讼中所提交的《典当借款合同》《典当抵押合同》、当票、续当凭证等证据来看,双方签订的是典当借款合同,本案系典当借款纠纷,而非民间借贷纠纷,根据"特别法优于一般法"的原则,本案应适用《典当管理办法》的相关规定,不应适用《最高人民法院关于审理民间借贷案件适用法律若干问题的规定》中关于民间借贷利率不能超过银行同类贷款利率四倍的规定，本案《典当借款合同》约定月综合费等费用并没有违反《典当管理办法》第三十八条的规定，因此，金达公司要求昊通公司按照每月 2.7% 的标准支付自 2014 年 11 月 9 日起的典当综合费有事实和法律依据。综上，昊通公司的上诉请求没有事实和法律依据，请求依法驳回其上诉请求。

纪群传陈述称：同意昊通公司的上诉意见。

本院对原审法院查明的事实予以确认。二审期间各方当事人均未举出新的证据。

本院认为：金达公司与昊通公司在《典当借款合同》中约定如因昊通公司违约，昊通公司应承担金达公司因实现债权而产生的律师费，一审判决昊通公司给付金达公司律师费，并无不当。

金达公司与昊通公司在《典当借款合同》中约定的滞纳金与违约金数额过高，一审判决按中国人民银行公布的同期同类金融机构人民币贷款基准利率的四倍计算滞纳金与违约金，并无不当。《最高人民法院关于审理民间借贷案件适用法律若干问题的规定》于 2015 年 9 月 1 日施行，该规定施行后尚未审结的一审、二审、再审案件，不适用该规定，本案于 2015 年 2 月 4 日立案受理，在该规定施行之前，故不适用该规定。

综上，上诉人的上诉理由不成立，本院不予支持。一审判决认定事实清楚，适用法律正确，应予维持。依照《中华人民共和国民事诉讼法》第一百七十条第一款第一项之规定，判决如下：

驳回上诉，维持原判。

二审案件受理费 1950 元，由上诉人青岛昊通房地产开发有限公司负担。

本判决为终审判决。

审　判　长　王立杰
代理审判员　张仁珑
代理审判员　阚红艳
二〇一六年三月十六日
书　记　员　王　越

【案例九】太湖县多滴典当有限公司诉太湖县建民房地产开发有限责任公司典当纠纷案（2016年7月11日）

【法律点】 1. 根据《最高人民法院关于审理民间借贷案件适用法律若干问题的规定》第一条"本规定所称的民间借贷是指自然人、法人、其他组织之间及其相互之间进行资金融通的行为;经金融监管部门批准设立的从事贷款业务的金融机构及其分支机构,因发放贷款等相关金融业务引发的纠纷,不适用本规定"。因而典当借款合同纠纷应适用此规定。

2. 在合同约定的典当借款期限届满后,被告未能按时归还典当借款,理应承担逾期罚息或相应违约金,但总额不得超过年利率24%。

【关键词】 典当借款合同　民间借贷案件　逾期罚息　违约金　民间借贷利率

安徽省太湖县人民法院

民事判决书

（2016）皖0825民初333号

原告:太湖县多滴典当有限公司。住所地,安徽省××县。

法定代表人:王金义,董事长。

委托代理人:金琪,安徽精龙律师事务所律师。

被告:太湖县建民房地产开发有限责任公司。住所地,安徽省××县。

法定代表人:吕建民,总经理。

委托代理人:吴国珍,安徽唐功彬律师事务所律师。

原告太湖县多滴典当有限公司(以下简称多滴典当公司)诉被告太湖县建民房地

产开发有限责任公司(以下简称建民公司)典当纠纷一案,本院于2016年1月26日立案受理后,依法组成合议庭,于2016年3月14日公开开庭进行了审理。原告多滴典当公司的委托代理人金琪,被告建民公司的委托代理人吴国珍到庭参加诉讼。本案现已审理终结。

多滴典当公司诉称:2015年1月8日,多滴典当公司与建民公司签订《典当借款合同》及《房地产抵押典当合同》,建民公司以位于太湖县××路的一处国有土地使用权作为抵押物向多滴典当公司借款人民币700万元,借款期限180天,利率和综合费率为1.5%,并办理了抵押物登记手续。在借款到期后,建民公司一直未按合同约定归还当金,也未按约定支付利息和综合费用,多滴典当公司多次向建民公司主张权利,但建民公司却以种种理由推托。为维护自身权益,原告特提起诉讼,请求:(1)建民公司立即归还当金700万元并支付利息147万元;(2)建民公司承担违约金140万元;(3)要求处置抵押物并优先受偿。

建民公司辩称:借款及其抵押的事实无异议。但建民公司已向多滴典当公司支付了133万元,此款应从借款本金中予以扣除;多滴典当公司主张的违约金过高。

经审理查明:2015年1月8日,多滴典当公司与建民公司签订一份《典当借款合同》,约定建民公司向多滴典当公司借款700万元,借款期限为180天,自2015年1月8日起至同年7月4日止,月综合费率为1.5%,其中合同第6.3条注明"乙方(多滴典当公司)向甲方(建民公司)收取费用未明确收费性质,均视为收取本合同项下的利息、综合费和违约金,若乙方收取的上述费用超过甲方依据本合同应支付的利息和综合费金额,则超收的费用自动转为后期发生的利息和综合费,不发生偿还乙方当金(借款)本金的法律效力",第13.1条"甲方如未按期还款,或未按期支付利息及综合费,甲方应依据所欠本金、利息和综合费用总额,按银行同期贷款利率的四倍支付罚息,并且每日按当金的千分之五向乙方支付逾期违约金,直至乙方债权获得完全清偿之时止",第13.2条"甲、乙双方任何一方违反了本合同中其他任何条款的约定时,违约方将按当金的百分之二十承担违约金给对方"。同日,多滴典当公司与建民公司签订《房地产抵押典当合同》,约定建民公司以其享有的坐落于太湖县××路,面积为921.60平方米国有建设用地使用权为上述借款设定抵押担保,抵押担保范围包含约定的当金本金、利息、综合费用、违约金及多滴典当公司实现债权的费用。双方并为此办理了编号为太土他项(2015)第××号《他项权证》。《典当借款合同》和《房地产抵押典当合同》还对双方的其他权利义务作出相应约定。上述相关合同签订后,多滴典当公司于2015年1月13日开具五张当票,并通过银行转账分七次向建民公司支付了当金700万元。根据多滴典当公司开具的《当票》记载,典当借款期限为2015年1月13日起至2015年7月4日止。至多滴典当公司提起诉讼时,建民公司已向多滴典当公司支付典当借款利息133万元,典当借款本金及剩余的利息未能偿还。故多滴典当公司提起诉讼,请求前述。

上述事实有典当借款合同、房地产抵押典当合同、土地他项权利证书、当票、银行转账凭证、原被告的营业执照、组织机构代码证及原被告的陈述等在卷佐证,上述证据已经本院开庭审理质证和审查,本院予以采信。

本院认为,《典当管理办法》第三条第一款规定:“本办法所称典当,是指当户将其动产、财产权利作为当物质押或者将其房地产作为当物抵押给典当行,交付一定比例费用,取得当金,并在约定期限内支付当金利息、偿还当金、赎回当物的行为。”本案中,多滴典当公司作为具有合法经营资质的典当行,有权进行典当经营,其与建民公司签订的典当借款合同、房地产抵押典当合同系双方当事人真实意思表示,内容不违反法律法规禁止性规定,合法有效,双方均应按约履行义务。多滴典当公司已依约向建民公司提供了当金,建民公司未履行按时归还当金的义务,已属明显违约。关于多滴典当公司主张利息及违约金的诉请。首先,根据《最高人民法院〈关于审理民间借贷案件适用法律若干问题的规定〉》第一条规定:“本规定所称的民间借贷是指自然人、法人、其他组织之间及其相互之间进行资金融通的行为;经金融监管部门批准设立的从事贷款业务的金融机构及其分支机构,因发放贷款等相关金融业务引发的纠纷,不适用本规定。”因而本案应适用此规定;其次,依据此规定第三十条规定:“出借人与借款人既约定了逾期利率,又约定了违约金或者其他费用,出借人可以选择主张逾期利息、违约金或者其他费用,也可一并主张,但总计超过年利率24%的部分,人民法院不予支持。”原、被告签订的典当借款合同、房地产抵押典当合同均对利率没有约定,而只是约定了月综合费率为1.5%,故在实际典当借款天数173天(2015年1月13日至2015年7月4日)内,其综合费为60.55万元(700万元×173天×1.5%÷30天)。在合同约定的典当借款期限届满后,建民公司未能按时归还典当借款,理应承担逾期罚息或相应违约金,但总额不得超过24%。建民公司已支付的133万元,因在典当借款合同6.3条明确约定先冲抵利息和月综合费,此条款并不违反法律强制规定,应为有效,故此133万元应先冲抵典当借款期内的月综合费60.55万元,尚剩72.45万元应冲抵逾期的利息或违约金。建民公司以其享有的坐落于太湖县××路的国有建设用地使用权为上述典当借款提供抵押担保并办理抵押登记,故当建民公司不能按时足额清偿典当借款本息时,多滴典当公司有权处分该抵押物,有权就抵押财产优先受偿。

根据《中华人民共和国物权法》第一百七十九条、第一百八十条第一款第二项、第一百八十五条、第一百八十七条,《中华人民共和国合同法》第二百零六条、第二百零七条,《中华人民共和国担保法》第三十三条、第五十三条,《最高人民法院关于审理民间借贷案件适用法律若干问题的规定》第三十条之规定,判决如下:

一、被告太湖县建民房地产开发有限责任公司于本判决生效后七日内向原告太湖县多滴典当有限公司偿还典当借款本金700万元及逾期利息(利息自2015年7月5日起至实际清偿之日止,按年利率24%计算,已支付的72.45万元在执行时予以扣除);

二、如被告太湖县建民房地产开发有限责任公司未能在第一条规定的时间内履行还款义务,则原告太湖县多滴典当有限公司就被告太湖县建民房地产开发有限责任公司设定抵押的位于太湖县××路的国有建设用地使用权[土地他项权证号:太土他项(2015)第××号]折价或者拍卖、变卖所得价款优先受偿。

如果未按判决指定的期间履行给付金钱义务,应当按照《中华人民共和国民事诉讼法》第二百五十三条的规定,加倍支付迟延履行期间的债务利息。

案件受理费60,800元,由被告太湖县建民房地产开发有限责任公司负担。

如不服本判决,可在判决书送达之日起十五日内,向本院递交上诉状,并按对方当事人的人数提出副本,上诉于安徽省安庆市中级人民法院。

审　判　长　倪泽清
审　判　员　程明芳
人民陪审员　徐晓东
二〇一六年七月十一日
书　记　员　周芳红

【案例十】北京泰信典当有限公司诉河北中诚燃气有限公司等典当纠纷案（2015年10月18日）

【法律点】典当行虽属于从事金融行业的实体组织，但不具有《金融机构法人许可证》，故典当行不是金融机构，而是经过国家商务部门特许从事特定金融业务的金融企业，其经营行为受《典当管理办法》规范，《典当管理办法》未作规定的，典当行的典当融资行为，受《最高人民法院关于审理民间借贷案件适用法律若干问题的规定》等关于民间借贷的相关法律法规调整。

【关键词】典当行　金融机构　金融企业　典当管理办法　民间借贷案件

北京市朝阳区人民法院
民事判决书

（2015）朝民（商）初字第8250号

原告：北京泰信典当有限公司。住所地，北京市××区××路××大厦。

法定代表人：阮子奇。

委托代理人：李燕，北京市京开律师事务所律师。

被告：河北中诚燃气有限公司。住所地，廊坊市××区××路。

法定代表人：张春梅。

被告：平山中诚燃气有限公司。住所地，平山县××镇××路南。

法定代表人：张春梅。

被告：亿峰中科实业有限公司。住所地，廊坊开发区××路西侧、××道南侧。

法定代表人：寇文建。

被告：张春梅。

被告：关树崑。

原告北京泰信典当有限公司(以下简称泰信典当公司)与被告河北中诚燃气有限公司(以下简称河北中诚公司)、平山中诚燃气有限公司(以下简称平山中诚公司)、亿峰中科实业有限公司(以下简称亿峰公司)、张春梅、关树崑典当纠纷一案,本院受理后,依法由代理审判员陈汝安担任审判长,与代理审判员董璐、人民陪审员杜国庆组成合议庭,公开开庭进行了审理。原告泰信典当公司的委托代理人李燕到庭参加了诉讼。被告河北中诚公司、平山中诚公司、亿峰公司、张春梅、关树崑经本院合法传唤未到庭应诉。本案现已审理完毕。

原告泰信典当公司起诉称:2013 年 4 月 7 日,泰信典当公司与河北中诚公司签订《借款合同》,约定泰信典当公司向河北中诚公司提供借款 10,245,901.63 元,月利率为 0.1%,月综合费率为 2.4%,借款期限自 2013 年 4 月 8 日至 2013 年 10 月 7 日;同日,泰信典当公司与平山中诚公司、亿峰公司、张春梅、关树崑分别签订《保证合同》,约定保证人对上述借款承担连带保证责任;4 月 8 日,泰信典当公司在预扣一个月的综合服务费后,向河北中诚公司发放借款 1000 万元,并出具《当票》;当期届满后,河北中诚公司未能归还当金,经催促,双方于 2014 年 11 月 8 日签订《还款协议》,约定河北中诚公司于 2014 年 12 月 15 日前清偿全部本金及利息,后河北中诚公司未履行还款义务。故泰信典当公司诉至法院,要求河北中诚公司偿还借款本金 8445,901.63 元、利息 820,000 元;要求河北中诚公司自 2014 年 11 月 8 日起至实际偿还本金之日止,按照《借款合同》约定,支付综合服务费及利息;要求河北中诚公司自 2014 年 12 月 15 日至实际偿还本金之日止,依据《还款协议》约定,按照每日 5‰的标准支付逾期违约金;要求河北中诚公司支付律师费 284,311 元;要求平山中诚公司、亿峰公司、张春梅、关树崑对上述债务承担连带保证责任,要求河北中诚公司、平山中诚公司、亿峰公司、张春梅、关树崑等承担诉讼费、担保费等。

被告河北中诚公司未出庭、未答辩、未举证。

被告平山中诚公司未出庭、未答辩、未举证。

被告亿峰公司未出庭、未答辩、未举证。

被告张春梅未出庭、未答辩、未举证。

被告关树崑未出庭、未答辩、未举证。

经审理查明:2013 年 4 月 7 日,甲方、出借人泰信典当公司与乙方、借款人河北中诚公司签订《借款合同》,约定:甲、乙双方于 2013 年 4 月 7 日签订本合同,乙方因经营需要向甲方申请借款,甲方经审核同意向乙方发放贷款,并收取合同约定的利息和相关费用;借款数额 10,245,901.63 元,月利率为 0.1%,计人民币 10,245.9 元,月综合服务费率为 2.4%，计人民币 245,901.63 元；乙方应于发放借款本金之日当日内向甲方支付一个月综合服务费，计人民币 245,901.63 元（经乙方同意已预收）；乙方应于 2013 年 5 月 8 日起的每月 8 日（以甲方实际放款之日为准）向甲方支付利息和综合服务费，因一个月的综合服务费已预收，当乙方赎当时只需支付本金及赎当本月利息；甲方有权对乙方在合同期内以及逾期应付未付的综合服务费及利息部分按上述费率计收综合费及利息；借款期限为六个月，自 2013 年 4 月 8 日至 2013 年 10 月 7 日，（借款具体期限以甲方实际放款之日开始计息费，还款日以甲方收到归还本金为准）；赎当时应在每月付款期满五日内赎当，超过五日的乙方应当支付该期的综合服务费及利息；借款用于生产经营；典当期内及典当期限届满后五日内，由乙方申请、经甲方书面同意可以续当，续当期限以《续当凭证》为准，但不得超过三个月，本合同约定的事项在续当内继续有效；乙方未与甲方达成续当合同或到期未赎当的，乙方应根据逾期天数和逾期金额，按每日 5‰向甲方支付违约金；乙方按时足额还本付息、费；按照本合同约定收回或者提前收回借款本金、利息时，乙方承担赔款金以及诉讼（仲裁）费，律师费等实现债权、担保权的费用；乙方未与甲方达成延续合同或到期未偿还本金及利息的，乙方应根据逾期天数和逾期金额，按每日 5‰向甲方支付违约金，直至本金及利息清偿为止；乙方对本合同项下债务如不按期还本付息，甲方有权聘请律师代理甲方向乙方追索，直至乙方还清全部借款本息为止；乙方须承担甲方为实现债权的全部费用（包括律师费），律师费用的最低限额为乙方拖欠甲方本息及综合费的 3%；违约金、罚息等因不同的违约行为依本合同的约定可重复计算。

同日，平山中诚公司作为保证人、乙方与债权人、甲方泰信典当公司签订《保证合同》，约定：为确保甲方与主合同债务人河北中诚公司签订的借款合同项下的还款义务得到切实的履行，乙方自愿为甲方提供连带保证担保；主合同是指甲方与借款人河北中诚公司签订的借款合同；乙方知悉并同意主合同的全部条款，提供保证担保的行为完全出于自愿，在本合同项下的全部意思表示真实；乙方保证担保的范围为主合同项下的全部债权，包括主合同项下的借款本金、综合服务费、利息、手续费、公证费、违约金和其他应付的费用，其中主合同项下的借款本金为 10,245,901.63 元；乙方为主合同项下的债务提供全程连带保证担保，至主合同项下债权获得全额清偿时自动解除；本合同保证方式为连带责任保证，即乙方为主合同的债务人对主合同项下债务共同承担连带偿还责任；本合同保证期限为自主合同约定的债务履行期届满之次日起两年；甲方与借款人就《借款合同》项下每笔借款的支用进行协商或履行时，甲方无须另行通知乙方；甲方与借款人就《借款合同》项下借款期限延续达成一致的，乙方仍对延期后的债务承担连带保证责任。

同日,泰信典当公司与亿峰公司、张春梅、关树崑等分别签订《保证合同》,合同条款与前述《保证合同》基本一致。

2013 年 4 月 8 日,泰信典当公司在预扣综合服务费后,将 1000 万元当金汇入河北中诚公司指定账户,并出具了《当票》。《当票》载明:当物名称股权,典当金额 10,245,901.64 元,综合费 245,901.64 元,实付金额 1000 万元,典当期限自 2013 年 4 月 8 日至 2013 年 5 月 7 日,月费率为 2.4%,月利率为 0.1%。

2014 年 11 月 8 日,甲方泰信典当公司与乙方河北中诚公司签订《还款协议》,约定:鉴于 2013 年 4 月 7 日甲乙双方签订《借款合同》,乙方因业务经营需要向甲方申请借款本金:10,245,901.63 元,借款期限自 2013 年 4 月 8 日至 2013 年 10 月 7 日止;甲方于 2013 年 4 月 8 日将借款本金全部付至乙方指定银行账户,乙方已经确认收到全部款项;由于乙方在借款期限届满后未能及时清偿债务。故此,为了明确各方权利义务关系,经各方协商一致,就乙方清偿债务的相关事宜达成还款协议;甲乙双方确认并认可,甲方如期履行了合同的放贷义务,乙方自愿并接受甲方的利率标准以及违约金、相关费用等,对所支付本金、利息、相关费用等的数额、计算方式等无任何争议,且截至 2014 年 11 月 7 日尚欠本金 8445,901.63 元,并拖欠利息 82 万元;乙方确认并保证于 2014 年 12 月 15 日前支付拖欠的全部本金及利息;因乙方未能在《借款合同》约定的期限内清偿全部本金,已经造成了甲方的资金风险,双方确认,如乙方未能按上述期限清偿全部本金,应当自清偿日的次日起以未清偿本金为基数,按每日 5‰向甲方支付逾期违约金;本还款协议为借款合同重要组成部分,与借款合同具有同等法律效力。

2014 年 12 月 11 日,甲方泰信典当公司与乙方华诚联合融资担保有限公司(以下简称华诚担保公司)签订《委托担保协议》,约定:乙方应甲方请求,同意为其在北京市朝阳区人民法院提出的财产保全申请提供保证担保,担保费为 88,000 元,担保费应在乙方出具保函时支付。次日,泰信典当公司缴纳了担保费,华诚担保公司开具了金额为 88,000 元的发票。后泰信典当公司向本院申请财产保全,并提交了华诚担保公司提供的保函作为担保。

2015 年 1 月 3 日,泰信典当公司作为委托方、甲方与受托方、乙方北京市京开律师事务所签订《委托代理合同》,约定:甲方因与河北中诚公司典当纠纷一案,委托乙方代理诉讼;基本代理费为 6000 元,于合同签订日起三日内支付;风险代理费的支付方式为,按照一审法院判决所确定对方当事人应付金额的 3% 计算,减去已付 6000

元,在甲方拿到判决之日起三日内付清。合同签订后,泰信典当公司支付了6000元律师费,北京市京开律师事务所于2015年4月23日开具了金额为6000元的发票。2015年4月24日,北京市京开律师事务所向泰信典当公司开具了金额为278,311元的律师费收据。

上述事实,有《借款合同》《保证合同》《当票》《还款协议》《委托担保协议》《委托代理合同》、发票、收据以及当事人陈述等在案佐证。

本院认为:河北中诚公司与泰信典当公司签订《借款合同》,泰信典当公司交付当金并开具《当票》,双方之间形成典当合同关系,该典当合同关系是各方当事人的真实意思表示,内容未违反国家法律法规的强制性规定,合法有效。在《借款合同》载明的当期届满之后,双方就典当事宜签订《还款协议》,确定了当期内当金、利息的金额及还款日期、违约责任。

首先,《还款协议》的内容反映,河北中诚公司既未续当,也未赎当,则按照双方约定及《典当管理办法》之规定,应视为绝当。其次,《借款合同》约定,河北中诚公司在逾期付款之时,除需继续支付综合服务费、利息外,还应按照每日5‰的标准支付违约金。《还款协议》约定,河北中诚公司在逾期付款之时,仅需按照每日5‰的标准支付逾期违约金。《还款协议》系双方在典当合同关系项下达成的新的合意,应视为对原合同的变更,内容与《借款合同》约定不一致的,应以《还款协议》为准,则在河北中诚公司未能如约付款的情况下,其违约责任应按照《还款协议》确定,即泰信典当公司仅能要求河北中诚公司支付违约金,而不能同时要求逾期期间的综合服务费、利息。故,泰信典当公司要求河北中诚公司支付剩余综合服务费、利息的诉讼请求,本院不予支持,泰信典当公司仅可主张逾期违约金一项。此外,根据《最高人民法院关于审理民间借贷案件适用法律若干问题的规定》,民间借贷是指自然人、法人、其他组织之间及其相互之间进行资金融通的行为,经金融监管部门批准设立的从事贷款业务的金融机构及其分支机构,因发放贷款等相关金融业务引发的纠纷,不适用本规定。典当行虽属于从事金融行业的实体组织,但不具有《金融机构法人许可证》,故典当行不是金融机构,而是经过国家商务部门特许从事特定金融业务的金融企业,其经营行为受《典当管理办法》规范,《典当管理办法》未作规定的,典当行的典当融资行为,受前述关于民间借贷的相关法律法规调整。《典当管理办法》未对当期届满后当户的违约责任作出明确规定,则典当行与当户对该违约责任可另行协商。现泰信典当公司主张按照双方约定的每日5‰标准支付违约金,该违约金的性质应为借贷利息,其标准高于法律限制,本院予以调整,同时违约金的起诉时间依据《还款协议》应为2014年12月16

日,本院亦对该日期予以调整。

关于担保费、律师费。《借款合同》明确约定,泰信典当公司因实现债权而支出的全部费用,由河北中诚公司负担。现泰信典当公司为确保债权的实现,向本院申请财产保全并因保全担保事宜实际支出了担保费,聘请律师代理诉讼并实际支出了律师费,则担保费、律师费应由河北中诚公司负担。关于律师费一节,虽然《借款合同》约定了律师费的收费标准,但该约定系泰信典当公司与河北中诚公司的合意,而非律师费收取方的意思表示,故律师费仍应以泰信典当公司实际支出的金额为准。《委托代理合同》约定的律师费包括两个部分:一部分为基本代理费6000元,现付款期限早已届满,北京市京开律师事务所亦已开具了对应发票,应认定为已经实际支出;另一部分为风险代理律师费,收费标准为判决确定的河北中诚公司应付款项的3%,该部分代理费的付款期限未届满,且标准存在不确定性,泰信典当公司虽然提交了收据,但与合同约定不符,且无其他证据证明该部分律师费已实际支付,但无论是否已经实际支付,依照《委托代理合同》的约定,该部分律师费是泰信典当公司应当且必然支出的费用,故该部分费用应由河北中诚公司负担。泰信典当公司所主张的超出本判决确定债权3%部分的律师费,本院不予支持。

平山中诚公司、亿峰公司、张春梅、关树崑与泰信典当公司签订《保证合同》,泰信典当公司要求其为河北中诚公司的前述全部欠款承担连带保证责任的诉讼请求,有合同依据,本院予以支持。平山中诚公司、亿峰公司、张春梅、关树崑承担保证责任后,有权向河北中诚公司追偿。

河北中诚公司、平山中诚公司、亿峰公司、张春梅、关树崑经本院合法传唤无正当理由拒不到庭,视为其放弃答辩、质证的权利,不影响本院根据查明的事实和证据依法作出裁判。

综上,依照《中华人民共和国合同法》第六十条、第二百五十九条,《中华人民共和担保法》第十八条、第三十一条,《中华人民共和国民事诉讼法》第一百四十四条之规定,判决如下:

一、被告河北中诚燃气有限公司于本判决生效之日起十日内支付原告北京泰信典当有限公司当金8,445,901.63元、利息82万元、违约金(以前述当金为基数,自2014年12月16日起至付清前述当金之日止,按照年息24%的标准计算);

二、被告河北中诚燃气有限公司于本判决生效之日起十日内支付原告北京泰信典当有限公司担保费8.8万元;

三、被告河北中诚燃气有限公司于本判决生效之日起十日内支付原告北京泰信典

当有限公司律师费(按照第一项、第二项确定的金额的 3% 标准计算);

四、就上述第一项、第二项、第三项确定的被告河北中诚燃气有限公司应给付的款项,被告平山中诚燃气有限公司、亿峰中科实业有限公司、张春梅、关树崑向原告北京泰信典当有限公司承担连带保证责任;

五、被告平山中诚燃气有限公司、亿峰中科实业有限公司、张春梅、关树崑承担保证责任后,有权向被告河北中诚燃气有限公司追偿;

六、驳回原告北京泰信典当有限公司的其他诉讼请求。

如果未按本判决指定的期间履行给付金钱义务,应当依照《中华人民共和国民事诉讼法》第二百五十三条之规定,加倍支付迟延履行期间的债务利息。

案件受理费 80,130 元,由原告北京泰信典当有限公司负担 2130 元(已交纳),由被告河北中诚燃气有限公司、平山中诚燃气有限公司、亿峰中科实业有限公司、张春梅、关树崑负担 78,000 元(于本判决生效之日起七日内交纳);保全费 5000 元、公告费 260 元,由被告河北中诚燃气有限公司、平山中诚燃气有限公司、亿峰中科实业有限公司、张春梅、关树崑负担(于本判决生效之日起七日内交纳)。

如不服本判决,可在判决书送达之日起十五日内,向本院递交上诉状,按对方当事人的人数提出副本,上诉于北京市第三中级人民法院。

审 判 长　陈汝安
代理审判员　董　璐
人民陪审员　杜国庆
二〇一五年十月十八日
书 记 员　温晓汾

【案例十一】东阳市××典当有限公司诉卢甲、东阳市××服装厂典当纠纷案（2010年10月15日）

【法律点】典当合同系无名合同，其法律适用的规则是适用我国合同法的总则，并可参照合同法的分则或其他法律最相类似的规定。与典当合同最相类似的合同是借款合同，故可参照适用借款合同的相关法律规定。

【关键词】综合费　违约金　典当合同　无名合同　合同法总则　最相类似　合同法分则　借款合同

浙江省金华市中级人民法院
民事判决书

(2010)浙金商终字第1349号

上诉人(原审原告):东阳市××典当有限公司。

法定代表人:吕××。

上诉人(原审被告):卢甲。

被上诉人(原审被告):东阳市××服装厂。

负责人:卢甲。

上诉人东阳市××典当责任公司(以下简称××典当公司)、卢甲为与被上诉人东阳市××服装厂(以下简称××服装厂)典当纠纷一案,不服浙江省东阳市人民法院作出的(2010)东商初字第453号民事判决,向本院提起上诉。本院受理后,依法组成合议庭审理了本案,现已审理终结。

原审法院审理认定:原告××典当公司系具有经营房地产抵押业务资格的典当公某,被告××服装厂(系被告卢甲个人独资企业)系坐落于东阳市江北街道上卢村,权证号为东房权证江北字第048963-04××64号房产的所有权人。2006年4月11日,被告卢甲与原告签订最高额典当合同,约定被告卢甲以上述房产为抵押出典,由原告在最高典当限额1,500,000元内向被告卢甲发放当金,当期为2006年4月11日至2006年10月11日,具体期限的当金利率、综合费率等以当票为准。被告可续当,每次续当期限最长不得超过六个月,典当的财产逾期不回赎,超过五天保留期后原告有权对典当物做绝当处理,对典当物拍卖后所得价款除支付当金本息、综合费用、违约金、逾期费用、损害赔偿金和处分财产费用、实现债权的费用及其他费用后,余额归还两被告,不足偿付,原告有权继续追索。2006年4月12日,双方向东阳市房地产管理局办理了抵押登记手续,领取了东房江北他字第94号房屋他项权证。2006年9月26日,原告分两次按约向被告卢甲发放当金某计1,446,000元,并出具了相应的当票两份,分别载明"综合费用27,000元,实付金额723,000元,月费率3.6%,当期为2006年9月26日至2006年10月26日"。实际月费率包含月综合费率2.7%和月利率0.9%。典当到期后,被告卢甲多次办理了续当手续,并支付了相应的当费至2007年2月1日,共计176,400元。此后,被告卢甲未再办理续当手续。2007年10月24日,被告通过银行吕某某的账户,向原告汇款200,000元,原告将其中的52,200元作为被告卢甲典当的续当费某某以扣除,并单方将续当期延长至2007年3月2日,余款则转为案外人卢丙、何某所拖欠的当费予以扣除。2008年8月10日,被告卢甲向原告承诺从武义垃圾填埋场工程中其应得的款项优先予以偿还债务,并在协议书中签名。原告聘请律师支付委托代理费17,400元,于2010年4月15日向原审法院提起诉讼,请求判令:1. 被告卢甲立即归还原告当金1,500,000元,并支付逾期费用(逾期费用包括逾期月综合费用2.7%和逾期月利息0.9%,从2007年2月2日起每月按当金3.6%计算至实际履行日止);2. 原告对被告出典的土地证为[东阳市国用(2004)第8-16号],房产证为东房权证江北字第××号、04××64号房产享有优先受偿权;3. 被告承担原告为实现债权所支付的律师代理费17,400元以及本案的诉讼费用。

被告卢甲在原审中答辩称:1. 2006年4月11日其以××服装厂的房产作抵押向原告出典,要求获得当金1,500,000元,情况属实,但原告实际支付给其的当金是1,446,000元。2. 2007年10月24日,其向原告汇款200,000元用于归还当金乙,而非续当也非用于为案外人卢丙、何某支付所拖欠的当费,因此,其实际欠原告的当金为1,246,000元。3.《典当管理办法》第四十条规定双方未办理续当手续为绝当,故被告无需支付综合费,应按银行同期贷款利率计付利息。4. 其与原告之间续当期至2007年2月1日届满,后未续当,本案已超过诉讼时效,原告不能再主张。

被告××服装厂在原审中未作答辩。

原审法院认为:本案双方争执的焦点主要是:1. 原告实际向被告发放当金的金额。根据原告提供的证据三当票两份所记载的内容,可以确认原告在扣除了综合费用后实际发放给被告卢甲的当金为1,446,000元,故被告卢甲的辩解,理由成立,证据确实,予以采纳。2. 被告卢甲汇给原告的200,000元款项的用途。双方的续当期至2007年2月1日届满后,被告卢甲于2007年10月24日汇给原告200,000元,原告在无任何证据证明经被告卢甲同意续当和用于支付案外人拖欠的当费的情况下,单方为被告卢甲办理续当手续,出具续当凭证,并分解该笔款项用于支付被告卢甲和案外人卢丙、何某所拖欠的当费,无事实依据,属无权处分,且未经被告卢甲事后追认,该行为无效。故应确认该笔款项系被告卢甲用于支付其所欠的典当债务。3. 绝当后,被告卢甲是否应支付综合费用。根据《典当管理办法》的相关规定,绝当后的综合费用不属法定应收费用,但也不禁止,可由双方协商约定,现本案原被告双方未对此作出明确约定,仅约定了绝当后可收取违约金、逾期费用、损害赔偿金,故被告卢甲辩称绝当后原告不应收取综合费用的意见,理由成立,予以采纳。4. 本案讼争的债权是否已超过诉讼时效。原审法院认为,被告卢甲于2007年2月1日续当期届满后未赎当,也未续当,应属绝当,原告可主张债权的诉讼时效为两年,2008年8月10日,原告向被告卢甲主张债权,被告卢甲承诺还款,应属诉讼时效中断的法定事由,此后被告卢甲未履行还款义务,原告于2010年4月15日向法院提起诉讼,系在时效中断后重新计算的有效期限内,故原告关于诉讼时效符合法律规定的主张,理由成立,予以支持。综上,原告与两被告签订的典当合同系双方当事人的真实意思表示,且不违反法律法规的强制性规定,应认定合法有效,双方均应依约履行。原告要求被告归还1,500,000元当金的诉请,与事实不符,对无证据证明的54,000元当金的诉求,不予支持。被告卢甲未按约归还当金属违约行为,应承担相应的民事责任,故原告要求被告依约支付逾期费用和实现债权所支出的诉讼代理费,理由正当,应予支持。但原告已于绝当之后取得对典当房产依法及时处理,及时优先受偿的权利,其三年之久未采取措施,依法处理绝当物品,造成逾期损失进一步扩大,对此亦存在过错,应承担相应的责任,其以典当期内的当费收取标准3.6%的给付替代其未及时处理绝当物品造成的逾期损失,不甚公平合理。被告卢甲提出标准过高的异议,应予考虑。本案原被告仅约定了绝当后可收取违约金、逾期费用、损害赔偿金,但未约定上述费用收取的具体数额和计算标准,现原告明确诉称中的逾期费用为违约金,由于本案合同系无名合同,而无名合同适用法律的规则是适用我国合同法的总则,并可参照合同法的分则或其他法律最相类似的规定,因此,与本案合同最相类似的合同是借款合同,故可参照借款合同关于违约损失的支付可以中国人民银行公布的同期同档次贷款基准利率为标准,但最高上限不得超过该标准的四倍的相关法律的规定,予以计算本案的违约损失。典当行业属特种行业,典当公司经营所支出的税收、工资、管理、服务等经营成本,高于一般借款所支出的成本,但结合考虑原告不及时处理绝当物品所应负的责任,故对违约金的支付确定为按中国人民银行公布的同期同档贷款基准利率的四倍计算较为合理。被告卢甲已支付原告的200,000元款项,应从被告所欠债务中予以扣除。原告实际向被告卢甲发放当金1,446,000元,预扣的2006年9月26日至2006年10月26的综合费54,000元,并不能认定为被告所支付,故被告还应支付相应的该当期内的综合费和利息,按本金1,446,000元和月综合费率2.7%、月利率0.9%计算,实为52,056元,该笔当费某从被告已支付给原告的200,000元中予以扣除,余款147,944元,则应抵扣被告应支付给原告的违约金数额的一部分。被告××服装厂将其房产为本案讼争债务出典,并办理了合法的抵押登记手续,原告依法对该房产享有优先受偿权,故原告关于该项的诉请,理由正当,内容合法,亦予以支持。被告××服装厂经合法传唤,无正当理由,拒不到庭参加诉讼,系其对自身权利的放弃,本案依法可缺席判决。据此,依照《中华人民共和国合同法》第八条、第六十条、第一百零七条、第一百一十九条、第一百二十四条、《中华人民共和国担保法》第三十三条、第四十一条、第四十六条、第五十三条、《中华人民共和国民事诉讼法》第一百三十条、《典当管理办法》第三条、第三十七条、第三十八条、第三十九条、第四十条、《最高人民法院关于适用〈中华人民共和国合同法〉若干问题的解释(二)》第二十一条之规定,判决:一、被告卢甲于本判决生效后十日内偿还原告××典当公司当金1,446,000元、并支付违约金(从2007年2月2日起按中国人民银行规定的同期同档次贷款基准利率的四倍计付至实际履行之日止,被告卢甲已支付的147,944元应予以扣除)。二、原告××典当公司对被告××厂所有的东房权证江北字第048963-04××64号的房产享有优先受偿权。三、被告卢甲于本判决生效后十日内支付原告为实现债权所支付的诉讼代理费17,400元。四、驳回原告××典当公司的其他诉讼请求。如果未按本判决指定的期间履行给付金钱义务,应当依照《中华人民共和国民事诉讼法》第二百二十九条之规定,加倍支付迟延履行期间的债务利息。案件受理费18,457元,原告××典当公司负担486元,由被告卢甲负担17,971元。

上诉人××典当公司不服原审法院上述民事判决,向本院提起上诉称:1.《最高额典当合同》和当票均表明本案的当金是1,500,000元,《典当管理办法》并未规定在出具当金时不能预先收取典当月综合费用,××典当公司的做法是一种行业通行的做法,是合法行为,法院应认定当金为1,500,000元。2.《最高额典当合同》第八条明确约定绝当后,当户应当支付当金本息、综合费用、违约金、逾期费用、损害赔偿金以及其他实现债权的费用。典当到期后,卢甲不来续当或还款赎当,属于违约,典当公司要求按照当期内的费用标准支付违约金并没有加重卢甲的负担,卢甲还提出逾期利率过高是没有法律依据的。况且,典当行生存成本很高,它的费率理当与民间借贷不同。综上,请求二审改判本案当金为150万元;将违约金(逾期费用)改为自2007年2月2日起每月按当金的3.6%计付至实际履行之日止;由卢甲和××服装厂承担本案所有诉讼费用。

卢甲答辩称:1. ××典当公司预先扣除了月综合费用和利息,卢甲实际只收到1,446,000元当金。典当合同为无名合同,依相关法律应适用民间借贷的规定,为此,当金只能按实际收到的款项为准。2. 本案的绝当时间为2007年2月7日,绝当后典当合同终止,双方的典当权利义务消灭,典当公司依法应对典当物做出绝当处理。现典当公司以其行为明确放弃对卢甲的典当物作出典当处理的权利,该放弃行为有效,故绝当后典当公司无权要求卢甲支付月综合费用及利息。典当行业与一般的行业不同,它以高额的利润为回报。综上,××典当公司的上诉理由不成立。

上诉人卢甲不服原审法院上述民事判决,向本院提起上诉称:1. 本案于2007年2月1日即已绝当,绝当后,典当公司未在法定期限内履行相关权利,其责任应由典当公司自行承担,且本案典当合同中并未约定违约金的计算方法和金额,而典当公司也从未主张过违约金,绝当后,典当公司的实际损失只有利息,故只能按中国人民银行同期贷款利率计算。一审法院已明确说明不应支付综合费用,本案的利率最多只能按0.9%计算,而不应按中国人民银行同期贷款利率的四倍计算。2. 2007年10月24日,卢甲支付给典当公司的200,000元应在当金中扣除,因为当时口头约定是先还本金,且绝当后,亦应优先归还本金。综上,请求二审撤销原判,依法改判。

××典当公司答辩称:1. 绝当后,典当公某多次向卢甲催讨,卢甲也明确表示愿意归还,故本案的违约方系卢甲,典当公司履行了催讨义务,不存在任何过错,因违约造成的损失应由卢甲承担。依据《最高额典当合同》约定,典当公司要求卢甲按照当期内的费用标准支付逾期费用是合法有据的,而当期内的费用标准是严格按照《典当管理办法》制定的,不存在过高之说,卢甲要求减免没有法律依据。从法理上讲,违约需承担的责任应大于守约时承担的责任,现典当公司要求卢甲仅仅按照当期内的费用标准支付,已经减轻了其义务,理应得到支持。2. 在典当关系中,只存在三个概念,一个是出典,另一个是续当,再一个是还款赎当,不存在归还部分当金这一说法。卢甲归还的200,000元不足以支付1,500,000元的当金,因此,不能认定为还款赎当。况且

200,000 元是 2007 年 10 月 24 日所汇,届时逾期综合费用已远远超过 200,000 元。从债权的受偿顺序来看,该 200,000 元应当依法认定支付逾期费用。

被上诉人 × × 服装厂在二审中未作答辩。

二审中,双方当事人均没有提供新的证据。

本院经审理认定的事实与原审法院认定的事实一致。

本院认为:典当合同是无名合同,依法可参照我们法律对民间借贷所作出的规定。本案中,虽然双方当事人在典当合同中约定的当金为 1,500,000 元,但在交付当金时, × × 典当公司直接扣除了 54,000 元作为典当综合费用,实际交付的当金仅为 1,446,000 元,应以实际交付为准。 × × 典当公司提出当金应认定为 1,500,000 元的上诉理由不成立,本院不予支持。因本案双方当事人未在典当合同中明确约定违约金的数额或计算标准,一审综合考虑卢甲未及时还款赎当的违约行为, × × 典当公司未及时对当物作出处理,避免损失的扩大的过错及典当行的成本等因素,认定以中国人民银行同期贷款基准利率四倍计算本案违约金,该认定并无不当。 × × 典当公司提出应按当期内的综合费用标准计付违约金的上诉理由不成立,本院不予支持。同样,卢甲提出应按银行同期贷款基准利率计付违约金的上诉理由亦不成立,本院亦不予支持。另外,卢甲于 2007 年 10 月 24 日汇给典当公司的 200,000 元,因并不足以清偿全部债务,原审判定将该款用于抵充当期内的综合费用和绝当后的逾期费用,符合相关法律规定。卢甲提出当时口头约定该 200,000 元用于归还当金,应从当金中扣除,但未提供充足的证据予以证明,该上诉理由不成立,本院不予支持。综上,一审判决认定事实清楚,适用法律正确。依照《中华人民共和国民事诉讼法》第一百五十三条第一款第一项之规定,判决如下:

驳回上诉,维持原判。

二审案件受理费 25,000 元,由上诉人 × × 典当公司负担 15,000 元,由上诉人卢甲负担 10,000 元。

本判决为终审判决。

审 判 长 姜 葵

代理审判员 应 倩

代理审判员 汤 泉

二〇一〇年十月十五日

代 书 记 员 项蓓蕾

【案例十二】天水融宝典当有限公司诉李某典当纠纷案（2016 年 5 月 17 日）

【法律点】典当法律关系是复合法律关系，即借贷关系与担保关系混合在一起，彼此之间发生有机的结合，没有主次之分，应当适用统一的典当法规来处理，即应按照合同的约定及《典当管理办法》的规定确定双方的权利义务关系。

【关键词】典当法律关系　复合法律关系　典当法律法规

甘肃省甘谷县人民法院
民事判决书

（2016）甘 0523 民初 380 号

原告：天水融宝典当有限公司。

法定代表人：曲基诚，经理。

委托代理人：汪玉良，甘谷县大像山镇法律服务所法律工作者。

被告李某，甘肃省甘谷县人。

原告天水融宝典当有限公司（以下简称融宝典当公司）与被告李某典当纠纷一案，本院受理后，依法组成合议庭，公开开庭进行了审理。原告法定代表人曲某某及委托代理人汪玉良、被告李某均到庭参加了诉讼。本案现已审理终结。

原告融宝典当公司诉称：2015 年 7 月 8 日，被告李某从原告融宝典当公司借款 30 万元，约定费率即综合费用每月按当金的 2.7% 计算，当金利率为月息 0.3%，于 2015 年 10 月 7 日一次性还款，同时签订了《借款合同》《担保合同》各一份，被告李某以其所有的位于甘谷县大像山镇像山西路西关十字广厦××××、登记为谷房权证第××号房产作为当物抵押给被告融宝典当公司，并对该房产进行了评估，且在甘谷县房产交易中心做了他项权证的抵押登记。借款到期后，原告多次催要，被告至今没有归还，现原告只能诉诸法院，请求：1. 依法责令被告及时归还借款300,000元，并支付相应的月利息、月综合费率的损失；2. 如被告不能清偿上述借款及损失，则原告有权对被告抵押物享有优先受偿权；3. 本案诉讼费由被告承担。

被告李某辩称：原告所述均属实，因为被告父亲李某某作为担保人生意亏本，现下落不明，自己又无能力归还该笔借款和利息，也无钱赎回当物，所以同意由原告处置抵押的房产还款，但自己认为该房产价值较高，原告处置后应补偿原告差价。

原告融宝典当公司为支持其诉讼请求向本院提供了如下证据：

1. 借款合同一份，证明原告与被告李某签订借款合同，约定相关权利义务的事实；

2. 当票一份，证明被告从原告借款时将房产作抵押并备案；

3. 评估报告一份，证明被告抵押房产的价值。

被告李某对原告提交的以上证据均无异议。

本院认为，原告提交的证据内容真实，来源合法，与本案有关联性，且被告均无异议，故本院予以认可。

经审理查明：2015年7月8日，被告李某和原告融宝典当公司签订了《借款合同》《担保合同》各一份，合同约定被告借款300,000元，费率即综合费用每月按当金的2.7%计算，当金利率为月息0.3%，于2015年10月7日一次性还款，担保人为被告李某父亲李某某，同时约定被告李某以其所有的位于甘谷县大像山镇像山西路西关十字广厦××、登记为谷房权证第×××号房产作为当物抵押给原告融宝典当公司。被告对该抵押房产进行了评估，双方在甘谷县房产交易中心做了他项权证的抵押登记。合同签订后，原告融宝典当公司向被告李某出具了当票，依约向被告李某发放了300,000元现金。但借款到期后，被告李某仅支付了一个月的利息，至今无能力偿还借款。

本院认为，根据《典当管理办法》第三条第一款"本办法所称典当，是指当户将其动产、财产权利作为当物质押或者将其房地产作为当物抵押给典当行，交付一定比例费用，取得当金，并在约定期限内支付当金利息、偿还当金、赎回当物的行为"的规定，案涉《借款合同》约定李某将其房产作为当物抵押给融宝典当公司，并支付一定比例的费用(月综合费)，从而取得当金(借款30万元)，并在约定期限内支付当金利息、偿还当金、赎回当物等条款，完全具备了典当行为的要素。本案双方之间的关系符合典当关系的特征，故应当认为本案双方之间的关系属典当关系，原、被告双方设立的典当法律关系成立，其行为是双方当事人的真实意思表示，合法有效，双方的合法权益应受法律保护。典当法律关系是复合法律关系，即借贷关系与担保关系混合在一起，彼此之间发生有机的结合，没有主次之分，应当适用统一的典当法规来处理，即应按照合同的约定及《典当管理办法》的规定确定双方的权利义务关系。

根据《中华人民共和国担保法》第十八条第二款的规定,“连带责任保证的债务人在主合同规定的债务履行期届满没有履行债务的,债权人可以要求债务人履行债务,也可以要求保证人在其保证范围内承担保证责任”。原告选择请求债务人被告李某归还借款本金300,000元及支付相应的利息、月综合费,而放弃要求担保人李某某承担保证责任,被告李某亦对原告的诉讼请求无异议,故原告请求依法由被告李某清偿债务符合法律规定,本院予以支持。

关于原告请求依法将甘谷县大像山镇像山西路西关十字广厦×××东房产(抵押物)拍卖,原告对拍卖的价款享有优先受偿权的问题,该抵押物登记在被告李某名下,并办理了抵押登记手续,根据《物权法》《担保法》的相关规定,债务人不履行到期债务或者发生当事人约定的实现抵押权的情形,债权人有权就该财产优先受偿,或以该财产折价、拍卖、变卖的价款优先受偿。因此,原告的上述请求理据充分,依法予以支持。综上所述,依照《中华人民共和国合同法》第四十四条第一款、第六十条第一款、第一百零七条、第一百九十六条、第二百零六条,《中华人民共和国物权法》第一百七十九条,《中华人民共和国担保法》第三十三条、第五十三条的规定,判决如下:一、被告李某于本判决生效之日起十日内归还给原告天水市融宝典当公司借款本金300,000元及相应的利息、综合费[利息(截至2015年12月29日为4500元,从2015年12月30日起至本判决确定付款日止,以实欠借款本金300,000元为基数,按月利率0.3%计算);综合费(以本金300,000元为基数,从2015年10月8日起至本判决确定付款日止,按月综合费2.7%计算)];二、若被告李某不能清偿上述第一项判决确定的款项,则原告天水市融宝典当公司有权依法折价或申请拍卖、变卖登记在被告李某名下的甘谷县大像山镇像山西路西关十字广厦×××(房地产权证号:谷房权证第×××号)的房产,对所得价款享有优先受偿权。如果被告未按本判决指定的期间履行给付金钱义务,应当依照《中华人民共和国民事诉讼法》第二百五十三条之规定,加倍支付迟延履行期间的债务利息。

案件受理费5860元,由被告李某负担。

如不服本判决,可以在判决书送达之日起十五日内,向本院递交上诉状,并按对方当事人的人数或者代表人的人数提出副本,上诉于甘肃省天水市中级人民法院。

审　判　长　董雪莉

代理审判员　王林成

人民陪审员　王　军

二〇一六年五月十七日

书　记　员　孟彦武

【案例十三】鹤山市中山典当行有限公司诉邓枢、李嘉仪典当纠纷案（2013年7月18日）

【法律点】典当法律关系是复合法律关系，即借贷关系与担保关系混合在一起，彼此之间发生有机的结合，没有主次之分，应当适用统一的典当法律法规来处理。但鉴于目前物权法、担保法对典当法律制度没有规定，处理此类纠纷，唯有参照合同法、物权法、担保法等的相关规定来处理。

【关键词】典当法律关系　典当法律法规　合同法　物权法　担保法

广东省鹤山市人民法院
民事判决书

(2013)江鹤法民一初字第318号

原告：鹤山市中山典当行有限公司。

被告：邓枢。

被告：李嘉仪。

原告鹤山市中山典当行有限公司诉被告邓枢、李嘉仪典当纠纷一案，本院于2013年5月6日受理后，依法由审判员施锦琪独任进行审判，于2013年6月5日公开开庭进行了审理。原告鹤山市中山典当行有限公司的委托代理人任坚明到庭参加了诉讼，被告邓枢、李嘉仪经本院合法传唤，无正当理由拒不到庭，故本案是缺席审理，现已审理终结。

原告诉称：2010年2月10日，两被告向原告借款20,000元，双方签订《房地产抵押合同》《借款合同》，约定：月息为0.8%、月综合费为2%、逾期付款违约金（每日0.2%），担保范围包括全部借款、利息、违约金、实现抵押权的费用，双方办理房地产抵押手续，原告向被告支付20,000元。两被告领款后，2010年12月22日再向原告借款 5000 元,约定:月息为 0.8%、月综合费为 2.2%、逾期付款违约金(每日 0.1%)。其后被告一直未归还借款,至 2013 年 3 月 25 日,共 753 天,利息 5020 元,综合费 13,177.50 元,逾期付款违约金 33,885 元,暂计 52,082.50 元。原告无奈,一直尽力联系被告,被告避而不见,特此,提起诉讼,请求:1. 判令两被告归还原告借款 25,000 元;2. 判令两被告支付利息(月息为 0.8%)、综合费(月综合费为 2%)、逾期付款违约金(每日 0.2%)自 2013 年 3 月 25 日起计算直至付清为止(从 2010 年 12 月 22 日起计算暂计算至 2013 年 3 月 25 日,共 753 天,利息 5020 元,综合费 13,177.50 元,逾期付款违约金 33,885 元,暂计 52,082.50 元);3. 依法将鹤山市沙坪镇兴业苑××号××房拍卖,原告对拍卖的价款享有优先受偿权;4. 本案诉讼费用由被告承担。

两被告无答辩,在举证期限内无提供证据。

经审理查明:2010 年 2 月 10 日,原告与两被告签订借款合同,合同定明:乙方(两被告)愿意将本人拥有的鹤山市沙坪镇兴业苑××号××房(房地产权证号:粤房地证字第 C452×××号、粤房地共证字第 C092×××号)抵押给甲方(原告),作为向甲方借款人民币 20,000.00 元的还款付息及相关费用的担保;甲方同意受理以上抵押借款,在房地产登记机关办妥抵押登记手续后,向乙方提供借款人民币 20,000.00 元;本笔借款期限为:由 2010 年 2 月 10 日起至 2010 年 4 月 10 日止,月利率为 0.8%,月综合费为 2.2%,借款人必须每月十日前缴交综合费和利息;如乙方不能按期还本付息或支付综合费,即属违约,逾期违约金为每天支付本金的 0.2%,甲方有权处置抵押物,处置所得优先用于清偿借款本息及综合费用……同日,原告与两被告就上述借款合同约定的抵押物签订了房地产抵押合同,定明:甲乙双方共同设定抵押的房地产共作价为人民币 110,000.00 元,债权数额为人民币 110,000.00 元,权利种类为抵押权,债务履行期限自 2010 年 2 月 10 日起至 2013 年 2 月 10 日止;本合同抵押担保的范围包括全部主债权及利息、违约金和实现抵押权的费用……2010 年 12 月 22 日,原告与被告邓枢签订借款合同,合同定明:乙方(被告邓枢)自愿将本人拥有的鹤山市沙坪镇兴业苑××号××房(房地产权证号:粤房地证字第 C452×××号、粤房地共证字第 C092×××号)抵押给甲方(原告),作为向甲方借款人民币 5000.00 元的还款付息及相关费用的担保;甲方同意受理以上抵押借款,在房地产登记机关办妥抵押登记手续后,向乙方提供借款人民币 5000.00 元;本笔借款期限为:由 2010 年 12 月 22 日起至 2011 年 6 月 21 日止,月利率为 0.8%,月综合费为 1.7%,借款人必须每月 22 日前缴交综合费和利息,否则就属违约,逾期违约金为每天支付借款本金的 1‰,甲方有权处置抵押物,处置所得优先用于清偿借款本息及综合费用……上述合同签订后,原告依约履行了借款义务,被告邓枢、李嘉仪于2010年2月10日立下“借据”给原告确认收取其借款20,000.00元。被告邓枢于2010年12月22日立下“借据”给原告确认收取其借款5000.00元。上述用于抵押借款的房产,原、被告双方向鹤山市房地产管理局办理了抵押登记手续,该局于2010年2月25日出具鹤山字第×××号“粤房地他项权证”,该证载明:房地产他项权利人为鹤山市中山典当行有限公司;房地产权属人为邓枢、李嘉仪;房地产权证号:粤房地证字第C452×××号、粤房地共证字第C092×××号;房屋坐落:鹤山市沙坪镇兴业苑××号××房;他项权利范围:全部;他项权利种类:一般抵押权;债权数额:110,000.00元。两被告共同向原告借款20,000.00元后,未能依约归还借款本息及综合费给原告,只支付了2010年12月22日前的借款利息及综合费用,至今尚欠原告借款本金20,000.00元及从2010年12月22日至今的相应利息、综合费。被告邓枢于2010年12月22日向原告借款5000.00元后,未能依约归还借款本息及综合费给原告,至今尚欠原告借款本金5000.00元及从2010年12月22日起至今的借款利息及综合费。上述欠款原告经追收未果而诉至本院。

上述事实,有原告提供的房地产抵押合同、借款合同、收据、房地产权证、房地产共有权证、房地产他项权证及庭审笔录等证据材料在案佐证,足以认定。

本院认为,本案立案时所定的案由为民间借贷纠纷,对照已查明的事实,该案由不准确,应定性为典当纠纷。原、被告双方设立的典当法律关系成立,其行为是双方当事人的真实意思表示,合法有效,双方的合法权益应受法律保护。典当法律关系是复合法律关系,即借贷关系与担保关系混合在一起,彼此之间发生有机的结合,没有主次之分,应当适用统一的典当法律法规来处理。但鉴于目前《中华人民共和国物权法》《中华人民共和国担保法》对典当法律制度没有规定,处理此类纠纷,唯有参照《中华人民共和国合同法》《中华人民共和国物权法》《中华人民共和国担保法》等的相关规定来处理。关于原告请求两被告共同归还借款本金25,000.00元及相应的利息、综合费、逾期付款违约金的问题,两被告至今尚欠于2010年2月10日共同向原告所借的20,000.00元及相应的利息、综合费,依法应当由两被告共同清偿。但被告邓枢个人于2010年12月22日向原告所借的5000.00元及相应的利息、综合费,与被告李嘉仪无关,依法应当由被告邓枢个人承担清偿责任,该部分欠款原告请求两被告共同偿还没有事实和法律依据。本案中,两被告向原告借款后,未能依约归还借款本息及相应的费用给原告,其行为已构成违约,依法应当承担违约责任。关于原告请求依法将鹤山市沙坪镇兴业苑××号××房(抵押物)拍卖,原告对拍卖的价款享用优先受偿权的问题,该抵押物是两被告共同共有的,并办理了抵押登记手续,根据《中华人民共和国物权法》《中华人民共和国担保法》的相关规定,债务人不履行到期债务或者发生当事人约定的实现抵押权的情形,债权人有权就该财产优先受偿,或以折价、拍卖、变卖该财产的价款优先受偿。因此,原告的上述请求理据充分,依法予以支持。本案审理过程中,两被告无答辩,在举证期限内无提供证据,亦无出庭参加诉讼,依法视为其放弃各项诉讼权利。综上所述,依照《中华人民共和国民事诉讼法》第六十四条、第一百四十四条,《中华人民共和国合同法》第一百零七条、第一百一十四条第一款、第一百九十六条、第二百零六条、第二百零七条,《中华人民共和国物权法》第一百七十九条,《中华人民共和国担保法》第三十三条的规定,判决如下:

一、被告邓枢、李嘉仪于本判决生效之日起十日内共同归还借款本金 20,000.00 元及相应利息(以本金 20,000.00 元作基数,从 2010 年 12 月 22 日起至本判决确定付款日止,按月利率 0.8% 计算)、综合费(以本金 20,000.00 元作基数,从 2010 年 12 月 22 日起至本判决确定付款日止,按月综合费 2.2% 计算)、违约金(以本金 20,000.00 元作基数,从 2010 年 12 月 22 日起至本判决确定付款日止,按每日 0.2% 计算)给原告鹤山市中山典当行有限公司。

二、被告邓枢于本判决生效之日起十日内归还借款本金人民币 5000.00 元及相应利息(以本金 5000.00 元作基数,从 2010 年 12 月 22 日起至本判决确定付款日止,按月利率 0.8% 计算)、综合费(以本金 5000.00 元作基数,从 2010 年 12 月 22 日起至本判决确定付款日止,按月综合费 1.7% 计算)、违约金(以本金 5000.00 元作基数,从 2010 年 12 月 22 日起至本判决确定付款日止,按每日 1‰计算)给原告鹤山市中山典当行有限公司。

三、若被告邓枢、李嘉仪不能清偿上述第一、二项判决确定的款项,则原告鹤山市中山典当行有限公司有权依法折价或申请拍卖、变卖被告邓枢、李嘉仪共有的鹤山市沙坪镇兴业苑××号××房(房地产权证号:粤房地证字第 C452×××号、粤房地共证字第 C092×××号),对所得价款享有优先受偿权。

四、驳回原告的其他诉讼请求。

如果被告未按本判决指定的期间履行给付金钱义务,应当依照《中华人民共和国民事诉讼法》第二百五十三条之规定,加倍支付迟延履行期间的债务利息。

本案受理费减半收取为 864.00 元,由被告邓枢、李嘉仪共同负担(受理费原告已预交,两被告负担的受理费 864.00 元在给付上述款项时一并付给原告,本院不再收退)。

如不服本判决，可在判决书送达之日起十五日内，向本院递交上诉状，并按对方当事人的人数提出副本，上诉于广东省江门市中级人民法院。当事人上诉的，应在递交上诉状次日起七日内按照不服一审判决部分上诉请求金额向江门市中级人民法院预交上诉案件受理费。逾期不交的，按自动撤回上诉处理。

审　判　员　施锦琪

二〇一三年七月十八日

书　记　员　麦翠娟

【述评】典当法律关系

一、典当的历史概述

所谓“典当”,一般来说,是指以财物为抵押品的限期、有息借贷银钱的社会经济行为;作为一种商业行业形态,通称典当业。[①] 实际上,不同的专家学者会从各自不同的专业角度对典当作出不同的理解和表述。[②] 传统的民法学者则多从营业质的角度来阐述典当的概念,如台湾学者史尚宽认为,“典当是典押当营业人与典押当户设定典押契约,典押当营业人的质权依其与典押当户合意及质物占有移转而生效,典押当合同允许订立流质契约条款,当户承担的为物的责任”。[③]

典当业是人类最古老的行业之一。据现有史料记载,早在公元前 4 世纪,犹太人范围内就有关于“当头”(用于典当的担保物品)的记载,距今已有 2400 年的历史,这也是目前有史料可查的最早典当经济活动。典当在中国历史上也是源远流长,迄今已逾 1600 年,从事典当行业的当铺曾与钱庄、票号并称为中国三大旧式金融业,堪称我国现代金融业的鼻祖。有学者把中国典当业的历史总体地、简要地概括为八句话,这就是:“初见萌芽于两汉,肇始于南朝寺库,入俗于唐五代市井,立行于南北宋朝,兴盛于明清两代,衰落于清末民初,复兴于当代改革,新世纪有序发展。”[④]

旧式典当,或称为传统典当,主要包括“典”和“当”两个不同的制度。前者是典权制度,针对不动产进行典押,承典人既可以取得不动产的担保,又享有不动产的使用权;后者为质当制度,针对动产进行质当。近代以降,新式金融机构如银行、证券交易

---

① 参见曲彦斌:《中国典当史》,九州出版社 2007 年版,第 3 页。

② 关于什么是典当,不同的学者会有不同的定义,例如,刘秋根在其所著的《中国典当制度史》中认为:“典当,即我们习闻的当铺,是一种以经营动产抵押借贷为主的金融行业。”杨肇遇在其所著的《中国典当业》一书中认为:“典当,以金钱供贸易,以利息为盈余,与穷民以资金之融通的‘平民金融机关’,其营业性质即银行之抵押放款也,为银行钱庄之辅助机关。”

③ 史尚宽:《物权法论》,中国政法大学出版社 2000 年版,第 421 ~ 422 页。

④ 曲彦斌:《中国典当史》,九州出版社 2007 年版,第 325 页。

所和保险公司的出现,改变了典当业(当铺)在投资者心中的位置,旧式典当行的数量和规模因之大幅收缩。新中国成立初期,旧式典当因其高利本质被统一实行公私合营,有的当铺被改造为小额质押贷款处,至“文化大革命”开始后便彻底消亡。改革开放后,四川省成都市于1987年年底开办了华贸典当服务商行,率先恢复了这一古老的典当业。但与传统旧式典当不同,新式典当兼具资金融通、当物保管和商品销售等多重功能,并将经营范围从有形财产(动产型典当)扩展到无形财产(权利型典当),并进而拓展到房地产典当业务,业务门类更加齐全,功能也更加完备。

此外,在大陆以外的港澳台地区也有着典当行业的印记。一是香港典当业。作为民间金融业重要分支的典当业,从香港开埠至今的170余年里,也走过了从兴起到繁荣再到逐渐趋向式微的过程。如今银行业和财务公司已经成为香港公众须臾不可离开的重要融资场所,典当业整体竞争乏力。[①] 香港现行唯一的一部专项典当法律——《当押商条例》,制定于1858年,经过多次修正,现行版本为1997年修订版。二是澳门典当业。历史上澳门典当可以划分为“当、按、押”三种。三者中当期由长至短,当息由低到高,分别是“当”可达3年,“按”为1年或2年,而“押”则仅为4个月至1年。目前澳门典当业属警察机构监管,法定典当利率为每月5%,当期最长为3个月。澳门典当业有三个鲜明特点:(1)服务对象主要为需要融资的赌客;(2)当物限于动产,多为珠宝、首饰、手表等民品典当;(3)一店二用,不仅从事质押贷款,而且从事商品销售的流通业务。三是我国台湾地区典当业。典当是我国台湾地区历史悠久的行业之一,全台湾地区2000多家典当行里不少是百年老店。除了台北和高雄两市有公立当铺以外,其他绝大多数为私立典当行,私立当铺一般月息在4分上下,公立当铺维持在月息7厘-1分,两者相差较大。自1997年亚洲经济危机以来,我国台湾地区典当行业整体逐渐衰落,长期以来普遍存在资本金不足、无钱可当、坏账率高的局面。但在2008年以来经济有所反转,银行业放款转趋保守,具有“替代性”功能的当铺有所回暖。[②] 我国台湾地区于2001年6月颁布了“当铺业法”,从而废止了1940年制定的“当铺业管理规则”,使典当法规的“立法”级次得到提升,对于规范我国台湾地区典当

① 即便如此,我国香港地区仍有相当数量的典当行分散在各街道开展经营,一律冠以“××押”或“××大押”,商号有别,尾字相同,全港统一,且仍然沿用旧时传统“当字”手写当票拒斥机打。事实上,香港的部分当铺企业经营规模超过一般意义上小典当的认知,如在香港上市的霭华押业信贷控股有限公司,代号01319. HK,简称“霭华押业信贷”,总市值近10亿港元。霭华押业集团的第一家当舖——伟华大押,位于旺角区,成立于1975年。从起初只有4位小伙计的小店,发展至今成为在港九新界拥有12家分店的押业集团,其中大部分店铺更为自置物业。

② 参见李沙:《中外典当》,学苑出版社2010年版,第69~92页。

业发展起到较好的促进作用。

二、现代典当与传统典当的关系

当前,我国大量采用的"典当"概念,无论在形式外观上还是实质法律关系上,都与传统意义的"典"与"当"大有不同。现代典当与传统典当,以及"典(权)""当(权)"的概念混淆,是导致司法实践中对典当(权)究竟属于何种法律关系认识不清的一个原因。我国长期以来存在"典""当"不分的情况,"典当"合称的提法已经约定俗成,为准确把握现代典当的法律属性,故有必要对传统中"典""当"的概念作适当区分,并与现代典当概念进行异同比较。

(一)传统中"典"与"当"的区别

从法律性质上分析,中国传统中的"典"与"当"具有不同的法律意义,分属不同的法律关系。"典"又称做"典卖"或"典权",系中国固有制度,其形式上有别于国外的不动产质、担保用益。① 根据学者定义,典权一般是指典权人支付典价而占有他人不动产,并进行使用和收益的权利。② 而传统的"当"的标的物则一般限于动产,当铺在当期内对当物负有保管义务,但无使用、收益、处分之权利,当期届满出当人须支付本金及利息,赎回当物,且当铺在一定条件下可以行使绝当的权利。因此,又称"当押""质当",其法律属性是营业质权。③

因此,传统中的"典"与"当"存在以下区别:第一,典权的标的为不动产,当的标的

---

① 有学者认为:"我国的典权与德国的担保用益或利用质押,以及法国与意大利的不动产质,是形式不同但功能基本一致的法律制度,它们的内在实质和基本功能是始终如一的,即都是一种财产或资源的用益方式。"参见米健:《典权制度的比较研究——以德国担保用益和法、意不动产质为比较考察对象》,载《政法论坛》2001 年第 4 期。

② 参见王利明:《物权法论》,中国政法大学出版社 1998 年版,第 659 页。

③ 有学者认为,营业质权是当铺营业人对于出当人移转占有的动产,在出当人不能如期返还从当铺营业人处出借的款项时,就该动产或者其变价优先受清偿的物权。与普通质权(动产质权和权利质权)不同,营业质权作为一项特殊质权,具有以下几个特征:(1)设立目的上的营利性、融资性;(2)主体上的特许性,即经营营业质的当铺只能是经过人民银行批准,公安机关审查认可并由工商管理部门审核发给执照的营利机构;(3)设立上的特殊性,即设定营业质权的"当"与发生债权的"借"同时进行,并且"借"是以"当"为前提;(4)内容上的特殊性,即营业质权人不得将当物转质;(5)标的物为依法可以流通的动产,不包括权利;(6)实现上的选择性,营业质权适用流质约款,其实现无需清算。参见屈茂辉、戴谋富:《论营业质权》,载《法律评论》2006 年第 1 期。又有学者曾尝试对此等流质条款的有效性进行理论上的阐明,认为"法律所以在营业质例外地承认流质契约之有效,乃是因营业质均为升斗小民筹措小额金钱之简便方法,若不许流质,则需经质权之实行手续,当铺将不胜其烦而不愿从事,势将因此断绝社会大众资金筹措之源,自非大众之福"。见谢在全:《民法物权论》(下册),中国政法大学出版社 1999 年版,第 796 页。

为动产。第二,“典”属于用益物权,也有观点认为“典”具有用益物权与担保物权的双重功能;[①]“当”则属于营业质权。第三,作为一种民间行为的典权对双方当事人无特殊要求,而典当中一方当事人必须是经法律特许具有营业主体资格的典当行。第四,典权人对典物有使用、收益的权利;而典当行对当物须尽妥善保管之义务,不能出租、质押、抵押、使用当物。第五,典期届满,出典人支付原典价,赎回典物;当期届满,当户赎回当物时,既要支付当金,还须支付利息及保管、保险等费用。第六,典期内由于承典人的过失导致典物毁损或灭失的,典权人在典价限度内承担赔偿责任;而当物发生毁损、灭失时,一般由典当行承担赔偿责任,因不可抗力或意外事件导致当物毁损、灭失的,由当户自己承担责任。第七,典权期限较长,如农地租佃可达30年之久;当期较短,一般不超过6个月。

(二)现代典当与传统“典”“当”的联系与区别

我国的现代典当,出现于20世纪90年代中期以后。标志是1996年3月发布的《典当行管理暂行办法》,该办法使中国人民银行成为典当行的行业主管部门;典当企业成为特许经营行业,即非银行金融机构。与传统“典”“当”不同,现行典当融合了传统“典”与“当”的各自功能,契合了市场经济体制下各主体在生产活动中对现金流的需求。由于种种原因,在我国典当行业的立法相对滞后,仅采用了部门规章的形式进行了行政管理。根据2005年商务部、公安部颁布的《典当管理办法》第三条第一款的规定,“典当是指当户将其动产、财产权利作为当物质押或者将其房地产作为当物抵押给典当行,交付一定比例费用,取得当金,并在约定期限内支付当金利息、偿还当金、赎回当物的行为”。目前,我国《典当管理办法》所规定的“典当”与传统中的“典”“当”制度大有不同,虽趋近于传统中的“当”,但仍有显著区别:

一是当物范围有所扩大。《典当管理办法》所规定的“典当”当物范围可以是动产、财产权利和房地产,而传统中“当”的范围仅是动产,“典”的范围是不动产。

二是是否需要转移当物的占有不同。与传统的“典”与“当”制度中当物均须移转占有不同,随着物权设立之公示方式的变化,现代典当并不当然地要求对当物占有的移转,仅当物是动产的必须转移占有,当物是房地产的不要求必须转移占有。

① 关于典权法律性质的探讨,大致有用益物权说、担保物权说以及特种物权说三大类。用益物权说系学界通说,其首倡者为我国民法学者黄右昌、胡长清,我国台湾地区学者郑玉波、姚瑞光亦持此说;我国台湾地区学者余戟门持担保物权说;特种物权说,又称折中说,该说认为典权是兼具担保物权及用益物权的特种物权,为我国台湾地区学者史尚宽、李肇伟、陈荣宗,以及大陆学者董开军等所采。详见李婉丽:《论典权法律性质及与类似法律关系之差异》,载《法学研究》1993年第3期。

三是功能属性发生较大改变。在房地产典当业务中,当物可以不转移占有的背后,是当户可以在通过典当房屋实现融资目的的同时,保留其对房屋的用益物权,此点与传统"典"中典权人主要以取得对典物的使用、收益权利截然不同。换言之,现代典当的功能从传统的用益物权与物权担保并存转向了单纯的融资与物权担保。

四是典当期限届满后的法律后果不同。传统中"当"在绝当后承当人当然取得当物的所有权,且损溢自负,可以说,"绝当性"是传统典当的根本属性。而根据《典当管理办法》第43条的规定,典当期限届满后典当行并不当然取得当物的所有权,即绝当物估价金额不足3万元的,典当行可以自行变卖或者折价处理,损溢自负。当物估价金额在3万元以上的,可以按照担保法、物权法的有关规定处理,也可以双方事先约定绝当后由典当行委托拍卖行公开拍卖。拍卖收入在扣除拍卖费用及当金本息后,剩余部分应当退还当户,不足部分向当户追索。这一规定形成两个做法,即3万元以下才适用绝当,3万元以上的适用担保法,这就使得传统典当的根本特性"绝当性"开始丧失。①

三、关于典当法律关系性质的观点梳理

关于典当(权)、典当法律关系的性质,究竟属于债权范畴、还是物权范畴,以至于其中权利义务关系的内容,业内学者历来众说纷纭,其中有些观点针锋相对,也有些观点包容交叉。通过梳理,大致有以下三种观点:

(一)典当关系的本质是物权关系,具体又包括营业质权说和特殊物权说两种观点

营业质权说认为典当是一种营业质,本质上是一种独立担保物权。典当核心是质押借贷,即传统民法意义上的质权,典当行从事的业务是一种商业行为,因此典当也被称为"营业质权"。该说以史尚宽为代表,②屈茂辉、③张旸、④张辰、⑤徐力英⑥等亦持

① 参见叶朋:《论当代典当制度在中国物权体系中的定位——兼论不动产典当的存废》,载《商业时代》2011年第33期。

② 史书认为"特殊质权,谓营业质。……典押当营业人,与典押当户之质权设定契约,依当事人间之合意及质物占有之移转而生效力。……动产与不动产均可成为典当经营活动的标的物"。参见史尚宽:《物权法论》,中国政法大学出版社2000年版,"第八章第九目 特殊质权"及第421页。

③ 屈文认为"经营典当业所设立的营业质权,不同于普通质权,具有自己的特征,也与卖渡担保、所有权保留制度有着显著的差异。享有权利的当铺营业人称为营业质权人,出当人为营业出质人,当物即为质物"。参见屈茂辉、戴谋富:《论营业质权》,载《法律评论》2006年第1期。

④ 参见张旸:《我国典当法律规范的完善》,载《法律适用》2007年第8期。

⑤ 参见张辰:《典当之法律性质问题初论》,载张小平主编:《中财法律评论》(第2卷),知识产权出版社2009年版。

⑥ 参见徐力英、何彬彬:《典当纠纷审判实务探讨》,载《人民司法·应用》2010年第3期。

此说。

特殊物权说认为典当行在当物上设立的权利应是一种独立的物权,具有担保特点又不同于担保物权,是一种与抵押、质押、流质并列的另外一种特殊的物权。主要理由:一是典当法律关系中,一旦绝当,按旧式典当,当物价值无论低于或高于当金,一般多不退,少不补,典当行自负盈亏;假如当物的价值低于当金,出当人对其债务也不负清偿责任,典当行也不能再要求出当人继续清偿。这与担保物权设立的目的及实现方式完全不同。二是在典当法律关系中,无论是出当人以其财产出质或抵押,还是典当行支付当金,都是在同一法律关系中产生的,它们同时产生,相互依存,不具有任何依附性。所以,典当不是一种从权利,而是一种主权利。王利明持此观点,[①]持类似观点的还有黄金波、[②]姚晓菁、[③]杨育正[④]等。

(二)典当关系的本质是债权关系

该观点认为典当是指出当人为担保某项贷款的归还而将其财产交付典当行的行为,是特定种类的抵押、质押借款法律关系。典当的法律性质就是为借贷之债设定的,与借贷之债同时发生的财产担保之债。如出当人到期不归还当金,典当行将直接以物抵债,取得当物的所有权。目前,实践中的典当既不具备典权的法律特征,也不具备营业质权的法律特征,而且根据物权法的规定,物权的种类和内容由法律规定,而目前我国民商事立法也未规定典当是一种独立的物权类型,因此,当户与典当行之间的法律关系本质上属于债权关系。具体又可分为借款合同关系说、附回赎权的买卖关系说和混合合同关系说三种观点。

借款合同关系说认为,典当作为一种有偿借贷合同,是附期限和附质押或抵押条件的民事法律行为。当户向典当行提供物的担保是为了取得借款来实现短期的融资需求,典当行收取当物则是为了利用当物的交换价值从而为自己的放贷资金提供保障,典当本质上是依附借贷法律关系而存在的。同时由于典当行向当户发放当金的前提是已经取得了对当物的占有或其他形式的担保,并具有对抗第三人的效力,因此典

① 参见王利明:《物权法论》(修订版),中国政法大学出版社2003年版,第518页。

② 参见黄金波:《浅论典当有关法律问题》,载《法律适用》1998年第4期。

③ 参见姚晓菁:《典当法律属性及规则探讨》,华东政法学院2005年硕士学位论文。

④ 杨文认为:“典当就是典当,内含了‘典’‘质’‘当’。其作为物权,同时兼具担保物权和用益物权的特性,但又不是担保物权和用益物权的简单组合,不仅仅是在担保物权和用益物权基础上的折中,其基本功能是融资功能,在一定情况下准用流质的规定。在满足典当的融资功能的同时,典当兼具典物的用益功能,对双方和社会都发挥着积极作用。”参见杨育正:《论典当制度的社会价值》,载刘云生编:《中国不动产法研究》(第3卷),法律出版社2009年版。

当合同是质押借款合同或抵押借款合同。从《典当管理办法》第30条第1款"当票是典当行与当户之间的借贷契约"的规定,也可以得出典当的基础法律关系系借款合同关系的结论。持此类观点的有房绍坤、[①]周文海、[②]马杰[③]等。

附回赎权的买卖关系说认为,典当是一种附回赎权的买卖关系,当户在典当到期后并没有必须归还当金本息的义务,当户取赎是一种权利而不是义务,典当行对当户并不享有债权。典当到期后,当户没有归还当金,也没有续当或没有赎当,则成绝当;如果到期不回赎,典当行无权要求其必须偿还(取赎)当金,但当物的所有权转归典当行所有。[④]

混合合同关系说认为,典当关系是借款合同和担保合同共同形成的混合合同。该说认为,典当合同具有质(抵)押借款合同的性质,本质上属于特定种类的抵(质)押法律关系,典当合同属于混合合同,包含借款合同和担保合同两个方面的内容,应受合同法关于借款合同以及物权法关于抵押和质押规定之调整。依合同法基本理论,担保合同作为借款合同的从合同无论如何都不能影响到作为主合同的典当借款合同的效力。[⑤]

(三)典当关系兼具债权关系和物权关系的内容,是一种复合法律关系

该观点认为,典当法律关系是质(抵)押法律关系和借贷法律关系有机结合的复合法律关系。只有组成典当法律关系的质(抵)押法律关系与借贷法律关系同时成立时,典当法律关系才能成立。《典当管理办法》对于房地产、车辆等典当,规定应当办理质(抵)押登记手续后再发放当金。根据担保法的相关规定,质(抵)押登记办理后其质(抵)押法律关系即告生效,因此,典当法律关系中的质(抵)押法律关系和借贷法律关系均具有相对独立性。仅有借款没有质(抵)押,不构成典当法律关系;反之亦然。王刚、[⑥]刘润仙、[⑦]郭娅丽[⑧]等持类似观点。

此外,还有意见认为典当是一种信用的授受行为。该意见认为,典当是指当户将其动产、财产权利作为当物质押或者将其房屋作为当物抵押给典当行,典当行发放当

---

① 参见房绍坤等:《中国民事立法专论》,青岛海洋大学出版社1995年版,第188页。

② 参见周文海、张德山:《审理典当合同纠纷案件的几个问题》,载《人民司法》1997年第2期。

③ 参见马杰:《论典当合同案件的审理》,载《人民司法·应用》2009年第23期。

④ 此为徐文所列少数人观点,参见徐力英、何彬彬:《典当纠纷审判实务探讨》,载《人民司法·应用》2010年第3期。

⑤ 参见韩文卓:《典当纠纷审判实务若干问题浅析》,载《山东审判》2012年第2期。

⑥ 参见王刚:《论典当》,载《法学评论》1997年第1期。

⑦ 参见刘润仙:《我国典当立法探讨》,载《河北法学》2010年第1期。

⑧ 参见郭娅丽:《论典当的性质、地位及其规范结构设计》,载《法学评论》2013年第5期。

金,收取综合费用,双方约定由当户在一定期限内支付当金利息、偿还当金以赎回当物或者弃赎绝当的行为。由此可见,典当在实质上仍是一种信用授受行为,是借贷与质押(抵押)之联立。该说本质上是对复合法律关系说的一种扩充,此处的联立本质上也是一种复合关系。①

四、司法实践中有关典当性质的不同裁判意见

近年来伴随着金融体制改革的逐步推进,金融业务和融资方式已不断拓宽,但中小企业融资难的问题没有得到根本解决,典当业因具备其他许多金融机构不具有的业务优势,成为了主流信贷融资方式之外的一种重要辅助。② 典当作为一种特殊的融资方式,其本质上仍然是一种社会经济活动,必然会伴生相应的典当纠纷进入司法渠道。由于我国法律没有对典当法律关系作出明确规范,理论界对于典当(权)、典当合同法律关系的性质难有定论,基于认识不统一而产生了大量不同的司法裁判意见,不仅很大程度上困扰着典当实务从业者,也对司法的公信力产生了不良的影响,甚至一定程度上影响着典当金融秩序的稳定。从对中国裁判文书网近几年的裁判梳理来看,目前,主要存在以下几种不同的裁判观点:

(一)关于典当(权)权利属性的认识分歧

第一种观点认为,典当权归属于债权范畴。由于现行的物权法并没有将典当权作为一种物权加以规定,根据我国物权法明文规定的物权法定原则,典当权难以再被认定为物权性质。

如【案例一】淄博富隆典当有限公司诉毕义超、宋家云等典当纠纷案,法院认为:"典当权在我国传统民法理论中视为一种用益物权,是财产所有权人将自己的动产、财产权利作为当物质押或者将其不动产作为当物抵押给典当权人,获取相应的财物或者款项,并约定在一定期限内回赎。典权是以不动产标的物设定的物权,而当权是以动产标的物设定的物权。依据《中华人民共和国物权法》第五条物权法定的原则,物权法没有将典当权规定为一种用益物权,因此,财产所有权人或者使用权人将财产质

① 参见汪琼枝、高圣平:《典当立法中若干争议问题探究》,载《武汉金融》2010年第6期。

② 有学者归纳了典当业务至少具有以下优势:首先,典当贷款办理快速、手续简单,有时更适应中小企业资金周转时的"少、紧、急"的特点;其次,典当的当期较为灵活、典当金额限制也较少,哪怕当天上午借下午还亦可;最后,典当业接受抵押或质押的范围更加广泛;典当贷款的用途限制较少。参见何士青、翟凯:《论完善我国典当业的法律监管》,载《河北法学》2015年第1期。

押或抵押给典当企业获取借款所签订的典当合同,具有质押或抵押借款合同的性质,属于债权的范畴,应适用合同法的相关规定处理。”

又如【案例五】山东德鑫泉典当有限公司诉德州百信动物药业有限公司、宋涛等典当纠纷案,法院认为:“依据《中华人民共和国物权法》第五条物权法定的原则,物权法没有将典当权规定为一种用益物权,因此财产所有权人或使用权人将财产抵押给典当企业获取借款所签订的典当合同,具有抵押借款合同的性质,属于债权的范畴,应适用合同法的相关规定处理。”

第二种观点认为,典权属于用益物权,典当(权)属于担保物权。商务部、公安部制定的《典当管理办法》是对典当制度的规定,并非是对典权制度的规定。与传统典权用益物权的性质不同,典当标的既包括动产,也包括不动产,典当权应归入担保物权范畴。

如【案例二】王新生诉邱红卫、胡新团、嵩县车村镇人民政府侵权责任纠纷案,法院认为:“本案中原告与嵩县车村镇人民政府签订的《典当协议》名为‘典当协议’,实为‘典权协议’。典权与典当主要区别在于典权属于用益物权,而典当属于担保物权;典权标的为不动产,而典当标的为动产或不动产;出典人回收典物只需支付典价,不必付利息,而出当人回赎当物时须支付一定数量的利息和本金。因此原告与被告车村镇政府所签订的协议符合典权制度的法律特征,该协议并未违反法律规定,应为有效合同。因此原告是白云山购物中心的合法用益物权人。商业部、公安部制定的《典当管理办法》,是对典当制度的规定,不是典权制度的规定,不适用本案的《典当协议》。”

第三种观点认为,典当是我国传统民法中特有的概念,典当(权)核心就是典权。虽然典权在我国大陆现行法律中并无明文规定,但在法律实践中以习惯法的形式存在,在规范层面有相关的规范性文件和最高人民法院以相关答复、批复和意见的形式认可房屋典权的存在。①

如【案例三】潍坊博远典当有限公司诉潍坊海科置业有限公司、任立学等借款合

① 新中国成立后,虽然土地出典曾一度被取缔,但对民间房屋这一不动产典当关系,一直予以了保护。司法部于1951年所作的《关于典当处理问题的批复》,国家房产管理局于1969年发布的《关于私房改造中处理典当房屋问题的意见》,使新中国成立初期的典当关系有了规范性文件可遵循。最高人民法院关于处理典权的指导意见,最早见于1954年1月5日法行字第388号函。作为司法解释层面出现,为1979年《最高人民法院关于贯彻执行民事政策法律的意见》、1984年《最高人民法院关于贯彻执行民事政策法律若干问题的意见》,以及1988年《最高人民法院关于贯彻执行〈中华人民共和国民法通则〉若干问题的意见(试行)》。上列规范性文件、个案批复以及最高人民法院的司法政策和司法解释,规范的典当关系,均仅指房屋典当,不包括其他不动产,更排除了动产典当。

同纠纷案,法院认为:“所谓典当,是我国传统民法中特有的概念。典权,是指支付典价,占有他人不动产而为使用受益的权利。占有他人不动产而享有使用受益权利的一方,为典权人;收取典价而将自己的不动产交典权人占有、使用、受益的一方,为出典人;作为典权客体的不动产,成为典物;典价为典权人为对他人不动产占有、使用、收益而付出的对价。从以上概念中可以看出,典权为不动产物权,为他物权,系在支付典价的对价下,对他人之物进行占有、使用、收益的权利。……典权,在我国大陆现行法律中并无明文规定,仅存在于我国台湾地区的相关规定中,为我国台湾地区特有的一种制度。虽然典权在我国大陆现行法律中并无明文规定,但在大陆的法律实践中,是承认典权的,在我国大陆,典权是以习惯法的形式存在。而且,最高人民法院自 1951 年至 2004 年期间的答复、批复和相关意见中,均认可典权的存在,例如,1986 年 5 月 27 日最高人民法院关于典当房屋回赎中几个有关问题的批复、1993 年 12 月 4 日最高人民法院关于李秀萍、李生华诉朱伯华房产纠纷一案如何处理的复函等法律文件中,均对典权予以认可并进行了阐述。”①

(二)关于典当合同的合同类型和性质的认识分歧

第一种观点认为,典当法律关系是复合法律关系。典当是借贷关系与担保关系两者混合在一起,且彼此之间发生有机结合,没有主次之分,故与一般借贷与担保法律关系之间构成两个法律关系不同,典当本质上只构成一种复合的法律关系,是独立的一种合同类型。

如【案例四】安徽德合典当有限公司诉汪为春、柳星翠、汪恒焱、怀宁县星春矿业有限公司典当合同纠纷案,法院认为:“典当是指当户将其动产、财产权利为当物质押或者将其房地产作为当物抵押给典当行,交付一定比例费用,取得当金,并在约定期限内支付当金利息、偿还当金、赎回当物的行为。典当法律关系是复合法律关系,即借贷关系与担保关系混合在一起,彼此之间发生有机的结合,没有主次之分,并且应当适用统一的典当法律规则来处理。而一般借贷与担保法律关系之间是两个法律关系,借贷关系是主法律关系,担保关系属于从法律关系,原则上借贷合同的效力会影响到担保合同的效力。”

第二种观点认为,典当法律关系是混合法律关系。典当合同,具有质押借款合同

---

① 值得注意的是,【案例三】争议的主要焦点问题是原告和被告潍坊海科置业有限公司之间的法律关系的性质。法院在裁判理由中只论述了原、被告之间不具有传统典权的法律特征,但对于是否构成现行典当法律关系的论述语焉不详,就径直认定为抵押借贷关系,值得商榷。

的性质,包含借款合同和担保合同两个方面的内容,且两者并非必须并存,故典当合同在性质上属于混合合同,而非一个独立的合同类型。

如【案例五】山东德鑫泉典当有限公司诉德州百信动物药业有限公司、宋涛等典当纠纷案,该案一审法院认为,"借款法律关系、质押法律关系是典当法律关系所包含的两个法律关系,但是两者并非必须并存,即质押法律关系不成立或者无效不影响典当借款法律关系的成立,不能因质押法律关系的缺陷而否认借款法律关系的性质认定,并由此将其界定其他形式的借贷关系,这一做法不但不符合现行相关法律的规定,也违背了典当借款制度设立的目的,从而无法真正实现典当借款法律制度的社会价值和法律价值"。二审法院进而认为,"《中华人民共和国物权法》第五条规定:物权的种类和内容,由法律规定。而物权法并没有将典当作为一种新的物权进行规定,本案原审被告德州百信动物药业有限公司将自己所有的动产质押给被上诉人山东德鑫泉典当有限公司所签订的典当合同,具有质押借款合同的性质,并且典当合同属于混合合同,包含有借款合同和担保合同两个方面的内容,应受合同法关于借款合同以及物权法关于抵押和质押规定之调整"。

第三种观点认为,典当合同系特殊的借贷合同。典当合同由依法设立的典当行与债务人签订,典当行提供借款,债务人以财产权利、动产设定质押担保或以房地产设定抵押担保,从典当行获取借款。因此,典当合同性质为借贷合同,且属于特殊的借贷合同。

如【案例六】中山市恒源典当有限公司诉周元红典当纠纷案,法院认为:"依法设立的典当企业依据《典当管理办法》与债务人签订典当合同,由债权人提供借款,债务人以财产权利、动产设定质押担保或以房地产设定抵押担保,从典当企业获取借款的,该合同性质为借贷合同。由于典当合同属于特殊的借贷合同,绝当后,当户未能偿还当金所需承担的责任应参照适用借贷合同的相关法律规定。"

五、典当法律关系的性质辨析

典当法律关系的性质究竟应该如何认识,我们认为,不妨从与典当相似的其他法律关系的比较当中寻求些许答案。

(一)典当与一般借款合同、民间借贷的区别

典当与一般借贷、民间借贷主要存在四大不同点:一是典当业只能由典当行特许经营,与之相对的一方称之为当户,而一般借贷的双方可以是自然人、法人、非法人组

织,无身份限制。二是典当以物取信,即典当是“以物的价值代替人的信用且作为典当交易的前提和基础”,而一般借贷可以有担保也可以无担保,担保可以是物的担保也可以是人的担保。三是典当行除了收取利息外,还有权收取一定比例的综合费,一般而言利息和综合费之和会显著高于民间借贷利息的法定保护幅度,但在目前民间借贷的利率由原先不超过银行同期贷款利率的四倍调整为年利率24%、36%两条“红线”后,两者间的差距逐渐有所缩小。[①] 四是典当有独特的赎当和绝当等制度设计,使得典当行的债权请求权和当户的债务清偿义务和一般借贷当事人的权利义务有重大差别,如当户赎当的自由使其可以不负按期还款的义务,而绝当制度中的流质不禁止也使得典当行行使返还借款请求权受到限制。

此外,典当的固有制度特征,也导致其与一般借贷存在其他差别,如典当行向当户的融资叫“当金”,而一般借贷中的融资就叫“借款”或“贷款”;典当行按规定应向当户出具当票作为双方的借贷凭证,但也不排斥签订补充典当借款协议以及抵押(质押)合同等,一般借贷中不存在当票;典当期限一般较短,根据《典当管理办法》不得超过六个月,而借款则可长可短;典当行经营所需资本主要靠股东投入,不得向公众吸收存款,主要面向小微企业、个体工商户和个人,经营成本较高、利润高、风险高,等等。

(二)典当与普通质(抵)押借贷关系的区别

典当与普通质(抵)押借贷关系有着明显的区别:首先,典当合同的一方当事人必定是典当行,而质(抵)押借贷关系主体无特殊限定。其次,在典当法律关系中,借款行为与担保行为共存并行,缺一不可,有“借款”必有“当物”,有“当物”方能“借款”,故《典当管理办法》规定,物权担保是典当的关键构成要件。而普通质(抵)押借贷关系仅是主债权的担保,在法律关系上具有从属性。最后,典当关系中,如果发生绝当,典当行能且仅能以动产当物抵偿债务,或先将不动产当物委托拍卖,清偿债务后,再就不足部分向当户追偿。也即典当行在未对当物进行处置前不能直接诉请对方偿还当金本息。所以,典当行对当物的优先受偿权既是一种权利,某种程度上也是一种义务。而普通质(抵)押借贷关系中,质(抵)押权人对担保物权仅享有优先受偿权,且可以放弃行使权利。[②]

---

① 2015年9月1日正式施行的《关于审理民间借贷案件适用法律若干问题的规定》,对民间借贷行为的利率问题作出规定,以24%与36%为界划分“两线三区”,第一条线就是民事法律应予保护的年利率24%,第二条线是年利率36%以上的借贷合同为无效,相应的三个区域,分别是年利率未超过24%的司法保护区,超过年利率36%的无效区,以及此间的自然债务区。

② 参见郑摄天:《典当纠纷案件中的裁判困境及其解决路径——以近三年86件典当纠纷案件为研究样本》,载《研究生法学》2013年第6期。

(三)典当也不是一种简单的营业质权

典当用于不动产时,指不转移占有之担保,与现行法之抵押权相当;用于动产,则是指转移占有之担保,与现行法之质当相当。由此可见,典当至少包含动产质权和不动产抵押两种担保方式。现代典当行作为营利法人,如今从事的业务范围已远远不只动产质押典当。职是之故,典当行与出当人之间的法律关系也不能简单定性为营业质权关系,不能将典当直接等同于营业质权。那种把典当法律关系简单视为营业质权之说,至少是一种以偏概全的观点。

(四)典当也不属于附回赎的买卖合同

附回赎的买卖合同,又称"买回契约",是指出卖人将其所有物出卖后,在一定期限内,仍然有权返还其所领受的价金给买受人,将出卖物收回的行为。在典当法律关系中,当户按期归还当金并支付有关费用后,对当物享有回赎权,与买回契约中出卖人返还价金,享有对出卖物之买回权似乎相类似,实则不同,主要区别可归纳如下:第一,在法律性质上,买回反映的是债权关系,买回权是一种债权;典当则兼具借贷与质押(抵押),并非简单的债权关系。因此,对于买回契约,如未经登记,它只有债权的效力,原则上不得对抗第三人;而典当法律关系中的当户对当物拥有所有权,其回赎权一般具有物权效力,可以对抗第三人。第二,在权利转移上,在买回契约中,转移标的物占有须同时转移标的物之所有权;而典当法律关系的设立仅须转移当物的占有。第三,在权利行使上,附买回条款的买卖契约,其性质是附停止条件的再买卖,出卖人可以其领受的价金,或者是双方约定的价金,买回原标的物,这是标的物再取得;而典当法律关系中的回赎,则是消灭设在当物上的质权(抵押权),重新使当户行使当物所有权时无任何限制。第四,超期买回与赎回效果不同。在买回契约中,卖主超过买回期不买回出卖物,则失去买回权,买主拥有出卖物之所有权处于稳定状态;而典当法律关系中的典当期限比买回契约中的买回期限通常要长,当户超过典当期限不回赎,也不续当,构成绝当(又称"死当"),标志着典当双方权利义务关系解除。①

(五)倾向性意见:典当是一种独立的法律关系,典当权属于新型的担保物权

迄今为止,理论界和实务界尚没有对典当的性质达成共识,所以,在对典当合同、典当权、典当法律关系不加区分,而进行整体把握适用的情形下,《典当管理办法》所规定的典当制度难以与单纯规定债权的合同法、单纯规定物权的物权法及担保法在法律适用上实现有效衔接,反而更明显地表现为制度间的冲突,制度间的冲突集中投射

---

① 参见余能斌:《现代物权法专论》,北京法律出版社2002年版,第270页。

为审判实践的乱象,导致典当纠纷案件在审判实践中出现同案不同判的现象成为常态。

基于此,欲准确把握审理典当纠纷案件所应追求的价值取向,进而找出在现行法律框架内,对《典当管理办法》与合同法、物权法、担保法进行协调法律适用的路径,最为关键的前提仍然是准确界定典当行为的法律性质。我们认为,典当之所以成为一个含糊的学理概念,究其原因在于现代典当制度既具有物权特征,又包含债权内容,同时包含了综合费用、绝当、回赎等典当特有的权利义务。对此,我们应该把握以下三点:

一是明确典当本质上是商事行为的一种,体现着风险自担原则。商事行为与民事行为规则之所以不同,除了商主体与民事主体的准入不同,很大程度上是因为商事行为更多是体现着风险自担,而不是民事立法中的公平等价有偿原则。这种风险自担原则在典当业的法律规制中有着多方面体现:首先,典当行向当户提供运作资金,其本质上是以资金优势协助当户完成商事活动,是资本参加社会再分配的过程,客观上要求当户支付超过利息部分的费用,至于当户能否运用当金赚取更大商业回报,这就属于当户的商业风险自担问题。其次,当物在典当过程中的风险负担原则上对典当行适用无过错责任,除了因为当户过错使当物毁损或不可抗力的原因外,典当行都要为当物承担赔偿责任。在质权担保中,质权人的民事责任采用过错推定原则,若质物发生了毁损灭失的事实,质权人应举证证明自己已尽妥善保管义务,否则即承担赔偿责任。最后,担保物权优先受偿除外规定使典当业风险加大。《物权法》第 170 条对担保物权优先受偿权作出了规定,但“法律另有规定的除外”。可见在很多特殊情形下,典当行即使取得了当物所有权,也可能存在一定的法律风险。例如,合同法规定的建筑公司的债权优先于担保物权、税收征收管理法规定的欠税在先的债权优先于担保物权、破产法规定的企业职工劳动债权优先。[①] 基于典当行为的商行为属性,典当纠纷裁判应以规范促进典当行业发展为目标,对于典当制度中的基本特征及其特有的综合费用、绝当等规则,司法应保持适度容忍,而不应简单依据民事理论中的公平等价有偿等原则加以否认,同时应在裁判价值取向上更多地关注效率问题。

二是确立典当权与典当合同区分原则。在明确了典当行为的商行为性质及典

① 朱巍:《〈典当管理条例(送审稿)〉修改建议——以典当的商行为性质为视角》,载国际经济法网,http://ielaw.uibe.edu.cn/lfjy/7939.htm,最后访问时间:2017 年 2 月 3 日。

当纠纷案件审理中应追求的价值取向后，如何在我国现行民商合一的法律体系下，为典当纠纷案件的审理寻求到与上位法或基本法之间相调和的法律适用路径。对此，我们认为，由于典当制度既有物权特征，又包含借款的债权内容，同时包含综合费用和绝当等特殊权利义务，而现行法律体系下物权规则与债权规则不同，且对典当制度中的特有规则缺乏基本法的确认和支撑，如对典当关系不加区分而进行整体把握，必然造成法律适用上的模糊与困境。基于此，我们认为，在典当纠纷案件审判中，应参照物权法中对物权担保合同与物权设立之区分原则，对典当合同与典当权进行区分。①

三是将典当权视为一种新型担保物权，典当法律关系是一种独立的法律关系。在典当借款关系中，典当行因典当行为产生的关系中，其享有的“典当权”就是一种新型的担保物权，只是未被法定，该权利具有其异于其他权利的特点和内容，除了一般担保物权的内容，还有如借贷与质（抵）押联立，综合费用、绝当以及赎当等典当特有制度。② 而典当法律关系本质上是担保关系与借款关系有机结合在一起的复合法律关系，其中借贷是目的，担保是手段。正如有学者对典当法律关系的概括，“我国现存的典当关系兼具典权、质押、借贷等民事法律关系的某些特征，但与其中的任何一种都不能画上等号，它是一种边缘性的、独立的、新型的法律关系”。③

六、典当纠纷法律适用的困局与破解路径

从司法实践来看，人民法院在确定涉及典当行的借款纠纷案件的案由时，有三种不同的定性：有的法院将案由定为典当纠纷，有的法院将案由定为借款合同纠纷，有的法院将案由定为民间借贷纠纷。确定为不同的案由，势必将导致对案件所涉法律关系的定性以及法律适用方面存在差异。④ 可以说，案由确定的不一致，从侧面反映出当

---

① 参见张林才：《关于典当纠纷案件审理情况的调研》，载天津市武清区人民法院网，http://tjwqfy.chinacourt.org/article/detail/2014/05/id/1286133.shtml，最后访问时间：2017 年 4 月 22 日。

② 我国法律中并不存在“典当权”的概念，但因典当关系中，典当行所享有的权利既具有物权特征，又具有债权内容，同时包含了综合费用、绝当以及赎当等权利内容，故本文选用“典当权”这一概念表述典当行基于典当法律关系所享有的以担保物权为主要内容，又包含绝当等典当特有权利，具有物权性质的权利。对此，亦有观点将其表述为当押权或营业质。

③ 参见黄金波：《浅论典当有关法律问题》，载《法律适用》1998 年第 4 期。

④ 参见郑摄天：《典当纠纷案件中的裁判困境及其解决路径——以近三年 86 件典当纠纷案件为研究样本》，载《研究生法学》2013 年第 6 期。

前典当法律关系易被混淆的特征，导致结果意义上的司法裁判“乱上加乱”。①

（一）目前处理典当纠纷的法律适用乱象

第一种观点认为，目前处理典当纠纷中应当参照适用《典当管理办法》。如【案例七】浙江××责任公司诉胡××民间借贷纠纷案，法院认为：“典当作为一种民间融资制度，我国一直没有相应的法律规定予以规范。2005 年 2 月 9 日商务部、公安部联合颁布的《典当管理办法》，是我国政府有关部门针对典当行业专门作出的行政规章，在目前处理典当纠纷中应当参照适用。”

第二种观点认为，目前处理典当纠纷应适用《最高人民法院关于审理民间借贷案件适用法律若干问题的规定》。如【案例九】太湖县多滴典当有限公司与太湖县建民房地产开发有限责任公司典当纠纷案，法院认为：“根据《最高人民法院关于审理民间借贷案件适用法律若干问题的规定》第一条‘本规定所称的民间借贷是指自然人、法人、其他组织之间及其相互之间进行资金融通的行为；经金融监管部门批准设立的从事贷款业务的金融机构及其分支机构，因发放贷款等相关金融业务引发的纠纷，不适用本规定’，因而本案应适用此规定。”

第三种观点认为，目前典当纠纷处理的法律适用，按照特别法优于一般法的原则，《典当管理办法》作出规范的，适用《典当管理办法》；没有作出规范的，受《最高人民法院关于审理民间借贷案件适用法律若干问题的规定》等关于民间借贷的相关法律法规调整。如【案例十】北京泰信典当有限公司与河北中诚燃气有限公司等典当纠纷案，法院认为：“根据《最高人民法院关于审理民间借贷案件适用法律若干问题的规定》，民间借贷是指自然人、法人、其他组织之间及其相互之间进行资金融通的行为，经金融监管部门批准设立的从事贷款业务的金融机构及其分支机构，因发放贷款等相

① 有论者专门总结了各地法院对典当行业借贷行为的不同定性：第一种，不承认典当关系，按照一般借款关系处理：（1）因典当行未主张或证明涉案行为属典当关系，法院按一般借贷处理；（2）当事人虽请求支付利息和综合费用，但法院认为系争法律关系不符合“典”的基本特征而不予支持；（3）典当行请求被告支付本息和违约金，法院却以典当行非法向公众发放贷款为由，不支持利息和违约金。第二种，名义上承认典当关系，实质上按照民间借贷对待。（1）法院未阐明理由，直接参照民间借贷案件的利率保护标准调低利息和综合费；（2）法院以息费过高为由，将息费等之和调至银行同期贷款利率的四倍以下（原保护范围）；（3）法院以典当行未实际提供综合服务或者综合服务费属于变相计息为由，将息费等之和调至银行同期贷款利率的四倍以下（原保护范围）。第三种，有条件地承认典当关系并支持综合费用的收取。一方面，个别法院采用单一判断法确定系争行为的性质，根据借人资金的一方是否提供抵（质）押担保并办妥登记或交付手续，即根据当物是否适格来确认系争行为的性质；另一方面，多数法院采用综合判断法确定行为性质，如果仅是当物不适格，法院认为典当关系仍然成立；经综合判断认定系争行为（不）满足典当关系的基本特征，并据此认定双方（不）构成典当关系。参见段优：《典当与一般借贷的司法鉴别》，载中国典当联盟网，http://www.cnpawn.cn/pawnnews/show.php?itemid=53935，最后访问时间：2017 年 4 月 22 日。

关金融业务引发的纠纷,不适用本规定。典当行虽属于从事金融行业的实体组织,但不具有《金融机构法人许可证》,故典当行不是金融机构,而是经过国家商务部门特许从事特定金融业务的金融企业,其经营行为受《典当管理办法》规范,《典当管理办法》未作规定的,典当行的典当融资行为,受前述关于民间借贷的相关法律法规调整。”

第四种观点认为,典当合同系无名合同,其法律适用的规则是适用我国合同法的总则,并可参照合同法的分则或其他法律最相类似的规定。如【案例十一】东阳市××典当有限公司诉卢甲、东阳市××服装厂典当纠纷案,法院认为:“由于本案合同系无名合同,而无名合同适用法律的规则是适用我国合同法的总则,并可参照合同法的分则或其他法律最相类似的规定,因此,与本案合同最相类似的合同是借款合同,故可参照借款合同关于违约损失的支付可以中国人民银行公布的同期同档次贷款基准利率为标准,但最高上限不得超过该标准的四倍的相关法律的规定,予以计算本案的违约损失。”

第五种观点认为,典当法律关系是复合法律关系的特性,决定了处理典当纠纷应当适用统一的典当法律法规来处理。但对于何为统一的典当法律法规,有观点认为即应按照合同的约定及《典当管理办法》的规定确定双方的权利义务关系。如【案例十二】天水融宝典当有限公司诉李某典当纠纷案,法院认为:“典当法律关系是复合法律关系,即借贷关系与担保关系混合在一起,彼此之间发生有机的结合,没有主次之分,应当适用统一的典当法律法规来处理,即应按照合同的约定及《典当管理办法》的规定确定双方的权利义务关系。”

也有观点认为,鉴于目前物权法、担保法对典当法律制度没有规定,处理此类典当纠纷,只能参照合同法、物权法、担保法等相关规定来处理。如【案例十三】鹤山市中山典当行有限公司诉邓枢、李嘉仪典当纠纷案,法院认为:“典当法律关系是复合法律关系,即借贷关系与担保关系混合在一起,彼此之间发生有机的结合,没有主次之分,应当适用统一的典当法律法规来处理。但鉴于目前物权法、担保法对典当法律制度没有规定,处理此类纠纷,唯有参照合同法、物权法、担保法等的相关规定来处理。”

(二)造成典当纠纷法律适用困局的原因分析

1. 欠缺统一的典当法律法规

目前,我国在法律和行政法规层面上,没有直接调整典当行业的统一规范性文件,法律规范形式散乱、针对性不足。大致梳理来看,司法部早在1951年就发布了《关于典当处理问题的批复》,以及国家房产管理局于1969年发布了《关于私房改造中处理典当房屋问题的意见》,使新中国成立初期的典当关系有了规范性文件可遵循。最高人民法院关于处理典权的指导意见,最早见于1954年1月5日法行字第388号函。作为司法解释层面出现的有:《最高人民法院关于贯彻执行民事政策法律的意见》(1979年)、《最高人民法院关于贯彻执行民事政策法律若干问题的意见》(1984年),以及《最高人民法院关于贯彻执行〈中华人民共和国民法通则〉若干问题的意见(试行)》(1988年)。上列规范性文件、个案批复以及最高人民法院的司法政策和司法解释,规范的典当关系,均仅指房屋典当,不包括其他不动产,更排除了动产典当。

为了规范发展中的典当业,1995年公安部发布了《典当业治安管理办法》,中国人民银行于1996年4月3日制定了《典当行管理暂行办法》,明确典当行为非银行金融机构(特殊金融企业),中国人民银行和公安部对典当业进行监管,成为对典当行业规范的第一个规范性文件。2000年以后,为适应金融体制改革要求,经国务院同意,中国人民银行将典当行作为特殊的工商企业(而非金融机构)移交原国家经贸委统一归口管理。2001年8月,原国家经贸委根据典当业发展的情况,制定并颁布了《典当行管理办法》,这是对典当行业进行规范的第一部成文法。2003年机构改革后,典当业的监管划归商务部负责。2005年2月9日,商务部和公安部又联合颁布《典当管理办法》沿用至今。

上列办法的出台,规范了典当市场的秩序,指引了典当纠纷的处理思路,也为典当立法奠定了基础。但作为部门规章,效力层级低于法律和行政法规,还无法成为典当制度的法律依据,难以直接为司法裁判典当纠纷所适用。而且,上述办法对典当制度的定义,对典当行为的规范,与现行的民事法律法规,尤其是担保、物权以及民间借贷司法解释相关规定还存在诸多冲突,使典当纠纷的司法裁判左右为难,使典当市场的发展和规范成为期待,更迫切地要求加快典当立法和法理研究。① 虽然2009年商务部牵头起草了《典当行管理条例》并报送国务院法制办进入立法程序,国务院法制办自2011年以来就条例多次征求意见,但迄今仍未出台,目前典当行开展业务仍处于有章可循但无"法"可依的境地。

2. 典当的法律性质未予廓清

尽管"典""当"与"典当"在我国由来已久,但随着近代以来社会的变革和法律制

① 有学者对我国典当立法存在的问题进行了总结,即首先,现存典当法律规范位阶低,既体现在立法管理上,也体现在司法实践中,如人民法院在裁决中也均不适用《典当管理办法》的规定,而是参照民法通则、合同法以及担保法的相关规定予以处理,可操作性差。其次,现存典当法律规范与其他法律存在冲突,典型的如与担保法。再次,现存典当法律规范对典当行规定责任过多。又次,现行典当法律规范欠缺对典当行的保护规定,尤其是对误收赃物的处理。最后,缺少配套典当法律规范,如与之配套的典当管理办法及其他规章还未制定。参见张旸:《我国典当法律规范的完善》,载《法律适用》2007年第8期。

度的更迭，学界对“典”“当”及“典当”的本质、特征与存废颇有分歧。尤其是随着现代商品经济的发展，现代典当业实现了“典”与“当”在各自功能上的融合，契合了市场经济体制下的各主体在生产活动中对现金流的需求，在保留了借款人对当物的用益物权前提下，更容易为借款人所接受。故《典当管理办法》中对“典”与“当”的差异予以淡化，抛弃了“典”，其所规定的“典当”是传统意义上“当”的扩展，这使得《典当管理办法》中的某些规定，存在与传统习惯及法学理论不相符的问题。例如，《典当管理办法》允许房产抵押典当，与习惯上“当”仅限动产的做法不一致。在法律法规缺位的情况下，学术的不彰与理论的模糊进一步加剧了典当纠纷司法实践的混沌状态。①

3. 典当行的不规范经营

由于典当准入管理较行业发展相对滞后，监管制度缺失和措施不够到位，加之缺乏统一的法律法规约束，给典当行业违规经营遗留了较大漏洞。实践中，典当行的不规范经营表现为以下几个方面：一是准入制度混乱。部分担保、投资、旧货经营企业和寄售行、调剂行等中介服务机构打着典当旗号，或超范围经营典当业务，或以典当名义从事非法吸收存款、拆借资金、发放贷款等金融业务，但经商务部批准设立的正规典当有限责任公司往往不足寄售行、调剂行、典当行等总数的1/10。二是未办理抵押、质押登记变相发放信用贷款。典当行与当户仅签订抵押合同或质押合同即发放当金，在经营房地产抵押典当业务或机动车质押典当业务时，未按照《典当管理办法》规定与当户依法到相关部门先行办理抵押登记或质押登记。有的当户因当物已在银行等其他金融机构进行了抵押、质押贷款无法再办理登记，与典当行合谋串通不办理抵押、质押登记的现象，典当关系实质转变为发放信用贷款。三是对当户和当品来源核对不严。《典当管理办法》规定，办理出当与赎当，当户应出具本人有效身份证件。出当时，应当如实向典当行提供当物的来源及相关证明材料。但在实际操作中，一些典当行并不要求当户提供有效身份证明，也不认真审查和核对当物的来源和出处，只要有利可图，就予以典当，存在潜在的销赃、洗钱、炒卖外汇等违法犯罪行为空间。四是违规骗贷吸储进行高利贷业务。个别典当行在自有资金不足时，通过民间融资变相筹集资金，以高于银行同期利率吸收社会散资，再以更高利率放贷给借款人，并收取高额利率和综合服务费。五是以合法形式掩盖高利本质追讨债务。部分典当行为掩盖高额利率和综合服务费，采用串通、欺诈、隐瞒、胁迫等手段，迫使当户人书写借据。在出现

① 参见钱锡青、武彬：《民间融资中典当纠纷的裁判困境与司法路径》，载《东方法学》2013年第1期。

纠纷时,以民间借贷的形式诉至法院。①

(三)当前典当纠纷的法律适用及未来完善建议

1. 现行法下的典当纠纷法律适用路径。我们认为,在典当纠纷案件审判中,应参照物权法中对物权担保合同与物权设立之区分原则,对典当合同与典当权进行区分。但由于现行法律对典当权和典当合同均无明文规定,按照无名合同法律适用的规则,对典当合同整体上的认定和处理适用合同法总则的相关规定,对典当权的设立生效适用物权法关于物权设立生效的相关规则,在此基础上,再对典当合同在法律适用上进行进一步的适度区分,即对于典当合同中的借款合同内容适用合同法中关于借款合同部分的规定,对于典当合同中物权担保合同内容适用物权法和合同法的相关规定,对于典当合同中特有的综合费用和绝当等内容,在适用合同法总则相关规定的同时,参照商事交易习惯加以认定处理,以弥补典当特有规则缺乏上位法和基本法支撑的法律适用漏洞。于此,可使典当制度在现行民商合一的法律体系下,有效地实现与合同法、物权法等上位法和基本法的衔接适用,亦符合典当行为作为商行为,在适用一般民事法律规范和特殊商事规范的同时,遵循商事交易习惯的法律适用规则。②

值得一提的是,《中华人民共和国民法总则》(以下简称《民法总则》)已于2017年3月15日在第十二届全国人民代表大会第五次会议上通过,这部影响每个公民和每个法律人的重要民事基本法已于2017年10月1日起实施。其中《民法总则》第10条规定:“处理民事纠纷,应当依照法律;法律没有规定的,可以适用习惯,但是不得违背公序良俗。”第11条规定:“其他法律对民事关系有特别规定的,依照其规定。”上述两个条文共同构成了民事法律的一般适用规则,民事纠纷在欠缺法律规定的情况下,可以适用当事人所在地区或者所在行业的习惯、惯例,即“有法律依法律、无法律依习惯”的规则。这一规则在典当纠纷适用上尤其具有参考意义,对于典当合同中特有的绝当规则和综合费用等内容,在缺乏上位法和基本法支撑的前提下,适用商事交易习惯处理理应成为一种应然的制度选择。

2. 对典当纠纷裁判的司法态度。金融市场的生命在于创新,在多元化民间融资市场环境下,经营创新行为也是促进行业健康、可持续发展的重要因素,典当作为特种行业,收益与风险并存,因此,对于典当行的创新行为,司法应当给予合理的空间,对不

---

① 参见史和新、张帆:《规范典当行业 防范化解风险——浙江省绍兴中院关于典当行违规经营现状的调研报告》,载《人民法院报》2012年10月11日。

② 参见张林才:《关于典当纠纷案件审理情况的调研》,载天津市武清区人民法院网,http://tjwqfy.chinacourt.org/article/detail/2014/05/id/1286133.shtml,最后访问时间:2017年4月22。

违反法律、法规强制性规定和限制经营规定的适度创新,司法不应以否认合同效力的形式来遏制创新行为。但是,我们应当正视的是,典当行业发展至今,由于典当企业质量的良莠不齐,个别典当行违法经营,扰乱市场秩序行为的情况仍时有发生。对此,司法应当积极承担起维护市场交易秩序的职能,依法规制和引导典当行的经营行为,对典当行违背典当交易的基本规则,在经营行为不规范或过度追求不当利益时应予以适度调整或干预,从而平衡典当关系双方当事人交易的公平性。通过司法裁判的社会宣示功能,发挥正确的市场导向作用,对违规经营的典当企业进行依法治理,有效维护市场的正常交易秩序。

3. 法律制度完善层面。在立法法之下,规定一种新类型的民事权利只能制定"法律",也就是说,只能制定典当法或者修改物权法才能彻底解决典当业中的制度风险。目前,许多国家和地区普遍颁布和实施了典当专门法规,使其成为政府监管部门依法监管典当行业的法律依据。如英国《1872 年典当商法》、新加坡《典当商法》、香港《当押商条例》。但我国立法机关任务繁重,立法程序的严格规定导致了相关法律的出台或修改极不容易,作为权宜之计,由国务院制定行政法规就成了目前最可行的方案。建议商务部会同国务院法制办加快立法进度,尽早出台《典当业管理条例》。同时,完善相关配套规定,制定典当业监管法,具体规定典当的经营内容、经营规则等。此外,还有一种替代路径,即参考比较法上的经验,如我国台湾地区原来民法物权编中没有典当的规定,是由一个特别法"当铺业法"来规定其中的特殊交易规则,但在 2007 年通过的民法物权编修正中将"营业质权"作为一般规则,增加规定于质权一章,这种处理模式也值得借鉴。①

目前《民法总则》已经出台,编纂后的民法典各分编也将于 2018 年整体提请全国人大常委会审议,争取于 2020 年将民法典各分编一并提请全国人民代表大会会议审议通过,从而形成统一的民法典。因此,我们期待正在进行的我国民法典的编纂过程中,典当法律关系能够成为物权法修编中一个不被遗忘的内容。

① 参见高圣平:《典当立法与典当业的发展》,2012 年中国典当业创新发展高峰论坛所作主题演讲。

二

典当合同的成立生效和效力

1.典当与信用贷款

【问题提示】典当行对外从事信用贷款业务,其合同性质和效力如何认定?

【案例一】湖北融泰典当有限公司诉李书剑借款合同纠纷案(2014年12月16日)

【法律点】只有在当户提供了当物质押或抵押后,典当行才可以向当户发放贷款。否则,当事人双方之间仅可构成信用借款关系,并不存在实际的典当法律关系。而典当行以借贷名义向社会公众发放信用贷款的行为有违国家金融法规的有关规定,应当认定合同无效。

【关键词】信用贷款　借款合同　典当关系　金融法规　无效合同

湖北省武汉市中级人民法院
民事判决书

(2014)鄂武汉中民商终字第01103号

上诉人(原审被告):李书剑。

委托代理人:王远华,湖北法正联合律师事务所律师。

被上诉人(原审原告):湖北融泰典当有限公司。住所地,湖北省××市××区××路。

法定代表人:涂翔,总经理。

委托代理人:黄晨,湖北得伟君尚律师事务所律师。

委托代理人:章科峰,湖北得伟君尚律师事务所律师。

上诉人李书剑为与被上诉人湖北融泰典当有限公司(以下简称融泰典当)借款合同纠纷一案,不服湖北省武汉市武昌区人民法院(2013)鄂武昌民初字第05523号民事判决,向本院提起上诉。本院受理后依法组成合议庭,于2014年9月9日公开开庭进行了审理。上诉人李书剑的委托代理人王远华,被上诉人融泰典当的委托代理人黄晨到庭参加诉讼。本案现已审理终结。

原审法院查明:2010年7月20日、2010年9月2日,融泰典当与李书剑分别签订两份《权利典当借款合同》约定,李书剑自愿以享有所有权的权利作为当物向融泰典当借款,融泰典当分别向李书剑出借当金100万元、123万元,典当期限均为180天,典当月利率均为0.4%,月综合费均为2.4%。2010年7月20日、2010年9月2日,融泰典当分别委托高航、秦九九向李书剑本人的账户及李书剑指定的武叶红的账户汇款100万元及123万元,共计向李书剑发放了223万元当金。李书剑也分别于2010年7月20日、2010年9月2日向融泰典当出具了金额分别为100万元及123万元的借据。李书剑未向融泰典当提供具体的当物也没有办理任何的权利质押手续。2011年1月19日、2011年3月1日,上述两份合同约定的典当期限届满,李书剑没有向融泰典当偿还借款、支付利息和综合费。

2011年11月4日,融泰典当向李书剑出示《湖北融泰典当有限公司对账单》,载明截至2011年10月31日,李书剑尚欠融泰典当款项338.444万元,其中欠贷款本金223万元,欠贷款费息115.444万元,李书剑于2011年11月10日在该对账单上"信息证明无误"处签字确认。为此,融泰典当诉至原审法院,请求判令:1. 李书剑偿还当金223万元;2. 李书剑按当金100万元以每月2.8%的标准计算,向融泰典当支付自2010年7月20日至当金100万元清偿完毕之日止的当金利息及综合费(暂计至2013年10月31日为1,088,267元);3. 李书剑按当金123万元以每月2.8%的标准计算,向融泰典当支付自2010年9月2日起至当金123万元清偿完毕之日止的当金利息及综合费(暂计至2013年10月31日为1,288,056元);4. 由李书剑承担全部的诉讼费用。

李书剑原审辩称:融泰典当作为一个非银行业机构的企业,无权发放信用贷款,其以借贷为名,向包括李书剑在内的社会广大公众发放贷款的行为违法。故双方签订的案涉《权利典当借款合同》应属无效合同,融泰典当要求李书剑按照合同约定支付利息及综合费的主张,依法应予以驳回。

原审法院认为:融泰典当与李书剑签订的《权利典当借款合同》,虽名为典当合同,但从合同的约定内容来看,合同双方并未设立当物,从合同的履行过程中来看,融泰典当的主要合同义务是向李书剑出借款项,李书剑的主要合同义务是向融泰公司还款并支付利息,双方的实际合同关系为借款关系,并不存在实际的典当关系,本案的案由应为借款纠纷。上述借款合同确系各方真实意思表示,合同双方形成了民间借贷的法律关系。李书剑以该合同违反《典当管理办法》及《中华人民共和国商业银行法》为由主张合同无效的答辩意见,原审认为不能予以支持。《典当管理办法》系部门规章,不属于《中华人民共和国合同法》第五十二条第五项所规定的"违反法律、行政法规的强制性规定"的合同无效的情形范围,且《中华人民共和国商业银行法》第十二条第二款规定:"未经国务院银行业监督管理机构批准,任何单位和个人不得从事吸收公众存款等商业银行业务,任何单位不得在名称中使用'银行'字样",并未禁止企业向个人借贷。

现双方借款事实清楚,且李书剑没有按照约定履行偿还本金、支付利息的合同义务,融泰典当要求李书剑偿还本金223万元的诉讼请求,原审予以支持。根据《最高人民法院关于人民法院审理借贷案件的若干意见》第六条规定民间借贷的利率最高不得超过银行同类贷款利率的四倍,超过部分不予保护。融泰典当要求按照每月2.8%的标准支付利息的诉讼请求,已超过银行同期贷款利率的四倍,超过部分,原审不予支持。

据此,原审法院根据《中华人民共和国合同法》第六十条、第一百零七条、第二百零七条的规定,判决:一、由李书剑偿还融泰典当借款223万元。二、由李书剑按照人民银行规定的商业银行同期同类贷款利率的四倍向融泰典当支付本金100万元自2010年7月20日起至清偿完毕之日的利息。三、由李书剑按照同期人民银行同类贷款利率的四倍向融泰典当支付本金123万元自2010年9月2日起至清偿完毕之日的利息。以上一、二、三项于判决生效后十日内履行完毕。案件受理费24,640元,减半收取12,320元,保全费5000元,合计17,320元由李书剑负担(此款融泰典当已垫付,李书剑连同上述款项一并支付给融泰典当)。如果未按判决指定的期间履行给付金钱义务,应当依照《中华人民共和国民事诉讼法》第二百五十三条之规定,加倍支付迟延履行期间的债务利息。

上诉人李书剑不服原审法院上述民事判决,向本院提起上诉,请求:撤销原判第二、三项,改判李书剑不向融泰典当支付利息,一、二审案件受理费由融泰典当承担。主要理由是:双方签订的《权利典当借款合同》,系融泰典当为获取高额费息,借典当之名,违法发放信用贷款,故该合同当属无效,李书剑只应向融泰典当返还借款本金不应向其支付利息。

融泰典当辩称:原审认定双方之间形成了民间借贷法律关系正确,故案涉借款利息按照银行同类贷款利率的四倍计算,于法有据,二审应予维持。

二审期间,双方当事人均未向本院提交新证据。本院对原审法院查明的事实予以确认外,另查明:李书剑向原审法院提交的湖北省黄石市中级人民法院(2012)鄂黄石中刑初字第00007号刑事判决书(未生效),载明湖北联谊实业集团有限公司以其账外资金出资验资,注册成立了融泰典当(注册资金5000万元),湖北联谊实业集团有限公司后期通过实质上操纵、控制融泰典当等公司单独开展放贷业务过程中,利用融泰典当印单及合同,向55家公司、企业发放贷款共计173,150万元(其中部分资金为银行信贷资金),月利率2.4%~6%,获利息6401.440133万元。湖北联谊实业集团有限公司利用银行信贷资金约5483万元向不特定对象高利转贷牟利为目的,违法放贷利息收入约132万元。

本案二审争议焦点在于双方签订的《权利典当借款合同》是否合法有效及责任如何承担。

本院认为:关于双方签订的《权利典当借款合同》性质及效力的问题。本案中,融泰典当经营的主要业务之一是为当户提供抵押或质押借款,只有当户提供了当物质押或抵押后,融泰典当才可以向当户发放借款。案涉合同虽约定李书剑以其享有所有权的权利作为当物,但其并未向融泰典当提供当物,根据《典当管理办法》第三条的规定,双方之间不构成典当借款的法律关系,融泰典当向李书剑发放的实际为信用贷款。《典当管理办法》第二十六条明确规定,典当行不得发放信用贷款。根据《中华人民共和国银行监督管理法》第十九条的规定,融泰典当不属国务银行业监督管理机构批准的银行业金融机构,因此无权发放信用贷款。最高人民法院《关于如何认定公民与企业之间借贷行为效力问题的批复》规定,企业以借贷名义向社会公众发放贷款,或有其他违反法律、行政法规的行为,应当认定无效。结合案件事实,融泰典当以企业借贷名义向包括李书剑在内不特定的社会公众发放贷款,牟取高利的借贷行为,有违国家有关金融法规,应认定为无效。

关于案涉合同无效后的责任承担问题。根据《中华人民共和国合同法》第五十八条的规定,"合同无效或者被撤销后,因该合同取得的财产,应当予以返还;不能返还或者没有必要返还的,应当折价补偿。有过错的一方应当赔偿对方因此所受到的损失,双方都有错的,应当各自承担相应的责任"。结合本案案情,李书剑应向融泰典当偿还借款本金223万元及资金占用损失(以借款本金100万元为基数自2010年7月

20日起至2010年9月1日止;以借款本金223万元为基数自2010年9月2日起均按照中国人民银行同期同类贷款利率计算至还清之日止)。故李书剑称其不向融泰典当支付借款本金利息的上诉主张,其依据不足,本院依法不予支持。综上所述,原判认定事实清楚,但适用法律有误,本院依法予以纠正。依照《中华人民共和国合同法》第五十二条、第五十八条,《中华人民共和国民事诉讼法》第一百七十条第一款第二项之规定,判决如下:

一、撤销湖北省武汉市武昌区人民法院(2013)鄂武昌民初字第05523号民事判决;

二、李书剑于本判决生效之日起十日内向湖北融泰典当有限公司偿还借款本金223万元及资金占用损失(以借款本金100万元为基数自2010年7月20日起至2010年9月1日,以借款本金223万元为基数自2010年9月2日起至还清之日止,均按照中国人民银行同期同类贷款利率计算);

三、驳回湖北融泰典当有限公司其他诉讼请求。

如果未按本判决指定的期间履行给付金钱义务,应当依照《中华人民共和国民事诉讼法》第二百五十三条之规定,加倍支付迟延履行期间的债务利息。

一审案件受理费24,640元,减半收取12,320元,保全费5000元,合计17,320元,由湖北融泰典当有限公司和李书剑各负担8660元。二审案件受理费24,640元,由李书剑负担22,176元,湖北融泰典当有限公司负担2464元。

本判决为终审判决。

审　判　长　程敬华
审　判　员　赵文莉
审　判　员　何国安
二〇一四年十二月十六日
书　记　员　左　菁

【案例二】海口恒通典当有限责任公司诉海南海口建筑集团有限公司企业借贷纠纷案

(2014 年 10 月 27 日)

【法律点】典当行超出典当业务范围向企业发放信用贷款,其性质为企业间借贷关系。虽然违反了相关金融法规的管理性的规定和部门规章的规定,但合同的效力应当根据是否违反法律或行政法规的效力性强制规定进行判断。典当行对外出借借款而形成借款合同关系,系双方的真实意思表示,内容不违反法律及行政法规的效力性强制性规定,合同依法成立并生效。

【关键词】信用贷款　企业借贷　合同效力　管理性规定　效力性强制规定

海南省海口市中级人民法院
民事判决书

(2014)海中法民二终字第 202 号

上诉人(原审被告):海南海口建筑集团有限公司。

法定代表人:冯所金,总经理。

委托代理人:黄文灿、张琳,海南瑞来律师事务所律师。

被上诉人(原审原告):海口恒通典当有限责任公司。

法定代表人:武新克,总经理。

委托代理人:唐晓烨,海南天皓律师事务所律师。

委托代理人:陈立夫,海南天皓律师事务所律师助理。

上诉人海南海口建筑集团有限公司(以下简称海口建筑公司)因与被上诉人海口恒通典当有限责任公司(以下简称恒通公司)企业借贷纠纷一案,不服海南省海口市美兰区人民法院(2014)美民二初字第36号民事判决,向本院提起上诉。本院立案受理后,依法组成合议庭,对案件进行了审理。本案现已审理终结。

原审法院经审理查明:2011年7月18日,海口建筑公司向恒通公司出具一份借条,注明因其资金周转困难,向恒通公司借款100万元,借款期限从2011年7月18日起至2012年7月18日止,届时一次性付还借款,但双方当时未约定借款利息。恒通公司于当天通过其法定代表人武新克的账户将100万元借款转账支付给海口建筑公司。借款期限届满后,因海口建筑公司未能按时偿还借款,恒通公司遂于2012年11月19日出具委托收款书,委托王和杰向海口建筑公司催收借款。同日,王和杰代恒通公司向海口建筑公司收取自2012年11月18日至12月18日的利息40,500元。2012年11月21日,海口建筑公司偿还恒通公司借款本金10万元。2012年12月19日,王和杰代恒通公司收取海口建筑公司自2012年12月18日至2013年1月18日的利息36,000元。同日,海口建筑公司还偿还恒通公司借款本金10万元。2013年2月28日,王和杰代恒通公司收取海口建筑公司自2012年2月18日至3月18日的利息36,000元。2013年5月9日,恒通公司法定代表人武新克出具收据,注明收到海口建筑公司支付的利息24,000元。2013年10月30日,恒通公司出具收据,注明收到海口建筑公司借款利息96,000元。因海口建筑公司此后未再偿还恒通公司借款,恒通公司催要未果,遂成讼。在庭审过程中,海口建筑公司称恒通公司于2013年8月30日在未开具收据的情况下强行开走其价值32万元的车牌号为琼A9EF××的丰田小汽车。恒通公司则称系海口建筑公司提出将该车进行质押,车是由海口建筑公司送来的,其收车后已出具收条,待海口建筑公司还清借款后再还车给海口建筑公司,但恒通公司未能提供证据对此加以证明。

恒通公司的诉讼请求:1. 海口建筑公司偿还恒通公司欠款824,000元及利息(利息计算标准为每月3%,共计三个月),本息合计为896,000元(800,000×3%×3+824,000=896,000元);2. 诉讼费由海口建筑公司承担。

原审法院认为:恒通公司将100万元出借给海口建筑公司,海口建筑公司未提供当物进行质押或抵押,双方之间的借款关系实质是企业借贷关系。虽然按照《典当管理办法》的规定,典当行不能经营信用贷款业务,但该项规定属于管理性规定,恒通公司、海口建筑公司之间的借贷关系并不因恒通公司违反该管理性规定而无效。双方之间的借贷关系未违反法律法规的强制性规定,应属合法有效,受法律保护。海口建筑公司关于双方之间的借贷行为无效的观点没有法律依据,不予采纳。海口建筑公司在借款期限届满后,未能及时清偿恒通公司借款,已构成违约,应承担相应的违约责任。

由于双方未约定借款利息,海口建筑公司应将尚欠的借款本金偿还恒通公司,并自恒通公司起诉之日起向恒通公司支付占用资金期间的利息。恒通公司要求海口建筑公司自2013年11月18日起按每月3%的标准支付利息,没有依据,不予支持。根据查明的事实,海口建筑公司已于2012年11月21日及12月19日各偿还恒通公司借款本金10万元,并在未约定借款利息的情况下自愿支付了部分利息给恒通公司,虽然海口建筑公司支付利息的行为属于当事人的意思自治,但恒通公司收取利息的标准不得高于法律规定的利率。因海口建筑公司借款期限为一年,故海口建筑公司收取的利息不得超过中国人民银行规定的同期流动资金一年期贷款利率的四倍,如有超过的,超过部分应作为本金予以扣除。按照上述标准,恒通公司自2012年11月18日至12月18日最高收取的利息为(100万元×6%÷12个月÷30天×4倍×3天)+(90万元×6%÷12个月÷30天×4倍×27天)=18,200元,海口建筑公司已付40,500元,超出的22,300元应作为本金扣除,剩余本金为877,700元。恒通公司自2012年12月18日至2013年1月18日最高收取的利息为(877,700元×6%÷12个月÷30天×4倍×1天)+(777,700元×6%÷12个月÷30天×4倍×29天)=15,621元,海口建筑公司已付36,000元,超出的20,379元应作为本金扣除,剩余本金为777,700-20,379=757,321元。恒通公司自2013年2月18日至2013年3月18日最高收取的利息为757,321元×6%÷12个月×4倍=15,146元,海口建筑公司已付36,000元,超出的20,854元应作为本金扣除,剩余本金为736,467元。海口建筑公司于2013年5月9日付一个月的利息24,000元,恒通公司最高收取的利息为736,467元×6%÷12个月×4倍=14,729元,超出的9271元应作为本金扣除,剩余本金为727,196元。对于海口建筑公司于2013年10月30日支付的96,000元利息,恒通公司称该笔款支付的是四个月的利息,每月24,000元,结合本案海口建筑公司此前支付利息的情况,原审法院对恒通公司的上述意见予以采纳。按海口建筑公司四个月每月付息24,000元计算,恒通公司第一个月最高收取的利息为727,196元×6%÷12个月×4倍=14,544元,超出的9456元应作为本金扣除,剩余本金为717,740元;第二个月恒通公司最高收取的利息为717,740元×6%÷12个月×4倍=14,355元,超出的9645元应作为本金扣除,剩余本金为708,095元;第三个月恒通公司最高收取的利息为708,095元×6%÷12个月×4倍=14,162元,超出的9838元应作为本金扣除,剩余本金为698,257元;第四个月恒通公司最高收取的利息为698,257元×6%÷12个月×4倍=13,965元,超出的10,035元应作为本金扣除,剩余本金为688,222元。恒通公司要求海口建筑公司偿还借款本金80万元,恒通公司所主张的欠款金额与事实不符,对超出实际欠款本金的部分,不予支持,海口建筑公司应将实际欠款本金688,222元如数偿还恒通公司。海口建筑公司称恒通公司出具委托书委托王和杰收款之前其支付给王和杰的款项及其支付给翁书壮、田立平的款项均应认定为其支付给恒通公司的款项,但海口建筑公司未能提供证据证明案外人收取上述款项得到了恒通公司的授权,恒通公司亦否认收到上述款项,故对海口建筑公司的上述抗辩意见原审法院不予采纳。另海口建筑公司称恒通公司强行开走其丰田小汽车,恒通公司则认为该车系海口建筑公司质押给其,但恒通公司未能提供证据加以证明,双方的纠纷属于另一法律关系,不予处理,海口建筑公司可另行诉讼主张权利。综上,依照《中华人民共和国合同法》第六十条第一款、第二百零七条,《中华人民共和国民事诉讼法》第六十四条第一款之规定,判决如下:一、海口建筑公司须于判决发生法律效力之日起十日内偿还恒通公司借款本金688,222元及利息(自2013年12月9日起至判决确定应付清款之日止,按中国人民银行规定的同期流动资金一年期贷款利率标准计付);二、驳回恒通公司的其他诉讼请求。如果未按本判决指定的期间履行给付金钱义务,应当依照《中华人民共和国民事诉讼法》第二百五十三条之规定,加倍支付迟延履行期间的债务利息。案件受理费12,760元,由恒通公司负担2000元,海口建筑公司负担10,760元。财产保全费4640元,由海口建筑公司负担。

上诉人海口建筑公司不服原审判决上诉称:

1. 典当公司无权发放信用贷款,其发放信用贷款的行为应为无效。理由是,1996年4月,中国人民银行颁布的《典当行管理暂行办法》第二十五条第三项明确规定,典当行不得经营信用贷款和担保;2005年2月,商务部、公安部联合公布了《典当管理办法》,该办法第二十五条对典当行的业务范围进一步作出了明确规定,包括动产质押典当业务、财产权利质押典当业务、房地产抵押典当业务、限额内绝当物品的变卖、鉴定评估及咨询服务、商务部依法批准的其他典当业务。第二十六条第一款第四项同样明确规定了典当行不得经营发放信用贷款业务。《中华人民共和国商业银行法》第十一条第二款也规定,未经国务院银行业监督管理机构批准,任何单位和个人不得从事吸收公众存款等商业银行业务,任何单位不得在名称中使用"银行"字样。发放信用贷款是商业银行的业务之一,典当行发放信用贷款当然是被禁止的业务。2003年12月,全国人大常委会通过的《中华人民共和国银行业监督管理法》(2006年10月修正)第十九条规定:"未经国务院银行业监督管理机构批准,任何单位或者个人不得设立银行业金融机构或者从事银行业金融机构的业务活动。"就一般社会常识而言,发放信用贷款是银行业的传统业务范围,也是银行的基本特征之一。在我国,具有发放信用贷款资格的金融机构,主要有政策性银行、商业银行和信托投资公司、信用社等。从《中华人民共和国银行业监督管理法》来看,典当行作为非银行业机构,其发放信用贷款行为为基本法所禁止。既然法律和典当行的主管部门均规定典当行不能从事发放信用贷款业务,那么,典当行与相对人所签借款合同就违反了法律的强制性规定,依据《中华人民共和国合同法》第五十二条第五项的规定,应为无效合同。根据无效合同相互返还的规定,海口建筑公司只需返还借款本金即可。而海口建筑公司支付的款项也应予以返还或冲抵。

2. 双方并没有约定过利息,应为无息贷款。海口建筑公司向恒通公司支付的全部款项应当抵作本金。双方并没有签订书面合同,恒通公司提交的借条,也只是约定了借款金额和还款时间,没有约定利息。根据《中华人民共和国合同法》第二百一十一条的规定,自然人之间的借款合同对支付利息没有约定或者约定不明确的,视为不支付利息。自然人之间的借款合同约定支付利息的,借款的利率不得违反国家有关限制借款利率的规定。海口建筑公司向恒通公司支付的全部款项应当抵作本金,原审判决在中国人民银行一年期贷款利率四倍的范围内认定利息没有依据。

3. 海口建筑公司向恒通公司偿还的款项已达822,500元。分别如下:(1)2012年11月20日,海口建筑公司直接支付给恒通公司10万本金,恒通公司出具收据。(2)2013年5月9日,海口建筑公司支付给恒通公司24,000元,恒通公司法定代表人出具收据。(3)2013年11月8日,海口建筑公司通过建设银行转入恒通公司账户96,000元,项目为"归还借款",恒通公司出具了收据。以上三笔计22万元。(4)恒通公司委托王和杰向海口建筑公司收取了482,500元,恒通公司出具了对王和杰的委托收款书,是对王和杰代表恒通公司收款的认可。(5)恒通公司委托其员工翁书壮、田立平收取12万元。

4. 超标利息抵扣本金已被法律界及在司法实践中得到认同。本案双方没有约定利息,海口建筑公司在恒通公司的逼迫下以利息名义支付的款项,应在本金中予以扣除。海口建筑公司已经归还了822,500元,欠款177,500元。

综上,请求:1. 撤销海口市美兰区人民法院(2014)美民二初字第36号判决第一项,改判海口建筑公司向恒通公司支付欠款177,500元;2. 本案全部诉讼费由恒通公司负担。

恒通公司辩称:海口建筑公司的上诉请求缺乏事实及法律依据。理由如下:

1. 根据合同法及其司法解释的规定,法院认定确认合同无效,应当以全国人大及其常委会制定的法律和国务院制定的行政法规为依据,不得以地方性法规、行政规章为依据。中国人民银行的规定系部门规章,不能作为认定合同无效的法律依据。因此,原审判决认定本案所涉合同为有效合同是正确的。

2. 本案中,双方虽未签订书面协议明确利息,但实际约定按每月24,000元的标准支付利息,双方在履行过程中也按此执行,故双方存在利息约定的事实清楚,并有海口建筑公司出具的收据中已明确载明偿还款项为利息款。因此,海口建筑公司称双方没有约定利息不符合案件的基本事实。而原审判决根据法律规定确定按银行贷款利率四倍认定利息具有充分的事实及法律依据。

3. 海口建筑公司在上诉状中所述的“已还款822,500元”并非事实。海口建筑公司所述的已偿还款项中,其中部分款项是个人领取,而个人在领取时根本没有恒通公司的委托书或相关的委托手续,恒通公司也没有收到该部分款项,当然不应计入还款总额。至于因海口建筑公司管理混乱导致个人领取款项的后果,应由海口建筑公司自行承担,与恒通公司无关,更不能将账算进已归还款项内。

4. 本案不存在利息抵作本金的事实。如前所述,双方存在利息约定,而有效利息应受法律保护,不能将该部分利息抵作本金。另外,海口建筑公司援引的温州法院的案例与规定不符合本案事实,也不能作为本案的依据。

综上,请求二审法院驳回海口建筑公司的上诉请求。

本院查明的事实与原审法院查明的事实一致。

二审期间,双方当事人未提交新证据。

本院认为:

1. 关于合同的效力问题。合同是否有效,应当以全国人大及其常委会制定的法律和国务院制定的行政法规为依据,《最高人民法院关于适用〈中华人民共和国合同法〉若干问题的解释》第十四条规定:“合同法第五十二条第(五)项规定的‘强制性规定’,是指效力性强制性规定。”中国人民银行颁布的《典当行管理暂行办法》和商务部、公安部联合颁布的《典当管理办法》属部门规章,而《中华人民共和国银行业监督管理法》第十九条规定“未经国务院银行业监督管理机构批准,任何单位或者个人不得设立银行业金融机构或者从事银行业金融机构的业务活动”。属管理性规定,非效力性强制性规定。本案恒通公司属典当行业,其将100万元出借给海口建筑公司,海口建筑公司向其出具借条,海口建筑公司未提供当物进行质押或抵押,故双方之间形成借款合同关系,该合同系双方的真实意思表示,内容不违反法律及行政法规的效力性强制性规定,该合同依法成立并生效。海口建筑公司提出恒通公司违反了中国人民银行颁布的《典当行管理暂行办法》第二十五条第三项,商务部、公安部联合公布的

《典当管理办法》第二十五条和《中华人民共和国银行业监督管理法》第十九条“典当行不得经营信用贷款业务”的相关规定，其发放信用贷款的行为无效的主张，于法无据，本院不予采纳。

2. 关于海口建筑公司应向恒通公司偿还所欠借款本金的数额及利息的问题。由于王和杰于2012年11月19日之前向海口建筑公司收取的款项和翁书壮、田立平向海口建筑公司收取的款项，无恒通公司授权，恒通公司未追认，原审法院对该些款项不予认定正确，本院予以确认。经查，海口建筑公司于2012年11月21日、12月19日分别偿还恒通公司借款本金10万元，以及于2011年11月19日、2012年12月19日、2013年2月28日、2013年5月19日、2013年10月13日分别支付自2012年11月18日至12月18日的利息40,500元、自2012年12月18日至2013年1月18日的利息36,000元、自2012年2月18日至3月18日的利息36,000元、利息24,000元、利息96,000元。本案为借款合同纠纷，双方约定的借款期限为一年，未约定借款利息。海口建筑公司自愿偿还利息的行为属于当事人意思自治，但恒通公司收取利息的标准应以中国人民银行规定的同期流动资金一年期贷款基准利率为限，对超过部分应作为本金予以扣除。原审法院按一年期贷款利率标准的四倍支付利息，于法无据，应予以纠正。据此，恒通公司应收的利息分别为：自2012年11月18日至12月18日应收取的利息为4550元[计算：100万元×6%÷360天×3天+(100万元-10万元)×6%÷360天×27天=4550元]，海口建筑公司已付40,500元，超出的35,950元应作为本金扣除，剩余本金为864,050元；自2012年12月18日至2013年1月18日应收取的利息为3837元[计算：864,051元×6%÷360天×1天+(864,051元-10万元)×6%÷360天×29天=3837元]，海口建筑公司已付36,000元，超出的32,163元应作为本金扣除，剩余本金为731,887元；自2013年2月18日至2013年3月18日应收取的利息为3659元(计算：731,887元×6%÷360天×30天=3659元)，海口建筑公司已付36,000元，超出的32,341元应作为本金扣除，剩余本金为699,546元；从海口建筑公司支付的各期利息情况看，其于2013年5月9日付24,000元应为一个月的利息，故恒通公司应收取的利息为3498元(计算：699,546元×6%÷360天×30天=3498元)，超出的20,502元应作为本金扣除，剩余本金为679,044元；同上，海口建筑公司于2013年10月30日支付的96,000元应为四个月的利息，故恒通公司应收取四个月的利息为13,581元(计算：679,044元×6%÷360天×30天×4月=13,584元)，超出的82,419元应作为本金扣除，剩余本金为596,625元(计算：679,044元-82,416元=596,625元)。另外，海口建筑公司在借款期限届满后，未能及时清偿恒通公司借款,根据《中华人民共和国合同法》第二百零七条之规定,其应向恒通公司支付逾期利息。本案恒通公司诉讼中主张海口建筑公司向其支付三个月利息,符合相关法律规定,但该利息应按中国人民银行规定的同期流动资金一年期贷款基准利率标准计算,故海口建筑公司应向恒通公司支付三个月的利息为8949元(计算:596,625元×6%÷360天×30天×3月=8949元)。因此,海口建筑公司应向恒通公司偿还借款本金596,625元及利息8949元。

综上,原审判决认定事实基本清楚,但适用法律部分有误,导致判决结果不当,本院予以纠正。依照《中华人民共和国合同法》第二百零七条、《中华人民共和国民事诉讼法》第一百七十条第一款第二项之规定,判决如下:

一、撤销海口市美兰区人民法院(2014)美民二初字第36号民事判决第二项。

二、变更海口市美兰区人民法院(2014)美民二初字第36号民事判决第一项"被告海南海口建筑集团有限公司须于判决发生法律效力之日起十日内偿还原告海口恒通典当有限责任公司借款本金688,222元及利息(自2013年12月9日起至判决确定应付清款之日止,按中国人民银行规定的同期流动资金一年期贷款利率标准计付)"为:上诉人海南海口建筑集团有限公司须于判决发生法律效力之日起十日内偿还被上诉人海口恒通典当有限责任公司借款本金596,625元及利息8949元。

三、驳回被上诉人海口恒通典当有限责任公司的其他诉讼请求。

如果未按本判决指定的期间履行给付金钱义务,应当依照《中华人民共和国民事诉讼法》第二百五十三条之规定,加倍支付迟延履行期间的债务利息。

本案一审案件受理费12,760元,由被上诉人海口恒通典当有限责任公司负担4083元,上诉人海南海口建筑集团有限公司负担8677元。财产保全费4640元,由上诉人海南海口建筑集团有限公司负担。二审案件受理费8910元,由被上诉人海口恒通典当有限责任公司负担1604元,由上诉人海南海口建筑集团有限公司负担7306元。

本判决为终审判决。

审 判 长 陈杰林

审 判 员 符敏秀

代理审判员 韩 芬

二〇一四年十月二十七日

书 记 员 孟利伟

【案例三】庆云县融兴典当有限公司诉赵风坤、毕希华等民间借贷纠纷案
(2016年2月26日)

【法律点】典当关系的成立,是以存在典当物为基础的。虽然典当行向借款人签发了当票,但没有典当物品,故典当关系是不成立的,典当行与借款人之间属单纯的借贷关系,典当行收取的典当综合费及利息可在法定利息保护范围内按借款利息予以认定。

【关键词】典当关系　典当物品　借贷关系　借款利息　主体资格　诉讼时效

山东省德州市中级人民法院
民事判决书

(2015)德中民终字第942号

上诉人(原审被告):赵风坤。

上诉人(原审被告):毕希华。

上诉人(原审被告):毕龙州。

三上诉人共同委托代理人:张月明,山东振庆律师事务所律师。

被上诉人(原审原告):庆云县融兴典当有限公司。住所地,××县××路××号。

法定代表人:王风仓,经理。

委托代理人:曹光银,山东振庆律师事务所律师。

上诉人赵风坤、毕希华及毕龙州因民间借贷纠纷一案,不服山东省庆云县人民法院(2014)庆商初字第449号民事判决,向本院提起上诉。本院受理后依法组成合议庭审理了本案,现已审理终结。

原审法院查明,2010年5月23日,原告与三被告签订当票一份,约定典当金额为200,000元,期限为2010年5月23日至2010年9月19日,三被告在当票的当户栏签

名。当票另载明,综合费用9600元,实付金额190,400元,月费率为1.20%,月利率为0.66%。该笔借款没有典当物品,同时典当贷款合同约定,如超期,按典当金额每日加收0.5%的服务费。原告提交2010年5月23日现金收入传票一张,载明三被告缴纳综合费9600元,同日现金付出传票一张,载明三被告质押贷款200,000元和三被告支取现金200,000元的支条一张。原告同时提交了2011年1月28日交付利息综合费用10,000元、2013年10月8日毕龙州、毕希华交付利息2000元、2013年12月12日赵风坤交付利息1000元的现金收入传票三张,以及2010年9月29日三被告缴纳逾期服务费100元的现金收入传票一张。三被告代理人称,对原告提供的2013年10月8日、2013年12月12日共3000元利息的证据有异议,该款被告方并未向原告方交纳。对原告提交的其他书证的真实性没有异议,支款条的内容是赵风坤书写,其书写后原告方才让其他二被告人签的字,但其他二被告人并没有支取该款。虽然赵风坤写了支取现金200,000元的条,但扣除9600元的综合费,实际到手的是190,400元,2010年5月23日被告缴纳综合费9600元的现金收入传票可以印证。被告赵风坤提交单据五张,除原告以上提交的2010年1月28日缴纳利息综合费10,000元和2010年9月29日缴纳逾期服务费100元的现金收入传票外,另外提交2010年9月29日,缴纳综合费用7200元的现金收入传票一张和缴纳利息的通知单两张,分别载明缴纳2010年5月23日至9月19日、2010年9月19日至2010年12月18日的利息5280元和3960元,该三份证据载明贷款账户户名为三被告。被告赵风坤称这五份书证载明的款项共计26,540元,都是其缴纳的,其他二被告毕希华、毕龙州根本不知情,应作为偿还的本金予以扣除。原告对被告赵风坤提交的五份书证的真实性无异议,但对证明对象有异议,三被告是共同借款人,由被告赵风坤偿还也是应该的。另外,原告为证明其诉求未过诉讼时效,其单位职工许某作为证人出庭作证,证人述称,2014年11月23日上午去鸿瑞花园毕希华家中催要借款,然后毕希华打电话把毕龙州叫到他家,许某和单位司机刘德龙同毕希华、毕龙州一起去的大高村赵风坤家中,催促三人还贷款。赵风坤说,到2014年11月27日之前交一部分利息,但到时也没有交,后多次打电话催要,但他未还款也没交付利息。然后给毕希华、毕龙州催要,毕希华说没钱。并且在这之前向三被告追要过借款。同时提交原告的法定代表人王凤仓分别于2015年1月19日、2015年1月27日,与被告毕希华、毕龙州的两次电话录音,电话录音的内容主要是催要还款事宜,二被告表示同意协调。三被告代理人称,证人所说内容不实,且证人是原告职工,与本案存在利害关系,不能作为本案依据。原告在起诉之前,多年来一直没有向三被告追要款项,其主张明显已经过了诉讼时效。毕希华、毕龙州系该借款担保人,原告在庭审中提供的录音,形成在立案后,但是也只是让以上二人去找赵风坤,而不是向二人要账,二人也并没有表示自愿承担担保责任。

原审法院认为,典当关系的成立,是以存在典当物为基础的。虽然原告向三被告签发了当票,但没有典当物品,故典当关系是不成立的,原、被告之间属单纯的借贷关系。当票和支款条中,三被告均在当户栏和支款条落款处签字,被告主张借款人仅为赵风坤自己,毕希华和毕龙州为担保人不能成立,三被告可能有用款和非用款之分,但没有借款人与担保人之别,故三被告均应认定为借款人。原告提的电话录音中,被告毕希华、毕龙州虽未明确表示还款,但有协商的意愿,另外,原告申请出庭的证人其职工许某称在录音的时间之前向三被告追要过借款,并且赵风坤承诺还款。原告作为典当机构,有专门催收借款的人员,逾期后,从情理上应该会不间断的向借款人催要借款,故原审法院对证人证言和录音予以采信。三被告的承诺或协商的意愿表明,三被告有还款意思表示,则该债务诉讼时效中断,证人的催款发生在2014年年末,而录音形成于2015年,故本案原告的诉求未过诉讼时效。原告2010年5月23日签发的当票明确载明典当金额200,000元、实付金额为190,400元、综合费用9600元;而同时原告提交的支款条载明支取数额为200,000元,并且有2010年5月23日缴纳9600元综合费的收入传票。这三份书证从表面上看,实际付款金额存在矛盾,在本案庭审中,原、被告对实际付款数额观点亦不一致,三被告主张付款金额为190,400元,同时提出借款人为被告赵风坤,其他二被告为担保人。实践中,预扣综合费是典当行的通行做法,已经成为一种商业(行业)惯例,本案中原告以典当的名义向被告发放借款,并且原告在借款这一过程中,掌握借与不借的主动权,处于优势地位,预扣9600元在情理之中,在证据不能明确确定借款金额的情况下,故原审法院认定实际借款金额应为190,400元。被告提交的利息通知单明确载明,利息交至2010年12月18日,对于综合费缴至什么时间,在原告提交的2010年9月29日的收入传票中没有明确载明,但根据原、被告之间的当票约定,和原、被告提交的证据,该笔费用是典当期限届满后缴纳的唯一一笔单纯的综合费,双方在履行合同义务时,均是按照当票的约定履行的(包括利息的缴纳,当期内综合费的缴纳),即以200,000元为基数计算而来。2010年9月29日收入传票中的7200元,按照当票约定计算应为三个月的综合费,故应该是典当期限届满后的2010年9月20日至2010年12月19日的综合费用。抛开原告诉求中主张扣除的13,000元,就该笔借款,被告已经交付综合费和利息至2010年12月19日和12月18日。对于原、被告已经自行履行缴纳的综合费、利息等费用(抛开原告诉求中主张扣除的13,000元),在被告提交的证据中也载明了费用的用途,不是偿还的本金,对该部分费用,是被告(借款人)自愿按照当票约定履行的,原审法院尊重当事人的意思自治不予干涉,不能作为本金予以扣除。现在涉案借款早已经逾期,三被告作为借款人应该偿还本金并支付利息,对于利息的支付以什么标准,原审法院认为,涉案借款,是以典当之名行民间借贷之实,原、被告当票中月费率和月利率的约定,均是为了收取利息,双方也是按这一约定履行的,故原告要求按月利率 1.86% 执行计收利息,原审法院予以支持。原告要求自 2010 年 12 月 19 日计收利息,不够准确,被告已经交付综合费和利息至 2010 年 12 月 19 日和 12 月 18 日(抛开原告诉求中主张扣除的 13,000 元),因月费率和月利率之和为 1.86%,原告以此标准要求支付利息,则应从 2010 年 12 月 20 日开始起算。另外,月利率 1.86% 若高于中国人民银行同期贷款利率的四倍,高出部分不予保护,则按中国人民银行同期贷款利率的四倍执行计收利息。综上,根据《中华人民共和国合同法》第二百条、第二百零六条、第二百零七条,《最高人民法院关于人民法院审理借贷案件的若干意见》第六条之规定,原审法院判决如下:被告毕希华、赵风坤、毕龙州于本判决生效之日起十日内返还原告庆云县融兴典当有限公司借款 190,400 元并支付相应利息(自 2010 年 12 月 20 日起至本判决确定的履行期限届满之日止按月利率 1.86% 计收,扣除被告已经缴纳的 13,000 元,月利率 1.86% 若高于中国人民银行同期贷款利率的四倍,则按中国人民银行同期贷款利率的四倍执行计收利息)。如果未按本判决指定的期间履行给付金钱的义务,应当依照《中华人民共和国民事诉讼法》第二百五十三条之规定,加倍支付迟延履行期间的债务利息。案件受理费 4300 元由三被告毕希华、赵风坤、毕龙州连带承担。

上诉人赵风坤、毕希华及毕龙州共同上诉称:1. 一审判决认定事实不清,证据不足:(1)上诉人是与山东省庆云县融兴典当有限公司签订的,被上诉人为庆云县融兴典当有限公司,不具有原告的主体资格;(2)上诉人赵风坤为实际借款人和支款人,上诉人毕希华、毕龙州二人仅系担保人,一审判决认定上诉人毕希华、毕龙州系实际借款人并判令二人承担偿付义务属于认定事实错误;(3)典当合同约定借款时间为 2010 年 5 月 23 日起至 2010 年 9 月 19 日止。无论被上诉人是否具有诉讼主体资格,其诉求上诉人偿还该笔款项早已超过法律规定的诉讼时效;(4)被上诉人提供的证人所作证言内容虚假,且系其工作人员,与本案具有利害关系,其证言不应采信。被上诉人提供的所谓录音也与本案无关联性,证明不了被上诉人的主张,更证明不了未过诉讼时效。2. 一审判决适用法律错误:(1)典当综合费包括各种服务费用和管理费用、保险费、保管费,是基于当物存在所必须支出的费用,该费不能认定为利息,一审判决认定综合费为利息并判令上诉人按中国人民银行同期贷款利率的四支付利息属于认定事实不清，适用法律错误。(2)山东省庆云县融兴典当有限公司不具有金融业务，其向公众发放信用贷款违反了《最高人民法院关于如何确认公民与企业之间借贷行为效力问题的批复》的有关规定，应认定为无效。

被上诉人庆云县融兴典当有限公司答辩称，一审法院认定事实清楚，适用法律正确，请求法院依法支持原审判决。

二审查明的事实与一审判决查明事实一致。

本院认为，本案双方当事人争议的焦点问题有四个：1. 被上诉人是否具有原审原告主体资格；2. 本案是否已经超过法定的诉讼时效；3. 上诉人毕希华、毕龙州是否为本案的借款人；4. 一审法院对典当综合费和借款利息等的认定是否存有不当。

对于第一个焦点问题，本院认为，被上诉人在工商部门注册登记的名称为"庆云县融兴典当有限公司"，营业执照上记载的经营许可证编码为"37030A1009×"。本案中，各方当事人在签订当票时，被上诉人一方的印章为"山东省庆云县融兴典当有限公司"，该名称虽较被上诉人注册登记的名称多了"山东省"三个字，但该印章明确载明是业务专用章，而当票上载明的经营许可证编码与被上诉人庆云县融兴典当有限公司营业执照上的经营许可证编码也一致，且双方在往来过程中出具的《典当贷款审批表》和传票均是以"庆云县融兴典当有限公司"为开头，三上诉人签字的《典当贷款合同》更是以被上诉人庆云县融兴典当有限公司作为合同相对方，另外，三上诉人在一审中对被上诉人的原告主体资格也未提出异议，以上证据及事实足以证明被上诉人庆云县融兴典当有限公司是本案的合同相对方，故被上诉人庆云县融兴典当有限公司的原告主体资格适格。

对于第二个焦点问题，本院认为，民事诉讼时效的设立是为保护民事法律关系中的义务人，更是为督促权利人尽快行使权利，以更好地保护权利人的合法权益。本案中，被上诉人作为从事典当业务的专门机构，其工作人员向欠款人催收欠款符合常理，故被上诉人及证人许某提出的曾多次向三上诉人追要欠款的主张可信度较高，结合被上诉人在一审中提交的录音材料等证据，本案可认定被上诉人在诉前向三上诉人提出过还款要求，三上诉人也未明确表示拒绝履行义务，故本案三上诉人没有证据证明本案已超诉讼时效，原审法院认定原告的诉求不超诉讼时效并无不当，本院予以支持。

对于第三个焦点问题，本院认为，上诉人毕希华、毕龙州与上诉人赵风坤均作为当户在当票上签字，典当贷款审批表及典当贷款合同也都显示二人为典当借款人而非担保人。另外，本案的借款也是三上诉人共同支取，有三上诉人签名的支款条为证。三上诉人虽主张上诉人毕希华和毕龙州为借款担保人非实际借款人，但未提供充分的证据加以证实,其主张不应得到支持,故原审法院认定上诉人毕希华和毕龙州为借款人并无不当。

对于第四个焦点问题,本院认为,本案当事人签订的合同虽然名为《典当贷款合同》,但实际并不存在典当物,本案应当按借款合同处理。因本案纠纷是基于借款合同关系产生,被上诉人收取的典当综合费及利息可在不高于中国人民银行同期贷款利率四倍的范围内按借款利息予以认定。故原审法院在借款利息不超过中国人民银行同期贷款利率四倍的前提下,判决月利率按 1.86% 计算,若月利率 1.86% 高于中国人民银行同期贷款利率的四倍则按中国人民银行同期贷款利率的四倍计算利息,原审法院该判决具有事实与法律依据,本院予以支持。对于三上诉人提出被上诉人不具有金融业务资格,其违反规定发放贷款应认定为无效合同的主张,本院认为,本案三上诉人与被上诉人之间的关系构成民间借贷,在借贷关系中,双方当事人意思表示真实,三上诉人未能举证证明存在借贷无效的情形,故对三上诉人该主张不予支持。

综上所述,上诉人的上诉理由不能成立,本院不予支持。原审判决认定事实清楚,判决正确,应予维持。依照《中华人民共和国民事诉讼法》第一百七十条第一款第一项、第一百七十五条之规定,判决如下:

驳回上诉,维持原判。

二审案件受理费 4300 元,由上诉人赵风坤、毕希华及毕龙州共同负担。

本判决为终审判决。

审　判　长　王飞雁
代理审判员　王善文
代理审判员　王子超
二〇一六年二月二十六日
书　记　员　于文平

2. 典当与保证贷款

【问题提示】典当行对外发放只有保证担保的贷款,其合同性质和效力如何认定?

【案例四】庆阳市遍地红典当有限公司诉单显春、李治稼民间借贷纠纷案
(2015年6月8日)

【法律点】典当行从事针对自然人的保证借款,属于民间借贷关系。只要当事人意思表示真实且未违反法律、行政法规的强制性规定即可认定有效。保证人对借款人的借款承担保证担保责任。

【关键词】保证借款　信用贷款　特许经营　利息收缴　民间借贷　合同有效　保证责任　连带清偿责任

甘肃省高级人民法院

民事判决书

(2015)甘民一终字第66号

上诉人(原审原告):庆阳市遍地红典当有限公司。住所地,甘肃省庆阳市××区××路。

法定代表人:邱小红,经理。

委托代理人:吕民国,甘肃陇凤律师事务所律师。

委托代理人:邱超群,职员。

上诉人(原审被告):李治稼。

委托代理人:刘福东,甘肃泰丰律师事务所律师。

被上诉人(原审被告):单显春。

上诉人庆阳市遍地红典当有限公司(以下简称遍地红典当公司)、李治稼为与被上诉人单显春民间借贷纠纷一案,不服甘肃省庆阳市中级人民法院(2014)庆中民初字第33号民事判决,向本院提起上诉。本院受理后,依法组成合议庭,公开开庭进行了审理。上诉人的委托代理人吕民国、邱超群,上诉人李治稼的委托代理人刘福东被上诉人单显春到庭参加了诉讼。本案现已审理终结。

原告遍地红典当公司诉称:原告系国家法定机构批准从事典当业务的有限责任公司。被告单显春在西峰区小什字丽晶百货九楼经营"奥斯卡首映影城"。被告李治稼因与原告曾经发生借贷关系而有业务往来。2013年3月6日,经被告李治稼介绍并提供担保的情况下,原告将自有资金700万元出借给被告单显春使用,约定借款期限为六个月,每月利息为4.5%,利息每月结算一次。作出明确约定后,被告单显春向原告出具了借条一张,双方形成借贷关系。但被告单显春并没有按照约定的利息结算方式给付利息,虽经过原告催促,始终无果;后随着借款期限的届满,原告曾多次向二被告催促给付借款的本金及利息,但被告单显春总以各种借口推迟拖延还款时间,被告李治稼虽然也曾经多次与原告工作人员前往被告单显春处催款,被告单显春也曾经向被告李治稼出具了限期还款的反担保承诺书,但是随着时间的推移被告单显春依旧丝毫没有履约的诚信。至今该笔借款已经逾期,而二被告既不予清算本金,也不给付借款利息。请求:1. 判令二被告立即连带偿还借款本金700万元以及未付利息333万元,共1033万元。2. 诉讼费用由二被告承担。

被告单显春口头答辩称:原告诉称的借款事实属实,但借款利息应按照法律规定的限额确定。

被告李治稼答辩称:1. 发放贷款是银行业的传统业务范围,也是银行的基本特征之一,典当行系政府商务部门审批成立的非银行机构,其无权发放贷款。原告无视法律规定,向被告单显春发放贷款700万元,没有任何动产或者不动产抵押、质押,属于典型的信用贷款,其行为违反了《典当管理办法》不得发放信用贷款的规定,系无效民事行为,原告与被告单显春签订的借款合同应当认定为无效合同。2. 在原告与被告单显春签订的借款合同被确认无效后,其签订的担保合同也无效,其不应承担担保责任。3. 本笔借款发生于2013年3月6日,借款期限六个月,于2013年9月6日到期,债务人不履行还款义务,原告应当在2014年3月6日前要求其承担保证责任,但在此之前,原告没有向其主张权利,按照《中华人民共和国担保法》第二十六条第二款的规定,保证人免除保证责任。其不应承担保证责任,原告要求其与被告单显春连带偿还借款本金700万元及利息的诉讼请求不成立,应当驳回。

经原审主持,原、被告就还款情况形成对账单一份。证明单显春向原告遍地红典当公司的还款情况为:2013年3月31日归还10万元;2013年11月29日归还15万元;2014年1月3日归还30万元,共计55万元。

经质证,原、被告对该对账单均无异议。

原审查明,原告遍地红典当公司的经营范围为动产质押典当业务、财产权利质押典当业务、房地产(外省、自治区、直辖市的房地产或者未取得商品房预售许可证的在建工程除外)抵押典当业务、限额内绝当物品的买卖、鉴定评估及查询业务、商务部依法批准的其他典当业务。2013年3月6日,被告单显春向原告出具内容为“今借到庆阳市遍地红典当有限公司7,000,000.00元,月息为4.5%,期限6个月(以实际付款时间为准)”的借据一份,被告李治稼作为担保人在该借据上签字捺印。当日,遍地红典当公司通过中国农业银行、中国建设银行向单显春指定的银行账户汇款668.5万元,预先扣收利息31.5万元。单显春于2013年3月31日向遍地红典当公司归还10万元;2013年11月29日归还15万元;2014年1月3日归还30万元;共计55万元。此后,被告单显春未按期清息,借款期限届满后,亦未向遍地红典当公司归还借款本金。2013年11月26日,遍地红典当公司向单显春及李治稼送达了催收借款通知。同日,单显春又向李治稼出具了内容为“李治稼先生:因我在陕西农业发展中心高新第五季房地产项目建设中要支付农民工工资,但已有资金紧张,而于2013年1月31日,2013年3月6日两次向庆阳市格外红典当有限公司、庆阳市遍地红典当有限公司借款共1200万元。因这两笔借款均系您担保,而我本人未如约履行还本付息的义务。给您已造成经济上及精神上的损失,为了保证我履行还本付息义务、防止再给您造成损失,我愿提供在庆阳市西峰区投资的首映影城的全部资产作为我履行债务的反担保,在我履约不能的情况下,可将资产处置后向出借人受偿不足部分,以我在前列项目的股份及资产作担保,保证此债务履行”的承诺书。

审理中,被告单显春在答辩期内提出管辖权异议申请,原审裁定驳回其管辖权异议申请后又提出上诉,2014年9月22日本院以(2014)甘民一终字第194号民事裁定,驳回上诉,维持原裁定。

原审认为,本案的争议焦点为:1. 遍地红典当公司与单显春的借贷关系是否有效成立;2. 李治稼是否应承担保证责任。

关于焦点一。信用贷款是指借款人向具有发放贷款资格的商业银行以及其他具有存贷款业务的金融机构提供相应的担保,由商业银行或者其他具有存贷款业务的金融机构依相应程序审查后向借款人发放贷款的行为。《典当管理办法》第二十六条中规定“典当行不得经营下列业务:(四)发放信用贷款”,《最高人民法院关于适用〈中华人民共和国合同法〉若干问题的解释(一)》第十条规定:“当事人超越经营范围订立合同,人民法院不因此认定合同无效。但违反国家限制经营、特许经营以及法律、行政法规禁止经营规定的除外”,《最高人民法院〈关于如何确定公民与企业之间借贷行为效力问题的批复〉》规定:“公民与非金融企业(以下简称企业)之间的借贷属民间借贷。只要双方当事人意思表示真实即可认定有效。但是,具有下列情形之一的,应当认定无效:……(三)企业以借贷名义向社会公众发放贷款;(四)其他违反法律、法规的行为。”遍地红典当公司为谋取高息与自然人单显春签订的仅由李治稼提供个人担保的大额借款合同应属信用贷款,系超越经营范围订立的合同,违反了国家特许经营及禁止经营的相关规定,应属无效合同。遍地红典当公司向单显春出借款项的具体数额,根据《中华人民共和国合同法》第二百条“借款的利息不得预先在本金中扣除,利息预先在本金中扣除的,应当按照实际借款数额返还借款并计算利息”的规定,遍地红典当公司与单显春签订的借款合同虽约定借款700万元,但因单显春实际收到款项为668.5万元,故应将借款数额确定为668.5万元。此外,《中华人民共和国合同法》第五十八条规定“合同无效或者被撤销后,因该合同取得的财产,应当予以返还;不能返还或者没有必要返还的,应当折价补偿。有过错的一方应当赔偿对方因此所受到的损失,双方都有过错的,应当各自承担相应的责任”,在民间借贷合同关系中,原物应是借款本金,损失则是利息。遍地红典当公司作为典当企业,明知不能从事发放信用贷款的金融业务,为谋取高息,违法向单显春放款,造成的利息损失应由其自行承担。单显春已归还的55万元均应抵顶本金,冲抵后借款本金为613.5万元。同时参照《最高人民法院关于审理联营合同纠纷案件若干问题的解答》的规定,对本案约定的利息予以收缴,因遍地红典当公司与单显春约定的借款利率4.5%超过法定的借贷利率上限,故对遍地红典当公司实际出借本金668.5万元从借款之日2013年3月6日至判决之日2014年12月3日按照人民银行公布的同期同类贷款基准利率四倍计算的利息286.87万元,予以收缴。

关于焦点二。李治稼作为担保人在遍地红典当公司与单显春的借款条据上签字系其真实意思表示,该保证符合相关法律规定,有效成立。该担保是遍地红典当公司与单显春签订的借款合同的从合同,现借款合同无效,从合同亦无效。李治稼作为担保人明知遍地红典当公司不具有发放信用贷款的权限,仍然介绍单显春向遍地红典当公司借款,并极力促成借款合同的签订,还为该笔借款担保,造成遍地红典当公司的经济损失,根据《最高人民法院关于适用〈中华人民共和国担保法〉若干问题的解释》第八条"主合同无效而导致担保合同无效,担保人有过错的,担保人承担民事责任的部分,不应超过债务人不能清偿部分的1/3"的规定,李治稼应就单显春向遍地红典当公司归还的款项及应收缴的利息承担1/3的连带责任。原审依据《中华人民共和国合同法》第五十二条、第二百条、第五十八条,《最高人民法院关于适用〈中华人民共和国担保法〉若干问题的解释》第八条、第二十二条二款之规定,判决:一、由单显春归还庆阳市遍地红典当有限公司款项613.5万元,李治稼对其中的1/3承担连带还款责任;二、对单显春应支付的利息286.87万元予以收缴,李治稼对其中的1/3承担连带责任;三、驳回庆阳市遍地红典当有限公司的其他诉讼请求。上述款项限判决生效后30日内履行完毕。案件受理费83,780元,由原告庆阳市遍地红典当有限公司负担27,927元,被告单显春负担55,853元。

遍地红典当公司、李治稼不服上述判决,向本院提起上诉。

遍地红典当公司上诉请求:1. 请求二审依法撤销庆阳市中级人民法院(2014)庆中民初字第33号民事判决,并改判由被上诉人单显春立即清偿上诉人借款本金668.5万元及自借款日2013年3月6日至归还之日的利息(利息按中国人民银行同期同类贷款利率的四倍计算),被上诉人李治稼对该借款本金及利息承担连带清偿责任;2. 一、二审案件诉讼费用由被上诉人单显春、李治稼承担。

事实与理由:1. 一审判决对部分事实认定不准确,遗漏了借款人之后书写的书面承诺及向担保人出具的《承诺函》,从而错误地认为上诉人从事的是无担保的信用贷款行为。在本案当初借款时,虽然双方在签订借款合同中,借款人单显春无抵押,仅由担保人李治稼提供信用担保,但在其后,借款人单显春书面承诺以其在庆阳市的西峰区小什字丽晶百货七楼"奥斯卡首映影城"及公司股权提供抵押担保,尽管当时借款人未履行物权法规定的登记或交付手续,抵押权存在瑕疵,虽然只是事后补充,但这也改变了当初信用借款的法律属性,借款人单显春这一行为也可视为本案典当担保法律关系中当物的存在。借款人事后这一补救行为改变了无当物存在的法律关系,本案的信用借款的法律属性因此改变为典当借款法律关系,这也说明典当借款法律关系因借款人的补救措施而合同成立、合同也由此合法有效。同时,单显春还向李治稼出具的《承诺函》中"因两笔借款均系您担保"的内容来看,该笔借款确由李治稼担保,一审法院疏忽了这一事实的存在。无论借款人是否事后补救均不影响典当借款法律关系的成立、有效。这足以证明是具有担保的借款,并不是典当公司根本未设定抵押,上诉人认为一审判决认定其从事了“发放信用贷款”，这是对事实的不全面认定和分析，主观片面认识形成，也是对信用贷款概念的错误理解。所谓“信用贷款”是指以借款人的信誉发放的贷款，而本案完全不符合此规定。

2. 一审依据部门规章《典当管理办法》认为借款合同无效，进而认定担保合同亦无效，系错误适用法律。1. 一审将部门规章凌驾于全国人大审议通过的《中华人民共和国合同法》之上，无视上位法的存在。《中华人民共和国合同法》实施以后，人民法院确认合同无效，应当以全国人大及其常委会制定的法律和国务院制定的行政法规为依据，不得以地方性法规、行政规章为依据。其一，《典当管理办法》仅是部门规章，不能作为认定本案合同无效的依据。根据《最高人民法院关于适用〈中华人民共和国合同法〉若干问题的解释(一)》第四条阐明了违反法律、行政法规的强制性规定的内涵，即“合同法实施以后，人民法院确认合同无效，应当以全国人大及其常委会制定的法律和国务院制定的行政法规为依据，不得以地方性法规、行政规章为依据”，该规定重申了只有违反全国人大及其常委会制定的法律和国务院制定的行政法规的强制性规定，才有可能被确认为无效。其二，《典当管理办法》中禁止典当行发放信用贷款的规定属于管理性的强制规范，违反该规定并不必然导致合同无效。《最高人民法院关于当前形势下审理民商事合同纠纷案件若干问题的指导意见》第十五条明确有解释，即“正确理解、识别和适用合同法第五十二条第(五)项中的‘违反法律、行政法规的强制性规定’，关系到民商事合同的效力维护以及市场交易的安全和稳定。人民法院应当注意根据《合同法解释(二)》第十四条之规定，注意区分效力性强制规定和管理性强制规定。违反效力性强制规定的，人民法院应当认定合同无效；违反管理性强制规定的，人民法院应当根据具体情形认定其效力”。其三，《典当管理办法》禁止典当行发放信用贷款的立法宗旨和目的是出于维护典当行的经营安全，主要是通过管理性的规定对典当行的经营行为来进行引导，属于管理性强制性规定。

3. 一审认为上诉人具有“企业以借贷名义向社会公众发放贷款”的情形，进而认定合同无效，缺乏证据。本案的被上诉人单显春仅为单一民事法律行为主体，而并非社会公众，一审仅凭双方签订的《借款借据》认定上诉人从事的是法律所禁止的以企业名义向社会公众发放贷款行为不当。本案是典当公司从事针对自然人的保证借款，由于被上诉人未能充分举证证明上诉人从事的是企业以借贷名义向社会公众发放贷款，就应认定双方之间属于民间借贷关系。

4. 上诉人与被上诉人之间属于民间借贷，应依法得到法律的保护。《最高人民法院关于人民法院审理借贷案件的若干意见》第一条规定：“公民之间的借贷纠纷，公民与法人之间的借贷纠纷以及公民与其他组织之间的借贷纠纷,应作为借贷案件受理。”关于民间借贷的法律效力,应依据《最高人民法院关于人民法院审理借贷案件的若干意见》及《最高人民法院关于如何确认公民与企业之间借贷行为效力问题的批复》的具体规定,“公民与非金融企业(以下简称企业)之间的借贷属于民间借贷。只要双方当事人意思表示真实即可认定有效。但是,具有下列情形之一的,应当认定无效:(一)企业以借贷名义向职工非法集资;(二)企业以借贷名义非法向社会集资;(三)企业以借贷名义向社会公众发放贷款;(四)其他违反法律、行政法规的行为。本案中借款合同签订的双方一方是公民,一方是企业,且双方签订的借款合同意思表示真实,上述无效的四种情形都不存在,同时也并没有以借贷名义向社会发放贷款的行为,亦没有违反法律、行政法规的其他行为,所以属于合法的民间借贷关系”。

5. 李治稼对借款的保证合同合法有效。一审中,被上诉人单显春承认借贷关系是双方真实意思表示,没有合意损害国家利益的想法及行为,这也说明签订借款合同及担保合同均出于自愿,符合法律规定。从主体上看,被上诉人李治稼是具有代为清偿债务能力的公民,符合保证人的条件。从形式上看,被上诉人李治稼作为保证人与上诉人订立了书面形式的保证合同。从内容上看,被上诉人李治稼已经明确了其应当承担的保证责任。从反担保来看,被上诉人单显春显然是在被上诉人李治稼承担保证责任的情况下,出具了反担保的承诺函。据此,在借款合同合法有效的情况下,被上诉人李治稼的保证也合法有效。根据合同约定,李治稼应当对该笔借款承担连带保证责任。

6. 一审判决将全部利息予以收缴,无法律依据,严重损害了上诉人的合法权益。(1)《最高人民法院关于审理联营合同纠纷案件若干问题的解答》“三、关于联营合同的主体资格认定问题:(一)联营合同的主体应当是实行独立核算,能够独立承担民事责任的企业法人和事业法人”。从上述规定可以看出,适用本解答的主体只能是企业法人和事业法人,而本案中,二被上诉人均不是企业法人或事业法人,而为自然人。(2)本案的借款合同不属于联营合同。《最高人民法院关于审理联营合同纠纷案件若干问题的解答》“八、关于无效联营收益的处理问题:当事人恶意串通,损害国家利益、集体或第三人的合法利益,或者因合同内容违反国家利益或社会公共利益而导致联营合同无效的,根据《民法通则》第六十一条第二款和第一百三十四条第三款规定,对联营体在联营合同履行期间的收益,应当作为非法所得予以收缴,收归国家、集体所有或者返还第三人……”据此,只有在联营合同无效的情况下,才可以对非法所得予以收缴。而本案中,涉案合同为借款合同,并非联营合同,该案不论从主体上还是内容上,都不应适用《最高人民法院关于审理联营合同纠纷案件若干问题的解答》。一审在没有任何法律依据的情况下,将本应由上诉人取得的利息,直接收缴,严重损害了上诉人的合法利益。

李治稼的上诉请求:1. 依法撤销庆阳市人民法院(2014)庆中民初字第33号民事判决书第一项及第二项判决中要求上诉人承担1/3借款本息连带清偿责任的判决内容;2. 判决上诉人李治稼不承担任何连带责任。

事实及理由:1. 一审判决中已认定上诉人与被上诉人的保证合同无效,不应承担保证责任,但认为上诉人存在过错,判决承担1/3的借款本息连带清偿责任与事实不符。典当公司到底是否具有发放贷款的资质,是一个专业性极强的法律知识,而上诉人作为一个外行人,根本不懂得其中的利害关系。为单显春的借款行为充当担保人也仅仅出于朋友之间互相帮助的善意,以期希望帮助朋友渡过难关,并无恶意,一审判决认定的上诉人有过错并应承担连带责任的理由无事实依据,有损上诉人的合法权益。

2. 一审判决中对于单显春未支付的利息提前予以收缴,并判决上诉人承担1/3的连带责任,于法无据。《最高人民法院关于审理联营合同纠纷案件若干问题的解答》及《中华人民共和国民法通则》第六十一条第三款规定:"……应当追缴双方取得的财产,收归国家、集体所有或者返还第三人。"也就是说法院要收缴非法利益,也应当收缴的是当事人已经取得的财产。单显春仅仅只支付了55万元利息,约定的其余利息并未实际发生,故一审法院却判决收缴数额达到286.87万元,并让与该利息无任何利害关系的上诉人承担1/3利息的连带责任,于法无据。

被上诉人单显春答辩称:一审法院认定事实清楚,法院应将收缴利息返还给出借人。

经审理查明,原审认定的基本事实与二审查明的事实相同。

本院认为,本案二审争议的焦点:1. 遍地红典当公司与单显春之间的借贷关系是否成立,所涉利息应如何计算、处理? 2. 李治稼是否应承担保证责任,如何承担? 3. 原审适用法律是否有误?

关于遍地红典当公司与单显春之间的借贷关系是否成立,所涉利息应如何计算、处理的问题。1. 借贷关系是否成立。本案中,被上诉人单显春为经营所需向上诉人借款,双方签订的《借款合同》,不属于《典当管理办法》信用贷款的行为,故双方之间的关系应参照民间借贷相关规定予以处理。2. 所涉利息。借款条据中的借款数额为700万元,但事实上上诉人遍地红典当公司向被上诉人单显春通过银行汇款668.5万元,故借款本金应按照668.5万元计算。《最高人民法院关于如何确定公民与企业之间借贷行为效力问题的批复》中规定“借贷利率超过银行同期同类贷款利率四倍的，按照最高人民法院法(民)发(1991)21 号《关于人民法院审理借贷案件的若干意见》的有关规定办理”。《最高人民法院关于人民法院审理借贷案件的若干意见》第六条规定:民间借贷的利率可以适当高于银行的利率,各地人民法院可根据本地区的实际情况具体掌握,但最高不得超过同期贷款利率的四倍(包括利率本数)。超出此限度的,超出部分利率不予保护。据此规定,民间借贷的利息及违约金共计不得超过银行同期贷款利率的四倍。借款条据中约定被上诉人单显春每月按 4.5% 利率给付利息，显然所约定的利率超过法律所规定的银行同期贷款利率的四倍,故利率应按照银行同期贷款利率的四倍计算。借款后,被上诉人单显春共计给付利息 55 万元。根据本案中的借款本金数额和被上诉人给付利息的实际金额及法律关于利率的规定,应认定被上诉人单显春归还上诉人遍地红典当公司借款本金 668.5 万元,支付利息自 2013 年 3 月 6 日起按照中国人民银行规定的同期贷款基准利率的四倍计算至本判决指定给付之日止。

关于李治稼是否应承担保证责任,如何承担的问题。李治稼作为担保人在遍地红典当公司与单显春的借款条据上签字系其真实意思表示,该保证符合相关法律规定,有效成立。据此,李治稼作为保证人对被上诉人单显春的借款承担保证担保责任。根据《中华人民共和国担保法》第十八条、第二十一条的规定,李治稼应对被上诉人单显春向上诉人遍地红典当公司归还借款本息承担连带清偿责任。

关于原审适用法律是否有误的问题。如前所述,案涉借款关系成立,可参照民间借贷法律关系处理。原审适用《典当管理办法》第二十六条规定、《最高人民法院关于适用〈中华人民共和国合同法〉若干问题的解释(一)》第十条规定及《最高人民法院关于如何确定公民与企业之间借贷行为效力问题的批复》中(三)企业以借贷名义向社会公众发放贷款认定借贷关系无效不当;适用《最高人民法院关于审理联营合同纠纷案件若干问题的解答》对利息予以收缴亦不当。

综上,原审虽认定基本事实清楚,程序合法,但适用法律错误,二审予以改判。依照《中华人民共和国民事诉讼法》第一百七十条第一款第一、二项之规定,判决如下:

一、维持甘肃省庆阳市中级人民法院(2014)庆中民初字第 33 号民事判决第三项;

二、撤销甘肃省庆阳市中级人民法院(2014)庆中民初字第 33 号民事判决第一、二项;

三、被上诉人单显春归还上诉人庆阳市遍地红典当有限公司借款本金 668.5 万元,并支付利息自2013年3月6日起按照中国人民银行规定的同期贷款基准利率的四倍计算至本判决指定给付之日止(已支付的55万元利息予以扣除),上诉人李治稼对其本金及利息承担连带责任。

二审案件受理费83,780元,由上诉人庆阳市遍地红典当有限公司负担3780元,上诉人李治稼负担10,000元,被上诉人单显春负担70,000元。一审案件受理费也照此收取。

本判决为终审判决。

审　判　长　薛经华
代理审判员　张　岩
代理审判员　刘　恒
二〇一五年六月八日
书　记　员　赵学平

【案例五】安徽信发典当有限公司诉钱永岗、张增林等典当纠纷案（2017 年 2 月 22 日）

【法律点】典当行在借款人未提供当物的情况下签发当票，典当合同无效，当事人之间的法律关系应当按照民间借贷处理，保证人自愿为借款提供的连带责任保证合法有效。

【关键词】当票　当物　民间借贷　保证责任

安徽省滁州市中级人民法院
民事判决书

（2017）皖 11 民终 169 号

上诉人（原审被告）：张增林。

被上诉人（原审原告）：安徽信发典当有限公司。

法定代表人：陈朝英，执行董事。

委托诉讼代理人：王炳华。

委托诉讼代理人：王国田，安徽天道律师事务所律师。

原审被告：钱永岗。

原审被告：施学章。

上诉人张增林因与被上诉人安徽信发典当有限公司（以下简称信发典当）、原审被告钱永岗、施学章典当纠纷一案，不服安徽省天长市人民法院作出的（2016）皖 1181 民初 97 号民事判决，向本院提起上诉。本院于 2017 年 1 月 12 日立案后，依法组成合议庭进行了审理。本案现已审理终结。

张增林上诉请求：撤销一审判决，改判驳回信发典当的一审诉讼请求或将案件发回重审，并由信发典当承担本案一、二审诉讼费及保全费。事实与理由：本案是典当纠纷,当票无效,典当借款合同无效,其签字的担保合同作为典当借款合同的从合同,当然无效,故其不应承担保证责任。

信发典当辩称,涉案《典当借款合同》虽然因没有当物而无效,但其与钱永岗之间的法律关系应当按照民间借贷处理,张增林提供的担保依然有效。一审判决正确,请求驳回上诉,维持原判。

信发典当向一审法院起诉请求:钱永岗偿还借款270万元,并承担自收到借款之日起至2015年10月31日止的典当借款利息、综合费1,104,300元(2015年10月31日之后的上述费用计算至还款日);张增林、施学章对上述款项承担连带清偿责任。

一审法院认定事实:2014年8月18日,经信发典当股东张增林介绍,钱永岗从信发典当借款,并签订《典当借款合同》1份,合同约定:钱永岗典当借款270万元,典当期限2014年8月18日至2014年9月16日,月综合费率为2.533%,月利率为0.467%,合计3%,从当金发放之日起算,双方同意钱永岗一次性预缴典当期限内综合费用81,000元,双方共同确认施学章、张增林为该笔借款提供不可撤销的连带担保责任。合同第二条当物栏为空白。钱永岗、张增林和施学章三人在《典当借款合同》借款人、保证人处签名。当日,钱永岗向信发典当提供诚信承诺函1份,张增林、施学章二人分别向信发典当提供的《个人关联担保书》中签字。另查明,合同签订当日,钱永岗向信发典当提供(2011)第1118号土地证复印件1份,该复印件载明土地使用权人为安徽汉一房地产有限公司,土地坐落于安徽省来安县北大街(西侧),土地面积15,507平方米。信发典当向钱永岗开具当票并将270万元汇入钱永岗账户,当票载明:当物名称汉一房产,数量15,507平方米,典当金额270万元,综合费用零元,月费率为2.533%,月利率为0.467%。安徽汉一房地产有限公司未与信发典当签订房地产抵押合同,且未办理抵押登记。《典当借款合同》约定的借款发放后,钱永岗预缴综合费用81,000元。2014年9月16日,借款到期,钱永岗未能还款。一审法院认为:我国《典当管理办法》第三条第一款规定,典当是指当户将其动产、财产权利作为当物质押或者将其房地产作为当物抵押给典当行,交付一定比例费用,取得当金,并在约定期限内支付当金利息、偿还当金、赎回当物的行为。本案中,信发典当与钱永岗签订的《典当借款合同》中当物栏为空白,虽然当票上记载的当物是安徽汉一房地产有限公司的土地,但安徽汉一房地产有限公司未与信发典当签订《抵押合同》,也未办理抵押登记,且安徽汉一房地产有限公司法定代表人施学章在庭审中否认以该土地为讼争借款提供抵押,故信发典当向钱永岗发放的典当借款270万元,没有当物,典当合同无效,应当按照民间借贷处理。钱永岗作为借款人负有到期还本付息的义务。信发典当主张的各项费用总和不得超过民间借贷最高年利率24%的标准,对超出的部分不予支持;信发典当已收取的综合费用81,000元不再予以返还。本案中,钱永岗与信发典当公司签订的《典当借款合同》中有关典当部分无效,但借款部分仍然合法有效,张增林、施学章为该笔借款本息提供的连带责任保证亦合法有效。综上,依照《中华人民共和国合同法》第一百九十六条,《中华人民共和国担保法》第十八条、第三十一条之规定,判决:一、被告钱永岗于本判决生效之日起十五日内偿还原告安徽信发典当有限公司借款本金270万元及利息(利息自2014年8月18日起按年利率24%计算至返还之日止)。二、被告张增林、施学章对本判决第一项给付内容承担连带清偿责任。三、被告张增林、施学章承担保证责任后,有权向钱永岗追偿。四、驳回原告安徽信发典当有限公司其他诉讼请求。案件受理费37,234元,保全费5000元,合计42,234元,由原告安徽信发典当有限公司负担4000元,被告钱永岗、张增林、施学章负担38,234元。

二审中,当事人没有提交新证据。

二审查明的事实与一审一致,对一审查明的事实本院予以确认。

本院认为:典当是指当户将其动产、财产权利作为当物质押或者将其房地产作为当物抵押给典当行,交付一定比例费用,取得当金,并在约定期限内支付当金利息、偿还当金、赎回当物的行为,即典当必须以动产或者财产权利做质押。本案中,信发典当在当户钱永岗未提供当物的情况下向其签发当票,典当合同无效,信发典当与钱永岗之间的法律关系应当按照民间借贷处理。信发典当已经履行出借义务,钱永岗作为借款人理应承担还款义务;张增林作为钱永岗借款的担保人在《个人关联担保书》上签字,自愿为钱永岗的涉案借款提供连带担保责任,现信发典当要求其承担连带清偿责任,符合法律规定,应予支持。张增林上诉认为典当合同无效,其担保亦无效,缺乏法律依据,不予支持。

综上所述,张增林的上诉请求不能成立,应予驳回。依照《中华人民共和国民事诉讼法》第一百七十条第一款第一项规定,判决如下:

驳回上诉,维持原判。

二审案件受理费37,234元,由上诉人张增林负担。

本判决为终审判决。

审　判　长　葛敬荣
审　判　员　王　铖
代理审判员　王娟娟
二〇一七年二月二十二日
书　记　员　潘　洁

【案例六】海宁市鑫成典当有限责任公司诉海宁海汇房地产有限公司、海宁市金泰鳖业有限公司、许金水借款合同纠纷案（2014年1月20日）

【法律点】 1.典当行并不具有金融机构法人许可资质，其对外发放只有第三人提供保证担保的贷款不仅已超出其经营范围且有违国家特许经营规定，应认定借款合同无效。

2.合同无效后保证合同的效力和责任应按照合同无效规则处理。保证人明知借贷双方的基本情况、主债权数额、期限、保证范围仍提供保证担保，客观上促使了典当行与借款人借款关系的成立，应认定保证人在缔约过程中存在过错，应就担保无效承担相应的赔偿责任。

【关键词】 合同效力　经营范围　特许经营　主合同无效　保证合同无效　保证人过错

浙江省嘉兴市中级人民法院
民事判决书

(2014)浙嘉商终字第7号

上诉人(原审被告):海宁海汇房地产有限公司。

法定代表人:周伟忠。

委托代理人:王海龙、华碧源。

被上诉人(原审原告):海宁市鑫成典当有限责任公司。

法定代表人:陆重驰。

委托代理人:李鸣杰、徐虹。

原审被告:海宁市金泰鳖业有限公司。

法定代表人:许金水。

原审被告:许金水。

上诉人海宁海汇房地产有限公司(以下简称海汇公司)因与被上诉人海宁市鑫成典当有限责任公司(以下简称鑫成公司)、原审被告海宁市金泰鳖业有限公司(以下简称金泰公司)、许金水借款合同纠纷一案,不服海宁市人民法院(2013)嘉海商初字第819号民事判决,于2013年12月6日向本院提起上诉,本院于2013年12月23日受理后,依法组成由审判员马蕾担任审判长,代理审判员冯静、王浩参加评议的合议庭,于2014年1月8日公开开庭进行了审理。上诉人海汇公司的委托代理人王海龙、被上诉人鑫成公司的委托代理人李鸣杰到庭参加诉讼,原审被告金泰公司、许金水经本院传票传唤,无正当理由,拒不到庭参加诉讼,本院依法缺席审理。本案现已审理终结。

原审法院审理认定:2012年4月6日,鑫成公司与金泰公司签订借款合同一份,约定金泰公司向鑫成公司借款5,000,000元,借款期限为10天,月利率为30‰;若逾期未还,逾期部分在原利率基础上加收30%逾期罚息。同日,鑫成公司与许金水、海汇公司签订保证合同1份,约定许金水、海汇公司对上述借款承担连带保证责任。2012年4月9日,鑫成公司依约向金泰公司发放借款5,000,000元。金泰公司于2012年4月13日起陆续还款,并于2013年3月1日与鑫成公司对账,确认截至2013年2月7日尚欠鑫成公司借款本金1,900,000元、利息565,478元。2013年3月27日,金泰公司还款50,000元。至此,金泰公司总计归还借款3,205,080元,其中包括3,150,000元本金及55,080元利息,尚欠本金1,850,000元及相应利息。之后金泰公司对余款部分未履行还款义务,许金水、海汇公司也未履行担保义务,鑫成公司遂诉至原审法院。

原审法院审理认为:本案的争议焦点为:1. 本案借款合同是否有效;2. 本案借款利息如何计算;3. 许金水、海汇公司应承担的责任。

1. 关于本案诉争借款合同效力的问题。本案借贷双方均是依法设立并经工商登记的普通企业法人,讼争借款系鑫成公司向企业发放具有持续、营利性质的贷款。依据《贷款通则》第二十一条、第六十一条之规定,贷款人必须经中国人民银行批准并持有金融机构法人许可证方能经营贷款业务,企业之间不得违反国家规定办理借贷或者变相借贷融资业务。同时,《典当管理办理办法》第二十六条规定了典当行不得经营信用贷款业务。鑫成公司作为典当公司,不具有金融许可资质,对外发放贷款超出了其经营范围,根据《最高人民法院关于适用〈中华人民共和国合同法〉若干问题的解释

(一)》第十条,“当事人超越经营范围订立合同,人民法院不因此认定合同无效。但违反国家限制经营、特许经营以及法律、行政法规禁止经营规定的除外”。本案鑫成公司发放贷款的行为已超出其经营范围且有违国家特许经营规定,应认定借款合同无效。同时,因该合同取得的财产,应当予以返还。金泰公司实际取得的款项尚有1,850,000元本金未归还,故金泰公司应当返还鑫成公司1,850,000元。

2. 本案借款利息如何计算。因借款合同无效,故合同中关于借款利率的约定也不再具有约束力,但借款人应当赔偿资金占用期间的利息损失。鑫成公司的利息损失请求过高,原审法院酌情调整为按中国人民银行同期同档次贷款基准利率计算。本案中金泰公司实际收到款项在2012年4月9日,根据金泰公司的还款情况,自当日开始按照银行同期贷款基准利率计算至起诉之日,金泰公司应当赔偿利息损失133,343元,当中应扣除金泰公司已支付的利息55,080元,还应向鑫成公司支付78,263元。

3. 许金水、海汇公司应承担的责任。

首先,关于海汇公司与鑫成公司之间担保关系是否成立的问题,原审法院认为:①公司章程系公司内部决议程序,不得约束第三人,未经公司股东会决议不影响对外担保行为的效力;②海汇公司系有限责任公司,兼具封闭性和灵活性的特点,外人很难了解公司内部结构、股东构成情况以及公司内部的经营管理和运作程序,债权人难以把握公司是否进行表决,如何进行表决,若将审查公司是否进行决议的义务加于债权人身上,显然有失公平、公正。本案中,保证合同上担保人一栏由海汇公司的法定代表人周伟忠签字并加盖公章,应认为鑫成公司已经尽到了形式上的审查义务,鑫成公司不存在过错。故对海汇公司认为保证关系不成立的辩称不予采纳,鑫成公司与海汇公司签订的担保合同应视为双方真实意思表示,担保合同本身并不欠缺有效要件。

其次,本案鑫成公司与金泰公司的借款主合同无效,导致保证合同无效。根据《最高人民法院关于适用〈中华人民共和国担保法〉若干问题的解释》第八条的规定,主合同无效而导致担保合同无效,担保人无过错的,担保人不承担民事责任;担保人有过错的,担保人承担民事责任的部分,不应超过债务人不能清偿部分的三分之一。故许金水、海汇公司作为担保人在有过错的前提下承担相应责任。本案中的担保人在缔约过程中存在过错,基于以下两点:①担保人许金水、海汇公司在签订《保证合同》时,对于主债权数额、期限、借贷双方的基本情况、保证范围都是明知的,也应当可以预见作为保证人签字盖章后应当承担连带保证责任的后果,签订保证合同系其真实意思表示;②许金水、海汇公司为本案所涉的借款提供担保,客观上促使了鑫成公司与金泰公司借款关系的成立。故本案中担保人存在过错,应就担保无效承担相应的赔偿责任。

综上,依据《中华人民共和国合同法》第五十二条第一款第五项、第五十八条,《最高人民法院关于适用〈中华人民共和国合同法〉若干问题的解释(一)》第十条,《中华人民共和国担保法》第五条,《最高人民法院关于适用〈中华人民共和国担保法〉若干问题的解释》第八条、第九条第一款,《中华人民共和国民事诉讼法》第一百三十条之规定,判决:一、金泰公司于判决生效之日起十日内向鑫成公司返还借款本金 1,850,000 元,并赔偿借款利息损失(暂计算至 2013 年 6 月 7 日为 78,263 元,此后以 1,850,000 元为本金,按照中国人民银行同期同类贷款基准利率,自 2013 年 6 月 8 日起计算至判决确定的给付之日止);二、许金水、海汇公司对金泰公司上述债务不能清偿的部分承担 1/3 的赔偿责任;承担赔偿责任后,可以向债务人金泰公司追偿;三、驳回鑫成公司的其他诉讼请求。案件受理费 27,570 元,保全费 5000 元,合计 32,570 元,由鑫成公司负担 7892 元,金泰公司负担 24,678 元。

宣判后,海汇公司不服,向本院提起上诉称:首先,本案借款合同无效主要是鑫成公司的行为所致,本案的过错主要是鑫成公司没有依法办理典当手续,而该行为海汇公司无法控制,因此,海汇公司无过错。其次,即使本案中海汇公司存在过错,许金水的过错远远大于海汇公司。其作为金泰公司的法定代表人,明知本案乃不存在当物的信用贷款,仍与鑫成公司签订借款合同,其过错远超过不知情的海汇公司,原审未能区分过错大小,判决海汇公司与许金水共同对金泰公司所欠本案债务之未能清偿的部分承担 1/3 的赔偿责任显失公平。最后,原审中,鑫成公司在起诉状中称"……从 2012 年 9 月 22 日起不再支付利息",可见,其自认收到 2012 年 9 月 22 日前金泰公司支付的利息,这也与许金水在原审中所作的每月支付 6 万元利息的陈述一致,因此原审对相关还款事实不予认可是错误的。综上,请求二审撤销原审关于海汇公司承担赔偿责任的判决。

被上诉人鑫成公司未作书面答辩,口头辩称:原审认定事实清楚、适用法律正确,请求二审驳回上诉,维持原判。

原审被告金泰公司、许金水未到庭参加诉讼,亦未作答辩。

本案二审审理过程中,双方当事人均未提供新证据。

本院经审理认定的事实与原审法院认定的事实一致。

本院认为,双方当事人对本案借款合同及保证合同均为无效合同没有异议,二审中争议的实质焦点为海汇公司在本案借款合同无效之后是否应承担相应的赔偿责任。根据《最高人民法院关于适用〈中华人民共和国担保法〉若干问题的解释》第八条的规定,主合同无效而导致担保合同无效,担保人无过错的,担保人不承担民事责任;担保人有过错的,担保人承担民事责任的部分,不应超过债务人不能清偿部分的 1/3。故欲确定海汇公司是否应承担相应的赔偿责任,须判断其作为担保人是否存在过错。首先,海汇公司称,其在签订保证合同时,对主合同内容并不了解,误以为本案借款合同所涉款项是典当合同项下的款项,其仅对当物不足清偿部分承担责任。本院认为,若该保证合同系针对典当合同项下的权利义务,应当在保证合同中予以注明,而本案保证合同明确载明主债权为鑫成公司依据其与金泰公司所签订的借款合同而享有的债权,金额为500万元,期限为10天,同时明确了借贷双方的基本情况、保证范围等,海汇公司在保证合同上签章的行为,足以表明其对于借款合同的内容及性质是明知的。同时,被保证的主债权、保证的范围及性质,对保证人而言关系重大,海汇公司作为一个理性的市场主体,在为他人提供保证时应当对主合同的内容进行充分的了解,海汇公司称其对借款合同的内容完全不知情亦不符合常理。其次,本案保证合同的订立与借款合同的订立为同一天,借款合同第五条对担保亦有明确约定,由此可知,海汇公司为本案所涉的借款提供保证在客观上促使了鑫成公司与金泰公司借款合同的订立。因此,本案主合同及保证合同被认定无效,海汇公司基于其过错应承担相应的赔偿责任。最后,许金水、海汇公司均为本案借款的连带责任保证人,许金水作为金泰公司的法定代表人对本案主合同无效同样存在过错,故原审法院判令许金水、海汇公司对金泰公司结欠鑫成公司债务之不能清偿的部分承担1/3的赔偿责任符合上述法律规定,并无不当。

至于海汇公司所称原审对相关还款事实不予认可的问题,本院认为,原审依据现有证据查明了金泰公司尚未归还鑫成公司的款项数额,金泰公司亦未提出异议,海汇公司称另有款项金泰公司已经归还鑫成公司,但未提供证据予以证明,故对海汇公司的该项上诉理由本院亦不予采信。

综上,海汇公司的上诉理由均不能成立。原判认定事实清楚,适用法律正确,应予以维持。依照《中华人民共和国民事诉讼法》第一百七十条第一款第一项之规定,判决如下:

驳回上诉,维持原判。

二审案件受理费9967元,由上诉人海宁海汇房地产有限公司负担。

本判决为终审判决。

审　判　长　马　蕾
代理审判员　冯　静
代理审判员　王　浩
二〇一四年一月二十日
书　记　员　吴　宵

【案例七】莱芜市泰翔典当有限责任公司诉山东馨百商贸有限公司、山东馨百大酒店有限公司、莱芜市恒金建材有限公司、石强等民间借贷纠纷案(2016年9月22日)

【法律点】 1. 典当关系的成立必须具备两个成立要件:一是当户交付当物;二是典当行交付当金。典当行与当户之间虽然签订了房地产抵押典当借款合同,但合同中并未约定"当物",不符合典当的实质要件,违反了相关金融法规的规定,应认定为无效的民间借贷合同。

2. 保证人明知典当行未按规定约定当物而发放借款,仍为借款人提供保证的,应认定保证人具有过错,保证人应对借款人不能清偿债务部分的1/3承担赔偿责任。

【关键词】 典当的成立　民间借贷合同　主合同无效　保证合同无效　保证人过错

山东省莱芜市中级人民法院
民事判决书

(2016)鲁12民终433号

上诉人(原审被告):山东馨百商贸有限公司。

上诉人(原审被告):山东馨百大酒店有限公司。

上诉人(原审被告):莱芜市恒金建材有限公司。

上诉人(原审被告):石强。

上诉人(原审被告):郭俊玲。

上诉人(原审被告):郭春海。

上诉人(原审被告):李玉英。

上诉人(原审被告):巩永会。

上诉人(原审被告):付淑清。

以上九上诉人共同委托代理人:李涛,山东鲁浩律师事务所律师。

被上诉人(原审原告):莱芜市泰翔典当有限责任公司。

委托代理人:李峰,职工。

委托代理人:朱文举,山东鲁中环宇律师事务所律师。

上诉人山东馨百商贸有限公司(以下简称馨百商贸公司)、山东馨百大酒店有限公司(以下简称馨百大酒店)、莱芜市恒金建材有限公司(以下简称恒金建材公司)、石强、郭俊玲、郭春海、李玉英、巩永会、付淑清因与被上诉人莱芜市泰翔典当有限责任公司(以下简称泰翔典当公司)民间借贷纠纷一案,不服莱芜市莱城区人民法院(2016)鲁1202民初802号民事判决,向本院提起上诉。本院于2016年7月27日立案后,依法组成合议庭,公开开庭进行了审理。上诉人馨百商贸公司、馨百大酒店、恒金建材公司、石强、郭俊玲、郭春海、李玉英、巩永会、付淑清的共同委托代理人李涛,被上诉人泰翔典当公司的委托代理人李峰、朱文举到庭参加诉讼。本案现已审理终结。

馨百商贸公司、馨百大酒店、恒金建材公司、石强、郭俊玲、郭春海、李玉英、巩永会、付淑清上诉请求:1. 请求依法撤销(2016)鲁1202民初802号判决书,依法驳回泰翔典当公司的诉讼请求,判决驳回被上诉人的诉讼请求;2. 本案一、二审的诉讼费用由泰翔典当公司承担。理由如下:1. 一审判决认定《房地产抵押借典当借款合同》属于民间借贷合同,合法有效,让上诉人承担责任,适用法律错误。(1)泰翔典当公司与馨百商贸公司签订的《房地产抵押典当借款合同》违反法律的强制性规定,应为无效合同,九上诉人不应承担责任。根据发布的《典当管理办法》第四十二条第一款规定:典当行经营房地产抵押典当业务,应当和当户依法到有关部门先行办理抵押登记,再办理抵押典当手续。泰翔典当公司与馨百商贸公司签订的《房地产抵押借典当借款合同》"当物"部分并未约定抵押房产的基本信息,双方也未就所谓的房产设立抵押登记,因此本案根本不存在合法有效的当物。故本案中泰翔典当公司向馨百商贸公司出借款项的行为实质属于企业违规发放信用贷款,泰翔典当公司与馨百商贸公司之间明显不具有典当合同的法律特征。泰翔典当公司向馨百商贸公司发放借款的行为不仅违反了《典当管理办法》第二十六条第四项规定的关于典当企业"不得从事信用贷款"的规定,也违反了《中华人民共和国银行业监督管理法》第十九条的规定。根据《中华人民共和国合同法》第五十二条之规定这种以合法形式掩盖非法目的的合同应为无效合同。根据担保法的相关规定,主债务合同无效,担保合同亦无效,担保人不应承担担保责任。本案中,一审法院一方面认定该房地产抵押借典当借款合同系民间借款合同,另一方面又认为其合法有效,属于自相矛盾。既然泰翔典当公司作为典当公司,就不应当违反法律规定对外进行民间借贷,既然认定其为民间借贷合同,该合同就当然无效,一审法院出具了上述自相矛盾的判决,请二审法院依法予以纠正。(2)泰翔典当公司与馨百商贸公司签订房地产抵押典当借款合同,双方告知馨百商贸公司已用土地使用权进行了典当,且馨百商贸公司已将土地使用权证书交付给泰翔典当公司,但泰翔典当公司并没有去办理相关的登记手续,客观上加重了其他上诉人的担保责任,如果泰翔典当公司办理了土地使用权的登记手续的话,完全可以偿还上述借款,正是由于泰翔典当公司的行为,才导致上诉人的损失,因此,其他八上诉人不应就泰翔典当公司的过错行为承担责任,请法院依法驳回泰翔典当公司的诉讼请求。2. 馨百商贸公司并非200万元的借款实际用款人,上诉人馨百商贸公司不应承担还款责任,其他上诉人更不应承担担保责任。请二审法院在查明事实后依法改判。

泰翔典当公司辩称:1. 泰翔典当公司为非金融机构,《中华人民共和国银行业监督管理法》适用的对象是银行业金融机构;2. 双方未约定当物,未进行抵押登记,仅产生不享有的抵押权的法律后果,并不能倒推借款合同无效;3. 馨百商贸公司主张借款合同无效,应当承担举证责任,否则应承担举证不能的法律后果;4. 双方之间发生的临时性的为生产经营需要而进行的资金拆借符合民间借贷的相关规定,人民法院应予支持;5. 本案事实清楚,证据确实充分,应驳回上诉,维持原判。

泰翔典当公司向一审法院起诉请求:2014 年 2 月 25 日馨百商贸公司借泰翔典当公司 200 万元,借款期限自 2014 年 2 月 25 日至 2014 年 3 月 26 日,月利率为 2.0%,由其他被告承担无限连带保证责任。借款到期后,馨百商贸公司未偿还,尚有本金 200 万元、利息 901,333 元未偿还。特诉至法院,请求人民法院依法判决馨百商贸公司偿还借款本金 200 万元、利息 901,333 元,合计 2,901,333 元,从 2016 年 3 月 2 日以后的利息按照以 200 万元为本金、月息 2 分计算至还清之日,其他被告对上述贷款承担连带还款责任;支付律师代理费 5 万元,本案诉讼费由被告负担。

一审法院认定事实:泰翔典当公司与馨百商贸公司于 2014 年 2 月 25 日签订一份房地产抵押典当借款合同。合同约定:1. 该房、地产典当借款金额(以下简称当金)为 2000,000.00 元。2. 典当期限自 2014 年 2 月 25 日起至 2014 年 3 月 26 日止。3. 双方一致确认,本合同项下的月综合费率为 1.0%、月利率为 2.0%,合计为 3.0%,以第四条约定的当金为基数从泰翔典当公司发放当今之日起算,典当期限超过五日的,按实际天数支付利息。本合同项下的利息和综合费用不受典当期限及续当期限的影响，典当期限及续当期限届满，利息和综合费用仍按照本合同约定的标准连续计算，直至泰翔典当公司债权获得完全清偿之时。4. 馨百商贸公司如未按期支付利息及综合费，馨百商贸公司应每日按当金的万分之五向泰翔典当公司支付逾期违约金。馨百商贸公司如逾期偿还泰翔典当公司本金，除按本合同约定的利率、费率支付利息及综合费用外，还应根据逾期天数每日按所欠当金的万分之五向泰翔典当公司支付逾期违约金。5. 保证人对馨百商贸公司依本合同的全部债务对泰翔典当公司承担无限连带责任保证。《房地产抵押典当借款合同》还约定了其他事项。馨百商贸公司、泰翔典当公司均在合同上盖章。馨百大酒店和恒金建材公司的法定代表人均在合同保证人处签字，双方公司也均在合同上盖章。同日，石强、郭俊玲、郭春海、李玉英、巩永会、付淑清作为保证人在《自然人连带责任保证书》书上签字，该保证书载明：1. 保证范围：(1)借款本金(大写)：贰佰万元整；(2)借款利息及费用：此笔借款自发生日至结清日的全部利息、综合费用、违约金及损害赔偿金；(3)贷款人为实现债权而发生的一切费用(包括但不限于诉讼费、仲裁费、财产保全费、差旅费、执行费、评估费、拍卖费、过户税费等)。2. 保证期间为《房地产抵押典当借款合同》约定的借款期限届满之日起两年。3. 保证份额每位保证人对本保证书保证范围内全部数额的100%承担连带责任。《自然人连带责任保证书》还载明了其他事项。同日，泰翔典当公司将200万元转账到馨百商贸公司账户中，馨百商贸公司为泰翔典当公司出具收据。同日，馨百商贸公司以综合费用的名义向泰翔典当公司支付6万元，2014年3月26日，馨百商贸公司以综合费用的名义向泰翔典当公司分别支付2.88万元和6万元。2016年2月28日，泰翔典当公司与山东鲁中环宇律师事务所签订《民事诉讼案件聘请律师合同》，山东鲁中环宇律师事务所指派律师作为泰翔典当公司的委托代理人。

另查明，《房地产抵押典当借款合同》中未约定当物。

以上事实，有《房地产抵押典当借款合同》、转账支票、借据、《自然人连带责任保证书》《民事诉讼案件聘请律师合同》、付款凭证、庭审笔录中当事人的陈述等证据在案予以证实。

一审法院认为，典当是指当户将其动产、财产权利作为当物质押或者将其房地产作为当物抵押给典当行，交付一定比例费用，取得当金，并在约定期限内支付当金利息、偿还本金、赎回当物的行为。本案中的《房地产抵押典当借款合同》中并未约定“当物”，不符合典当的实质要件，该合同名为典当，实际属于企业之间为生产、经营需要订立的民间借贷合同。泰翔典当公司向馨百商贸公司出借200万元，事实清楚，证据充分，予以确认。民间借贷利率的上限为年利率24%，而《房地产抵押典当借款合同》约定的月综合费率和月利率的总和已经超过该限度，对于超出部分不予保护，馨百商贸公司已经支付的综合费用共计14.88万元可予以扣减。馨百大酒店、恒金建材公司、石强、郭俊玲、郭春海、李玉英、巩永会、付淑清提供连带责任保证，应当承担连带清偿责任。关于泰翔典当公司主张的代理费，证据不足，不予支持。

依据《中华人民共和国民法通则》第九十条、第一百零八条，《中华人民共和国民事诉讼法》第六十四条，《中华人民共和国担保法》第十八条第一款，《最高人民法院关于审理民间借贷案件适用法律若干问题的规定》第二十六条第一款、第二十九条第一款的规定，经该院审判委员会讨论决定，判决：一、被告山东馨百商贸有限公司于本判决生效之日起五日内偿还原告莱芜市泰翔典当有限责任公司借款本金200万元及利息（利息自2014年2月25日起至判决生效之日止，以200万元为基数，以年利率24%计算，已支付的综合费用14.88万元在应付的利息中予以扣减）；二、被告山东馨百大酒店有限公司、莱芜市恒金建材有限公司、石强、郭俊玲、郭春海、李玉英、巩永会、付淑清对上述款项承担连带清偿责任；三、驳回原告莱芜市泰翔典当有限责任公司的其他诉讼请求。案件受理费30,411元，保全费5000元，共计35,411元，由原告莱芜市泰翔典当有限责任公司负担11,414元，由被告山东馨百商贸有限公司负担23,997元。

二审中当事人没有提交新证据，对一审查明的事实本院予以确认。

本院认为，双方当事人争议的焦点问题是：1. 馨百商贸公司与泰翔典当公司签订的典当合同是否有效；2. 馨百商贸公司偿还借款数额是多少；3. 其他八上诉人对馨百商贸公司的借款是否应承担连带偿还责任。

1. 关于本案所涉典当合同的效力问题。本院经审查认为，《典当管理办法》第三条第一款规定："本法所称典当，是指当户将其动产、财产权利作为当物质押或者将其房地产作为当物抵押给典当行，交付一定比例费用，取得当金，并在约定期限内支付当金利息、偿还本金、赎回当物的行为"，典当关系的成立必须有两个成立要件：一是当户交付当物；二是典当行交付当金，两个要件缺一不可。本案中的《房地产抵押典当借款合同》并未约定"当物"，不符合典当的实质性要件。泰翔典当公司在庭审中认可是"为了临时的生产经营需要，短期借贷，为了图方便、图省事，直接使用了文本合同"，也就是说双方从本意上就没有约定"当物"，只是为了馨百商贸公司的经营需要，泰翔典当公司作为典当企业向馨百商贸公司发放信用贷款，违反了《典当管理办法》第二十六条第四项"不得发放信用贷款的"禁止性规定，也违反了《中华人民共和国银行业监督管理法》第十九条"未经国务院银行业监督管理机构批准，任何单位或者个人不得设立银行业金融机构或者从事银行业金融机构的业务活动”的规定。因此,本案所涉及的《房地产抵押典当借款合同》应为无效合同。虽然上诉人馨百商贸公司提出不是本案实际用款人,但未提供证据证实。因此,本院不予支持。

由于本案所涉及的《房地产抵押典当借款合同》为无效合同,应按照无效的民间借贷合同处理。《中华人民共和国合同法》第五十八条规定,合同无效或被撤销后,因该合同取得的财产,应当予以返还;不能返还或者没有必要返还的,应当折价补偿。有过错的一方应当赔偿对方因此遭受的损失,双方都有过错的,应当各自承担相应的责任。泰翔典当公司违规发放贷款存在过错,但是馨百商贸公司实际使用了资金,并且是经馨百商贸公司的申请所致,对此也存在过错。因此,馨百商贸公司应当返还借款本金外,同时按照年利率6%的标准,返还资金占有期间的利息。

2. 关于馨百商贸公司偿还借款数额问题。泰翔典当公司在合同当日将200万元转账到馨百商贸公司账户中,但因馨百商贸公司当日又以“综合费”的名义转给泰翔典当公司6万元,因典当关系被确认无效后,所约定的综合费、利息也应是无效的,因此借款本金的金额应从200万元中将6万元予以扣减,应为194万元。2014年3月26日,馨百商贸公司以综合费用的名义向泰翔典当公司分别支付2.88万元和6万元。按照无效合同的处理原则,应扣除相应占有资金的利息后,如果有剩余,应当折抵本金。经计算,2014年2月25日至3月26日的利息为9700元,馨百商贸公司还应当返还的本金数额为186.17万元。

3. 关于馨白大酒店、恒金建材公司、石强、郭俊玲、郭春海、李玉英、巩永会、付淑清对馨百商贸公司的借款是否承担连带偿还责任的问题。《中华人民共和国担保法》第五条规定:“担保合同是主合同的从合同,主合同无效,担保合同无效。担保合同另有约定的,按照约定。担保合同被确认无效后,债务人、担保人、债权人有过错的,应当根据其过错各自承担相应的民事责任。”《最高人民法院关于适用〈中华人民共和国担保法〉若干问题的解释》第八条规定:“主合同无效而导致担保合同无效,担保人无过错的,担保人不承担民事责任;担保人有过错的,担保人承担民事责任的部分,不应超过债务人不能清偿部分的三分之一。”本案中,主合同《房地产抵押典当借款合同》无效,作为从合同的《自然人连带责任保证书》也是无效,本案担保人馨百大酒店、恒金建材公司、石强、郭俊玲、郭春海、李玉英、巩永会、付淑清应当知道其该典当业务未按规定约定当物,仍为馨百商贸公司的借款提供担保,具有过错,故馨百大酒店、恒金建材公司、石强、郭俊玲、郭春海、李玉英、巩永会、付淑清应对馨百商贸公司不能清偿债务部分的1/3承担赔偿责任。原审法院判令馨百大酒店、恒金建材公司、石强、郭俊玲、郭春海、李玉英、巩永会、付淑清应对馨百商贸公司的债务承担连带责任不当,本院予以纠正。

综上所述,九上诉人的上诉理由部分成立,本院予以部分支持。原审判决认定事实清楚,但适用法律错误,本院予以纠正。经本院审判委员会讨论决定,依照《中华人民共和国合同法》第五十二条、第五十八条,《中华人民共和国担保法》第五条,《最高人民法院关于适用〈中华人民共和国担保法〉若干问题的解释》第八条,参照《典当管理办法》第三条、第二十六第四项,依照《中华人民共和国民事诉讼法》第一百七十条第一款第二项之规定,判决如下:

一、撤销莱芜市莱城区人民法院(2016)鲁1202民初802号民事判决;

二、山东馨百商贸有限公司于本判决生效之日起五日内偿还莱芜市泰翔典当有限责任公司借款本金186.17万元及利息(利息自2014年3月26日起至本判决生效之日止,按照年利率6%为标准计算);

三、山东馨百大酒店有限公司、莱芜市恒金建材有限公司、石强、郭俊玲、郭春海、李玉英、巩永会、付淑清对上述款项不能清偿部分的1/3承担赔偿责任;

四、驳回莱芜市泰翔典当有限责任公司的其他诉讼请求。

如未按本判决指定的期间履行金钱给付义务,应当依照《中华人民共和国民事诉讼法》第二百五十三条的规定,加倍支付迟延履行期间的债务利息。

一审案件受理费30,411元、保全费5000元,由被上诉人莱芜市泰翔典当有限责任公司负担30,411元,由上诉人山东馨百商贸有限公司负担5000元;二审案件受理费30,411元,由上诉人山东馨百商贸有限公司负担。

本判决为终审判决。

审　判　长　高新江
审　判　员　蔺双祝
代理审判员　焦玉兴
二〇一六年九月二十二日
书　记　员　吕　敏

【述评1】无当物的借款合同的性质及效力

根据《典当管理办法》第3条的规定,典当是指当户将其动产、财产权利作为当物质押或者将其房地产作为当物抵押给典当行,交付一定比例费用,取得当金,并在约定期限内支付当金利息、偿还当金、赎回当物的行为。但在实践中,典当行与当户虽签订典当借款合同但并未约定具体当物或者仅有第三人提供保证担保的情况却较为普遍,而对此类无当物的借款合同的性质及效力实务中存在比较大的争议。本节选编的【案例一】至【案例七】七个案例正体现了上述无当物借款的两种情形,也反映了实践中对此类情况不同的观点和裁判方法。

一、关于无当物典当借款合同的不同观点

关于无当物典当借款合同的性质和效力,存在以下三种不同观点:

1. 无当物借款仍属典当借款。

该观点认为,典当法律关系中实际存在两个法律关系——借款合同关系和抵(质)押法律关系,而典当借款法律关系的成立关键在于借款合同。凡典当行与借款人签订的合同,合同名称包含"典当"的,不论其内容如何约定,以典当合同纠纷确定案由。[①] 这就意味只要典当行发放了贷款,合同存在"典当"字样,不论是否存在适格的当物,均应认定为典当关系成立。

而对于构成典当关系后的效力认定,则又有两种不同意见:

一种意见认为典当有效,即构成典当关系且典当关系有效。该意见认为,未约定当物或者仅有第三人保证属于典当行自主放弃优先受偿权,并不影响典当合同的效力,典当合同仍成立并生效。理由是,典当行发放信用贷款承受不利益(风险)的可能性要远远大于当户,但这不会损害社会公众的利益,典当行作为一个从事商事活动的

---

① 参见茹作勋、肖新明:《典当纠纷案件审理中存在的问题及对策》,载《法律适用》2011年第10期。

商事主体必然要面临相应的商业风险,法律法规对此予以禁止是没有必要的。[①]

另一种意见认为典当无效,即构成典当关系但属无效典当合同。该意见认为,若典当行出具了当票或者合同存在“典当”字样,则应先认定构成了典当关系,但属于典当行发放信用贷款。因《典当管理办法》明确禁止典当行办理信用贷款,故此类合同效力应当依据合同法第五十二条第三项规定,即以合法形式掩盖非法目的的合同应确认无效。[②]

2. 无当物借款属发放信用贷款或保证贷款,属于借款合同。

根据中国人民银行《贷款通则》的规定,以借款人的信誉发放的贷款为信用贷款;而按《中华人民共和国担保法》规定的保证方式,即以第三人承诺在借款人不能偿还贷款时,按约定承担一般保证责任或者连带责任而发放的贷款为保证贷款。故该观点认为,典当与当户虽签订典当借款合同但并未约定当物,则实际上从事了信用贷款;签订仅有第三人提供保证而无当物的典当合同,则实际上从事保证贷款。[③]

对于构成信用贷款或保证贷款的效力认定,也有两种不同意见:

一种意见认为合同有效。该意见认为,典当行违反典当业务范围发放信用贷款或保证贷款,属违反《典当管理办法》等部门规章的管理性规定,但合同的效力应当根据是否违反法律或行政法规的效力性强制规定进行判断。《典当管理办法》属部门规章,而《中华人民共和国银行业监督管理法》第十九条规定“未经国务院银行业监督管理机构批准,任何单位或者个人不得设立银行业金融机构或者从事银行业金融机构的业务活动”属管理性规定,非效力性强制性规定。故典当行对外发放信用贷款或保证贷款而形成借款合同关系,只要不违反法律及行政法规的效力性强制性规定,合同依法成立并生效。【案例二】海口恒通典当有限责任公司诉海南海口建筑集团有限公司企业借贷纠纷案中,法院即依此观点作出裁判。

另一种意见认为合同无效。该意见认为《典当管理办法》第二十六条规定了典当行不得经营信用贷款业务,故典当行仅能从事典当借款业务,而不具备发放信用贷款的资质,故发放信用贷款已超出其经营范围。同时,国务院《非法金融机构和非法金融业务活动取缔办法》第五条第一款规定:“未经中国人民银行依法批准,任何单位和个人不得擅自设立金融机构或者擅自从事金融业务活动。”因此,贷款人必须经中国

---

① 参见韩文卓:《典当纠纷审判实务若干问题浅析》,载《山东审判》2012 年第 2 期。

② 参见茹作勋、肖新明:《典当纠纷案件审理中存在的问题及对策》,载《法律适用》2011 年第 10 期。

③ 需要指出的是,有意见将没有物的担保的贷款统称为信用贷款,即认为即使有第三人保证,亦属于信用贷款,这样的理解与《贷款通则》的规定不相符,混淆了信用贷款与保证贷款的概念。

人民银行批准并持有《金融机构法人许可证》方能经营贷款业务，而典当行非金融机构，所以，典当行从事信用贷款业务还违反国家特许经营规定。是故，典当行向社会公众发放信用贷款或保证贷款的行为违反了国家有关金融法规的规定，不仅已超出其经营范围且有违国家特许经营规定，应当认定借款合同无效。【案例一】湖北融泰典当有限公司诉李书剑借款合同纠纷案中的二审法院、【案例四】庆阳市遍地红典当有限公司诉单显春、李治稼民间借贷纠纷案的一审法院以及【案例六】海宁市鑫成典当有限责任公司诉海宁海汇房地产有限公司等借款合同纠纷案的两级法院在判决理由中均有类似的论述。

3. 无当物借款属于"单纯"的民间借贷。

该观点认为典当行虽签订典当借款合同但并未约定当物，或者仅有第三人提供保证的典当合同，名为典当，实际上符合民间借贷的构成要件，不能仅因为出借人为典当行即认定为金融贷款，典当行与当户之间实际上构成民间借贷的法律关系，应按民间借贷处理。如【案例三】庆云县融兴典当有限公司诉赵风坤、毕希华等民间借贷纠纷案中，一审法院认为："典当关系的成立，是以存在典当物为基础的。虽然原告向三被告签发了当票，但没有典当物品，故典当关系是不成立的，原、被告之间属单纯的借贷关系。"

对于构成民间借贷的效力认定，也有两种不同的意见：

一种意见认为合同有效。名为典当实为民间借贷的合同，只要当事人意思表示真实且无违反法律、行政法规的强制性规定即可认定合同有效。【案例一】湖北融泰典当有限公司诉李书剑借款合同纠纷案中的一审法院、【案例四】庆阳市遍地红典当有限公司诉单显春、李治稼民间借贷纠纷案中的二审法院、【案例七】莱芜市泰翔典当有限责任公司诉山东馨百商贸有限公司等民间借贷纠纷案中的一审法院均主张民间借贷按有效处理。

另一种意见认为合同无效。即使符合民间借贷的构成要件，但典当行作为特殊主体，其从事民间借贷，实际属于从事银行业金融机构的业务活动，违反《中华人民共和国银行业监督管理法》第十九条"未经国务院银行业监督管理机构批准，任何单位或者个人不得设立银行业金融机构或者从事银行业金融机构的业务活动"的规定，民间借贷合同无效。【案例七】莱芜市泰翔典当有限责任公司诉山东馨百商贸有限公司等民间借贷纠纷案中二审法院即持该观点。

我们认为，为准确判断这种无当物借款的法律关系，应先从是否构成典当合同出发，进行系统分析，方能得出客观、准确的结论。

二、无当物借款不具备典当合同的成立要件

典当关系是一种复合的法律关系,是由借款合同关系与物权担保关系的有机结合而成。典当关系中,借款合同关系与物权担保关系没有主次之分,两者缺一不可。这是典当关系与设定担保的普通借款合同关系的本质性区别。后者借款合同关系是主,担保关系是从,担保关系不存在或者不成立并不影响借款合同关系的成立。

合同的成立是指订约当事人就合同的主要条款达成合意。其必须具备如下要件:第一,存在双方或多方订约当事人,只有一方当事人是不能成立合同的。第二,订约当事人对主要条款达成合意。合同的主要条款一般包括当事人的名称或者姓名、标的和数量等。第三,合同的成立应具备要约和承诺阶段。要约和承诺是合同成立的基本规则,也是合同成立必须经过的两个阶段。《最高人民法院民事案件案由规定》将典当纠纷列入合同纠纷项下与借款合同同属第三级案由,表明典当合同的成立也要符合普通合同成立的一般要件。

(一)典当合同的成立要件

根据合同成立的要件,基于典当法律关系的特性,典当合同的成立应当具备以下三个特定的要件:

1. 特定的主体资格。一方当事人必须是依法成立、能够办理典当业务的典当行。根据《典当管理办法》的规定,典当行是指依法设立的专门从事典当活动的企业法人,其组织形式与组织机构适用《中华人民共和国公司法》的有关规定。典当行不仅需取得营业执照,还需取得《典当经营许可证》《特种行业许可证》,方可从事典当业务。另一方可以为自然人,也可为法人或非法人组织。

2. 特定的合意内容。基于典当法律关系的复合性,双方应当有同时就成立借款合同关系及物权担保关系达成合意。[①] 若双方在订立典当合同时对这两个方面的主要条款存在争议而未曾完成要约及承诺这两个阶段,无法达成一致意见的,则典当关系亦不能成立。

3. 特定的当物要求。典当关系中需要有明确具体的当物存在,在当物不存在、不

① 参照《典当管理办法》当票内容的规定及典当交易习惯,典当行及当户应当就以下内容进行合意:(1)当物名称、数量、质量、状况;(2)估价金额、当金数额;(3)利率、综合费率;(4)典当日期、典当期、续当期;(5)当户须知;(6)绝当等条款。

真实的情况下,当事人之间不构成典当法律关系。①

(二)"无当物即无典当"

简单地说,行为意义上的典当就是一种"以物质钱"的行为,这是典当的本质特征和基本运作模式,"以物质钱"的核心就是物,具体明确的当物是构成典当合同不可或缺的合同内容。"以物质钱"的典当规则表明,典当的开始和结束,从出当、收当到续当、赎当一直到绝当,始终是以物为主线,典当制度总是围绕着当物来设计,在这个过程中,典当行只认"物",而不认"人"。换言之,典当行在乎的是物的价值,而非人的信誉。有典当研究专家指出,"'认物不认人'的理念和做法,千百年来始终是典当最主要的交易习惯,并逐步演变成为以物换钱的法定交易规则"。② 因此可以说,典当法律关系是以物为重心的法律关系。在典当行与当户就典当借款的合同内容达成合意的过程中,如果双方当事人仅就涉及借款合同的主要条款磋商,而未有设定当物抵(质)押的内容,则缺乏成立典当关系的必备要件。无当物则不成立典当法律关系,是对"无当物即无典当"这一传统观念最直接的理解。

综上,从典当合同成立的要件来看,有适格的当物是成立典当法律关系的基础,否则,典当行即使以"典当合同"的形式向"当户"出借借款,但未磋商当物设定抵(质)押的事宜,仍缺乏成立典当关系的基本要件。一方为典当行的无当物借款,只是符合了成立典当关系的特定主体要求,若无当物设立抵(质)押权的意思表示,既缺少特定的条款内容,也没有特定的典当合意,不能认定构成典当关系。故无当物借款仍属典当借款的观点难以成立,更不存在判断典当有效、无效的问题。

三、无当物借款的合同性质及效力判断

(一)无当物借款的合同性质判断

在司法实践中,对于典当行从事无当物的借贷不构成典当借款的认识应该是比较一致的,一般都主张应按照实际符合的法律关系进行定性。目前,多数的意见认为,典

① 明确具体的当物要求当物必须客观真实存在,当物不明确不具体仍视为无约定当物。如本节【案例二十三】"五莲汇丰典当有限责任公司诉日照市源亿建材有限公司、丁召海等典当借款合同纠纷案"中,最高人民法院针对典当行的再审申请,明确表示,"案涉合同约定的当物名称为'车辆、机械设备、房地产、股权'。双方当事人并未就具体的当物进行明确,亦未列明当物状况并对当物估价,更未办理当物的抵质押手续,故该合同虽以《典当(借款)合同》为名,但并不具备典当借款合同的基本特征。二审判决根据合同的内容及履行情况,认定案涉合同名为典当、实为企业间借贷并无不当"。

② 李沙:《简明典当学》,学苑出版社2004年版,第54页。

当行作为特殊主体，其借典当合同之名从事上述无当物借款的，合同性质应定性为民间借贷，并进而根据借款人是自然人还是企业将争议纠纷的案由确定为民间借贷或企业借贷。最高人民法院在《全国民事审判工作会议纪要（2015 年 4 月征求意见稿）》中也肯定了这一做法，该纪要第二十二条规定："没有当物，典当行向当户签发了当票或者双方之间签订了借款合同，典当合同均无效。双方之间的法律关系应按照民间借贷处理。"[①]如【案例五】安徽信发典当有限公司诉钱永岗、张增林等典当纠纷案中，法院就认为"本案中，信发典当在当户钱永岗未提供当物的情况下向其签发当票，典当合同无效，信发典当与钱永岗之间的法律关系应当按照民间借贷处理"。

但是，民间借贷并不是非常规范和确定的法律概念。广义的民间借贷，从金融监管的角度来界定，凡是商业银行金融借贷以外的借款合同均归属于民间借贷，此时则不管典当行从事有无当物的借贷行为当然都可以认定为民间借贷。而根据《最高人民法院关于审理民间借贷案件适用法律若干问题的规定》第一条第一款的规定，民间借贷是指自然人、法人、其他组织之间及其相互之间进行资金融通的行为。其第一条第二款又作了除外的规定，即经金融监管部门批准设立的从事贷款业务的金融机构及其分支机构因发放贷款等相关金融业务引发的纠纷，不适用本规定。那么典当行是否属于有权发放贷款的金融企业呢？

1. 典当行是否属于金融企业

关于典当行的企业性质，有金融机构、消费信贷机构或者工商企业等不同定位。我国的典当行是指依照《典当管理办法》的相关规定设立的专门从事典当活动的企业法人，其组织形式与组织机构适用《中华人民共和国公司法》的有关规定，而其工商登记设立需先获得商务部批准并颁发典当经营许可证，并以此向公安机关申请典当行特种行业许可证。因此，典当行明显不同于普通的工商企业。[②] 我们认为，无论从典当

---

① 按该条规定，典当行从事民间借贷的行为应认定为无效。其理由应该是，典当行经营典当借款，对象为社会不特定主体，并以此为收入来源。若其从事民间借贷，则不同于一般企业的临时性资金周转，与一般企业以其自有资金进行偶发性借贷但不以借贷为常业的民间借贷存在本质性区别，构成以借贷名义向社会公众发放贷款的情形，应按无效处理。但实务中也有不少法院认为，只要当事人意思表示真实且无违反法律和行政法规的效力性强制性规定，典当行从事民间借贷的行为应按有效处理。

② 关于典当行的定性，我国相继出台的四部有关典当的法规前后有不同的规定。1993 年颁布的《中国人民银行关于加强典当行管理的通知》规定，"典当行是以实物质押形式，为个体工商户和城乡居民提供临时性贷款的非银行金融机构，其主管机关是中国人民银行"。1996 年中国人民银行颁布的《典当行管理暂行办法》规定，"典当行是以实物占有权转移形式为非国有中、小企业和个人提供临时性质押贷款的特殊金融企业"。2001 年国家经济贸易委员会颁布的《典当行管理办法》及 2005 年商务部、公安部联合发布的《典当管理办法》则将典当行认定为特殊工商企业。

行经营目的的角度,还是从法律规定的角度,典当行业属于金融业应无争议,不论典当行的主管部门如何变动,典当融资的金融性质不会改变。可以说,“历史的变迁并未改变典当业的资金融通和信用功能,而且典当业在现代市场经济中适应发展多层次金融业的实际需要”。① 中国人民银行、中国银行业监督管理委员会、中国证券监督管理委员会、中国保险监督管理委员会、国家统计局发布的《金融业企业划型标准规定》(银发〔2015〕309 号)以规范性文件的形式再次确立了典当行的金融企业性质。根据该规定,典当行属货币金融服务行业。货币金融服务行业划分为货币银行服务行业以及非货币银行服务行业,货币银行服务行业对应的企业类别为银行业存款类金融机构,而非货币银行服务行业则对应两类企业类别,其一为银行业非存款类金融机构,其二则为贷款公司、小额贷款公司以及典当行。也就是说,典当行属提供非货币银行服务的货币金融服务企业,同时其不提供银行业存款类金融服务。

2. 典当行从事的无当物借款是否可认定为信用贷款或者保证贷款

根据我国合同法第一百九十六条的规定,借款合同是借款人向贷款人借款,到期返还借款并支付利息的合同。典当行从事无当物借款,其行为当然符合借款合同的定义。而中国人民银行颁布的《贷款通则》第二条规定,本通则所称贷款人系指在中国境内依法设立的经营贷款业务的中资金融机构。本通则所称借款人系指从经营贷款业务的中资金融机构取得贷款的法人、其他经济组织、个体工商户和自然人。本通则中所称贷款系指贷款人对借款人提供的并按约定的利率和期限还本付息的货币资金。本通则中的贷款币种包括人民币和外币。典当行作为货币金融服务企业,符合《贷款通则》关于贷款人的定义,而其从事无当物借款,其出借借款的特征又符合《贷款通则》关于贷款的定义。因此,典当行与当户之间未约定当物,或者仅有第三人提供保证的借款合同,应认定为信用贷款或保证贷款,而并非是一般的民间借贷性质。

综上,我们认为,民间借贷应为非官方性、非正规性,游离于金融监管之外的私人资金融通行为。是故,典当行作为具备典当贷款功能的金融企业,其借典当合同之名从事无当物借款的行为,不宜归入民间借贷的范畴,在发生纠纷进入诉讼时,也应将案由直接确定为借款合同纠纷。

(二)无当物借款的合同效力

《典当管理办法》第二十五条及第二十六条从正反两个方面规定了典当行的经营范围,典当行发放信用贷款或保证贷款,既属违反《典当管理办法》的行为,也超出了

① 胡宗仁:《典当法律制度研究》,中国政法大学出版社 2012 年版,第 226 页。

典当行的经营范围。那么其合同效力是否也受到影响呢?

1. 无当物借款是否违反法律及行政法规的效力性强制性规定

根据合同法及其司法解释的规定,违反法律、行政法规的强制性规定的合同无效,其中的"强制性规定"是指效力性强制性规定。因此,认定合同无效的强制性规定应是全国人大及其常委会制定的法律和国务院制定的行政法规,显然部门规章并不在其列。同时,即使是法律或行政法规的强制性规定,如果不属于效力性强制性规定,而只属于管理性强制性规定,亦非判断合同效力的依据。因此,虽然《典当管理办法》第二十六条规定了典当行不得经营信用贷款业务,但该办法仅是公安部、商务部的部门规章,而且其第二十五条、第二十六条的规定也仅是管理性的规定,不能作为认定典当合同效力的依据。《银行业监督管理法》第十九条规定了"未经国务院银行业监督管理机构批准,任何单位或者个人不得设立银行业金融机构或者从事银行业金融机构的业务活动",虽属法律规定,但仅为管理性强制性规定,也不得直接作为认定合同无效的依据,而且典当行从事的信用贷款或者保证贷款也并非就是银行业金融业务。同样,国务院 1998 年颁布的《非法金融机构和非法金融业务活动取缔办法》第五条第一款"未经中国人民银行依法批准,任何单位和个人不得擅自设立金融机构或者擅自从事金融业务活动"的规定,亦难以直接成为认定合同无效的依据。

2. 无当物借款是否属于超出经营范围而导致合同无效

《最高人民法院关于适用〈中华人民共和国合同法〉若干问题的解释(一)》第十条规定,当事人超越经营范围订立合同,人民法院不因此认定合同无效。但违反国家限制经营、特许经营以及法律、行政法规禁止经营规定的除外。典当行从事了信用贷款或保证贷款虽然超出了其营业范围,但不会直接导致合同无效,而信用贷款、保证贷款并非法律、行政法规禁止经营的事项,那么关键就看是否属于违反国家限制经营、特许经营的规定。

有观点认为,典当企业的设立、变更和退市,均有特定国家机关依规定的程序审批,经营范围更是如此,由商务部颁发的《典当经营许可证》规定。因此,典当企业属国家特许经营行业。由此,典当合同中的交易行为,不符合《典当经营许可证》规定范围的,典当合同无效。[1] 我们认为,该观点混淆了"违反特许经营"与"超越经营范围"的概念。违反特许经营,主要是指特种行业需要国家通过颁发许可的形式才能经营,

---

① 参见闫振喜、任燕:《典当制度的探析和司法实践》,载最高人民法院民事审判第二庭编:《担保案件审判指导》,法律出版社 2014 年版,第 38 页。

而经营者并未获得该许可即进行了经营。而典当的经营确实是特许经营,即必须先取得商务部的《典当经营许可证》等,但仅有在其他经营者未取得典当经营许可证等特许经营许可而从事了典当经营时才能称为"违反特许经营",而典当行获得了典当特许经营许可而从事了其他行业经营并非违反典当特许经营的规定,仅属"超越经营范围"。典当行是否属"违反特许经营"要看其从事的其他行业经营是否有国家特许经营的规定。也就是说,典当行从事信用贷款或保证贷款是否属于违反国家特许经营,首先要看信用贷款或保证贷款是否属于国家特许经营。

《中华人民共和国银行业监督管理法》第十九条规定,未经国务院银行业监督管理机构批准,任何单位或者个人不得设立银行业金融机构或者从事银行业金融机构的业务活动。中国人民银行《贷款通则》第五十八条规定,非银行金融机构贷款的种类、对象、范围应当符合中国人民银行规定。第二十一条、第六十一条规定了贷款人必须经中国人民银行批准并持有金融机构法人许可证或者金融机构营业许可证方能经营贷款业务,企业之间不得违反国家规定办理借贷或者变相借贷融资业务。因此,信用贷款或保证贷款当属国家特许经营。当然,若经国务院银行业监督管理机构同意,即使未取得金融许可证,亦可以从事贷款业务,例如,小额贷款公司。中国银行业监督管理委员会、中国人民银行《关于小额贷款公司试点的指导意见》(银监发〔2008〕23号)第二条规定:"申请设立小额贷款公司,应向省级政府主管部门提出正式申请,经批准后,到当地工商行政管理部门申请办理注册登记手续并领取营业执照。此外,还应在五个工作日内向当地公安机关、中国银行业监督管理委员会派出机构和中国人民银行分支机构报送相关资料。"即银监会对小额贷款公司的成立要求是"营业执照和备案",成立小贷公司无须办理金融许可证。而典当行与小额贷款公司同属提供非货币银行服务的货币金融服务企业,但其持有的是商务部颁布的典当经营许可证,而该许可并不包括信用贷款或保证贷款,典当行又未持有其他金融许可证,亦未经国务院银行业监督管理机构同意,则其经营信用贷款或保证贷款而达成的借款合同,违反国家特许经营的规定,应属无效合同。

四、典当行从事无当物借款合同无效后的处理

典当行从事信用贷款或保证贷款合同无效,则应当按照合同法关于合同无效的规则处理。就信用贷款而言,根据我国合同法第五十八条规定,合同无效或者被撤销后,因该合同取得的财产,应当予以返还;不能返还或者没有必要返还的,应当折价补偿;

有过错的一方应当赔偿对方因此所受到的损失,双方都有过错的,应当各自承担相应的责任。故,借款人应当返还典当行出借的贷款本金,典当行主张所谓典当合同所约定的综合费、利息、预期付款违约金等均无法得到支持。当然,若确实产生了借款人占用典当行资金的情况,为防止利益失衡,可以酌情按照中国人民银行同期贷款基准利率赔偿典当行的利息损失。

而就保证贷款而言,由于此时已不存在典当合同的事实,则保证合同系保证贷款主合同的从合同,主合同无效,保证合同亦为无效,保证人不再承担保证责任。按照《最高人民法院关于适用〈中华人民共和国担保法〉若干问题的解释》第八条的规定,主合同无效而导致担保合同无效,担保人无过错的,担保人不承担民事责任;担保人有过错的,担保人承担民事责任的部分,不应超过债务人不能清偿部分的三分之一。判断保证人是否有过错,主要看保证人是否明知典当行未按规定约定当物而发放贷款,明知而仍为其提供保证的,应认定保证人具有过错。

综上所述,典当行在未设定当物的情况下向客户贷款系属发放信用贷款的行为,该行为与我国的金融监管政策相悖,不利于稳定国家货币政策,不利于国家对宏观经济的调控,不利于维护金融市场秩序,且资金实力较弱的典当企业可能因此面临过高的市场风险,故此类合同应认定无效。[①] 无效的认定事实上进一步增加了典当行的贷款风险,而借款人违约的成本没有增加反而会有降低,但如果对无当物的借贷行为不作无效认定,又不利于规范典当行为和金融秩序。因此,典当业的监管部门应严格监管责任,司法部门也应积极提供司法建议,运用行政的手段和司法的裁判,规范和引领典当行的典当经营行为。

---

① 参见王林清:《民间借贷纠纷裁判思路与规范指引》,法律出版社 2015 年版,第 278 页。

3.当物未移转占有的动产质押典当合同

【问题提示】(1)在动产质押典当合同中,作为质押的当物在履约过程中并未交付的,该典当合同是否成立生效?

【案例八】洛阳鑫百年典当有限公司诉河南博威铝业有限公司、河南伊龙高新材料股份有限公司等借款合同纠纷案(2014年11月17日)

【法律点】典当双方签订的质押合同因质押物未交付而未成立,并不影响其借款合同的法律效力,亦不影响保证合同的效力,但当事人之间因此不成立典当关系,典当行要求支付月综合费的请求因当物未交付而不予支持。

【关键词】典当借款　放弃当物　借款合同　质押合同　保证合同

河南省洛阳市涧西区人民法院

民事判决书

(2014)涧民一初字第386号

原告:洛阳鑫百年典当有限公司。

法定代表人:郝晓花,董事长。

委托代理人:郭胜利,河南焦点律师事务所律师,代理权限:特别授权。

委托代理人:司马争,河南焦点律师事务所律师,代理权限:特别授权。

被告:河南博威铝业有限公司。

法定代表人:李向飞,执行董事。

被告:河南伊龙高新材料股份有限公司。

法定代表人:范振国,董事长。

委托代理人:王海听,法律顾问,代理权限:特别授权。

被告:范振国。

委托代理人:王海听,法律顾问,代理权限:特别授权。

被告:李向飞。

原告洛阳鑫百年典当有限公司(以下简称鑫百年典当)诉被告河南博威铝业有限公司(以下简称博威铝业)、河南伊龙高新材料股份有限公司(以下简称伊龙高新)、范振国、李向飞为借款合同纠纷一案,本院作出受理决定后,依法组成合议庭公开开庭进行了审理,原告鑫百年典当委托代理人郭胜利、司马争、被告伊龙高新、范振国的共同委托代理人王海听到庭参加了诉讼。经本院依法传唤,被告博威铝业、李向飞无正当理由拒不到庭参加诉讼,本庭依法缺席审理,本案现已审理终结。

原告鑫百年典当诉称,2014 年 5 月 15 日,博威铝业与原告百年典当就典当借款达成一致,博威铝业以其拥有的铝冷轧机作为当物质押给原告,借款 300 万元。双方为此签订《借款合同》与《质押合同》。同日,原告鑫百年典当与被告伊龙高新、范振国、李向飞签订《保证合同》,约定由被告伊龙高新、范振国、李向飞对博威铝业的借款承担连带清偿的保证责任。诉讼请求:1. 责令被告博威铝业立即返还原告鑫百年典借款本金 290 万元及利息、综合费用、违约金(利息、综合费用、违约金应当计算至判决确认还款日止,截止起诉前该三项费用已欠 33 万元);2. 责令被告博威铝业向原告支付为实现债权所支出的律师费 76,600 元;3. 被告伊龙高新、范振国、李向飞对上述第一、二项诉求承担连带清偿责任;4. 原告对被告博威铝业质押的铝冷轧机拍卖或变卖后所得价款优先受偿;5. 本案发生的诉讼费用由被告承担。

被告伊龙高新、范振国共同辩称:1. 原告违法从事抵押贷款义务,明显属于违法行为;2. 原告未收取当物直接发放当金是一种放弃当物的担保行为,我方作为保证人在原告放弃权利的范围内,对于本案就是在 400 万元之内免除担保责任。

被告博威铝业、李向飞没有到庭,亦无提交答辩意见。

经本院审理查明,《借款合同》约定:典当金额 300 万元,月利率为 0.6%,月综合费率为 4.2%;典当借款期限自 2014 年 5 月 16 日起至 2014 年 5 月 30 日止,博威铝业未按双方约定的期限支付利息、综合费用及偿还本金,原告有权向其收取日当金万分之五的违约金,且有权按当金本金的 10% 收取违约金责任等内容。另外,《质押合同》约定:当物质押担保的范围为主债权本金与利息、综合费用、违约金、为实现债权发生的费用、实现债权费用、律师费等内容。典当期限及续当期限届满，博威铝业未能按照合同约定偿还本金的，利息和综合费用仍按照合同约定的标准连续计算，直至原告债权获得完全清偿之时；博威铝业未按双方约定的期限支付利息、综合费用及偿还本金，原告有权向其承担违约责任等内容。同日，原告鑫百年典当与被告伊龙高新、范振国、李向飞签订《保证合同》，约定由被告伊龙高新、范振国、李向飞对博威铝业的借款承担连带清偿保证责任。当期届满后，博威铝业仅向原告支付本金10万元及2014年7月17日前的综合费、利息。另查明，当物博威铝业拥有的铝冷轧机未向原告交付，现仍有被告博威铝业保管使用，当物估价400万元系原告鑫百年典当与被告博威铝业根据市场价共同约定的。

本院认为，原告鑫百年典当与被告博威铝业签订的《质押合同》，因质押物未交付而未成立，并不影响其《借款合同》的法律效力，原告与被告伊龙高新、范振国、李向飞签订《保证合同》亦是当事人真实意思表示，且不违背法律规定，应当履行相应责任，被告伊龙高新、范振国共同辩称原告有放弃当物的行为，无证据证明原告有放弃当物的事实，不予采信。原告诉求的月利率、违约金约定过高，综合计算应在中国人民银行同期贷款利率四倍之内，原告诉求的月综合费率因当物未交付不予支持。原告鑫百年典当与被告博威铝业已完成的支付综合费、利息的事实本院不予审查，原告鑫百年典诉求的实现债权所支出的费用系双方约定予以支持，经本院依法传唤，被告博威铝业、李向飞无正当理由拒不到庭参加诉讼，应视为其对民事抗辩权的放弃，依照《中华人民共和国民法通则》第一百零八条，《中华人民共和国民事诉讼法》第六丨四条、第一百四十四条，《中华人民共和国担保法》第二十五条第二款，《最高人民法院关于人民法院审理借贷案件的若干意见》第六条、第十五条的规定判决如下：

一、被告河南博威铝业有限公司向原告鑫百年典当有限公司返还借款2,900,000元；并按中国人民银行同期贷款利率的四倍自2014年7月18日起至判决书确认的还款之日止支付欠款本金2,900,000元的利息。

二、被告博威铝业有限公司向原告鑫百年典当有限公司支付为实现债权所支出的律师代理费76,600元。

三、被告河南伊龙高新材料股份有限公司、范振国、李向飞对上述还款义务承担连带清偿责任。

上述还款义务，被告博威铝业有限公司、河南伊龙高新材料股份有限公司、范振国、李向飞应于本判决生效后十日内向原告鑫百年典当有限公司支付，逾期依照《中华人民共和国民事诉讼法》第二百五十三条执行，即加倍支付迟延履行期间的债务利息。

四、驳回原告其他诉讼请求。

本案诉讼费33,253元,保全费5000元由被告博威铝业有限公司、河南伊龙高新材料股份有限公司、范振国、李向飞共同承担。此款由被告博威铝业有限公司、河南伊龙高新材料股份有限公司、范振国、李向飞于本判决生效后十日内支付给原告鑫百年典当有限公司,原告鑫百年典当有限公司已垫付的不再退回。

如不服本判决,可在判决书送达之日起十五日内,向本院递交上诉状,并按对方当事人的人数提出副本,上诉于河南省洛阳市中级人民法院。

审　判　长　张　奕

人民陪审员　李科维

人民陪审员　胡宝红

二〇一四年十一月十七日

书　记　员　曹　虹

【案例九】鹤岗市联通典当有限责任公司诉唐××民间借贷纠纷案（2016年5月3日）

【法律点】典当既非单纯借贷亦非单纯担保，而是借贷关系和担保关系的混合。当户未将当物交付给典当行亦未进行提存，典当行与当户的纠纷应确认为民间借贷纠纷。典当行并没有实际管理当物，亦未提供各项服务，故典当行只应收取借款利息，不应再按《典当管理办法》收取综合费。

【关键词】借贷关系　担保关系　交付　提存　民间借贷　利息　综合费

黑龙江省佳木斯市前进区人民法院
民事判决书

（2016）黑0804民初139号

原告：鹤岗市联通典当有限责任公司。

法定代表人：孙××，经理。

委托代理人：韩×。

被告：唐××。

原告鹤岗市联通典当有限责任公司（以下简称鹤岗典当公司）诉被告唐××民间借贷纠纷一案，本院于2016年3月9日受理后，于2016年4月11日依法由审判员张庆伟适用简易程序公开开庭进行了审理。原告鹤岗典当公司的法定代表人孙××及其委托代理人韩×到庭参加诉讼。被告唐××经本院合法传唤无正当理由拒不到庭。本案现已审理终结。

原告鹤岗典当公司诉称：2008年1月15日，被告从原告处借款500,000元，被告在原告处向原告签字盖章当票一份。并用原煤5000吨抵押给我公司，约定综合费利3.5%，借款几个月后，因考虑照顾被告，原告主动把综合费利降低到3%，被告正常续息到2009年5月,然而,到2009年5月底后,被告不正常续息。2012年7月15日被告偿还综合综合费利30,000元。被告作为借款人向原告理应偿还借款本金及综合费利,故诉至法院,请求判令:1. 被告偿还原告典当款500,000元,支付2009年5月15日至起至借款本金给付完毕时止每月3%的综合费利(扣除2012年7月偿还综合费利30,000元);2. 承担本案诉讼费用。

被告唐××未出庭,未答辩。

原告为支持其诉讼主张,提供证据如下:

证据一、2008年1月15日当票及欠条一份。欲证明2008年1月15日被告用5000吨原煤作为抵押在原告处典当500,000元,被告在当票上签字。

证据二、2009年4月15日续当凭证一份。欲证明2009年4月15日被告向原告续当到2009年5月15日,并将综合费利调整到每月3%。

本院经审查认为,被告唐××未出庭进行质证,因本院已依法向其送达了起诉状副本、应诉通知书及开庭传票,应视为被告对原告提出的诉讼请求持默认态度,同时放弃了质证权利。原告提交的上述二组证据内容及形式均合法,结合原告提交的民事起诉状及其当庭陈述能够与二组证据相互吻合,可以认定该二组证据客观、真实且与本案待证事实有关联,符合法律规定对民事诉讼证据的要求,应当作为认定案件事实的根据,因此,对上述证据予以确认。

被告唐××未向本院提交证据。

根据本院审查认定的证据,结合当事人陈述,可以认定以下基本事实:2008年1月15日,被告唐××从原告鹤岗典当公司处借款500,000元,并出具欠条一份,欠条载明:大成燃料公司欠联通典当行原煤5000吨做抵押贷款500,000元。被告唐××在落款处亲笔签名并加盖大成燃料公司公章予以确认。同时,原、被告双方在全国统一的《当票》中约定,被告将其所有的5000吨煤炭作为抵押典当给原告;典当金额500,000元,综合费用17,500元,原告实付金额为482,500元;典当期限自2008年1月15日起至2008年2月15日止;原告在典当行签章处加盖单位公章,被告在当户签章处签署"唐××"并加盖鹤岗市大成燃料有限责任公司。该当票还载明:月费率:27‰,月利率:8‰。2009年4月15日原、被告双方办理了续当手续,被告唐××以个人名义签署了续当凭证。续当凭证载明:原典当金额:500,000元,续当综合费用:15,000元。续当期限:自2009年4月15日起至2009年5月15日止。被告唐××在当户签章处亲笔签名予以确认。被告未实际将5000吨煤炭交付原告质押。

本院认为,根据国务院相关的行政法规的规定,所谓典当,是指当户将其动产、财产权利作为当物质押或者将其房地产作为当物抵押给典当行,交付一定比例费用,取得当金,并在约定期限内支付当金利息、偿还当金、赎回当物的行为。本案中,原告鹤岗典当公司虽是具有动产质押、房地产抵押典当资质的企业,但典当既非单纯借贷亦非单纯担保,而是借贷关系和担保关系的混合。根据《典当管理办法》第三十八条第一款的规定,典当综合费用包括各种服务及管理费用,本案被告唐××并未将5000吨煤炭作为当物质押给原告亦未进行提存,由此可见,原告并没有实际管理当物,亦未提供各项服务,故原告鹤岗典当公司基于抵押合同关系只应收取借款利息,不应再按《典当管理办法》收取对当物的综合费。据此,原告鹤岗典当公司与被告唐××之间的典当纠纷应确认为民间借贷纠纷。原告与被告之间抵押借款合同关系体现了双方当事人真实意思表示,且不违反法律法规的强制性规定,应属有效,双方均应依约履行其义务。合同签订后,原告已依约交付了借款,其合同义务已履行完毕。被告唐××在合同期满后,未依合同约定偿还借款,其行为已构成违约,故原告要求判令被告唐××偿还借款本金的诉讼请求,符合法律规定,本院予以支持。由于原、被告在合同中约定借款本金为500,000元,但实际借款本金为482,500元,根据《中华人民共和国合同法》第二百条"借款的利息不得预先在本金中扣除。利息预先在本金中扣除的,应当按照实际借款数额返还借款并计算利息"的规定,被告应偿还原告借款本金482,500元。关于原告要求被告唐××支付2009年5月15日至起至借款本金给付完毕时止每月3%的综合费利(扣除2012年7月偿还综合费利30,000元)的诉讼请求,因前面已经叙及,原告并没有实际管理当物,亦未提供各项服务,故原告典当公司基于抵押合同关系只应收取借款利息,不应再按《典当管理办法》收取对当物的综合费。应按照《最高人民法院〈关于审理民间借贷案件适用法律若干问题的规定〉》第二十六条第一款年利率24%的规定,对超过的部分,本院不予支持。被告唐××经本院合法传唤,无正当理由拒不到庭应诉,又未书面提出异议并提交证据,视为其自愿放弃答辩、举证、质证等诉讼权利,依法应承担不利后果,不影响本院根据现有证据及查明的事实依法作出裁判。依照《中华人民共和国合同法》第一百九十六条、第二百条、第二百零五条、第二百零六条,《中华人民共和国民事诉讼法》第一百四十四条,《最高人民法院〈关于审理民间借贷案件适用法律若干问题的规定〉》第二十六条第一款之规定,判决如下:

一、被告唐××于本判决生效之日起十日内偿还原告鹤岗市联通典当有限责任公司借款本金482,500元;

二、被告唐××于本判决生效之日起十日内向原告鹤岗市联通典当有限责任公司支付利息,按照年利率24%计算自2009年5月30日起至给付之日止(减去2012年7月已偿还的综合费用30,000元)。

如果未按本判决指定的期间履行给付金钱义务,应当依照《中华人民共和国民事诉讼法》第二百五十三条之规定,加倍支付迟延履行期间的债务利息。

案件受理费10,050元,减半收取5025元由被告唐××负担。

如不服本判决,可在判决书送达之日起十五日内,向本院递交上诉状,并按对方当事人的人数提出副本,上诉于黑龙江省佳木斯市中级人民法院。

审　判　员　张庆伟

二〇一六年五月三日

书　记　员　魏守峰

【案例十】浙江物产元通典当有限责任公司诉杭州科威数码技术有限公司、高翔等典当纠纷案 (2014年4月4日)

【法律点】 1. 典当行与当户确立典当关系并发放当金的情形下,即使典当行未接管动产质押当物,亦应当认定典当关系有效。

2. 典当借款同时约定有最高额保证的,在约定承担保证责任期间内的借款,即使有多次续当行为,但续当行为仅系对原债权债务关系的确认,保证人的保证责任并不因此而被免除。

【关键词】最高额保证　典当关系　交付　质权未成立　续当　保证责任

浙江省杭州市中级人民法院
民事判决书

(2014)浙杭商终字第515号

上诉人(原审被告):高翔。

委托代理人(特别授权代理):谷建忠。

被上诉人(原审原告):浙江物产元通典当有限责任公司。

法定代表人:谢炳相。

委托代理人(特别授权代理):汪政。

原审被告:杭州科威数码技术有限公司。

法定代表人:吉占稳。

原审被告:吉占稳。

原审被告:丁高。

上诉人高翔因与被上诉人浙江物产元通典当有限责任公司(以下简称物产元通公司)、原审被告杭州科威数码技术有限公司(以下简称科威公司)、吉占稳、丁高典当纠纷一案,不服杭州市下城区人民法院(2013)杭下商初字第1115号民事判决,向本院提起上诉。本院于2014年2月24日立案受理后,依法组成合议庭进行审理。本案现已审理终结。

一审原审法院审理查明:2012年3月30日,物产元通公司(乙方)分别与吉占稳、丁高(均为甲方)签订最高额保证担保合同各一份,约定:甲方为乙方与科威公司自2012年3月30日至2014年3月29日,因科威公司向乙方申请典当借款(包括续当)而形成的一系列债权提供连带责任保证担保;担保范围包括但不限于全部借款本息及应支付给物产元通公司的违约金、赔偿金和乙方为实现上述债权而发生的全部费用(包括律师费等);保证担保最高额为3,000,000元;保证期间为两年;无论乙方对典当借款合同项下的债权是否拥有其他担保(包括但不限于保证、抵押、质押、保函等担保方式),乙方均有权直接要求甲方在担保范围内承担担保责任,甲方对此放弃抗辩权;乙方与科威公司协议变更典当借款合同(包括续当)条款,视为已征得甲方事先同意,甲方担保责任不因此而减免,但增加债务本金金额、超过合同约定保证最高额除外等内容。同年7月26日,物产元通公司(乙方)与高翔签订最高额保证担保合同一份,约定:甲方为乙方与科威公司自2012年7月27日至2013年1月26日,因科威公司向乙方申请典当借款(包括续当)而形成的一系列债权提供连带责任保证担保;担保范围包括但不限于全部借款本息及应支付给物产元通公司的违约金、赔偿金和乙方为实现上述债权而发生的全部费用(包括律师费等);保证担保最高额为3,000,000元;保证期间为两年;无论乙方对典当借款合同项下的债权是否拥有当物或其他担保,乙方均有权直接要求甲方先行代偿科威公司的全部债务,甲方放弃要求乙方先行行使担保物权的抗辩权;在最高保证额范围内,乙方与科威公司协议变更典当借款合同(包括续当)条款或乙方转让债权,无须另行通知或事先征得甲方同意,甲方担保责任不因此而减免等内容。2012年7月27日,物产元通公司与科威公司签订典当借款合同一份,分别约定:科威公司分别以车辆识别代号为LSGE253T69S0432××、发动机号为0904203××的别克机动车和车辆识别代号为WDDNG5EB0BA4053××、发动机号为272946318601××的奔驰机动车作为当物(质押),向物产元通公司分别典当借款300,000元和1,200,000元,典当借款的期限均为2012年7月27日至2013年1月26日,每月典当综合服务费及利息均按典当借款金额2%计算(每月按30天计算),因典当发生纠纷的,违约方应承担由此发生的律师费等费用等内容。上述典当借款合同签订当日,物产元通公司与科威公司签署了相应的当票,物产元通公司在预扣两个月的综合服务费及利息后,将典当借款288,000元和1,152,000元分别支付给科威公司。上述典当借款期限届满后,科威公司又多次续当,最后一次续当时间为2013年5月23日,续当期限至2013年6月21日。此后,科威公司既不续当,亦未归还典当借款。吉占稳、丁高、高翔亦未履行担保义务。原审法院另查明,除物产元通公司预扣的典当综合服务费及利息外,科威公司共向物产元通公司支付典当综合服务费及利息270,000元。原审法院再查明,物产元通公司为本案诉讼已支付律师代理费48,800元。

原审法院审理认为:物产元通公司与科威公司、吉占稳、丁高、高翔签订的典当借款合同、最高额保证担保合同均系各方当事人真实意思表示,内容不违反法律、行政法规禁止性规定,应确认有效。典当借款期限届满后,科威公司未按约归还借款,吉占稳、丁高、高翔未履行担保义务,应各自承担相应的民事责任。但物产元通公司对科威公司已支付的典当综合服务费及利息未按实际发放的典当借款金额计算,故其主张的典当综合服务费及利息计算方法有误,根据物产元通公司实际发放的典当借款金额重新计算。高翔与物产元通公司签订最高额保证合同在先,科威公司与物产元通公司签订合同在后,且高翔与物产元通公司签订的最高额保证合同约定高翔放弃物的担保优先的抗辩权,当物是否实际转移占有并不影响高翔的实体权利,故高翔以当物未转移给物产元通公司为由,认为物产元通公司与科威公司存在欺诈,其与物产元通公司签订的最高额保证合同意思表示不真实的辩解意见缺乏事实和法律依据;本案讼争典当借款发生在2012年7月27日,在最高额保证担保合同约定的期间内,虽最后一次续当发生在2013年5月24日,但最高额保证合同约定在最高保证额范围内,物产元通公司与科威公司协议变更典当借款合同(包括续当)条款,无需另行通知或事先征得高翔同意,高翔的担保责任不因此而减免,故高翔认为物产元通公司的债权形成时间不在最高额保证担保合同约定的期间内的辩解意见不予采纳。丁高经本院合法传唤,无正当理由拒不到庭应诉,不影响本案审理。依照《中华人民共和国合同法》第一百零七条,《中华人民共和国担保法》第十八条、第二十一条,《中华人民共和国民事诉讼法》第六十四条、第一百四十四条之规定,判决:一、科威公司于判决生效后十日归还物产元通公司借款本金1,440,000元;二、科威公司于判决生效后十日内支付物产元通公司典当综合服务费及利息46,800元(典当综合服务费及利息暂计算至2013年6月22日,此后至判决确定的履行期限届满之日的典当综合服务费及利息按每月2%另行计算);三、科威公司于判决生效后十日内支付物产元通公司律师代理费48,800

元;四、吉占稳、丁高、高翔对科威公司的上述债务承担连带责任;五、驳回物产元通公司的其他诉讼请求。如果未按判决指定的期间履行给付金钱义务,应当依照《中华人民共和国民事诉讼法》第二百五十三条之规定,加倍支付迟延履行期间的债务利息。案件受理费18,620元,财产保全申请费5000元,合计23,620元,由科威公司、吉占稳、丁高、高翔负担。

宣判后,高翔不服,向本院提起上诉称:1. 原审法院事实认定不清。(1)典当借款保证担保的事实认定不清。原审法院在事实认定中明显歪曲了高翔为科威公司提供的保证担保是在科威公司与物产元通公司进行典当借款,科威公司把等值汽车出典给物产元通公司作为典物前提下提供担保的事实。直接忽略"典当"这一借贷关系的特殊性,忽略"无典不当"这一行业规范,把本案视作一般保证担保案件进行判决。(2)对最高额保证担保合同内容的认定不清。高翔与物产元通公司之间的最高额保证担保合同明确约定,提供保证担保的保证期间为2012年7月27日至2013年1月26日,在此期间形成的债务由高翔提供保证担保。而物产元通公司提起诉讼的债权是2013年5月23日与科威公司形成的债权,已经超出了担保合同规定的担保期间,按照担保法的规定不应该由高翔承担保证责任。2. 原审法院适用法律错误。物产元通公司是一家合法经营的典当公司,应当按照国家法律和《典当管理办法》等规定依法经营。本案中物产元通公司明显违反法律和行政法规的禁止性规定进行扰乱国家金融管理秩序的违法经营,并与借款人科威公司恶意串通,损害高翔的合法利益。综上,请求二审法院依法撤销一审判决,并依法改判高翔不承担对物产元通公司的保证担保责任,本案一、二审诉讼费用由物产元通公司承担。

被上诉人物产元通公司答辩称:1. 典当合同以及抵押合同合法有效。作为质押的典当合同,质物有无交付不影响合同效力,且高翔与物产元通公司的合同第二条有明确约定,高翔对此约定是明知且签字确认,并同意放弃对物产元通公司行使抗辩权,因此,本案的典当合同及保证担保的约定合法有效。2. 关于保证期间的约定。根据双方合同第四条的约定,物产元通公司与借款人续当无须另行通知高翔或征得高翔同意,高翔不因此减免责任。3. 一审法院适用法律正确。一审判决正确,请求驳回上诉,维持原审判决。

原审被告科威公司、吉占稳、丁高均未向本院提交书面答辩。

二审期间,各方当事人均未向本院提交新的证据材料。

经审理,本院二审查明的事实除与原审法院查明的事实一致予以确认外,本院另查明:物产元通公司(乙方)与高翔(甲方)于2012年7月26日签订的最高额保证担保合同中尚约定:甲方在该最高额(叁百万元整)内对乙方和借款人(科威公司)在上述期限内签订的《典当合同》所形成的债权均提供担保,而不论次数和每次的金额,也不论借款人单笔债务的履行期限(包括续当期限)届满日是否超过上述期间。

本院认为:本案中物产元通公司与科威公司签订典当借款合同并出具当票,以及物产元通公司向科威公司实际支付款项的事实清楚。现上诉人高翔主张案涉典当行为及自身保证行为的合法性问题,本院认为,在典当行与当户确立典当关系并发放当金的情形下,即使典当行未接管动产质押当物,亦应当认定典当关系有效;高翔亦未能提交有效证据足以证明物产元通公司与科威公司存在恶意串通骗取保证等情形,故高翔的该上诉理由依据不足,本院不予支持。高翔尚于本案中主张案涉债务已经超出了其所签订的保证合同项下债务范围问题,本院认为,高翔所签订的最高额保证合同中已经约定了"甲方在该最高额内对乙方和借款人在上述期限内签订的《典当合同》所形成的债权均提供担保,而不论次数和每次的金额,也不论借款人单笔债务的履行期限(包括续当期限)届满日是否超过上述期间",而案涉债务虽存在多次续当行为,但该些债务均形成于高翔应当承担保证责任的约定期间内,且续当行为仅系对原债权债务关系的确认,故在保证合同已有约定的情形下高翔的保证责任并不因原有债务的多次续当行为而被免除,原审判决认定高翔应当承担相应的连带清偿责任无误,本院予以确认。综上,原审判决事实认定基本清楚,实体处理并无不当,高翔的上诉理由均依据不足,本院不予支持。依照《中华人民共和国民事诉讼法》第一百七十条第一款第一项之规定,判决如下:

驳回上诉,维持原判。

二审案件受理费18,620元,由高翔负担。

本判决为终审判决。

审　判　长　洪悦琴
审　判　员　袁正茂
审　判　员　陈　剑
二〇一四年四月四日
书　记　员　倪知松

【问题提示】(2)在动产质押典当合同中,典当行通过与当户达成保管、借用等协议的方式获得对当物的间接占有,该典当合同是否成立生效?

【案例十一】泰安市金典典当有限公司诉泰安市丰金源钢铁有限公司、泰安市骏杰物资有限公司等典当纠纷案(2016年8月9日)

【法律点】 1. 典当行应依法定经营范围从事典当业务,当户以动产作为当物,必须将当物交付典当行占有。典当行与当户虽有当物占有保管的约定,但该约定并未使当物实际交付和转移占有的,此时典当行向当户发放借款,应认定为典当行发放信用贷款,该行为超出了国家特许其经营的典当业务范围,因此其订立的典当借款合同应属无效合同。

2. 保证人明知质押典当借款而未对当物交付状况尽到合理的监督和注意义务,应认定保证人对于当物未交付而导致主合同无效存在过错,由此导致保证合同无效的,保证人承担民事责任的部分不应超过借款人不能清偿部分的1/3;保证人因无效保证合同向典当行承担赔偿责任后,可以向借款人追偿。

【关键词】未实际交付　转移占有　举证责任　特许经营　典当业务　保证责任　保证人过错　赔偿责任

山东省泰安市中级人民法院

民事判决书

(2016)鲁09民终437号

上诉人(原审被告):泰安市丰金源钢铁有限公司。

法定代表人:孙丰金,经理。

委托诉讼代理人:赵权平,泰安市丰金源钢铁有限公司法务人员。

被上诉人(原审原告):泰安市金典典当有限公司。

法定代表人:姜广利,总经理。

委托诉讼代理人:李晶,山东泰山法正律师事务所律师。

原审被告:泰安市骏杰物资有限公司。

法定代表人:邵乃军。

原审被告:王红玉。

原审被告:孙丰金,泰安市丰金源钢铁有限公司经理。

原审被告:曹淑贞,泰安市丰金源钢铁有限公司会计,系原审被告孙丰金之妻。

上诉人泰安市丰金源钢铁有限公司(以下简称丰金源公司)因与被上诉人泰安市金典典当有限公司(以下简称金典公司)及原审被告泰安市骏杰物资有限公司(以下简称骏杰公司)、王红玉、孙丰金、曹淑贞典当纠纷一案,不服泰安市岱岳区人民法院(2015)岱商初字第118号民事判决,向本院提起上诉。本院于2016年3月1日立案后,依法组成合议庭,对案件进行了审理。上诉人丰金源公司的法定代表人孙丰金、委托代理人赵权平,被上诉人金典公司的委托代理人李晶,原审被告孙丰金、曹淑贞到庭参加诉讼。原审被告骏杰公司、王红玉经本院合法传唤,无正当理由未到庭。本案现已审理终结。

上诉人丰金源公司上诉请求:1. 撤销原判,发回重审或依法改判;2. 一、二审诉讼费用由被上诉人承担。事实和理由:1. 原审法院认定事实不清。上诉人在得知骏杰公司质押554万余元的螺旋管后才在空白保证合同上签字、盖章,该螺旋管即使按照废铁价格变卖也足以偿还本案借款。一审法院对质押物的交付及现状没有查明,对保证合同中其他保证人,被上诉人是否明确表示放弃主张权利没查清。诉讼费应由被上诉人承担一部分,全部由上诉人承担显失公平。2. 原审法院适用法律错误。依据《中华人民共和国物权法》及《中华人民共和国担保法》的规定,质押典当借款合同的生效是依照质物移交于被上诉人占有时生效。被上诉人称质物在骏杰公司仓库与事实不符。如果被上诉人没有实际占有质物,依据《中华人民共和国合同法》第五十二条规定的恶意串通情形,本案主合同无效,作为从合同的保证合同当然无效。

被上诉人金典公司辩称:1. 典当借款合同合法有效,典当关系依法成立。被上诉人与骏杰公司签订合同后,骏杰公司向被上诉人出具质押物清单,并交付质押钢材,经双方核点后协商将质押物单独存放于骏杰公司仓库内,未经被上诉人同意,不得擅自处置。典当借款合同系双方真实意思表示,合法有效。2. 担保人应承担连带保证责任。上诉人等担保人自愿为骏杰公司的借款提供连带责任保证,保证合同中亦约定:"借款人提供物的担保的,保证人愿就所担保的全部债务先于物的担保履行保证责任",应承担保证责任。综上,一审法院认定事实清楚,审理程序合法,适用法律正确,请求驳回上诉,维持原判。

原审被告骏杰公司、王玉红未到庭,亦未提交书面意见。

原审被告孙丰金、曹淑贞述称,一审认定事实不清,适用法律错误。因孙丰金、曹淑贞个人经济条件所限无法缴纳上诉费导致无法上诉,但对一审判决并不认同。1. 孙丰金、曹淑贞在得知骏杰公司质押1540余吨螺旋管后才签订空白保证合同,一审法院对质押物的交付及现状、保管没有查明。按照市场行情,质押物价值足以抵偿借款,即使不足以偿还,担保人也只对不足部分承担保证责任。诉讼费应由被上诉人承担一部分,全部由原审被告承担显失公平。2. 原审法院依据《中华人民共和国物权法》《中华人民共和国合同法》判决错误,被上诉人在收到质押物而不主张处置质押物等于放弃质押担保,应依担保法认定其放弃向担保人主张质押物范围内的保证责任。其他意见同上诉人诉状意见。

被上诉人金典公司向一审法院起诉请求:1. 原审被告骏杰公司偿还借款299万元;2. 上诉人丰金源公司、原审被告王红玉、孙丰金、曹淑贞对上述债务承担连带还款责任;3. 诉讼费用由上诉人及原审被告承担。

一审法院认定事实:2014年4月21日,原告与被告骏杰公司签订抵(质)押典当借款合同,约定被告骏杰公司将其自有或享有处分权的螺旋管1540吨,估价554.4万元作为当物抵(质)押给原告金典公司,根据抵(质)押物总价值的54.12%取得当金300万元,典当期限从2014年4月21日起至2014年5月20日止,共计30天。当户未按本合同约定期限归还借款,典当行对逾期借款从逾期之日起在原利率、综合费率基础上上浮100%收取违约金,直到还清借款。被告骏杰公司及其法定代表人邵乃军、原告金典公司及其法定代表人姜广利在合同上签章。同日,原告向被告骏杰公司出具当票,载明当物螺旋管1540吨,估价554.4万元,折当率为54.11%,典当金额300万元。综合费用3万元,实付金额297万元,月费率为1%。典当期限2014年4月21日起至2014年5月20日止。被告骏杰公司、原告金典公司在当票上盖章。同日,原告金典公司与被告丰金源公司、孙丰金、曹淑贞、泰安市岱岳区智信物资有限公司、苏道强、秦桂艳、王红玉签订保证合同,约定被告丰金源公司、孙丰金、曹淑贞、泰安市岱岳区智信物资有限公司、苏道强、秦桂艳、王红玉为被告骏杰公司与原告金典公司签订的抵押典当合同提供保证,保证方式为连带责任保证。当借款人不按典当合同的约定履行还款义务时,贷款人有权直接向保证人追偿。借款人提供了物的担保的,保证人愿就所担保的全部债务先于物的担保履行保证责任。各保证人在保证合同上签名盖章。同日被告骏杰公司向原告金典公司出具授权委托书要求将借款300万元转入被告王红玉在中国农业银行满庄办事处账户内。同日,金典公司将300万元通过网上银行转账的方式转入被告王红玉在中国农业银行满庄办事处的账户(账号:6211)。合同到期之后,被告骏杰公司曾向原告偿还现金1万元,剩余部分至今未偿还。一审法院认为,被告骏杰公司向原告金典公司典当借款300万元,但据当票载明实付金额为297万元,典当借款应以实付金额为准,因此,该笔借款的数额应认定为297万元,该借款有抵(质)押典当借款合同、当票、银行业务回单为凭,事实清楚,证据充分,原审法院予以确认。被告骏杰公司已偿还现金1万元,原告金典公司对此亦认可,予以确认。剩余296万元被告骏杰公司至今未还,于法无据。本案保证人在保证合同中承诺借款人提供了物的担保的,保证人愿就所担保的全部债务先于物的担保履行保证责任,根据《中华人民共和国物权法》第一百七十六条之规定,"被担保的债权既有物的担保又有人的担保的,债务人不履行到期债务或者发生当事人约定的实现担保物权的情形,债权人应当按照约定实现债权",上述约定系当事人真实意思表示,内容不违反法律规定,因此,王红玉、丰金源公司、孙丰金、曹淑贞作为保证人应当对上述债务承担连带清偿责任。为此,依照《中华人民共和国合同法》第四十四条、第六十条、第一百零七条、第二百零六条,《中华人民共和国物权法》第一百七十六条,《中华人民共和国担保法》第十八条,《最高人民法院关于适用〈中华人民共和国担保法〉若干问题的解释》第二十条,《典当管理办法》第三十七条、第三十八条,《中华人民共和国民事诉讼法》第一百四十四条的规定,判决:一、被告泰安市骏杰物资有限公司于本判决生效之日起十日内偿还原告泰安市金典典当有限公司借款296万元。二、被告王红玉、泰安市丰金源钢铁有限公司、孙丰金、曹淑贞对本判决第一项确定的被告泰安市骏杰物资有限公司的债务承担连带清偿责任。三、驳回原告泰安市金典典当有限公司的其他诉讼请求。如果未按判决指定的期间履行给付金钱义务,应当依照《中华人民共和国民事诉讼法》第二百五十三条之规定,加倍支付迟延履行期间的债务利息。案件受理费30,720元、保全费5000元,共计35,720元,由被告泰安市骏杰物资有限公司、王红玉、泰安市丰金源钢铁有限公司、孙丰金、曹淑贞承担。

本院二审期间,当事人围绕上诉请求依法提交了证据。本院组织当事人进行了证据交换和质证。本院认定如下:2014年4月21日,原审被告骏杰公司向被上诉人金典公司出具质押物清单一份,载明质押物为1540吨螺旋管,价值554.4万元,并注明“以上质押物品存放于泰安市骏杰物资有限公司仓库内,未经泰安市金典典当有限公司同意,不得擅自处置以上质押物品”。原审被告骏杰公司在质押物清单上加盖公章。其他事实与原审法院查明的事实相一致。

本院认为,首先,关于质押典当借款合同约定的质押物是否实际交付被上诉人的问题,上诉人主张质押物并未实际交付,被上诉人不予认可,被上诉人对质押物交付负有举证责任。被上诉人主张骏杰公司向其交付质押物的证据为骏杰公司加盖公章的质押物清单,该清单记载了质押物的名称、规格、数量、单价、金额,并注明“以上质押物品存放于泰安市骏杰物资有限公司仓库内,未经泰安市金典典当有限公司同意,不得擅自处置以上质押物品”。可见,质押物螺旋管1540吨仍存放于骏杰公司仓库内,由骏杰公司占有、保管,仍在借款人骏杰公司控制之下,骏杰公司未向被上诉人进行实际交付及质押物的转移占有。根据《中华人民共和国物权法》第二百一十二条的规定,“质权自出质人交付质押财产时设立”,以1540吨螺旋管出质的质权因质押财产未实际交付并未设立。故被上诉人未提交充分的证据证实质押物已交付,应承担举证不能的法律后果,本院认定被上诉人不享有1540吨螺旋管的质押权。

其次,关于被上诉人与原审被告骏杰公司之间的典当借款合同的效力问题,被上诉人金典公司系经有关部门批准设立的从事典当业务的典当公司,《典当管理办法》第二十五条规定:“经批准,典当行可以经营下列业务:(一)动产质押典当业务;(二)财产权利质押典当业务;(三)房地产(外省、自治区、直辖市的房地产或者未取得商品房预售许可证的在建工程除外)抵押典当业务;(四)限额内绝当物品的变卖;(五)鉴定评估及咨询服务;(六)商务部依法批准的其他典当业务。”第二十六条规定:“典当行不得经营下列业务:(一)非绝当物品的销售以及旧物收购、寄售;(二)动产抵押业务;(三)集资、吸收存款或者变相吸收存款;(四)发放信用贷款;(五)未经商务部批准的其他业务。”被上诉人营业执照上载明的经营范围亦与《典当管理办法》第二十五条规定的经营业务相一致。当户以动产作为当物,必须将当物交付典当行占有。而被上诉人在当户未交付当物的情况下,向当户发放借款,应认定为被上诉人向借款人骏杰公司发放信用贷款,该行为违反了《典当管理办法》第二十五条、第二十六条的规定。《最高人民法院关于适用〈中华人民共和国合同法〉若干问题的解释(一)》第十条规定:“当事人超越经营范围订立合同,人民法院不因此认定合同无效。但违反国家限制经营、特许经营以及法律、行政法规禁止经营规定的除外。”被上诉人发放信用贷款超出了国家特许其经营的典当业务范围,其因此订立的典当借款合同应属无效合同。合同无效后,借款人骏杰公司因此取得的借款应予返还。由于被上诉人在本案中并未诉求借款利息,因合同无效造成的损失本案中不予处理。

最后,关于被上诉人与各保证人之间的保证合同的效力问题,主合同典当借款合同无效导致保证合同亦无效。关于保证人对于当物未交付而导致主合同无效是否存在过错的问题,保证人对借款人骏杰公司进行质押典当借款是知晓的,其对当物交付状况应尽到合理的监督和注意义务。各保证人未尽到该义务,对主合同典当借款合同无效存在一定的过错。《最高人民法院关于适用〈中华人民共和国担保法〉若干问题的解释》第八条规定,主合同无效而导致担保合同无效,担保人有过错的,担保人承担民事责任的部分,不应超过债务人不能清偿部分的1/3。第九条规定,担保人因无效担保合同向债权人承担赔偿责任后,可以向债务人追偿。故上诉人丰金源公司及原审被告王红玉、孙丰金、曹淑贞应承担不超过泰安市骏杰物资有限公司不能清偿部分1/3的赔偿责任。上诉人丰金源公司、原审被告王红玉、孙丰金、曹淑贞承担赔偿责任后,有权向原审被告骏杰公司追偿。关于上诉人在庭后提交的调取证据申请,其申请法院调查其提交的视频证据中对话人是否邵乃军,不属于法律规定的应由法院调查取证的范围;其申请法庭向泰安市岱岳区法院调查1540吨螺旋管处置情况,该情况与本案无关。故上诉人调取证据的申请,本院依法不予准许。

综上所述,上诉人的上诉请求部分成立,本院依照《中华人民共和国物权法》第二百一十二条,《最高人民法院关于适用〈中华人民共和国合同法〉若干问题的解释(一)》第十条,《最高人民法院关于适用〈中华人民共和国担保法〉若干问题的解释》第八条、第九条,《中华人民共和国民事诉讼法》第一百四十四条、第一百六十九条第一款、第一百七十条第一款第二项、第三项之规定,判决如下:

一、撤销泰安市岱岳区人民法院(2015)岱商初字第118号民事判决第三项。

二、变更泰安市岱岳区人民法院(2015)岱商初字第118号民事判决第一项为:原审被告泰安市骏杰物资有限公司于本判决生效之日起十日内返还被上诉人泰安市金典典当有限公司借款296万元。

三、变更泰安市岱岳区人民法院(2015)岱商初字第118号民事判决第二项为:上诉人泰安市丰金源钢铁有限公司、原审被告王红玉、孙丰金、曹淑贞对本判决第二项确定的泰安市骏杰物资有限公司的债务承担不超过泰安市骏杰物资有限公司不能返还部分1/3的赔偿责任。上诉人泰安市丰金源钢铁有限公司、原审被告王红玉、孙丰金、曹淑贞承担赔偿责任后,有权向原审被告泰安市骏杰物资有限公司追偿。

四、驳回被上诉人泰安市金典典当有限公司的其他诉讼请求。

如果未按本判决指定期间履行金钱给付义务,应当依照《中华人民共和国民事诉讼法》第二百五十三条之规定,加倍支付迟延履行期间的债务利息。

一审案件受理费30,720元,由泰安市金典典当有限公司负担308元,泰安市骏杰物资有限公司、王红玉、泰安市丰金源钢铁有限公司、孙丰金、曹淑贞共同负担10,137元,泰安市骏杰物资有限公司单独负担20,275元。一审案件保全费5000元,由泰安市骏杰物资有限公司、王红玉、泰安市丰金源钢铁有限公司、孙丰金、曹淑贞负担。二审案件受理费30,720元,由上诉人泰安市丰金源钢铁有限公司负担10,137元,被上诉人泰安市金典典当有限公司负担20,583元。被上诉人泰安市金典典当有限公司应负担的二审案件受理费先由上诉人泰安市丰金源钢铁有限公司预交,待执行时一并解决。

本判决为终审判决。

审　判　长　陈　峰
审　判　员　张　萍
审　判　员　付昕明
二〇一六年八月九日
书　记　员　刘晓旭

【案例十二】上海宏贤典当有限公司诉上海军航企业集团有限公司、上海汉德食品有限公司等典当纠纷案
(2016年7月28日)

【法律点】典当合同是包含借款合同和物权担保合同的综合体,涵盖于民事合同,遵循民事合同关于当事人意思自治的原则,在不违反法律法规、禁止性规定的前提下,有约定从约定。典当双方通过签订典当借款合同和动产质押合同的方式发放借款,并约定典当行以间接占有的方式将质押动产交由当户负责保管的,属于以占有改定的形式交付当物,典当合同成立且合法有效。

【关键词】典当借款　动产质押　意思自治　现实交付　占有改定　成立生效　当金来源　保证责任

上海市第一中级人民法院
民事判决书

(2016)沪01民终5558号

上诉人(原审被告):上海汉德食品有限公司。

法定代表人:陈峰,总经理。

上诉人(原审被告):上海永信米业有限公司。

法定代表人:斯铁英,总经理。

上述两上诉人之共同委托代理人:吴要康,上海法知特律师事务所律师。

上述两上诉人之共同委托代理人:鞠济元,上海市中信正义律师事务所律师。

被上诉人(原审原告):上海宏贤典当有限公司。

法定代表人:屠永华,董事长。

委托代理人:邹红黎,上海市中茂律师事务所律师。

原审被告:上海军航企业集团有限公司。

法定代表人:孙芳清,董事长。

原审被告:孙芳清。

原审被告:孙嫩清。

原审被告:上海奉城钢材市场经营管理有限公司。

法定代表人:孙芳清,董事长。

原审第三人:上海宏贤投资有限公司。

法定代表人:姚永跃,董事长。

委托代理人:狄青,北京观韬(上海)律师事务所律师。

上诉人上海汉德食品有限公司(以下简称汉德食品)、上诉人上海永信米业有限公司(以下简称永信米业)因与被上诉人上海宏贤典当有限公司(以下简称宏贤典当)及原审被告上海军航企业集团有限公司(以下简称军航公司)、孙芳清、孙嫩清、上海奉城钢材市场经营管理有限公司(以下简称奉城钢材)、原审第三人上海宏贤投资有限公司(以下简称宏贤投资)典当纠纷一案,不服上海市奉贤区人民法院(2015)奉民二(商)重字第7号民事判决,向本院提起上诉。本院受理后,依法组成合议庭,公开开庭审理了本案。上诉人汉德食品、永信米业的委托代理人吴要康、鞠济元,被上诉人宏贤典当的委托代理人邹红黎,原审第三人宏贤投资的委托代理人狄青到庭参加了诉讼。原审被告均经本院合法传唤未到庭,本院依法缺席审理。本案现已审理终结。

原审法院查明,军航公司原名称“上海奉钢集团有限公司”,于2012年3月28日经工商登记变更名称。2010年12月20日,军航公司与宏贤典当签订《典当借款合同》(合同编号为FHX2010JK0017),合同约定军航公司以生产资料(钢材)一批(估价600万元)为当物,向宏贤典当借款600万元;借款期限为2010年12月20日起至2012年12月30日止;月综合费率为2.5%,按实际天数计算综合费用和利息,以实际放款日为起算日;预扣一个月综合费用15万元后,军航公司提款数额为585万元;军航公司逾期还款的,除承担当金数额20%的违约金外,宏贤典当可根据实际逾期天数补收当金利息及综合费用,并按每日未还款总额的0.5%收取每天逾期费用。同日,经军航公司股东会决议,同意由该公司的部分钢材为质物质押给宏贤典当。就此,宏贤典当与军航公司签订了《动产质押合同》(合同编号为FHX2010JK0017),由军航公司出质担保其向宏贤典当的借款600万元,质押担保范围为:借款本金(当金)、综合费、利息、违约金、损害赔偿金、诉讼费、律师服务费等处分质押股权的费用以及可能产生的其他费用;在质押有效期内,由被告负责保管质物,存放在被告指定仓库,并不能挪用;保证期间为主合同约定的债务人履行债务期限届满之日起两年;合同自军航公司将质物存放于其指定仓库后生效。2010 年 12 月 20 日,宏贤典当向军航公司出具"当票"一张,典当金额 600 万元、月综合费 15 万元、实付金额 585 万元,当期为 2010 年 12 月 20 日起至 2011 年 1 月 20 日止。2010 年 12 月 20 日,宏贤典当向军航公司发送"告知书",称典当款 600 万元将通过第三人宏贤投资直接划入军航公司账户;同日,军航公司对此予以了确认。上述典当及质押合同签订后,第三人宏贤投资分三次向军航公司打款,分别为 2010 年 12 月 20 日 292.50 万元,2011 年 1 月 7 日 146.25 万元、2 月 28 日 146.25 万元,共计 585 万元。2010 年 12 月底,孙芳清、孙嫩清、奉城钢材分别向宏贤典当出具了"担保函",承诺为军航公司向宏贤典当借款 600 万元的债务提供连带保证担保,担保范围为主债权、综合费用、月利息、债务人应支付的违约金(包括罚息)和损害赔偿金以及实现债权的费用(包括但不限于诉讼费、律师费等),被保证的主债权金额为 600 万元;保证期间为协议生效之日起至主合同履行期限届满之日后五年止。嗣后,汉德食品、永信米业共同向宏贤典当出具了"担保书"一份,承诺为确保合同编号为 FHX2010JK0017 的《典当借款合同》的履行,在债务人不履行债务时,汉德食品、永信米业愿意提供连带保证担保,担保范围为主债权、综合费用、月利息、债务人应支付的违约金(包括罚息)和损害赔偿金以及实现债权的费用(包括但不限于诉讼费、律师费等),被保证的主债权金额为 500 万元;保证期间为协议生效之日起至主合同履行期限届满之日后五年止;担保书的效力独立于被保证的主合同,主合同无效并不影响本担保书的效力。汉德食品的法定代表人自 2012 年 11 月 15 日起至 2013 年 11 月 25 日止为孙芳清。在当票期限届满后,军航公司先后进行了五次续当,续当期限分别为:1. 2011 年 1 月 20 日起至 2011 年 7 月 20 日止;2. 2011 年 7 月 20 日起至 2012 年 1 月 20 日止;3. 2012 年 1 月 20 日起至 2012 年 7 月 20 日止;4. 2012 年 7 月 20 日起至 2013 年 1 月 20 日止;5. 2013 年 1 月 20 日起至 2013 年 3 月 10 日止。宏贤典当为此分别出具了五份"续当凭证"。但在续当期限届满后,军航公司未再续当,亦未进行赎当。而原有的质物已灭失。宏贤典当确认,截至 2013 年 3 月 10 日,军航公司已陆续支付月综合费用共计 3,738,750 元。宏贤典当因催讨余款未果,故曾于 2014 年 12 月 2 日起诉来院,案号为(2014)奉民二(商)初字第 3339 号。后该案经一、二审审理后,于 2015 年 10 月 21 日被上海市第一中级人民法院发回重审。

原审法院认为,典当合同是包含借款合同和物权担保合同的综合体,涵盖于民事合同,故应遵循民事合同关于当事人意思自治的原则,在不违反法律法规、禁止性规定的前提下,有约定从约定。本案的争议焦点一,宏贤典当与军航公司之间的典当合同是否有效?宏贤典当、军航公司通过合意签订了典当合同,并就当金支付、当物交付等相关问题进行了约定,该典当合同成立且合法有效。首先,关于当物的交付。在典当合同中,如果当物为动产,一般是通过质押的方式进行。军航公司以其自有钢材作为当物向宏贤典当进行出质,双方约定了该质物的存放地点、保管责任,虽然汉德食品及永信米业对此提出异议,但鉴于当物为钢材,故原审法院认为宏贤典当称由于该质物搬运不便、需较宽阔场地存放的原因而存放于军航公司仓库的理由比较合理,原审法院予以采纳;对于汉德食品及永信米业以此辩称被告质物未实际交付的意见,原审法院不予采纳。其次,关于当金的来源。我国商务部《典当行业监管规定》第二十一条明确典当企业的合法资金来源包括:经商务主管部门批准的注册资金、典当企业经营盈余、按照《典当管理办法》从商业银行获得的一定数量的贷款,典当企业只能用上述资金开展质、抵押典当业务。诉争的当金虽然由宏贤投资直接汇入军航公司账户,但对于该款性质,宏贤典当与宏贤投资均确认系宏贤投资之前向宏贤典当的借款,宏贤投资只是按照宏贤典当的指令向宏贤典当客户直接划款用以偿还借款;且军航公司亦就宏贤典当通过第三人直接汇款以支付当金的方式予以书面确认。综上,原审法院认为诉争当金系宏贤典当自有资金,来源合法,并未违反商务部《典当行业监管规定》的相关规定。汉德食品及永信米业关于宏贤典当违反规定向股东即本案第三人借款用于发放当金的辩解于法无据。因此,诉争典当合同合法有效,军航公司应按约向宏贤典当支付合同约定的月综合费,并承担相应的违约责任。争议焦点二,当金本金到底多少金额?《典当管理办法》约定了典当当金利息不得预扣。虽然该办法中未对月综合费的预扣问题进行规定,但月综合费是基于典当行发放当金而因此才能获取的费用,在当金未发放前就提前预扣,实为不妥,故应参照利息不得预扣的规定,以实际发放的当金为实际本金。故原审法院认定诉争典当合同的当金本金为585万元。争议焦点三,关于汉德食品及永信米业的保证责任问题?首先,宏贤典当与汉德食品、永信米业对于担保函的形成时间各执一词,宏贤典当认为系2012年底至2013年初,汉德食品、永信米业认为系2012年上半年前,但汉德食品、永信米业提供的讯问笔录中孙芳清自述与宏贤典当之间的担保书系2013年1月至3月出具,在宏贤典当与军航公司均未提供证据证明该担保书形成时间的情况下,原审法院根据该讯问笔录中的孙芳清本人陈述内容,推定该担保书形成时间为2013年年初。而鉴于孙芳清在出具担保书期间,系汉德食品的法定代表人,其行为即代表了汉德食品。而孙芳清当时亦系永信米业的实际控制人,虽然永信米业对此否认,但永信米业在庭审中也确认当时其公司曾有过多枚公章,而公司转让给现任股东时,公司的公章等重要材料均由孙芳清进行移交;并且在(2014)奉民二(商)初字第3339号案件庭审中孙芳清确认自己当时系永信米业的实际控制人,据此原审法院认定孙芳清系诉争担保书出具时永信米业的实际控制人,孙芳清的行为可以代表永信米业的行为。基于此,原审法院对由孙芳清加盖印章的诉争担保书效力予以认定。汉德食品及永信米业应按担保书的约定对军航公司的债务承担连带保证责任。其次,对于汉德食品及永信米业的担保范围,在担保书中确认担保范围为"主债权、综合费用、……""担保的主债权金额为500万元",故原审法院认为该500万元系指担保范围里的"主债权",即汉德食品及永信米业应在本金500万元的范围内对相应的本金、月综合费等费用提供连带保证。再次,虽然军航公司提供了相应的当物,该当物现已灭失,但在汉德食品及永信米业出具担保书时,明确为诉争的典当合同提供担保,应明知有当物的存在,但在该担保书中并未明确其仅在当物价值范围外提供担保。故保证人应按保证合同的担保范围承担保证责任。最后,我国担保法规定,保证合同约定的保证期间早于或者等于主债务履行期限的,视为没有约定,保证期间为主债务履行期届满之日起六个月;保证合同约定保证人承担保证责任直至主债务本息还清时为止等类似内容的,视为约定不明,保证期间为主债务履行期届满之日起两年。可见,我国担保法并未规定保证期间不得超过两年,故担保书中约定的"五年"担保期限并不违反法律规定,该保证期间约定有效。宏贤典当主张并未超过保证期间。综上,宏贤典当与军航公司之间的典当合同合法有效,军航公司应向宏贤典当支付典当期间的月综合费,在典当期限届满时应归还全部当金585万元,逾期则应承担相应的违约责任。典当月综合费用包括各种服务及管理费用,军航公司在当期届满亦未续当的情况下,实际已发生了绝当。而当期届满后仍要求当户继续支付较高的综合费用,显然于当户不公,因此,月综合费的计算期限应以实际当期为妥,即自2010年12月20日起至2013年3月10日止。就该期间的月综合费,宏贤典当确认军航公司应付3,792,750元,已付3,738,750元,尚欠54,000元。对该月综合费的请求,原审法院予以支持。鉴于汉德食品及永信米业系在主债权本金500万元的限额内提供保证,故经原审法院按比例核算汉德食品、永信米业担保的月综合费为46,153.80元。至于宏贤典当就当期届满后的月综合费用的主张,从诉争典当合同中"当金的20%,除承担当金数额20%的违约金外,宏贤典当可根据实际逾期天数补收当金利息及综合费用,并按每日未还款总额的0.5%收取每天逾期费用"的约定可见,实际系双方约定的违约责任。但该违约责任既约定了20%违约金,又约定了当期届满后2.5%的月综合费用,该约定明显过高。根据法律规定,合同当事人约定的违约金过分高于损失的,当事人可以请求人民法院予以适当减少。故原审法院将逾期还款的违约金依法调整为自2013年3月11日起至清偿日止以本金585万元为基数,按银行同期贷款四倍利率进行计算。至于孙芳清、孙嫩清、奉城钢材,其曾分别向宏贤典当出具了愿意承担连带保证的“担保函”,故原审法院对宏贤典当要求孙芳清、孙嫩清、奉城钢材就军航公司的债务承担连带清偿责任的诉讼请求予以支持。军航公司、孙芳清、孙嫩清、奉城钢材经原审法院合法传唤后,无正当理由拒不到庭应诉,其行为是对宏贤典当诉称事实及诉讼请求答辩权利的放弃。原审法院遂依照《中华人民共和国合同法》第一百零七条,《中华人民共和国担保法》第十八条、第三十一条,《中华人民共和国民事诉讼法》第一百四十四条的规定,判决:一、军航公司于本判决生效之日起十日内归还宏贤典当欠款5,850,000元;二、军航公司于本判决生效之日起十日内偿付宏贤典当月综合费54,000元;三、军航公司于本判决生效之日起十日内偿付宏贤典当以5,850,000元为基数,自2013年3月11日起至实际清偿日止按中国人民银行同期贷款四倍利率计算的违约金;四、孙芳清对上述第一、二、三项军航公司的债务承担连带保证责任;孙芳清承担保证责任后,有权向军航公司追偿;五、孙嫩清对上述第一、二、三项军航公司的债务承担连带保证责任;孙嫩清承担保证责任后,有权向军航公司追偿;六、奉城钢材对上述第一、二、三项军航公司的债务承担连带保证责任;奉城钢材承担保证责任后,有权向军航公司追偿;七、汉德食品、永信米业对上述第一、二、三项军航公司的债务在本金5,000,000元、月综合费46,153.80元及基于本金5,000,000元相对应的违约金的限额范围内承担连带保证责任;汉德食品、永信米业承担保证责任后,有权向军航公司追偿。案件受理费82,730元,财产保全费5,000元,共计87,730元,由宏贤典当负担35,092元,军航公司、孙芳清、孙嫩清、奉城钢材、汉德食品、永信米业共同负担52,638元。

一审判决后,上诉人汉德食品、永信米业不服,向本院提起上诉称:质物未实际交付,典当关系不成立。当金来源未查清,不能排除被上诉人宏贤典当从宏贤投资借款来用于放贷的可能。担保书的形成时间认定错误,即使担保有效成立,担保清偿顺序应当先处置典当物,不足部分再向担保人追偿。故要求撤销原判第七项,改判上诉人不承担连带清偿责任。被上诉人宏贤典当辩称:原审判决认定事实清楚,适用法律正确,请求二审法院驳回上诉,维持原判。

原审被告军航公司、孙芳清、孙嫩清、奉城钢材未提供书面答辩意见。

原审第三人宏贤投资辩称:原审判决认定事实清楚,适用法律正确,请求二审法院驳回上诉,维持原判。

上诉人提供了受案回执、上海市公安局案(事)件接报回执单,证明孙芳清涉嫌公司诈骗。被上诉人及原审第三人经质证后认为该两份均系匿名报案,不能作为证据。本院认为该两份证据均为匿名报案,不能作为本案证据。庭审后应本院要求宏贤典当提供了转账凭证五份以证明其自 2009 年 9 月起向原审第三人宏贤投资出借款项计 916 万元。宏贤投资予以确认。上诉人经质证后认为,转账凭证载明的是往来款,不能证明是借款。本院认为宏贤典当与宏贤投资提供的转账凭证可作为本案证据。

本院经审理查明,原审查明的事实属实,本院予以确认。

另查明,从 2009 年 9 月至 2010 年 5 月,宏贤典当共计汇款 916 万余元给宏贤投资。

本院认为,原审法院对本案的法律关系、合同效力及判决均无误,本院予以确认。现针对上诉人的上诉理由作如下评述:1. 上诉人认为本案的典当关系,因当物未交付而未成立。本院认为,关于交付有现实交付、占有改定、指示交付等。根据本案当物为钢材这一特殊性,双方约定当物的交付形式属于占有改定。仓库出具了出库单。上诉人称当物未交付的上诉理由不能成立。2. 上诉人认为宏贤典当向宏贤投资借款用以放贷。根据宏贤典当提供的转账凭证显示宏贤典当自 2009 年 9 月起向宏贤投资转账 916 万元。因此,宏贤典当在与军航公司建立典当关系时明确告知军航公司当款将由宏贤投资转付并无不当。同时,上诉人也未提供证据证明宏贤典当向宏贤投资借款用于放贷。3. 关于担保书出具时间的认定。担保书上并未填写日期,但担保书明确为涉案典当借款合同担保,上诉人也未提供证据来证明其主张。4. 关于担保清偿的顺序,担保书上明确记载"借款人有权直接要求本公司(即两上诉人)承担担保责任"。因此,上诉人要求先处置当物后再向担保人追偿借款顺序的这一上诉理由不能成立。综上,上诉人的上诉理由均不成立,本院不予支持。据此,依照《中华人民共和国民事诉讼法》第一百四十四条、第一百七十条第一款第一项和第一百七十五条之规定,判决如下:

驳回上诉,维持原判。

二审案件受理费 82,730 元,由上诉人上海汉德食品有限公司、上海永信米业有限公司负担。

本判决为终审判决。

审　判　长　张　聪
代理审判员　范德鸿
审　判　员　贾沁鸥
二〇一六年七月二十八日
书　记　员　刘凌钒

【案例十三】黄骅市吉盘通典当有限公司诉沧州宏宇纸制品有限公司、李希胜典当纠纷案

(2014年7月2日)

【法律点】典当双方以委托保管合同的形式将当物委托当户实际保管使用的,应认定当物未转移交付,但该行为只影响质押物权是否设立,并不影响质押合同的效力。只要典当双方签订动产质押典当合同是当事人的真实意思表示,且不违反法律法规的禁止性规定,就为有效合同。

【关键词】动产抵押　委托保管合同　质押物权　质押合同　保证责任　综合服务费　利息　违约金

河北省沧州市中级人民法院

民事判决书

(2014)沧民终字第1545号

上诉人(原审被告):李希胜。

委托代理人:闫晓东,河北傲宇律师事务所律师。

被上诉人(原审原告):黄骅市吉盘通典当有限公司。

法定代表人:何立军,经理。

委托代理人:夏金树,河北冀事达律师事务所律师。

原审被告:沧州宏宇纸制品有限公司。

法定代表人:李希胜,经理。

上诉人李希胜因典当纠纷一案,不服黄骅市人民法院(2013)黄民初字第3441号民事判决,向本院提出上诉。本院依法组成合议庭审理了本案,现已审理终结。

原告黄骅市吉盘通典当有限公司(以下简称吉盘通公司)诉称:2012 年 1 月 12 日,被告宏宇公司向原告申请典当借款并签订典当合同,由被告李希胜自愿承担连带清偿责任。2013 年 7 月 31 日,被告所签借款合同到期,发生绝当情况,但被告一直以合作关系及尽快还钱为借口要求延长还款期限。上述典当借款经多次催要未予偿还,故诉至法院,请求依法判令二被告偿还原告借款本金利息及其他费用 505,639 元,诉讼费、保全费由二被告承担。

原告吉盘通公司为支持其主张,提供如下证据:

1. 2012 年 1 月 12 日,原告吉盘通公司与被告宏宇公司签订典当合同一份。

2. 2012 年 1 月 12 日,原告吉盘通公司与被告宏宇公司签订质押合同一份。

3. 2012 年 2 月 16 日,原、被告签订委托保管合同一份。

4. 典当物品登记表一份。

5. 2012 年 1 月 12 日,原告为被告出具当票一份。

6. 沧州银行汇款凭证一份、收据一份。

7. 续当申请书一份、续当承诺书两份。

被告沧州宏宇纸制品有限公司(以下简称宏宇公司)、李希胜辩称:首先,二被告认可被告宏宇公司与原告之间存在典当关系。但该合同约定方式是动产的抵押,该约定违反了典当管理办法,故应当认定该合同无效,驳回原告的诉求。其次,被告李希胜不应当承担保证责任。原告的依据是借款合同,而本案是一个典当合同。二被告与原告之间都不存在借款合同,故李希胜作为被告的主体不适格。

原审法院查明,2012 年 1 月 12 日,原告黄骅市吉盘通典当有限公司(以下简称吉盘通公司)与被告沧州宏宇纸制品有限公司(以下简称宏宇公司)签订(2012)吉盘通字第 001 号《典当合同》一份。该合同受当方(甲方)为吉盘通公司,出当方(乙方)为宏宇公司。合同第一条:“典当物的财产状况及折当率(一)当物名称:FL - CI50 - 8D 五层瓦楞纸板生产线……(五)当物估价金额 220 万元;(六)折当率:根据当物估价价值的 18% 发放当金。”第二条:“典当种类、当金数额、期限、用途(一)典当种类:抵押;(二)当金数额:四十万元;(三)当期:90 天,从 2012 年 1 月 12 日起至 2012 年 4 月 12 日止。当期不足五天的,按五天计算;(四)典当用途:购原料。”第三条:“根据乙方提供当物的物品状况、质量等实际情况,执行典当月综合服务费 20‰,于当金交付时由甲方一次性扣除;利率为 5‰,由甲方支付当金后、赎当前一次性支付利息。第五条甲方的权利义务……第八条违约责任,(二)甲方不能如约按期给乙方典当款或乙方不能按期给甲方利息,每逾期一日,由违约一方向对方给付相当典当金额 100% 的违约金,守约一方有权单方解除合同……”典当合同签订当日,原被告还就典当物品签订了《质押合同》,并约定合同签订之日起三日内被告向原告移交典当物品及其权属证书。上述两合同签订后,宏宇公司又为原告出具借据一张,借据载明:被告宏宇公司因经营资金不足特向原告吉盘通公司借款400,000元,借款期限90天,从2012年1月12日至2012年4月12日,按月息2.5%计息(不足五天按五天计息,五天以上按实际天数计息)。该借据还约定:1. 以借款人全部收入及纸制品生产线设备2,780,000元所涉抵押财产以外的全部资产提供担保,优先清偿在吉盘通公司借款本息及所产生的各项费用;2. 以被告宏宇公司生产设备2,780,000元所涉抵押财产超过部分为该项借款提供担保,优先清偿吉盘通公司借款本息及产生的各项费用。此外,被告宏宇公司法定代表人李希胜声明对该项借款承担连带清偿责任,如借款本息到期不能归还,自愿以个人名下的全部财产提供担保,并连带清偿借款本息及所产生的各项费用。上述合同及借据签订后,原告吉盘通公司为被告宏宇公司出具当票一张,当物名称为机器设备,典当金额为400,000元,综合费用为24,000元,实付金额为376,000元。当票开具后,原告给付被告典当款400,000元。2012年2月16日吉盘通公司作为委托人与宏宇公司签订委托保管合同。原告委托被告对质押设备进行保管,并由被告承担所产生的全部费用及损失,保管地点在被告的生产车间内。保管期限从2012年1月12日开始,保管期限内保管物所有权归被告所有,但被告无权处分。典当到期后,被告宏宇公司多次申请续当,被告李希胜亦在续当申请书及续当承诺书上签字。2013年5月31日,被告宏宇公司提交了最后一次续当申请,当期延续至2013年7月31日,并承诺原典当合同、抵押合同及有关法律文书继续有效。截止到2012年12月9日,被告宏宇公司已支付依据《典当合同》应付的典当综合服务费及利息111,000元,尚欠原告典当本金367,893元。2013年9月6日吉盘通公司诉至本院,请求判令二被告偿还借款本金367,893元,从2012年9月22日至2013年7月31日的综合服务费77,993.60元,利息19,498.40元;2013年7月31日至2013年11月12日的违约金40,254元(违约金主张按费用及利息的计算标准加收30%计算至被告实际履行之日)。

另查,2012年12月10日人民银行六个月至一年期贷款年利率为6.0%,四倍为24%。2012年12月10日至2013年7月31日共计233天,2013年8月1日至2013年11月12日共计103天。

以上事实,由典当合同、质押合同、借据、当票、续当承诺书、计息凭证及原被告的陈述等在案佐证。

原审法院认为,本案争议的焦点问题之一为:原、被告之间典当合同的效力。被告宏宇公司主张典当合同约定的典当种类为动产抵押，违反了《典当管理办法》中“不得进行动产抵押业务”的规定，该典当合同无效。但原告主张该典当合同中的典当种类“抵押”为笔误，且原告提供了原、被告之间签订的质押合同及质押物的委托保管合同，故本院对原告关于典当种类系动产质押，而非动产抵押的主张予以采信。故被告宏宇公司将其所有的设备生产线质押给原告吉盘通公司，并与之签订《典当合同》，用来从原告处借贷生产资金，系双方当事人真实意思表示，且未违反国家法律法规的相关规定，该合同合法有效。原、被告均应依照合同享有合同权利、履行合同义务。

本案争议的焦点问题之二为：被告李希胜是否应承担保证责任。被告李希胜主张，本案原告吉盘通公司与被告宏宇公司之间系典当合同关系，原被告间不存在借款合同，故其不应承担保证责任。但原告吉盘通公司与被告宏宇公司之间的典当合同的实质就是以动产质押进行借贷的借款合同。在该典当合同签订的同时，原告吉盘通公司又在典当合同的基础上与被告宏宇公司、被告李希胜补充签订借据一份。该借据进一步明确了原被告之间的借贷关系，且被告李希胜在该借据中声明对被告宏宇公司的典当借款本息及产生的各项费用承担连带清偿责任。该借据亦系原、被告三方真实意思表示，且既与典当合同无矛盾之处，又未违反我国法律相关规定，故依照借据约定，被告李希胜在本案中亦应承担连带保证责任。

本案争议的焦点之三为：被告应支付的综合服务费、利息及违约金数额。因原、被告在典当合同中约定，典当的月综合服务费为20‰，月利息为5‰。但被告宏宇公司主张，原告收取的月综合服务费中应包含质押物品的保管费用，而原告未实际保管质押物，故综合服务费收取过高。依据典当合同的性质，典当综合费包括各种服务及管理费用，故其中应当包含质押物的管理费用。但本案中对于质押物，原被告签订了委托保管合同，由被告对质押物进行管理，且合同中亦未载明原告支出了相关管理费用；庭审中，原告亦未提供证据证实其综合服务费中包含其他服务或管理费用；原、被告在签订典当合同后的借据中亦载明借款月息为25‰，与典当合同中月综合服务费及利息的收取一致；综上，对于原告收取的综合服务费及利息均应认定为借款利息。而原被告之间关于利息的约定高于人民银行同期间同类贷款利率的四倍，故本院支持其从2012年12月10日起，综合费用及利息按年利率24%计算。原告还主张，被告宏宇公司逾期还款期间，按服务费及利息的总和上浮30%支付违约金。对原告的该项主张，二被告均不予认可。原告吉盘通公司与被告宏宇公司在《典当合同》中约定“每逾期一日，由违约方向对方给付相当典当金额10%的违约金”，虽原告主动减少了违约金的请求，但其主张的逾期付款违约金给付利率亦超出了人民银行同期同类贷款利率的四倍,且其亦未提供其他损失依据,故本院支持其违约金亦按年利率24%计算。

综上,因原、被告对被告宏宇公司所欠典当本金367,893元均无异议,故被告宏宇公司应予以偿还。被告宏宇公司还应支付从2012年12月10日至2013年7月31日的综合服务费及利息56,363.22元(本金367,893元,按年利率24%计算),并应当给付原告逾期付款违约金(从2013年8月1日起至本判决生效后所确定的履行期限届满之日,本金367,893元按年利率24%计算的利息。从2013年8月1日至2013年11月12日为24,915.93元)。被告李希胜对被告宏宇公司的上述债务承担连带清偿责任。遂判决:一、被告沧州宏宇纸制品有限公司于本判决生效之日起三日内偿还原告黄骅市吉盘通典当有限公司典当本金367,893元,给付综合服务费及利息56,363.22元,并支付违约金(从2013年8月1日起至本判决生效后所确定的履行期限届满之日,本金367,893元按年利率24%计算的利息);二、被告李希胜对被告沧州宏宇纸制品有限公司上述债务承担连带清偿责任。

宣判后,李希胜不服,向本院提起上诉。称:1. 一审判决认定典当合同有效,是认定事实错误。根据我国《典当管理办法》规定,典当行不得从事动产抵押业务,而原审被告与被上诉人之间所签订的典当合同写明的典当种类为“抵押”。并且当物从未移交给被上诉人占有。根据我国相关法律规定质权根本就没生效。因此,原审被告与被上诉人之间所签订的典当合同显然是无效合同。2. 在典当合同无效的情况下,原审被告与被上诉人之间所签订的借款合同显然是无效的。根据《中华人民共和国商业银行法》及《典当管理办法》等规定,在质押不生效的情况下典当行与企业借款人之间事实上就形成了一种企业间借款关系。在这种情况下,典当行的“典当”将名不符实,典当行事实上从事商业银行业务,如果认可典当行与企业借款人之间的合同有效,事实上就等于认可了企业间借款合同的有效性。这明显与最高人民法院“企业借贷合同违反金融法规,属于无效合同”的司法解释相悖。3. 由于借款合同无效,作为从合同的保证合同也无效,上诉人不承担连带保证责任。《中华人民共和国担保法》第五条第一款规定,担保合同是主合同的从合同,主合同无效,担保合同无效。本案中的借款合同作为主合同无效,那么保证合同应当认定为无效。因此,担保公司不应当承担连带保证责任。

二审认定事实与一审查明事实一致。

本院认为,2012年1月12日,被上诉人吉盘通公司与原审被告宏宇公司签订了典当合同,当日双方就典当物品签订了质押合同及质押物的委托保管合同。典当种类系动产质押,而非动产抵押。双方所签订《典当合同》中的典当种类“抵押”应为笔误。关于未交付质物,质押合同是否有效问题。首先,根据《中华人民共和国立法法》第八十三条的规定,同一机关制定的法律、行政法规、地方性法规、自治条例和单行条例、规章,特别规定与一般规定不一致的,适用特别规定;新的规定与旧的规定不一致的,适用新的规定。《担保法》与《物权法》对质物未移交情形下质押合同是否生效作出了不同规定。《中华人民共和国担保法》第六十四条第二款规定,质押合同自质物移交于质权人占有时生效。《中华人民共和国物权法》第十五条规定,当事人之间订立有关设立、变更、转让和消灭不动产物权的合同,除法律另有规定或者合同另有规定外,自合同成立时生效;未办理物权登记的,不影响合同效力。由于1995年颁布的《中华人民共和国担保法》与2007年颁布的《中华人民共和国物权法》均为全国人大常委会制定的法律,对质押合同效力的认定问题,《中华人民共和国物权法》已取代了《中华人民共和国担保法》。其次,根据《中华人民共和国民法通则》第五十五条和《中华人民共和国物权法》第二百一十二条规定,民事法律行为需具备如下实质要件:当事人具有相应的行为能力,意思表示真实,合同内容不违反法律或者社会公共利益;质权自出质人交付质押财产时设立。本案中,宏宇公司将其设备质押给吉盘通公司是当事人的真实意思表示,且不违反法律法规的禁止性规定,为有效合同;即使质押物未转移交付,影响的也是质押物权是否设立,并不影响质押合同的效力。2012年1月12日在宏宇公司向吉盘通公司出具的借据中,上诉人李希胜作为该借据的担保人,声明对该项借款承担连带清偿责任,如借款本息到期不能归还,自愿以个人名下的全部财产提供担保,并连带清偿借款本息及所产生的各项费用。宏宇公司的借款行为与上诉人的保证行为是其双方的真实意思表示,符合法律规定,上诉人应承担连带清偿责任。原审法院认定事实清楚,证据充分,适用法律及判决结果正确。上诉人之上诉理由,理据不足,本院不予支持。故依照《中华人民共和国民事诉讼法》第一百七十条第一款第一项的规定,判决如下:

驳回上诉,维持原判。

二审案件受理费7663元,由上诉人李希胜承担。

本判决为终审判决。

审 判 长 关志萍

审 判 员 于长江

审 判 员 张金平

二〇一四年七月二日

书 记 员 王 畅

【案例十四】云南商源典当有限公司诉何继莲典当合同纠纷案（2014年2月24日）

【法律点】在动产质押典当业务中，只有当户将用于质押的当物交付给典当行实际占有后，典当行才可以发放借款。典当双方以借用协议的形式约定当物交付，而实际上当物仍由当户继续占有使用的，即使办理了质押登记手续，动产质押合同也未生效，典当行此时发放的借款实质为信用借款，违背了典当合同的性质，也违反了国家金融法规，典当合同无效。

【关键词】机动车质押　汽车借用协议　实际交付　质押合同不生效　典当合同无效

云南省昆明市中级人民法院
民事判决书

(2013)昆民四终字第498号

上诉人(原审被告):何继莲。

委托代理人:张朝虎,云南国平律师事务所律师,特别授权代理。

被上诉人(原审原告):云南商源典当有限公司。

法定代表人:梁敏,总经理。

委托代理人:陈敬铭,工作人员,特别授权代理。

上诉人何继莲因与被上诉人云南商源典当有限公司(以下简称典当公司)典当合同纠纷一案,不服昆明市盘龙区人民法院(2013)盘法民三初字第184号民事判决,向本院提起上诉。本院于2013年11月25日受理本案后,依法组成合议庭进行了审理。本案现已审理终结。

原审中,典当公司提起诉讼,请求判令:1. 何继莲支付自2012年9月22日起至2013

年 4 月 15 日止的利息和综合服务费用;2. 何继莲向典当公司归还本金 4 万元人民币。

原审法院经审理确认以下事实:2012 年 3 月 21 日,典当公司、何继莲签订《云南省典当业机动车质押合同》,约定由何继莲将其所有的号牌为云 A916××小型轿车一辆向典当公司提供质押担保,并在昆明市公安局车辆管理所办理了质押登记。同日,典当公司向何继莲出具《当票》一张,载明何继莲以上述车辆质押典当,典当金额为 4 万元,典当期限为六个月,典当月综合费率为 4.1%,月利率为 0.4%,何继莲于当日确认收到典当公司给付的当金 4 万元。2012 年 3 月 22 日,何继莲向典当公司交付 2012 年 3 月 21 日起至 2012 年 6 月 20 日止的综合服务费,同时向典当公司申请借用上述质押车辆,经典当公司同意后,双方签订汽车借用协议,约定何继莲因工作需要借用已质押车辆,借用期限自 2012 年 3 月 21 日起至 2012 年 9 月 20 日止,何继莲在确认车辆情况正常后在车辆交接表上签字。典当公司因何继莲到期未支付当金及相关利费、质押车辆,遂向原审法院起诉主张权利。

原审法院认为,典当公司与何继莲之间依法成立典当合同关系。何继莲辩称从未将车辆实际交付典当公司质押,故质押典当合同无效,依据何继莲签字确认的接车申请、车辆借用协议以及车辆交接清单,可确定何继莲将车辆交付典当公司质押后又借走的事实,故对何继莲的答辩意见不予采纳。由于双方形成典当法律关系,应适用《典当管理办法》第三十七条、第三十八条、第四十条的规定,本案中,典当公司出具给何继莲的当票中对于典当利息、典当综合费用的约定符合上述规定,同时由于何继莲未于 2012 年 9 月 20 日当期届满后进行赎当或者续当,依据上述办法规定,何继莲应当向典当公司偿还除当金本息、综合费用外的逾期当金利息和相关费用,且由于按照上述规定计算何继莲的逾期当金利息和相关费用高于典当公司的诉请,因此原审法院支持典当公司主张的逾期当金利息和综合费用 11,520 元。何继莲答辩称典当公司于出具当票当日已支付当金利息 5400 元,加之再次向典当公司给付的 5400 元,故其仅应归还典当公司借款 29,200 元。由于何继莲支付当金利息和综合费用的时间为当票开具后的次日,典当公司不存在预扣当金利息的行为,且何继莲之后向典当公司支付的 5400 元系支付典当利息及综合费用而非归还借款本金,故何继莲的答辩意见无事实和法律依据,原审法院不予采信。据此,原审法院按照《中华人民共和国合同法》第六十条、第二百零七条,《典当管理办法》第三十条、第三十七条、第三十八条、第四十条、第四十二条,《中华人民共和国民事诉讼法》第一百一十八条之规定,判决:一、由何继莲于判决生效之日起十日内向典当公司偿还当金 4 万元。二、由何继莲于判决生效之日起十日内向典当公司偿还当金利息及综合费用 11,520 元。案件受理费 1088 元由何继莲承担。

原审判决宣判后,上诉人何继莲不服,向本院提起上诉,其上诉请求是:撤销原审判决,改判驳回典当公司的诉讼请求。主要事实和理由:1. 本案典当合同为无效合同。典当公司没有从事典当行业的主体资格,其在原审时没有提供任何从事典当行业的营业执照和经营许可证。根据《典当管理办法》第十五条规定,典当公司没有相关的审批手续和证书,所以没有从事典当行业的资格,双方签订的典当合同无效。2. 假设典当关系成立的前提下,根据《典当管理办法》第四十一条第一款、第二款规定,何继莲已经向典当公司支付了六个月的当金本息、综合费用,期满后,没有续当,即为绝当。原审判决何继莲还要支付11,520元的当金本息、综合费用适用法律错误。

被上诉人典当公司答辩称:原审判决认定事实清楚,适用法律正确,请求驳回上诉,维持原判。1. 典当公司具有合法的经营资质。2. 典当期满后,何继莲称要还款,但直至今日均未还款,且在典当期内将质押车辆借回使用,故原审判决认定续当正确。

对原审判决认定事实,双方当事人均认可,故本院依法予以确认。

根据案件事实,并归纳双方当事人的诉辩主张及理由,本案的争议焦点是:1. 质押典当合同是否合法有效? 2. 责任如何承担?

本院认为:典当公司经营的主要业务之一是为出典人提供抵押或质押借款,只有出典人提供了当物质押或抵押后,典当公司才可向出典人发放借款。根据《中华人民共和国银行业监督管理法》第十九条的规定,典当公司不属国务院银行业监督管理机构批准的银行业金融机构,因此无权发放信用贷款。本案中,典当公司与何继莲于2012年3月21日签订《云南省典当业机动车质押合同》,约定由何继莲将其所有的号牌为云A916××小型轿车一辆向典当公司提供质押担保,并在昆明市公安局车辆管理所办理了质押登记,同日,典当公司即向何继莲出具《当票》,发放了借款。但根据双方当事人签订的《汽车借用协议》约定,典当公司同意将质押车辆从2012年3月21日起至2012年9月20日借给何继莲使用,故典当公司并未实际占有质物,根据《中华人民共和国担保法》第六十四条第二款关于"质押合同自质物移交于质权人占有时生效"及《最高人民法院关于适用〈中华人民共和国担保法〉若干问题的解释》第八十七条关于"出质人代质权人占有质物,质押合同不生效;质权人将质物返还于出质人后,以其质权对抗第三人的,人民法院不予支持"的规定,本案质押合同不生效,典当公司发放的本案借款实质为信用借款,违背了典当合同的性质,也违反了国家金融法规,典当合同无效。经审查,典当公司的经营证照合法,何继莲上诉主张典当公司无从事典当行业的主体资格没有事实依据,本院不予支持。《中华人民共和国合同法》第五十八条规定"合同无效或者被撤销后,因该合同取得的财产,应当予以返还;不能返还或者没有必要返还的,应当折价补偿。有过错的一方应当赔偿对方因此所受到的损失,双方都有过错的,应当各自承担相应的责任”,综合本案案情,典当公司出借信用贷款,何继莲应承担归还借款并按照中国人民银行同期流动资金贷款利率计付资金占用损失的责任,典当公司主张的当金利息和综合费用本院依法不予支持。何继莲借款后已经实际支付了六个月的当金利息和综合费用合计11,520元,而4万元借款按照同期中国人民银行半年期贷款利率年6.1%计息应为1220元,剩余款项10,300元应冲抵借款本金,故何继莲在本案中还应向典当公司归还29,700元借款,对于借款资金占用损失,本院按照中国人民银行同期流动资金贷款利率,自2012年9月22日起计算予以支持。

综上所述,原审判决认定事实清楚,但适用法律有误,本院依法予以改判。据此,依照《中华人民共和国合同法》第五十二条第一款第五项、第五十八条,《中华人民共和国担保法》第六十四条第二款,《最高人民法院关于适用〈中华人民共和国担保法〉若干问题的解释》第八十七条,《中华人民共和国民事诉讼法》第六十四条第一款、第一百七十条第一款第二项之规定,判决如下:

一、撤销昆明市盘龙区人民法院(2013)盘法民三初字第184号民事判决。

何继莲于本判决生效之日起十日内归还云南商源典当有限公司借款29,700元及按照中国人民银行同期流动资金贷款利率自2012年9月22日起计算至本判决确定的履行期限届满之日的利息。

二、驳回云南商源典当有限公司的其他诉讼请求。

如果未按本判决指定的期间履行给付金钱义务,应当依照《中华人民共和国民事诉讼法》第二百五十三条之规定,加倍支付迟延履行期间的债务利息。

一、二审案件受理费合计2176元由何继莲及云南商源典当有限公司各自承担50%,即1088元。

本判决为终审判决。

本判决送达双方当事人后即发生法律效力。若负有义务的当事人不自动履行本判决,享有权利的当事人可在本判决规定履行期届满后法律规定的期限内向原审人民法院申请强制执行。申请执行的期间为二年。

审 判 长 冯 辉
审 判 员 杨 万
代理审判员 古维贤
二〇一四年二月二十四日
书 记 员 陈媛媛

【案例十五】东莞市莞城典当行诉李东生典当纠纷案（2014年7月16日）

【法律点】 1. 当物在典当合同订立后已交付于典当行,并办理了质押登记手续,则质权依法已经设立,可以确认双方之间成立典当关系。之后当物借给当户使用的,其质权不能对抗第三人。但若不存在第三人对当物享有相关权益的情形,即使法院查扣了当物,典当行仍对当物享有优先受偿权。

2. 综合费用系典当行为当户提供旨在维护当物价值的服务所应收取的费用,其法律属性是典当行在为典当借款行为时为当户提供服务以及对典当借款行为进行管理的费用,是典当行提供相应服务的合理报酬。绝当制度系对典当行与当户之间利益进行平衡,绝当后,典当行有权按法定程序处置绝当品,此时不存在再为当户提供服务或管理当物的情形,无权在当户绝当后继续收取综合费。

【关键词】 占有或实际控制　对抗第三人　借出车辆　优先受偿权　综合费用　法定孳息　绝当制度

广东省东莞市中级人民法院
民事判决书

(2014)东中法民二终字第266号

上诉人(原审原告):东莞市莞城典当行。住所地,广东省××市××区。

法定代表人:李广华,总经理。

委托代理人:周剑名,广东法制盛邦(东莞)律师事务所律师。

委托代理人:张锦霞,广东法制盛邦(东莞)律师事务所律师。

被上诉人(原审被告):李东生。

上诉人东莞市莞城典当行(以下简称莞城典当行)因与被上诉人李东生典当纠纷

一案,不服广东省东莞市第一人民法院(2013)东一法民二初字第3265号民事判决,向本院提起上诉。本院受理后,依法组成合议庭审理了本案,现已审理终结。

莞城典当行向原审法院起诉称:2011年4月22日,莞城典当行与李东生签订了一份《机动车质押典当合同书》,约定李东生以粤S0×××8作为典当车辆,向莞城典当行借款250,000元,典当期限为2011年4月22日至2011年10月21日,该典当合同书还约定了典当月利率及月综合费率,同时,该典当合同书约定了自典当期满之日起五日内,双方可以续当,逾期不赎当也不续当的,视为绝当,绝当物品估价超过30,000元,按有关规定处理,所得收入在莞城典当行扣除当金本息、综合费用和实现债权的费用后,剩余部分退还给李东生,不足部分莞城典当行有权向李东生追索。典当合同签订后,莞城典当行履行了自己的合同义务,并且双方到东莞市车辆管理所办理了粤S0×××8车辆的质押登记手续。典当合同届满时,双方就典当一事进行了续当,李东生结清了上述典当期间的利息和综合费用,双方又签订了一份《机动车质押典当合同》,续当期限为2011年10月22日至2012年4月21日。续当期限届满后,李东生未偿还莞城典当行当金本金、部分利息和综合费用,也没有向莞城典当行申请办理续当手续。后莞城典当行多次向李东生追索要求归还典金及相关费用未果。莞城典当行据此诉至法院,请求判令:1. 李东生偿还莞城典当行典金250,000元;2. 李东生向莞城典当行支付典金利息(从2012年2月1日起,按月利率0.5%计算至全部典金还清日止),暂计至2013年5月1日利息为18,000元;3. 李东生向莞城典当行支付典金综合费(从2012年3月1日起,按月综合利率1.4%计算至全部典金还清日止),暂计至2013年5月1日为49,000元;4. 莞城典当行对李东生典当车辆(粤S0×××8)享有拍卖、变卖的价款优先受偿权;5. 李东生承担本案诉讼费用。

李东生向原审法院答辩称:1. 关于本案的事实:(1)李东生于2011年10月21日向莞城典当行借款250,000元,莞城典当行要求利息按月利率19厘计付。李东生实际收款240,000元,且该笔借款实际是在2011年4月22日出借的;(2)李东生从2011年5月22日开始每月归还10,000元给莞城典当行,是莞城典当行发信息叫李东生转入袁进波的账户,至2013年4月16日前都是每月本息一起还的;(3)莞城典当行的机动车质押典当合同书、当票、东莞市车管所办理粤S0×××8车质押登记都是虚假的,李东生没有去过莞城典当行,没签过当票、车管所车辆质押登记。2. 关于利息的问题:(1)法律规定,借贷的利息不得超过银行同期贷款利息的四倍,莞城典当行主张的月利息达到4%,远超过规定的四倍(0.5%×4=2%),其超出部分不应得到支持,请求法院根据《中华人民共和国合同法》第一百一十四条的规定予以纠正;(2)典金综合费是变相利息。在《机动车辆质押典当合同》中约定的费用是莞城典当行为了规避我国强制性法律规定而设立的名目,并没有改变其实际上是利息的本质,典金综合费与利息相加超出国家强制性规定的部分不应得到支持;(3)该合同第七条约定每天按借款金额的0.5‰计算违约金,莞城典当行借款目的是为了获取高额的利息回报。虽然莞城典当行在合同上规定借款期限,但从双方实际履行情况来看,莞城典当行并没有在合同到期后就终止合同,而是按照合同约定的高额利息继续收取李东生银行转账的款项,本合同仍然在履行而且李东生根本没有违约,所以莞城典当行主张的按合同期限开始计算违约金的要求没有事实依据。3. 李东生实际收取的借款款项为240,000元,根据《中华人民共和国合同法》第二百条的规定,借款利息不得预先在本金中扣除,利息先扣除的,按照实际借款数额计算,因此,本案的借款数额应根据该条规定予以认定。4. 李东生关于本案的意见:(1)莞城典当行承担本案的诉讼费用;(2)莞城典当行承担所有作假的责任;(3)取消莞城典当行对粤S0×××8车享有拍卖、变卖的价款的优先受偿权;(4)李东生不承认莞城典当行提出的粤S0×××8车质押登记手续以及机动车辆质押典当合同书、车辆借条等手续;(5)李东生资金出现问题因此暂时无力偿还,且按李东生实际支付的款项,案涉借款实际已经还清,故请求法院减轻李东生的债务。

原审法院经审理查明:2011年4月22日,李东生和莞城典当行签订《机动车质押典当合同书》(以下简称案涉合同一)一份,约定李东生将其所有的车牌号码为粤S0×××8的雷克萨斯汽车(型号:JTHBJ46G872)一台(以下简称案涉车辆)作为质押物进行典当,典当金额为250,000元,同时案涉车辆的评估价值为250,000元,典当期限从2011年4月22日至2011年10月21日,典当费用月利率为0.5%,月综合费用利率为1.4%,以上合计1.9%。案涉合同一还约定:1. 借款人按约缴纳利息和综合费用。借期在五日内,利息和综合费用按日计算;借期在十日以上(包括十日),利息和综合费用按整月计算。如借款人未能履行此约定,贷款人有权单方提前终止合同并向借款人追索借款本金、利息、综合费用及违约金。2. 本合同所约定的利率和综合费率不受本合同借款期限限制,借款人必须按时交纳利息和综合费用直至借款人清偿完债务为止。3. 自典当期满之日起五日内,经双方同意可以续当。逾期不赎当也不续当的,视为绝当。4. 超期赎当或续当,每日按典当金额的0.5‰增收滞纳金。当天,莞城典当行向李东生支付了250,000元。2011年4月27日,李东生和莞城典当行在东莞市公安局交通警察支队车辆管理所对案涉车辆办理了质押备案手续。2011年10月22日,莞城典当行和李东生另签订《机动车质押典当合同书》(以下简称案涉合同二)一份,仍约定李东生将案涉车辆作为质押物进行典当,典当期限从 2011 年 10 月 22 日至 2012 年 4 月 21 日,其他约定条款同案涉合同一相同。2012 年 3 月 5 日,李东生向莞城典当行出具《车辆借条》一份,该书面材料载明:"由于本人粤 S0××× 8 车辆典当在贵行,该车辆本人需要办理年检手续,现向贵行把该车辆借出来,本人承诺该车辆办好年检手续后马上交回给贵行。"

一审庭审中,李东生述称其并未和莞城典当行接触过,双方没有签订合同,李东生也没有去交警部门办理过案涉车辆的质押手续,李东生于 2011 年 4 月 22 日经朋友介绍向"万江当铺"借款 250,000 元,且当时"万江当铺"仅支付 240,000 元给李东生,后李东生通过"袁进波""叶志荣""李健华"三人向"万江当铺"还款,包括本金和利息。李东生并提供银行业务凭证若干张,显示李东生从 2011 年 10 月 31 日至 2013 年 4 月 16 日通过银行转账向"袁进波""叶志荣""李健华"支付每笔 5000 元到 10,000 元不等的款项。对此,莞城典当行否认其单位有上述姓名的工作人员。莞城典当行确认李东生支付了部分利息及综合费,其中支付了从 2011 年 5 月 21 日至 2012 年 1 月 21 日的利息以及从 2011 年 5 月 21 日至 2012 年 2 月 21 日的综合费,李东生支付上述利息和综合费均为现金交付,莞城典当行未出具相应的收据给李东生。关于案涉车辆的问题,莞城典当行述称在本案双方签订合同后李东生即已将案涉车辆交与莞城典当行,且从 2011 年 4 月 22 日至 2012 年 3 月 4 日一直放在莞城典当行,同时在李东生借出车辆的时候,莞城典当行并未要求李东生提供其他担保。对此,李东生述称其从 2011 年 4 月 22 日至 2012 年 3 月 4 日一直在使用案涉车辆,李东生并未将案涉车辆交与莞城典当行,现案涉车辆因另案纠纷被东莞市第一人民法院东城法庭扣押。为此,李东生提供违章记录一份,显示案涉车辆从 2011 年 5 月 8 日至 2012 年 3 月 6 日有七条交通违章记录。

在案件审理过程中,李东生于 2013 年 7 月 24 日提出鉴定申请,要求对案涉合同一中"李东生"的签名以及在东莞市公安局交通警察支队车辆管理所的有关质押登记手续中"李东生"的签名进行笔迹鉴定。2013 年 9 月 11 日,李东生提交书面申请,以其本人没有钱交纳笔迹鉴定的费用为由,提出撤销笔迹鉴定申请。

以上事实,有《机动车辆质押典当合同书》(两份,签署日期分别为 2011 年 4 月 22 日、2011 年 10 月 22 日)、当票、机动车辆登记证书、车辆借条、违章记录以及原审法院庭审笔录、问话笔录等附卷为证。

原审法院认为:案件的争议焦点为:1. 莞城典当行和李东生是否存在典当法律关系;2. 李东生是否有还款以及还款的具体数额是多少;3. 莞城典当行是否对案涉车辆

的拍卖或变卖价款享有优先受偿权。

关于焦点一。李东生否认案涉合同一中"李东生"的签名,后李东生提出笔迹鉴定申请但又撤回该项申请,因此,李东生并未提供确实的证据证实案涉合同一、二两份合同中"李东生"签名并非其本人签名,应承担举证不能的责任。而莞城典当行提供了机动车辆质押典当合同书、当票、机动车辆登记证书、车辆借条等证据,上述证据可以相互印证,证实双方存在典当法律关系,故原审法院确认莞城典当行与李东生存在有关案涉车辆的典当法律关系。

关于焦点二。李东生主张其已经通过"袁进波""叶志荣""李健华"偿还了有关"250,000 元借款"的本金和利息,但同时述称其系向"万江当铺"还款,而非直接向莞城典当行还款,李东生未能提供证据证实"万江当铺"的经营主体确实存在,也未能提供证据证实"万江当铺"得到莞城典当行的授权支付或者收取相关的款项,应承担举证不能的责任。然而,莞城典当行述称李东生已支付了部分利息及综合费,该陈述视为其自认,原审法院予以确认,即李东生已支付莞城典当行从 2011 年 5 月 21 日至 2012 年 1 月 21 日的利息以及从 2011 年 5 月 21 日至 2012 年 2 月 21 日的综合费。

关于焦点三。根据案涉车辆在交警部门的登记信息,李东生和莞城典当行确实为案涉车辆办理了质押登记手续,但是根据违章记录的内容,案涉车辆在 2011 年 4 月 22 日之后仍在使用,即使上述违章记录均系莞城典当行使用案涉车辆的行为产生,但根据车辆借条载明的内容,案涉车辆最迟也已于 2012 年 3 月 5 日交还给李东生占有。而《中华人民共和国物权法》第二百一十二条规定:"质权自出质人交付质押财产时设立。"《中华人民共和国担保法》也有类似规定,同时《最高人民法院关于适用〈中华人民共和国担保法〉若干问题的解释》第八十七条也规定"出质人代质权人占有质物的,质押合同不生效;质权人将质物返还于出质人后,以其质权对抗第三人的,人民法院不予支持"。根据上述法律的规定,质押权的设定应以质权人对质物的占有或实际控制为必要条件,现莞城典当行将案涉车辆交与李东生的行为改变了对案涉车辆即质物的占有,失去了对质物的实际控制,莞城典当行不能以其质权对抗第三人,即其丧失了针对质物优先受偿的权利,因此,莞城典当行要求对案涉车辆的拍卖、变卖价款享有优先受偿的权利的诉求,不符合法律规定,原审法院不予支持。

关于李东生应支付莞城典当行的具体款项,原审法院认为,《典当管理办法》第三十八条将综合费界定为典当综合费用包括各种服务及管理费用。即典当行为当户提供旨在维护当物价值的服务所应收取的费用。综合费的法律属性是典当行在为典当借款行为时为当户提供服务以及对典当借款行为进行管理的费用,它不同于利息,并不属于法定孳息,而是典当行提供相应服务的合理报酬。当物绝当后,当户对当物丧失了赎回权,典当行可依法或依约处置当物以优先清偿自身债权,不存在再为当户提供服务或管理当物的情形,故典当行无权在当户绝当后继续收取综合费。按照本案双方所签订的《机动车辆质押典当合同书》的约定,2012 年 4 月 21 日为典当期满之日,2012 年 4 月 25 日为绝当之日,综合费用仅能计算至绝当之日。则李东生仍须支付莞城典当行 2012 年 3 月 1 日至 2012 年 4 月 25 日的综合费,具体为 250,000 元 × 1.4% ×2 个月 =7000 元。

综上所述,原审法院依照《中华人民共和国民事诉讼法》第六十四条、第一百四十二条,《中华人民共和国合同法》第一百零七条、第一百零九条,《中华人民共和国物权法》第二百一十二条,《中华人民共和国担保法》第六十四条,《最高人民法院关于适用〈中华人民共和国担保法〉若干问题的解释》第八十七条,参照《典当管理办法》第三条、第四十条、第四十三条的规定,判决:一、李东生应于判决发生法律效力之日起七日内返还莞城典当行典金 250,000 元;二、李东生应于判决发生法律效力之日起七日内支付莞城典当行典金利息(以 250,000 元为本金,从 2012 年 2 月 1 日起,按 0.5% 的月利率计付至实际清偿之日止);三、李东生应于判决发生法律效力之日起七日内支付莞城典当行典金综合费 7000 元;四、驳回莞城典当行的其他诉讼请求。如果未按判决指定的期间履行给付金钱义务,应当依照《中华人民共和国民事诉讼法》第二百五十三条之规定,加倍支付迟延履行期间的债务利息。案件受理费 3028 元,由莞城典当行负担 401 元,由李东生负担 2627 元。

上诉人莞城典当行不服原审判决,向本院上诉称:1. 原审法院认定事实错误、适用法律不当。案涉车辆已经交付给莞城典当行,质权成立,且已经办理了质押登记手续,莞城典当行是质押权人,可以对抗第三人。登记具有公示效力,登记后车辆是否在莞城典当行占有、控制范围,不影响该质权对抗第三人的效力。2. 李东生应当支付典金综合费直至全部典金还清日止,法律未明确规定典金综合费只能计算至绝当之日,根据双方约定综合费不受合同借款期限的限制,李东生应当支付综合费至还清全部典金之日,原审法院对此认定不当。综上,请求:1. 撤销原审判决第三项、第四项;2. 改判李东生支付典金综合费,从 2012 年 3 月 1 日起,按月综合费率 1.4% 计算至全部典金还清日止,暂计算至 2013 年 12 月 18 日为 70,000 元;3. 改判莞城典当行对案涉车辆的拍卖、变卖的价款享有优先受偿权;4. 本案一、二审受理费由李东生承担。

被上诉人李东生答辩称:同意原审判决。

本院经审理对原审法院查明的事实予以确认。另查明,二审期间,李东生确认其从莞城典当行取回案涉车辆后,案涉车辆一直由李东生持有使用直至因另案债权债务关系被原审法院查封扣押,案涉车辆不存在第三人的权益。

本院认为,本案为典当纠纷。原审法院认定李东生与莞城典当行之间存在合法的典当关系,双方对此均未提出异议,本院对此予以确认。根据《中华人民共和国民事诉讼法》第一百六十八条"第二审人民法院应当对上诉请求的有关事实和适用法律进行审查"的规定,归纳本案二审争议的焦点为:1. 李东生应付的典当综合费如何认定;2. 莞城典当行对案涉车辆拍卖、变卖价款是否享有优先受偿权。

关于焦点一。《典当管理办法》第三十八条第一款规定"典当综合费用包括各种服务及管理费用",如原审法院所述,综合费用系典当行为当户提供旨在维护当物价值的服务所应收取的费用,其法律属性是典当行在为典当借款行为时为当户提供服务以及对典当借款行为进行管理的费用,是典当行提供相应服务的合理报酬。《典当管理办法》第四十条第一款规定:"典当期限或者续当期限届满后,当户应当在5日内赎当或者续当。逾期不赎当也不续当的,为绝当。"绝当制度系对典当行与当户之间利益进行平衡,绝当后,典当公司有权按法定程序处置绝当品,此时不存在再为当户提供服务或管理当物的情形,故原审法院认定典当行无权在当户绝当后继续收取综合费并无不当,本院予以维持。

关于焦点二。《中华人民共和国物权法》第二百一十二条规定"质权自出质人交付质押财产时设立"。关于案涉车辆是否交付的问题,双方存在争议。莞城典当行主张案涉合同签订后,李东生将案涉车辆交付给莞城典当行,后来因办理年检手续,才将车辆又返还给李东生,并要求李东生办完手续后及时归还。李东生则主张其一直占有使用案涉车辆,并未交付给莞城典当行。本院对此分析如下:首先,李东生主张其占有案涉车辆,提交了违章记录拟予证实,但违章记录并不足以认定李东生未将车辆交付给莞城典当行。其次,案涉车辆借条明确载明李东生借出车辆,该内容已经包含了车辆在莞城典当行占有的意思,否则不存在借出车辆的行为,且李东生并在借条中明确办完年检手续后马上交回给莞城典当行。据此,本院认定案涉车辆在签订合同后已经交付给莞城典当行,结合案涉车辆已经办理了质押登记手续,本院认定莞城典当行享有的质权依法已经设立。此后,2012年3月5日莞城典当行将案涉车辆交还给李东生办理年检手续,根据《最高人民法院关于适用〈中华人民共和国担保法〉若干问题的解释》第八十七条第一款"出质人代质权人占有质物的,质押合同不生效;质权人将质物返还于出质人后,以其质权对抗第三人的,人民法院不予支持"的规定,莞城典当行享有的案涉车辆质权不能对抗第三人。李东生在本案中确认案涉车辆取回后一直由其本人持有,并不存在第三人对案涉车辆享有相关权益的情形,因此,莞城典当行诉请对案涉车辆的拍卖、变卖的价款享有优先受偿权合法有据,本院对此予以支持。原审法院对此处理不当,本院依法予以纠正。

综上所述,上诉人莞城典当行的上诉理由部分成立,其上诉请求合理部分,本院予以支持,其他部分,本院予以驳回。原审判决认定事实清楚,但适用法律不当,本院予以改判。依照《中华人民共和国物权法》第二百零八条、第二百一十二条,《最高人民法院关于适用〈中华人民共和国担保法〉若干问题的解释》第八十七条,《典当管理办法》第三十八条、第四十条,《中华人民共和国民事诉讼法》第一百七十条第一款第二项的规定,判决如下:

一、维持广东省东莞市第一人民法院(2013)东一法民二初字第3265号民事判决第一、二、三项;

二、撤销广东省东莞市第一人民法院(2013)东一法民二初字第3265号民事判决第四项;

三、确认东莞市莞城典当行对案涉车辆(车牌号码为粤S0×××8、型号为JTHBJ46G872的雷克萨斯汽车)的拍卖、变卖的价款享有优先受偿权;

四、驳回东莞市莞城典当行的其他诉讼请求。

如果未按判决指定的期间履行给付金钱义务,应当依照《中华人民共和国民事诉讼法》第二百五十三条之规定,加倍支付迟延履行期间的债务利息。

本案一审受理费3028元,由东莞市莞城典当行承担401元、由李东生承担2627元;二审受理费1550元,由东莞市莞城典当行承担。

本判决为终审判决。

审 判 长 祁晓娜
代理审判员 殷莉利
代理审判员 田永健
二〇一四年七月十六日
书 记 员 李慧英

【问题提示】(3)在动产质押典当合同中,典当行以委托第三方监管的方式作为当物的交付,该典当合同是否成立生效?

【案例十六】浙江和银典当有限责任公司诉杭州今日包装有限公司等典当纠纷案

(2011年7月20日)

【法律点】典当双方在动产典当质押合同中虽约定当物(质押动产)由第三方监管,但当物始终由当户实际占有使用的,应认定当物未实际交付,则质权未设立。但质权未设立并不影响典当合同的真实有效。

【关键词】直接占有　间接占有　第三方监管　实际交付　质押权未设立　典当合同有效

浙江省杭州市中级人民法院
民事判决书

(2011)浙杭商终字第474号

上诉人(原审原告):浙江和银典当有限责任公司。

法定代表人:郑永兵,董事长。

委托代理人(特别授权代理):瞿国伟、郭立成,浙江海浩律师事务所律师。

被上诉人(原审被告):杭州今日包装有限公司。

法定代表人:俞玉富,董事长。

被上诉人(原审被告):富阳宏兴纸制品厂。

负责人:俞玉富。

被上诉人(原审被告):俞玉富(曾用名俞毓富),住浙江省富阳市灵桥镇。

被上诉人(原审被告):姜妙红,住浙江省富阳市灵桥镇。

上述四被上诉人共同委托代理人(特别授权代理):田庆斌,浙江圣港律师事务所律师。

上诉人浙江和银典当有限责任公司(以下简称和银公司)为与被上诉人杭州今日包装有限公司(以下简称今日公司)、富阳宏兴纸制品厂(以下简称宏兴厂)、俞玉富、姜妙红典当纠纷一案,不服杭州市西湖区人民法院(2010)杭西商初字第1712号民事判决,向本院提起上诉。本院于2011年3月25日立案受理后,依法组成合议庭进行了审理。本案现已审理终结。

原审法院审理查明:2010年2月4日,和银公司分别与宏兴厂、俞玉富、姜妙红签订编号为AC10004B、AC10004C、AC10004D的《最高额保证合同》,约定宏兴厂、俞玉富、姜妙红为和银公司与今日公司之间于2010年2月3日至2011年2月3日已经签订或将要签订的多个主合同提供连带责任保证,本金金额不超过6,000,000元。2010年2月5日,和银公司与今日公司签订编号为AC10004A的《动产典当最高额质押合同》,约定今日公司以型号为QJ-200-11的五层纸板生产流水线为和银公司的债权设立最高额质押担保,针对的主合同为2010年2月3日起至2011年2月3日止双方签署的当票、续当凭证、典当借款合同等,本金金额不超过6,000,000元。2010年3月11日,和银公司与今日公司签订编号为AC1000702的《典当借款合同》,约定今日公司以其合法拥有的机器设备出当,借款数额(当金)1,000,000元,借款期限自2010年3月12日至2010年5月11日,借款月综合费率为2.4%,今日公司须提前向和银公司支付综合费用,并每月支付利息一次,以当金发放日的对应日为付息日。并约定合同记载与当票不一致时,以当票记载为准。合同项下债务担保为上述AC10004A的《动产典当最高额质押合同》的质押担保及宏兴厂、俞玉富、姜妙红提供的AC10004B、AC10004C、AC10004D《最高额保证合同》项下的连带责任担保。合同并约定今日公司逾期还款五天内按每日未还款总额的0.5%计算。同日,今日公司出具收款收据一份,载明和银公司向今日公司发放当金1,000,000元,其中48,000元用于支付该公司应预先支付的综合费用,并承诺和银公司将剩余952,000元资金汇入指定账号后,视同已收到当金。次日,和银公司出具当票一份,基本内容与《典当借款合同》约定的内容一致。2010年2月5日,和银公司与今日公司签订编号为AC1000401的《典当借款合同》,约定今日公司以其合法拥有的机器设备出当,借款数额(当金)5,000,000元,借款期限为两个月。和银公司出具了330701607号当票。到期后,今日公司未还款也未赎当。为该5,000,000元,和银公司于2010年4月6日出具编号为330701607号的当票一份,载明综合费用为 120,000 元,实付金额为 4,880,000 元。今日公司以该 4,880,000 元及交纳现金 120,000 元归还了 2010 年 2 月 5 日合同项下的当金 5,000,000 元。同日今日公司出具收款收据一份,载明和银公司向今日公司发放当金 5,000,000 元,该笔当金全部用于偿还编号为 330701508 当票项下该公司应归还和银公司的当金。双方又于 2010 年 4 月 22 日为该笔典当补签编号为 AC1000903 的《典当借款合同》一份,约定今日公司以其合法拥有的机器设备出当,借款数额(当金)5,000,000 元,借款期限自 2010 年 4 月 6 日至 2010 年 5 月 6 日。其余内容及担保方式均与 AC1000702 的《典当借款合同》相同。为上述两笔典当,今日公司于 2010 年 4 月 6 日出具情况说明一份,载明该公司以五层纸板生产流水线一套向和银公司申请两笔典当借款,分别为编号为 AC1000903 号和 AC1000702 号《典当借款合同》,共借款 6,000,000 元。为本案两笔典当的质押,和银公司、今日公司及浙江言信诚有限公司(以下简称言信诚公司)分别作为质权人、质押人、监管人于 2010 年 2 月 5 日、2010 年 4 月 22 日签订《动产质押监管三方合作协议》各一份,约定今日公司将质押给和银公司的机器设备交付给和银公司,由言信诚公司代表和银公司接收并进行监管,监管期间,今日公司应当按照约定向言信诚公司支付仓储监管等费用,如今日公司未按时支付上述费用,言信诚公司有权在所欠费用范围内行使留置权,收费标准为典当贷款总额的每月 4‰。2010 年 2 月 5 日,言信诚公司作为承租方向出租方今日公司签订租赁合同一份,载明,言信诚公司因履行监管义务需要向今日公司租赁使用仓库(含储罐及露天、罩棚场地等),承租的标的物为今日公司厂区内的所有车间,租赁期限自合同签订之日起至该担保物对应贷款本息还清之日止。租赁费为 100 元。言信诚公司为此支付了租赁费 100 元。两笔典当到期后今日公司未归还当金。

原审法院审理认为:和银公司与今日公司签订的两份典当合同形式与内容均符合法律规定,应认定有效。两份合同约定的当金即借款数额共计 6,000,000 元,但和银公司在实际履行交付当金时已预先扣除了综合费用共计 168,000 元,实际发放金额为 5,832,000 元,故对今日公司关于当金实际为 5,832,000 元的主张,予以确认。当期届满后,今日公司未按约定归还当金办理回赎手续系违约行为,应依照合同约定归还当金及承担逾期费用。但合同约定的逾期费用标准为每日 0.5%,今日公司抗辩认为过高,该抗辩理由成立,酌情降至银行同期贷款利率的四倍,即年利率为 19.44%,计算至 2010 年 9 月 28 日共 454,075.2 元。今日公司提供的质押物为五层纸板生产流水线,双方虽为此签订了《动产典当最高额质押合同》,但动产质押应以财产的交付为质权的生效要件。和银公司、今日公司及言信诚公司作为质权人、质押人、监管人签订过《动产质押监管三方合作协议》各一份，但在实际履行该《动产质押监管三方合作协议》的过程中，仅采取了由言信诚公司向今日公司租赁该公司已有的仓库的形式，质物始终由出质人今日公司占有、使用。故该形式在质权的设定中不具有物权公示效应，依照《中华人民共和国物权法》第二百一十二条的规定，质权不生效。宏兴厂、俞玉富、姜妙红自愿为和银公司与今日公司之间的主合同提供连带责任保证，故应对今日公司上述应承担之债务承担连带保证责任。据此，该院依照《中华人民共和国合同法》第八条、第一百零七条，《中华人民共和国物权法》第二百一十二条，《中华人民共和国担保法》第十八条第一款之规定，于 2011 年 1 月 18 日作出如下判决：一、今日公司偿还和银公司当金 5,832,000 元，逾期费用 454,075.2 元(计算至 2010 年 9 月 28 日，2010 年 9 月 29 日起至判决确定的支付日止的费用按当金 5,832,000 元，年利率 19.44%另计算)。二、宏兴厂、俞玉富、姜妙红对今日公司的上述债务承担连带保证责任。三、驳回和银公司的其他诉讼请求。如未按判决指定的期间履行给付金钱义务，应当按照《中华人民共和国民事诉讼法》第二百二十九条之规定，加倍支付迟延履行期间的债务利息。案件受理费 83,750 元，由和银公司负担 32,761 元，今日公司负担 50,989 元，宏兴厂、俞玉富、姜妙红对今日公司负担部分承担连带责任。今日公司负担部分于判决生效之日起十日内交纳法院。

上诉人和银公司不服原审法院上述民事判决，向本院提起上诉称：1. 原审法院对逾期违约金的认定适用法律错误，使违约成本低于守约成本，应予以纠正。本案中，和银公司与今日公司就逾期违约金有明确约定，即每日未还款总额的 0.5%。和银公司在原审庭审中充分阐明了该逾期违约金的设立已充分考虑到当金每月 2.4%的综合费、逾期利息、实现债权的费用等，具有高度合理性，理应予以尊重并保护。原审法院在今日公司对其逾期违约金过分高于实际损失的主张没有提供任何证据的情况下，即直接认为逾期违约金约定过高，并简单粗暴地下调至同期银行贷款利率四倍的民间借贷利率，这不仅是对法律的错误适用，更是对违约行为的鼓励。典当行是向企业和个人提供质押或抵押贷款的特殊企业，在金融市场起着拾遗补缺的作用，与民间借贷有本质区别。本案的法律关系非常明确，是典当纠纷，并非民间借贷纠纷，适用民间借贷的利率标准没有任何依据，更何况民间借贷利息不超过同期银行贷款利息的四倍，是指借贷人支付的正常利息，也并非逾期违约金。《典当管理办法》第四十条第二款规定，当户于典当期限或者续当期限届满至绝当前赎当的，除须偿还当金本息、综合费用外，还应当根据中国人民银行规定的银行等金融机构逾期贷款罚息水平、典当行制定的费用标准和逾期天数，补交当金利息和有关费用。《浙江省高级人民法院关于审理典当纠纷案件若干问题的指导意见》第七条规定,典当行与当户约定绝当后当户应支付违约金、逾期利息、典当综合费用的,典当行可以选择主张,也可以同时主张。但对于折算后的实际利率过高的,当户可以请求依法调整。因此,即使双方约定的逾期违约金高于造成的损失,需结合案件实际予以适当调低,也应当以高于正常履行合同的费用为最低尺度。根据上述规定,降低后的逾期违约金至少应当包括正常履行合同应付出的综合费每月2.4%,以及中国人民银行规定的贷款罚息即贷款利率每年4.86%上浮50%。原审法院的判决导致违约方的违约成本却小于守约成本,除了损害了和银公司的合法权益外,更起了鼓励不守信、不守约行为的破坏性作用,必须及时纠正。2. 原审法院机械理解质权设立的条件,否定本案业已设立的质权。根据物权法和担保法的规定,标的物的占有转移是质权设立的条件。占有是指占有人对物的事实上的控制与支配,以占有人是否直接占有标的物为标准,占有可以分为直接占有和间接占有。直接对标的物为事实上的管领力者,为直接占有;自己不对标的物加以直接占有,而是对直接占有该标的物的人有返还请求权,因而间接对该物有事实上的管领力者,形成间接的管理和控制,为间接占有。在本案中和银公司对机器设备的占有就是间接占有。由于在生产现场有和银公司委托的监管人,监管人所从事的监管或保管活动均按照和银公司的指令执行,和银公司不对机器设备进行直接占有,而是通过第三方,间接对机器设备有事实上的管领力,这样一来,整个生产过程和状态都可以在和银公司的掌控之下。因此,自监管人获得仓库承租权之时起,质物已经从法律上完成了占有的转移,质权设立。至于今日公司仍在使用机器设备,并不妨碍和银公司对机器设备事实上的管领力,反而有效地利用了生产要素,这也是第三方监管质押近年来深受各大金融机构和借款人欢迎的原因。案件审理过程中,和银公司增加上诉理由称:原审法院确认借款本金为5,832,000元,该认定错误。和银公司实际支付的借款本金是6,000,000元,当金支付以后扣除的168,000元是综合费用,该费用应由今日公司当场支付。事实上是和银公司交付了6,000,000元当金后,今日公司再于当天支付了168,000元综合费用。综上,原审法院适用法律错误,有违公平原则,请求二审法院依法撤销原判,改判和银公司承担合同约定的逾期利息并确认质权生效,本案一、二审诉讼费均由今日公司承担。

被上诉人今日公司、宏兴厂、俞玉富、姜妙红辩称:合同约定的逾期费用标准为每日0.5%,原审法院酌情将其调至银行同期贷款利率的四倍,符合法律规定,并非和银公司所主张的“过低”。和银公司作为出质人,并未实际控制质物,质物实际由今日公司控制,故该质权不具有公示效力。和银公司实际支付的当金是5,832,000元,故原审法院的处理正确。

双方当事人二审期间均未向本院提供任何证据。

本院经审理,除将原审法院认定的事实"和银典当公司出具了330701607号当票。到期后,今日包装公司未还款也未赎当"。纠正为"和银公司出具了330701508号当票。到期后,今日公司未还款也未赎当"。另外,查明的其他事实与原审法院的认定一致。

本案争议焦点在于:1. 和银公司交付的当金是6,000,000元还是5,832,000元。2. 原审法院将逾期费用计算标准由约定的每日0.5%调整为按照银行同期贷款利率的四倍即年利率19.44%是否适当。3. 所涉动产质权是否设立。

本院认为:和银公司与今日公司之间于2010年3月11日、2010年4月22日签订的两份《典当借款合同》系双方当事人真实意思表示,内容不违反法律、行政法规的强制性规定,依法应确认为有效。

关于和银公司交付的当金是6,000,000元还是5,832,000元问题。和银公司在交付1,000,000元当金时预扣了两个月的综合费共计48,000元,在交付5,000,000元当金时预扣了一个月的综合费120,000元,因当金交付时综合费尚未产生,故和银公司所扣实为当金,本案所涉当金总额应按照实际交付金额认定为5,832,000元。原审法院对和银公司发放当金总额的认定正确,不过,其对双方当事人在《典当借款合同》中所约定的综合费问题未作出相应处理不当。和银公司、今日公司之间所签订的上述两份《典当借款合同》第三条中均约定,借款月综合费率为2.4%,今日公司原审中未抗辩该费率过高,故今日公司就上述两份《典当借款合同》应依约向和银公司分别支付综合费45,696元、117,120元,合计162,816元。

关于逾期费用的计算标准问题。两份《典当借款合同》中均约定逾期费用按每日未还款总额的0.5%计算,今日公司抗辩该计算标准过高,原审法院酌情确定逾期费用按银行同期贷款利率的四倍即年利率19.44%计算,该处理系原审法院行使自由裁量权,未有明显不当,本院不再作调整。

关于所涉动产质权是否设立问题。《中华人民共和国物权法》第二百一十二条规定:"质权自出质人交付质押财产时设立。"据此,动产质权的设立以交付为要件。交付则意味占有和实际控制的转移。本案中,虽然和银公司、今日公司与案外人言信诚公司之间签订了《动产质押监管三方合作协议》,但双方当事人均认可质押财产即型号为QJ-200-11的五层纸板生产流水线一直是由今日公司在占有、使用。故今日公司并未有实际的交付行为,本案所涉动产质权未设立。原审法院就此所作的认定正确。

综上,原审法院认定事实基本清楚,但部分实体处理不当。依照《中华人民共和国民事诉讼法》第一百五十三条第一款第二项之规定,判决如下:

一、维持杭州市西湖区人民法院(2010)杭西商初字第1712号民事判决第一项,即杭州今日包装有限公司向浙江和银典当有限责任公司归还当金5,832,000元、支付逾期费用454,075.2元(计算至2010年9月28日,2010年9月29日起至判决确定的支付日止的费用按当金5,832,000元、年利率19.44%另计算)。

二、撤销杭州市西湖区人民法院(2010)杭西商初字第1712号民事判决第二项、第三项。

三、杭州今日包装有限公司向浙江和银典当有限责任公司支付综合费162,816元。

四、富阳宏兴纸制品厂、俞玉富、姜妙红对杭州今日包装有限公司的上述债务承担连带责任。富阳宏兴纸制品厂、俞玉富、姜妙红实际承担偿还责任后,有权向杭州今日包装有限公司追偿。

五、驳回浙江和银典当有限责任公司的其他诉讼请求。

一审案件受理费83,750元,由浙江和银典当有限责任公司负担26,808元,由杭州今日包装有限公司、富阳宏兴纸制品厂、俞玉富、姜妙红负担56,942元。二审案件受理费39,111元,由浙江和银典当有限责任公司负担35,555元,由杭州今日包装有限公司、富阳宏兴纸制品厂、俞玉富、姜妙红负担3556元。

如未按本判决指定的期间履行给付金钱义务,应当按照《中华人民共和国民事诉讼法》第二百二十九条之规定,加倍支付迟延履行期间的债务利息。

本判决为终审判决。

审 判 长　魏虹霞
审 判 员　祖　辉
审 判 员　施迎华
二〇一一年七月二十日
书 记 员　林叶红

【案例十七】北京国际信托有限公司诉北京中海典当有限公司等执行异议之诉（2016年2月26日）

【法律点】 1. 质权的生效，必须以质押财产的交付为必要条件，而不能认为质权合同生效后就必须发生质权的生效。要发生质权设定的效果，必须进行质权的公示即交付，交付的形式并不限于向质权人的现实交付，质权人也有权委托第三方对质押物进行监管。有证据表明第三方已实际占有并监管质押物的，应认定质权已依法设立。

2.《典当管理办法》并非认定合同无效的直接法律依据，典当行在放贷过程中是否存在违规行为不影响典当合同的效力。

【关键词】 质押权　优先受偿权　最高额质押　共管协议　当物监管协议

北京市第一中级人民法院
民事判决书

(2016)京01民终822号

上诉人(原审原告)：北京国际信托有限公司。住所地，北京市××区××路。

法定代表人：李民吉，董事长。

委托代理人：郭良忠，北京市华贸硅谷律师事务所律师。

委托代理人：王丽丽，北京市华贸硅谷律师事务所律师。

被上诉人(原审被告)：北京中海典当有限公司。住所地，北京市××区中×××街。

法定代表人：张琦，董事长。

委托代理人：马成楠，北京中海典当有限公司法务人员。

委托代理人：孙鸿刚，北京中海典当有限公司法务人员。

被上诉人(原审被告)：北京海福鑫商贸有限公司。住所地，北京市××区×××路。

法定代表人：徐福生，执行董事。

委托代理人:王伟,北京市中咨律师事务所律师。

委托代理人:李莉,北京市中咨律师事务所律师。

被上诉人(原审被告):徐福生。

委托代理人:王伟,北京市中咨律师事务所律师。

委托代理人:李莉,北京市中咨律师事务所律师。

上诉人北京国际信托有限公司(以下简称国际信托公司)因与被上诉人北京中海典当有限公司(以下简称中海典当公司)、被上诉人北京海福鑫商贸有限公司(以下简称海福鑫公司)及被上诉人徐福生执行异议之诉一案,不服北京市海淀区人民法院(2015)海民(商)初字第7381号民事判决,向本院提起上诉。本院于2016年1月13日受理后,依法组成由法官甄洁莹担任审判长,法官王晴、法官孙鑫参加的合议庭,审理了本案。本案现已审理终结。

国际信托公司在一审中起诉称:2014年4月11日,国际信托公司向海福鑫公司发放5000万元信托贷款。海福鑫公司以位于北京市海淀区香山鲍家窑30号仓库(以下简称鲍家窑30号仓库)中的货物提供质押担保并签署了质押合同。国际信托公司、海福鑫公司、信托贷款委托人钟杨对上述货物签署了共管协议,并与信托贷款合同共同办理了强制执行公证。信托贷款委托人钟杨与鲍家窑30号仓库房主孙雪峰签署仓库租赁合同(租20140411号),国际信托公司与海福鑫公司共同对鲍家窑30号仓库中货物进行了盘点,并办理了保全证据公证书。至此,海福鑫公司将上述仓库货物交付至信托贷款委托人钟杨租赁的仓库中,质押完成。此后,国际信托公司专门派人定期对鲍家窑30号仓库货物进行巡查。2014年10月,海福鑫公司未能按期还款,信托贷款提前到期。2014年10月21日,北京市公明公证处作出(2014)京公明证执字第6号执行证书,确认国际信托公司对海福鑫公司执行标的为欠款本金5000万元及利息、罚息等。2014年10月22日,国际信托公司持公证书、执行证书等向北京市海淀区人民法院(以下简称海淀法院)申请强制执行。2014年10月24日,海淀法院依法查封了鲍家窑30号仓库中的货物。但是,国际信托公司发现中海典当公司也向海淀法院申请了以海福鑫公司为被执行人的强制执行案,在未有法院监督的情况下,中海典当公司拉走了鲍家窑30号东侧库房中的货物。国际信托公司遂向海淀法院执行局提出了执行异议,要求中止中海典当公司对鲍家窑30号仓库中货物的执行。经海淀法院执行局听证查明以及中海典当公司提交的证据显示:1. 2013年8月26日中海典当公司作为质押权人与海福鑫公司作为质押人签署KCZY—2013年012号最高额库存货物质押借款合同,合同约定借款额度为500万元;合同签订五个工作日内到相关登记部门申请办理质押登记,申领登记凭证;绝当后中海典当公司有权直接委托拍卖机关将上述货物公开拍卖。2. 2013 年 8 月 26 日,中海典当公司、海福鑫公司及北京中鸿融通科技发展有限公司(以下简称中鸿融通公司)签署 KCZY—2013 年 012 号当物监管协议。协议约定:质押物存放地点在北京市海淀区香山红门村 40 号仓库;中鸿融通公司是监管方。3. 2013 年 9 月 16 日当票显示,中海典当公司向海福鑫公司付款的时间应是 2013 年 9 月 10 日,实付金额为 476 万元。4. 2013 年 11 月 28 日中海典当公司、海福鑫公司、中鸿融通公司签署当物监管协议补充条款,对 KCZY—2013 年 012 号当物监管协议作出修改,将库存商品存放地点由北京市海淀区香山红门村 40 号仓库变更为鲍家窑 30 号仓库,同时将相应当物进行调整。附件质押物清单显示质押人为海福鑫公司、质押物金为 20, 235, 222. 62 元。5. 2013 年 11 月 28 日,海福鑫公司与中鸿融通公司签署仓库租赁协议,海福鑫公司将鲍家窑 × 号仓库出租给中鸿融通公司,租金由海福鑫公司承担。6. 2013 年 12 月 9 日至 2014 年 9 月 4 日经六次续当,中海典当公司、海福鑫公司、中鸿融通公司签署当物处置协议,约定如果海福鑫公司未能归还借款,中海典当公司有权委托中鸿融通公司对当物进行折价出售。7. 2014 年 10 月 17 日,中海典当公司持(2013)京中信内经证字第 39268 号公证书、(2013)京中信内经证字第 39269 号公证书及(2014)京中信执字第 00856 号执行证书到海淀法院申请强制执行。2014 年 10 月 20 日,海淀法院裁定查封海福鑫公司及北京玖乐坊商贸有限公司(以下简称玖乐坊公司)的货物。2014 年 12 月 19 日海淀法院作出(2014)海执异字第 162 号执行裁定书,裁定认为:国际信托公司主张的对鲍家窑 30 号仓库的货物享有动产质押权的问题系实体权利确认的范畴,不属于执行异议程序处理范围,应另行通过诉讼程序予以确认,遂驳回了国际信托公司的执行异议申请。

国际信托公司认为中海典当公司、海福鑫公司对鲍家窑 30 号仓库(东侧库房)货物设立的质押权(典当)不成立,因为:1. 在发放贷款当时未交付质押物,中海典当公司属违规发放信用贷款;2. 之后,在设立质押物清单时,质押物未变更存放地点,事实上仍在海福鑫公司租赁的仓库中,应属于未交付,质押不成立;3. 中海典当公司将 1000 万元贷款化整为零,分为两个 500 万元分别贷给玖乐坊公司和海福鑫公司系规避"典当行对同一法人或自然人的典当余额不超过注册资本的 25%"的规定;4. 中海典当公司主张当物已归其所有违反最高额库存货物质押借款合同第十二条、《典当管理办法》第四十三条、《中华人民共和国物权法》第二百一十一条、第二百一十九条的规定,应当将上述货物在法院的组织下拍卖处理。据此,中海典当公司、海福鑫公司设立的质押(典当)以及货物归中海典当公司所有的主张是不成立的,也是违法无效的。

故国际信托公司诉至法院，请求依法判令：1. 确认中海典当公司、海福鑫公司对位于北京市海淀区香山鲍家窑 30 号仓库（东侧库房）货物设立的质押权不成立，中海典当公司对上述货物不享有优先受偿权；2. 确认国际信托公司对上述货物享有质押权；3. 中海典当公司、海福鑫公司、徐福生承担本案诉讼费用。

中海典当公司在一审中答辩称：中海典当公司不认可国际信托公司的诉讼请求。1. 典当关系成立，而且中海典当公司也实际控制了典当的物品，中海典当公司对于典当质押物品一直进行监管（鲍家窑 30 号仓库）；2. 国际信托公司所称的动产质押并没有实际控制相关动产，所以，中海典当公司认为国际信托公司的质押是有问题的；3. 国际信托公司的动产质押设立在中海典当公司设立典当之后。

海福鑫公司、徐福生在一审中均答辩称服从法院判决。

一审法院审理查明：国际信托公司（甲方）与海福鑫公司（乙方）于 2014 年 4 月 10 日签订信托贷款合同，合同约定：甲方向乙方提供不超过人民币 6000 万元的信托贷款（以信托实际募集的信托资金金额为准），供乙方用于满足流动资金需求，支付酒品采购的货款等；贷款期限为 12 个月，自信托生效日（指北京信托．星火财富 2014002 号单一资金信托生效之日）起计算；本合同中记载的贷款金额、期限起止日期、提款日以借款凭证记载为准；实际提款的日期与本合同约定不一致时，贷款期限仍按信托生效日开始计算；贷款利率为固定利率，年利率为 14%；乙方应于每次提款日当日向甲方支付贷款预收利息；乙方未能在到期日按照本合同约定的币种和方式支付任何本合同规定应由其支付的任何到期款项的，甲方可单方面宣布本合同项下贷款立即提前到期，提前收回部分或全部已发放的贷款，所欠利息结清，并通过各种形式向乙方立即追索；甲方指定第三方机构对共管协议项下共管酒品进行清算，用共管酒品折价抵偿乙方在本合同项下负有的债务，共管酒品的清算价值以酒品采购价格的 30% 计算；信托项下的委托人与乙方签订共管协议，双方共管采购成本为 1.84 亿元的酒品存货，如乙方不按期足额偿付本合同项下的贷款本息及其他款项，乙方将无条件同意甲方对共管酒品进行清算，用以折价抵偿乙方的应付未付款项；乙方应当在贷款到期日一次性归还全部贷款本金。同日，国际信托公司与海福鑫公司向北京市公明公证处申请对前述信托贷款合同出具公证书，并赋予强制执行力。2014 年 4 月 11 日，北京市公明公证处出具了公证书并赋予信托贷款合同生效及债权债务形成之日起，具有强制执行效力。2014 年 4 月 10 日，海福鑫公司（乙方）与钟杨（甲方）签订共管协议并附有共管酒品明细表，约定：甲方拟作为委托人将其资金交付给国际信托公司设立“北京信托．星火财富 2014002 号单一资金信托”，指定国际信托公司将信托资金用于向乙方发放信托贷款;国际信托公司和乙方签署了信托贷款合同,乙方对国际信托公司负有偿付信托贷款本息及其他应付款项的义务;若乙方未按贷款合同约定按期、足额履行偿付义务,乙方以其合法持有的采购价格合计不低于1.84亿元的酒品存货折价抵偿其在贷款合同项下向国际信托公司负有的债务,甲、乙双方同意对上述采购价格合计不低于1.84亿元的酒品存货进行共管;共管期限自本协议签订之日起至贷款合同项下所有债务清偿完毕之日止;甲方作为承租人、仓库的所有权人作为出租方、乙方作为付款方共同签署共管酒品所在仓库的租赁协议,租金由乙方承担,甲方无须向乙方支付租金补偿款;在仓库设立隔离区,对共管酒品进行单独管理,由甲方与乙方共同加盖共管印章的封务封存,并加装锁具,封条印章及锁具钥匙由国际信托公司根据甲方指示委派专人(国际信托公司外派人员)保管;信托贷款发放前,由甲方、乙方、国际信托公司外派人员对共管酒品批号进行盘点,并进行开箱抽查,整个盘点过程进行公证,甲方确认盘点方法并认可盘点结果,国际信托公司不对共管酒品存货的真伪、价值等情况承担责任;国际信托公司外派人员按照甲方指令对乙方的公章、合同章进行监管,未经甲方同意,乙方不得对共管酒品进行质押、承诺质押、销售或有任何处分共管酒品的行为,否则,乙方构成贷款合同项下违约,国际信托公司有权要求乙方立即归还信托贷款本息或追究其违约责任;若乙方未能按照贷款合同约定向国际信托公司偿付任何债务或发生其他任何违约情形,甲、乙双方无条件同意由国际信托公司指定的第三方机构对共管酒品进行清算,用共管酒品折价抵偿乙方在贷款合同项下向国际信托公司负有的债务,共管酒品的清算价值以酒品采购价格的30%计算。清算完成后,共管酒品由国际信托公司所有并有权处分;甲、乙双方无条件同意共管酒品以清算价值计算抵偿乙方在贷款合同项下向国际信托公司负有的债务金额,不足以抵偿全部债务金额的,则对于剩余债务,乙方仍应向国际信托公司清偿;如乙方不履行或不完全履行本协议项下的义务,甲方有权向乙方发出履行划付义务通知书,如乙方在收到履行划付义务通知书的三个工作日内仍不履行义务时,则甲方可直接向北京市公明公证处申请强制执行证书,向有管辖权的人民法院申请强制执行,而无须经过诉讼程序。同日,钟杨与海福鑫公司向北京市公明公证处申请对前述共管协议出具公证书,并赋予强制执行力。2014年4月11日,北京市公明公证处出具了公证书并赋予共管协议生效及债权债务形成之日起,具有强制执行效力。2014年4月10日,海福鑫公司(申请人)与钟杨(申请人)向北京市公明公证处申请对申请人双方共同清点三处仓库共计七间库房中存放的酒类数量的情况进行现场监督并对清点结果进行保全证据。2014年4月11日,北京市公明公证处出具了公证书。公证书中载明:2014年4月10日,北京市公明公证处派员对北京市香山鲍家窑30号院内三间库房、北京市香山鲍家窑27号院内两间库房和北京市西五环香泉环岛旁北京市碧华汽车附件有限公司院内两间库房的酒类清点进行了现场监督,并进行了现场记录,清点结束后,上述库房均当场加两把锁锁上,两把钥匙分别由海福鑫公司清点人员任晓忠、赵艳清收存。现场记录中载明存放于北京市香山鲍家窑30号院内库房中的酒类品种有枝江酒、长城葡萄酒和红星酒。2014年4月10日,国际信托公司(乙方)、海福鑫公司(甲方)与钟杨(丙方)签订质押合同并附有质押酒品明细表,约定:为担保甲方在信托贷款合同(主合同)项下全部义务的履行,甲方以其合法持有采购价格不低于1.84亿元的酒品存货为质物向乙方提供质押,乙方经审查,同意接受甲方抵押;本合同担保的主债权本金数额为6000万元,最终金额应依据主合同的约定计算;质押期限自质权设立之日起至被担保的债权诉讼时效届满之日后两年止;甲方出质的质物为其合法持有采购价格不低于1.84亿元的酒品存货;质押期间,因质物所产生的全部收益,包括但不限于甲方将质物出售所取得的价款等均属于质物的范围;质押担保范围包括主债权本金及利息、逾期利息、复利、违约金、损害赔偿金、质物保管费用和实现债权和质权的费用;本合同签订后十个工作日内,甲方应将质物运送至丙方作为承租方租赁的仓库,将质物交由乙方根据甲方的指示委派专人(乙方外派人员)保管;质权自质物及封条印章及锁具钥匙交由乙方外派人员保管时设立;擅自转让质物的,转让行为无效;质物质押后,质物的管理事宜由甲方、丙方另行签署共管协议进行约定;质物质押后,甲方不得在质物上再设定任何形式的担保;债务人未根据主合同的约定履行到期债务,乙方和甲方确认届时乙方有权选择采取质物折价、拍卖或变卖的方式实现质权;如第三人对质物提出权利主张,或对质物的处分提出异议,则一切后果和责任由甲方承担。2014年4月10日,孙雪峰(甲方、出租方)与钟杨(乙方、承租方)、海福鑫公司(丙方、付款方)签订仓库租赁合同。合同约定:甲方将其合法持有的位于北京市香山鲍家窑30号院内的仓库租赁给乙方使用,甲方提供两间办公室给乙方使用,甲方知悉并同意乙方将仓库提供给丙方用于存放货物;租赁期限为三年,即从2012年8月25日起至2015年9月10日止;租金按每年95.6万元计收,租赁期限内租金不变;从租期的第二年开始,租金每三个月支付一次;本合同项下所有应付款项均由甲方直接要求丙方支付。2014年4月11日,国际信托公司通过银行汇款方式实际支付贷款5000万元。北京市公明公证处依据国际信托公司的申请,针对信托贷款合同项下所欠款项(本金5000万元及其利息、罚息)于2014年10月21日出具了执行证书。国际信托公司依据上述公证文书向该院申请强制执行,该院于2014年10月24日出具了(2014)海执字第2907号强制执行裁定书,裁定查封海福鑫公司位于北京市香山鲍家窑27号、30~36号仓库,并由国际信托公司保管。

2013年8月26日,海福鑫公司(借款人、质押人、乙方)与中海典当公司(贷款人、质押权人、甲方)签订最高额库存货物质押借款合同并附质押品清单,约定:乙方愿以其享有合法所有权和处分权的库存货物作为当物质押给甲方,作为借款的担保,并支付合同约定的利息和相关费用,甲方同意向其发放当金;质押库存货物担保范围为本合同项下全部借款本金(当金)、利息、综合费、违约金(逾期违约费)、损害赔偿金和处分质押库存货物的费用以及可能产生的甲方贷垫费用和其他费用;担保期限自本合同签订之日起至本合同项下全部借款(包括所有依据本合同开具的当票、续当凭证等)到期后两年;借款额度为500万元,自本合同签订之日起18个月内(2013年8月至2015年2月),乙方有权在任何合理时间向甲方申请使用当金;本合同约定的事项在续当期间继续有效,且续当期间不需重新办理质押登记,依据本合同办理的质押登记继续有效;月利率为0.4%,月综合费率为1.6%;质押期间,乙方应为质押库存货物购买保险,保险费由乙方承担,保险单交由甲方保管,质押期间,甲方为保险赔偿的第一受益人;质押期间,乙方应将质押库存货物交付甲方占管,甲方有权委托第三方对该库存货物进行监管;质押期间,未经甲方书面同意,乙方不得将质押库存货物转让、变卖、抵偿债务、再次质押或以其他交易方式处置;乙方保证对质押库存货物享有合法的所有权、处分权,甲、乙双方在签署本合同和当票时,质押库存货物上不存在任何本合同未披露的第三人质押、借用、托管、查封、扣压、诉讼等,也不存在任何形式的权属争议或其他权利瑕疵;乙方及质押物共有人愿以其质押物(库存货物全部权益)作为偿还本合同借贷款项下的借款本金及其他相关费用的担保;典当期限或续当期限届满后五日内,乙方逾期不赎当也不续当的,为绝当,甲方有权行使质押权,处分质押库存货物并就所得优先受偿;双方同意对本合同办理赋予强制执行效力的公证,乙方承诺当乙方不能履行本合同项下的部分或全部赎当义务时(含典当和续当,具体金额及期限以当票或续当凭证为准),甲方可直接向有管辖权的人民法院申请强制执行当物,乙方自愿接受人民法院的强制执行。同日,中海典当公司与海福鑫公司向北京市中信公证处申请对前述最高额库存货物质押借款合同出具公证书,并赋予强制执行力。2013年12月30日,北京市中信公证处出具了公证书并赋予最高额库存货物质押借款合同具有强制执行效力。2013年8月26日,海福鑫公司(乙方)与中海典当公司(甲方)、中鸿融通公司(丙方)签订编号为KCZY-2013年012号当物监管协议并附有库存监管实施方案。协议约定:甲方与乙方于2013年8月26日签订了最高额库存货物质押借款合同,乙方向甲方申请典当贷款500万元,为保障甲方权益,乙方自愿将存放于北京市海淀区香山红门村40号仓库的库存商品作为当物质押给甲方,甲方授权丙方对乙方提供质押的当物进行监管,丙方同意接受甲方授权;三方均同意由丙方对乙方提供的当物进行监管,如当物余额低于监管最低限额(1000万元)时,丙方有权停止乙方当物出库,并要求乙方限期补足质押库存商品;在乙方未按约还款时或当物价值余额低于监管最低限额且乙方未按丙方要求补足当物时,甲方可授权丙方对乙方当物按本协议约定或法律程序进行变卖或拍卖,所得价款应优先向甲方清偿贷款本金及利息、违约金和实现质押权的费用;乙方保证质押当物为合法渠道购入的商品,且不存在任何权属争议,质押当物在向甲方提供质押时不存在任何抵/质押情况,除甲方认可的第三方不得将该质押当物在合同履行期间再抵/质押给他人,否则甲方有权提前收回债权;乙方的质押当物进入丙方指定的库区进行管理,质押当物保管及出入库监管办法参照附件当物监管实施方案,当物监管实施方案作为本协议的附件与本协议具有同等的法律效力;乙方按月向丙方支付监管费2.5万元。庭审中,中海典当公司提供了2013年12月至2014年7月的实物周检报告。2013年9月1日,海福鑫公司(投保人、被保险人)针对坐落于北京市海淀区香山红门村40号(五库二区)的流动资产(存货)向中国人民保险股份有限公司投保了保险金额为2000万元、保险期间为2013年9月1日起至2014年8月31日止、第一受益人为中海典当公司的财产保险。上述协议签订后,中海典当公司向海福鑫公司开具了当票,该当票载明以下内容:典当行:中海典当公司;当户:海福鑫公司;当物名称:库存商品;典当金额:500万元;综合费用:24万元;实付金额:476万元;典当期限:由2013年9月10日起至2013年12月8日止。海福鑫公司在当票上盖章予以确认。典当到期后,海福鑫公司又连续续当至2014年9月4日。2013年11月28日,中海典当公司(质押权人、甲方)、海福鑫公司(质押人、乙方)与中鸿融通公司(丙方)签订当物监管协议补充条款,约定:对编号为KCZY-2013年011、012号当物监管协议中的第一条关于“库存商品存放地点”进行调整,将原协议北京市海淀区香山红门村40号变更为北京市海淀区鲍家窑30号,同时将相应当物进行调整,详见附件质押物清单(清单中列明质押物种类为枝江酒,共计270,394瓶,金额共计20,235,222.62元)。2013年11月28日,海福鑫公司(甲方)与中鸿融通公司(乙方)签订仓库租赁协议,约定:甲方将位于北京市海淀区香山鲍家窑30号出租给乙方使用;租赁期限为两年,自2013年11月28日至2015年11月27日;本协议所列乙方应付给甲方的费用均由海福鑫公司代乙方支付。2014年10月21日,孙雪峰收取了中鸿融通公司交付的2014年6月至10月的房租8万元,并出具了收款收据。2014 年 1 月,玖乐坊公司、海福鑫公司向中海典当公司出具不可撤销以物抵债承诺书,承诺:如不能按期归还中海典当公司的 500 万元典当借款,愿以质押物抵债。2014 年 8 月 30 日,中海典当公司(甲方)、海福鑫公司(乙方)和中鸿融通公司(丙方)签订当物处置协议。协议约定:乙方发生典当合同约定的绝当或甲方提前收回债权情形之一的,乙方应无条件地同意并配合甲方、丙方对质押物进行变现处置,处置方式为乙方应在上述约定情形发生后两个月内实现当物变现并归还借款,如未能归还借款,甲方有权委托丙方对当物进行折价,折价标准为乙方提供的当物出售价格(该出售价格为乙方最近向客户出售价格的平均值)的 50%。北京市中信公证处依据中海典当公司的申请,针对最高额库存货物质押借款合同项下所欠款项(本金 500 万元及其利息、综合费用等)于 2014 年 10 月 17 日出具了执行证书。中海典当公司依据上述公证文书向该院申请强制执行,该院在强制执行过程中查封了位于北京市海淀区香山鲍家窑 30 号仓库东侧库房中的货物。后国际信托公司就此提出书面异议,该院于 2014 年 12 月 19 日作出(2014)海执异字第 162 号执行裁定书,裁定驳回国际信托公司对本案执行标的提出的执行异议申请。

另查,2012 年 8 月 25 日,孙雪峰(甲方、出租方)与海福鑫公司(乙方、承租方)签订库房租赁协议,约定:甲方将其合法拥有的坐落在北京市鲍家窑 30 号院内的库房,租赁给乙方使用,甲方租赁给乙方使用的该库房建筑面积共 3720 平方米,并提供两间办公室给乙方使用;租赁期为三年,自 2012 年 8 月 25 日起至 2015 年 9 月 10 日止;乙方租赁该库房每年租金共计 95 万元,另办公室两间每年租金为 6000 元,租赁期间租金不变;因乙方经营库房调整不能全部使用租赁面积时,乙方可以将库房退给甲方或将承租的库房转租给第三方;若在乙方租赁期内因乙方库房调整不使用时,乙方可以转租至本合同期满。2014 年 12 月 16 日,孙雪峰出具书面情况说明称其将北京市海淀区鲍家窑 30 号院仓库自 2012 年 8 月 25 日至 2015 年 9 月 10 日出租给海福鑫公司并签订了库房租赁协议。2013 年 11 月海福鑫公司将东侧三间仓库(进门左手的三间)约 1000 平方米转租给中鸿融通公司使用并签订了租赁协议,且告知其本人。2013 年 11 月 28 日起,中鸿融通公司派人常驻仓库,定期核查。上述仓库租金由中鸿融通公司缴纳,并已交至 2014 年 12 月。北京市海淀区鲍家窑 30 号院东侧三间仓库(进门左手的三间)从没有与其他任何机构签署任何形式的仓库租赁合同,也没有额外收取过其他机构、个人支付的租金。其本人不认识钟杨,也不知道国际信托公司委托个人承租库房的事情。

另查,钟杨(委托人)与国际信托公司(受托人)签订编号为(2014)北京信托资金信托字第 012 号北京信托．星火财富 2014002 号单一资金信托合同。约定：委托人将其资金交付给受托人，受托人将信托资金用于向海福鑫公司发放信托货款，海福鑫公司将信托贷款用于支付酒品采购的货款。

上述事实，有国际信托公司、中海典当公司分别提交的信托贷款合同及公证书、共管协议及公证书、保全证据公证书、质押合同、仓库租赁合同、执行公证书、(2014)海执字第 2907 号强制执行裁定书、最高额存货质押借款合同、当物监管协议、当票及续当凭证、当物监管协议补充条款、仓库租赁协议、当物处理协议、(2014)海执异字第 162 号裁定书、北京．信托星火财富 2014002 号单一资金信托合同、借款凭证和信汇凭证、保全证据公证时拍照录像光盘、证人证言、谈话笔录、财产保险单、日常监管记录、不可撤销债承诺书、孙雪峰出具的情况说明、出库单、酒类流通随附单、库存监管实施方案等证据及一审法院开庭笔录在案佐证。

一审法院判决认定：海福鑫公司与中海典当公司签订最高额库存货物质押借款合同的同时，双方又与中鸿融通公司签订了当物监管协议，并由海福鑫公司针对质押物投保了财产保险之后，中海典当公司按约发放了借款。之后，中海典当公司、海福鑫公司与中鸿融通公司又签订了当物监管协议补充条款，变更了库存商品存放地点并将相应当物进行调整，并以清单方式列明了质押物。同时中鸿融通公司又与海福鑫公司签订了租赁协议，租赁了用于存放质押物的仓库，且除向出租人交纳了租金之外，还实际派人以定期巡查的方式对质押物进行了监管。海福鑫公司亦出具了不可撤销以物抵债承诺书。从以上事实可以看出，中海典当公司在向海福鑫公司借款过程中，订约及履约行为均手续完备，亦合法有效。国际信托公司请求判令确认中海典当公司与海福鑫公司对位于北京市海淀区香山鲍家窑 30 号仓库（东侧库房）货物设立的质押权不成立，中海典当公司对上述货物不享有优先受偿权的诉讼请求，于法无据，该院不予支持。自 2013 年 11 月 28 日起，海福鑫公司已将存放质押物的位于北京市海淀区香山鲍家窑 30 号（东侧库房）出租给中鸿融通公司，因此，中海典当公司对存放于北京市海淀区香山鲍家窑 30 号（东侧库房）内的质押物所享有的质权于 2013 年 11 月 28 日已依法设立。国际信托公司请求判令确认其对上述货物享有质押权的诉讼请求，亦于法无据，该院亦不予支持。综上所述，该院依照《中华人民共和国物权法》第二百一十二条之规定，判决：驳回国际信托公司的全部诉讼请求。

国际信托公司不服一审法院上述民事判决，向本院提起上诉。其主要上诉理由是：1. 中海典当公司与海福鑫公司之间签订的最高额库存货物质押借款合同及典当行为因违反法律而无效，其设立的质权亦无效。(1) 中海典当公司将 1000 万元贷款分为两个500万元分别发放给海福鑫公司和玖乐坊公司,系规避《典当管理办法》第四十四条第二款"典当行对同一法人或自然人的典当余额不得超过注册资本的25%"的规定,中海典当公司注册资本为2000万元,若仅向一家公司贷款1000万元,则违反了上述规定,所以,中海典当公司以化整为零的方式发放贷款,实为故意规避上述禁止性规定。(2)中海典当公司于2013年9月在未见质押物的情况下便发放贷款,属于违法发放信用贷款,违反了《典当管理办法》第二十六条第四款的规定。(3)根据当票显示,中海典当公司具有预先扣除相关费用的行为,当金500万元,实际发放贷款476万元,其行为违反了《中华人民共和国合同法》第二百条及《典当管理办法》第三十七条的规定,属违法行为。(4)续当行为不具有连续性,不符合质押借款合同第11.3条和《典当管理办法》第三十九条、第四十条的规定,其行为违反《典当管理办法》第三十六条规定的典当期限最长不得超过六个月的禁止性规定。基于上述理由,根据《中华人民共和国民法通则》第五十八条、《中华人民共和国合同法》第五十二条的规定,中海典当公司作为专业金融机构,其典当行为违反了法律法规及行业管理的强制性、禁止性规定,其签订的质押借款合同及所实施的典当行为均为无效,作为从合同的担保(质押)亦应无效,其质权未依法有效设立。2. 国际信托公司在对质押货物进行清点时没有受到任何阻拦,故应当认定中海典当公司没有有效占有质押货物,其质权不成立。3. 国际信托公司的质权成立,应依法享有优先受偿权。(1)国际信托公司与海福鑫公司签订的质押合同、仓库租赁合同及共管协议等系列协议均合法有效。(2)北京市公明公证处会同国际信托公司、海福鑫公司等人员共同对位于鲍家窑30号仓库内的酒品进行盘点加装锁具等行为进行保全公证,且在此后驻派相关人员负责对上述酒品实际监管,国际信托公司已实际占有控制质押物,质权依法成立,应享有优先受偿权。据此,请求撤销一审判决,依法改判确认中海典当公司和海福鑫公司对位于北京市海淀区香山鲍家窑30号仓库(东侧库房)货物设立的质权不成立,中海典当公司对上述货物不享有优先受偿权,确认国际信托公司对上述货物享有质权,诉讼费由中海典当公司、海福鑫公司和徐福生承担。

中海典当公司服从一审法院上述民事判决,其针对国际信托公司的上诉理由及请求答辩称:1. 中海典当公司与海福鑫公司签订的最高额库存货物质押借款合同合法有效,质权已经合法设立。2. 国际信托公司对质押货物进行清点是盘查和共管的形式,不是占有,国际信托公司与徐福生是后来补签的质押协议。3. 中海典当公司的质押是动态质押,最高额质押,每天都有海福鑫公司人员带人来看货,中海典当公司一直在监管质押货物。4. 中海典当公司严格按照《典当管理办法》执行,不存在任何违法行为。据此,中海典当公司认为一审判决认定事实清楚,适用法律正确,请求驳回上诉,维持一审判决。

海福鑫公司和徐福生服从一审法院上述民事判决,其针对国际信托公司的上诉理由及请求均答辩称:不发表具体答辩意见,由法院判定哪方享有涉案货物的质押权。

本院二审期间依法补充查明以下事实:二审诉讼中,国际信托公司陈述称其在执行案件中就执行标的提出异议,要求法院裁定中止对执行标的的执行,在一审法院裁定驳回其执行异议申请后,其以执行异议之诉为诉因,提起本案诉讼。国际信托公司称其在本案中虽未明确提出请求对执行标的物停止执行,但其明确提出了确权的诉讼请求,其包含的意思为请求对执行标的物停止执行。中海典当公司、海福鑫公司和徐福生对国际信托公司的上述解释均予以认可。

本院经审理查明的其他事实与一审法院查明的事实一致。

上述事实,尚有各方当事人陈述意见在案佐证。

本院认为:本案系国际信托公司提起的案外人执行异议之诉,其诉讼请求应当表述为请求对执行标的物停止执行,其在明确提出排除对执行标的执行的诉讼请求时,还可就其对执行标的所享有的权利提起确权之诉,但不能在执行异议之诉中单独就执行标的提起确权之诉。就本案而言,虽然国际信托公司并未明确请求对执行标的物停止执行,仅提出要求确认其享有质权,但其在执行案件中就执行标的提出异议时,曾明确提出要求法院裁定中止对执行标的的执行,其执行异议被一审法院裁定驳回后,提起了本案执行异议之诉,国际信托公司解释其诉讼请求时称其在本案中提出确权请求的目的即为排除对执行标的执行,其包含的意思即为请求对执行标的物停止执行,鉴于中海典当公司、海福鑫公司和徐福生对国际信托公司的上述解释均予以认可,故本院对此不持异议。

关于国际信托公司上诉称中海典当公司与海福鑫公司之间签订的最高额库存货物质押借款合同及典当行为因违反法律而无效,其设立的质权亦无效一节,本院认为,《中华人民共和国合同法》第五十二条第五项规定的违反法律、行政法规的强制性规定应当是指全国人民代表大会及其常务委员会颁布的法律、国务院颁布的规章、命令、条例等行政法规,国际信托公司在本案中提出中海典当公司及海福鑫公司签订的最高额库存货物质押借款合同违反了典当管理办法而无效,本院认为,《典当管理办法》系商务部、公安部共同颁布,其效力等级属于部门规章,并非认定合同无效的法律依据,中海典当公司在放贷过程中是否存在违规行为不影响最高额库存货物质押借款合同的效力,故本院对国际信托公司提出因最高额库存货物质押借款合同违反《典当管理办法》而无效,从而导致质押无效的上诉意见不予支持。

国际信托公司上诉称中海典当公司没有有效占有质押物,故其不享有质权,国际信托公司的质权成立,应依法享有优先受偿权。对此本院认为,《中华人民共和国物权法》第二百一十二条规定:“质权自出质人交付质押财产时设立”,就质押货物而言,中海典当公司和国际信托公司均持有与海福鑫公司签订的质押合同,但质权的生效,必须以质押财产的交付为必要条件,而不能认为质权合同生效后就必须发生质权的生效,要发生质权设定的效果,必须进行质权的公示即交付,交付的形式有多种,并不限于现实交付方式,也可以其他方式交付。就本案而言,中海典当公司在与海福鑫公司签订的最高额库存货物质押借款合同中约定,质押期间,海福鑫公司应将质押库存货物交付中海典当公司占管,中海典当公司有权委托第三方对该库存货物进行监管,上述合同签订的同时,中海典当公司、海福鑫公司与中鸿融通公司共同签订了当物监管协议,中海典当公司授权中鸿融通公司对质押货物进行监管。2013 年 11 月 28 日,三方又共同签订了当物监管协议补充条款,变更质押物存放地点并将当物进行了相应调整,以清单方式列明质押物,中鸿融通公司租赁仓库、交纳租金,派员对质押物进行监管。综合上述情节,一审法院认定中海典当公司对涉案货物享有的质权于 2013 年 11 月 28 日依法设立并无不当,在中海典当公司对涉案货物享有的质权已然成立的情况下,国际信托公司关于其对涉案货物享有质权的主张无事实及法律依据,本院对其该项上诉意见不予支持。

综上,国际信托公司的上诉理由均不能成立,对其关于确认其对涉案货物享有质权、排除对执行标的执行的主张本院不予支持。一审判决认定事实清楚,适用法律正确,处理结果并无不当,应予维持。依照《中华人民共和国民事诉讼法》第一百七十条第一款第一项之规定,判决如下:

驳回上诉,维持原判。

一审案件受理费 70 元,由北京国际信托有限公司负担(已交纳)。

二审案件受理费 70 元,由北京国际信托有限公司负担(已交纳)。

本判决为终审判决。

审 判 长　甄洁莹
代理审判员　王　晴
代理审判员　孙　鑫
二〇一六年二月二十六日
书 记 员　郭　帅

4. 未办理财产权利质押登记的典当合同

【问题提示】作为当物的财产权利未办理质押登记手续的,双方的典当合同是否成立生效?

【案例十八】安徽省安庆市发投典当有限责任公司诉安徽省立特光电科技有限公司、岳西县城市建设投资有限责任公司典当纠纷案（2010 年 9 月 30 日）

【法律点】典当系借贷债权与相应的担保物权的结合。以应收账款作为当物的典当关系,须将该应收账款在相应信贷征信机构办理出质登记才能作为典当债权的质押担保,否则不构成典当关系。但担保物权不成立,不影响债权的效力,典当行与当户之间的借款关系不因典当设立的失败而均归于无效,只要双方当事人的意思表示真实,也未违反法律法规强制性规定,应属合法有效。

【关键词】应收账款　出质登记　借贷法律关系　三方协议　协助义务

安徽省高级人民法院

民事判决书

(2015)皖民二终字第 00069 号

上诉人(原审原告):安徽省安庆市发投典当有限责任公司。住所地,安徽省安庆市。

法定代表人:朱桂林,经理。

委托代理人:崔爱国,安徽中天人律师事务所律师。

被上诉人(原审被告):安徽省立特光电科技有限公司。住所地,安徽省岳西县。

法定代表人:储诚开,执行董事。

被上诉人(原审被告):岳西县城市建设投资有限责任公司。住所地,安徽省岳西县。

法定代表人:朱晨,董事长。

委托代理人:储节伟,副主任。

委托代理人:储柱东,安徽中辉律师事务所律师。

上诉人安徽省安庆市发投典当有限责任公司(以下简称发投典当公司)与被上诉人安徽省立特光电科技有限公司(以下简称立特光电公司)、岳西县城市建设投资有限责任公司(以下简称岳西城建公司)典当纠纷一案,不服安徽省安庆市中级人民法院于2014年11月10日作出的(2014)宜民二初字第00091号民事判决,向本院提起上诉。本院受理后,依法组成合议庭,于2015年3月11日公开开庭审理了本案。上诉人发投典当公司的委托代理人崔爱国,被上诉人岳西城建公司的法定代表人朱晨及其委托代理人储节伟、储柱东到庭参加诉讼。被上诉人立特光电公司经本院传票传唤无正当理由未到庭参加诉讼。本案现已审理终结。

原审法院查明:2013年7月22日,立特光电公司(乙方)与岳西县国土资源局(甲方)签订《国有土地使用权收购合同》,约定:甲方整体收储乙方的5793.90平方米国有土地使用权及附属设施,收购价款为7,831,728元。合同经县政府批准后,甲方预付收购款400万元,乙方在搬迁完毕经验收同意,交付土地证及相关证件,签订书面移交确认书后交付房地产,甲方在20日内支付余款。嗣后,岳西县人民政府决定,上述土地使用权收购款由岳西城建公司支付,后岳西城建公司支付400万元,余下3,831,728元未付。

2013年7月29日,立特光电公司(乙方)与发投典当公司(甲方)签订《应收账款质押借款合同》,约定:乙方向甲方借款金额(当金)300万元,月综合费率为22‰。借款期限自2013年7月29日至2014年1月28日(具体期限在双方签署的当票上予以确认)。借款期内及借款期届满后五日内,经甲、乙双方协商同意后可续当,届时双方另行签署《续当凭证》,《续当凭证》上确定的借款终止日为本合同借款终止日。借款人出质土地收购补偿款,甲方与乙方协商将本合同项下应收账款转让给甲方。乙方在签订本合同时,另向其债务人签署《委托付款说明书》,如乙方到期不能归还借款,由甲方直接与乙方债务人结算。乙方保证不存在应收账款付款人有权抵销的情形;乙方保证本合同签订前未对本合同项下质押的财产设立过任何质押，该质押财产之上亦不存在任何其他第三者权利。因乙方违约致使甲方采取诉讼方式实现质权的，违约方应承担甲方为此支付的实现追偿及质权的费用（包括但不限于律师费、差旅费等）。同日，发投典当公司扣除66,000元综合费用后，向立特光电公司实际发放典当借款2,934,000元。同日，发投典当公司（甲方）与岳西城建公司（乙方）、立特光电公司（丙方）签订《协议书》，约定：丙方向甲方申请典当借款300万元，以其对乙方享有的国有土地收购款进行质押，期限六个月（具体期限以双方签署的当票为准）。在典当借款期间，非经甲方同意，乙方不得向丙方支付质押借款（包括本金及综合费用）额度内的款项。若到期不能归还甲方借款，乙方应当将丙方相应金额的收购款直接优先支付给甲方，丙方应无条件办理委托付款说明书和工程结算发票等相关手续给甲方。如遇丙方资金调度原因，不能及时到位，丙方可向甲方申请办理续当手续，甲、丙方将相关事实告知乙方，乙方协助甲、丙继续办理续当手续。出具本协议附件的各方应对各附件的真实性负责，如因附件存在虚假或法律纠纷给甲方造成损失，出具或提供附件的一方应承担赔偿责任。如乙方在丙方未归还借款前未经甲方同意，支付丙方借款额度内的款项，给甲方造成损失的，乙、丙方应承担连带赔偿责任。同日，立特光电公司向岳西城建公司出具《委托付款说明书》，主要内容为：立特光电公司向发投典当公司借款，以其土地使用权收购款进行质押，如借款到期后不能偿还，委托岳西城建公司将土地收购款直接偿还发投典当公司借款本金及综合费用，共计300万元。同日，岳西城建公司向发投典当公司出具《承诺书》，主要内容为：其已知悉立特光电公司以土地使用权收购款向发投典当公司进行典当借款，并承诺当立特光电公司到期不能归还借款时，其将根据立特光电公司《委托付款说明书》及相关手续直接将等同于立特光电公司借款本金及综合费用的土地收购款支付给发投典当公司。如因岳西城建公司资金不能及时支付，立特光电公司可向发投典当公司申请续当，并将续当事宜告知岳西城建公司，待岳西城建公司具备支付条件时，立即将上述收购款直接支付给发投典当公司。如立特光电公司拖欠第三方债务被司法部门采取保全措施，岳西城建公司将主动出示相关文件，以使土地补偿款免遭保全。后岳西城建公司分别于2013年8月27日、10月25日、11月25日向发投典当公司出具三份内容相同的《证明》，《证明》的主要内容为：岳西县国土资源局收购立特光电公司国有土地使用权收购款为7,831,728元，岳西城建公司已拨付400万元，到目前为止尚有3,831,728元未支付。在岳西城建公司出具三份证明的同日，发投典当公司为立特光电公司借款办理了相应续当手续。发投典当公司分别于2013年8月27日、10月25日、11月25日向立特光电公司收取 132,000 元、66,000 元、66,000 元的综合费用。截至 2014 年 6 月 12 日,立特光电公司未向岳西县国土资源局交付案涉房地产的土地证及房产证。

另查明:立特光电公司在岳西城建公司剩下的 3,831,728 元土地收购款被岳西县人民法院和原审法院另案查封并扣划。岳西城建公司分别于 2014 年 1 月 6 日、4 月 11 日对岳西县人民法院和原审法院的保全措施提出了书面异议。

再查明:发投典当公司为本案诉讼支付律师代理费 6 万元。

发投典当公司在原审中的诉讼请求为:判令立特光电公司和岳西城建公司连带偿还其借款本金 300 万元,综合费用 36.74 万元及自起诉之日起至还清之日止的综合费用和银行贷款利息,律师代理费 6 万元。

原审法院认为,本案争议焦点为岳西城建公司对立特光电公司案涉债务应否承担连带清偿责任;对此,原审法院分析评判如下:

《中华人民共和国物权法》第二百二十八条第一款规定:“以应收账款出质的,当事人应当订立书面合同。质权自信贷征信机构办理出质登记时设立。”据此规定,因发投典当公司、立特光电公司未将案涉应收账款在相应信贷征信机构办理出质登记,故双方之间质权并未依法设立,发投典当公司不享有案涉应收账款质权。综合案涉《应收账款质押借款合同》《协议书》《承诺书》的内容来看,立特光电公司是以其对岳西城建公司应收账款作为对发投典当公司借款的担保,岳西城建公司系根据立特光电公司《委托付款说明书》的委托,将案涉应收账款径付发投典当公司。在本案当事人三方关系中,岳西城建公司承担的是对立特光电公司偿还发投典当公司借款予以协助的义务,而非保证担保义务。从查明的事实来看,首先,案涉应收账款系被人民法院另案查封扣划而消灭,非岳西城建公司主动支付所致。其次,人民法院查封案涉应收账款时,立特光电公司未按《国有土地使用权收购合同》的约定将案涉土地证、房产证交付岳西县国土资源局,岳西城建公司付款条件未成就。最后,对人民法院查封扣划行为,非岳西城建公司所能控制。故对案涉应收账款灭失,岳西城建公司并无过错,且在人民法院查封案涉应收账款时,提出了书面异议,履行到了承诺的义务。综上,发投典当公司诉请岳西城建公司对案涉借款承担连带清偿责任,应不予支持。

案涉《应收账款质押借款合同》系当事人真实意思表示,内容不违反法律法规强制性规定,合法有效。发投典当公司依约向立特光电公司发放借款后,立特光电公司未依约偿还,构成违约,依法应承担相应违约责任,故发投典当公司诉请立特光电公司偿还借款本金及综合费用合理的部分(具体计算详见附表),应予以支持。《中华人民共和国合同法》第二百条规定:“借款的利息不得预先在本金中扣除。利息预先在本金中扣除的，应当按照实际借款数额返还借款并计算利息"，据此规定，发投典当公司在发放借款时，预扣的66,000元综合费用，应在借款本金中予以扣除，以实际发放的2,934,000元为借款本金并计算相应综合费用。又因合同约定的22‰月综合费率超过了中国人民银行同期同档次贷款基准利率的四倍，对超出的部分，根据《最高人民法院关于人民法院审理借贷案件的若干意见》第六条的规定，应不予支持。对发投典当公司后续预收的三笔综合费用，在扣除前一期综合费用后，下剩部分亦应冲抵本金。依据《应收账款质押借款合同》的约定，发投典当公司为该案诉讼支付的6万元律师代理费应由立特光电公司负担。发投典当公司诉请立特光电公司给付借款利息的请求无合同依据，应不予支持。

综上，原审法院依据《中华人民共和国合同法》第六十条第一款、第一百零七条、第二百条，《中华人民共和国物权法》第二百二十八条第一款，《最高人民法院关于人民法院审理借贷案件的若干意见》第六条，《中华人民共和国民事诉讼法》第一百四十二条之规定，判决：一、立特光电公司于判决生效之日起十日内偿还发投典当公司2880,574.28元借款本金及相应的综合费用（自2013年11月26日起至实际清偿之日止，按中国人民银行同期同档次贷款基准利率的四倍计算）；二、立特光电公司于判决生效之日起十日内给付发投典当公司为该案诉讼支付的律师代理费6万元；三、驳回发投典当公司其他诉讼请求。如果未按判决指定的期间履行金钱给付义务，应当依照《中华人民共和国民事诉讼法》第二百五十三条之规定，加倍支付迟延履行期间的债务利息。案件受理费34,219元，由立特光电公司负担。

发投典当公司不服原审判决，向本院提起上诉称：1. 原审判决适用法律错误。本案中，立特光电公司将应收的国有土地使用权收购款作为质押物向其申请借款，其与立特光电公司之间成立典当法律关系，应适用《典当管理办法》的相关规定。从而，其预先收取的综合费用不违反法律的禁止性规定，以及约定的月综合费率也没有超过《典当管理办法》规定的范围。2. 原审判决岳西城建公司对案涉款项不承担连带清偿责任，与本案事实和法律规定不符。因为，案涉质权虽因没有办理出质登记而未依法设立，但三方《协议书》仍然有效，各方应严守该协议的约定。而岳西城建公司违反三方协议并出具虚假证明，故应按该协议约定承担连带赔偿责任。此外，岳西城建公司在已经支付400万元且明知案涉国有土地使用权被抵押的情况下，仍然同意立特光电公司以该国有土地使用权收购款进行质押借款并多次同意续当，岳西城建公司对此均有过错。综上，原审判决认定事实不清、适用法律错误，请求二审法院依法改判：立特光电公司承担一审少判的本金112,574.72元、综合费用367,400元，以及从起诉之日至全部清偿之日的综合费用和利息；判令岳西城建公司承担连带清偿责任。

立特光电公司未参加二审庭审，亦未提交书面答辩意见。

岳西城建公司在庭审中辩称：1. 根据发投典当公司和立特光电公司签订的《应收账款质押借款合同》，本案系借款合同纠纷，故原审判决适用审理民间借贷的相关法律正确。2. 原审判决其对案涉债务不承担连带清偿责任正确。（1）发投典当公司在原审所举证据反而表明，其早在 2013 年 8 月 27 日第一次续当出具《证明》时即告知发投典当公司，尚未支付给立特光电公司的案涉国有土地使用权收购款为 3,831,728 元。（2）其不是发投典当公司和立特光电公司所签《应收账款质押借款合同》的担保人或贷款人，也不是岳西县的土地管理部门，其没有义务知道立特光电公司的国有土地使用权已经抵押，故其没有过错。（3）根据我国物权法的相关规定，应收账款质押不仅要签订合同，而且要依法办理质押登记。本案发投典当公司在借款发放前就应到有关土地管理部门了解情况并办理质押登记，故立特光电公司不能偿还借款，系发投典当公司自己过失所致。综上，原审判决认定事实清楚，适用法律正确，请求二审法院依法判决予以维持。

各方当事人所举证据与原审相同，相对方的质证意见也同于原审，本院认证意见与原审一致。本院查明：

本院二审对原审查明的事实予以确认。

二审另查明：岳西城建公司于 2013 年 7 月 29 日向发投典当公司出具一份《证明》，其主要内容为：岳西县国土资源局收购立特光电公司国有土地使用权收购款为 7,831,728 元，截止到目前其尚须支付 7,831,728 元。

本院认为，综合各方当事人的诉辩意见，本案二审争议焦点是：1. 涉案典当法律关系是否成立，进而判定发投典当公司预先收取的综合费用以及约定的月综合费率是否符合法律规定；2. 发投典当公司要求岳西城建公司对案涉债务承担连带清偿责任，有无事实和法律依据。对此，分析评判如下：

关于焦点一。根据《典当管理办法》第三条规定，典当是指当户将其动产、财产权利作为当物质押或者将其房地产作为当物抵押给典当行，交付一定比例费用，取得当金，并在约定期限内支付当金利息、偿还当金、赎回当物的行为。由此，在我国现行法律制度下，典当实质上是指具备典当经营资格的主体与相对人之间的一种附担保物权的借贷法律关系。换言之，须有借贷债权与相应的担保物权，两者结合，始能称为典当。本案中，立特光电公司向发投典当公司借款，发投典当公司出具《当票》，该当票注明的当物为立特光电公司应收的国有土地使用权收购款。根据《中华人民共和国物权法》第二百二十八条第一款的规定,须将该应收国有土地使用权收购款在相应信贷征信机构办理出质登记才能作为典当债权的质押担保,但发投典当公司和立特光电公司未将案涉应收账款在相应信贷征信机构办理出质登记,故案涉质权并未依法设立,发投典当公司亦不享有案涉应收国有土地使用权收购款的质权。因此,发投典当公司虽向立特光电公司签发《当票》,但并未依据《典当管理办法》对作为当物的应收国有土地使用权收购款有效设立担保物权(质权),故不能构成典当。

本案中,尽管发投典当公司和立特光电公司之间不能成立典当法律关系,但结合案涉《当票》及《应收账款质押借款合同》内容来看,发投典当公司和立特光电公司之间确实存在借款的债权债务法律关系。鉴于担保物权系债权的从属性权利,担保物权不成立,不影响债权的效力,故《当票》及《应收账款质押借款合同》关于债权债务的约定,不因典当设立的失败而均归于无效,在法律允许的范围内,相关债权债务的约定原则上仍属有效。也即在担保物权不成立的情况下,现发投典当公司和立特光电公司之间实质是一种借贷法律关系,且该借贷法律关系是双方当事人的真实意思表示,也未违反法律法规强制性规定,应属合法有效,从而该案应适用借贷有关的法律规定进行审理。因此,原审判决认定发投典当公司和立特光电公司之间成立有效的借贷法律关系,并将约定的22‰月综合费率调整为中国人民同期同档次贷款基准利率的四倍,以及对发放借款时预收的综合费用从借款本金中予以扣除,此后每次续当预收的综合费用均按《最高人民法院关于适用〈中华人民共和国合同法〉若干问题的解释(二)》第二十一条的规定,以先息后本的方式予以抵充(具体计算详见附表),均无不当,发投典当公司的此节上诉理由不能成立。

关于焦点二。判定岳西城建公司对案涉债务应否承担连带清偿责任,即要判定其是否违反了案涉三方《协议书》及《承诺书》中所确定的义务。本案中,立特光电公司系以其应收的国有土地使用权收购款作为对发投典当公司典当借款的质押担保,而岳西城建公司则根据立特光电公司《委托付款说明书》的委托,将案涉应收账款径付发投典当公司。从查明的事实来看:首先,岳西城建公司共出具四份《证明》,虽然后三次续当时出具《证明》的应收账款余额3,831,728元比发投典当公司发放典当质押借款时出具《证明》的余额少了400万元,但该三次续当时应收账款余额仍都在案涉三方《协议书》所约定的质押借款额度300万元以上,且发投典当公司对此均没有表示异议,故岳西城建公司并未出具虚假证明。其次,案涉应收国有土地使用权收购款系被人民法院另案查封扣划而消灭,岳西城建公司对此并无过错,且在人民法院查封案涉应收账款时提出了书面异议,履行了其承诺的义务。再次,岳西城建公司并非案涉典当质押借款的贷款人,也不是共同借款人或担保人,故其对立特光电公司用于典当质押借款的国有土地使用权是否设置抵押,没有法定或约定的知悉和审查义务。相反,发投典当公司作为案涉质押借款的出借方且作为专业的经营典当业务机构,其在发放贷款时应当负有事先审查等注意义务。最后,发投典当公司虽称其已于2013年11月28日通知岳西城建公司予以付款,但其并没有举证证明该份通知已送达到岳西城建公司,且该份通知内容与第三次续当的到期日2013年12月25日相矛盾。因此,原审判决岳西城建公司对案涉债务不承担连带清偿责任,亦无不当,发投典当公司的此节上诉理由同样不能成立。

综上,发投典当公司的上诉理由均不能成立,其上诉请求应予驳回。原审判决认定事实清楚,适用法律正确,应予维持。据此,依照《中华人民共和国民事诉讼法》第一百四十四条、第一百七十条第一款第一项、第一百七十五条之规定,判决如下:

驳回上诉,维持原判。

二审案件受理费34,164元,由上诉人安徽省安庆市发投典当有限责任公司负担。

本判决为终审判决。

审　判　长　陶恒河
审　判　员　玲　梅
代理审判员　马士鹏
二〇一五年五月五日
书　记　员　王晓菲

【案例十九】上海华鑫典当有限公司诉上海金傲建筑装饰有限公司、徐某典当纠纷案

(2010年8月2日)

【法律点】质权自出质登记时设立,但质权的设立与否并不直接影响质押借款协议本身的法律效力。因此,典当行与当户自愿订立的以设立典当关系为内容的股权质押借款协议,虽未办理质押登记,仅发生股权质押权未设立,典当合同仍成立生效。

【关键词】股权质押　质权　未登记　典当借款　法律效力

上海市第二中级人民法院
民事判决书

(2010)沪二中民六(商)终字第91号

上诉人(原审被告):上海金傲建筑装饰有限公司。

法定代表人:徐某,总经理。

委托代理人:司龙山,上海马国云律师事务所律师。

被上诉人(原审原告):上海华鑫典当有限公司。

法定代表人:黄某某,董事长。

委托代理人:林报春,上海润一律师事务所律师。

委托代理人:金文斌,上海润一律师事务所律师。

被上诉人(原审被告):徐某。

上诉人:上海金傲建筑装饰有限公司(以下简称金傲公司)因与被上诉人上海华鑫典当有限公司(以下简称华鑫典当公司)、徐某典当纠纷一案,不服上海市嘉定区人民法院(2010)嘉民二(商)初字第204号民事判决,向本院提起上诉。本院受理后,依

法组成合议庭进行了审理。本案现已审理终结。

原审法院经审理查明:2009 年 6 月 4 日,华鑫典当公司与金傲公司签订《股权质押借款协议书》一份及当票两份。《股权质押借款协议书》约定,金傲公司将其全部股权质押给华鑫典当公司,质押金额为 500 万元;华鑫典当公司借款给金傲公司 200 万元,借款月利率为 0.5%,月综合费率为 2.4%,借款期限为 2009 年 6 月 8 日至 2009 年 12 月 8 日,首次借款期限为 3 个月,具体借款期限在双方签署的当票上确认,借款期限满后 5 日内,经双方协商同意可以续期;金傲公司若逾期还款,除应向华鑫典当公司归还本金外,还应交付逾期利息、综合费用、违约金(每天按借款金额的 0.073% 计算),华鑫典当公司在催讨本金期间,实际发生的劳务费及差旅费、评估费、公证费、拍卖费等相关费用由金傲公司承担等。当票载明当物为金傲公司股权,典当金额共 206 万元;月综合费用 55,620 元,实付金额为 2,004,380 元;月费率为 2.7%,月利率为 0.5%;典当期限为 2009 年 6 月 8 日至 2009 年 7 月 7 日。签约后,华鑫典当公司在扣除了月综合费 55,620 元后,向金傲公司支付了当金 2,004,380 元。2009 年 11 月 25 日,徐某向华鑫典当公司归还了 12 万元。2009 年 12 月 20 日,徐某出具承诺担保书,承诺金傲公司不能归还上述借款,则由其担保还款。后因金傲公司与徐某均未归还其余当金 194 万元,华鑫典当公司遂诉至法院。原审法院另查明,华鑫典当公司为提起诉讼向上海润一律师事务所支付了律师代理费 2 万元。

原审法院认为,华鑫典当公司与金傲公司间的典当法律关系明确,双方签订的当票及股权质押借款协议均合法有效,金傲公司取得当金后未在约定的期限内归还当金,显然属于违约,故华鑫典当公司有关要求金傲公司归还当金,支付约定的利息、月综合费用及承担律师代理费的诉讼请求,应予以支持。徐某承诺对金傲公司所欠华鑫典当公司借款担保还款,故华鑫典当公司要求徐某承担连带责任的诉讼请求,符合法律规定,亦予以支持。对华鑫典当公司所主张的违约金的诉讼请求,根据法律规定,违约金本身兼具惩罚性与补偿性,现华鑫典当公司主张的利息、月综合费及律师代理费,高于其主张的违约金,已足以弥补华鑫典当公司的实际损失,故对华鑫典当公司的该项诉讼请求不予支持。据此,依照《中华人民共和国民法通则》第一百零六条第一款、《中华人民共和国担保法》第十九条、第二十一条、第三十一条判决如下:(1)金傲公司应在判决生效之日起十日内归还华鑫典当公司当金 194 万元;(2)金傲公司应在判决生效之日起十日内偿付华鑫典当公司自 2009 年 6 月 8 日起至 2009 年 7 月 7 日的利息损失 10,300 元,及自 2009 年 7 月 8 日起至判决生效之日止的利息损失、综合费用(其中 2009 年 7 月 8 日至 2009 年 11 月 25 日以本金 206 万元为基数,2009 年 11 月 26

日至判决生效之日以本金194万元为基数，分别按当票约定的0.5%的月利率及2.7%的月费率计算)；(3)金傲公司应在判决生效之日起十日内偿付华鑫典当公司律师代理费2万元；(4)徐某对金傲公司的上述第一、二、三项付款义务承担连带清偿责任。徐某在承担了保证责任后，有权向金傲公司追偿。本案受理费28,543.43元，减半收取14,271.72元，由华鑫典当公司负担1,215.07元，金傲公司、徐某共同负担13,056.65元。

判决后，金傲公司不服，向本院提起上诉称：1. 原判关于华鑫典当公司与金傲公司间的典当法律关系明确，双方签订的当票及股权质押协议合法有效的认定错误。《中华人民共和国物权法》第二百二十六条第一款规定："……以基金份额、证券登记结算机构登记的股权出质的，质权自证券登记结算机构办理出质登记时成立；以其他股权出质的，质权自工商行政管理部门办理出质登记时设立。"上海工商局印发的《股权出质登记办法》，亦有相应的规定。本案中，典当的股权未经工商部门进行质押登记，因此，股权质押登记的法律效力并未产生，一审认定错误。同时，金傲公司强调未办理登记的过错在于华鑫典当公司。2. 本案法律关系并非典当关系，而是借款关系。金傲公司意图投资兴办敬老院而向华鑫典当公司借款，华鑫典当公司为了获取0.5%的月利率及2.7%的月费率而以股权典当的方式借款。此种借款违反了商业部颁布的《典当行管理办法》第二十三条的规定，系违法行为。3. 诉讼过程中，金傲公司还表示基于其从华鑫典当公司处借款，获得利益，应当返还本金194万元，但利息的计算应当按照同期贷款利率进行计算，律师费并非必然发生的费用，因此，金傲公司不应承担律师费。综上，请求撤销原审判决，发回重审或依法改判。

被上诉人华鑫典当公司辩称：1. 股权质押协议有效，股权质押工商登记主要作为公示之用，是否登记不影响合同的效力。由于股权质押协议合法有效，上诉人金傲公司构成违约，理应还款。且没有办理登记的原因在于金傲公司不予配合，被上诉人华鑫典当公司并无过错。2. 华鑫典当公司与金傲公司的典当借款符合典当业务流程，合同签订时金傲公司明知系典当借款，并未提出利息过高，现提出协议无效缺乏事实依据和法律依据。3. 基于本案法律关系系典当借款法律关系，当金、利息、综合费均系合同约定，应予支持。双方在协议书中明确约定了律师费的承担问题，金傲公司理应承担。故原审所作判决并无不当，应予维持。

本院经审理查明，原审查明的事实属实，本院予以确认。

本院认为：1. 质权登记与否不影响股权质押借款协议的效力。虽然根据《中华人民共和国物权法》第二百二十六条的规定，质押自出质登记时成立，但质权的成立与否并不影响质押借款协议本身的法律效力。本案中,质押借款协议是双方真实意思的表示,不违反法律法规的禁止性规定,应当确认为合法有效。华鑫典当公司在原审中并未要求实现股权质权,而是依照双方签订的质押借款协议要求金傲公司承担合同约定的本金、利息、综合费、律师费等违约责任,并无不当。至于质权未经登记的过错问题,由于华鑫典当公司在原审及二审中并未提出要求实现质权的诉讼请求,与本案无关,故本院对此不予认定。2. 本案的基础法律关系系典当借款法律关系。金傲公司签订股权质押协议时明知系典当关系,并未对约定的利息等提出异议。在程序层面,并无证据表明双方的典当行为违反典当业务流程;在实体层面,金傲公司上诉称华鑫典当公司吸收存款或变相吸收存款拆借,影响金融秩序,并未提供相应的证据,本院不予采信。3. 合同约定的利息、综合费及律师费应由金傲公司承担。鉴于双方的股权质押借款协议合法有效,根据《中华人民共和国合同法》第八条的规定,原审法院对于金傲公司应当归还华鑫典当公司当金、支付约定的利息、月综合费的判决,于法有据。至于律师费,由于双方在《股权质押借款协议书》第六条第三款进行了明确的约定,华鑫典当公司在原审中也提供了《律师聘请合同》及法律服务费发票予以证明,鉴于2万元律师费已经实际履行,故上诉人金傲公司的此项上诉理由亦不能成立。综上所述,上诉人的上诉理由不能成立,本院不予支持。原审认定事实清楚,适用法律正确,判决并无不当。据此,依照《中华人民共和国民事诉讼法》第一百五十三条第一款第一项、第一百五十八条之规定,判决如下:

驳回上诉,维持原判。

二审案件受理费28,543.43元,由上诉人上海金傲建筑装饰有限公司负担。

本判决为终审判决。

审 判 长 俞 巍
审 判 员 范黎红
代理审判员 周 菁
二〇一〇年八月二日
书 记 员 靳 轶

【案例二十】昆明市协和典当行有限公司诉云南斯派尔经贸有限公司、黄丽蓉企业借贷纠纷案

(2015年7月23日)

【法律点】典当行以股权质押的名义从事财产权利质押典当业务时,若股权未进行出质登记致使股权质权未有效设立,则典当行发放贷款的行为超出了其经营范围,当事人之间不成立典当法律关系,其股权质押借款合同亦为无效。

【关键词】股权质押借款协议　未出质登记　质权未设立　借款合同无效　保证责任

云南省昆明市中级人民法院

民事判决书

(2015)昆民四初字第31号

原告:昆明市协和典当行有限公司。

法定代表人:吴大川。

委托代理人:朱晓、阮杰,上海段和段(昆明)律师事务所律师,特别授权代理。

被告:云南斯派尔经贸有限公司。

法定代表人:黄丽蓉,董事长。

被告:黄丽蓉。

两被告委托代理人:胡泽文、熊星,云南刘胡乐律师事务所律师,特别授权代理。

原告昆明市协和典当行有限公司诉被告云南斯派尔经贸有限公司(以下简称斯派尔公司)、黄丽蓉企业借贷纠纷一案,本院于2015年1月5日受理后,依法组成合议庭,斯派尔公司提出管辖权异议,本院作出(2015)昆民四初字第31号民

事裁定书裁定驳回其管辖异议,并于 2015 年 5 月 25 日公开开庭进行了审理,原告委托代理人朱晓、阮杰,两被告委托代理人熊星到庭参加诉讼,本案现已审理终结。

原告起诉称:2013 年 5 月 29 日,斯派尔公司与原告建立了典当合同法律关系,合同约定:典当当金为 850 万元,典当期限自 2013 年 5 月 29 日起至 2013 年 11 月 28 日止,借款月费率为 24‰,双方签订编号为 5311008530 的当票。被告黄丽蓉以其在斯派尔公司的 80% 的股权向原告进行质押,并签订股权质押协议。2013 年 11 月 28 日,斯派尔公司因借款到期且不能完全还款,遂向原告申请延期六个月还款。即续当期限为 2013 年 11 月 29 日起至 2014 年 5 月 28 日止。原告本着对被告的信任,同意续当,原、被告三方遂签订股权质押借款续当协议。《续当协议》中约定,2013 年 12 月 29 日至 2014 年 5 月 28 日的月利率为 35‰,且被告黄丽蓉以其在斯派尔公司 80% 的股权继续进行担保,并自愿对该笔借款承担无限连带担保责任。至原告起诉之日,被告还款期限已过六个多月,经原告多次催要,仍未受到被告的还款,且被告黄丽蓉也未履行其担保义务。两被告的行为严重违反合同约定,并给原告带来损失。原告特提起诉讼,请求判令:1. 斯派尔公司偿还原告款项 850 万元及自 2013 年 12 月 29 日起至还清款项之日止按每月 32‰的综合费率计算的典当综合费用(包括服务费、保管费等);2. 黄丽蓉对上述欠款承担连带保证责任;3. 两被告承担本案的诉讼费用。

两被告答辩称:1. 合同于 2013 年 5 月签订,至今两年时间质押登记一直都没有办理,现股权已经因其他借款关系质押给他人,本案中已经不可能办理股权质押登记,我方认为质押合同没有生效,典当合同无效,本案属于发放信用贷款,责任在于原告,不应当支持综合费用。2. 斯派尔公司已经还款 5,413,900 元,因典当合同无效,综合费用不应支持,我方认为全部还款都应当抵扣本金。3. 主合同无效导致从合同无效,故黄丽蓉不应当承担责任。

为证明其主张,原告提交了以下证据:

1.《当票》《股东会决议》,证明原、被告成立典当关系。

2.《股权质押借款协议》《收据》,证明 2013 年 5 月 29 日原、被告签订股权质押借款协议,原告已足额支付借款。

3.《延期(展期)申请》《续当凭证》,证明 2013 年 11 月 6 日被告申请续当,原被告继续典当关系。

4.《股权质押借款续当协议》,证明 2013 年 11 月 28 日原、被告签订股权质押借款续当协议。

5.《利息清单》,证明计算至2014年12月28日止被告拖欠原告的典当综合费用金额。

两被告质证认为:对证据1~4真实性和关联性认可,合法性不予认可,因为没有办理质押登记,属于发放信用贷款。对证据5真实性不予认可。

为证明其主张,两被告提交了以下证据:

1. 股权质押借款协议、云南省支付结算综合业务回单、当票、股权质押借款续当协议、股权出质设立登记通知书,证明本案双方签署股权质押典当协议,但未办理股权质押登记,现该股权已质押给他人,本案属于发放信用贷款,典当合同无效。

2. 2013年5月29日至2014年8月22日还款凭证若干,证明斯派尔公司已归还本金5,037,900元,分别如下:斯派尔公司2013年5月30日还款201,200元,6月17日还款136,000元,9月23日还款100万元,11月21日还款678,800元,2014年5月4日分别还款200万元、176,000元,黄丽蓉通过阎昆城于5月5日还款78,750元,5月29日分别还款50万元、92,750元,8月22日还款174,400元。

原告质证认为:对证据1中股权出质设立登记通知书形式上的真实性认可,但不能证明有真实的债权存在,对合法性不予认可,对证据1中其他证据真实性、合法性认可,对证明目的不予认可。对证据2真实性均认可,但其中仅有2013年6月17日还款136,000元及2013年9月23日还款100万元中62万元、11月21日还款678,800元与本案有关,属于偿还本案的利息,其他款项与本案无关,将提交反驳证据予以证明。

原告为证明其反驳主张,提交了以下反驳证据:

1. 2013年4月8日《股权质押借款协议》、2013年5月17日《汽车抵押借款协议》,证明2013年5月20日斯派尔公司归还的201,200元系支付上述550万元借款利息,与本案无关。

2. 2013年6月18日《股权质押借款协议》,证明斯派尔公司于2013年9月23日、11月21日共计还款1,678,800元中的38万元部分属于支付上述500万元借款利息,与本案无关。

3. 2014年1月13日《股权质押借款协议》,证明2014年5月4日斯派尔公司支付的2,176,000元系归还上述200万元借款本金及利息,与本案无关。

4. 2013年12月19日《借款协议》,证明黄丽蓉2014年5月5日至8月22日还款78,750元、50万元、92,750元、174,400元均系归还黄丽蓉向阎昆城上述借款本息,与本案无关。

两被告质证认为:对证据1～3真实性没有异议,但对合法性、关联性以及证明目的都不予认可,协议中约定用股权质押,但是没有办理质押,起算时间与还款时间都对不起来。另外,收据上记载今收到协和典当通过阎昆城账户转账的款项,证明该款项通过阎昆城账户打到斯派尔公司,证明阎昆城与原告是有关系的。证据4真实性认可,但黄丽蓉与阎昆城之间不存在真实的借款关系,阎昆城是原告的实际控制人,原告要求被告签订该借款协议是为了规避与斯派尔公司的借款高息,对合法性、关联性及证明目的不认可。

本院认为:原告证据1～4,两被告对其真实性无异议,本院予以确认,原告证据5,系其单方制作,本院不予确认。两被告证据1,原告对其真实性无异议,本院予以确认。两被告证据2及原告反驳证据,对方均无异议,对真实性本院予以确认。斯派尔公司主张已经还款5,037,900元,原告只认可其中2013年6月17日还款136,000元,9月23日还款100万元中62万元部分,11月21日还款678,800元,对其余款项不予认可,并提交了相应反驳证据。本院认为,原告所提交反驳证据是一系列借款协议,综合借款合同主体、借款金额、期限等情况,足以证明斯派尔公司的其他还款系履行该系列借款协议,与本案无关,对原告反驳证据的证明力,本院予以确认。

综合双方陈述及证据情况,本院确认如下案件事实:黄丽蓉系斯派尔公司的股东,并担任法定代表人。2013年5月29日,原告与被告斯派尔公司、黄丽蓉签订《股权质押借款协议》,主要约定:斯派尔公司向原告借款850万元,典当期限自2013年5月29日起至2013年11月28日止,按每月24‰的综合费用向原告支付综合费用,综合费用包括利息、服务费、报关费等;黄丽蓉将其在斯派尔公司80%的股权作为当物向原告进行质押,为斯派尔公司向原告所借款项进行还款担保,同日三方签署了当票,原告向斯派尔公司支付了借款850万元。2013年11月28日,三方签订《股权质押借款续当协议》,约定就上述借款延期,续当期限自2013年11月29日起至2014年5月28日止,斯派尔公司在2013年11月29日至2013年12月28日期间仍按每月24‰的综合费率向原告支付综合费用,自2013年12月29日至2014年5月28日按每月35‰的综合费率向原告支付综合费用,黄丽蓉以其在斯派尔公司80%的股权进行质押担保,工商质押登记手续待斯派尔公司股权调整结束后再进行办理,并且黄丽蓉自愿对该笔借款本金及利息承担无限连带担保责任。至一审法庭辩论终结前,上述股权质押未办理质押登记手续,黄丽蓉并已将其股权质押给他人。斯派尔公司还款情况如下:2013年6月17日还款136,000元,9月23日还款62万元,11月21日还款

678, 800 元。

本院认为,综合各方诉辩主张,本案争议的主要问题是:合同是否有效?尚欠款项认定及利率标准?黄丽蓉的责任承担?

1. 合同是否有效?《典当管理办法》第三条第一款规定:"本法所称典当,是指当户将其动产、财产权利作为当物质押或者将其房地产作为当物抵押给典当行,交付一定比例费用,取得当金,并在约定期限内支付当金利息、偿还当金、赎回当物的行为。"本案中,三方在《股权质押借款协议》中约定,黄丽蓉将其股权质押给原告,原告向斯派尔公司发放典当借款850万元。但实际履行过程中,在股权质押未进行登记,股权质权并未设立的情况下,原告即向斯派尔公司发放贷款,并且至法庭辩论终结前仍未补办质押登记,原告该行为并非从事财产权利质押典当业务,本质上属于发放信用贷款。《典当管理办法》第二十六条规定,典当行不得发放信用贷款。本案原告是经过批准从事动产、财产权利质押,房地产抵押典当等相关业务的有限责任公司,发放信用贷款行为超出了其经营范围,依据《中华人民共和国银行业监督管理法》第十九条"未经国务院银行业监督管理机构批准,任何单位或个人不得设立银行业金融机构或者从事银行业金融机构的业务活动"的规定以及《最高人民法院关于适用〈中华人民共和国合同法〉若干问题的解释(一)》第十条关于"当事人超越经营范围订立合同,人民法院不因此认定合同无效。但违反国家限制经营、特许经营以及法律、行政法规禁止经营规定的除外"的规定,本案当事人之间的借款行为无效。

2. 尚欠款项认定及利率标准?《中华人民共和国合同法》第五十八条规定:"合同无效或者被撤销后,因该合同取得的财产,应当予以返还;不能返还或者没有必要返还的,应当折价补偿。有过错的一方应当赔偿对方因此所受到的损失,双方都有过错的,应当各自承担相应的责任。"本案借款合同无效,原告及斯派尔公司对此均有过错,原告诉请斯派尔公司依据合同约定承担综合费用缺乏法律依据,本院不予支持。但同时斯派尔公司不应当据此获得额外收益,根据公平原则,借款人在返还借款本金的同时,应当按照实际借款数额,参照同期贷款利率的标准,同时返还资金占用期间的利息。本案中,斯派尔公司已偿还部分款项,根据最高人民法院关于适用《中华人民共和国合同法》若干问题的解释(二)第二十一条的规定,斯派尔公司上述还款应按照先利息后本金的原则根据具体还款时间分段计算进行冲抵。具体计算如下:截止到2013年6月17日的利息为850万元6% ÷36, 520 = 27, 945. 21元,还款先扣利息再扣本金后尚欠本金为850万元 - (136, 000元 - 27, 945. 21元) = 8391, 945. 21元,至2013年9月23日的利息为8391, 945. 21元6% ÷36, 598 = 135, 190. 79元,还款先扣利息再扣本金后尚欠本金为8391,945.21元-(62万元-135,190.79元)=7,907,136元,至2013年11月21日的利息为7,907,136元×6% ÷36,559=76,688.39元,还款先扣利息再扣本金后尚欠本金为7,907,136元-(678,800元-76,688.39元)=7305,024.39元。综上所述,截止到2013年11月21日,斯派尔公司尚欠原告借款本金7305,024.39元,被告应予归还,并应承担自2013年11月22日起至还清款项之日止按同期贷款利率计算的利息。

3. 黄丽蓉的责任承担?《中华人民共和国担保法》第五条规定,担保合同是主合同的从合同,主合同无效,担保合同无效。《最高人民法院关于适用〈中华人民共和国担保法〉若干问题的解释》第八条规定:主合同无效而导致担保合同无效,担保人无过错的,担保人不承担民事责任;担保人有过错的,担保人承担民事责任的部分,不应超过债务人不能清偿部分的1/3。本案中被告黄丽蓉在《股权质押借款续当协议》中承诺对斯派尔公司借款本金及利息承担无限连带担保责任,双方成立保证合同。因借款合同无效,保证合同亦无效。但本案系因黄丽蓉不履行股权质押登记义务导致合同无效,其存在过错,应按上述规定承担相应民事责任。

综上所述,依据《中华人民共和国合同法》第五十八条,《中华人民共和国担保法》第五条,《中华人民共和国银行业监督管理法》第十九条,《最高人民法院关于适用〈中华人民共和国合同法〉若干问题的解释(一)》第十条,《最高人民法院关于适用〈中华人民共和国合同法〉若干问题的解释(二)》第二十一条,《最高人民法院关于适用〈中华人民共和国担保法〉若干问题的解释》第八条的规定,判决如下:

一、被告云南斯派尔经贸有限公司于本判决生效之日起十日内归还原告昆明市协和典当行有限公司借款本金7305,024.39元,并承担自2013年11月22日起至还清款项之日止按中国人民银行同期贷款基准利率计算的利息;

二、被告黄丽蓉对被告云南斯派尔经贸有限公司上述债务中不能清偿部分的三分之一承担赔偿责任;

三、驳回原告昆明市协和典当行有限公司的其他诉讼请求。

如果未按本判决指定的期间履行给付金钱义务,应当依照《中华人民共和国民事诉讼法》第二百五十三条之规定,加倍支付迟延履行期间的债务利息。

案件受理费92,275.2元,由昆明市协和典当行有限公司承担10,000元,由云南斯派尔经贸有限公司、黄丽蓉承担82,275.2元,保全费5000元,由云南斯派尔经贸有限公司、黄丽蓉承担。

如不服本判决,可以在判决书送达之日起十五日内,向本院递交上诉状,并按对方当事人的人数或者代表人的人数提出副本,上诉于云南省高级人民法院。

双方当事人均服判的,本判决即发生法律效力。若负有义务的当事人不自动履行本判决,享有权利的当事人可在本判决规定履行期限届满后的两年内,向本院申请强制执行。

审　判　长　李能熊
审　判　员　张雪芳
审　判　员　方云红
二〇一五年七月二十三日
书　记　员　何永伦

【案例二十一】杭州明泰典当有限责任公司诉绍兴县恒力纺织品有限公司、魏永生、绍兴县永盛炼染有限公司典当合同纠纷案（2012年12月9日）

【法律点】典当行在核定经营范围内从事财产权利质押的典当业务时，虽然作为当物的股权未办理出质登记，但质押关系未成立并不影响典当关系的效力，当事人之间的典当关系有效成立。

【关键词】股权质押典当合同　未办理出质登记　典当关系有效成立

浙江省高级人民法院
民事判决书

（2012）浙商提字第45号

申请再审人（一审被告、二审被上诉人）：绍兴县恒力纺织品有限公司。

法定代表人：孔宝庆，董事长。

委托代理人：厉学军，浙江天目源律师事务所律师。

委托代理人：韩燕华，浙江鉴湖律师事务所律师。

被申请人（一审原告、二审上诉人）：杭州明泰典当有限责任公司。

法定代表人：黄文娟，董事长。

委托代理人：叶志坚、陈强，浙江天册律师事务所律师。

一审被告、二审被上诉人：魏永生。

一审被告、二审被上诉人：绍兴县永盛炼染有限公司。

法定代表人：吴金权，董事长。

委托代理人:韩燕华,浙江鉴湖律师事务所律师。

申请再审人绍兴县恒力纺织品有限公司(以下简称恒力公司)因与被申请人杭州明泰典当有限责任公司(以下简称明泰公司)以及一审被告、二审被上诉人魏永生、绍兴县永盛炼染有限公司(以下简称永盛公司)典当合同纠纷一案,不服杭州市中级人民法院(2010)浙杭商终字第568号民事判决,向本院申请再审。本院于2012年4月17日作出(2012)浙民申字第82号民事裁定,提审本案。本院依法组成合议庭,于2012年6月21日公开开庭审理了本案。申请再审人恒力公司的委托代理人厉学军、韩燕华,被申请人明泰公司的委托代理人叶志坚,一审被告、二审被上诉人魏永生,一审被告、二审被上诉人永盛公司的委托代理人韩燕华到庭参加诉讼。本案现已审理终结。

2009年6月23日,明泰公司起诉至杭州市西湖区人民法院称,2006年12月19日,明泰公司与恒力公司签订《典当借款合同》一份,约定明泰公司向恒力公司发放典当借款1500万元,借款期限自2006年12月20日至2007年1月18日,合同还约定了综合服务费和借款利息等。同日,明泰公司与恒力公司、魏永生和永盛公司签订了《担保合同》一份,约定由魏永生和永盛公司对恒力公司的上述借款及其费用的清偿承担连带保证责任。合同签订后,明泰公司依约发放了典当借款1500万元。借款到期后,明泰公司口头同意恒力公司顺延半个月归还,但恒力公司仅于2007年2月5日归还本金300万元,2007年5月8日归还本金700万元,以现金形式支付2006年12月20日至2007年2月5日的综合服务费、利息等其他费用68万元,余款未支付。请求判令:1. 恒力公司归还明泰公司借款本金500万元;2. 恒力公司支付综合服务费、利息、违约金1328.8万元(从2007年2月6日暂计至2009年9月22日,此后至判决确定的给付之日的月综合服务费按2.4%、月利率按0.6%、违约金按每日0.2%另计,即合计按每日1.49万元的标准另计);3. 魏永生、永盛公司对恒力公司上述应付款项承担连带责任。

恒力公司在一审中答辩称:1. 典当关系的成立必须有当户所有或者有处分权的当物存在,而本案的当物系魏永生、陆方明拥有的恒力公司所有股权,吴金权、金伟民拥有的永盛公司所有股权,但恒力公司对上述股权既无所有权,也无处分权,且上述出质股权未经登记,也未记载股东名册上,质权未有效设立。故恒力公司与明泰公司签订的《典当借款合同》是名为典当,实为企业借贷关系,依法应确认无效。2. 除了明泰公司认可恒力公司已归还的1300万元之外,恒力公司另根据明泰公司股东王立民的要求,于2006年12月20日及2007年1月18日将还款款项汇入潘利青、章妮君、王燕的个人银行卡号上,合计202.5万元,故恒力公司共已归还明泰公司1502.5万元,本金1500万元已全部还清,由于合同无效,明泰公司要求支付综合服务费、利息、违约金的诉讼请求也不成立。综上,请求驳回明泰公司对恒力公司的诉讼请求。

魏永生、永盛公司除了同意恒力公司的上述答辩意见外,一审共同答辩称,1. 因恒力公司与明泰公司签订的主合同《典当借款合同》无效,明泰公司与恒力公司、魏永生、永盛公司签订的《担保合同》亦无效,故魏永生、永盛公司作为担保人无须承担担保责任。2. 即使主合同有效,因永盛公司的股东金伟民并未在《股东会关于同意对外担保的决议》上签名,《担保合同》亦无效。综上,请求驳回明泰公司对魏永生、永盛公司的诉讼请求。

杭州市西湖区人民法院一审查明,2006年12月19日,乙方恒力公司因资金周转需要向甲方明泰公司申请典当融资,双方当日签订《典当借款合同》,约定的主要内容有:1. 典当借款金额1500万元。2. (1)典当借款期限30天,自2006年12月20日起至2007年1月18日止;(2)综合服务费按典当金额每月2.4%计算;(3)利息按典当金额每月0.5%计算,在乙方办理续当或回赎时一次性支付给甲方。……3. 本合同签订后,乙方提供的以股权和担保为当物设定的质押关系,详见质押清单,甲乙双方另行签订的股权抵押和担保合同,合同编号为(2006)杭明典担合字第42号,该合同签订后具有同等法律效力。4. 续当时乙方应向甲方付清前期利息、综合服务费及其他相关费用。……5. (2)乙方违约责任:当金逾期五天后,乙方既不办理续当手续,又不按期清偿当金本息办理回赎手续的,自逾期之日起至当金本息及其他相关费用清偿之日,乙方要承担按银行同档次贷款利率上浮20%计算的利息,还要承担所欠当金额每日0.3%的违约金给甲方。……7. 补充约定:(1)综合服务费等到期结清;(2)若逾期还款,利息按每月0.6%计算,综合服务费和利息续计,另计违约金;(3)如乙方分期还款,则先计还综合服务费和利息,后计还本金。8. 本合同项下《股权质押典当合同》《担保合同》及当票、续当手续是本合同不可分割的组成部分。当日,明泰公司与恒力公司、魏永生、永盛公司签订了《担保合同》,约定魏永生、永盛公司为恒力公司向明泰公司融资借款1500万元提供连带责任保证,保证范围包括1500万元当金、综合服务费、赔偿金、实现债权的费用等,保证期限自典当借款合同成立之日起至依据主合同及当票、续当凭证或延期凭证发生的主债务届满之日起两年。当日,恒力公司向明泰公司出具了恒力公司股东会决议,决议内容为同意魏永生、陆方明将持有的恒力公司528万元股本抵押给明泰公司,用于典当融资200万元,同意公司向明泰公司融资1500万元提供连带责任保证。该股东会决议落款处盖了恒力公司公章,股东魏永生、陆方明均签了名。同时永盛公司亦向明泰公司出具了《股东会关于同意对外担保的决议》,决议内容为同意永盛公司以担保人的身份,为恒力公司向明泰公司借款1500万元提供担保,并愿意为上述借款承担连带清偿责任,同意吴金权、金伟民将持有的永盛公司100%的1558万元股本抵押给明泰公司,用于典当融资1200万元。该股东会决议落款处盖了永盛公司公章,股东吴金权签了名,金伟民在该决议上的落款签名非其本人所签。同日,明泰公司与恒力公司、永盛公司签订《股权质押典当合同》,约定恒力公司、永盛公司以其拥有的全部个人股东在恒力公司、永盛公司的股权向明泰公司质押典当融资,永盛公司同意为恒力公司借款提供连带责任担保,当金数额1500万元,当金的使用期限自2006年12月20日起至2007年1月18日止,典当质押物为恒力公司和永盛公司4位股东在公司的100%股权及其派生的权益,恒力公司、永盛公司股东会同意魏永生、陆方明、吴金权、金伟民以个人全部股权质押给明泰公司用于典当融资。2006年12月20日,恒力公司收到临安康城商贸有限公司代明泰公司支付的当金1500万元。借款期限届满,明泰公司口头同意恒力公司顺延半个月归还。根据明泰公司在审理中的自认,2007年2月3日,恒力公司以现金形式向明泰公司支付了68万元。2007年2月5日,恒力公司通过向临安康城商贸有限公司付款的形式向明泰公司还款300万元,2007年2月15日及3月20日各还款50万元,2007年4月3日还款100万元,2007年5月8日还款700万元,2007年9月24日还款100万元。上述还款期间的2007年3月20日,恒力公司、魏永生向明泰公司出具了承诺书,承诺书载明“我公司于2006年12月20日向贵公司借款1500万元,至2007年3月20日尚欠本金1200万元,我公司保证在2007年4月30日前还清本金及其全部综合服务费、利息等。如逾期还款则自愿承担每天千分之五的违约金,本承诺书由魏永生承担本、费、息、违约金连带还款责任”。另查明,恒力公司成立于2004年12月21日,注册资本528万元,股东为魏永生(投资比例80%),陆方明(投资比例20%)。永盛公司成立于2001年9月11日,注册资本1558万元,股东为吴金权(投资比例73.8%)、金伟民(投资比例26.2%)。又查明,2006年12月20日,恒力公司分别往潘利青、王燕、章妮君的农业银行卡里各汇入45万元;2007年1月18日,恒力公司分别往潘利青、王燕、章妮君的农业银行卡里各汇入22.5万元。潘利青、王燕、章妮君在恒力公司的上述汇款期间,均是临安明泰房产置换有限公司(以下简称明泰房产)在职工作人员,其中潘利青系明泰房产的法定代表人。明泰公司的法定代表人黄文娟是明泰房产的股东(占76%股权)。

杭州市西湖区人民法院一审认为:1. 关于本案借款性质属于典当借款还是企业借贷的问题。典当是指当户将其动产、财产权利作为当物质押或者将其房地产作为当物抵押给典当行,交付一定比例费用,取得当金,并在约定期限内支付当金利息、偿还当金、赎回当物的行为。根据典当的上述法律特征,当物的抵押或者质押法律关系的有效设立是典当法律关系成立的必备要件。本案当物为股权,属于权利质权,权利质权自权利凭证交付质权人时设立,没有权利凭证的,股权质权自工商行政管理部门办理出质登记时设立。而根据本案查明的事实,金伟民以其拥有的永盛公司股权作当物并非其真实意思表示,且本案的魏永生、陆方明用以典当的股权并未办理出质登记,故股权的出质并未有效设立,也即本案借款不存在合法有效的当物。而典当借款区别于其他借贷关系的本质特征在于借款的发生以存在合法有效的当物为前提,典当行收取超出银行贷款利率的综合服务费的基础和对价,也是基于典当行对于当物的监督和管理需要支出一定的成本的费用,故本案中,明泰公司与恒力公司签订的《典当借款合同》明显不具有典当合同的法律特征。明泰公司的贷款实质属发放企业贷款,该行为不仅违反了《典当管理办法》关于典当企业"不得从事信用贷款"的规定,也违反了《中华人民共和国银行业监督管理法》第十九条"未经国务院银行业监督管理机构批准,任何单位或者个人不得设立银行业金融机构或者从事银行业金融机构的业务活动"的规定。明泰公司向恒力公司的出借款项行为实质属于企业借贷,如果支持这种贷款行为,势必造成典当行业纯银行化的运作模式,将会扰乱金融秩序,故双方签订的《典当借款合同》应认定无效。2. 关于恒力公司向明泰公司归还款项的金额问题。双方对恒力公司以汇票或电汇形式还款的1300万元并无争议。现有分歧的是恒力公司认为除了归还上述1300万元之外,其还另行通过向潘利青、王燕、章妮君的银行卡汇款的形式归还本案款项202.5万元;明泰公司则认为上述202.5万元的汇款与本案无关,但认可恒力公司支付了1300万元之外,另还以现金形式付清了2006年12月20日至2007年2月5日的综合服务费、利息等其他费用共68万元。对该问题,首先,恒力公司凭据没有落款署名,仅载明了名字、银行账号、汇款金额的传真复印件来证明其向三个人汇款是应明泰公司要求所致,显然证据不充分。其次,恒力公司、魏永生于2007年3月20日向明泰公司出具的承诺书载明至2007年3月20日尚欠明泰公司本金1200万元,由于恒力公司向三个人汇款202.5万元的时间均在出具承诺书之前,且其中135万元的汇款时间与明泰公司发放贷款的1500万元的时间是同一天,根据合同约定的利息及综合服务费标准,该135万元不可能全是费用,而如果认定202.5万元属归还本案款项,则恒力公司所欠本金并没有1200多万元。该承诺书的内容与恒力公司的抗辩相矛盾。再次,该三个人均不是明泰公司的员工,虽然他们当时所在的工作单位明泰房产的其中一名股东系明泰公司的法定代表人,但明泰房产与明泰公司在法律上属于两个不同的独立的企业法人,仅凭两家单位的上述关联性而认定202.5万元归还的是本案款项,缺乏事实和法律依据。最后,虽然明泰公司在录音对话中并未明确否认恒力公司提出的归还款项金额,但明泰公司也未明确表示认可恒力公司所述的还款金额,而不作为的默示只有在法律有明确规定或当事人双方有约定的情况下,才可以视为一种意思表示,可见,该录音内容也不能得出恒力公司已归还1502.5万元的结论。综上分析,恒力公司认为向三个个人汇款202.5万元系归还本案款项的抗辩,理由并不成立,不予采信。鉴于明泰公司自认恒力公司除了归还1300万元外,还支付了现金68万元,故认定恒力公司向明泰公司归还的款项金额共为1368万元。3. 由于《典当借款合同》无效,恒力公司因该合同取得的财产,应当予以返还。恒力公司已归还明泰公司1368万元,尚欠借款本金132万元,故明泰公司要求恒力公司归还本金500万元的诉讼请求,仅支持其中132万元。由于合同无效,所以约定的利息、综合服务费及违约金的标准也不再适用本案,但由于恒力公司占用借款使己方财产获得消极增加,故恒力公司应按银行同期贷款年利率向明泰公司赔偿利息损失,根据恒力公司归还款项的金额、时间及各个归还时间段的银行贷款年利率标准,暂计至2009年9月22日的利息损失为503,538元。明泰公司要求恒力公司支付暂计至2009年9月22日的综合服务费、利息、违约金1328.8万元的诉讼请求,仅支持利息损失503,538元。4.《最高人民法院关于适用〈中华人民共和国担保法〉若干问题的解释》第八条规定:"主合同无效而导致担保合同无效,担保人有过错的,担保人承担民事责任的部分,不应超过债务人不能清偿部分的三分之一",本案担保人魏永生及永盛公司为企业间的借贷提供担保,具有过错,故明泰公司要求魏永生及永盛公司为恒力公司的欠款承担连带责任的诉讼请求,缺乏法律依据,仅支持担保人对恒力公司不能清偿部分的1/3承担赔偿责任。魏永生、永盛公司辩称担保合同无效,担保人无须承担担保责任的抗辩,于法无据,不予采信。综上,依照《中华人民共和国合同法》第五十二条第五项、第五十八条,《最高人民法院关于适用〈中华人民共和国担保法〉若干问题的解释》第八条之规定,杭州市西湖区人民法院于2010年1月27日作出(2009)杭西商初字第1660号民事判决:一、恒力公司返还明泰公司借款本金1,320,000元、赔偿利息损失503,538元(暂计至2009年9月22日,此后至判决确定的给付之日的利息按银行同期贷款年利率7.47%另计),于判决书生效之日起十日内付清。二、魏永生、永盛公司对恒力公司上述债务不能清偿部分的1/3承担赔偿责任。三、驳回明泰公司的其他诉讼请求。如果未按判决指定的期间履行给付金钱义务,应当依照《中华人民共和国民事诉讼法》第二百二十九条之规定,加倍支付迟延履行期间的债务利息。案件受理费131,528元,财产保全申请费5000元,合计136,528元,由明泰公司负担122,914元,恒力公司、魏永生、永盛公司负担13,614元,鉴定费9500元,由明泰公司负担。

明泰公司不服一审判决,向杭州市中级人民法院提起上诉称,1. 一审认定典当借款主合同无效,属适用法律错误。本案所涉借款关系为合法的典当借款,并非企业间借贷。首先,根据中国人民银行银发〔1996〕119号文件明确规定,典当行属于"特殊金融机构",作为其他金融机构的业务补充,可以依法向非国有中小企业和个人提供基于动产或者财产权利质押以及房地产抵押贷款,只不过这类贷款在典当行业中专门称呼为"当金"而已。一审判决所引用的《中华人民共和国银行业监督管理法》第十九条不适用于典当行业。其次,本案不存在"从事信用贷款"的问题。明泰公司和恒力公司之间签署有典当借款合同以及担保合同和股权质押合同,恒力公司、魏永生、永盛公司同时提供了连带保证责任担保和股权质押担保。虽然股权质押担保因未履行在工商登记机关的登记手续而存在瑕疵,但连带保证担保本身并无瑕疵。由于两项担保的存在,本案的典当借款并非"信用贷款"。最后,典当借款主合同本身应有效,从合同的履行瑕疵不应影响主合同的效力。明泰公司主体资质合法,约定的借款费用标准符合法律规定,在借款合同中也明确约定必须采用股权质押形式提供当物,其后各方又签署了股权质押合同和担保合同,因此,明泰公司在合同缔结中并不存在任何违反法律法规或故意规避法律的行为,不存在《中华人民共和国合同法》第五十二条规定的合同无效事由,典当借款合同的内容应为有效。一方合同当事人未能按股权质押合同的约定履行义务,属于从合同履行中的违约情况,应当考虑依照合同约定追究违约责任。物的担保未履行登记手续至多使得物的担保存在效力瑕疵,也不能因此否定主合同的合法性和效力。2. 一审判决对担保合同的法律理解和认定错误。首先,工商机关出质登记并非是股权质押有效设立的必要条件。依照担保法和相关司法解释的规定,以有限责任公司的股权出质的,质押合同自股权出质记载于股东名册之日起生效。在工商登记机关的出质登记属于一种"股东名册的记载"方式,但是,即便未经工商机关出质登记,采用其他方式符合将质押关系记载于公司的,质押合同仍符合法律规定的有效要件。因此,就简单股东结构的公司而言,出具公司盖章的关于股权质押的股东会决议,符合股东名册登记的实质性目的,应认定生效,至少应认定股权质押合同成立但尚未生效,而不应认定质押合同无效。其次,永盛公司股东金伟民签字的真实与否只影响金伟民其本身的股权质押意思表示,对永盛公司的另一股东吴金权的股权质押意思表示的效力不产生影响。且依照担保法和公司法的相关规定,股权出质行为虽然需要由股东会做出决议,但仅需符合半数股东和50%以上表决权股东同意就为有效,由于吴金权持有永盛公司73.8%的股权,故无论金伟民本人签字与否,该股东会决议对于吴金权以其1150万元股权出质的内容仍有效。因此,本案中魏永生、陆方明、吴金权以其持有的公司股权出质的意思表示均为合法有效且决定形式符合公司法的相关规定。最后,除上述股权质押合同外,典当借款主合同下,明泰公司与恒力公司、魏永生、永盛公司还签署有一份连带保证责任的担保合同,依照该合同第六条的特别约定,该连带保证合同的效力独立于主合同。3. 即便存在合同无效的情形,一审判决对魏永生、永盛公司的赔偿责任分配也是错误的。一审判决以作为当物的股权质押未有效设立为由认定不构成典当借款关系,从而认定主要法律关系为企业借贷。即便该认定成立,但根据合同约定,应由魏永生、永盛公司负责办理股权出质登记手续。依照担保法司法解释的规定,因魏永生、永盛公司作为责任方违背诚实信用原则不办理相关手续导致质权未有效设立而致使合同无效的,也应由责任方即魏永生、永盛公司承担全部赔偿责任。结合前述连带保证责任担保合同的约定,魏永生、永盛公司应对所有债务承担连带赔偿责任。4. 即便合同无效,一审判决对恒力公司应承担的损失赔偿计算也是错误的。所谓合同无效的经济损失,是指在合同有效的情况下明泰公司应当可以获得的利益的差额,也就是合同约定的利息和综合服务费总额。如果该部分约定超过了国家规定的标准,对于违反国家标准的部分,人民法院不应予以支持。但明泰公司与恒力公司之间约定的利息和每月2.4%比例的综合服务费,符合国家对股权质押典当费率的规定,并无法院依法可以核减的内容。一审判决将综合服务费理解为完全是对当物的看护费,并仅按照同期银行贷款利率标准计算损失错误。综上,请求判令:撤销一审判决,改判支持明泰公司的全部诉讼请求,并由恒力公司、魏永生、永盛公司承担一、二审诉讼费用。

恒力公司、魏永生、永盛公司在二审中共同答辩称,1. 本案性质应是借款关系而非典当关系。(1)根据《典当管理办法》的规定,典当必须由当户将动产财产权利作为当物或将房地产抵押给典当行,才能获得当金。同时,基于当物的存在才产生出典当关系所特有的赎当、绝当。当物的存在与实现债权手段的不同是典当与借款的本质区别。根据《中华人民共和国银行业监督管理法》,典当行作为非银行业机构,其放贷行为为法律所禁止。明泰公司虽然自称系特殊金融机构,但并非所有的金融机构必然具有从事所有金融业务的资质。本案中,明泰公司并无发放贷款的资格。(2)关于信用贷款的问题。《典当管理办法》的本质即要求有当物的存在,该办法中与信用贷款相对应的是以物、权利质押或抵押贷款。一审法院基于无当物的事实认定系信用贷款并无不当。(3)确定合同是否有效,应从合同当事人各自的权利义务来判断其法律关系的性质,从而确定其效力。本案中,双方签订的借款合同,虽然从形式上看是一份典当借款合同,但实质上并无股权作为当物,而有无当物是典当区别于借款的基本特征,故股权质押合同没有设立,并非如明泰公司所说的仅是履行问题,它直接影响借款法律关系的认定,从而影响合同的效力。(4)关于股权质押的设立。本案中,虽然签订了股权质押合同,但相关质权未记载于股东名册,更谈不上去工商部门办理股权质押手续。因此,本案中的股权质押合同没有生效。(5)关于股东会决议的效力。明泰公司提交的是一份有股东签名的股东会决议,有保证证据真实性的义务。金伟民的签字不真实,故股东会决议无效,不能作为有效的定案证据。综上,明泰公司在没有当物存在的情况下直接向借款人发放借款,系一种企业借贷行为。此外,从明泰公司实际行使权利的方式上来看,其从未提出处分股权的要求,而是直接按照借贷关系中债权人的权利要求恒力公司直接支付款项,可见明泰公司实际上也认可双方之间系借贷关系。2. 关于担保的问题。(1)关于担保独立条款,我国法律强调担保的从属性,一审法院认定主合同无效故保证合同无效正确。(2)一审判决判令魏永生、永盛公司承担恒力公司不能清偿部分 1/3 的赔偿责任,已经充分考虑了其过错。未办理股权质押手续并非导致借款无效的根本原因,且根据股权质押合同,相关手续也不是魏永生、永盛公司办理。恒力公司、魏永生、永盛公司未上诉并不代表认可存在过错。(3)关于保证范围。根据双方约定,保证人的保证范围一部分是正常的债务,另一部分是借款人因违约而给出借人造成的损失。这里的损失,应当是指因违约给出借方造成的实际损失,而并非指具有惩罚性的违约金。根据合同条款,这部分因违约造成的损失应以明泰公司提交的合法票证为依据。因此,虽然本案担保合同无效,但魏永生、永盛公司的保证范围也仅限于借款本金及其他一些正常的收费。因此,即使恒力公司违约,因违约造成的损失或违约金均不在本案保证范围之内。(4)关于保证期间。根据担保合同的约定,保证的期限自主债务届满之日起两年。本案自主债务履行期限届满起至明泰公司起诉已经超过两年,保证人的保证期间已过,担保人无须承担保证责任。3. 一审法院在主合同无效的情况下,按银行贷款利率计算明泰公司的损失,已经考虑了明泰公司的实际情况,明泰公司对损失计算提出的异议不能成立。综上,请求驳回上诉,维持一审判决。

杭州市中级人民法院除认定一审所查明的事实外,二审另查明,2008 年 4 月 25 日,明泰公司以邮寄挂号信的方式向恒力公司催收涉案借款。2008 年 12 月 8 日,明泰公司通过 EMS 国内特快专递分别向恒力公司、魏永生、永盛公司催收涉案借款。

杭州市中级人民法院二审认为,根据明泰公司与恒力公司签订的典当借款合同,以及与恒力公司、永盛公司签订的股权质押典当合同,与恒力公司、魏永生、永盛公司签订的担保合同,签约各方就恒力公司以股权质押的方式向明泰公司进行典当融资,魏永生、永盛公司为恒力公司的典当融资行为提供连带责任保证达成了合意。因相关质押典当之股权未办理出质登记,且其中金伟民以其拥有的永盛公司股权为恒力公司进行质押典当并非其真实意思表示,故本案所涉股权质押未有效设立,但质押关系未成立并不影响典当关系之效力。明泰公司在合同签订后已向恒力公司发放1500万元当金并开具当票,其与恒力公司之间的典当关系有效成立。典当综合费系典当行在实际履行典当合同过程中所产生的各种服务及管理费用。因涉案质押典当之股权并未办理出质登记等手续,明泰公司亦未举证证明其在履行本案合同过程中所产生的服务及管理费用,且合同约定每月2.4%的综合服务费、0.5%的利息以及每日3‰的违约金,折合为每日3.97‰的计付标准明显过高,参照审理民间借贷纠纷案件的利率保护标准及《典当管理办法》第三十七条第一款“典当当金利率,按中国人民银行公布的银行机构6个月法定贷款利率及典当期限折算后执行”的规定,对明泰公司主张的综合服务费、利息、违约金等超出中国人民银行公布的银行机构六个月法定贷款利率四倍的部分不予支持。根据典当借款合同中“如乙方分期还款,则先计还综合服务费和利息,后计还本金”的约定,以及《最高人民法院关于适用〈中华人民共和国合同法〉若干问题的解释(二)》第二十一条关于“债务人除主债务之外还应当支付利息和费用,当其给付不足以清偿全部债务时,并且当事人没有约定的,人民法院应当按照下列顺序抵充:(一)实现债权的有关费用;(二)利息;(三)主债务”的规定,明泰公司确认恒力公司已偿付的1368万元款项应先抵充利息,再抵充本金。根据恒力公司还款的时间、金额及各还款时间段六个月的法定贷款利率,至恒力公司最后一次向明泰公司还款日(2007年9月24日)止,恒力公司尚欠明泰公司本金2,685,043元。恒力公司应向明泰公司偿付所欠本金及由此所产生的利息损失。魏永生和永盛公司对此应承担连带保证责任。恒力公司主张已付的1502.5万元中,除明泰公司认可的1368万元外,另134.5万元因缺乏证据证明已由明泰公司收取,故在本案中不予认定。综上,明泰公司的上诉理由部分成立,对其上诉请求予以部分支持。依照《中华人民共和国民事诉讼法》第六十四条第一款、第一百五十三条、第一款第二项、《中华人民共和国合同法》第一百零七条、《中华人民共和国担保法》第十八条、第三十一条之规定,杭州市中级人民法院于2010年9月26日作出(2010)浙杭商终字第568号民事判决:一、撤销杭州市西湖区人民法院(2009)杭西商初字第1660号民事判决。二、恒力公司归还给明泰公司本金 2, 685, 043 元,该款于判决生效之日起十日内付清。三、恒力公司支付给明泰公司利息 1, 117, 455 元(2, 685, 043 元按中国人民银行公布的银行机构六个月期法定贷款利率的四倍自 2007 年 9 月 25 日计算至 2009 年 6 月 23 日,自 2009 年 6 月 24 日起至判决给付日止的利息按中国人民银行公布的银行机构六个月期法定贷款利率的四倍另计),该款于判决生效之日起十日内付清。四、魏永生、永盛公司对恒力公司应支付给明泰公司的上述第二、三项本金及利息承担连带保证责任。魏永生、永盛公司承担保证责任后,有权向恒力公司追偿。五、驳回明泰公司的其他诉讼请求。如果未按判决指定的期间履行给付金钱义务,应当依照《中华人民共和国民事诉讼法》第二百二十九条之规定,加倍支付迟延履行期间的债务利息。一审案件受理费 131, 528 元,由明泰公司负担 94, 308 元,由恒力公司、魏永生、永盛公司负担 37, 220 元;财产保全申请费 5000 元,由恒力公司、魏永生、永盛公司负担;鉴定费 9500 元,由明泰公司负担。二审案件受理费 122, 914 元,由明泰公司负担 100, 304 元,由恒力公司、魏永生、永盛公司负担 22, 610 元。

恒力公司不服二审判决,向本院申请再审称,1. 原审判决认定事实错误。本案一、二审过程中,明泰公司否认收到恒力公司 2006 年 12 月 20 日和 2007 年 1 月 18 日汇付的潘利青、王燕、章妮君三人的 202. 5 万元,仅自认以现金方式收到 68 万元。据此,原审判决在认定已付款项时未计算其余的 134. 5 万元。为讨回款项,恒力公司于 2010 年 11 月 15 日分别对潘利青、王燕、章妮君三人提起不当得利之诉,明泰公司作为第三人参加诉讼。庭审中,明泰公司确认已收到上述共计 202. 5 万元,其中包括了在本案一、二审中自认的 68 万元。因此,一、二审法院对该 134. 5 万元的还款事实认定错误。2. 关于恒力公司主张的 134. 5 万元系咨询服务费的问题。首先,咨询服务合同因缺少丙方永盛公司的签字而未生效;其次,合同原件和复印件上的收费标准"每天 3050 元"和"每天 30, 500 元"相互矛盾;最后,明泰公司的鉴定评估及咨询服务仅限于典当活动,理财咨询、融资咨询不属于明泰公司的业务范围。事实上,咨询服务合同是因恒力公司当时急需向明泰公司借款,才按照明泰公司要求在咨询服务合同上盖章,该咨询服务合同只是形式上签订,并未履行,明泰公司从未为恒力公司做过咨询服务,该 134. 5 万元是明泰公司当时为套现需要而要求恒力公司在典当借款后所作的提前还款。3. 原审误判及因此给恒力公司造成的损失。由于对恒力公司已付的 134. 5 万元未予认定,导致原审法院作出错误判决,判决恒力公司返还明泰公司本金 2, 685, 043 元及相应利息。判决生效后,恒力公司于 2010 年 10 月 21 日被执行了共计 4, 539, 870 元。但根据新的证据,前述 134. 5 万元已被明泰公司收取,很显然原判多计了该134.5万元的本金及利息,合计2250,585.51元。此外,因原判错误还给恒力公司造成了支付多收款项的利息损失(按照6.8%计算)165,792.9元和临安市中级人民法院不当得利之诉的案件受理费损失29,040元,合计194,832.9元。综上,请求判令:1. 撤销二审判决;2. 明泰公司向恒力公司返还2250,585.51元,并赔偿损失194,832.90元。再审过程中,经本院释明,恒力公司变更再审请求为:将二审判决的第二项、第三项变更为:恒力公司归还给明泰公司本金1,340,043元,并支付相应利息(1,340,043元按中国人民银行公布的银行机构六个月期法定贷款利率的四倍自2007年9月25日计算至2009年6月23日,自2009年6月24日起至判决给付日止的利息按国人民银行公布的银行机构六个月期法定贷款利率的四倍另计)。

明泰公司再审答辩称,恒力公司提出再审申请的主要理由是明泰公司在本案审理过程中对是否收到202.5万元的表述与其后在临安市中级人民法院审理的章妮君等三人不当得利纠纷诉讼案件中的表述不一致。这一再审主张割裂了明泰公司陈述的前因后果,并故意隐瞒主要证据,属断章取义。本案中,明泰公司陈述的是"收到了基于典当借款关系而发生的截至2007年2月5日的利息和综合服务费68万元",二审据此判决不认定134.5万元是正确的。该134.5万元是基于恒力公司与明泰公司于2006年12月20日签署的咨询服务合同项下所收取的咨询服务费。咨询服务合同中虽少了担保人永盛公司的盖章,但对明泰公司和恒力公司具有约束力。该咨询服务合同原件已经提交临安市中级人民法院留卷备查,恒力公司对此合同系其签署也并无异议,且该判决现已生效,相关事实也得到确认。所争议的202.5万元付款,由本案典当合同项下的68万元典当还款和三起不当得利案件中咨询服务合同项下的134.5万元咨询服务费付款两部分组成。明泰公司在两个案件中的表述并不存在冲突,并提供了证据印证。恒力公司对其出具的承诺书中确认的借款金额予以否认,违反诚实信用原则。因此,二审判决并无不当,请求再审予以维持。

魏永生、永盛公司在再审中答辩同意恒力公司的再审请求和理由。

本院再审期间,明泰公司、魏永生、永盛公司未提供新的证据。恒力公司提供了临安市中级人民法院(2010)杭临民初字第1578号民事判决书以及第1576号、第1577号民事裁定书各一份作为再审证据,用以证明在该三案中,明泰公司最终确认收到恒力公司支付给潘利青等三人共计202.5万元的款项。明泰公司质证认为,对三份裁判文书的真实性无异议,但对证明目的有异议,在该三案中,134.5万元是明泰公司收取的咨询服务合同项下的咨询服务费,并非基于典当合同项下收取。魏永生、永盛公司对三份裁判文书的三性无异议。由于各方对上述三份裁判文书的真实性均无异议,故对其真实性本院亦予确认。该三份裁判文书均形成于本案二审庭审结束以后,且所涉三案讼争的202.5万元款项性质认定与本案中如何认定恒力公司已归还的借款数额具有关联性,故可作为再审新证据使用。至于其证明力,则应结合本案的事实和其他证据进行综合审查认定。

本院再审查明,2010年11月15日,恒力公司分别对章妮君、潘利青、王燕向临安市中级人民法院提起不当得利之诉,要求该三人各自返还恒力公司于2006年12月20日汇付的45万元、于2007年1月18日汇付的22.5万元。在恒力公司诉章妮君的(2010)杭临民初字第1578号案中,经恒力公司申请,明泰公司作为第三人参加诉讼,并在第二次庭审中承认章妮君收到67.5万元后交付给了明泰公司,并陈述该67.5万元系明泰公司向恒力公司收取的咨询服务费。该案审理过程中,章妮君向法院提供了咨询服务合同一份作为证据,用以证明章妮君、潘利青、王燕三人收取202.5万元中的134.5万元系该合同项下的咨询服务费。临安市中级人民法院于2011年11月2日作出(2010)杭临民初字第1578号民事判决,判决驳回恒力公司的诉讼请求。该判决书中同时载明,章妮君提交的咨询服务合同不能证明章妮君、潘利青、王燕所收到的134.5万元就是履行咨询服务合同所支付的咨询服务费。上述判决作出后,恒力公司在(2010)杭临民初字第1576号、第1577号两案中分别撤回对潘利青、王燕的起诉,临安市中级人民法院均作出相应的民事裁定予以准许。其他事实与二审法院查明的事实一致。

本院再审认为,典当行作为为社会提供典当融资服务的新型组织和合法经营机构,对其在核定经营范围内从事的动产质押、财产权利质押、特定范围内的房地产抵押等典当业务,应依法确认其效力。本案中,恒力公司以股权质押的方式向明泰公司进行典当融资,明泰公司在合同签订后依约发放了1500万元当金并开具当票,虽然作为典当物的股权未办理出质登记,但质押关系未成立并不影响典当关系的效力,二审法院认定典当关系有效成立,并无不当。对明泰公司要求恒力公司按合同约定支付综合服务费、利息、违约金的主张,二审法院综合典当行经营成本、本案合同履行情况等因素,合理确定计费标准按中国人民银行公布的银行机构六个月期法定贷款利率的四倍计算,亦有相应依据。本案中,各方对恒力公司于2007年2月份以后向明泰公司归还了1300万元的事实均无异议。本案的争议焦点在于:恒力公司于2006年12月20日和2007年1月18日分两次分别汇付给潘利青、王燕、章妮君的共计202.5万元款项,是否应认定为恒力公司基于本案典当关系向明泰公司归还的款项?即二审判决认定恒力公司尚欠明泰公司的本金为2,685,043元,而未将202.5万元中的134.5万元计人已还款项是否正确？对此分析如下：

首先，在临安市中级人民法院审理的三起不当得利之诉和本案的审理过程中，明泰公司对是否曾收到该202.5万元的陈述存在明显矛盾。明泰公司在本案一审庭审中明确陈述，没有收到恒力公司于2006年12月20日和2007年1月18日给潘利青等三人的202.5万元，仅由公司负责人王立民以现金形式收取了截至2007年2月5日的典当利息和综合服务费68万元，该68万元与202.5万元无关，系两笔不同款项。而在临安市中级人民法院审理的(2010)杭临民初字第1576号、第1577号、第1578号三起不当得利案件中，明泰公司又承认章妮君、潘利青、王燕三人合计收取的202.5万元款项均系受公司职工王立民委托代收的公司款项，三人收款后均已将款项转交王立民并已交付给明泰公司，其中的68万元是王立民负责代收的恒力公司支付典当借款本息的一部分。本案再审庭审中，明泰公司对该202.5万元款项的陈述与在三起不当得利案件中的陈述内容一致。可见，明泰公司在一审中无论是关于未收到202.5万元的陈述，还是68万元未包含在202.5万元中的陈述，均不属实。由于明泰公司在一、二审中对该节事实的不实陈述，使二审判决关于“另134.5万元因缺乏证据证明已由明泰公司收取，故在本案中不予认定”的内容与客观事实发生明显背离，影响了对本案的事实认定和实体处理，对此应作重新审查。

其次，明泰公司在再审中提出134.5万元系恒力公司支付咨询服务合同项下的咨询服务费，该主张难以成立。如前所述，明泰公司实际收到讼争的202.5万元款项已无疑义，关键在于是否可以认定该202.5万元是与本案典当关系相关的还款。在三起不当得利之诉中及本案再审阶段，明泰公司就202.5万元的性质提出新的抗辩主张，即认为其中的68万元系归还《典当借款合同》的部分利息和服务费，其余134.5万元则是恒力公司履行双方于2006年12月20日签订的咨询服务合同所支付的咨询服务费。但从咨询服务合同的内容看，合同条文很少且约定简单，对为何种投资理财行为提供咨询及提供咨询服务的履行方式、具体服务内容均语焉不详。合同中约定采取以融资金额的百分比按天计酬而非以咨询项目计酬的计价方式，也不符合咨询服务行业的通常做法。在三起不当得利之诉和本案再审阶段，明泰公司也均未能提供书面咨询报告等任何可以证明已履行咨询服务合同的证据。在恒力公司需一次性支付巨额咨询费的情况下，明泰公司称仅为其提供口头咨询服务而不出具任何正式的书面咨询报告，与常理不符。此外，根据章妮君在(2010)杭临民初字第1578号不当得利纠纷一案中先后提交的咨询服务合同复印件和原件，复印件中对合同第三条“收费标准”的内容记载与原件不相符，复印件中为“每天3050元”，原件中则为“每天30,500元”。

复印件与原件在合同的核心价格条款上存在出入,合同本身存有重大形式瑕疵。因此,明泰公司辩称134.5万元系恒力公司支付的咨询服务费,未能提供足够相应证据且缺乏合理性,不予支持。

最后,综合全案证据与事实,恒力公司向潘利青、王燕、章妮君汇付的202.5万元与《典当借款合同》之间存在紧密关联性,应视为对典当关系的还款。一方面,《典当借款合同》签订于2006年12月19日,金额为1500万元,款项于次日即2006年12月20日支付到位,而咨询服务合同签订于2006年12月20日,提供咨询服务的融资金额也是1500万元,两份合同在签订时间和款项数额上高度关联。另一方面,明泰公司所谓的咨询服务费与《典当借款合同》项下的利息、综合服务费,无论在数额计算还是支付方式上存在混同。恒力公司于2006年12月20日汇到潘利青、王燕、章妮君账户各45万元,合计135万元。《典当借款合同》约定的利息和综合服务费率为每月2.9%,咨询服务合同约定的收费标准为每月6.1%,(2.9% +6.1%)×1500万元×1个月恰好等于135万元。再结合潘利青等三人当时系明泰公司关联企业员工的身份,可以判断202.5万元与典当关系之间存在不可分割的联系,故对除明泰公司自认68万元还款以外的其余134.5万元,也应视为针对本案典当关系的还款。由于还款的时间为1500万元典当款项支付当日,即2006年12月20日,当时典当利息、综合服务费等费用尚未实际发生,故对该134.5万元应作为归还的本金予以扣减。现恒力公司要求在二审判决确定的应还本金2,685,043元中扣除该134.5万元,有事实和法律依据,应予支持。

综上,申请再审人恒力公司主张的再审理由成立,原审判决认定事实基本清楚,但基于再审中出现的新的证据和事实,本院对原审法院的部分事实认定及实体处理进行纠正。依照《中华人民共和国民事诉讼法》第一百五十三条第一款第三项、第一百八十六条第一款,《最高人民法院关于适用〈中华人民共和国民事诉讼法〉审判监督程序若干问题的解释》第三十九条第一款之规定,判决如下:

一、维持杭州市中级人民法院(2010)浙杭商终字第568号民事判决第一项。

二、撤销杭州市中级人民法院(2010)浙杭商终字第568号民事判决第二项、第三项、第四项、第五项。

三、绍兴县恒力纺织品有限公司向杭州明泰典当有限责任公司归还本金1,340,043元并支付相应利息(1,340,043元按中国人民银行公布的银行机构六个月期法定贷款利率的四倍自2007年9月25日计算至2009年6月23日,自2009年6月24日起至判决给付日止的利息按中国人民银行公布的银行机构六个月期法定贷款利率的四倍另计),该款于本判决送达之日起十日内付清。

四、魏永生、绍兴县永盛炼染有限公司对绍兴县恒力纺织品有限公司应支付给杭州明泰典当有限责任公司的上述第三项本金及利息承担连带保证责任。魏永生、绍兴县永盛炼染有限公司承担保证责任后,有权向绍兴县恒力纺织品有限公司追偿。

五、驳回杭州明泰典当有限责任公司的其他诉讼请求。

如果未按本判决指定的期间履行给付金钱义务,应当依照《中华人民共和国民事诉讼法》第二百二十九条之规定,加倍支付迟延履行期间的债务利息。

一审案件受理费131,528元,财产保全申请费5000元,合计136,528元,由明泰公司负担122,308元,由恒力公司、魏永生、永盛公司负担14,220元;鉴定费9500元,由明泰公司负担。二审案件受理费122,914元,由明泰公司负担110,112元,由恒力公司、魏永生、永盛公司负担12,802元。

本判决为终审判决。

审　判　长　汤玲丽
代理审判员　梅　冰
代理审判员　楼　颖
二〇一二年十二月九日
书　记　员　王雅倩

5. 未办理不动产抵押登记的典当合同

【问题提示】作为当物的不动产未办理抵押登记手续的，双方的典当合同是否成立生效？

【案例二十二】淮安市天润典当有限公司诉淮安市民生实业有限公司、王明生、邵培红、淮安市淮信信用担保有限公司借款合同纠纷案（2015年9月30日）

【法律点】 1. 典当行与当户之间虽然签订了房地产抵押合同，但未依约办理抵押登记，典当行发放的贷款系典当行依法不得经营的业务范围，双方的典当借款合同无效。

2. 担保合同是主合同的从合同，主合同无效，担保合同无效。担保合同另有约定的，按照约定。案涉《最高额保证借款合同》特别约定主合同若无效，但保证条款仍然有效，且保证人对贷款人在主合同无效情况下的一切债权仍按本合同约定承担连带保证责任，故保证人应承担借款合同无效的保证责任。

【关键词】房地产抵押　抵押登记　典当业务　独立担保条款

江苏省淮安经济技术开发区人民法院

民事判决书

（2015）淮开商初字第343号

原告：淮安市天润典当有限公司。

法定代表人：赵亚东，董事长。

委托代理人:吴国雨,江苏六仁律师事务所律师。

委托代理人:陈江,员工。

被告:淮安市民生实业有限公司。

法定代表人:王明生,总经理。

委托代理人:徐建华,员工。

被告:王明生。

被告:邵培红。

被告:淮安市淮信信用担保有限公司。住所地,淮安市××区××路××号。

法定代表人:王明生,总经理。

委托代理人:李慧,员工。

被告:淮安市金园工贸有限公司。住所地,淮安市××区××镇××区。

原告淮安市天润典当有限公司(以下简称天润典当公司)与被告淮安市民生实业有限公司(以下简称民生公司)、王明生、邵培红、淮安市淮信信用担保有限公司(以下简称淮信担保公司)、淮安市金园工贸有限公司借款合同纠纷一案。本院于2015年8月14日受理后,依法由代理审判员包小琴公开开庭进行了审理。原告当庭撤回对被告淮安市金园工贸有限公司的起诉另行主张,本院口头裁定予以准许。原告天润典当公司的委托代理人吴国雨、陈江,被告民生公司的委托代理人徐建华,淮信担保公司的委托代理人李慧到庭参加诉讼,被告王明生、邵培红经本院传票传唤未到庭参加诉讼,本院依法缺席审理。本案现已审理终结。

原告天润典当公司诉称:2014年11月10日,被告民生公司与原告签订《借款合同》一份,合同约定,被告民生公司向原告典当借款120万元,月利率为0.45%,月综合服务费率为2.55%,借款期限为六个月(2014年11月10日至2015年5月9日),并约定发生争议由原告所在地人民法院解决。

被告民生公司就此笔典当借款与原告签订《房地产抵押合同》并将其产权证为淮房字第××号房屋抵押给原告。被告王明生与邵培红为被告民生公司的上述债务分别向原告提供个人无限连带责任保证,并签订无限连带责任保证书,被告淮信担保公司与淮安市金园工贸有限公司为被告民生公司的上述债务签订了《最高额保证借款合同》提供连带保证责任。2014年11月10日,被告民生公司从原告处取得借款120万元,被告民生公司在上述典当借款到期后未向原告归还尚余的本金及月综合费、月利息,经原告催要未果,故诉至法院请求判令:1. 被告民生公司归还当款本金70万元及月利息、月综合费14.1万元(暂时计算至2015年7月19日,之后以70万元为基数按照每月3%从2015年7

月 20 日起计算至实际全部履行之日止)并承担逾期付款违约金自 2015 年 5 月 10 日至实际还款之日按照每日 1% 计算)。2. 原告对被告民生公司抵押给原告的房产依法变价后在全部债权范围内享有优先受偿权。3. 被告王明生、邵培红、淮信担保公司对被告民生公司的上述全部债务承担连带保证责任。4. 本案诉讼费用、鉴定费、律师费由各被告承担。

被告民生公司辩称:1. 原、被告双方并未对抵押的不动产依法办理不动产抵押登记手续,原、被告之间并未成立合法有效的典当法律关系,双方签订的一系列典当借款手续因违反典当管理办法以及我国相关的金融法律法规的强制性、禁止性规定而归于无效,因此原告依据无效的典当借款合同向被告主张的诉请无任何事实与法律依据,依法不应得到支持。2. 我方只承担返还本金及按照银行同期同类贷款利率的利息。

被告淮信担保公司:同意民生公司意见,另鉴于典当借款合同无效,在此基础上的担保合同也无效。

被告王明生、邵培红未答辩。

经审理查明:被告民生公司与原告签订《借款合同》,合同约定民生公司以北京路 30 号房产作为抵押物向原告方申请借款,原告同意发放借款,借款金额 120 万元,借款期限为六个月(2014 年 11 月 10 日至 2015 年 5 月 9 日),月利率为 0.45%,月综合服务费率为 2.55%。约定按月付息、按月付费。原告于 2014 年 11 月 10 日将 120 万元交付被告民生公司。

被告民生公司就上述典当借款与原告签订《房地产抵押合同》,约定将其房屋抵押给原告,并约定本合同及补充协议经房地产抵押登记部门登记后生效。2014 年 11 月 10 日,被告王明生与邵培红为被告民生公司的上述债务分别向原告提供个人无限连带责任保证并签订无限连带责任保证书,被告淮信担保公司与淮安市金园工贸有限公司为被告民生公司的上述债务与原告签订了《最高额保证借款合同》提供连带保证责任。借款期限届满后,民生公司未归还欠款及月综合服务费,合同第八条特别约定:本合同主合同若无效,但保证条款仍然有效,且保证人对贷款人在主合同无效情况下的一切债权仍按本合同约定承担连带保证责任。至 2014 年 12 月 19 日,被告民生公司向原告返还本金 50 万元,并支付月息及综合服务费 54,000 元。

以上事实有原告提供的《借款合同》《房地产抵押合同》《个人连带责任保证书》《最高额保证借款合同》当事人陈述在卷佐证。

本院认为,原告与被告民生公司签订的典当借款合同,虽约定以被告民生公司的房产为抵押,但并未办理抵押登记,因此,其向被告民生公司发放的贷款实属信用贷款,系原告依法不得经营的业务范围,故双方之间的典当借款合同无效。借款人应当返还借款本金并赔偿按银行同期同类贷款基准利率计算的利息损失,已经给付的本金和利息及综合服务费应相应扣减。担保合同是主合同的从合同,主合同无效,担保合同无效。担保合同另有约定的,按照约定。原告与被告民生公司签订的典当借款合同虽然无效,但原告与被告淮信担保公司签订的《最高额保证借款合同》特别约定主合同若无效,但保证条款仍然有效,且保证人对贷款人在主合同无效情况下的一切债权仍按本合同约定承担连带保证责任;故被告淮信担保公司应承担借款合同无效的保证责任。因借款合同无效,原告分别与被告王明生、邵培红签订的个人无限连带保证责任保证书在没有另行约定的情况下亦无效,但被告王明生、邵培红作为民生公司的法定代表人和其配偶,将产权证交付原告后未能及时办理抵押登记手续致使借款合同无效,存在过错,应承担民生公司不能清偿部分的1/3的债务。关于原告要求被告承担律师费40,825元,结合合同无效后涉案标的额的变化,本院酌情确定为3万元。综上,依照《中华人民共和国合同法》第五十六条、第五十八条,《中华人民共和国担保法》第五条,《最高人民法院关于适用〈中华人民共和国担保法〉若干问题的解释》第八条,《中华人民共和国民事诉讼法》第六十四条第一款、第一百四十二条、第一百四十四条之规定,判决如下:

一、被告民生公司于本判决生效之日起十日内给付原告本金70万元及律师费3万元并承担利息(按照中国人民银行同期同类贷款基准利率为标准以本金120万元自2014年11月10日至2014年12月19日、以本金70万元自2014年12月20日至判决确定之日,减去被告民生公司已经支付的利息及综合服务费54,000元,不足部分冲抵本金)。

二、被告淮信担保公司对上述债务承担连带清偿责任。

三、被告王明生、邵培红承担被告民生公司不能清偿部分的1/3的债务。

四、驳回原告的其他诉讼请求。

如被告未按本判决指定的期间履行给付金钱义务,应当依照《中华人民共和国民事诉讼法》第二百五十三条之规定,加倍支付迟延履行期间的债务利息。

案件受理费12,903元,减半收取6451.5元(原告已预交),由被告明生公司、淮信担保公司负担。

如不服本判决,可在判决书送达之日起十五日内,向本院递交上诉状,并按对方当事人的人数提出副本,上诉于江苏省淮安市中级人民法院,同时预交上诉案件受理费(该院开户行:淮安市农行城中支行,账号:34×××54)。

代理审判员　包小琴

二〇一五年九月三十日

书　记　员　张　坤

【案例二十三】五莲汇丰典当有限责任公司诉日照市源亿建材有限公司、丁召海等典当借款合同纠纷案

(2014年5月19日、2014年11月27日)

【法律点】 1. 典当合同与普通借款合同的权利性质和法律后果不尽相同,典当权是以担保物权的成立为前提,一旦当户到期不能赎当而形成绝当时,典当行通过处置当物来实现典当权利;而普通借款合同中抵质押是为主债务提供的担保,具有从属性,其实现主债权的方式是对抵质押物行使优先受偿权。典当公司虽然具备典当业务资质,但其与债务人签订典当借款合同时,未就当物办理抵质押手续,即将当金交付债务人使用,不符合典当合同的构成要件,该行为实质系借典当合同之名,变相发放信用贷款。

2. 典当行变相发放信用贷款,合同相对方又为企业,则涉案典当借款合同是名为典当、实为企业间借贷的合同。典当公司不具备从事金融业务资质,无权发放贷款,但其实际经营放贷业务、以放贷收益作为企业主要利润来源,故其与企业债务人签订的典当借款合同应认定为无效合同。

3. 典当借款合同导致担保合同无效,典当行与当户存在明显过错,应对担保合同的无效承担主要责任;保证人明知典当合同未提供明确当物,亦未办理抵押登记手续仍为借款提供担保,对担保合同无效也有一定过错,应承担债务不能清偿部分20%的赔偿责任。

【关键词】 抵质押手续　信用贷款　无效　综合费　担保责任

山东省高级人民法院
民事判决书

(2014)鲁商终字第79号

上诉人(原审原告):五莲汇丰典当有限责任公司。

法定代表人:刘军,董事长。

委托代理人:张宁。

上诉人(原审被告):日照市源亿建材有限公司。

法定代表人:丁召海,总经理。

委托代理人:李为山,山东天祥信合律师事务所律师。

上诉人(原审被告):丁召海。

委托代理人:李为山,山东天祥信合律师事务所律师。

上诉人(原审被告):侯元美,与丁召海是夫妻关系。

委托代理人:李为山,山东天祥信合律师事务所律师。

被上诉人(原审被告):司朝春。

委托代理人:孙瑞泽。

被上诉人(原审被告):日照市海瀚广告工程有限公司。

法定代表人:吴强,经理。

被上诉人(原审被告):吴强。

被上诉人(原审被告):吴刚。

上诉人五莲汇丰典当有限责任公司(以下简称汇丰典当公司)、上诉人日照市源亿建材有限公司(以下简称源亿公司)、丁召海、侯元美与被上诉人日照市海瀚广告工程有限公司(以下简称海瀚公司)、吴强、吴刚、司朝春因典当借款合同纠纷一案,不服山东省日照市中级人民法院(2013)日商初字第5号民事判决,向本院提起上诉。本院依法组成合议庭,公开开庭审理了本案。上诉人汇丰公司的委托代理人张宁,上诉人源亿公司、丁召海、侯元美共同的委托代理人李为山,被上诉人司朝春的委托代理人孙瑞泽到庭参加了诉讼,被上诉人海瀚公司、吴强、吴刚经本院合法传唤没有到庭。本案现已审理终结。

汇丰典当公司原审诉称:2010年7月23日汇丰典当公司与海瀚公司、吴强签订了典当借款合同,约定海瀚公司、吴强向汇丰公司借款人民币60万元,借款时间180

天,由吴刚、源亿公司、丁召海、侯元美、司朝春提供连带责任保证,并由海瀚公司的车辆、股权、土地、厂房、设备提供质押担保。借款到期后,海瀚公司、吴强未按照典当借款合同约定履行还款义务。请求判令各被告支付典当借款本金60万元及利息、综合费用、违约金等实现债权的一切费用。

海瀚公司原审答辩称:起诉属实。

吴强、吴刚原审共同答辩称:同意海瀚公司的答辩意见。

源亿公司、丁召海、侯元美原审共同答辩称:根据《典当管理办法》等相关法律法规规定,典当物应当依法办理交付、抵押登记的手续,而汇丰典当公司在借款典当合同中约定的典当物没有按照规定办理动产的实际交付和相应的抵押手续,典当合同应当无效,担保合同作为从合同当然无效,保证人对此没有过错,不应当承担责任。汇丰典当公司作为特殊的经营行业应当具备典当经营许可证和特许行业许可证等相应资质,而截至目前并没有见到汇丰典当公司的相应资质。即使典当主合同有效,但是保证人是在借款人和汇丰典当公司的欺诈下签订的合同,在受欺骗的情况下签订的合同,应当无效,不应当承担保证责任。保证人在签订典当保证合同时,汇丰典当公司和借款人以及司朝春告知,借款人有充足的股权、土地、房产、机器设备、车辆作为典当物,担保没有风险,只是履行一个手续,并且对典当物在典当合同中也做了约定,而实际情况是汇丰典当公司与借款人既没有明确约定具体的典当物,也没有办理典当物相押的抵押手续,保证人是在受到欺诈误导的情况下作出的表示。退一步讲,即使要承担一定的保证责任,那么也应当在典当合同约定的典当物担保外的债权承担保证责任。汇丰典当公司主张的利息、综合费用等相关费用过高,最多承担同期银行利息。典当合同系汇丰典当公司在放款后七天找保证人签订的,保证期限的条款是空白的,保证人没有签署认可,保证期间已过,保证人不应当承担保证责任。

司朝春原审答辩称:对汇丰典当公司的起诉无意见。

原审法院审理查明:2010年7月23日,汇丰典当公司作为出借人(乙方)与海瀚公司、吴强、吴刚作为借款人(甲方)签订了典当借款合同,约定甲方以车辆、设备、股权、房地产为当物,向乙方申请典当借款人民币60万元,典当期限自2010年7月23日起至2011年1月18日止,当金月综合费率为4.2%、月利率为0.3%,每月20日为结息日;借款人按合同约定日期归还典当本金的息费,逾期每超出一天,除按合同约定收取利息和综合费用外,每天还要加收息费全部款项5‰的违约金;如到期不能归还当金,甲方除在逾期期间自愿按每逾期一天以典当金额的0.5%向乙方交纳违约金外,另按4.2%的月综合费率、2.1%月利率的标准向乙方交纳逾期期间的欠款息、费;

担保人的担保责任为连带清偿责任,担保期限为五年。汇丰典当公司作为乙方在合同上加盖公司印章和法定代表人章,吴刚、吴强、海翰公司作为甲方在合同上加盖公司印章、法定代表人章,吴刚和吴强并签字;在担保人一栏中,丁召海、吴刚、侯元美、吴强、司朝春签字确认,海瀚公司和源亿公司加盖了公司印章和法定代表人章。合同约定的当物没有办理抵质押手续。

合同签订当日,汇丰典当公司向海瀚公司、吴强、吴刚出具了典当金额为60万元的当票,吴刚在当票当户签章一栏签字,并加盖了海翰公司的公司印章和法定代表人章。典当合同到期后,吴刚、吴强、海翰公司没有偿还典当借款本金,也没有按合同约定支付综合费用和利息,担保人也没有履行担保义务。汇丰典当公司向日照市东港区人民法院提起诉讼,请求判令海瀚公司、吴强、吴刚、源亿公司、丁召海、侯元美、司朝春给付典当借款合同约定的典当本金及综合费用、利息等。2012年11月26日,原审法院受理了海瀚公司申请破产清算一案,日照市东港区人民法院根据《最高人民法院〈关于审理公司强制清算案件工作座谈会纪要〉》第三十一条的规定将本案移送原审法院审理。2012年12月6日,原审法院作出(2012)日民破字第2号民事裁定书,裁定对海翰公司的破产申请不予受理。

原审法院另查明:2010年7月8日,中华人民共和国商务部为汇丰典当公司颁发了典当经营许可证;2012年2月7日,日照市公安局为汇丰典当公司颁发了特种行业许可证。汇丰典当公司提供的企业法人营业执照载明汇丰典当公司的经营范围是动产质押典当业务、财产权利质押典当业务、房地产抵押典当业务、限额内绝当物品的变卖、鉴定评估及咨询服务、商务部依法批准的其他典当业务。

上述事实,有典当借款合同、当票、企业法人营业执照、特种行业许可证等证据予以证实。

原审法院认为:一、关于本案典当借款合同及保证担保的效力问题。汇丰典当公司系经营动产质押、财产权利质押、房地产抵押典当等业务的企业法人,国家行政主管部门依法为汇丰典当公司颁发了经营典当业务的相关许可证件,汇丰典当公司有权依法在国家许可的范围内办理典当业务。《中华人民共和国合同法》第五十二条规定,违反法律、行政法规的强制性规定的合同无效。商务部和公安部联合颁布的《典当管理办法》属于部门规章,不属于法律、行政法规,不是认定本案合同效力的依据。本案典当借款合同约定当物的抵质押虽然违反了《典当管理办法》的相关规定,但不导致合同无效。典当借款合同约定的当物是否办理了抵质押手续,抵质押合同是否有效,不影响典当借款合同的效力。源亿公司、丁召海、侯元美关于本案约定当物未交付、未办理抵质押手续故典当借款合同无效的辩解意见,原审法院不予采纳。源亿公司、丁召海、侯元美辩称是在借款人海瀚公司、吴强、吴刚和汇丰典当公司的欺诈下签订的典当借款合同,没有证据证实,主张其提供的保证应当无效的意见,原审法院亦不予采纳。

本案典当借款合同中海瀚公司、吴强、吴刚既是借款人,又是保证人,根据《中华人民共和国担保法》第六条的规定,保证人应当是债权人和债务人之外的第三人,因此海瀚公司、吴强、吴刚作为本案典当借款合同保证人的行为无效。

综上,汇丰典当公司与海瀚公司、吴强、吴刚签订的典当借款合同意思表示真实,主体合法,内容除海瀚公司、吴强、吴刚提供的担保行为无效外,合同其他部分有效,典当借款人及担保人应当按照合同约定履行义务,承担责任。

二、关于典当借款合同约定的利息、综合费用以及违约金是否过高的问题。首先,关于约定的利息问题。典当合同中约定的月利率为0.3%,该约定没有超出《典当管理办法》规定的典当当金利率按照中国人民银行公布的银行机构六个月期法定贷款利率执行的标准,因此,源亿公司、丁召海、侯元美对于该项辩称,理由不成立,原审法院不予支持。其次,关于约定的综合费用问题。按照《典当管理办法》第三十八条的规定,典当综合费用是关于动产质押典当、房地产抵押典当、财产权利质押典当等各种服务及管理的费用。本案典当借款合同约定的当物虽未交付给汇丰典当公司,也没有办理当物的抵质押手续,没有实际发生当物的各种服务及管理费用,但汇丰典当公司仍有权基于典当合同的约定收取综合费用。因此,汇丰典当公司请求各被告给付典当综合费用应予支持。源亿公司、丁召海、侯元美对于该部分的辩解意见不成立,原审法院不予采纳。最后,关于约定的违约金问题。典当借款合同签订后,海瀚公司、吴强、吴刚作为借款人没有按约支付当金利息,也没有按月归还典当本金,源亿公司、丁召海、侯元美、司朝春作为典当借款保证人也没有履行上述义务,已构成违约,应当承担违约责任。第一,原被告在典当借款合同中约定"每月20日为结息日,逾期每超出一天,除按合同约定收取利息和综合费用外,每天还要加收息费全部款项5‰的违约金",该约定有效,但约定的欠付息费的违约金计算标准过高,原审法院参照典当借款合同约定的当期内的月利率0.3%计算欠付利息的违约金。第二,原被告在典当借款合同中约定"如到期不能归还当金,甲方除在逾期期间自愿按每逾期一天以典当金额的0.5%向乙方交纳违约金外,另按月综合费率4.2%、月利率2.1%的标准向乙方交纳逾期期间的欠款息、费",既约定了当金逾期归还每天0.5%的违约金,又约定了当金逾期归还2.1%的月利率,明显的约定过高,源亿公司、丁召海、侯元美提出异议,原审法院予以调整,调整的标准为逾期归还当金的违约金参照中国人民银行公布的同期银行贷款利率的四倍计算。

综上所述,海瀚公司、吴强、吴刚没有按照典当借款合同归还典当借款本息,源亿公司、丁召海、侯元美、司朝春也没有履行担保义务,已构成违约,应当承担偿还典当借款本息并给付违约金的责任。依照《中华人民共和国合同法》第一百零七条、第一百一十四条第二款、《中华人民共和国担保法》第六条、第三十一条的规定,原审法院判决:一、海瀚公司、吴强、吴刚于本判决生效后10日内偿还汇丰典当公司借款60万元及利息和综合费用(利息和综合费用以借款本金60万元为基数,按照合同约定的月利率、综合费率自2010年7月23日计算至2011年1月18日)。二、海瀚公司、吴强、吴刚于本判决生效后10日内偿付汇丰典当公司违约金(欠付利息的违约金以欠付的利息为基数,按照月利率0.3%自欠付利息之日起计算至2011年1月18日;欠付典当本金的违约金以借款本金60万元为基数,按照中国人民银行规定的贷款利率的四倍自2011年1月19日计算至判决确定的付款日止)。三、源亿公司、丁召海、侯元美、司朝春对上述一、二项内容承担连带责任。四、源亿公司、丁召海、侯元美、司朝春承担责任后,有权向海瀚公司、吴强、吴刚追偿。五、驳回汇丰典当公司的其他诉讼请求。如未按本判决指定的期间履行给付金钱义务,应当依照《中华人民共和国民事诉讼法》第二百五十三条的规定,加倍支付迟延履行期间的债务利息。案件受理费9800元,由海瀚公司、吴强、吴刚、源亿公司、丁召海、侯元美、司朝春负担。

上诉人汇丰典当公司不服原审判决上诉称:原审法院认定双方典当借款合同有效,上诉人无异议,但就被上诉人违约给上诉人造成的损失,原审法院第二条判决按中国人民银行同期贷款利率的四倍计算有异议。典当借款合同为合法有效,被上诉人在典当期满后即未按约向典当行赎当还款,又未与典当行达成协议,应当按照合同约定承担违约责任。双方当事人就应该执行典当借款合同约定内容,被上诉人应该承担典当借款合同第七条第一款的违约责任。再者,《典当管理办法》第四十条第二款明确规定:"当户于典当期限或者续当期限届满至绝当前赎当的,除须偿还当金本息、综合费用外,还应该根据中国人民银行规定的银行等金融机构逾期贷款罚息水平、典当行制定的费用标准和逾期天数,补交当金利息和有关费用。"被上诉人就应该承担因自身原因违约而造成的不利后果。综上所述,原审法院认定事实正确,但第二项判决错误。请求二审法院依法改判原审判决第二项,判令被上诉人按典当借款合同约定,逾期后按逾期综合费率、利率偿还上诉人欠款,上诉费等一切实现债权的费用由被上诉人全部承担。

源亿公司、侯元美、丁召海针对汇丰典当公司的上诉答辩称:本案典当抵押借款合同是无效合同,保证人不应该承担连带责任,且保证人也无过错,对此不应该承担责任。汇丰典当公司是单方陈述且没有事实依据,应当依法驳回汇丰典当公司的诉讼请求。

被上诉人司朝春答辩称:1. 司朝春是一普通银行员工,没有60万元的担保能力,要不是日照市开发区法院对海瀚公司审结的1208,551.77元的工程补偿款,汇丰典当公司也不会借款60万元给海瀚公司,该补偿款中的65万元也已经被日照市中级人民法院执行,但偿还的是海瀚公司向汇丰典当公司借款420万元的案件。2. 根据担保法的规定,司朝春也应该在担保物以外的债权承担保证责任,海瀚公司的土地款已经被执行分配,如果汇丰典当公司能早些申报债权参与执行分配,司朝春就会承担相对小的担保责任。3. 司朝春对超过当期外的利息、综合费用不承担责任,也不承担违约责任。约定的计算方法明显高于法律规定。4. 根据相关法律规定,汇丰典当公司与海瀚公司的典当借款合同应为无效,主合同无效,从合同亦无效,司朝春不应承担责任。

上诉人源亿公司、丁召海、侯元美不服原审判决,共同上诉称:1. 汇丰典当公司与海瀚公司、吴强、吴刚签订的《典当借款合同》为无效合同,原审法院认定为有效合同,没有事实和法律依据。在《典当借款合同》以及当票中,汇丰典当公司与海瀚公司、吴强、吴刚既没有列明车辆、设备、股权、房地产等当物的具体明细,也没有按照《典当借款合同》约定和《典当管理办法》的相关规定依法办理当物的质押交付和抵押登记手续。典当借款只能是提供动产质押借款和房地产抵押贷款两种担保借贷行为。汇丰典当公司与海瀚公司、吴强、吴刚签订的合同明为《典当借款合同》实为信用贷款。货币借贷是一种金融业务,只能由国家指定的机构专营,汇丰典当公司不是中国人民银行批准发放信用贷款业务的机构,无权对外发放信用贷款。汇丰典当公司以合法形式掩盖非法目的,严重违反法律的规定,扰乱正常金融秩序,损害了社会公共利益。所以,本案典当借款合同和保证合同均应认定为无效。2. 原审法院判决上诉人承担连带责任,既没有事实依据,也没有法律依据,本案上诉人不应承担本案的连带责任。本案主合同《典当借款合同》是无效合同,担保合同当然无效,担保人没有过错,所以上诉人是不应承担任何责任的。即使《典当借款合同》有效,但汇丰典当公司与海瀚公司、吴强、吴刚既没有列明当物的具体明细,也没有按照《典当借款合同》约定和《典当管理办法》的相关规定依法办理当物的质押交付和抵押登记手续,欺骗上诉人签订了保证合同,该保证合同应无效,上诉人不应承担责任。3. 退一步讲,即使上诉人承担连带责任,也仅对在《典当借款合同》约定的典当物外的债权承担责任。根据《中华人民共和国担保法》第二十八条的规定,担保物权优先于担保债权而受清偿。本案当物充足,汇丰典当公司在合同履行期届满后应及时行使担保物权,而汇丰典当公司怠于行使担保物权,免除了上诉人的保证责任。4. 原审法院认定上诉人对典当借款合同的本金、利息、综合费用以及违约金承担连带责任的判决,也是没有依据的。本案《典当借款合同》约定的当物既没有交付,也没有办理质抵押手续,没有实际发生当物的各种服务及管理费,所以,让上诉人对没有实际发生的综合费用承担责任没有事实和法律依据。原审法院认定月利率为3‰没有事实和法律依据,对上诉人也显失公平。典当借款合同和保证合同均为无效合同,上诉人不承担责任,无所谓违约问题;即使上诉人承担连带责任,上诉人也仅对在合同约定的当物之外的债权承担责任,汇丰典当公司没有及时对当物行使担保物权,让上诉人承担违约责任是没有事实和法律依据。请求二审法院:依法撤销原审判决第三项,依法改判驳回汇丰典当公司要求上诉人承担连带责任的诉讼请求,一、二审案件受理费由汇丰典当公司承担。在二审庭审时,又补充上诉理由为:在开庭前得知一个新事实,在2013年12月4日,海瀚公司所有的厂房及土地被日照市东港区人民法院执行拍卖,汇丰典当公司参与该拍卖的执行并依法受偿1,111,069元,但是,在该拍卖执行程序中汇丰典当公司并没有申报该案,汇丰典当公司应当对海瀚公司主张的60万元本金、利息及债权的申报。据了解,2011年8月29日海瀚公司以厂房、土地向汇丰典当公司抵押典当400万元,因海瀚公司没有按时偿还,汇丰典当公司已对海瀚公司的厂房及土地申请了保全查封措施。鉴于海瀚公司的厂房、土地也是该60万元典当借款合同中的典当物,且汇丰典当公司也对海瀚公司的厂房、土地申请了查封保全措施,但并没有按照法律程序向海瀚公司申报债权,参与厂房、土地拍卖权的分配。汇丰典当公司的该行为视为对该60万元本金等其他债权的放弃,如果汇丰典当公司不向借款人主张权利而仅向保证人主张权利则侵害了保证人的合法权益。

汇丰典当公司答辩意见同其上诉意见。

被上诉人司朝春的答辩意见同其前答辩意见。

本院经审理查明:本院(2012)鲁民提字第337号民事判决经本院审判委员会讨论决定,认定:"汇丰典当公司虽是具备从事典当业务资质的企业法人,但其签订《典当借款合同》后,未就当物办理抵(质)押手续,即将当金交付借款人使用,不符合典当合同的构成要件,双方之间的典当合同关系不成立,汇丰典当公司实质上是借典当合同之名,变相发放信用贷款,双方订立的《典当借款合同》是名为典当、实为借款的合同。汇丰典当公司不属于从事银行业务的金融机构,无权发放贷款,应属无效合同。因此,《典当借款合同》中关于借款利率、综合费用及违约金的约定对双方当事人均不具约束力,本案应按借款合同关系予以认定和处理。本案《典当借款合同》既为无效,该合同的担保合同亦为无效,各担保人在明知借款人未提供当物的情况下仍为其借款提供连带责任保证,均有一定过错,应承担借款人不能清偿债务三分之一的赔偿责任。”(2012)鲁民提字第354民事判决认定同上。

本院查明的其他事实同原审查明的事实一致。

本院认为:本案的争议焦点为:1.《典当借款合同》的效力;2.《保证合同》的效力及各保证人应承担的责任;3. 原审判决认定的违约金、利息、综合费用是否正确。

关于第一个争议焦点,本案《典当借款合同》的效力问题。本院认为:根据《典当管理办法》的规定,典当是指当户将其动产、财产权利作为当物质押或者将其房地产作为当物抵押给典当行,交付一定比例费用,取得当金,并在约定期限内支付当金利息、偿还当金,赎回当物的行为。因此,典当合同与普通借款合同的权利性质和法律后果不尽相同。典当权是以担保物权的成立为前提,一旦当户到期不能赎当而形成绝当时,典当行通过处置当物来实现典当权利;而普通借款合同中抵质押是为主债务提供的担保,具有从属性,其实现主债权的方式是对抵质押物行使优先受偿权。典当合同可以约定综合费用的支付,综合费用的产生是基于提供各种服务和管理费用,而借款合同中约定的利率在性质上属于孳息的范畴。因此,典当合同与借款合同的性质不同,典当借款合同应当是基于典当行为所建立的合同关系。本案中汇丰典当公司虽是具备从事典当业务资质的企业法人,但其与海瀚公司、吴强、吴刚签订典当借款合同时,在未就当物办理抵质押手续的情况下就将当金交付海瀚公司、吴强、吴刚使用,不符合典当合同的构成要件。汇丰典当公司实质上是借典当合同之名,变相发放信用贷款,涉案典当借款合同是名为典当、实为企业间借贷的合同。《中华人民共和国商业银行法》第二条规定:“本法所称的商业银行是指依照本法和《中华人民共和国公司法》设立的吸收公众存款、发放贷款、办理结算等业务的企业法人”,《中华人民共和国银行业监督管理法》第十九条规定:“未经国务院银行业监督管理机构批准,任何单位或者个人不得设立银行业金融机构或者从事银行业金融机构的业务活动。”汇丰典当公司不具备从事金融业务资质,无权发放贷款,但其实际经营放贷业务、以放贷收益作为企业主要利润来源,故其与海瀚公司、吴强、吴刚签订的《典当借款合同》应认定为无效合同。原审判决对此认定错误,应予纠正。上诉人源亿公司、丁召海、侯元美上诉主张《典当借款合同》应为无效的理由成立,本院予以支持。

关于第二个争议焦点，本案保证合同的效力及各保证人应承担的责任问题。本院认为：《中华人民共和国担保法》第五条第一款规定："担保合同是主合同的从合同，主合同无效，担保合同无效。担保合同另有约定的，按照约定。"汇丰典当公司与海瀚公司、吴强、吴刚签订的《典当借款合同》既为无效，依附于该合同的担保合同亦为无效。《最高人民法院关于适用〈中华人民共和国担保法〉若干问题的解释》第八条规定："主合同无效而导致担保合同无效，担保人无过错的，担保人不承担民事责任；担保人有过错的，担保人承担民事责任的部分，不应超过债务人不能清偿部分的三分之一。"汇丰典当公司与海瀚公司、吴强、吴刚签订的《典当借款合同》中，未列明当物的具体明细，也未有办理当物抵质押的相关手续，汇丰典当公司与海瀚公司、吴强、吴刚存在明显过错，应对担保合同的无效承担主要责任；源亿公司、丁召海、侯元美、司朝春在《典当借款合同》的担保人栏签字确认时，应视为明知海瀚公司、吴强、吴刚未提供当物，仍为海瀚公司、吴强、吴刚的借款提供担保，源亿公司、丁召海、侯元美、司朝春对担保合同无效均有一定过错，应承担海瀚公司、吴强、吴刚不能清偿债务部分20%的赔偿责任。源亿公司、丁召海、侯元美、司朝春承担赔偿责任后，可以向海瀚公司、吴强、吴刚追偿。原审判决对此认定有误，本院予以纠正。

关于第三个争议焦点，原审认定的违约金、利息、综合费用是否正确的问题。本院认为：由于《典当借款合同》无效，因此该合同中关于借款利率、综合费用及违约金的约定对双方当事人均不具有约束力。但因借贷双方对此均有过错，海瀚公司、吴强、吴刚在返还借款本金的同时，应当按照中国人民银行同期贷款利率的计算标准返还资金占用期间的利息。上诉人汇丰典当公司主张应按《典当借款合同》的约定认定综合费用、利率、违约金的数额，因无法律依据，本院不予支持。

综上，汇丰典当公司与海瀚公司、吴强、吴刚签订的《典当借款合同》应为无效合同，海瀚公司、吴强、吴刚在返还借款本金的同时，应当按照中国人民银行同期贷款利率的计算标准返还资金占用期间的利息。依附于《典当借款合同》的担保合同亦为无效，汇丰典当公司与海瀚公司、吴强、吴刚存在明显过错，应对担保合同无效承担主要责任；源亿公司、丁召海、侯元美、司朝春在《典当借款合同》的担保人栏签字确认时，应视为明知海瀚公司、吴强、吴刚未提供当物，仍为海瀚公司、吴强、吴刚的借款提供担保，源亿公司、丁召海、侯元美、司朝春对担保部分无效均有一定过错，应承担海瀚公司、吴强、吴刚不能清偿债务部分20%的赔偿责任；源亿公司、丁召海、侯元美、司朝春承担赔偿责任后，可以向海瀚公司、吴强、吴刚追偿。依照《中华人民共和国合同法》第五十二条第五项、第五十六条、第五十八条，《典当管理办法》第三条、第六条、第二十六条第四项,《最高人民法院关于适用〈中华人民共和国担保法〉若干问题的解释》第八条、第九条,《中华人民共和国民事诉讼法》第一百七十条第二项之规定,判决如下:

一、维持山东省日照市中级人民法院(2013)日商初字第5号民事判决第四、五项。

二、撤销山东省日照市中级人民法院(2013)日商初字第5号民事判决第二、三项。

三、变更山东省日照市中级人民法院(2013)日商初字第5号民事判决第一项为"被上诉人日照市海瀚广告工程有限公司、吴强、吴刚于本判决生效后10日内偿还上诉人五莲汇丰典当有限责任公司借款60万元及利息(自2010年7月23日起至本判决确定的生效日止,按中国人民银行同期贷款利率计算)"。

四、上诉人日照市源亿建材有限公司、丁召海、侯元美、司朝春在被上诉人日照市海瀚广告工程有限公司、吴强、吴刚不能清偿债务部分约20%范围内承担赔偿责任。

五、驳回上诉人五莲汇丰典当有限责任公司、上诉人日照市源亿建材有限公司、丁召海、侯元美的其他上诉请求。

一审案件受理费9800元,由被上诉人日照市海瀚广告工程有限公司、吴强、吴刚负担;二审案件受理费9800元,由上诉人五莲汇丰典当有限责任公司负担7840元,由上诉人日照市源亿建材有限公司、丁召海、侯元美、被上诉人司朝春负担1960元。

本判决为终审判决。

审 判 长　王庆林
审 判 员　马　红
代理审判员　康　靖
二〇一四年五月十九日
书 记 员　石　磊

附:

中华人民共和国最高人民法院
民事裁定书

(2014)民申字第1719号

再审申请人(一审原告、二审上诉人):五莲汇丰典当有限责任公司。住所地:山东省日照市五莲县。

法定代表人:刘军,董事长。

委托代理人:张宁。

被申请人(一审被告、二审上诉人):日照市源亿建材有限公司。住所地:山东省日照市东港区涛雒镇高旺庄村××号。

法定代表人:丁召海,总经理。

被申请人(一审被告、二审上诉人):丁召海。

被申请人(一审被告、二审上诉人):侯元美。

被申请人(一审被告、二审被上诉人):司朝春。

被申请人(一审被告、二审被上诉人):日照市海瀚广告工程有限公司。住所地:山东省日照市东港区。

被申请人(一审被告、二审被上诉人):吴强。

被申请人(一审被告、二审被上诉人):吴刚。

再审申请人五莲汇丰典当有限责任公司(以下简称汇丰典当公司)因与被申请人日照市源亿建材有限公司(以下简称源亿公司)、丁召海、侯元美、司朝春、日照市海瀚广告工程有限公司(以下简称海瀚公司)、吴强、吴刚典当借款合同纠纷一案,不服山东省高级人民法院(2014)鲁商终字第79号民事判决,向本院申请再审。本院依法组成合议庭对本案进行了审查,现已审查终结。

汇丰典当公司申请再审称:二审判决在认定典当借款合同效力和担保责任两个问题上适用法律错误。本案借款是典当借款,汇丰典当公司根据《典当管理办法》,办理典当业务及财产质押手续,符合法律规定,典当借款合同成立并真实有效。典当借款合同不因当物是否办理抵、质押手续而导致无效,最高人民法院(2006)民二提字第10号民事判决对此已有明确认定。此外,根据2013年9月全国商事审判工作座谈会的精神,对于不具有从事金融业务资质的企业之间,为生产经营需要所进行的临时性资金拆借行为,不应当认定借款合同无效,故本案的典当借款合同更应该有效。保证人的保证责任是担保人自愿承担的,应是全部连带,而非二审判决所认定的20%赔偿责任。综上,请求对本案进行再审。

本院认为:案涉合同约定的当物名称为"车辆、机械设备、房地产、股权"。双方当事人并未就具体的当物进行明确,亦未列明当物状况并对当物估价,更未办理当物的抵质押手续,故该合同虽以《典当(借款)合同》为名,但并不具备典当借款合同的基本特征。二审判决根据合同的内容及履行情况,认定案涉合同名为典当、实为企业间借贷并无不当。因汇丰典当公司不具备发放贷款的金融业务资质,二审判决进而认定案涉企业间借贷合同无效并无不当。案涉合同无效,依附于该合同的担保合同亦无效,二审判决结合担保人源亿公司、丁召海、侯元美、司朝春的过错程度,判令其在债务人不能清偿债务部分的20%范围内承担赔偿责任,亦无不当。

综上,汇丰典当公司的再审申请不符合《中华人民共和国民事诉讼法》第二百条规定的情形。本院依照《中华人民共和国民事诉讼法》第二百零四条第一款的规定,裁定如下:

驳回五莲汇丰典当有限责任公司的再审申请。

审 判 长 任雪峰

代理审判员 成明珠

代理审判员 朱 科

二〇一四年十一月二十七日

书 记 员 丁 一

【案例二十四】瑞安市永丰典当有限责任公司与曾文兴、柯进燕等典当纠纷案
（2010年4月19日）

【法律点】在房地产抵押典当业务中，若抵押房屋没有办理抵押登记，则抵押权尚未生效，典当行与当户之间因此形成的借贷关系并非典当行依法可经营的业务类型，不符合典当关系的成立要件。原当户已从典当行实际取得款项并使用的，可参照民间借贷法律关系予以处理，相关的利息亦应按照民间借贷规则处理。

【关键词】法律关系　抵押登记　典当业务　民间借贷

浙江省温州市中级人民法院
民事判决书

（2010）浙温民终字第317号

上诉人（原审原告）：瑞安市永丰典当有限责任公司。

法定代表人：王家驹，董事长。

委托代理人：黄爱国。

被上诉人（原审被告）：曾文兴。

被上诉人（原审被告）：柯进燕。

被上诉人（原审被告）：吴顺楷。

被上诉人（原审被告）：伍其焕。

上诉人瑞安市永丰典当有限责任公司与被上诉人曾文兴、柯进燕、吴顺楷、伍其焕典当纠纷一案，浙江省瑞安市人民法院作出（2009）温瑞商初字第1237号民事判决，上诉人瑞安市永丰典当有限责任公司对该判决不服，向本院提起上诉。本院依法组成合议庭审理了本案，现已审理终结。

原判认定，2008年9月16日，原告与被告曾文兴、伍其焕签订二份编号为瑞永丰

典2007第9-007号典当合同、当物抵押合同书。合同约定:被告曾文兴向原告借款40万元,以登记在被告吴顺楷名下的坐落在瑞安市安阳街道瑞祥大道×弄第×幢×单元×室的房屋[产权证号:瑞安市房权证安阳字第×号,土地证号:瑞集用(2005)第×号]作为抵押物;典当期限自2008年9月16日起至2009年1月13日止;每月的利息为典当金额的0.918%、综合服务费为典当金额的2.7%(其中一份典当合同为0.9%,另一份典当合同为1.8%),综合服务费按月支付并采用预付方式支付;如逾期还款,除支付当金本息、综合服务费外,每日应向原告支付典当金额的0.05%作为违约金。同日,被告曾文兴还向原告承诺,表示处置抵押房屋所得价款除支付典当本金、综合服务费、利息、违约金外,另支付原告为实现债务支出的一切费用。合同签订后,原告扣除综合服务费43,200元后,向被告曾文兴出借当金356,800元。典当期届满,原告与被告曾文兴办理续当手续,续当期限至2009年3月17日止。2009年年初,被告柯进燕支付利息37,000元。

原判另查明,被告吴顺楷于2005年10月将其所有的坐落于瑞安市安阳街道瑞祥大道×弄第×幢×单元×室出卖给被告曾文兴、柯进燕,并委托被告伍其焕代为办理房屋、土地过户手续,为此,被告吴顺楷在瑞安市公证处办理公证。原告为本案支出代理费10,500元。

原判认为,参照《典当管理办法》的规定,典当是指当户将其动产、财产权利作为当物质押或者将其房地产作为当物抵押给典当行,交付一定比例费用,取得当金,并在约定期限内支付当金利息、偿还当金、赎回当物的行为。原告典当公司与被告曾文兴签订的典当合同系合同当事人的真实意思表示,并未违反法律、法规的强制性规定,合同依法成立。原告向被告出借当金时,不得预先扣除综合服务费,本案的当金应以实际支付金额356,800元计算。双方当事人约定的典当期限、续当期间的利息、综合服务费及逾期期间的综合服务费、利息及违约金超过中国人民银行同期同类贷款基准利率的四倍,明显过高,调整为以中国人民银行同期同类贷款基准利率的四倍计算,超过部分不予支持。被告曾文兴、柯进燕已经支付的综合服务费、利息应当予以扣减。当事人虽约定抵押房屋,但被告曾文兴、伍其焕不是房屋的所有权人,又没有办理房屋抵押手续的权限,抵押借款合同书不能作为原告主张被告承担抵押责任的依据。被告曾文兴、柯进燕系合法的夫妻关系,夫妻关系存续期间所负的债务,一般应按夫妻共同债务处理,应由夫妻双方共同偿还。原告请求被告支付代理费没有合同依据,不予支持。被告吴顺楷、伍其焕并非当户,非典当合同的债务人,原告要求被告吴顺楷、伍其焕承担共同偿还责任没有法律依据,不予支持。该院遂依照《中华人民共和国民事诉讼法》第一百三十条,《中华人民共和国合同法》第六十条第一款、第一百一十四条,《中华人民共和国担保法》第四十二条第二项,《最高人民法院关于适用〈中华人民共和国婚姻法〉若干问题的解释(二)》第二十四条,参照《典当管理办法》第三十八条、第四十条的规定,判决:一、确认瑞永丰典 2008 第 9－007 号的典当合同部分有效;二、被告曾文兴、柯进燕于判决生效之日起十日内偿还原告瑞安市永丰典当有限责任公司当金 356,800 元,并支付利息、综合服务费、违约金(2008 年 9 月 16 日按年利率 24.84% 计算至判决确定履行之日止,已经支付的利息 37,000 元以扣除);三、驳回原告瑞安市永丰典当有限责任公司的其他诉讼请求。如果未按判决指定的期间履行给付金钱义务,应当依照《中华人民共和国民事诉讼法》第二百二十九条之规定,加倍支付迟延履行期间的债务利息。本案受理费 8166 元,由原告瑞安市永丰典当有限责任公司负担 166 元,被告曾文兴、柯进燕共同负担 8000 元,于判决生效之日起十日内向原审法院缴纳;原告自判决生效之日起十五日内来原审法院退回预交的受理费 8000 元。

一审宣判后,瑞安市永丰典当有限责任公司不服,向本院提起上诉称:1.《典当合同》已具备了合同生效要件,应全部有效。至于合同对各费率约定是否合理,并不影响合同的效力。2. 典当合同、当票、领款凭证及曾文兴在一审庭审中的陈述等证据均能证实曾文兴收到的典当借款是 40 万元。一审法院判决认定上诉人预先扣除综合服务费而将当金金额 40 万元调整为 356,800 元,违背了客观事实,违反了法律规定。3. 典当合同对各费率的约定是当事人的真实意思表示,并无违反法律、行政法规定的强制性规定,应为有效。本案系典当纠纷,并非借贷纠纷,一审法院以中国人民银行同期同类贷款基准利率的四倍计算当金的各种费率,缺乏事实和法律依据。4. 典当期限、续当期间的利息、综合服务费及逾期期间的月综合服务费、月利息、天违约金应当计算至履行完毕之日止,而不是判决确定履行之日止。5. 吴顺楷、伍其焕均系当户,承担共同偿还责任。6. 根据曾文兴在《承诺函》中所做的承诺,上诉人支出的代理费应由其承担。7. 曾文兴、柯进燕已付的 37,000 元,是续当期间的综合服务费、利息累计,其中综合服务费,曾文兴没有主张过该费率过高,而利息是按照商业银行同期同类利率来收取,故该 37,000 不应予以扣除。请求二审法院撤销原判,依法改判;案件一、二审受理费由四位被上诉人承担。

被上诉人曾文兴、柯进燕、吴顺楷、伍其焕均未作答辩。

二审期间,当事人均无新的证据提供。本院审查了当事人向原审法院提供的证据后,依法对原判认定的事实予以确认。

本院认为,因涉案房屋没有办理抵押登记,根据《中华人民共和国担保法》第四十一条和第四十二条第二款第二项规定,上诉人与曾文兴就涉案房屋设立的抵押尚未生效。故《典当合同》涉及的业务并不属于《典当管理办法》第二十五条第三项规定典当行依法可经营的业务类型,上诉人与曾文兴之间的法律关系并不是当户和典当行之间的关系。鉴于曾文兴有从上诉人处实际取得款项并使用的事实,可参照民间借贷法律关系予以处理。曾文兴在2009年9月16日实际取得款项金额为356,800元,根据《合同法》第二百条的规定,其应按照实际取得款项数额返还本金并计算利息。《典当合同》约定的各项费率过高,原判将其调整为中国人民银行同期同类贷款基准利率的四倍,符合最高人民法院发布的《关于人民法院审理借贷案件的若干问题》第六条之规定。曾文兴和柯进燕系合法夫妻,涉案的债务在夫妻关系存续期间发生,柯进燕对此知悉且并无异议,应属于夫妻共同债务,依法应由夫妻双方共同偿还。原判确定责任人支付利息期限的同时亦确定了其逾期还款的责任,原审法院作出的上述判决已彻底解决了当事人之间的纠纷,且有效地保护了上诉人的合法权益,故上诉人主张此判决不利于纠纷彻底解决的理由不成立,本院不予支持。吴顺楷非合同的当事人,伍其焕非涉案房屋的所有人,且涉案房屋抵押未生效,故上诉人主张吴顺楷、伍其焕承担共同偿还责任,缺乏事实和法律依据,本院不予支持。综上,上诉人的上诉请求与理由均不成立,本院不予支持。依据《中华人民共和国民事诉讼法》第一百五十三条第一款第一项之规定,判决如下:

驳回上诉,维持原判。

二审案件受理费4000元,由上诉人瑞安市永丰典当有限公司负担。

本判决为终审判决。

审 判 长 邹挺骞

审 判 员 马永利

代理审判员 郑文平

二〇一〇年四月十九日

代 书 记 员 林 英

【案例二十五】瑞安市永丰典当有限责任公司诉赵钦林、杨淑萍等典当纠纷案(2010年9月30日)

【法律点】在房地产抵押典当业务中,典当行在未办理房地产抵押登记手续情况下,与当户确立典当关系并发放当金的,房地产抵押关系未设立,而典当合同关系已成立生效。

【关键词】抵押登记　合同效力　抵押权未设立　保证　物的担保

浙江省温州市中级人民法院
民事判决书

(2010)浙温商终字第772号

上诉人(原审原告):瑞安市永丰典当有限责任公司。

法定代表人:王家驹,董事长。

委托代理人:张清财,浙江人民律师事务所律师。

被上诉人(原审被告):赵钦林。

被上诉人(原审被告):杨淑萍。

被上诉人(原审被告):薛孝松。

被上诉人(原审被告):吴仕云。

上诉人瑞安市永丰典当有限责任公司(以下简称永丰典当公司)为与被上诉人赵钦林、杨淑萍、薛孝松、吴仕云典当合同纠纷一案,不服瑞安市人民法院(2010)温瑞商初字第497号民事判决,向本院提起上诉。本院于2010年8月18日受理后,依法组成由审判员潘林华担任审判长,审判员易景寿、王俊参加评议的合议庭进行了审理。经审查,合议庭决定对本案不开庭审理。本案现已审理终结。

原审法院认定,被告赵钦林、杨淑萍系夫妻关系。2008年5月3日,被告赵钦林以资金周转困难为由与原告签订一份典当合同。合同约定:被告赵钦林、杨淑萍以其自有的坐落于瑞安市上望街道北隅村健康中路第×××××号的房屋作为抵押物，向原告借款22万元；典当期限为180天，即自2008年5月3日起至2008年10月29日止；每月的利息、综合服务费分别为典当金额的0.92%、1.8%，综合服务费按月支付并采用预付方式支付；如逾期还款，除应支付当金本息、综合服务费外，每日还应支付典当金额的0.05%作为违约金。同时，被告赵钦林、杨淑萍还承诺，如未按时清偿当金本息的，除支付典当本金、综合服务费、利息、违约金外，另支付原告实现债权的费用。此外，被告薛孝松、吴仕云对债务承担连带偿还责任。合同签订后，原告在抵押房屋未经抵押登记的情形下即扣除综合服务费23,760元后向赵钦林出借196,240元。此后，被告赵钦林未向原告偿还借款，被告薛孝松、吴仕云亦未承担连带责任。2010年3月22日，原告永丰典当公司，向原审法院提起诉讼，请求判令：1. 被告赵钦林、杨淑萍共同偿还当金22万元，支付自2008年10月30日起至清偿之日止的综合服务费（每月按当金的1.8%计算），自2008年5月3日起至清偿之日止的利息（每月按当金的0.92%计算），自2008年10月30日起至清偿之日止的违约金（每日按当金的0.05%计算），并承担原告为实现债权的代理费12,000元。2. 被告薛孝松、吴仕云对上述债务承担连带偿还责任。3. 本案诉讼费用由被告方承担。

被告赵钦林辩称：借款系事实，但约定的利率与综合服务费过高，且只收到196,240元借款。

被告杨淑萍、薛孝松、吴仕云未作答辩。

一审法院认为，参照《典当管理办法》的规定，典当是指当户将其动产、财产权利作为当物质押或者将其房地产作为当物抵押给典当行，交付一定比例费用，取得当金，并在约定期限内支付当金利息、偿还当金、赎回当物的行为。本案的抵押房屋未经抵押登记，原、被告双方签订的典当合同实为借款合同。原告作为从事典当业务的企业，未经银行业监督管理机构批准，不得从事向其他组织或个人贷款等应由银行业金融机构从事的业务活动，因此，原、被告之间签订的典当合同无效。被告赵钦林从原告处取得的借款196,240元应当返还给原告。被告借款行为已经造成原告损失，被告可以六个月期银行贷款基准年利率6.57%向原告赔偿。诉争债务发生在被告赵钦林、杨淑萍夫妻关系存续期间，应由被告赵钦林、杨淑萍共同偿还。因原告没有向该院提供发票以及基层法律服务费标准，该院对原告请求被告赵钦林、杨淑萍支付代理费的意见不予支持。担保合同是主合同的从合同，主合同无效，担保合同亦无效，原告与被告赵钦林签订的典当合同系违反强制性法律规范导致无效，担保人薛孝松、吴仕云均无过错，因此，薛孝松、吴仕云不承担民事责任。据此，依照《中华人民共和国合同法》第五十二条第五项、第五十八条，《中华人民共和国担保法》第五条，《最高人民法院关于适用〈中华人民共和国婚姻法〉若干问题的解释(二)》第二十四条,《最高人民法院关于适用〈中华人民共和国担保法〉若干问题的解释》第八条的规定,判决如下:一、被告赵钦林、杨淑萍于判决生效之日起十日内返还原告瑞安市永丰典当有限责任公司借款196,240元,并赔偿损失(自2008年5月3日按年利率6.57%计算至判决确定履行之日止);二、驳回原告瑞安市永丰典当有限责任公司的其他诉讼请求。如果未按本判决指定的期间履行给付金钱义务,应当依照《中华人民共和国民事诉讼法》第二百二十九条之规定,加倍支付迟延履行期间的债务利息。案件受理费6474元,减半收取3237元,由原告永丰典当公司负担1087元,被告赵钦林、杨淑萍共同负担2150元。

宣判后,上诉人永丰典当公司不服上述民事判决,上诉称:1. 本案上诉人与被上诉人之间所签订典当合同,根据最高人民法院公布的《民事案件案由规定》的第四部分第九十七条的规定,本案的案由应当为典当纠纷。而原审法院却定为民间借贷纠纷,实属错误。2. 上诉人与被上诉人之间签订的典当合同应认定合法有效。(1)本案上诉人作为典当行,它与当户签订的典当合同是属于双方自愿、真实意思表示一致并未违反相关的法律规定,该合同依法成立有效。(2)只要典户将自己的当物抵押给典当行即可取得相关的当金,而并非规定典当行必须或一定要将当户的当物办理抵押登记后才形成典当关系,抵押登记的目的是担保主债务,属于担保物,且以主债权的成立有效为前提,属于从权利。根据《中华人民共和国合同法》规定,典权与担保物权这种主从权利及性质的不同决定担保物权的有效与否不影响典权的性质与效力,故本案被上诉人用于典当的房屋尽管未办理抵押登记手续,只不过是抵押权未生效,而非典当合同未生效。(3)原审法院认为,从事典当业务的企业,未经银行业监督管理机构批准,不得从事向其他组织或个人贷款等应由银行业金融机构从事的业务活动,本案典当合同无效,该认定是错误的。典当行不属于银行金融机构或是从事银行金融机构的业务活动,况且上诉人是经过合法登记手续审批的正规典当行,其主管部门是国家商务部和公安部,因而本案不适用《中华人民共和国银行业监督管理法》。3. 被上诉人应按照典当合同约定向上诉人支付当金、利息、综合服务费用及违约金。《典当管理办法》规定,当户除须偿还当金本息、综合费用外,还应根据人民银行规定的银行等金融机构逾期贷款罚息水平、典当行制定的收费标准和逾期天数,补交当金利息和有关费用。因此,上诉人要求按合同约定收取被上诉人当期外至清偿之日止的综合费用和利息及违约金并不违反该规章。4. 被上诉人薛孝松、吴仕云应对被上诉人赵钦林、杨淑萍的偿还义务的民事责任承担连带偿还责任。本案中担保函及典当合同,该函件约定在被上诉人赵钦林未能足额清偿其应当承担的债务前,两被上诉人作为担保人应承担连带还款责任。而原审法院则认为上诉人与被上诉人赵钦林所签订的典当合同无效作为担保合同亦无效,是错误判决。综上,原审法院在认定上错误,导致在法律适用上也有错误,最终其判决也错误,请求二审法院依法改判。

被上诉人赵钦林辩称:典当合同写着22万元,实际现金收到是196,240元。该钱票拿来后,我只是拿了7万元,担保人薛孝松和吴仕云拿了15万元。该7万元我可以拿出来,其他钱要两担保人还的。至于利息和违约金我根本没有钱还,不同意承担。

本院经审理认定的事实与原审法院认定的事实基本相一致。另查明,《典当合同》约定"综合服务费按每月典当金额0.9%计算"。

本院认为,2008年5月3日,上诉人永丰典当公司与被上诉人赵钦林签订《典当合同》,合同约定"赵钦林、杨淑萍以其自有的坐落在瑞安市上望街道北隅村健康中路第×××××号的房屋作为抵押物,向永丰典当公司典当取得当金提供担保。典当金额为22万元;典当期限为180天,截至2008年10月29日;利息每月按典当金额0.918%计算、综合服务费按每月典当金额0.9%计算"。并有薛孝松、吴仕云出具《担保函》,同意对赵钦林与永丰典当公司签订的典当合同所借的22万元提供连带责任保证担保。合同签订之后,永丰典当公司以缴纳综合服务费方式,扣除了23,760元后,实际向赵钦发放了196,240元。上述事实有《典当合同》、当票、领款凭证、担保函等为据,应予以确认。二审争议焦点是,涉案纠纷是民间借贷关系还是典当合同关系。典当是指当户将其动产、财产权利作为当物质押或者将其房地产作为当物抵押给典当行,交付一定比例费用,取得当金,并在约定期限内支付当金利息、偿还当金、赎回当物的行为。在本案中,赵钦林以典当合同形式将房屋作为当物典当给永丰典当公司,典当公司按约支付当金,这一系列行为表明赵钦林与永丰典当公司之间已经形成典当合同关系。根据有关规定,"典当行未接管动产质押当物或未办理房地产抵押登记手续,与当户确立典当关系并发放当金的,认定为典当关系有效,质押或抵押未设立"。在本案典当合同中,虽然设立了房屋抵押关系,但是该房屋抵押未经有关部门登记,应视为该房屋抵押关系未设立,但他们之间典当合同关系仍属有效。故原审法院认为抵押房屋未经登记,双方签订的典当合同实为借款,属案件性质的认定错误,应予以纠正。因此,本案案由应定为典当合同纠纷。在本案中,典当合同约定当金是22万元,而永丰典当公司先将23,760元综合服务费扣除,发放当金为196,240元,故应认定永丰典当公司履行合同的当金为196,240元。鉴于赵钦林实际收到当金本金196,240元,而永丰典当公司主张赵钦林返还当金本金为22万元的请求,于法不符,不能全部支持,但是,赵钦林已收取的当金196,240元应当全部归还。关于利息和综合服务费问题,合同约定每月利息为0.918%、综合服务费为0.9%,该两项相加每月收益为本金的1.818%,已超过中国人民银行规定的同期贷款基准利率四倍。赵钦林认为本案当金总的利息过高,于法有据,应予以调整。关于保证人承担连带责任问题。2008 年 5 月 3 日,薛孝松、吴仕云出具了《担保函》明确表示为本案典当合同当金发放提供连带保证责任。本案中,虽有赵钦林、杨淑萍提供的瑞安市上望街道北隅村健康中路第×××××号房屋抵押,但该房屋抵押未经有关部门登记,就视为该抵押权未设立。依照《最高人民法院关于适用〈中华人民共和国担保法〉若干问题的解释》第三十八条第二项关于"同一债权既有保证又有物的担保的,物的担保合同被确认无效或者被撤销,或者担保物因不可抗力的原因灭失而没有代位物的,保证人仍应当按合同的约定或者法律的规定承担保证责任"的规定精神,故本案典当合同中保证人薛孝松、吴仕某承担连带保证责任。综上所述,原审法院判决有所不妥,应予以纠正;永丰典当公司上诉有理,予以支持。据此,依照我国《典当管理办法》第二十五条第三项、第三十条,《最高人民法院关于适用〈中华人民共和国担保法〉若干问题的解释》第三十八条第二项、《最高人民法院关于适用〈中华人民共和国婚姻法〉若干问题的解释(二)》第二十四条、《中华人民共和国民事诉讼法》第一百五十三条第一款第二项的规定,判决如下:

一、维持原判第二项和"如果未按本判决指定的期间履行给付金钱义务,应当依照《中华人民共和国民事诉讼法》第二百二十九条之规定,加倍支付迟延履行期间的债务利息",以及案件受理费部分;

二、变更原判第一项为"被告赵钦林、杨淑萍于本判决生效之日起十日内返还原告瑞安市永丰典当有限责任公司借款 196,240 元,并支付利息、综合服务费(自 2008 年 5 月 3 日起,利息、综合服务费二项合计以中国人民银行同期贷款基准利率四倍计算至判决确定履行之日止)";

三、被上诉人薛孝松、吴仕云对上述第二项的款项承担连带偿还责任;

本案二审受理费人民币 6474 元。由上诉人瑞安市永丰典当有限责任公司负担 474 元,由被上诉人赵钦林、杨淑萍、薛孝松、吴仕云共同负担 2150 元。

本判决为终审判决。

审 判 长　潘林华

审 判 员　易景寿

审 判 员　王　俊

二〇一〇年九月三十日

代书记员　吕月仙

【案例二十六】广州市富盛典当有限公司诉朱涌涛、符天兰典当纠纷案（2016年6月21日）

【法律点】典当行与当户自愿签订了房地产典当合同，但未办理房地产抵押登记手续的，只要双方当事人意思表示真实，合同不违反法律和行政法规关于合同效力的强制性规定，典当合同合法有效。《典当管理办法》不能作为评价合同效力的直接依据。

【关键词】房地产典当合同　抵押登记　合同效力

广东省广州市中级人民法院
民事判决书

（2016）粤01民终3808号

上诉人（原审原告）：广州市富盛典当有限公司。住所地，广州市海珠区。

法定代表人：黎明，总经理。

委托代理人：廖宇哲，广东卓信律师事务所律师。

被上诉人（原审被告）：朱涌涛，住广州市天河区。

被上诉人（原审被告）：符天兰，住广州市天河区。

上诉人广州市富盛典当有限公司（以下简称富盛典当公司）因与被上诉人朱涌涛、符天兰典当纠纷一案，不服广州市海珠区人民法院（2015）穗海法民二初字第1847号民事判决，向本院提起上诉。本院依法组成合议庭审理了本案，现已审理终结。

富盛典当公司向原审法院提起诉讼称：2012年3月5日，朱涌涛、符天兰向富盛典当公司申请典当贷款20万元，富盛典当公司向朱涌涛、符天兰出具了当票，双方约定当期自2012年3月6日起至2012年4月4日止，月费率为2.7%，月利率为0.3%，朱涌涛、符天兰提供了其名下位于广州市天河区黄埔大道中×号之二×房作为当物，富盛典当公司于2012年3月6日通过转账方式支付了当金,当金发放后,朱涌涛、符天兰未能在最初约定的当期内赎当,多次续当至2014年5月24日止,同时富盛典当公司催促朱涌涛、符天兰配合办理当物的抵押登记手续,但朱涌涛、符天兰一直不予配合,另外为明确双方权利义务,双方还签订了《房地产典当合同》《当物议价协议书》《房地产抵押合同》。自2014年5月25日起,朱涌涛、符天兰没有续当,也没有归还当金以及支付综合费、利息,经过多次催讨仍然拒绝归还。故起诉要求:1. 朱涌涛、符天兰向富盛典当公司返还当金20万元;2. 朱涌涛、符天兰向富盛典当公司支付自2014年5月25日起至实际归还借款日止的综合费、利息、罚息;3. 朱涌涛、符天兰赔偿富盛典当公司为本次诉讼支付的律师费15,000元;4. 本案公告费1000元由朱涌涛、符天兰负担;5. 朱涌涛、符天兰承担本案的诉讼费用。

朱涌涛、符天兰没有提出答辩意见和提交证据。

原审法院经审理查明:富盛典当公司是取得典当经营许可证和特种行业许可证的典当公司,据典当经营许可证记载,经营范围为动产质押典当业务,财产权利质押典当业务,房地产(外省、自治区、直辖市的房地产或者未取得商品房预售许可证的在建工程除外)抵押典当业务,限额内绝当物品的变卖,鉴定评估及咨询服务,商务部依法批准的其他典当业务。

2012年3月5日,富盛典当公司(甲方)与朱涌涛、符天兰(借款人、乙方)签订了《房地产典当合同》【(2012)富盛房某第(008)号】,乙方自愿用本人有权处分的房地产为乙方做担保作为当物典当给甲方,当物为朱涌涛、符天兰所有的位于天河区黄埔大道中×号之二×房;本合同质押担保的范围包括:当金、利息、综合费用、违约金、损害赔偿金以及诉讼费、律师费、当物处置费、过户费等甲方为实现债权而所需支出的一切费用;当金为20万元,当期为60天,典当期限及典当金额以当票记载为准;当金利率按人民银行公布的银行机构同档次法定当金利率及浮动范围执行,利率为0.3%,本期利息为600元,当金利息应在典当期满后归还当金时一并支付,若乙方申请续当且甲方同意的,则当金利息应在续当时支付;综合费用包括各种服务及管理费用,月综合费率为当金的2.7%,本月综合费为5400元,综合费用在典当生效时支付,若续当,则在续当时支付当期综合费用;甲方开具当票当天支付当金给乙方;典当的房屋必须到房地产主管行政登记机构进行抵押登记,甲方可先向乙方放款后再择期到房管部门办理抵押登记手续,乙方必须无条件地协助和配合甲方;当期或续当期届满五天后,乙方未依约偿还当金本息、综合费用和其他费用,甲方又不同意延期的为绝当;本合同是甲方向乙方出具的4401209697号当票所列内容的具体合同条款,本合同所记载的典当金额、典当日期、还款日期如与当票记载不一致时,以当票记载为准;本合同签订后成立,在开具当票后生效等。同日,富盛典当公司(乙方、抵押权人)与朱涌涛、符天兰(甲方、抵押人)还签订了《房地产抵押合同》【(2012)富盛房抵字第(008)号】和《当物议价协议书》,《房地产抵押合同》约定,为确保甲、乙双方于2012年3月5日签订的《房地产典当合同》【(2012)富盛房某第(008)号】得以顺利、正当履行,甲方愿意以其有权处分的房地产作抵押,抵押房产为天河区黄埔大道中×号之二×房;本合同抵押担保的范围包括:主债权及利息、违约金、损害赔偿金和实现抵押权的费用;抵押期限自2012年3月6日起至甲方欠乙方全部债务及利息清还完毕日止;债务履行期限届满,债务人未能清偿债务的,乙方有权要求处分抵押物;本合同自甲、乙双方签字盖章之日起生效等。《当物议价协议书》约定,当物价值为130万元;本协议经甲、乙双方签章后生效,本协议为甲、乙双方签订的《房地产典当合同》不可分割的组成部分等。

2012年3月6日,富盛典当公司向朱涌涛转账支付了20万元,并收取了朱涌涛、符天兰5400元综合费用,同时向朱涌涛、符天兰开出当票,当票载明,"当物名称:1. 天河区黄埔大道中路×号之二×房,面积172.49平方米;典当金额20万元,综合费用5400元,实付金额20万元,典当期限由2012年3月6日起至2012年4月4日止,月费率为2.7%,月利率为0.3%"。当票背面典当须知约定,当票是典当行与当户之间的借贷契约,也是典当行收妥当物后开给当户的收据。当票约定的典当期限届满后,朱涌涛、符天兰多次续当,富盛典当公司向朱涌涛、符天兰出具了续当凭证,朱涌涛、符天兰最终续当至2014年5月24日,并支付了2012年3月6日至2014年5月24日的综合费用及利息共计162,000元。续当期限届满后,朱涌涛、符天兰没有办理续当手续,也没有归还当金。富盛典当公司以朱涌涛、符天兰没有偿还当金为由,于2015年6月5日向原审法院提起诉讼。

原审诉讼中,富盛典当公司表示因朱涌涛、符天兰不配合,至今未办理当物的抵押登记手续,且表示根据典当行业的操作惯例,一般都是发放当金某后第一、二天就去办理抵押登记,一般都不会先办理抵押登记再发放当金。富盛典当公司因朱涌涛、符天兰下落不明,支付了公告费1000元。

原审法院认为:本案属于典当纠纷。典当,是指当户将其动产、财产权利作为当物质押或者将其房地产作为当物抵押给典当行,交付一定比例费用,取得当金,并在约定期限内支付当金利息、偿还当金、赎回当物的行为。根据《典当管理办法》第二十六条规定,"典当行不得经营下列业务:……(四)发放信用贷款……"第四十二条第一款规定:“典当行经营房地产抵押典当业务,应当和当户依法到有关部门先行办理抵押登记,再办理抵押典当手续。”富盛典当公司未依法先行办理房地产的抵押登记手续便出借款项,其性质属于违反《典当管理办法》关于典当行“不得发放信用贷款”规定的非法金融活动,该院依法认定富盛典当公司与朱涌涛、符天兰之间的《房地产典当合同》无效。富盛典当公司与朱涌涛、符天兰对于合同无效均存在过错,应各自承担相应的责任。由于合同无效,朱涌涛、符天兰基于合同取得的借款20万元应返还给富盛典当公司,并应从取得款项之日起按银行同期同类贷款利率支付占用款项利息损失。富盛典当公司确认朱涌涛、符天兰已支付2012年3月6日至2014年5月24日的综合费用及利息共计162,000元,则从取得款项之日即2012年3月6日起至2014年5月24日止按银行同期同类贷款利率计算的利息为27,675元,故已付的综合费用及利息162,000元在抵扣利息27,675元后,余款134,325元可抵偿借款本金,即朱涌涛、符天兰尚欠富盛典当公司借款本金65,675元(200,000元-134,325元),朱涌涛、符天兰应将借款本金65,675元偿还给富盛典当公司,并从2014年5月25日起至实际清付之日止按中国人民银行同期同类贷款基准利率计付利息给富盛典当公司。因合同无效,富盛典当公司要求朱涌涛、符天兰承担因本案诉讼而产生的律师费,没有事实依据,该院不予支持。因朱涌涛、符天兰下落不明,富盛典当公司为此支付了公告费1000元,现要求朱涌涛、符天兰承担有理,该院予以支持。综上所述,依照《中华人民共和国合同法》第五十二条、第五十八条的规定,判决:一、朱涌涛、符天兰在判决生效之日起十日内向广州市富盛典当有限公司偿还借款本金65,675元,并从2014年5月25日起至实际清付之日止按照中国人民银行同期同类贷款基准利率计付利息给广州市富盛典当有限公司;二、朱涌涛、符天兰在判决生效之日起十日内向广州市富盛典当有限公司赔偿公告费1000元;三、驳回广州市富盛典当有限公司其他的诉讼请求。如果未按判决指定的期间履行给付金钱义务,应当依照《中华人民共和国民事诉讼法》第二百五十三条之规定,加倍支付迟延履行期间的债务利息。本案诉讼费用7344元(其中受理费5824元、保全费1520元),由广州市富盛典当有限公司负担5745元,朱涌涛、符天兰共同负担1599元。

原审法院判后,富盛典当公司不服,向本院提起上诉称:1. 原审法院遗漏了重要事实没有查明。原审法院遗漏了两点重要事实:一是上诉人在发放当金当日即要求被上诉人配合办理房屋抵押登记手续,上诉人提供了《办理抵押登记的通知》,是为了说明上诉人根据合同的约定发放当金后立即毫无迟疑地要求两名被上诉人尽快配合办理房屋的抵押登记手续,目的是说明上诉人不存在消极和拖延抵押登记的事实,未办妥抵押登记不是上诉人的责任。但一审判决只是轻描淡写地叙述“原告表示因两被告不配合,至今未办理当物的抵押登记手续”,虽然意思表达的都是两名被上诉人不配合,却是大而化之的概述,而非详细反映上诉人当时的真实情况,与实情相差甚远。二是事后上诉人委托律师向被上诉人寄发了催收律师函,被上诉人朱涌涛回寄了一份《申请书》,写道“本人朱涌涛在贵典当公司有人民币贰拾万元借款尚未清还,并有几个月的综合费及利息拖欠,由于本人近期资金周转困难,难以一次性全部清还全部本金和综合费”。在这里上诉人朱涌涛提到了典当关系特有的“综合费”,说明他自己也确认双方之间是属于典当关系,而非其他。但原审法院对这一点事实只字未提。上诉人认为这两点事实对本案的定性有着非常大的影响,应当予以重视。

2. 本案典当关系合法有效,原审法院对本案的定性是错误的。首先,违反《典当管理办法》并不必然导致典当无效。认定一个合同关系是否有效,应当根据《中华人民共和国合同法》第五十二条来进行判断,只有在违反了法律和行政法规强制性规定的情况下才能产生合同无效的法律后果。本案典当行为没有违反《中华人民共和国合同法》第五十二条第五项“法律、行政法规的强制性规定”,而《典当管理办法》仅仅是商务部制定的部门规章,而且只是管理性规范,并非效力性规范。所以,即便违反了《典当管理办法》的规定,也不能够导致合同无效的法律后果。其次,未办理抵押登记的典当行为并不等于是发放信用贷款行为。原审法院将本案定性为“违反《典当管理办法》关于典当行‘不得发放信用贷款’规定的非法金融活动”是错误的。实际上原审法院就是认为违反了《中华人民共和国合同法》第五十二条第三项规定的“以合法形式掩盖非法目的”。这一条规定的核心意思就是四个字——“目的违法”。如果说双方订立合同的目的是非法的,那么双方的合同其实就是一种表面上的伪装,只是形式上的合同,并非真实的意思表示。如果是这样的话,那么原审法院就要先审查上诉人和被上诉人之间到底是否有订立典当合同的意思表示。但是原审法院完全没有审查,而是直接就认定为非法,这显然是主观归责的做法,既不客观也不公允,从逻辑上也经不起推敲。事实上,典当行业主要就是以获取综合费为主要利润,被上诉人找到上诉人借款也是非常清楚是要支付综合费的,从目前上诉人提供的当票、典当合同、催款函、被上诉人回复函等证据来看,双方一开始就非常明确订立的是典当关系。上诉人从未对被上诉人的信用状态进行过审查,其实也不会去审查,双方也未曾约定信用等级作为发放当金的前提条件,因为当时被上诉人提供了房产抵押,并表示会马上配合办理抵押登记,只是由于时间紧迫急需资金周转,才约定先行发放当金,事后补办抵押登记手续,上诉人随即在发放当金的当天就立即要求被上诉人配合办理抵押登记手续,未能办理是由于被上诉人一直拖延造成的,并非上诉人的过错。上诉人的目的是发放当金后积极追求综合费和利息,被上诉人的目的是从上诉人出获得当金用于周转,同时也已经支付了综合费和利息。可见双方订立合同的目的是正当和合理的,都不存在违法情形。最后,原审法院以抵押不成立倒推认定典当无效属于本末倒置。物权法、担保法规定了主合同无效,从合同也必然无效,但从合同无效或不成立并不会导致主合同无效的法律后果。本案典当是主合同,抵押是从合同,既无约定,也无法定,抵押是典当成立生效的前提条件,抵押权的成立与否并不影响典当的效力。

综上所述,请求本院判令:1. 撤销一审判决;2. 两名被上诉人向上诉人归还当金200,000元;3. 两名被上诉人向上诉人支付自2014年5月25日起至实际归还借款日止的综合费、利息、罚息;4. 两名被上诉人赔偿上诉人为本次诉讼支付的律师费15,000元;5. 本案案件受理费(包括诉讼费、公告费)由两名被上诉人负担。

被上诉人朱涌涛、符天兰未作答辩也未到庭参与诉讼。

本院经审查,原审法院查明的事实属实,本院予以确认。本院另查明:富盛典当公司(甲方)与朱涌涛、符天兰(借款人、乙方)在2012年3月5日签订的《房地产典当合同》第十一条约定:如乙方违反本合同第四条规定逾期归还本息时,乙方须按逾期天数补交综合费用及利息,并按当金总额每日万分之二的标准支付罚息。此外,富盛典当公司提交该公司和广东卓某律师事务所签订的《委托代理合同》及发票,以证明该公司为涉诉纠纷支付了15,000元律师费。

本院认为,本案为典当纠纷。本案二审的主要争议焦点为:富盛典当公司与朱涌涛、符天兰在2012年3月5日签订的《房地产典当合同》是否有效。

对此争议焦点,根据本案查明的事实,首先,富盛典当公司与(甲方)朱涌涛、符天兰(乙方)在2012年3月5日签订的《房地产典当合同》上,双方均有盖章、签名,表明该合同是当事人的真实意思表示。其次,《房地产典当合同》约定"典当的房屋必须到房地产主管行政登记机构进行抵押登记,甲方可先向乙方放款后再择期到房管部门办理抵押登记手续,乙方必须无条件地协助和配合甲方"。同时,双方还签订了《房地产抵押合同》。据此表明,涉案双方的典当行为显然不属于信用贷款。再次,尽管《典当管理办法》第四十二条第一款规定:"典当行经营房地产抵押典当业务,应当和当户依法到有关部门先行办理抵押登记,再办理抵押典当手续。"结合本案实际,富盛典当公司先行放款并放弃先进行抵押登记的权利,属于富盛典当公司自愿范畴,后因朱涌涛、符天兰违反约定而无法进行抵押登记,朱涌涛、符天兰应当承担违约责任,但不应据此而认定《房地产典当合同》无效。最后,根据《中华人民共和国合同法》第五十二条的相关规定,只有违反法律和行政法规的强制性规定,合同才无效。而原审法院认定《房地产典当合同》无效的依据是《典当管理办法》,该办法不属于法律和行政法规,故不能作为认定合同无效的依据。综合上述分析,本院认定富盛典当公司与朱涌涛、符天兰在 2012 年 3 月 5 日签订的《房地产典当合同》有效。

在此前提下,朱涌涛和符天兰未到庭参与诉讼的实际情况,依法可视为两人认可富盛典当公司的主张。根据《典当管理办法》第四十条第二款的规定,“当户于典当期限或者续当期限届满至绝当前赎当的,除须偿还当金本息、综合费用外,还应当根据中国人民银行规定的银行等金融机构逾期贷款罚息水平、典当行制定的费用标准和逾期天数,补交当金利息和有关费用”。结合本案实际,朱涌涛和符天兰违反约定至今未赎当 20 万元,依法应向富盛典当公司返还;富盛典当公司另要求朱涌涛和符天兰支付综合费、利息、罚息符合双方约定和上述规定,故富盛典当公司向朱涌涛和符天兰主张月费率 3% 的息费(月综合费率按 2. 7% 计算,利息按月利率 0. 3% 计算)、罚息按每日万分之二计付均依法予以支持。至于富盛典当公司为本案所支出的 15, 000 元律师费,要求朱涌涛和符天兰赔偿,同样具有合同依据和事实依据,本院亦依法予以支持。

综上所述,富盛典当公司的上诉请求,具有充分的事实和法律依据,本院依法予以采纳。原审法院认定事实不清,适用法律和处理结果有误,本院依法予以纠正。依据《中华人民共和国合同法》第一百零七条,《典当管理办法》第四十条第二款,《中华人民共和国民事诉讼法》第一百七十条第一款第二项的规定,判决如下:

一、维持广州市海珠区人民法院(2015)穗海法民二初字第 1847 号民事判决第二项;

二、撤销广州市海珠区人民法院(2015)穗海法民二初字第 1847 号民事判决第三项;

三、变更广州市海珠区人民法院(2015)穗海法民二初字第 1847 号民事判决第一项为:朱涌涛和符天兰于本判决发生法律效力之日起十日内,向广州市富盛典当有限公司偿还当金 200, 000 元及综合费(以 200, 000 元为本金,按月费率 2. 7% 从 2014 年 5 月 25 日起计至付清款项之日止)、利息(以 200, 000 元为本金,按月利率 0. 3% 从 2014 年 5 月 25 日起计至付清款项之日止)、罚息(以 200, 000 元为本金,按每日万分之二从 2014 年 5 月 25 日起计至付清款项之日止)。

如果未按本判决指定的期间履行给付金钱义务,应当依照《中华人民共和国民事诉讼法》第二百五十三条之规定,加倍支付迟延履行期间的债务利息。

本案一审诉讼费用 7344 元,二审诉讼费用 4556 元,均由朱涌涛和符天兰负担。

本判决为终审判决。

审 判 长 王 灯

审 判 员 庄晓峰

代理审判员 汪 婷

二〇一六年六月二十一日

书 记 员 徐施阮

【案例二十七】多伦县恒信典当有限责任公司诉内蒙古远欣房地产开发有限责任公司典当纠纷案（2016年10月11日）

【法律点】典当行与当户以房地产典当的意思表示签订了典当借款合同，虽然双方未就抵押房产办理抵押登记，违反了《典当管理办法》第四十二条的规定，但该行为应属内部行政管理问题，不属于民法调整的范畴，并不影响双方所签的典当借款合同的效力，典当关系成立并合法有效。

【关键词】典当借款关系　内部行政管理　借款数额　利息

内蒙古自治区锡林郭勒盟中级人民法院
民事判决书

(2016)内25民终1065号

上诉人(原审被告):内蒙古远欣房地产开发有限责任公司。住所地,内蒙古自治区锡林郭勒盟××旗××镇。

法定代表人:李杰,执行董事。

委托诉讼代理人:洪志,内蒙古理想律师事务所律师。

委托诉讼代理人:何洋,内蒙古理想律师事务所律师。

被上诉人(原审原告):多伦县恒信典当有限责任公司。住所地,内蒙古自治区锡林郭勒盟××县××镇。

法定代表人:杨永楠,经理。

委托诉讼代理人:徐长祥,内蒙古恃法律师事务所律师。

委托诉讼代理人:史继忠,职工。

上诉人内蒙古远欣房地产开发有限责任公司(以下简称远欣公司)因与被上诉人多伦县恒信典当有限责任公司(以下简称恒信公司)典当纠纷一案,不服多伦县人民法院(2015)多商初字第21号民事判决,向本院提起上诉。本院于2016年7月21日立案后,依法组成合议庭,开庭进行了审理。上诉人远欣公司的委托诉讼代理人洪志、何洋,被上诉人恒信公司的委托诉讼代理人徐长祥、史继忠到庭参加了诉讼。本案现已审理终结。

上诉人远欣公司上诉请求:1. 请求依法撤销多伦县人民法院作出的(2015)多商初字第21号民事判决书,驳回恒信公司的一审诉讼请求;2. 诉讼费用由恒信公司承担。事实和理由:1. 一审法院认定恒信公司在与远欣公司签订涉案《典当借款合同(抵)》时,具备从事典当活动的主体资格。属于认定案件事实证据不充分。依据《典当管理办法》第十一、十五、十六、十七条之规定,申请人向所在地商务部门提交申请材料;收到设立典当行申请设立分支机构的申请后,设立的市(地)级商务主管部门应当报省级商务主管部门审核,省级商务主管部门将审核意见和申请材料报送商务部,由商务部批准并颁发《典当经营许可证》;申请人持商务部批准文件和《典当经营许可证》向公安机关申领《特种行业许可证》。持上述批件及许可证到工商行政管理机关申领营业执照后,方可营业。由于此种行业的特殊性,为严格规制该行业才需要履行上述流程。那么在恒信公司持有营业执照的境况下,必然持有《典当经营许可证》和《特种行业许可证》的原件。一审两次庭审中远欣公司均提出主张,要求出示原件,但恒信公司拒绝出示,不得不让远欣公司怀疑恒信公司取得营业执照的合法性。取得《典当经营许可证》和《特种行业许可证》是取得合法营业执照的前提,取得合法营业执照的时间又是本案定性的关键,而一审法院在恒信公司拒绝提供《典当经营许可证》和《特种行业许可证》原件的情况下,草率以两证复印件结合《营业执照》认定案件属实,属认定事实证据不足。2. 一审法院认定本案法律关系为典当关系,属认定本案法律关系错误。远欣公司认为,根据《中华人民共和国合同法》第四十六条之规定,“当事人对合同的效力可以约定附期限。附生效期限的合同,自期限届至时生效。附终止期限的合同,自期限届满时失效”。双方签订的《典当借款合同》属于附终止期限的合同,由于期限只有三个月,于2012年8月24日后就已经失效,之后办理抵押登记并不能弥补典当合同构成要件的欠缺。依据《典当管理办法》第四十二条第一款的规定,“典当行经营房地产抵押典当业务,应当和当户依法到有关部门先进行办理抵押登记,再办理抵押典当手续”。虽然双方签订的《典当借款合同》已经成立了,但由于恒信公司未先行办理抵押登记,所以该合同一直未能生效。至于远欣公司是如何取得恒信公司300万元借款事宜,是基于2012年5月24日双方另行签订的《借款合同》。

因此,《典当借款合同》自始未能生效,本案应当属于借款关系,而非典当关系。3. 一审法院认定本案涉案金额为300万元,认定事实不清,本案涉案金额应为275.7万元。根据《合同法》第二百条之规定,“借款的利息不得预先在本金中扣除。利息预先在本金中扣除的,应当按照实际借款数额返还借款并计算利息”。本案中恒信公司在远欣公司借款300万元中预先扣除了24.3万元的利息,故本案中远欣公司借款的实际金额应当为275.7万元(300万元-24.3万元=275.7万元)。4. 本案属于企业之间的借贷行为,双方签订的《借款合同》无效。一审法院认定远欣公司偿还恒信公司当金1818,798.10元及利息不能成立。根据《典当管理办法》第二十六条第四项的规定,“典当行不得经营发放信用贷款业务”。从双方签订的《借款合同》来看,恒信公司明显属于发放信用贷款业务,又根据《中华人民共和国合同法》第五十二条第五项的规定,“有下列情形之一的,合同无效:违反法律、行政法规的强制规定”。因此,《借款合同》当然无效。根据《中华人民共和国合同法》第五十八条的规定,“合同无效或者被撤销后,因该合同取得的财产,应当予以返还;不能返还或者没有必要返还的,应当折价补偿。有过错的一方应当赔偿对方因此所受到的损失,双方都有过错的,应当各自承担相应的责任”。远欣公司已经陆续将本金偿还完了,对于恒信公司受到的损失,因其明知自己不能发放信用贷款而发放,存在过错,远欣公司不应当承担赔偿责任。5. 一审法院适用《中华人民共和国合同法》第一百一十三条第一款属于适用法律不当。根据《中华人民共和国合同法》第一百一十三条第一款之规定,“当事人一方不履行合同义务或者履行合同义务不符合约定,给对方造成损失的,损失赔偿额应当相当于因违约所造成的损失,包括合同履行后可以获得的利益,但不得超过违反合同一方订立合同时预见到或者应当预见到的因违反合同可能造成的损失”。由于本案涉案的《借款合同》属于无效合同,《典当借款合同》成立不生效,故本案中不存在当事人一方不履行合同义务或履行合同义务不符合约定的情形。综上所述,一审法院认定事实不清、适用法律不当,望贵院查明事实,公正判决。

被上诉人恒信公司辩称:1. 一审法院认定:“恒信公司于2012年5月11日注册登记成立。多伦县工商行政管理局为其颁发的《营业执照》载明:动产质押典当业务、财产权利质押典当业务、房地产抵押典当业务、限额内绝当物品的变卖、鉴定评估及咨询服务、商务部依法批准的其他典当业务。”上述认定有:我国商务部2012年4月17日颁发的《典当经营许可证》,多伦县公安局2012年5月4日颁发的《特种行业许可证》,多伦县工商行政管理局于2012年5月11日颁发的《企业法人营业执照》为证,因上述证件的原件在各主管部门年检、注册时已经收回,现手持的是换发的新证,所以只能提供最初工商登记档案中的复印件(有工商局档案章)。远欣公司的各种无根据怀疑都是不成立的。2. 恒信公司与远欣公司于2012年5月24日签订了《借款合同》和《典当借款(抵)》,两份合同内容一致,双方在两份合同中均作出了典当的意思表示,且不违反法律、行政法规的强制性规定,从合同的本质内容看,应属典当借款法律关系。合同签订后,双方又签订了《房地产抵押合同》《房地产抵押登记清单》,远欣公司将所抵押房屋的产权证原件交给了恒信公司。当时,由于远欣公司的原因,而未能及时办理抵押登记,但是,远欣公司始终是认可抵押登记及典当借款关系,并于2014年10月9日为恒信公司办理了房屋他项权证。2014年11月23日远欣公司的法定代表人李杰为恒信公司出具了《保证还款承诺》,再次表明认可与恒信公司之间属于典当借款的法律关系,且愿意按照典当借款人合同约定的义务继续履行。合同双方的真实意思表示均为典当借款的法律关系。远欣公司称的《中华人民共和国合同法》第四十六条规定的,附生效期限、终止期限的合同。并非本案双方约定的借款期限,也不是借款期限届满,合同就失效了,这是远欣公司在曲解法律。3. 因为,本案中双方形成的是典当借款法律关系,双方在《典当借款合同(抵)》中约定:月综合费率为2.7%,远欣公司在取得当金时支付给恒信公司三个月的综合费用。该约定并未违反法律、行政法规的强制性规定,且属于典当行业的通常作法。因此,一审法院认定本案当金数额为300万元,符合法律规定和双方的约定。远欣公司引用的《中华人民共和国合同法》第二百条规定,是调整双方为借贷法律关系的规定,并不适用本案双方当事人。综上,答辩人认为一审法院认定事实清楚,适用法律正确。请求二审法院驳回上诉,维持原判。以维护答辩人的合法权益。

被上诉人恒信公司向一审法院起诉请求:请求法院判远欣公司立即偿还恒信公司典当金300万元,并赔付相应的利息损失(月利率为1.86%、2014年11月1日至2015年7月1日)及今后至实际全部给付日止产生的上述利息,诉讼费用及处置抵押物过程中形成的各项税费判决由远欣公司承担。

一审法院认定事实:2012年5月24日,恒信公司与远欣公司签订《典当借款合同(抵)》。合同约定,典当公司为恒信公司,当户为远欣公司;当金300万元;当期为三个月,自2012年5月24日起至2012年8月24日止;月利率为0.467%,按月付息;月综合费率为2.7%,远欣公司于取得当金时支付给恒信公司三个月的综合费用,于当期届满时归还当金300万元;当物为远欣公司所有的位于内蒙古自治区锡林郭勒盟正蓝旗夏尔登吉区的房地产;当物办理评估、他项权利登记的费用由远欣公司负担;远欣公司在取得当金时,恒信公司给其开具当票;远欣公司在当期届满后五日内赎当,逾期不赎当也不续当的为绝当;如发生绝当情形,恒信公司有权依法拍卖当物;拍卖所得价款在扣除远欣公司所欠一切费用后有剩余的,归还乙方;如有不足,恒信公司有权向远欣公司追索;远欣公司逾期赎当,必须根据典当期限内的息、费标准和逾期天数补交利息和综合费用,并对逾期赎当每日计收全部息、费0.5%的罚息;一方违约,除赔偿因此给对方造成的损失外,还应向对方支付当金总额每日0.1%的违约金。2012年5月24日,双方另签订《房地产抵押合同》,约定远欣公司提供抵押物担保的债权为恒信公司依《典当借款合同(抵)》取得的债权,抵押物详见到《抵押物清单》;双方应在本合同签订后两日内到当地抵押登记机关办理抵押登记;合同自抵押登记之日起生效。除上述合同外,远欣公司还于2012年5月24日为恒信公司出具一份手写的《借款合同》。合同载明,今借到恒信公司人民币300万元,期限三个月,月利率为3.2%(其中月综合费率为2.7%),综合费用由当金中一次性收取计24.3万元,利息按月结,每月15,000元,以房屋产权证五个,土地使用权证三个作为抵押(清单附合同书后)。同日,恒信公司作为抵押权人,远欣公司作为抵押人,签订了《房屋抵押登记清单》。清单中,双方对所抵押房屋的房屋所有权证号、土地使用权证号、位置、面积等进行了详细记载。远欣公司将上述房屋所有权证和土地使用权证的原件交于恒信公。但双方未至有关部门办理抵押登记。2012年5月24日,恒信公司在扣除三个月的综合费用243,000元后,向远欣公司提供借款2,757,000元;2012年8月24日,双方再次签订制式的《房屋抵押登记清单》。该清单所列房地产与2012年5月24日所签清单一致。2014年10月9日,恒信公司就上述抵押清单所列五套楼房取得房屋他项权证。房屋他项权证载明,他项权人为恒信公司,约定期限为2014年10月9日至2014年12月9日。2012年8月6日至2015年1月13日,远欣公司分17笔偿还恒信公司275.7万元。具体还款日期和数额为:2012年8月6日,4.5万元;2012年9月25日,1.5万元;2012年12月15日,1.5万元;2013年2月8日,5万元;2014年1月18日,30万元;2014年5月22日,5万元;2014年5月31日,100万元;2014年6月30日,10万元;2014年7月8日,7万元;2014年7月31日,10万元;2014年9月17日,10万元;2014年10月9日,10万元;2014年10月24日,10万元;2014年10月26日,5万元;2014年10月31日,5万元;2014年12月25日,30万元;2015年1月13日,31.2万元。2014年11月23日,远欣公司的法定代表人李杰给恒信公司出具《保证还款承诺》,内容为:“多伦县恒信典当有限责任公司:我李杰2012年5月24日从贵公司典当借款300万元,至今支付部分利息外,仍欠借款本息未还。现郑重承诺如下:2014年11月还款30万元;2015年1月31日前归还剩余的全部本息及违约金。上述承诺保证兑现。如再次违约愿承担法律责任和经济违约责任,或任由贵公司处置抵押物。”

另查明,恒信公司于2012年5月11日注册登记成立。多伦县工商行政管理局(现更名为多伦县食品药品和工商质量技术监督管理局)为其颁发的营业执照载明,经营范围为:动产质押典当业务、财产权利质押典当业务、房地产抵押典当业务、限额内绝当物品的变卖、鉴定评估及咨询服务、商务部依法批准的其他典当业务。上述事实,有原告提供的恒信公司营业执照、《典当借款合同(抵)》、《房地产抵押合同》、土地使用权证、房屋所有权证、房屋抵押登记清单、他项权证、《保证还款承诺》和被告提供的远欣公司营业执照、《借款合同》、房屋抵押登记清单及本案庭审笔录在案佐证。

一审法院认为,本案的争议焦点是:1. 双方就案涉借款是属于典当关系还是借款合同关系;2. 远欣公司就该笔借款应偿还的数额,利息应如何计算。首先,关于恒信公司与远欣公司之间就案涉借款是属于典当关系还是借款合同关系的问题。根据《典当管理办法》的规定,典当是指当户将其动产、财产权利作为当物质押或者将其房地产作为当物抵押给典当行,交付一定比例费用,取得当金,并在约定期限内支付当金利息、偿还当金、赎回当物的行为。因此,典当合同与普通借款合同的合同主体、权利性质和法律后果不尽相同。典当合同中提供当金的一方须是依照商务部、公安部制定的《典当管理办法》设立的专门从事典当活动的企业法人;典当权是以担保物权的成立为前提,一旦当户到期不能赎当而形成绝当时,典当公司通过处置当物来实现典当权利;而普通借款合同中抵质押是为主债务提供的担保,具有从属性,其实现主债权的方式是对抵质押物行使优先受偿权。典当合同可以约定综合费用的支付,综合费用的产生是基于提供各种服务和管理费用;而借款合同中约定的利率在性质上属于孳息的范畴。典当合同应当是基于典当行为所建立的合同关系。本案中,恒信公司系经多伦县工商行政管理局于2012年5月11日登记注册成立的典当公司。依据《典当管理办法》中关于典当行设立程序的相关规定,设立申请人须在取得商务部批准颁发的《典当经营许可证》后,方能在工商行政管理机关申请登记注册,领取营业执照。现恒信公司持有该营业执照,其所提供的《典当经营许可证》(2012年4月17日颁发)和《特种行业许可证》(2012年5月4日颁发)虽是复印件,但系由多伦县食品药品和工商质量技术监督管理局出具,且盖有该局备案查询专用章,并注明备案时间为2012年5月11日。根据恒信公司所提供的上述证据及《典当管理办法》的相关规定,该院确认恒信公司与远欣公司签订案涉《典当借款合同(抵)》时,具备从事典当活动的主体资格。恒信公司与远欣公司于2012年5月24日分别签订了《典当借款合同(抵)》和《借款合同》。两份合同的内容并不矛盾,双方在两份合同中均作出了典当的意思表示。该意思表示真实一致,且不违反法律、行政法规的强制性规定。合同签订后,双方又签订了《房地产抵押合同》和《房屋抵押登记清单》,远欣公司将所抵押房屋的产权证原件交于恒信公司,但双方当时未就抵押房产至有关部门办理抵押登记,抵押权未设立。典当公司与远欣公司的上述行为有违《典当管理办法》第四十二条"典当行经营房地产抵押典当业务,应当和当户依法到有关部门先行办理抵押登记,再办理抵押典当手续"的规定,典当合同的构成要件有所欠缺。但远欣公司于2014年10月9日配合恒信公司就案涉抵押楼房办理了抵押登记,恒信公司取得了房屋他项权证;远欣公司的法定代表人李杰又于2014年11月23日给恒信公司出具《保证还款承诺》,所承诺内容表明其认可与恒信公司之间属于典当借款关系,愿意按双方所签合同的约定继续履行。远欣公司及其法定代表人的行为系对典当合同构成要件的补正,且该种行为并不违反法律、行政法规的强制性规定。故从维护合同双方的真实意思表示和民事活动所应遵循的诚实信用原则的角度出发,该院确认恒信公司与远欣公司之间的典当关系成立并合法有效。双方应按《典当借款合同(抵)》和《借款合同》的约定履行各自的义务。诉讼中,远欣公司仅以恒信公司未按《房地产抵押合同》约定的期限办理抵押登记并出具当票为由,提出典当借款合同无效的辩解,该院不予采信。其次,关于远欣公司就该笔借款应当偿还的数额,利息应如何计算的问题。双方在《典当借款合同(抵)》中约定,月综合费率为2.7%,远欣公司于取得当金时支付给恒信公司三个月的综合费用。该约定并未违反法律、行政法规的强制性规定。故恒信公司在向远欣公司提供当金时虽扣除了典当期间内的综合费用243,000元,但本案双方当事人之间的当金数额仍应确定为300万元。典当期间内每月的利息为14,010元(300万元×0.467%),三个月合计42,030元。至2012年8月24日典当期满,远欣公司已偿还4.5万元,尚欠恒信公司当金2,997,030元。典当期满后,远欣公司未赎当亦未续当。恒信公司有权主张相应的利息和综合费用,但合计数额不得超过按中国人民银行同期同类贷款基准利率的四倍计算的利息。恒信公司主张统一按月利率1.86%计算为利息,未超出上述标准,该院予以支持。2012年8月25日至2014年5月22日共计20个月零28天,2,997,030元当金所产生的利息为1166,923.60元(2,997,030元×1.86%×20个月+2,997,030元×1.86%/30天×28天)。远欣公司于2012年9月25日偿还1.5万元、2012年12月15日偿还1.5万元、2013年2月8日偿还5万元、2014年1月18日偿还30万元、2014年5月22日偿还5万元,共计43万元。冲抵所欠利息后,至2014年5月22日,远欣公司尚欠恒信公司及利息736,923.60元。2014年5月23日至2014年5月31日共计9天,当金2,997,030元所产生利息为16,723.43元(2,997,030元×1.86%/30天×9天)。2014年5月31日,远欣公司还款100万元,冲抵所欠利息753,647.03元(736,923.60元+16,723.43元)后,剩余246,352.97元冲抵当金。当金剩余为2750,677.03元。2014年6

月1日至2014年6月30日,2750,677.03元当金产生利息为51,162.59元(2750,677.03元×1.86%×1个月)。2014年6月30日,远欣公司还款10万元,冲抵利息和部分当金后,剩余当金为2701,839.62元。2014年7月1日至2014年7月8日共计8天,当金2701,839.62元产生的利息为13,401.12元(2701,839.62元×1.86%/30天×8天)。远欣公司于2014年7月8日还款7万元,冲抵利息和部分当金后,剩余当金为2645,240.74元。2014年7月9日至2014年7月31日共计23天,2645,240.74元当金产生的利息为37,721.13元(2645,240.74元×1.86%/30天×23天)。远欣公司于2014年7月31日还款10万元,冲抵利息和部分当金后,剩余当金为2582,961.87元。2014年8月1日至2014年9月17日共计1个月零17天,2582,961.87元当金产生的利息为75,267.51元(2582,961.87元×1.86%×1个月+2582,961.87元×1.86%/30天×17天)。远欣公司于2014年9月17日偿还10万元,冲抵利息和部分当金后,剩余当金为2558,229.38元。2014年9月18日至2014年10月9日共计22天,2558,229.38元当金产生的利息为34,894.25元(2558,229.38元×1.86%/30天×22天)。远欣公司于2014年10月9日还款10万元,冲抵利息和部分当金后,剩余当金为2493,123.63元。2014年10月10日至2014年10月24日共计15天,2493,123.63元当金产生的利息为23,186.05元(2493,123.63元×1.86%/30天×15天)。远欣公司于2014年10月24日还款10万元,冲抵利息和部分当金后,剩余当金为2416,309.68元。2014年10月25日至2014年10月26日,2416,309.68元当金产生的利息为2996.22元(2416,309.68元×1.86%/30天×2天)。远欣公司于2014年10月26日还款5万元,冲抵利息和部分当金后,剩余当金为2369,305.90元。2014年10月27日至2014年10月31日共计5天,2369,305.90元当金产生的利息为7344.85元(2369,305.90元×1.86%/30天×5天)。远欣公司于2014年10月31日还款5万元,冲抵利息和部分当金后,剩余当金为2326,650.75元。2014年11月1日至2014年12月25日共计1个月零25天,2326,650.75元当金产生的利息为79,338.79元(2326,650.75元×1.86%×1个月+2326,650.75元×1.86%/30天×25天)。远欣公司于2014年12月25日还款30万元,冲抵利息和部分当金后,剩余当金为2105,989.54元。2014年12月26日至2015年1月13日共计19天,2105,989.54元当金产生的利息为24,808.56元(2105,989.54元×1.86%/30天×19天)。远欣公司于2015年1月13日还款31.2万元,冲抵利息和部分本金后,远欣公司尚欠恒信公司当金1818,798.10元。因远欣公司未及时偿还,应按月利率1.86%计算向恒信公司支付自2015年1月14日起至清偿之日止的利息。另外,恒信公司主张由远欣公司承担处置抵押物过程中形成的各项税费。因恒信公司所主张的税费尚未实际产生,对其该项主张该院不予支持。综上所述,本院依照《中华人民共和国合同法》第六条、第一百零七条和第一百一十三条第一款的规定,判决如下:一、被告内蒙古远欣房地产开发有限责任公司于本判决生效之日起十日内偿还原告多伦县恒信典当有限责任公司当金1818,798.10元及利息(利息从2015年1月14日起按月利率1.86%计算至清偿之日止);二、驳回原告多伦县恒信典当有限责任公司的其他诉讼请求。如果未按本判决指定的期间履行金钱给付义务,应当依照《中华人民共和国民事诉讼法》第二百五十三条之规定,加倍支付迟延履行期间的债务利息。案件受理费34,371元,由原告多伦县恒信典当有限责任公司负担14,355元,由被告内蒙古远欣房地产开发有限责任公司负担20,016元。

二审中,当事人没有提交新证据。本院经审理查明的事实与一审法院查明的事实一致,本院予以确认。

本院认为,本案二审的争议焦点是:1. 涉案的典当合同是否有效;2. 借款数额及利息应如何计算。

1. 关于涉案的典当合同是否有效的问题。经庭审查明,恒信公司系经多伦县工商行政管理局于2012年5月11日登记注册成立的典当公司。恒信公司持有该营业执照,其一审中提供的《典当经营许可证》(2012年4月17日颁发)和《特种行业许可证》(2012年5月4日颁发)虽系复印件,但均由多伦县食品药品和工商质量技术监督管理局出具,且盖有该局备案查询专用章,并注明备案时间为2012年5月11日。故恒信公司与远欣公司签订案涉《典当借款合同(抵)》时,具备从事典当活动的主体资格。

双方于2012年5月24日分别签订了《典当借款合同(抵)》和《借款合同》,两份合同的内容并不矛盾,双方在两份合同中均作出了典当的意思表示。同时签订了《房地产抵押合同》和《房屋抵押登记清单》,远欣公司将所抵押房屋的产权证原件交于恒信公司,恒信公司依约向远欣公司履行了发放借款的全部义务,虽然双方虽未就抵押房产至有关部门办理抵押登记,违反了《典当管理办法》第四十二条的规定。恒信公司在未取得他项权证的情况下就发放了借款,应属内部行政管理问题,不属于民法调整的范畴,并不影响双方所签的《典当借款合同(抵)》和《借款合同》的效力。而且,远欣公司于2014年10月9日配合恒信公司就案涉抵押楼房办理了抵押登记,恒信公司取得了房屋他项权证;远欣公司的法定代表人李杰又于2014年11月23日给恒信公司出具《保证还款承诺》,所承诺内容表明其认可与恒信公司之间属于典当借款关系,愿意按双方所签合同的约定继续履行。远欣公司及其法定代表人的行为系对典当合同构成要件的补正,且该种行为并不违反法律、行政法规的强制性规定。且依据

《最高人民法院关于适用〈中华人民共和国合同法〉若干问题的解释(一)》第九条第一款之规定,“依照合同法第四十四条第二款的规定,法律、行政法规规定合同应当办理批准手续,或者办理批准、登记手续才生效,在一审法庭辩论终结前当事人仍未办理批准手续的,或者仍未办理批准、登记手续的,人民法院应当认定该合同未生效;法律、行政法规规定合同应当办理登记手续,但未规定登记后生效的,当事人未办理登记手续不影响合同的效力,合同标的物所有权及其他物权不能转移”。由此综合认证,恒信公司与远欣公司之间的典当关系成立并合法有效,一审认定正确,本院予以确认。

2. 关于借款数额及利息计算问题。双方当事人所签订的《典当借款合同(抵)》合法有效,合同约定当金是300万元,同时,远欣公司法人李杰出具的《保证还款承诺》中言明向恒信公司借款的金额为300万元,是无可争议的事实。虽然恒信公司在向远欣公司提供当金时扣除了综合费用243,000元,但涉案的当金数额仍应确定为300万元。故恒信公司典当期间内每月的利息为14,010元(300万元×0.467%),三个月合计42,030元。至2012年8月24日典当期满,远欣公司已偿还4.5万元,尚欠恒信公司当金2,997,030元。一审对此认定正确,本院予以确认。典当期满后,远欣公司未赎当亦未续当。恒信公司主张统一按月利率1.86%计算利息,并未超过按中国人民银行同期同类贷款基准利率的四倍计算的利息,应予以支持。一审判决采取根据远欣公司还款时间分段计算本金及利息的方式正确,经计算远欣公司尚欠恒信公司当金1818,798.10元。因远欣公司未按期偿还,应按月利率1.86%计算向恒信公司支付自2015年1月14日起至清偿之日止的利息。

综上,上诉人远欣公司上诉请求及理由,于法无据。原审判决认定事实清楚,适用法律正确。依照《中华人民共和国民事诉讼法》第一百七十条第一款第一项之规定,判决如下:

驳回上诉,维持原判。

二审案件受理费25,951元,由上诉人内蒙古远欣房地产开发有限责任公司负担。

本判决为终审判决。

审　判　长　肖有才
审　判　员　娜日苏
代理审判员　程鹏皎
二〇一六年十月十一日
书　记　员　陈墨颖

【案例二十八】龙岩市宏健典当有限公司诉陈华平、张卫东等典当纠纷案（2015年12月4日、2016年7月29日）

【法律点】所谓最高额抵押，是抵押人在最高额限度内，以抵押物对将来一定期间内连续发生的不特定债权提供的抵押担保。抵押人提供抵押物并与典当行设定最高额抵押，在主债权确定前，典当行与抵押人可以通过协议变更债权确定的期间、债权范围以及最高债权额，但变更的内容不得对其他抵押权人产生不利影响。当事人在一定期间内就新发生的、经过双方认可的债权债务不必每次都分别设定抵押权。

【关键词】最高额抵押典当　抵押登记　抵押人　保证人　优先受偿

福建省龙岩市中级人民法院
民事判决书

（2015）岩民终字第1279号

上诉人（原审被告）：张卫东。

委托代理人：李胜荣，福建挺秀律师事务所律师。

委托代理人：卢仁彩，福建挺秀律师事务所律师。

被上诉人（原审原告）：龙岩市宏健典当有限公司。住所地，漳平市××街道。

法定代表人：黄斌佳，执行董事。

委托代理人：许天和，福建博平律师事务所律师。

委托代理人：刘梅梅，龙岩市宏健典当有限公司员工。

原审被告：陈华平。

原审被告：林生菊，又名林新菊。

原审被告：张卫坪，又名张卫平。

原审被告：陈丽红。

上诉人张卫东因与被上诉人龙岩市宏健典当有限公司（以下简称宏健公司）、原审被告陈华平、林生菊、张卫坪、陈丽红典当纠纷一案，不服福建省漳平市人民法院(2014)漳民初字第1831号民事判决，向本院提起上诉。本院受理后，依法组成合议庭，公开开庭审理了本案。上诉人张卫东及其委托代理人李胜荣、被上诉人宏健公司的委托代理人许天和、刘梅梅到庭参加诉讼。原审被告陈华平、林生菊、张卫坪、陈丽红经本院依法传唤，无正当理由未到庭参加诉讼。本案现已审理终结。

原审查明：2014年5月16日，宏健公司（甲方）与陈华平（乙方）签订《借款合同》一份，约定由宏健公司出借人民币1,000,000元给陈华平，借期自2014年5月16日至2014年8月13日，借款利息（月费率）为1.5%，保证人自愿提供连带保证责任；抵押人自愿提供身份证、户口本、结婚证、厦国土房证第01007×××号复印件各一份，房他证漳字第201400×××号原件一本作为抵押物，依法担保借款人履行全部债务和支付所有费用等义务等内容。张卫平、陈丽红作为保证人在合同上签字捺手印，陈华平、张卫东作为抵押人在合同上签字捺印。其中，房他证漳字第201400×××号他项权证书的登记时间为2014年1月22日，登记的他项权利人为宏健公司，房屋所有人为张卫东，抵押的房屋所有权证号为200701×××、200701×××、债权数额为700,000元，抵押登记内容记载为最高额抵押登记。合同签订后，宏健公司于当日向陈华平出具当票一张，载明：当物为框架结构的房屋，典当金额为1,000,000元，综合费用33,000元，月费率为1.1%，月利率为0.4%，典当期限为2014年5月16日起至2014年8月13日止。宏健公司于当日向陈华平在漳平市农村信用合作联社的账户汇入借款金额人民币1,000,000元。但陈华平未将厦国土房证第01007×××号作为当物提交给宏健公司。陈华平与林生菊系夫妻关系，本案典当借款发生在其夫妻关系存续期间。

宏健公司的诉讼请求为：(1)陈华平、林生菊立即共同清偿宏健公司典当借款人民币1,000,000元，并支付综合费用和利息（综合费用率按每月1.5%标准计算，自2014年7月21日起算，直至款清之日止）。(2)张卫东、张卫平、陈丽红对陈华平、林生菊的债务承担连带清偿责任。(3)宏健公司对张卫东抵押的房产享有优先受偿权（所有权证号：房权证漳房字第200701×××、200701×××号），有权就变现该抵押物所得款项优先受偿。(4)陈华平、林生菊、张卫平、陈丽红、张卫东承担全部诉讼费用。

原审法院认为，本案的焦点问题为：(1)本案是典当纠纷还是一般的信用贷款纠纷？(2)张卫东的抵押行为是否有效？

根据商务部、公安部联合颁发的《典当管理办法》第三条第一款的规定，典当，是指当户将其动产、财产权利作为当物质押或者将其房地产作为当物抵押给典当行，交付一定比例费用,取得当金,并在约定期限内支付当金利息、偿还当金、赎回当物的行为。陈华平以房产作为抵押向宏健公司借款,而宏健公司又是依照《中华人民共和国公司法》和《典当管理办法》设立的专门从事典当活动的企业法人,其双方之间发生的借款行为应为典当行为,故本案应为典当纠纷。陈华平取得当金后,未依约进行赎当,侵犯宏健公司的合法权益,对宏健公司诉请要求陈华平偿还当金 1,000,000 元的主张,予以支持。陈丽红辩称只收到当金 967,000 元,与宏健公司提供的企业网银电子回单转账 1,000,000 元的内容不一致,对其辩解不予采纳。宏健公司诉请按每月 1.5% 计算综合费用和利息,原审法院认为,根据《典当管理办法》的规定,综合费用与利息在典当行为中具有不同的法律属性,其计收办法也不一样,应区分确定。根据宏健公司出具的当票记载,月费率为 1.1%,当期内的综合费用已收取,月利率为 0.4%,尚未收取,故对宏健公司的主张,确定如下:综合费用按每月 1.1% 计算,自 2014 年 8 月 14 日起算;利息按 0.4% 计算,自 2014 年 5 月 16 日起算。本案典当借款系林生菊与陈华平夫妻关系存续期间,应由双方共同偿还上述借款当金并支付综合费用及利息。陈丽红、张卫平在借款合同上保证人处署名捺印,系其自愿为陈华平的借款提供连带保证担保的真实意思表示,对宏健公司诉请要求陈丽红、张卫平对陈华平的典当借款承担连带清偿责任的主张,予以支持。因张卫东是作为抵押人为陈华平的借款进行保证,故对宏健公司诉请要求张卫东承担连带责任的主张,不予支持。

关于张卫东的抵押行为是否有效,原审法院认为,张卫东为向宏健公司借款而与宏健公司签订有《最高额抵押典当借款合同》,并因此与宏健公司至房地产交易管理机构办理了抵押登记手续,其抵押借款意思真实。虽因宏健公司未实际向张卫东发放借款导致合同未实际生效进而影响抵押登记的效力,但张卫东并未因此向房地产交易管理机构申请撤回其抵押登记,而是继续在陈华平向宏健公司的借款合同上以抵押人身份署名捺印,为陈华平的借款提供担保,可以视为其自愿为陈华平的借款提供抵押担保,并提供以宏健公司为房屋他项权利人的他项权证书给宏健公司,故抵押行为有效。宏健公司诉请对张卫东的房产享有优先受偿权,应予支持。因他项权证记载,张卫东提供的抵押为最高额抵押,债权数额为 700,000 元,故宏健公司主张的优先受偿限额为人民币 700,000 元,对超出部分的金额不享有优先受偿权。依据《中华人民共和国合同法》第二百零五条、第二百零六条、第二百零七条,《中华人民共和国担保法》第十八条、第二十一条、第二十八条、第三十一条,《最高人民法院关于适用〈中华人民共和国担保法〉若干问题的解释》第六十一条、第八十三条,《典当管理办法》第三十条、第三十七条、第三十八条,《中华人民共和国民事诉讼法》第六十四条第一款、第二百五十三条之规定,判决:一、陈华平、林生菊应于判决生效后十日内向宏健公司偿还当金1,000,000元并支付综合费用及利息(综合费用自2014年8月14日起至款项还清日止,按每月1.1%计算;利息自2014年5月16日起至款项还清日止按每月0.4%计算)。二、宏健公司对张卫东提供担保的房屋拍卖、变卖等处置所得在最高额抵押限额人民币700,000元内享有优先受偿权;代偿后,有权向陈华平、林生菊追偿。三、张卫平、陈丽红对张卫东抵押担保限额外的陈华平、林生菊所欠债务承担连带清偿责任,代偿后,有权向陈华平、林生菊追偿。四、驳回宏健公司的其他诉讼请求。一审案件受理费人民币14,057元,由陈华平、林生菊负担。

一审宣判后,张卫东不服,向本院提起上诉称:1. 根据《中华人民共和国物权法》第九条、第一百八十条、第一百八十七条规定,房屋作为抵押财产,应当办理抵押物登记,抵押权至登记时设立,未办理抵押登记,没有抵押权。张卫东虽为陈华平在2014年5月16日《借款合同》项下的借款签字抵押担保,但未办理抵押登记手续,抵押权依法没有设立。2. 张卫东办理房屋他项权证(房他证漳字第201400×××号)的目的不是为陈华平的借款提供抵押担保,而是为张卫东自身借款提供的抵押担保。2014年1月22日《最高额抵押典当借款合同》、2014年1月22日抵押登记申请审批表、房他证漳字第201400×××号房屋他项权证是一个整体,能充分证明张卫东要向宏健公司借款700,000元,用两套房(漳房字第200701×××、200701×××)去抵押,依法办理了抵押登记。但因宏健公司未依约履行放款义务,从而宏健公司不能行使该抵押权。综上,请求:1. 撤销福建省漳平市人民法院作出的(2014)漳民初字第1831号民事判决书第二项判决,改判驳回宏健公司对张卫东的房屋在700,000元内优先受偿权的诉讼请求;2. 诉讼费用由宏健公司承担。

被上诉人宏健公司答辩称:最高额抵押是对一定期间内连续发生的债权提供的抵押,抵押权人和抵押人可以协议变更债权确定的期间、范围和最高债权额,但变更内容不得对抵押权人产生不良影响。本案中,张卫东为2014年1月22日的借款办理房他证漳字第201400×××号他项权证书,抵押权人为宏健公司。2014年5月22日,张卫东同意为陈华平的借款提供抵押担保,通过在《借款合同》中抵押条款特别约定的方式,将陈华平的借款纳入房他证漳字第201400×××号他项权证书的最高额抵押担保债权范围内,此行为并未对其他抵押权人产生不良影响,也无须重新办理抵押登记手续。宏健公司对陈华平发放借款后,主债务人未依约还款,张卫东应依约履行担保义务,原审法院判决宏健公司有权以张卫东提供担保的房屋拍卖、变卖等处置所得在最高额抵押限额人民币700,000元内享有优先受偿权正确,应予维持。请求二审法院驳回上诉,维持原判。

原审被告陈华平、林生菊、张卫坪、陈丽红无正当理由未到庭参加诉讼,亦未提交答辩意见,视为放弃诉讼权利。

经审理查明,上诉人对一审查明事实有如下异议:一审法院遗漏查明宏健公司并未将2014年1月22日《最高额抵押典当借款合同》项下张卫东的借款实际发放的事实。被上诉人宏健公司认为一审法院遗漏查明张卫东既是抵押人又是连带保证人的事实。对于一审查明且双方均无异议的其余事实,本院予以确认。

二审另查明:2014年1月22日,宏健公司(贷款人)与张卫东(借款人)签订《最高额抵押典当借款合同》,约定借款人民币700,000元。张卫东以其自有房产作为抵押,于2014年1月22日办理抵押登记,取得房他证漳字第201400×××号他项权利证书。该笔借款至今未发放,双方亦未注销2014年1月22日的抵押登记。2014年5月16日,宏健公司(出借方)与陈华平(借款方)签订《借款合同》,张卫东作为抵押人签字。该《借款合同》底部有手写的"保证人漳平市桂林南路169号张卫东"字样。

本案的争议焦点为:2014年5月16日《借款合同》项下由张卫东提供的抵押物的抵押权是否设立?宏健公司是否享有房他证漳字第201400×××号他项权利证书项下抵押物的优先受偿权?对此,本院予以分析认定如下:

本院认为,所谓最高额抵押,是抵押人在最高额限度内,以抵押物对将来一定期间内连续发生的不特定债权提供的抵押担保。《中华人民共和国物权法》第二百零三条第一款规定为"为担保债务的履行,债务人或者第三人对一定期间内将要连续发生的债权提供担保财产……"最高额抵押在其从属性、特定性等方面具有特殊性:最高额抵押权成立在先,债权可能成立在后;其所担保的债权并非某一特定的债权,而是约定期间内连续发生的债权,决算之前,最高额抵押权并不因某一债权的消灭而消灭。

本案中,张卫东为其在2014年1月22日借款所设定的抵押为最高额抵押,依照《中华人民共和国物权法》第二百零五条"最高额抵押担保的债权确定前,抵押权人与抵押人可以通过协议变更债权确定的期间、债权范围以及最高债权额,但变更的内容不得对其他抵押权人产生不利影响"之规定,经双方协商一致,宏健公司与张卫东可以对该最高额抵押担保的债权范围进行变更,但不得损害其他抵押权人的利益。现双方均认可2014年1月22日的借款并未实际发放这一事实,但宏健公司与张卫东在2014年5月16日的《借款合同》中,分别以出借方和抵押人身份签字盖章,并将房他证漳字第201400×××号他项权利证书作为抵押物填写在合同第七条"抵(质)押担保条款:抵(质)押人自愿提供作为抵押物"的空白处,应视为完全民事行为能力人张卫东与宏健公司将该《借款合同》中陈华平的借款纳入已设定的最高额抵押担保的债权范围。上诉人张卫东主张房他证漳字第201400×××号他项权利证书并非为2014年5月16日《借款合同》项下借款提供抵押，与《借款合同》第七条约定不符。因最高额抵押系为将来一定期间内连续发生的债权所设定的抵押，当事人在一定期间内就新发生的、经过双方认可的债权债务不必每次都分别设定抵押权。

综上，本院认为，2014年5月16日《借款合同》项下的房他证漳字第201400×××号他项权利证书中的抵押物无须重复设定抵押权，宏健公司对该抵押物经拍卖、变卖等处置所得在最高额抵押限额人民币700,000元内享有优先受偿权。原审法院认定事实清楚，适用法律正确，原审被告陈华平、林生菊、张卫坪、陈丽红经本院依法传唤无正当理由拒不到庭，视为放弃诉讼权利，本院依法缺席审理和判决。依照《中华人民共和国民事诉讼法》第一百四十四条、第一百七十条第一款第一项之规定，判决如下：

驳回上诉，维持原判。

二审案件受理费10,800元，由上诉人张卫东负担。一审案件受理费按原判计收。

本判决为终审判决。

审 判 长　郑 国 柱
代理审判员　张 婷 婷
代理审判员　刘 彬 辉
二〇一五年十二月四日
书 记 员　陈笑平(代)

附：

福建省高级人民法院
民事裁定书

(2016)闽民申1311号

再审申请人(一审被告、二审上诉人)：张卫东。

被申请人(一审原告、二审被上诉人)：龙岩市宏健典当有限公司。住所地，福建省××市××街道。

法定代表人：黄斌佳，该公司执行董事。

委托代理人：许天和，福建博平律师事务所律师。

一审被告：陈华平。

一审被告：林生菊，又名林新菊。

一审被告:张卫坪,又名张卫平。

一审被告:陈丽红。

再审申请人张卫东与被申请人龙岩市宏健典当有限公司(以下简称宏健公司)及一审被告陈华平、陈丽红、林生菊、张卫坪典当纠纷一案,不服福建省龙岩市中级人民法院(2015)岩民终字第1279号民事判决,向本院申请再审。本院依法组成合议庭对本案进行了审查,现已审查终结。

张卫东申请再审称:1. 一、二审法院认定宏健公司对涉案房屋在最高限额抵押限额70万元内享有优先受偿权,系对本案基本事实认定错误。房屋属于建筑物,依据《中华人民共和国物权法》第九条、第一百八十条、第一百八十七条之规定,其抵押应当办理抵押登记,抵押权自登记时设立。《中华人民共和国物权法》规定的建筑物抵押登记为登记生效,而非登记对抗,其物权只有经过登记才能够成立。2014年5月16日签订《借款合同》项下的100万元借款,其在《借款合同》中签有"保证人"字样,但没有对本次抵押担保办理抵押登记手续,抵押权未设立,宏健公司对其房屋不享有物权,不具有对抵押物的优先受偿权。2. 关于宏健公司提出的对其房产享有优先受偿权的诉讼请求,二审判决依据《中华人民共和国物权法》第二百零三条第一款、第二百零五条的相关规定判令驳回其上诉请求是错误的。二审法院依据《中华人民共和国物权法》第二百零三条第一款、第二百零五条作出的判决,不具备最高额抵押权的行使是基于债权人和债务人确定的事实前提,将最高额抵押权混用于不同的借贷关系,扩大了最高额抵押权的适用范围,导致判决错误,增加抵押人不必要的经济负担。最高额抵押是在债权人和债务人确定、基于同一借贷合同的前提下,抵押人在最高额限度内,以抵押物对将来一定期限内连续发生的不特定债权提供的抵押担保。《中华人民共和国担保法》第五十条规定:"抵押权不得与债权分离而单独转让或者作为其他债权的担保。"本案中存在两个借贷合同:2014年1月22日进行抵押登记的房他证漳字第201400×××号,系为2014年1月22日,张卫东与宏健公司签订《最高额抵押典当借款合同》,最高额借款70万元提供担保。2014年5月16日,陈华平与宏健公司签订《借款合同》,借款合同为100万元,此《借款合同》未约定为《最高额抵押典当借款合同》的组成部分,《借款合同》和《最高额抵押典当借款合同》为独立成立的合同,两合同之间没有主从、附属关系。因此,第201400×××房他证的抵押权对应的债权系《最高额抵押典当借款合同》项下最高额借款70万元,漳字第201400×××号房屋他项权证的抵押权不应当被分离,为2014年5月16日签订的《借款合同》项下借款提供担保。综上,请求对本案进行再审。

宏健公司提交意见称：一、二审法院认定事实清楚，适用法律正确，请求驳回张卫东的再审申请。

本院认为，张卫东与宏健公司于2014年1月22日签订《最高额抵押典当借款合同》并且进行了抵押权登记，虽然合同签订之后张卫东并未从宏健公司实际取得借款，但是双方并没有约定终止该合同，也没有撤销抵押权登记，张卫东的上述行为表明其同意按照《最高额抵押典当借款合同》约定的一年期限继续履行合同，也愿意将已经抵押登记的房产作为后续可能发生的借款的担保。而事实上张卫东在之后的2014年5月16日陈华平与宏健公司签订的《借款合同》中以抵押人、保证人的身份签字、按手印。张卫东作为抵押人以实际行动通过协议变更了债权范围，该变更的内容没有对其他抵押权人产生不利影响。虽然张卫东主张其并没有同意将2014年5月16日的《借款合同》转入其自己的最高额抵押担保的债权范围，但其作为完全民事行为能力人，在明知自己与宏健公司之间存在最高抵押担保的债权且债权范围没有确定的状态下，仍没有撤销抵押权登记，还在抵押人项下签字、捺手印，使宏健公司有理由相信张卫东通过协议与己方确认变更债权范围，上述事实符合《中华人民共和国物权法》第二百零五条"最高额抵押担保的债权确定前，抵押权人与抵押人可以通过协议变更债权确定的期间、债权范围以及最高债权额，但变更的内容不得对其他抵押权人产生不利影响"规定的情形。至于优先受偿权的问题，根据《中华人民共和国物权法》第二百零三条"为担保债务的履行，债务人或者第三人对一定期限内将要连续发生的债权提供担保财产的，债务人不履行到期债务或者发生当事人约定的实现抵押权的情形，抵押权人有权在最高债权额限度内就该担保财产优先受偿"的规定，张卫东作为法律意义上的"第三人"，已将其房产进行了抵押登记，亦即本案抵押人，作为抵押权人的宏健公司有权在最高债权额限度内就其担保财产优先受偿。故原审判决对此认定并无不当。

综上所述，张卫东的再审申请不符合《中华人民共和国民事诉讼法》第二百条规定的情形，依照《中华人民共和国民事诉讼法》第二百零四条第一款、《最高人民法院关于适用〈中华人民共和国民事诉讼法〉的解释》第三百九十五条第二款之规定，裁定如下：

驳回张卫东的再审申请。

审 判 长 陈建阳
审 判 员 徐 荣
代理审判员 陈 曦
二〇一六年七月二十九日
书 记 员 夏欣妍

6.抵(质)押权被确认无效或被撤销的典当合同

【问题提示】当物上设定的抵押权、质权被确认无效或者被撤销后,双方签订的原典当合同效力如何认定?

【案例二十九】赤峰昌泰典当有限责任公司诉赤峰广慈医院有限责任公司典当纠纷案
(2014年12月17日)

【法律点】 1.不动产当物的抵押登记因不可归责于当事人的原因被行政机关撤销的,撤销决定自撤销之日起生效。如该抵押登记撤销发生在绝当之后,不影响当事人间签订的原典当合同的性质和效力。原典当合同只要系双方当事人真实意思表示,又不违反法律、行政法规的强制性规定,应认定合法有效。

2.典当合同法律关系具有不同于一般合同关系的特殊性,其利息和综合费用的设定及计算标准均具有法定性,双方的约定符合规定的,应予支持。而绝当意味当户与典当行之间的基于典当合同的权利义务关系终止,典当行再依典当合同的约定请求支付综合费用缺乏法律依据,但合理期间内的逾期利息和违约金应予保护,其保护幅度和期间依据公平原则及诚实信用原则,并参照相关规定和兼顾市场运作的实际情况来确定,即参照目前民间借贷法定允许的最高利率计算六个月。

【关键词】非银行金融机构　典当合同效力　破产清算程序　综合费　逾期利息　违约金　公平责任　诚实信用原则　抵押权　撤销登记　优先受偿权

内蒙古自治区高级人民法院
民事判决书

(2014)内民再二终字第00002号

上诉人(原审原告、原二审上诉人):赤峰昌泰典当有限责任公司。住所地,内蒙古自治区赤峰市××区。

法定代表人:邵志林,董事长。

委托代理人:张晓杰,内蒙古奥星律师事务所律师。

委托代理人:高文忠,员工。

上诉人(原审被告、原二审被上诉人):赤峰广慈医院有限责任公司。住所地,内蒙古自治区赤峰市××区。

诉讼代表人:王洪柱,该公司破产管理负责人。

委托代理人:陈瑞文,内蒙古大川律师事务所律师。

上诉人赤峰昌泰典当有限责任公司(以下简称昌泰典当公司)与上诉人赤峰广慈医院有限责任公司(以下简广慈医院)典当纠纷一案,不服内蒙古自治区赤峰市中级人民法院(2014)赤民再字第13号判决,向本院提起上诉。本院依法组成合议庭,于2014年8月8日公开开庭审理了本案。上诉人昌泰典当公司的委托代理人张晓杰、高文忠,上诉人广慈医院的诉讼代表人王洪柱、委托代理人陈瑞文到庭参加诉讼。本案现已审理终结。

2006年10月23日,原审原告昌泰典当公司起诉至赤峰市中级人民法院称,2003年1月20日,广慈医院以自有房屋作为抵押,与昌泰典当公司签订四份《房地产抵押典当协议》,借款四笔共计230万元。该协议约定当期两年,自2003年1月22日起至2005年1月21日止,分别约定了当金月利息、月综合费用、逾期违约金,综合费用在领取当金时交清。2003年1月23日,昌泰典当公司、广慈医院又签订四份《房地产抵押典当协议》,将2003年1月22日签订的《房地产抵押典当协议》的典当期限两年变更为三个月,自2003年1月23日起至2003年4月22日止。上述手续办妥后对抵押典当房产进行抵押登记,取得房屋他项权证。昌泰典当公司在2003年1月24日将上述当金全部交付广慈医院,履行了合同义务。当期到期后广慈医院没有偿还借款,遂进行续当,至2005年12月23日最后一次续当到期,仍未偿还。至2005年12月29日全部绝当。截至2006年10月23日,广慈医院共欠昌泰典当公司当金230万元,利息 126,500 元,综合费用 345,000 元,违约金 138 万元。请求:偿还 4,151,500 元;就抵押房产承担连带清偿责任;对广慈医院的抵押物享有优先受偿权;此后新发生的上列费用继续给付至典当借款本金还清之日止。原审被告广慈医院答辩称:1.《典当管理办法》(以下简称《办法》)第四十二条第一款规定:典当行经营房地产抵押典当业务,应当和当户依法到有关部门先行办理抵押登记,再办理抵押典当手续。房地产抵押典当关系,应当以先办理抵押登记为成立条件。2012 年 9 月 6 日,赤峰市房屋交易产权管理中心以典当抵押的房屋在抵押时提供的证明材料不真实为由,作出《关于撤销赤峰昌泰典当有限责任公司所持××××××53、××××××54、××××××55、××××××56 号房屋他项权证的决定》。昌泰典当公司未在法定期限内申请行政复议,也未提起行政诉讼,该撤销决定已生效。另昌泰典当公司在赤峰市中级人民法院起诉主张对抵押房屋享有优先受偿权一案也已经撤诉。昌泰典当公司的抵押权消灭,双方基于房屋抵押建立的典当关系依法不成立。2. 昌泰典当公司根据《房地产抵押典当协议》已经收取的利息和综合费用 1,598,500 元,不受法律保护,应当用于抵付当金 230 万元,余额为 701,500 元。3. 无论典当关系是否成立,昌泰典当公司要求广慈医院支付绝当后利息、综合费用、违约金没有事实和法律依据。首先,《办法》第三条对典当的定义已作出明确规定,即典当"是指当户…将其房地产作为当物抵押给典当行,交付一定比例费用,取得本金,并在约定期限内支付当金利息、偿还当金、赎回当物的行为"。该条规定的"约定期限"指《办法》第三十一条第六项的"典当期、续当期"。超出此期限五日,根据《办法》第四十条第一款的规定,为绝当。本案广慈医院最后一次续当期限至 2005 年 12 月 23 日届满,于 2005 年 12 月 29 日绝当。昌泰典当公司要求支付续当期限届满后十一个月的利息 126,500 元、综合费用 345,000 元没有法律依据。其次,当金不能计算违约金。《办法》第三十条第二款规定:典当行和当户就当票以外事项进行约定的,应当补充订立书面合同,但约定的内容不得违反有关法律、法规和本办法的规定。由于《办法》没有对逾期清偿当金支付违约金的规定,故双方上述关于违约金的约定依法不能成立。请求依法判决广慈医院给付昌泰典当公司当金余额 701,500 元,驳回其他诉讼请求。

2007 年 4 月 20 日,赤峰市中级人民法院作出(2006)赤民二初字第 155 号民事判决:赤峰广慈医院有限责任公司给付赤峰昌泰典当有限责任公司借款本金 230 万元,给付利息 126,500 元,违约金 414,000 元。

昌泰典当公司不服,向本院提起上诉。2007 年 12 月 5 日,本院作出(2007)内民二终字第 52 号民事调解书,双方当事人达成协议如下:1. 双方同意广慈医院给付昌泰典当公司典当本金 230 万元,利息、综合费用、违约金 120 万元,共计 350 万元;2. 双方同意于 2008 年 2 月 29 日之前,广慈医院付清上述第一项的全部款项;3. 如未按约定期限还款,广慈医院给付昌泰典当公司典当本金 230 万元,利息自 2005 年 12 月 24 日起至本金还清为止,利率按每月 0.5% 计算;综合费用按每月 1.5% 计算,自 2005 年 12 月 24 日起至本金还清为止;违约金按每日 2‰计算,自 2005 年 12 月 24 日起至本金还清为止;一、二审案件受理费 76,920 元,由广慈医院负担。

2013 年 9 月 6 日,本院作出(2013)内民监字第 3 号民事裁定:本案由内蒙古自治区高级人民法院进行再审。

2014 年 1 月 10 日,本院作出(2013)内民提二字第 3 号民事裁定:一、撤销本院(2007)内民二终字第 52 号民事调解书及赤峰市中级人民法院(2006)赤民二初字第 155 号民事判决;二、本案发回赤峰市中级人民法院重审。

赤峰市中级人民法院重审查明,2003 年 1 月 22 日,广慈医院以自有房屋(房产证号分别为赤房权证红山区字第××××××27、××××××28、××××××29、××××××30 号)与昌泰典当公司签订四份《房地产抵押典当协议》,向昌泰典当公司以房屋抵押典当借款四笔,约定四笔借款总金额为 230 万元。典当期限两年,自 2003 年 1 月 22 日起至 2005 年 1 月 21 日止。当金月利息为 0.5%,月综合费为 1.5%。综合费用在领取当金时交清。广慈医院在典当期限(或续当期限)届满后至绝当前赎当的,除应当偿还本息外,每逾期一日应承担当金总额 2‰的违约金。2003 年 1 月 23 日,昌泰典当公司、广慈医院针对上述四份协议,又重新签订了四份《房地产抵押典当协议》,将典当期限两年变更为三个月,自 2003 年 1 月 23 日起至 2003 年 4 月 22 日止。其他未作变更。同日,广慈医院取得赤峰市房地产管理处发放的赤房红山区他字第××××××53、××××××54、××××××55、××××××56 号《房屋他项权证》。2003 年 1 月 24 日,昌泰典当公司出具四枚当票,当票记载已扣除三个月当期内的综合费用 103,500 元,昌泰典当公司实交当金共计 2,196,500 元。约定的典当期限届满后,广慈医院没有偿还,遂进行续当,至 2005 年 12 月 23 日,最后一次续当到期,广慈医院仍未偿还。其间,广慈医院已按约定支付自 2003 年 1 月 24 日至 2005 年 11 月 23 日的利息 391,000 元,自 2003 年 1 月 24 日至 2005 年 12 月 23 日综合费用 1,207,500 元,其中包括首期典当已扣除的综合费用 103,500 元,综合费用及利息共计 1,598,500 元。至 2005 年 12 月 29 日,四笔典当全部绝当。2012 年 9 月 6 日,赤峰市房屋交易产权管理中心作出《关于撤销赤峰昌泰典当有限责任公司所持××××××53、××××××54、××××××55、××××××56 号房屋他项权证的决定》。昌泰典当公司未提出行政复议或行政诉讼。

另查明,该院于2010年6月9日作出(2010)赤民破字第1号民事裁定,广慈医院进入破产清算程序。

赤峰市中级人民法院重审认为,昌泰典当公司持有内蒙古自治区商务厅颁发的《典当管理许可证》、赤峰市公安局颁发的《典当行业特殊许可证》以及工商管理部门发放的《工商营业执照》,是经过批准依法成立的非银行金融机构。昌泰典当公司与广慈医院在自愿协商的基础上先后两次签订《房地产抵押典当协议》,相互补充后约定的当期、利息、综合费用符合《办法》的规定。昌泰典当公司依约出具了当票、支付了当金。在当期内,广慈医院也按约定支付了利息及综合费用。即一方履行了约定义务,另一方履行了部分义务。结合分析当票、续当凭证等证据、合同的目的及合同履行情况,证明双方之间的典当关系已经成立。典当协议不违反法律、行政法规的强制性规定,合法有效,对双方均具有约束力。但是,以房地产抵押的,应当办理抵押登记,否则抵押权不能设立,不得对抗第三人。昌泰典当公司基于《房地产抵押典当协议》虽曾办理抵押权登记,但因相关登记机关已撤销该登记,且发生效力,该抵押行为已不能产生对抗第三人的法律效力。即昌泰典当公司作为抵押权人不能享有优先受偿的权利。房屋抵押权登记被撤销,并不能影响双方签订典当合同的法律效力。昌泰典当公司基于典当合同提出的合法请求应当予以支持。但昌泰典当公司在给付广慈医院典当借款本金时已扣除综合费用103,500元,实际给付当金为2,196,500元。双方约定的合法综合费用和利息的计算应当以此当金数额为基础。

关于利息、综合费用数额的问题。昌泰典当公司、广慈医院约定典当期限内的利息、综合费用计算标准,不违反法律、行政法规的强制性规定。典当当金2,196,500元按每月1.5%计算,自2003年1月24日起至2005年12月23日当期满止,综合费用为1153,162.50元,按每月0.5%计算同期利息为384,387.50元,两项合计1,537,550元。广慈医院辩称已支付综合费用及利息为1,598,500元,但其中103,500元的综合费用系昌泰典当公司支付当金时扣除,双方均未实际交付,该笔款项未作为典当金数额认定,同样也不能作为已付综合费用。故广慈医院实际已给付综合费用及利息为1,495,000元,尚欠昌泰典当公司当期及续当期内的综合费用及利息合计42,550元未支付。自续当期满后2005年12月24日至2005年12月29日绝当,广慈医院未归还当金,也未赎当,应当继续支付典当金2,196,500元的利息1830.40元、综合费用5491.25元,两项合计7321.65元。双方对于绝当后的利息及综合费用没有约定,相关法律、法规未作规定,且不能协商一致,昌泰典当公司不能再按合同约定收取综合费用。鉴于广慈医院不能依约偿还到期借款,昌泰典当公司确实存在利息损失的客观情况,支持其法定利息。法定利息的起止时间,依照《中华人民共和国企业破产法》第四十六条第二款之规定:附利息的债权自破产申请受理时停止计息。广慈医院已于2010年6月9日被人民法院依法受理破产申请,裁定进入破产清算程序,故昌泰典当公司的债权利息应当自2005年12月30日起至2010年6月9日止,按中国人民银行同期贷款利率计算。

关于昌泰典当公司主张违约金的问题。典当合同法律关系具有不同于一般合同关系的特殊性,其利息和综合费用的设定及计算标准均具有法定性,双方的约定符合法律规定,应当予以支持。但典当法律关系中关于违约金的设定缺乏法律依据。而且违约金作为合同中惩罚违约方和补偿守约方的措施,以补偿守约方的损失为主要目的。具体到本案,绝当期满前作为当户广慈医院支付了合同约定的利息、综合费用。绝当期满后广慈医院未偿还当金2,196,500元的行为确属违约,昌泰典当公司客观上存在利息损失。广慈医院应当给予赔偿,但本着公平原则仅能支持其法定利息为限,除此以外双方约定的违约金缺乏法律依据。广慈医院除赔偿昌泰典当公司利息损失外,不应当再承担其他损失赔偿的违约责任。昌泰典当公司要求广慈医院承担未清偿当金按每日2‰支付违约金的主张,该院不予支持。

关于昌泰典当公司主张以抵押房屋清偿债务及优先受偿的问题。因昌泰典当公司所持有的四份《房屋他项权证》登记已被撤销,且其未在法定期限内提出行政复议或行政诉讼,该决定已发生效力。如前所述,依照相关法律规定,昌泰典当公司所主张的以抵押房屋清偿债务及优先受偿的请求不能成立,该院不予支持。综上,本案经该院审判委员会讨论决定,依照《中华人民共和国合同法》第六十条、第一百零七条、第一百一十二条、第一百一十三条第一款之规定,赤峰市中级人民法院于2014年4月9日作出(2014)赤民再字第13号判决:一、赤峰广慈医院有限责任公司偿还赤峰昌泰典当有限责任公司典当借款本金2,196,500元。给付自2003年1月24日至2005年12月23日尚欠的综合费用及利息合计42,550元。给付自2005年12月24日至2005年12月29日的综合费用及利息合计7321.65元。二、赤峰广慈医院有限责任公司给付赤峰昌泰典当有限责任公司典当借款本金2,196,500元的利息,按中国人民银行同期贷款利率计算,自2005年12月30日起至2010年6月9日止。三、驳回赤峰昌泰典当有限责任公司的其他诉讼请求。原一、二审案件受理费76,920元,由赤峰昌泰典当有限责任公司负担35,384元,赤峰广慈医院有限责任公司负担41,536元。

昌泰典当公司上诉称,1. 一审确认广慈医院欠昌泰典当公司典当当金为

2,196,500 元缺乏事实和法律依据。事实上,广慈医院的当金为 230 万元。2. 一审确认的广慈医院应支付昌泰典当公司的利息和综合费用的数额错误。事实上,广慈医院截至 2006 年 10 月 23 日欠付昌泰典当公司的利息为 126,500 元,综合费用为 345,000 元。而且其应支付上述利息和综合费用至借款本金还清为止。3. 一审不支持昌泰典当公司违约金的请求无事实和法律依据。违约金双方在合同中有约定,广慈医院并未请求降低,该违约金也没有过分高于实际损失,所以,人民法院应依双方的合同约定予以判决。4. 一审未支持昌泰典当公司对抵押财产享有优先受偿权无事实和法律依据。5. 一审仅判令广慈医院承担借款的银行贷款利息无事实和法律依据。本案是典当纠纷,本案审理应依据典当管理的相关法律规定,一审适用民间借贷的相关法律规定错误。综上所述,一审的判决缺乏事实和法律依据,严重损害了昌泰典当公司的合法权益,上诉请求撤销赤峰市中级人民法院(2014)赤民再字第 13 号民事判决,依法支持昌泰典当公司的一审诉讼请求。广慈医院辩称:1. 一审认定典当当金为 2,196,500 元证据充分。《房地产抵押典当协议》约定的典当当金确为 230 万元,但昌泰典当公司向广慈医院支付典当金时,已经将三个月当期的综合费用按每月 1.5% 予以扣留,实际支付给广慈医院的当金为 2,196,500 元。2. 昌泰典当公司与广慈医院之间的房地产抵押典当关系因用于抵押的《房屋他项权证》被依法撤销而不成立。昌泰典当公司要求广慈医院支付绝当后利息、综合费用及违约金没有事实根据。即使典当关系合法有效,昌泰典当公司要求广慈医院支付绝当后利息、综合费用也没有法律依据。根据《办法》第三条之规定,利息与综合费用只发生在典当及续当期限内,超出此期限五日就为绝当。广慈医院于 2005 年 12 月 29 日绝当,昌泰典当公司要求广慈医院支付绝当后的利息及综合费用没有法律依据。3. 广慈医院与昌泰典当公司虽然在协议中约定了违约金,但《办法》第三十条第二款规定:"典当行和当户就当票以外事项进行约定的,应当补充订立书面合同,但约定的内容不得违反有关法律、法规和本办法的规定。"由于《办法》没有对逾期清偿当金支付违约金的规定,故双方上述关于违约金的约定依法不能成立。一审判决适用法律正确。4. 昌泰典当公司的抵押权消灭,同时也导致昌泰典当公司出借款项未能依法设定抵押这一事实。一审判决认定昌泰典当公司以抵押房屋清偿债务及优先受偿的请求不能成立的事实清楚。5. 一审判决关于绝当后由广慈医院承担同期银行贷款利息的判项没有事实和法律依据。

广慈医院上诉称:1. 一审认定事实清楚、正确,但认定典当关系合法有效和房屋抵押权登记被撤销,并不影响典当合同的法律效力,与《办法》的规定相互冲突。房地产抵押典当关系,依照《办法》第四十二条的规定,应以先办理抵押登记为成立条件。

广慈医院抵押的《房屋他项权证》被房产登记部门决定撤销,该撤销决定已生效,双方基于房屋抵押建立的典当关系依法不成立。故昌泰典当公司依原《房地产抵押典当协议》约定收取的利息和综合费用1,598,500元不受法律保护,应用于抵付当金230万元,当金余额为701,500元。2. 一审关于绝当后利息的判项没有事实和法律依据。首先,一审判决确定由广慈医院承担绝当后的法定利息的前提是典当关系已经成立并合法有效,由于典当关系不能成立,一审判决的此判项便缺乏事实和法律依据。其次,由于昌泰典当公司出借款项未依法设定抵押,不仅导致典当关系不能成立,而且其性质属于违反《办法》关于典当企业"不得从事信用贷款"规定的非法金融活动,《房地产抵押典当协议》即"借贷合同"应当认定无效,昌泰典当公司不仅无权根据典当借款合同收取绝当后利息(包括法定借款利息),而且无权根据非典当借贷合同收取法定借款利息。请求:依法撤销赤峰市中级人民法院(2014)赤民再字第13号民事判决的第一、二项,改判为:赤峰广慈医院有限责任公司偿还赤峰昌泰典当有限责任公司借款本金701,500元。

昌泰典当公司辩称,广慈医院主张典当合同以抵押为生效要件不能成立,赤峰市房产交易管理中心撤销《房屋他项权证》缺乏法律依据,对典当行没有任何约束力。广慈医院主张利息不能成立。其他理由同其上诉理由。综上,请求法院驳回广慈医院的上诉请求。

本院二审查明,2003年1月24日,昌泰典当公司、广慈医院、赤峰昌泰拍卖有限责任公司签订《协议书》,约定:绝当后,昌泰典当公司取得房屋处置权,广慈医院同意昌泰典当公司委托赤峰昌泰拍卖有限责任公司拍卖其抵押典当的房屋,昌泰典当公司为拍卖委托人。协议还就拍卖方式具体适用条款等进行了约定。2010年4月8日寇桂香、张学东等债权人向赤峰市中级人民法院申请广慈医院破产,赤峰市中级人民法院于2010年6月9日作出受理该破产申请的裁定,相关执行程序即行中止。其他二审查明的事实与一审查明的事实一致,本院予以确认。

本院二审认为,本案争议焦点为:1.《房地产抵押典当协议》的效力问题;2. 典当当金数额的认定问题;3. 关于利息、综合费用数额问题,包括当期内、续当期内及绝当后的利息、综合费用及逾期清偿当金违约金的问题;4. 关于抵押房屋清偿债务及是否优先受偿的问题。

关于《房地产抵押典当协议》的效力问题。昌泰典当公司具有典当业务资质,协议内容约定了当金、利率及综合费用,符合典当的法律特征,双方也是按照典当合同予以履行,故原审认定双方签订的《房地产抵押典当协议》系典当合同正确。双方签订

《房地产抵押典当协议》后,依约对抵押典当房产进行抵押他项权登记。赤峰市房屋交易产权管理中心于2012年9月6日作出赤房权字(2012)8号《关于撤销赤峰昌泰典当有限责任公司所持××××××53、××××××54、××××××55、××××××56号房屋他项权证的决定》,具体行政行为被撤销的效力可以溯及至具体行政行为成立之日,但根据法律规定的公共利益需要或当事人是否存在过错等情况,也可以确定自撤销之日起失效。本案所涉《房屋他项权证》被撤销不属应归责于当事人的原因,故该撤销决定应当自撤销之日起生效,撤销发生在双方履行《房地产抵押典当协议》绝当之后,故本案所涉《房屋他项权证》的撤销只产生不能对抗第三人的法律效力,不影响双方签订的《房地产抵押典当协议》的效力。昌泰典当公司与广慈医院签订的《房地产抵押典当协议》意思表示真实,不违反法律、行政法规的强制性规定,应认定合法有效。

关于典当当金数额的认定问题。《房地产抵押典当协议》约定当金为230万元,广慈医院领取当金时,昌泰典当公司扣除了综合费用103,500元。关于给付当金时能否预先扣除综合费用103,500元。本院认为,虽然《办法》对预先扣除综合费用未作限制,但《办法》第三十八条第一款规定典当综合费用包括各种服务及管理费用,本案对抵押物仅进行了房屋他项权利登记,抵押财产仍由抵押人实际占有使用,各种服务及管理费用在典当合同成立之时尚未发生,预扣综合费用有违公平原则,不具有合理性,故对昌泰典当公司预扣综合费用的上诉请求不予支持,一审认定当金数额正确。

关于当期内及续当期内利息、综合费用数额问题。昌泰典当公司、广慈医院约定典当期限内的利息、综合费用计算标准,不违反法律、行政法规的强制性规定,应予支持。

关于绝当后的综合费用问题。本案争议典当已于2005年12月29日绝当,绝当意味当户与典当行之间基于典当合同的权利义务关系终止,昌泰典当公司再依典当合同的约定请求支付综合费用缺乏法律依据。

关于昌泰典当公司同时主张绝当后至清偿之日的利息及违约金的问题。典当合同包含广慈医院与昌泰典当公司之间的借款合同关系与物权担保关系。首先,依照《中华人民共和国合同法》一百一十四条第一款"当事人可以约定一方违约时应当根据违约情况向对方支付一定数额的违约金,也可以约定因违约产生的损失赔偿额的计算方法"、《中华人民共和国合同法》第一百二十四条"本法分则或其他法律没有明文规定的合同,适用本法总则的规定,并可以参照本法分则或者其他法律最相类似的规定"、第二百零七条"借款人未按照约定的期限返还借款的,应当按照约定或者国家有关规定支付逾期利息”的规定,昌泰典当公司依约主张逾期利息及违约金有法律依据。其次,虽然《办法》第二十六条第三项规定典当行不得经营“集资、吸收存款或者变相吸收存款”的业务,但是典当行依靠自有资金支付当户当金,在当户迟迟不能归还当金的情形下,由当户支付其较高的利息亦符合公平原则。故对昌泰典当公司同时主张逾期还款的利息及违约金的诉讼请求予以部分支持,即参照目前我国对于民间借贷法定允许的最高利率即中国人民银行公布的银行机构同期贷款利率的四倍计算。关于逾期利息、违约金的计算期间问题,因本案争议典当已于 2005 年 12 月 29 日绝当,昌泰典当公司应按照《办法》第四十三条之规定,于该日起在合理期间内对抵押物进行处理,否则,因未及时处理抵押物造成损失扩大部分应由昌泰典当公司自行承担。综上,依据公平原则及诚实信用原则,并参照《办法》的规定,兼顾市场运作的实际情况,酌情确认合理期间为六个月。原审法院判决按照中国人民银行公布的银行机构同期贷款利率计算逾期利息,并驳回支付违约金的诉讼请求,不符合相关法律规定,也不利于平衡双方当事人利益。

关于昌泰典当公司主张以抵押房屋清偿债务及优先受偿的问题。因昌泰典当公司所持有的《房屋他项权证》已被撤销,产生不能对抗第三人的法律效力,对昌泰典当公司的该项请求不予支持。

综上,原审判决认定事实部分不清,适用法律不当,应予部分改判。广慈医院、昌泰典当公司的上诉理由部分成立。经本院审判委员会讨论,依照《中华人民共和国民事诉讼法》第二百零七条第一款、第一百七十条第一款第二项、三项的规定,判决如下:

一、维持赤峰市中级人民法院(2014)赤民再字第 13 号判决第一项,即赤峰广慈医院有限责任公司偿还赤峰昌泰典当有限责任公司典当借款本金 2, 196, 500 元;给付自 2003 年 1 月 24 日至 2005 年 12 月 23 日尚欠的综合费用及利息合计 42, 550 元;给付自 2005 年 12 月 24 日至 2005 年 12 月 29 日的综合费用及利息合计 7321. 65 元。

二、撤销赤峰市中级人民法院(2014)赤民再字第 13 号判决第二、三项,即赤峰广慈医院有限责任公司给付赤峰昌泰典当有限责任公司典当借款本金 2, 196, 500 元的利息,按中国人民银行同期贷款利率计算,自 2005 年 12 月 30 日起至 2010 年 6 月 9 日止;驳回赤峰昌泰典当有限责任公司的其他诉讼请求。

三、赤峰广慈医院有限责任公司给付赤峰昌泰典当有限责任公司典当金 2, 196, 500 元的逾期利息及违约金,按中国人民银行同期贷款利率的四倍计算,自 2005 年 12 月 30 日起至 2006 年 6 月 30 日止。

四、驳回赤峰昌泰典当有限责任公司的其他诉讼请求。

上述一、三判项给付期限为本判决生效之日起十五日内。

如果未按本判决指定的期间履行给付金钱的义务,应当依照《中华人民共和国民事诉讼法》第二百五十三条之规定,加倍支付迟延履行期间的债务利息。

一、二审案件受理费115,380元,由赤峰昌泰典当有限责任公司负担53,075元,赤峰广慈医院有限责任公司负担62,305元。

本判决为终审判决。

审　判　长　王学雷
审　判　员　付建斌
代理审判员　包永梅
二〇一四年十二月十七日
书　记　员　杨智勇

【案例三十】山东汇通典当有限责任公司诉滨州市新桥置业有限公司典当纠纷案

(2015年5月27日)

【法律点】典当合同约定已在建房地产为当物并办理了抵押登记和发放了当金的,在抵押物经法定程序确认为违章建筑物而认定为不得抵押的财产后,抵押典当合同因违反了法律强制性规定,属无效合同。对典当合同无效有过错的当户,除应当返还无过错的典当行当金外,还应赔偿典当行当金被占用期间的利息损失和律师费等实现债权的费用的损失。

【关键词】违法(违章)建筑　抵押无效　合同无效　过错　损失

山东省滨州市中级人民法院
民事判决书

(2014)滨中商初字第209号

原告:山东汇通典当有限责任公司。住所地,山东省××县×××路。

法定代表人:刘景铭,董事长。

委托代理人:高春明,山东志城律师事务所律师(特别授权代理)。

被告:滨州市新桥置业有限公司。住所地,滨州市××区×××路。

法定代表人:王新桥,总经理。

委托代理人:纪飞,山东英天律师事务所律师(特别授权代理)。

原告山东汇通典当有限责任公司诉被告滨州市新桥置业有限公司典当纠纷一案,原告于2014年12月22日向本院起诉。本院受理后,依法组成合议庭,于2015年5月18日公开开庭进行了审理。原告委托代理人高春明,被告委托代理人纪飞到庭参加诉讼。本案现已审理终结。

原告山东汇通典当有限责任公司诉称,原、被告于2011年6月3日签订了典当合同,约定由原告向被告出借200万元,使用期限至同年11月30日,月利率为0.4%,月综合费为2.7%,典当期限届满至绝当前加收50%的利息,绝当后为违约,被告按每日万分之五承担罚息,并承担约定增加的综合费。被告以在建房地产作抵押。合同签订后,原告依约履行了给付借款的义务。

当期期满后,被告经多次续当至2013年2月21日,被告结息至2012年5月25日,结算综合费至2012年6月24日。续当期限届满时,被告未履行还款义务亦未办理续当手续,已经构成违约。请求判令被告:1. 给付原告当金本金200万元;2. 给付2012年6月25日至2014年12月12日的利息、综合费120万元(以200万元为基数,按照银行同期贷款利率的四倍计算);3. 承担自起诉日至实际给付日的息费(以200万元为基数,按同期银行贷款利率的四倍计算);4. 承担原告为本次诉讼支出的律师代理费37,185元;5. 确认原告对抵押物享有优先受偿权;6. 案件受理费、财产保全费及其他诉讼费用由被告承担。

被告滨州市新桥置业有限公司辩称:1. 双方签订的典当合同损害国家利益,违反法律法规的强制性规定无效;2. 房地产抵押契约因抵押物没有建设用地规划许可证、建设工程规划许可证,未取得预售许可,属违法、违章建筑而无效;3. 被告已经将该笔款项还清。

原告山东汇通典当有限责任公司提交了以下证据:

1. 2011年6月3日,原、被告双方签订的《借款(典当)合同》一份。证明约定借款金额为200万元,借款使用期限自2011年6月3日至同年11月30日,使用期间的月综合费为2.7%,月利率为0.4%,逾期还款构成违约,被告应承担律师费和违约金等,抵押物为被告在建建翔新苑×号楼1~4楼房产。

2.《当票》一份。证明内容同上。

3.《银行汇款凭证》及《收款收据》各一份。证明原告依约履行了给付当金的义务,预扣六个月综合费162,000元,实际给付当金1,838,000元。

4.《房地产抵押契约》及《抵押物清单》各一份。证明被告将其位于滨州市渤海四路以东,黄河十四路以南建翔新苑×号楼1-4层1475.45m^2的房产抵押给原告,滨州市房地产管理局予以登记。

5.《在建工程抵押证明》一份。证明被告抵押房产登记证书号为"房建滨字第201105066×"。

6.《续当协议》一份、《续当凭证》五份。证明:(1)被告经多次申请续当至2013年

2 月 21 日;(2)在续当合同签订日即 2012 年 8 月 22 日前被告认可已经拖欠原告利息 16,000 元、综合费 108,000 元,同时证明被告辩称借款已经还清不实。

7.《山东志城律师事务所委托代理合同》一份、中国工商银行滨城区支行《业务回单》一份、《山东增值税普通发票》一份。证明原告与山东志城律师事务所签订委托合同,并交纳律师代理费 37,185 元。

8. 编号为 06201105101《最高额抵押合同》一份。证明被告提供 × 街商品房第 6、第 7、第 8 幢为其自 2011 年 5 月 23 日至 2012 年 5 月 22 日向原告贷款 1500 万元抵押。

被告质证认为,对证据 1 的真实性没有异议,但其内容无效。《典当管理办法》第二十五条第三项规定,房地产未取得商品房预售许可证的在建工程抵押无效,原告提供的商品房预售许可证不合法,在房管局没有备案,属违章建筑,因此,双方约定的利息、综合费等也无效。对证据 2、证据 3、证据 4 的真实性没有异议。但证据 4 没有明确主债权的金额,与抵押合同无关联性,且抵押物为违章建筑抵押无效。对证据 5 的真实性有异议,质证意见同证据 4 的质证意见。对证据 6 的真实性没有异议,但因为典当合同无效,续当协议也无效。对证据 7 的真实性没有异议,该证据与本案无关,被告不应承担。对证据 8 不知情,没有具体意见。

被告对证据 5 经本院释明不申请鉴定。

被告提交以下证据:

1. 中国农业银行转账凭证复印件一份。证明 2011 年 6 月 3 日被告向原告实际借款 1,838,000 元。

2. 滨州市规划局滨规函(2015)163 号《关于建翔新苑沿街楼认定的规划意见》一份。

原告对该两份证据真实性均没有异议。

本院认为,原告山东汇通典当有限责任公司提交的证据 1 ~ 4、证据 6、证据 7,被告提交的证据 1、证据 2,诉讼双方对其真实性均无异议,这些证据来源合法,内容真实,与本案有关联性,可以作为本案的定案依据。原告提交的证据 5,被告虽然对其真实性提出异议,但经本院释明,没有提交鉴定申请,应视为其没有提交反驳证据,且该证据与原告提交的其他有关房产抵押证据能够相互印证,本院对其真实性予以认定,可以作为本案的定案依据。原告提交的证据 8,被告没有作肯定或否定表示,该证据与原告提交的其他证据内容关联,能够相互印证,本院对其真实性予以认定。

经审理查明,2011 年 5 月 20 日,原告山东汇通典当有限责任公司与被告滨州市新桥置业有限公司签订《房地产抵押契约》一份,约定被告以其坐落于滨州市渤海四路以东,黄河十四路以南在建建翔新苑沿街商品房×栋1~4层,建筑面积为1475.45m²的房产,为其自2011年5月23日至2012年5月22日向原告总额为270万元贷款作抵押。次日,滨州市房地产管理局予以登记,并出具房建滨字第201105066×号他项权利证。

2011年6月3日,原告山东汇通典当有限责任公司与被告滨州市新桥置业有限公司签订《借款(典当)合同》一份。约定:1. 被告提供最高额抵押担保,向原告借款200万元,使用期限自2011年6月3日至2011年11月30日。2. 月综合费率为2.7%,月利率为0.4%,金额、当期、费率与当票记载不一致时以当票为准。综合费在支付当金时一次性预扣三个月的,以后综合费按月预交,并结清前期利息。3. 抵押人典当期限届满至绝当前赎当的,除应偿还本金及逾期综合费外,应承担逾期之日至绝当日在合同约定的执行利率基础上上浮50%的罚息;当期期满后,应在五日内赎当或续当、逾期不赎当也不续当的,为绝当,绝当后按每日万分之三计收罚息,综合费按2.7%的月费率执行,抵押人违约造成债权人实现债权的费用差旅费、律师费等由抵押人承担。4. 在建工程竣工登记后,借款人配合贷款人将在建工程抵押权登记转为房屋抵押权登记。

同日,原告向被告出具当票、发放当金。原告预扣三个月的综合费162,000元,实付当金1,838,000元。当期届满后,被告连续申请续当至2013年2月21日。被告结息至2012年5月25日,结算综合费至2012年6月24日。2012年8月22日续当协议中确认,该次续当前被告尚欠利息16,000元,综合费108,000元。

2014年12月12日,原告与山东志城律师事务所签订委托代理合同,约定指派高春明律师为本案诉讼代理人,律师费123,950元,签订合同三日交30%,余款于案件执行后交付。同年12月25日,原告向山东志城律师事务所支付代理费114,570元,其中本案代理费37,185元。

另查明,2015年5月22日,滨州市规划局作出滨规函(2015)163号《关于建翔新苑沿街楼认定的规划意见》,认定北张居委会×楼6号、7号、8号楼未办理任何规划手续,属违法建筑。

本院认为,《最高人民法院关于适用〈中华人民共和国担保法〉若干问题的解释》第四十八条规定:“以法定程序确认为违法、违章的建筑物抵押的,抵押无效。”《中华人民共和国物权法》第一百八十四条规定:“下列财产不得抵押:(六)法律、行政法规规定不得抵押的其他财产。”原告山东汇通典当有限责任公司与被告滨州市新桥置业有限公司签订的《借款(典当)合同》《抵押契约》约定的抵押物经滨州市规划局认定为违法建筑,根据上述规定属于不得抵押财产,双方签订的上述合同违反了法律强制性规定,应属无效。根据抵押清单,办理抵押过程中,被告向原告提交了抵押房产的在建工程规划许可证、商品房预售许可证等准建资料,原告仅对之进行形式审查,并不能对其真实性、有效性作出正确判断,且滨州市房地产管理局办理抵押登记,原告有理由相信抵押物的合法性,因此,原告对合同无效没有过错,不负过错责任;被告明知抵押物是违法建筑不得抵押,仍然以之抵押有明显过错,应付全部过错责任,因此,被告除应当向原告返还借款本金外,还应承担因此给原告造成的损失。借款本金应当按原告实际发放的金额确定,要求将预扣综合费计入借款本金本院不予支持。原告的损失应当包括被告占用当金期间的利息和律师费等原告实现债权的费用,利息损失应当参照本地同期同类贷款平均利率计算,按商业银行的一般贷款惯例,平均利率应当确定在中国人民银行规定的同期同类贷款基准利率基础上上浮50%为宜。原告主张被告违约,应承担按同期银行贷款利率的四倍标准计算的利息及对抵押物优先受偿的诉讼请求本院不予支持,被告主张典当无效理由成立,本院予以采纳,但其主张当金已经全部归还缺乏证据证明,本院不予认定。据此,依照《中华人民共和国合同法》第五十二条第五项、第五十八条,《中华人民共和国物权法》第一百八十四条,《最高人民法院关于适用〈中华人民共和国担保法〉若干问题的解释》第四十八条之规定,判决如下:

一、被告滨州市新桥置业有限公司于本判决生效后十日内向原告山东汇通典当有限责任公司返还借款本金1,838,000元,赔偿利息损失(以1,838,000元为基数,自2012年6月25日至本判决确定的给付之日,按中国人民银行同期同类人民币贷款基准利率上浮50%标准计算),并支付律师费37,185元。

二、驳回原告山东汇通典当有限责任公司的其他诉讼请求。

如果未按本判决指定的期间履行给付金钱义务,应当依照《中华人民共和国民事诉讼法》第二百五十三条之规定,加倍支付迟延履行期间的债务利息。

案件受理费32,679元,财产保全费5000元,均由被告滨州市新桥置业有限公司负担。

如不服本判决,可在判决书送达之日起十五日内,向本院递交上诉状,并按对方当事人的人数提出副本,上诉于山东省高级人民法院。

审 判 长 王忠民

审 判 员 张 雷

人民陪审员 王万峰

二〇一五年五月二十七日

书 记 员 于松凯

【案例三十一】海盐华诚典当有限责任公司诉单永强、陈永淑典当纠纷案（2012年9月25日）

【法律点】当户擅自以夫妻共同财产为当物向典当行抵押借款，即使已办理抵押登记手续，若该抵押未经其配偶同意或追认，又不符合抵押权善意取得的构成要件，抵押无效。但典当合同系双方的真实意思表示，主体合格，未违反法律的禁止性规定，且典当行亦已发放了当金，双方的典当关系依法成立并有效，当户仍应基于典当合同履行归还当金、支付利息及相关费用的义务。

【关键词】共同共有　无权处分　善意取得　抵押无效　典当合同效力

浙江省嘉兴市中级人民法院
民事判决书

(2012)浙嘉商提字第5号

抗诉机关：浙江省嘉兴市人民检察院。

申诉人(原审被告)：陈永淑。

委托代理人：吴富康、乔岳(实习)，浙江嘉诚中天律师事务所律师。

被申诉人(原审原告)：海盐华诚典当有限责任公司。住所地，海盐县××街道×××路。

法定代表人：林君达，执行董事。

委托代理人：张律伦、郭娟娟，浙江海威特律师事务所律师。

原审被告：单永强。

申诉人陈永淑因与被申诉人海盐华诚典当有限责任公司(以下简称华诚公司)、原审被告单永强典当纠纷一案，不服海盐县人民法院于2011年12月14日作出的(2011)嘉盐商初字第397号民事判决，向检察机关申诉。2012年3月31日，嘉兴市人民检察院作出(2012)浙嘉检民行抗字第7号民事抗诉书,向本院提出抗诉。本院于2012年4月6日裁定提审本案,并依法组成合议庭,于2012年8月21日公开开庭审理了本案。嘉兴市人民检察院指派代检察员于涛、周俊杰出庭履行职务,申诉人陈永淑及其委托代理人吴富康、乔岳,被申诉人华诚公司的委托代理人郭娟娟到庭参加诉讼。原审被告单永强经本院公告传唤,无正当理由未到庭参加诉讼,本院依法缺席审理。本案现已审理终结。

原审法院认定,2010年12月23日,华诚公司与单永强、陈永淑签订了一份最高额房地产抵押典当合同,约定单永强以其与陈永淑共有的房屋作为当物向华诚公司抵押,该房屋坐落于海盐县武原镇梅园路×号×幢×室。当物的当金最高额为250,000元,月综合费率为0.6%,月利率为0.446%,典当期限自2010年12月27日至2011年1月26日。双方还对其他相关的权利义务进行了约定。合同签订后,双方办理了抵押登记手续,华诚公司取得了讼争房屋及相应土地的他项权证。华诚公司也依约于2010年12月27日向单永强支付了当金250,000元。典当期限届满后,单永强在结清了前期应付利息及当期综合费用后,先后三次办理了续当手续,将当期延长到2011年4月26日。续当期届满后单永强至今未归还当金本息。单永强与陈永淑系夫妻关系,后于2011年5月9日离婚。最高额房地产抵押典当合同上陈永淑的签字不是陈永淑本人所签。华诚公司为实现债权支付了律师代理费11,000元。

原审法院认为,本案双方争议的焦点为涉案的最高额房地产抵押典当合同是否有效,华诚公司是否取得讼争房产的抵押权。根据《中华人民共和国物权法》第一百零六条规定,不仅不动产所有权可以适用善意取得,不动产用益物权、担保物权亦可适用善意取得。本案中,单永强在未经共有人陈永淑同意的情况下设定的抵押权是否成立,华诚公司能否取得抵押权,取决于是否构成善意取得。从案件的审理情况看,华诚公司已构成善意取得。1. 所为善意,是指行为人的内在心里活动状况。本案在办理抵押典当时,第三人冒充陈永淑在合同上签字,没有证据能证明华诚公司对该情节知情。另外,华诚公司作为普通的法人,不具备相应的侦查手段对代替签字的人身份进行审查,华诚公司在审核了单永强、陈永淑的结婚证、身份证等相关证件,并由单永强带着去找陈永淑签字,已尽到了审慎的注意义务,故华诚公司的抵押典当行为是善意的。2. 华诚公司在签订合同后依约交付了250,000元当金。3. 抵押权已按照法律规定办理了抵押登记手续。综上,华诚公司的行为符合善意取得的构成要件,已取得讼争房产的抵押权。关于抵押典当合同的效力,因抵押典当是华诚公司与单永强的真实意思表示,虽然陈永淑的签字不真实,但是适用善意取得,故对抵押典当合同的效力予以认定。综上,本案抵押典当关系有效,双方均应按合同约定履行,但单永强在典当期限届满后既未赎当也未续当,已经构成绝当。现华诚公司要求单永强归还当金250,000元、支付利息1115元、承担其为实现债权支付的律师代理费11,000元的请求符合法律规定,予以支持。对华诚公司要求按照每日5‰支付逾期利息及相关费用的请求,该约定仅是针对赎当的情况,而绝当后逾期费用的计算合同没有约定,将逾期利息和相关费用调整为年息5.85%,自2011年4月27日计算至2011年5月13日,为681元,超过该金额的部分不予支持。华诚公司有权在上述款项范围内以讼争房产折价或者拍卖、变卖的价款中优先受偿。据此,依照《中华人民共和国物权法》第一百零六条,《中华人民共和国担保法》第三十三条、第四十六条,《典当管理办法》第三条第一款,《中华人民共和国民事诉讼法》第一百三十条之规定,判决:一、单永强归还华诚公司当金250,000元,支付利息1115元、逾期利息及相关费用681元(暂计算至2011年5月13日,后按年息5.85%算至判决指定的履行期限届满之日止),偿付华诚公司为实现债权支付的律师代理费11,000元,合计262,796元,于判决生效之日起十日内付清;二、华诚公司在上述判决款项范围内有权以单永强、陈永淑位于海盐县武原镇梅园路×号×室的房产折价或以拍卖、变卖的价款优先受偿;三、驳回华诚公司的其他诉讼请求。案件受理费5550元,财产保全费1970元,合计7520元,由华诚公司负担546元,单永强负担6974元。

检察机关抗诉认为,原判认定事实和适用法律错误,理由为:

1. 诉争房产是单永强与陈永淑夫妻关系存续期间的共同财产,根据我国物权法及相关法律规定,处分共有财产应经得共有人同意,且《最高人民法院关于适用〈中华人民共和国担保法〉若干问题的解释》第五十四条第二款规定:“共同共有人以其共有财产设定抵押,未经其他共有人的同意,抵押无效……”本案单永强未经房产共有人同意,采用找第三人冒充的方法,与华诚公司签订最高额房地产抵押典当合同,并在房产上设定抵押,事后也未取得陈永淑的追认,故抵押典当合同应属无效。原判对本案争议焦点的解释和认定颠倒逻辑顺序,抵押典当合同的效力是抵押权取得的前提和基础,只有抵押典当合同成立并生效,才涉及抵押权取得的问题。而原判首先分析抵押权的善意取得,并据此认定抵押典当合同的效力,显然违反论证逻辑和法律规定。

2. 华诚公司在签订抵押典当合同时未尽到审慎的查验义务,不符合善意的要求。首先,《典当管理办法》第二十七条第七项规定,典当行对当户没有所有权或未能取得处分权的财产不得收当。双方签订的抵押典当合同也约定,对共有财产“应已获得所有的必要的同意和批准,并告知乙方(华诚公司)此房屋的共同共有人详实情况”。华诚公司在明知抵押房屋为单永强和陈永淑共有的情况下,不履行注意义务,未让陈永淑到场,甚至连陈永淑的个人基本信息都不全。陈永淑不但一直未参与,也没有书面意见,因此,华诚公司未尽到审慎查验的义务。其次,华诚公司为了积极促成合同成立,办理过程中存在过错。一是《典当管理办法》第四十二条第一款规定,典当行经营房地产抵押典当业务应当和当户先行办理抵押登记,再办理抵押典当手续。而华诚公司却是先完成抵押典当,再办理抵押登记,违反了管理办法的规定。二是华诚公司未严格查验抵押房屋的共有人是否已同意,即先与单永强签订典当抵押合同,后再提出要求"老婆来签字",为单永强随便找人冒签提供了条件。三是华诚公司未征得共有人的意思表示,也未当面核清签字人身份信息,仅以外表作判断草率签字了事,这种查验的不严肃性、随意性,已严重侵害了实际共有人陈永淑的知情权、处分权。

综上,华诚公司没有尽到审慎的查验义务,如果这样的行为确认有效,则偏离了善意的理解,对共有财产的抵押典当市场交易秩序也是极为不利的。故提出抗诉,请求再审予以纠正。

申诉人陈永淑的申诉理由与抗诉机关的抗诉理由一致。

华诚公司在再审中辩称:1. 申诉人以抵押典当合同上的签字非其本人所签、对于讼争房产抵押典当一事不知情为由主张抵押无效的理由不成立。《最高人民法院关于适用〈中华人民共和国担保法〉若干问题的解释》第五十四条第二款规定,共同共有人以其共有财产设定抵押,未经其他共有人同意,抵押无效。但是,其他共有人知道或者应当知道而未提出异议的视为同意,抵押有效。本案中申诉人陈永淑与单永强曾在第三次续当期满后,带着房产中介、买家到华诚公司共同商讨将讼争房产变卖来归还当金,可见陈永淑对房产抵押是知晓的,且曾积极履行担保责任,应认定对抵押典当进行了追认。因此,讼争房产的抵押有效,华诚公司享有抵押权。2. 即便抵押典当合同未得到申诉人追认、抵押典当合同无效,华诚公司仍依照善意取得享有讼争房产的抵押权。首先,本案在办理抵押典当时第三人冒充申诉人在抵押典当合同上签字,华诚公司并不知情,且华诚公司正是注意到了讼争房产系申诉人与单永强共同共有,才特意与单永强前往申诉人工作处找申诉人签字,华诚公司也审核了单永强提交的结婚证、身份证等相关证件,华诚公司作为普通法人已尽到了审慎的注意义务。因此,华诚公司在对讼争房产设定抵押时出于善意。其次,华诚公司为了取得抵押权支付了合理对价,向单永强支付了当金 250,000 元。最后,本案讼争房产已由相关部门予以登记,并将抵押事项记载于不动产登记簿上。因此,华诚公司的行为符合我国物权法规定的善意取得的构成要件,应取得讼争房产的抵押权。综上,申诉人的申诉请求缺乏事实和法律依据,请求驳回申诉,维持原判。

原审被告单永强未作答辩。

再审中陈永淑提供了一份落款为“单永强”的致法官的便函,陈永淑称该便函是2012年3月的一天早上开门时在地上捡到的,“单永强”在该便函中称:本案是其隐瞒了陈永淑的个人行为,是方能观叫女人代替陈永淑在合同上签字的,且借款全部用在赌博和还高利贷上。

被申诉人华诚公司经质证后认为,该份材料的真实性无法确认,对其内容也不予认可。

本院经审查后认为,因原审被告单永强未到庭对该份材料予以核实,该材料是否系其所写以及所写内容的真实性无法确定,故对该份证据材料不予认定。

被申诉人华诚公司及原审被告单永强均未提供新的证据。

经再审审理查明,原判查明的事实部分除认定华诚公司与单永强及陈永淑签订了抵押典当合同不当以外,其余事实本院予以确认。另查明,1. 华诚公司与单永强签订了《最高额房地产抵押典当合同》,单永强在该合同的“甲方(当户)”处签字。而在该合同上“财产共有人”处的“陈永淑”三字并非陈永淑本人所签。华诚公司未让陈永淑到典当行签字,而是由其工作人员与单永强一起到超市里找到一个戴口罩做食品的女人签了“陈永淑”三字。华诚公司称“我们让其摘下来(口罩)看了一下,跟身份证上对一下很像的,我们也不怀疑就签字了,就办理了抵押登记手续”。华诚公司对合同上的签字不是陈永淑本人所签的事实在庭审中表示认可。2. 华诚公司于2010年12月27日向单永强发放250,000元当金,于同月28日和29日分别办理了讼争房屋的土地和房屋他项权利登记。3. 对于单永强与华诚公司签订抵押典当合同以及将讼争房产抵押的事实,在华诚公司与单永强办理了第三次续当手续期满后即2011年5月9日陈永淑才知道。4. 2011年5月10日,陈永淑致函华诚公司称其不知道单永强抵押借款,对单永强将房产抵押的行为不认可,并要求立刻撤销该房产的抵押。

本院再审认为,本案双方争议的焦点问题为华诚公司对讼争房屋是否享有抵押权。

首先,根据《中华人民共和国物权法》第九十七条的规定,处分共有的不动产应当经全体共同共有人同意,另据《最高人民法院关于适用〈中华人民共和国担保法〉若干问题的解释》第五十四条第二款规定:“共同共有人以其共有财产设定抵押,未经其他共有人的同意,抵押无效……”因此,单永强在未经共有人陈永淑同意的情况下,擅自将共有房屋抵押给华诚公司的行为无效。

其次,关于华诚公司的抵押典当行为是否构成善意取得从而享有讼争房屋抵押权的问题。本院认为,第一,华诚公司作为办理典当业务的专业机构,在明知陈永淑为讼争房屋共有人的情况下,未能严格审查陈永淑的身份,也未按照正当程序让陈永淑在办公场所签字,从而给她人冒充陈永淑签字提供了机会,且客观上造成了讼争房屋在共有人不知情的情况下办理了抵押手续,故华诚公司在主观上存在过错。第二,根据《典当管理办法》第四十二条的规定,“典当行经营房地产抵押典当业务,应当和当户依法到有关部门先行办理抵押登记,再办理抵押典当手续”。而本案华诚公司却未遵守上述规定,先向单永强发放了当金,后再到相关部门补充办理了房地产的他项权利登记,且也未要求共有人之一的陈永淑到登记部门现场签字,因此,华诚公司在办理本案的抵押典当业务中直接违反了《典当管理办法》的规定。华诚公司的上述行为违背了“除无权处分外并不存在其他瑕疵”的善意取得制度的基本逻辑,华诚公司的行为不构成“善意”,因而不能基于“善意取得”制度取得本案讼争房屋的抵押权。第三,从理论上分析,善意取得制度适用的前提是不违反法律的强行性规定,既然我国物权法以及担保法司法解释均规定了未经其他共有人同意不得抵押共有财产,则本案已经失去了善意取得制度适用的前提和基础,因此,本案也不能适用善意取得制度。

再次,陈永淑作为讼争房屋的共有人,在单永强将房屋抵押典当前后并不知情,当然不存在任何过错,如果此种情况下仍要失去讼争房屋的所有权,则普通公民的财产安全将处于极大的危险之中,任何人都可能随时通过这种形式剥夺他人的财产,特别是夫妻共同财产,这显然与我国物权法中规定善意取得制度的立法初衷相违背。另外,以牺牲特定民事主体的利益维护交易安全,是建立在特定民事主体能够控制风险或存在过错的基础之上,而不能让一个无辜者承担社会责任。

最后,从本案的证据材料来看,陈永淑于 2011 年 5 月 9 日知道讼争房屋已被单永强擅自抵押的事实后,即于次日书面致函华诚公司,表示对单永强私自抵押房屋的行为不同意,也不认可。说明陈永淑在单永强办理抵押典当手续过程中一直不知情,在知道了以后也未对单永强的行为予以追认,并立即向华诚公司提出了异议。至于 2011 年 5 月 9 日陈永淑与单永强共同卖房的事实,并不能得出陈永淑对单永强的行为进行了追认,也没有证据表明陈永淑卖房是为了归还欠华诚公司的借款。因此,华诚公司认为陈永淑以实际行为对抵押典当进行了追认的观点不能成立。

综上,华诚公司不能享有讼争房屋的抵押权,申诉人及抗诉机关的理由成立,原判认定事实基本清楚,但适用法律错误,应予以纠正。虽然本案抵押行为无效,但单永强与华诚公司签订典当合同系双方的真实意思表示,主体合格,未违反法律的禁止性规定,且华诚公司也已向单永强发放了当金,因此双方的典当关系依法成立并有效,单永强仍应基于典当合同履行归还当金、支付利息及相关费用的义务。据此,依据《中华人民共和国民事诉讼法》第一百八十六条、第一百三十条、第一百五十三条第一款第二项,《中华人民共和国合同法》第四十四条、第六十条第一款,《中华人民共和国物权法》第九十七条以及《最高人民法院关于适用〈中华人民共和国担保法〉若干问题的解释》第五十四条的规定,并经本院审判委员会讨论决定,判决如下:

一、维持海盐县人民法院(2011)嘉盐商初字第397号民事判决第一、三项及诉讼费的负担部分;

二、撤销海盐县人民法院(2011)嘉盐商初字第397号民事判决第二项;

三、驳回海盐华诚典当有限责任公司要求对位于海盐县武原镇梅园路×号×室房产的处置价款享有优先受偿权的诉讼请求。

本判决为终审判决。

审　判　长　樊钢剑

代理审判员　张　汐

代理审判员　赵士明

二〇一二年九月二十五日

书　记　员　施佳媛

【述评2】抵(质)押权的设立与典当合同的效力

根据《典当管理办法》第二十五条的规定,典当行可以依法从事动产质押典当业务、财产权利质押典当业务以及房地产抵押典当业务。因此,典当合同按照当物的性质也可以区分为动产质押典当合同、财产性权利质押典当合同以及房地产抵押典当合同三类。一般而言,不管是从典当交易习惯还是从风险的规避看,典当行一般在发放当金前应让当户先交付动产当物,或者对财产性权利当物办理质押登记手续,抑或对不动产当物先进行抵押登记。《典当管理办法》为此对典当行提出了明确的经营规范。《典当管理办法》第四十二条规定:"典当行经营房地产抵押典当业务,应当和当户依法到有关部门先行办理抵押登记,再办理抵押典当手续。典当行经营机动车质押典当业务,应当到车辆管理部门办理质押登记手续。典当行经营其他典当业务,有关法律、法规要求登记的,应当依法办理登记手续。"

然而,由于种种原因,实践中大量存在典当行在约定了动产质押后并未要求当户交付动产,或者约定了股权、应收账款等财产性权利作为当物质押但并未要求当户办理质押登记手续,抑或在约定了不动产作为当物抵押但并未要求当户办理不动产抵押登记手续情况下,直接发放当金的情况。虽然表现为未交付当物或者未办理登记手续,实质上是抵(质)押权尚未有效设立。由于缺乏有效的担保物权,当户未按期偿还当金的情况也较为多发,导致典当行只能以典当纠纷为由诉至法院。对于此类抵(质)押权未设立的典当合同的性质和效力,理论界和实务界未能形成一致的观点,司法实践也常有不同的裁判思路。

一、关于抵(质)押权未设立的典当借款合同的不同观点

如何看待抵(质)押权未设立的典当借款合同,主要有以下四种观点:

(一)抵(质)押权未设立的典当借款不成立典当关系

有人认为,抵(质)押权未设立的典当借款不成立典当关系。该观点认为,典当法

律关系是一种复合法律关系,即借款关系与担保关系混合在一起,彼此之间发生有机的结合,没有主次之分,并且适用统一的典当法律规则来处理。就典当合同而言,典当合同应当属于实践性合同,典当关系的成立必须具备两个成立要件:一是当户交付当物;二是典当行交付当金,此两个要件缺一不可。因此,没有交付当物的,典当合同不可能成立,遑论生效。[①] 就不成立典当关系后的合同性质和效力,又有三种不同意见:

1. 构成民间借贷并有效。该意见认为,由于典当是指当户将其动产、财产权利作为当物质押或者将其房地产作为当物抵押给典当行,交付一定比例费用,取得当金,并在约定期限内支付当金利息、偿还当金、赎回当物的行为,因此典当行在未交付当物或者未办理抵(质)押登记的情况下出借借款,并非典当行依法经营的典当业务,而是基于普通抵(质)押借款合同出借借款,双方的法律关系应确认为民间借贷关系,典当行也仅能按照民间借贷收取借贷利息。本节选编的【案例九】鹤岗市联通典当有限责任公司诉唐××民间借贷纠纷案和【案例二十四】瑞安市永丰典当有限公司与曾文兴、柯进燕等典当纠纷案中,法院均持类似观点。

2. 属普通借款合同并有效。该意见认为,抵(质)押权未有效设立,则缺乏借贷债权与担保物权有效结合,不构成典当关系,但抵(质)押权未设立并不影响借款合同的效力,典当行与当户之间的借款关系并不因抵(质)押权未设立而均归于无效。【案例八】洛阳鑫百年典当有限公司诉河南博威铝业有限公司、河南伊龙高新材料股份有限公司等借款合同纠纷案和【案例十八】安徽省安庆市发投典当有限责任公司诉安徽省立特光电科技有限公司、岳西县城市建设投资有限责任公司典当纠纷案中,法院即按此种意见作出裁判。

3. 构成信用贷款并无效。该意见认为,典当权是以担保物权的成立为前提,典当行通过处理当物来实现典当权利,这与普通抵质押借款合同不尽相同,后者的担保物权具有从属性。故典当行在抵(质)押权未设立的情况下即交付当金不仅不符合典当合同的构成要件,而且因其本质属发放信用贷款而为无效合同。【案例二十】昆明市协和典当行有限公司诉云南斯派尔经贸有限公司、黄丽蓉企业借贷纠纷案、【案例二十二】淮安市天润典当有限公司诉淮安市民生实业有限公司、王明生、邵培红、淮安市淮信信用担保有限公司借款合同纠纷案和【案例二十三】五莲汇丰典当有限责任公司诉日照市源亿建材有限公司、丁召海等典当借款合同纠纷案中,法院的裁判意见均持类似观点。

---

① 参见王林清:《民间借贷纠纷裁判思路与规范指引》,法律出版社 2015 年版,第 246 页。

(二)抵(质)押权未设立的典当借款属无效典当合同

有人认为,抵(质)押权未设立的典当借款属无效典当合同。该意见认为,凡典当行与借款人签订的合同,合同名称包含“典当”的,不论其内容如何约定,以典当合同纠纷确定案由。对于案由确定为典当合同纠纷的案件,如典当行不按合同约定办理动产质押或者不动产抵押,其实质是违法发放贷款,因《典当管理办法》明确禁止典当行办理信用贷款,故此类合同效力应当根据合同法第五十二条第三项规定,即以合法形式掩盖非法目的的合同应确认无效。① 司法实务中亦有不少法院采纳该意见。例如,重庆市高级人民法院《关于审理涉及小额贷款公司、担保公司、典当行商事案件若干问题的解答》【渝高法〔2013〕245 号】第十四条规定:“典当行向当户提供借款,当户未提供当物的,应当认定典当行向当户发放信用贷款,该典当合同无效。当户以动产作为当物,必须将当物交付典当行占有。以动产抵押为典当借款提供担保的,人民法院应当认定典当行发放信用借款,典当合同无效。典当行与当户在典当合同中约定由当户继续占有该动产,质权并未设立,该典当合同无效。典当行提供借款应当依法办理抵押、质押手续,典当行在未依法办理抵押、质押手续的情况下提供借款,应当认定典当行向借款人发放信用贷款,但因登记机构未及时办理登记等非因当事人原因导致典当行未依法取得抵押权、质押权的除外。”

(三)抵(质)押权未设立的典当借款属有效典当合同

有人认为,抵(质)押权未设立的典当借款属有效典当合同。该观点认为,抵(质)押权未设立的典当借款只是履约存在瑕疵,但不改变合同性质。由于合同内容本身不违反法律、行政法规的强制性规定,也不损害他人利益,未办理抵押登记或者动产交付手续虽然使典当行对抵押物丧失抵押权和抵押拍卖时的优先受偿权,但不影响当事人之间基于典当合同而形成的典当关系合法有效,故应当认定合同已生效。② 浙江省高级人民法院即以规范性文件的形式肯定这种观点,其《关于审理典当纠纷案件若干问题的指导意见》【浙高法〔2010〕195 号】第十条规定:“典当行未接管动产质押当物或未办理房地产抵押登记手续,与当户确立典当关系并发放当金的,认定为典当关系有效,质押或抵押不设立。”本节选编的案例中,【案例十】对于动产当物未交付的典当合同、【案例十九】【案例二十一】对于财产权利质押未办理质押登记的典当合同、【案例

① 参见茹作勋、肖新明:《典当纠纷案件审理中存在的问题及对策》,载《法律适用》2011 年第 10 期。

② 参见郑摄天:《典当纠纷案件中的裁判困境及其解决路径——以近三年 86 件典当纠纷案件为研究样本》,载《研究生法学》2003 年 12 月第 28 卷第 6 期。

二十五】【案例二十六】【案例二十七】对于不动产抵押未办理抵押登记的典当合同的效力均持肯定观点。

(四)抵(质)押权未设立的典当借款性质应区分认定

有人认为,抵(质)押权未设立的典当借款性质应区分认定。该观点认为,对于抵(质)押权未设立的典当借款,应当区分当物未交付与抵(质)押未登记两种不同原因来认定典当合同是否成立及生效。典当合同是实践性合同,典当关系的成立必须具备两个成立要件:一是当户交付当物;二是典当行交付当金。一般而言,依法成立的合同,成立时生效,但由于典当系营业性质,根据法律或行政法规的规定,作为当物的有关财产需要办理质押登记或者审批手续,因此并不是所有的典当关系一成立即生效。① 也就是说,虽然动产未交付以及抵(质)押未登记均会导致担保物权未设立,但动产未交付的则典当合同不成立,而抵(质)押未登记的,则典当合同成立但未生效。

另有观点认为,当物是否交付直接影响典当合同是否成立,但抵(质)押未依法办理登记手续并不影响典当合同的成立及生效。换言之,当物未交付的,典当合同不成立;而抵(质)押未依法办理登记的,并不影响典当借款合同的效力。②

二、抵(质)押权未设立对典当合同的影响

我们认为,之所以实践中对抵(质)押权未设立的典当合同存在如此大相径庭的裁判,主要有两方面的原因:一方面是因为理论上对于典当权与典当合同两者的关系未予厘清的缘故;另一方面是因为对于典当合同是实践性合同还是诺成性合同存在较大的争议。

(一)典当权与典当合同的区分原则

在物权法之前,我国法律是存在将物权变动原因和物权变动的结果混为一谈的情况。在物权法已确定物权变动原因与结果区分原则的立法精神下,准确把握具有担保物权性质的典当权与典当合同两者之间的关系才能得出正确的结论。

《中华人民共和国物权法》第十五条规定:“当事人之间订立有关设立、变更、转让和消灭不动产物权的合同,除法律另有规定或者合同另有约定外,自合同成立时生效;未办理物权登记的,不影响合同效力。”虽然理论上对于该条是否确立了物权行为与

① 参见徐力英、何彬彬:《典当纠纷审判实务探讨》,载《人民司法·应用》2010年第3期。

② 参见王林清:《民间借贷纠纷裁判思路与规范指引》,法律出版社2015年版,第246~247页。

债权行为相分离的原则仍有争议,但目前的通说认为,物权法仍采债权形式主义物权变动模式,在物权因法律行为发生变动时,当事人间除有债权合意外,尚需践行登记或交付的法定方式,但不承认存在独立的物权行为,即买卖等债权行为仅发生债的效力,债的发生的效力可以与物权变动的效力区分开来。因此,在基于法律行为的物权变动中,应在观念和制度上区分物权变动效果的发生与债权效果(法律行为生效)的发生,因欠缺公示手段导致不能发生物权变动效果的,法律行为的效力不因此而受影响,即导致物权变动的合同的效力与物权变动的效力是可以区分开来的。

而就现行的典当关系而言,典当行与当户签订典当合同,约定当户向典当行交付动产当物形成动产质押担保或设立财产权利质押担保抑或设立不动产抵押担保物权,典当行则向当户发放当金,典当行基于典当法律关系享有以担保物权为主要内容,又包含绝当等典当特有权利,我们将此类具有物权性质的权利称为典当权。即使典当合同约定的设立担保物权的结果未发生,其不会影响欲设立典当权的典当合同本身的效力,典当行可基于典当合同要求当户继续履行交付当物或者以约定的其他方式设立担保物权的义务。在典当行未积极履行该请求权的情况下,因为未设立担保物权,典当行将可能丧失以当物用法定方式优先受偿的典当权,但不会仅因此影响典当合同的效力。

(二)典当合同应属诺成性合同

接下来的另一个关键性问题是,典当合同本身的成立生效是否有一个特殊要件——是否应先设立担保物权,也就是说典当合同是属于实践性合同还是诺成性合同。若是实践性合同,在典当担保物权未设立的情况下,典当合同未成立;若是诺成性合同,即使典当担保物权未设立,但只要符合特定主体资格、特定合意内容、特定当物要求三个要件,典当合同仍成立生效。

传统观点认为,典当交易的习惯是当物的交付和当金的交付之间具有必然的前后因果联系,典当关系就是担保物权和借款债务的结合关系,因此,典当合同应当属于实践性合同。作为实践性合同,典当关系的成立必须具备两个成立要件;一是当户交付当物;二是典当行交付当金,此两个要件缺一不可。但从现代典当业的发展来看,再固执地坚持典当的实践性不仅缺乏依据,亦已不合时宜。

1. 典当合同的“实践性”缺乏了直接的现行法依据

一般而言,典当行从保护自身利益出发,只在担保物权设立以后方才交付当金,《典当管理办法》亦是如此规定,加之典当关系中金钱债务与担保物权确实存在不可分割性,典当合同就被冠上了实践性合同之名。而实际上合同法对合同的成立要件采用了以诺成性合同为主、实践性合同为例外的基本原则,实践性合同一般需有法律明确的规定。由于目前尚无法律位阶的专门立法对典当交易进行规范,合同法等法律也并未直接规定典当合同的特殊成立要件,因此只能考察典当法律关系所包含的内在关系是否有实践性的要求,即从典当借款合同关系与物权担保合同关系去分析典当合同是否存在特殊成立要件。典当合同中的典当借款合同应按借款合同去分析,而除自然人之间的借款合同外,借款合同为典型的诺成性合同。作为一方当事人必定为典当行的典当借款合同,自然不会出现自然人之间借款的情况。而对于物权担保合同,虽然在物权法实施之前,担保法将物权登记、交付作为物权担保合同的生效要件,但在物权法实施后,担保物权设立与设立担保物权的合同相分离已成通论,物权担保合同的诺成性更为明显。因此,在现行法的框架下,我们无法得出典当借款合同与物权担保合同复合的特性会导致典当合同成为实践性合同。

2. 典当合同的“实践性”导致了当事人的利益失衡

若典当合同为实践性合同,则只有在当户交付当物、典当行发放当金后,典当合同才成立。若一方履行义务,而相对方并未履行义务时,因为合同并未成立,那么一方就无法依据合同的约定要求对方承担违约责任或者要求对方履行义务,而只能主张缔约过失责任,不仅救济非常有限,也容易使得相对方获得不当利益,最后让守约者受损而违约者获利,导致双方当事人之间的权利义务失衡。而在诺成性合同中,由于双方的权利义务已经由合同条款所确定,则当户可以按照合同的约定要求典当行交付当金,典当行也可依照合同要求当户交付当物或者办理当物的抵质押登记手续,双方均有充分的救济途径,能够较好地达到促进当事人诚信履约和鼓励交易的合同目的。

3. 典当合同的“实践性”脱离了典当交易的现实需要

传统典当的实践性还源于传统上当物仅为小额、小件动产的实际情况,典当行当面对当物进行估价并交付当金并非难事。而现在社会,不仅动产当物种类越来越丰富、价值越来越大,难以当面评估、交付,而且巨额的不动产亦成为当物,估价、抵押登记与交付基本无法同步完成,必定会产生时间差甚至较长的时间差,因此现实的典当交易过程已与“实践性”相差甚远。因此,对典当合同的性质认识也需要与时俱进,使其更符合典当交易的现实需求,也更有利于典当行业的不断发展。

综上,典当合同应认定为典型的诺成性合同。而且,根据合同自成立时即发生法律效力的一般原则,典当合同应自成立时生效,除非存在双方当事人另有约定或者依法需要办理审批手续才能生效的情形。至于《典当管理办法》的相关规定,应理解为行政法意义上的规范,属于行政监管的范畴,有利于典当行经营风险的防范,而不能将其作为合同分类的依据。

（三）关于抵（质）押权未设立的典当借款性质的结论

区分典当关系中典当合同这一原因与设立典当物权这一结果，能科学、合理地解释典当合同与典当权之间的区别和联系，也表明了典当合同的效力与是否实际设立了典当权没有直接关系；而典当合同的诺成性则表明了典当合同的成立与是否实际设立了抵（质）押权无关。只要当事人主体适格、双方就成立典当关系达成了合意、有明确具体的当物、双方意思表示真实，则不管是否实际交付了当物或以登记设立了抵（质）押权，均不影响典当合同的成立以及生效；是否实际交付了当物或以登记设立了抵（质）押权，仅影响典当行能否享有担保物权而依法行使优先权。如【案例二十一】杭州明泰典当有限责任公司诉绍兴县恒力纺织品有限公司、魏永生、绍兴县永盛炼染有限公司典当合同纠纷案，在一、二审法院对于作为当物的股权未办理出质登记手续是否影响典当关系的成立作出截然相反的判决之后，提审此案的省高级人民法院认为："典当行作为为社会提供典当融资服务的新型组织和合法经营机构，对其在核定经营范围内从事的动产质押、财产权利质押、特定范围内的房地产抵押等典当业务，应依法确认其效力。本案中，恒力公司以股权质押的方式向明泰公司进行典当融资，明泰公司在合同签订后依约发放了1500万元当金并开具当票，虽然作为典当物的股权未办理出质登记，但质押关系未成立并不影响典当关系的效力，二审法院认定典当关系有效成立，并无不当。"

三、关于几类特殊情形的典当合同效力

（一）以占有改定的形式交付当物的典当合同效力

依据我国物权法的规定动产交付有四种方式，分别是现实交付、简易交付、占有改定、指示交付。[①] 典当行与当户约定以占有改定的形式交付当物的，则会缺乏动产交付的公示外观，司法实践中对于此类的典当合同效力存在不同裁判意见。

一种意见认为，典当双方约定当户以占有改定的形式交付当物的，则典当行以间

① 现实交付，是指将标的物的占有直接移转给对方当事人，此为动产交付的常态。简易交付，是指受让人已经占有动产，如受让人已经通过寄托、租赁、借用等方式实际占有了动产，则于物权变动的合意成立时，视为交付。占有改定，即动产物权的让与人与受让人之间特别约定，标的物仍然由出让人继续占有。这样，在物权让与的合意成立时，视为交付，受让人取得间接占有。指示交付，即动产由第三人占有时，出让人将其对于第三人的返还请求权让与受让人，以代替交付。

接占有的方式将质押动产交由当户负责保管的,此时应认定当物已经交付,典当合同成立且合法有效。例如,【案例十二】上海宏贤典当有限公司诉上海军航企业集团有限公司、上海汉德食品有限公司等典当纠纷案中,法院即按此意见裁判。

另有意见认为,在占有改定的情形下,应认定当物未转移交付,但该行为只影响质押物权是否设立,并不影响质押合同的效力。只要典当双方签订动产质押典当合同是当事人的真实意思表示,且不违反法律法规的禁止性规定,就为有效合同。例如,【案例十三】黄骅市吉盘通典当有限公司诉沧州宏宇纸制品有限公司、李希胜典当纠纷案中,法院即持此观点。

还有意见认为,在占有改定情况下,实际上当物仍由当户继续占有使用,此时典当行发放的借款实质为信用借款,违背了典当合同的性质,也违反了国家金融法规,典当合同无效。例如,【案例十四】云南商源典当有限公司诉何继莲典当合同纠纷案中,二审法院依此意见对一审判决作出改判,并进一步认为占有改定情形下即使已办理质押登记手续,动产质押合同仍未生效。

我们认为,占有改定自始缺乏动产物权以占有人占有动产进行物权公示的基本特征。《最高人民法院关于适用〈中华人民共和国担保法〉若干问题的解释》第八十七条规定:"出质人代质权人占有质物的,质押合同不生效。"但《中华人民共和国物权法》第二百一十二条规定:"质权自出质人交付质押财产时设立"的规定对司法解释作出了修正,即动产质押时,未交付动产或采用占有改定方式交付的,动产质权未发生效力,但不因此影响质押合同的效力。故一般认为,占有改定的方式并非设立动产质权的有效交付方式。① 据此,占有改定作为出质人代质权人占有质物的典型情况,动产质权并未设立。但基于上述典当权与典当合同本身相分离、典当合同属诺成性合同的结论,此时动产质押权未设立,但并不影响典当合同本身之效力,仍为有效的典当合同,但典当行不享有相应的动产质押优先受偿权。

(二)动产当物现实交付之后失去占有的典当合同效力

实践中还有一种情况是,当户已经依照典当合同将动产当物交付给了典当行,但

① 通说认为,动产质权可依现实交付而设立,也可依简易交付和指示交付而设立,但占有改定不能设立质权。但有不同的观点认为,动产质权,可通过观念交付设立。观念交付包括简易交付、占有改定和指示交付。实际上,占有改定也可以设立质权,在法理、法律上并无任何障碍。占有改定设立质权,可以取得与现实交付、简易交付相同的效果。占有改定与简易交付一样,都使质权人处于实际占有的地位,保证了质权的公示性要求,质权人行使法定的权利没有任何妨碍。占有改定是创设间接占有的一种方式,不存在出质人代为占有的情况。占有改定为出质人创设了间接占有,为质权人创设了直接占有。参见隋彭生:《论以占有改定设立动产质权》,载《法学杂志》2009年第12期。

之后由于种种原因(如当户向典当行有偿或无偿借回当物)典当行又将当物交还给了当户。此时,对于其质押权是否仍为有效存在争议,进而引起对典当合同效力的争议。

本节选编的【案例十五】东莞市莞城典当行诉李东生典当纠纷案中,两级法院就对此种情形下质权的存在与否有明显不同的观点。该案一审法院认为:“质押权的设定应以质权人对质物的占有或实际控制为必要条件,现莞城典当行将案涉车辆交与李东生的行为改变了对案涉车辆即质物的占有,失去了对质物的实际控制,莞城典当行不能以其质权对抗第三人,即其丧失了针对质物优先受偿的权利,因此莞城典当行要求对案涉车辆的拍卖、变卖价款享有优先受偿权利的诉求,不符合法律规定,法院不予支持。”该案二审法院则不赞同这种观点,认为“案涉车辆在签订合同后已经交付给莞城典当行,结合案涉车辆已经办理了质押登记手续,本院认定莞城典当行享有的质权依法已经设立。此后,2012 年 3 月 5 日莞城典当行将案涉车辆交还给李东生办理年检手续……莞城典当行享有的案涉车辆质权不能对抗第三人”。并进一步认为“李东生在本案中确认案涉车辆取回后一直由其本人持有,并不存在第三人对案涉车辆享有相关权益的情形,因此,莞城典当行诉请对案涉车辆的拍卖、变卖的价款享有优先受偿权合法有据,本院对此予以支持”。

我们认可二审法院的裁判意见。《最高人民法院关于适用〈中华人民共和国担保法〉若干问题的解释》第八十七条除规定了“出质人代质权人占有质物的,质押合同不生效”以外,还规定“质权人将质物返还于出质人后,以其质权对抗第三人的,人民法院不予支持”。这说明,在动产质物已交付给质权人的情况下,首先质权是设立并有效的;质物返还给了出质人,则其质权并未归于无效,而是由于丧失了占有的外观而导致不再有对抗效力,即质权人不能再对抗第三人。若不存在对质物享有权利的第三人,则典当行仍享有对当物的优先受偿权。当然,在此种情形下,不管是否存在第三人,均不影响典当合同的效力。

(三)动产当物委托第三方质押监管的典当合同效力

动产质押监管是物流服务和金融服务相结合的创新型业务模式,是指出质人以合法占有的动产向质权人出质,作为质权人向出质人授信融资的担保,监管人接受质权人的委托,在质押期间按质权人指令对质物进行占有、管理的行为。近年来,这种第三方动产质押监管模式也越来越多地开始在典当融资业务中运用;但由于目前我国法律对动产质押监管业务缺乏完善明确的规定,在典当融资业务中同样面临着法律适用困境。主要的问题是:在动产当物的质押监管业务中,监管方(第三方)究竟承担监管责任还是保管仓储责任,抑或两者兼而有之?对此问题的不同态度,容易导致因当物交付占有的不明显,引起的质押担保有效性的争论。

本节选编的【案例十六】【案例十七】就是有关动产当物质押监管业务的两个案例。在【案例十六】浙江和银典当有限责任公司诉杭州今日包装有限公司等典当纠纷案中,典当行的意见是,在本案中和银公司对机器设备的占有是间接占有。由于在生产现场有和银公司委托的监管人,监管人所从事的监管或保管活动均按照和银公司的指令执行,和银公司不对机器设备进行直接占有,而是通过第三方,间接对机器设备有事实上的管领力,这样一来,整个生产过程和状态都可以在和银公司的掌控之下。因此,自监管人获得仓库承租权之时起,质物已经从法律上完成了占有的转移,质权设立。但两级法院并不认同典当行的意见,法院认为,动产质权的设立以交付为要件,交付则意味占有和实际控制的转移。本案中,虽然和银公司、今日公司与案外人言信诚公司之间签订了《动产质押监管三方合作协议》,但在实际履行该协议的过程中,仅采取了由言信诚公司向今日公司租赁该公司已有的仓库的形式,质物始终由出质人今日公司占有、使用,该形式在质权的设定中不具有物权公示效应,应认定今日公司并未有实际的交付行为,本案所涉动产质权未设立。

【案例十七】北京国际信托有限公司诉北京中海典当有限公司等执行异议之诉,其争议焦点就围绕质权是否已有效设立展开,法院针对第三方质押监管中典当当物的交付要求作出了正面的回应,该案的二审法院认为:"就质押货物而言,中海典当公司和国际信托公司均持有与海福鑫公司签订的质押合同,但质权的生效,必须以质押财产的交付为必要条件,而不能认为质权合同生效后就必须发生质权的生效,要发生质权设定的效果,必须进行质权的公示即交付,交付的形式有多种,并不限于现实交付方式,也可以其他方式交付。就本案而言,中海典当公司在与海福鑫公司签订的最高额库存货物质押借款合同中约定,质押期间,海福鑫公司应将质押库存货物交付中海典当公司占管,中海典当公司有权委托第三方对该库存货物进行监管,上述合同签订的同时,中海典当公司、海福鑫公司与中鸿融通公司共同签订了当物监管协议,中海典当公司授权中鸿融通公司对质押货物进行监管。2013年11月28日,三方又共同签订了当物监管协议补充条款,变更质押物存放地点并将当物进行了相应调整,以清单方式列明质押物,中鸿融通公司租赁仓库、交纳租金,派员对质押物进行监管。"综合上述情节,法院认定中海典当公司对涉案货物享有的质权已于2013年11月28日依法设立。

从上述两个案例的裁判理由看,典当行在从事动产质押典当业务时,当物的交付并不限于向典当行的现实交付,也允许典当行、当户和第三方(监管方)协议开展动产质押监管业务,由典当行委托第三方来完成动产当物交付质押。但对第三方的监管责任的要求并不仅仅停留在一般意义上的监管,而是要求第三方应实际上保管并监管动产质押当物,才产生当物交付的公示效力,动产质权有效设立,典当合同当然有效;而若第三方未实际占有监管当物的,则应认定当物未实际交付,质权未设立,但只要当事人意思表示真实,典当合同仍为有效。

(四)最高额抵(质)押典当合同的效力

根据《中华人民共和国担保法》第五十九条的规定,最高额抵押是指抵押人与抵押权人协议,在最高债权额限度内,以抵押物对一定期间内连续发生的债权作担保。《中华人民共和国物权法》则通过第十六章第二节的五个条文对最高额抵押权作出进一步明确的规定。至于最高额质权,担保法并无具体规定,而是在《中华人民共和国物权法》第二百二十二条规定:"出质人与质权人可以协议设立最高额质权。最高额质权除适用本节有关规定外,参照本法第十六章第二节最高额抵押权的规定"。

最高额抵(质)押作为抵(质)押的一种特殊形式,可以对一定期间内将要连续发生的债权提供担保,由于约定的期间常常超过六个月的典当期,因此曾有观点认为其不适用于典当这种短期、小额的融资业务,并认为因超过典当期而被视为发放信用贷款。但目前最高额抵(质)押典当已在典当业务中被大量应用,司法实践中也鲜有否定该典当业务的案例。因此,只要典当双方设定了最高额抵(质)押担保物权,当事人在一定期间内就新发生的典当业务达成一致意见的,例如,续当、转当或者新增当金,就不必每次重新设定抵(质)押权,典当行即享有对当物的抵(质)押权。例如,【案例二十八】龙岩市宏健典当有限公司诉陈华平、张卫东等典当纠纷案中,法院明确表明了在典当关系中采用最高额抵押担保属合法有效,且因最高额抵押系为将来一定期间内连续发生的债权所设定的抵押,当事人在一定期间内就新发生的、经过双方认可的债权债务不必每次都分别设定抵押权。因此,经典当行和抵押人协商一致可以对该最高额抵押担保的债权范围进行变更,即案涉第三人之典当借款亦可加入至最高额抵押担保的债权中,而无须另行设定抵押权。

(五)抵(质)押权被撤销或被确认无效后的典当合同效力

典当合同约定的动产质押、财产性权利质押或者不动产抵押物权在设立之后,由于种种原因,相关抵(质)押权又被登记机关撤销或者被法院确认为无效,此时双方原签订的典当合同效力是否会受影响?

有观点认为,担保物权被确认无效或被撤销,则当物作为物的担保功能将丧失,当物不再为当物,典当合同应被认定为无效;也有观点认为,担保物权被确认无效或被撤销,仅是担保物权不再存在,并不影响典当担保合同的效力,典当合同仍为有效。

我们认为,抵(质)押权被确认无效或被撤销是否影响典当合同的效力,关键看抵(质)押权被确认无效或被撤销的事由是否也是典当合同中抵(质)押合同或条款被确认无效或被撤销的事由。若答案为肯定,则会导致典当抵质押合同自始无效,典当合同亦为无效,典当行不得再依照典当合同收取利息及综合费。反之,由于抵质押权被确认无效或被撤销并不影响抵(质)押合同的效力,则典当合同仍为有效,当户仍应支付利息、综合费等。前者如【案例三十】山东汇通典当有限责任公司诉滨州市新桥置业有限公司典当纠纷案中,法院即认为"《借款(典当)合同》《抵押契约》约定的抵押物经滨州市规划局认定为违法建筑,根据上述规定属于不得抵押财产,双方签订的上述合同违反了法律强制性规定,应属无效"。后者如【案例二十九】赤峰昌泰典当有限责任公司诉赤峰广慈医院有限责任公司典当纠纷案中,二审法院认为:"具体行政行为被撤销的效力可以溯及具体行政行为成立之日,但根据法律规定的公共利益需要或当事人是否存在过错等情况,也可以确定自撤销之日起失效。本案所涉房屋他项权证被撤销不属应归责于当事人的原因,故该撤销决定应当自撤销之日起生效,撤销发生在双方履行《房地产抵押典当协议》绝当之后,故本案所涉房屋他项权证的撤销只产生不能对抗第三人的法律效力,不影响双方签订的《房地产抵押典当协议》的效力。昌泰典当公司与广慈医院签订的《房地产抵押典当协议》意思表示真实,不违反法律、行政法规的强制性规定,应认定合法有效。"

7. 设立动产抵押的典当合同

【问题提示】典当行从事动产抵押业务的,该典当合同是否成立生效?

【案例三十二】深圳市国泰君安典当有限公司诉广州市宇鸿船舶工程有限公司、廖志荣等借款合同纠纷案（2014 年 3 月 27 日）

【法律点】典当行经批准可以经营动产质押典当业务,但典当行不得经营动产抵押业务。典当行与借款人仅办理了动产抵押登记,而未将动产交付给典当行的,质押权并未设立,典当关系也没有成立,应认定为名为典当实为担保借款关系。但各方当事人自愿签订的借款与担保条款仍合法有效,各方当事人应当诚信履行。

【关键词】抵押登记　质押权　担保借款关系　绝当　保证人的责任　质押人的责任　抵押人的责任

广东省深圳市中级人民法院

民事判决书

(2013)深中法商终字第 1978 号

上诉人(原审原告):深圳市国泰君安典当有限公司。住所地,深圳市××区××路×号×大厦。

法定代表人:张家清,董事长。

委托代理人:甘勇明,广东诚公律师事务所律师。

委托代理人:曾娜,广东华途律师事务所律师。

被上诉人(原审被告):广州市宇鸿船舶工程有限公司。住所地,广州市××区××路×号。

法定代表人:廖志荣。

被上诉人(原审被告):廖志荣。

被上诉人(原审被告):高虹。

被上诉人(原审被告):廖宇哲。

被上诉人(原审被告):廖才培。

上诉人深圳市国泰君安典当有限公司(以下简称国安典当公司)因与被上诉人广州市宇鸿船舶工程有限公司(以下简称宇鸿公司)、廖志荣、高虹、廖宇哲、廖才培借款、担保合同纠纷一案,不服深圳市福田区人民法院(2012)深福法民二初字第6332号民事判决,向本院提起上诉。本院受理后,依法组成合议庭对本案进行了审理。宇鸿公司、廖志荣、高虹、廖宇哲、廖才培经本院合法传唤,未到庭参加本案诉讼活动,本院依法缺席审理。本案现已审理终结。

原审法院审理查明:2011年8月15日,国安典当公司作为"出借方(承典方)",宇鸿公司作为"借款方(出典方)",廖志荣、廖才培、高虹作为担保方,共同签订了一份《船舶担保(典当)借款合同》,约定如下:第一条,总则。各方依据合同法、物权法、典当管理办法等法律、行政法规及规章的有关规定,就船舶担保及担保方担保,按合同约定支付借款利息和综合服务费(以下简称息费)及相关费用的担保(典当)借款融资事宜,协商一致签订本合同。第二条,担保物。权属人为宇鸿公司宇鸿坞1号船坞在为建设银行广州×支行第一债权抵押余额价值部分作为担保物押于国安典当公司;上述担保标的物余额估价金额为1250万元;担保方愿意以个人全部财产、资产、应收账款等为本合同债务提供连带责任担保。第三条,质押资产及担保方的担保范围。担保的范围包括但不限于:借款金额(当金)、利息、综合服务费、罚息、违约金、赔偿金、实现债权和质权的费用(包括但不限于催收费用、诉讼费或仲裁费、当物处置费、拍卖费、过户费、保全费、公告费、公证费、执行费、律师费、差旅费及其他费用)。第四条,借款金额(当金)及息费率。借款金额(当金)500万元,月利息率为0.6%,月综合服务费率为2.4%。第五条,质押(典当)借款期限。借款期限,自2011年8月15日至2012年2月13日共180天(借款具体期限依宇鸿公司签署借款收据时起至30日届满时止,如与本合同的借款期限不一致时依借款收据的期限为准;因当票是典当行业监管部门指定必填的单据,所以,在此经三方特别约定当票与本合同互为补充,与本合同有约定不一致或解释不一致时依本合同为准,且当票不是本借款的格式合同或主合同)。第十一条,合同终止(赎当)。宇鸿公司按本合同还清借款本息,支付完相应费用,并已全部履行本合同各项条款,即可终止合同,质押关系即告终结。第十二条,合同续期(续当)。在本合同借款期限届满前五天经三方协商一致可以续期,不在约定期限办理续期视为宇鸿公司无续期意愿,即到期按合同约定履行合同。第十三条,未履行到期债务(绝当)。发生未履行到期债务情形时,本合同第五条的借款期限计算到宇鸿公司自愿已缴息费有效期日止为合同终止日,至国安典当公司收回全部借款、综合服务费、利息之日止,该期间由宇鸿公司承担借款金额每日 0.5% 的违约金责任,在拍卖、变卖、协议作价抵债的价款中优先受偿,本合同作为宇鸿公司和担保方不可撤销地授权国安典当公司将担保标的物提交有拍卖资质的拍卖机构进行拍卖的文件依据。第十四条,拍卖。各方约定,国安典当公司依本合同第十三条行使质押权委托拍卖机构将上述担保标的物公开拍卖,拍卖收入扣除拍卖费用、借款和息费及相关费用后,剩余部分退还宇鸿公司和担保方,不足部分国安典当公司有权向宇鸿公司和担保方追偿。第十五条,费用。包括与担保标的物有关的评估、保险、登记等费用,国安典当公司实现质押权的拍卖佣金、交易税收等费用,以及国安典当公司实现债权的诉讼费、律师服务费、差旅费等。第十七条,担保方为本合同全部债权债务提供无条件的连带担保责任,赋予国安典当公司在任何时候向担保人主张担保权的权利,该权利的主张并不以是否实现质押权和是否向宇鸿公司追偿债务为前提,在本合同债权债务未全部履行完毕时,不论国安典当公司是否放弃本合同的物保质押权,不论国安典当公司是否先向宇鸿公司主张债权,担保方均对本合同的债权债务承担连带担保责任。第十九条,违约责任。宇鸿公司超过借款期限仍未还款,且未办理续当或赎当手续的,国安典当公司按实际逾期天数和借款金额,每月合计按 6% 向宇鸿公司收取综合费和利息,并每天按借款及利息费总金额的 0.2% 收取违约金。第二十一条,因典当行业监管部门要求国安典当公司必须出具当票作为质押登记文件,在此经三方协商一致约定该当票不作为合同采用。同日,国安典当公司与宇鸿公司签订了《船舶抵押担保合同》,内容与上述《船舶担保(典当)借款合同》中的相关内容相同。

2011 年 8 月 16 日,国安典当公司、宇鸿公司和廖志荣三方签订了《委托收款协议》,约定宇鸿公司委托廖志荣代为收取由国安典当公司支付给宇鸿公司的借款,廖志荣的收款行为视作宇鸿公司亲自领取。同日,宇鸿公司作出股东会决议,同意签署《委托收款协议》,委托廖志荣用个人名下账户代宇鸿公司收取借款。2011 年 8 月 17 日和 8 月 26 日,国安典当公司以银行转账方式向廖志荣的个人账户分别汇入 200 万元和 300 万元。宇鸿公司分别向国安典当公司出具了收款收据。

2011 年 8 月 29 日，广州海事局出具了《船舶抵押权登记证书》，载明：船名为宇鸿坞 1 号，船舶种类为浮船坞，船舶登记号码为 09010900003 ×，所有人和抵押人均为宇鸿公司，抵押权人为国安典当公司，担保债权数额为 500 万元。

2012 年 6 月 12 日，国安典当公司与宇鸿公司、廖志荣、高虹、廖宇哲共同签订了《担保协议》，约定：各方对 2011 年 8 月 15 日签署的《船舶担保（典当）借款合同》中债务担保事宜补充约定如下：廖志荣和高虹自愿以婚后共有财产、登记在廖志荣名下的奔驰轿车一辆（车牌号码粤 A431 × ×，识别代码 WDDNG5GB8BA3617 × ×，发动机号 272965316711 × ×）作为担保物为原合同提供物保，至国安典当公司与宇鸿公司的全部债权债务履行完毕时止；廖宇哲自愿以其名下的坐落于广州市南沙区南沙街海景路的观海美寓 × 栋 14 层 14 × × 号房产[《广州市商品房买卖合同（预售）》，编号 2011041074 × ×]作为担保物为原合同提供物保，至国安典当公司与宇鸿公司的全部债权债务履行完毕时止；宇鸿公司、廖志荣、高虹、廖宇哲、廖才培自愿的担保行为，不因原合同廖才培未在本协议上签订，而拒绝履行本协议；宇鸿公司、廖志荣、高虹、廖宇哲、廖才培如违约不履行本协议，必须承担原合同借款金额每日 0.5% 的违约赔偿责任。上述汽车质押和房屋抵押均未办理登记手续，但汽车已交由国安典当公司占有。

2013 年 2 月 26 日，国安典当公司与广东 × ×律师事务所（乙方）签订了《委托代理协议》，约定国安典当公司因与本案宇鸿公司、廖志荣、高虹、廖宇哲、廖才培之间借款合同纠纷一案，聘请乙方的律师为委托代理人，一审代理费共计 28 万元，国安典当公司在立案后已向乙方支付 5 万元，余款 23 万元应于开庭后 3 日内付清。2012 年 8 月 16 日，广东 × ×律师事务所向国安典当公司开具了一张金额为 5 万元、项目为律师费的发票。

没有证据证明国安典当公司出借的款项本金获得了全部或部分清偿。国安典当公司为申请财产保全，支出担保财产评估费 6439 元，授权手续公证费 3500 元。

在本案诉讼期间的 2013 年 3 月 15 日，国安典当公司向原审法院提交了一份《补充说明》，认为：本案双方当事人系典当借款关系：双方订立合同的名称为船舶担保（典当）借款合同，依据该合同双方确定的即为典当借款权利义务关系；国安典当公司放款时即向对方开出了当票，双方均确认为典当关系；对典当物依法办理了抵押登记；双方签订的合同中第一条明确指出依据《典当管理办法》订立，且借款利息和综合服务费的计算标准也是依照《典当管理办法》所规定的标准执行，而其中综合服务费的收取更是典当业务中特有的收费项目；合同中多处提到典当关系特有的名称，且对赎当、绝当均作出了具体明确的约定，属于典型的典当合同；国安典当公司向代收人廖志荣转账回单的用途栏中明确注明转账款为典当款;国安典当公司是依法成立,具有经营典当业务资质的合法经营主体。综上所述,双方法律关系已经完全具备了典当法律关系的基本特征,双方确立的是典当借款关系,而非普通意义上的借款关系。

在一审庭审调查及原审法院对国安典当公司进行的调查询问中,国安典当公司称:宇鸿公司按合同约定的合同期限内的标准支付息费至2012年6月30日,当金全部未偿还;宇鸿坞1号船坞的第一抵押权人是建设银行,国安典当公司是第二抵押权人;涉案典当已构成绝当;国安典当公司请求宇鸿公司偿还500万元借款的合同或法律依据是涉案典当借款合同第十一条第一项的约定;涉案当物为宇鸿坞1号船坞,奔驰汽车和房屋是抵押担保物不是当物;国安典当公司与其他主体开展典当借款业务,应该也是使用与本案典当借款合同相同版本的合同,涉案典当借款合同的内容是国安典当公司事先拟定的,但已经充分告知了宇鸿公司,宇鸿公司也完全知悉并理解合同的内容,对于合同的具体条款是经过双方的充分协商而签订的。

经国安典当公司多次催促,宇鸿公司仍不履行到期债务,且宇鸿公司处于停产状态,担保方均不履行连带担保责任。国安典当公司遂提起诉讼,请求判令:1. 宇鸿公司归还向国安典当公司借款500万元;2. 宇鸿公司支付国安典当公司的借款利息(自2012年7月1日起按借款金额0.6%每月计付至还清之日止);3. 宇鸿公司支付国安典当公司典当综合服务费(自2012年7月1日起按借款金额2.4%每月计付至还清之日止);4. 宇鸿公司支付国安典当公司违约金(自2012年7月1日起按借款本金及息、费总金额的0.2%天计付至还清之日止);5. 对粤A431××车辆、编号2011041074××《广州市商品房买卖合同(预售)》的房产、宇鸿坞1号船坞享有债务优先受偿权;6. 宇鸿公司、廖志荣、高虹、廖宇哲、廖才培共同承担本次诉讼形成的所有诉讼费用、财产保全费用,以及因申请财产保全支出的评估费6439元、公证费3500元;7. 宇鸿公司、廖志荣、高虹、廖宇哲、廖才培共同承担本次诉讼形成的律师费暂计28万元;8. 廖志荣、高虹、廖宇哲、廖才培对宇鸿公司的上述债务承担连带责任。

原审法院审理认为:国安典当公司主张与宇鸿公司成立典当借款关系,有典当借款合同等证据证实,原审法院予以认可。该典当法律关系不违反法律、行政法规的效力性强制规定,合法有效。本案续当期限至2012年6月30日届满,其后五日内宇鸿公司未赎当或再次续当,故根据《典当管理办法》第四十条第一款的规定,涉案典当已成绝当,国安典当公司对此亦予认可。根据《典当管理办法》第四十三条的规定和涉案典当借款合同第十三条、第十四条的约定,此时国安典当公司可将当物拍卖受偿,不足部分向宇鸿公司追偿。这也是典当的应有之义。《典当管理办法》未规定在绝当后处分当物前当户应向典当行偿还当金,涉案合同亦未约定在处分当物前宇鸿公司应向国安典当公司偿还借款。涉案典当借款合同第十一条关于还款的约定,明确写明系赎当,即关于在绝当前还款的约定。涉案典当既已成绝当,则无该条适用的余地。目前当物尚未被处分,国安典当公司可能以处分当物所得价款足额受偿。因此,国安典当公司在本案中直接请求宇鸿公司偿还借款500万元,及请求廖志荣、高虹、廖宇哲、廖才培对此承担担保和连带清偿责任,缺乏依据,原审法院不予支持。

据涉案典当借款合同记载及国安典当公司自认,宇鸿坞1号船坞在设定涉案抵押权前业已存在其他抵押权,故国安典当公司仅就宇鸿坞1号船坞被处分并清偿登记在先的抵押权人的债权后的剩余款项享有优先受偿权。国安典当公司笼统请求对宇鸿坞1号船坞享有优先受偿权不当,原审法院予以部分支持。

按照《典当管理办法》第四十条的反对解释和第四十三条的规定,绝当后,典当行不再向当户收取利息费,应按规定处理当物。如此解释和规定有利于促使典当行尽快处理当物,发挥物的效用,也符合典当的本来意义。若允许典当行在绝当后继续向当户收取利息费,则可能导致典当行为多收取息费而拖延处分当物,增加当户的负担,损害当户的利益。涉案典当借款合同属于格式合同,其中第十三条和第十九条关于绝当后宇鸿公司仍应向国安典当公司支付利息费的约定,加重了宇鸿公司的责任,依法应属无效。宇鸿公司仅应按《典当管理办法》第四十条的规定和涉案典当借款合同第十三条第一款的约定,按每日千分之五的标准向国安典当公司支付2012年7月1日至7月5日5天的违约金12,500元(500万元×5‰×5日)。对国安典当公司的第2、3、4项诉讼请求,原审法院予以部分支持。

根据《中华人民共和国物权法》第二百一十二条的规定,动产质权自出质人交付质押财产时设立。机动车属于特殊动产,涉案用于质押的机动车已交由国安典当公司占有,故涉案机动车质押已设立。但因该机动车不属当物,且《中华人民共和国物权法》第一百七十六条规定,在无约定时,债权人应当先就债务人提供的物的担保实现债权,故国安典当公司应当先就宇鸿坞1号船坞的担保实现债权。涉案机动车质押担保的范围应为国安典当公司的债权经以依法处分宇鸿坞1号船坞所得价款清偿后仍不足清偿部分。对国安典当公司的相关请求,原审法院予以部分支持。

涉案房地产抵押未登记,根据《中华人民共和国物权法》第一百八十七条的规定,国安典当公司对该房产的抵押权未设立,国安典当公司请求对该房产享有优先受偿权,原审法院不予支持。

合同约定宇鸿公司应承担国安典当公司为实现债权而支出的费用。尽管委托代理合同约定国安典当公司应向律师所支付律师费 28 万元,但现有证据证明国安典当公司仅支付了律师费 5 万元,故对国安典当公司超过 5 万元部分的律师费请求,原审法院在本案中不予支持。国安典当公司可在实际支付后,另行向宇鸿公司等义务人主张。国安典当公司请求宇鸿公司支付评估费 6439 元、公证费 3500 元,有相应的票据证实,原审法院予以支持。

廖志荣、高虹和廖才培是本案的保证人,国安典当公司请求廖志荣、高虹和廖才培对宇鸿公司的涉案债务承担连带清偿责任,符合合同约定和法律规定,原审法院予以支持。廖宇哲并非本案保证人,国安典当公司请求廖宇哲承担保证责任,原审法院不予支持。

综上,依照《中华人民共和国合同法》第三十九条、第四十条、第一百零七条,《中华人民共和国物权法》第一百七十六条、第一百八十七条、第二百零八条、第二百一十二条、第二百一十九条第二款,《中华人民共和国担保法》第十八条,《中华人民共和国民事诉讼法》第六十四条第一款、第一百四十四条的规定,判决:一、宇鸿公司应在判决生效之日起十日内向国安典当公司支付违约金 12,500 元;二、宇鸿公司应在判决生效之日起十日内向国安典当公司支付律师费 5 万元、评估费 6439 元、公证费 3500 元;三、国安典当公司对登记在先的抵押权人以依法处分宇鸿公司的宇鸿坞 1 号船坞所得价款优先受偿后的剩余价款中的 500 万元部分享有优先受偿权;四、若登记在先的抵押权人以依法处分宇鸿坞 1 号船坞所得价款优先受偿后的剩余价款不足 500 万元的,则宇鸿公司应向国安典当公司偿还该不足部分;五、国安典当公司有权就上述第一、二、四项债权,与廖志荣、高虹协议以质押财产(车牌号码为粤 A431 × ×,识别代码为 WDDNG5GB8BA3617 × ×,发动机号为 272965316711 × × 的黑色奔驰轿车一辆)折价,或就依法拍卖、变卖该质押财产所得价款优先受偿;六、廖志荣、高虹、廖才培对宇鸿公司的上述第一、二、四项债务向国安典当公司承担连带清偿责任,廖志荣、高虹、廖才培承担责任后有权向宇鸿公司追偿;七、驳回国安典当公司的其他诉讼请求。

如果未按判决指定的期间履行给付金钱义务,应当依照《中华人民共和国民事诉讼法》第二百五十三条之规定,加倍支付迟延履行期间的债务利息。本案一审案件受理费 52,045 元,保全费 5000 元,合计 57,045 元,由国安典当公司负担 5 万元,宇鸿公司、廖志荣、高虹、廖宇哲、廖才培共同负担 7045 元。

上诉人国安典当公司不服原审判决,向本院提起上诉称:本案是典当合同纠纷,典当合同的本质是以当物为担保的借款合同。典当合同法律关系中的借款关系适用合同法,担保关系适用担保法、物权法。《典当管理办法》与合同法、担保法、物权法之间不是特别法与普通法的关系,不存在优先适用的问题,也不能作为认定典当合同效力的依据。原审法院只着眼于《典当管理办法》,对于本案的处理是失当的。具体理由有:

1. 原审法院未支持绝当后的利息费和违约金请求不当。(1)《典当管理办法》未明确绝当后利息费如何处理。绝当后典当双方的权利义务关系终止、当户不必再向典当行支付利息费的观点的由来,主要是受中国古代传统典当观念影响,但是,这种典当是以绝当后当物所有权直接转移给典当行为本质特征的。对当户而言,当户以让渡当物的所有权给典当行为代价而使典当行豁免其债务;对典当行而言,典当行集债权人与债务人于一身,发生债的混同,当然没有再计算利息费的必要和前提。但《典当管理办法》所称的典当并不是以绝当后当物所有权直接转移给典当行为本质特征的。相反,我国担保法和物权法均禁止流质抵(质)押,这就决定了当户和典当行不得事先约定绝当后当物所有权直接归属典当行以抵偿债务。即使是绝当物估价金额不足30,000元的情形,《典当管理办法》也要求典当行必须以自行变卖或折价的方式予以处理,虽然规定了损溢自负,但这种处理方式并不会撼动我国禁止流质抵(质)押的基础。基于此,绝当后由于当物的所有权依法不能直接转移给典当行,当户因未能让渡当物的所有权给典当行,所以不能当然豁免其债务。(2)绝当后息费应该继续计算。①绝当后的利息费问题。其一,《典当管理办法》不是法律,只是行业管理规范,绝当后,典当双方的权利义务关系终止,自绝当时起,已不再是典当活动,不在《典当管理办法》管理范围之内,所以没有、也无须规定利息费。因为绝当即意味当户违约,典当行可通过协商或寻法律途径解决当户绝当(逾期还款)的违约事宜,适用合同法。但《典当管理办法》没有规定绝当后须交纳本息、综合费用,不等于就不该交纳。其二,"反对解释"违反了"法无禁止即可为"的民事原则。其三,有关"计息可能导致典当行为多收利息而拖延处分当物,增加当户的负担,损害当户的利益"的观点有失偏颇,因为拖延处分当物的主体并不限于典当行。本案的当物为船坞,不为国安典当公司所占有,而且当时该船坞已经设定了第一抵押权人。本案绝当后当物不能及时处置的原因就在于宇鸿公司未能解除第一抵押权人的抵押,致使国安典当公司难以处分当物。可见,不是国安典当公司拖延处分当物。其四,借款是一个持续性行为,绝当后当户未归还借款继续占用资金,利息是资金的孳息,当户在实际占用资金的情况下承担利息,并没有增加其负担、损害其利益。相反,绝当后不收取当户占用资金的利息,加大了典当行的损失。其五,绝当后,当户未及时还款构成违约,违约后反倒可以不付息费,从违约中获利,有悖公平与诚实信用原则,是对绝当违约行为的鼓励。其六,对典当法律关系的处理,应适用合同法关于借款合同的规定,典当行有权主张借款利息等损失,利息费的收取不因绝当违约行为的发生而受到影响。其七,认定合同(条款)无效的依据只能是违反了法律效力性强制规定,但没有法律禁止绝当后收取息费。综上,关于绝当后息费的计算,应当秉承"有约定从约定,无约定或者约定不明,则参照续当期限届满至绝当前赎当"规定处理。本案中涉案合同对于绝当后的息费有明确约定,因此应依约计付。②关于绝当后的违约金问题。宇鸿公司绝当后未及时偿还借款构成违约,应当承担违约金。一审判决将违约金计算限定在当期届满后五日内,缺乏事实与法律依据。

2. 原审法院未支持国安典当公司要求宇鸿公司偿还借款500万元的请求不当。首先,典当的本质是以物为担保的借款,对典当中借款法律关系的处理,应适用合同法关于借款合同的规定。绝当并不影响典当借款的法律关系的定性。因此,在典当合同纠纷中,在绝当的情况下,典当行可以以合同法为依据主张偿还借款,而不受《典当管理办法》第四十三条的约束。该条不是典当行实现债权的程序性规定,只是在典当行可以处分当物的情况下,该如何操作的指引性规定。其次,从法理上分析,典当不是一项独立的物权。根据物权法定原则,抵押权、质权的效力法定,抵押权、质权是债权人的权利,而非义务。因此,处置当物不是典当行的义务,如果认为典当行必须处置当物才能受偿,明显违反物权法定原则。既然《典当管理办法》未规定在绝当后处分当物前典当行不可以向当户主张还款,根据"法无禁止即可为"的民法原则,此时典当行主张还款,亦不违反法律规定。最后,从事实层面分析,涉案合同第十条、第十一条、第十二条、第十三条约定,宇鸿公司未履行到期债务,应当承担还本付息的责任。根据"有约定从约定,无约定从法定"的原则,国安典当公司在处分当物前有权依约主张还款。综上,一审判决认定国安典当公司在绝当后处分当物前无权主张偿还借款,缺乏事实与法律依据。

3. 原审法院未支持要求廖志荣、高虹、廖宇哲、廖才培对债务承担连带担保责任的请求不当。涉案典当合同约定国安典当公司有权在绝当后处分当物前依约依法向廖志荣、高虹、廖才培主张连带担保责任。

4. 原审法院未支持国安典当公司要求廖宇哲承担担保责任的请求不当。国安典当公司对一审判决认定国安典当公司对该房产不享有优先受偿权无异议,但对其判决廖宇哲不承担担保(过错)责任有异议。宇鸿公司收到借款后,廖宇哲未按照法律规定办理房屋抵押的登记手续存在过错。虽然上述抵押因未办理抵押登记手续抵押权未设立,国安典当公司因此而不享有该房产的优先受偿权,但按照《中华人民共和国物权法》第十五条的规定，廖宇哲明显具有过错，应对宇鸿公司向国安典当公司借款在该房屋价值范围内承担还款责任。

5. 原审法院认定涉案车辆质押担保的范围为国安典当公司的债权经以当物清偿后仍不足清偿部分不当。涉案车辆质押担保的范围为宇鸿公司的全部债务。

综上，国安典当公司请求本院依法判令撤销原判，改判支持国安典当公司的一审诉讼请求，并由宇鸿公司、廖志荣、高虹、廖宇哲、廖才培承担一、二审案件受理费。

被上诉人宇鸿公司、廖志荣、高虹、廖宇哲、廖才培经本院合法传唤，未到庭应诉。

本院对原审查明的事实予以确认。另查明：2010 年 11 月 26 日，廖志荣与中国工商银行股份有限公司广州 × × 支行（以下简称工行 × × 支行）签订了《牡丹卡购车透支还款合同》（卡还字工行 × × 支行 2010 年 069 号），约定廖志荣以透支方式向汽车销售商支付购车款，透支金额为 98.5 万元，分 36 期偿还。2010 年 12 月 10 日，廖志荣与工行 × × 支行签订了《抵押合同》（卡抵字工行 × × 支行 2010069 号），以本案所涉奔驰轿车（车牌号码粤 A431 × ×，识别代码 WDDNG5GB8BA3617 × ×，发动机号 272965316711 × ×）作为抵押物，为上述《牡丹卡购车透支还款合同》提供担保，并办理了抵押登记。抵押物清单列明，该车购车款为 140.8 万元。2012 年 12 月 21 日工行 × × 支行在广州市黄埔区人民法院对廖志荣提起诉讼，请求判令归还透支款本金、利息、罚息及滞纳金共计 529,992.90 元，对涉案奔驰轿车有优先受偿权。廖志荣未出庭应诉。该院于 2013 年 10 月 8 日作出（2013）穗黄法民二初字第 2 号民事判决，支持了工行 × × 支行的全部诉讼请求。

以上事实，有当事人在一、二审提交的证据、一、二审庭审及调查笔录中陈述、广州市公安局交通警察支队车辆登记材料、（2013）穗黄法民二初字第 2 号民事判决书记载的内容等证据证实。

本院认为，《典当管理办法》第二十五条第一项规定，典当行经批准可以经营动产质押典当业务。该办法第二十六条第二项规定，典当行不得经营动产抵押业务。《中华人民共和国物权法》第二百一十二条规定："质权自出质人交付质押财产时设立。"本案中，虽然国安典当公司具备典当行业经营资质，各方也在《船舶担保（典当）借款合同》中明确，该合同系各方基于《典当管理办法》签订，合同中所涉及的利息、综合费用、赎当、绝当均为典当行业用语，宇鸿公司也按合同约定向国安典当公司支付了合同期内的息费。但是双方在《船舶担保（典当）借款合同》约定的当物为宇鸿坞 1 号船坞在为建设银行广州 × × 支行第一债权抵押余额价值部分，且双方同时还签订了《船舶抵押担保合同》，办理了抵押登记，一方面没有证据显示宇鸿公司将上述质物交付给质权人;另一方面,典当行也不得经营动产抵押业务,根据上述事实和上述法律和规章的规定,本案质押权并未设立,典当关系也没有成立,应系名为典当实为担保借款关系。故本案案由应为借款合同和由此而产生的担保合同纠纷。各方当事人签订的《船舶担保(典当)借款合同》中借款与保证条款等条款、《船舶抵押担保合同》和《担保协议》等合法有效,各方当事人应当诚信履行。本案在二审中的争议焦点为各被上诉人是否应当承担责任、应当承担何种责任以及如何承担责任。就本案涉及的法律问题,本院分述如下:

一、借款人是否还应当承担还款义务的问题

《中华人民共和国民法通则》第一百零八条规定:"债务应当清偿。暂时无力偿还的,经债权人同意或者人民法院裁决,可以由债务人分期偿还。有能力偿还拒不偿还的,由人民法院判决强制偿还。"《中华人民共和国合同法》第二百零六条规定:"借款人应当按照约定的期限返还借款。对借款期限没有约定或者约定不明确,依照本法第六十一条的规定仍不能确定的,借款人可以随时返还;贷款人可以催告借款人在合理期限内返还。"宇鸿公司指示国安典当公司将借款付至廖志荣个人账户,并向国安典当公司出具了收款收据,视为宇鸿公司收到借款。合同到期终止后,宇鸿公司应当偿还借款本金,逾期不还的,还应当承担违约责任。退一步而言,即使本案典当关系成立,当绝当发生后,承典人可以依法处理担保物优先受偿、并依"多退少补"的原则处理担保物价款与债务之间的差额,也可以向债务人主张还款。债务人的还款义务与债权人依法处置担保物优先受偿并不矛盾。理由在于:典当在本质上是担保借款,债务人应当依法承担还款付息的义务;《典当管理办法》也并没有明确规定在当物被依法处分之前,债务人可以不再还款;况且在效力层级上,《典当管理办法》是部门规章,不能违反《中华人民共和国民法通则》《中华人民共和国合同法》等上位法的规定。综上,国安典当公司有权要求宇鸿公司偿还本金并负相应的违约责任。

二、关于宇鸿公司债务金额的问题

1. 本金方面。债务人宇鸿公司、担保人廖志荣、高虹、廖宇哲、廖才培均未参加诉讼活动,也未提交关于已经还款的证据,依法应当承担举证不能的不利后果,本院认定其未偿还本金。故还应当偿还本金500万元。2. 国安典当公司所主张的利息费和违约金的问题。按照国安典当公司的陈述,《船舶担保(典当)借款合同》约定的借款期限于2012年2月13日届满后,国安典当公司与宇鸿公司口头约定还按照原有的息费标准继续履行合同,应当视为双方同意对合同进行展期。2012年6月30日后,宇鸿公司没有再依约支付利息费,也没有还款,依合同第十三条的约定,应当视为合同终止。

虽然宇鸿公司与国安典当公司在《船舶担保(典当)借款合同》中,以典当的名义约定月利息率为0.6%、月综合服务费率为2.4%(折年利率为36%),远高于同期银行贷款利率,但基于宇鸿公司已经实际履行,也没有应诉抗辩,对于合同期内宇鸿公司已经支付的部分,应视为对自身权利的处分,本院不再进行追溯调整。关于合同终止后的违约责任,依《船舶担保(典当)借款合同》第十三条、第十九条约定,宇鸿公司超过借款期限未还款,除了要偿还借款本金500万元外,还要承担借款金额0.5%每日的违约金、按实际逾期天数和借款金额6%每月的利息和综合服务费、按借款及息费总金额的0.2%日收取违约金。本院认为,债务人违约导致合同终止后,债务人即应当承担违约责任。国安典当公司要求宇鸿公司承担的上述息费和违约金,实际上都属于逾期还款违约金的性质。虽然国安典当公司在起诉时,主动将息费和违约金标准分别降低至从逾期之日(2012年7月1日)按借款金额3%每月收取息费(利息0.6%每月+综合服务费2.4%每月)、同时按借款本金及息费总金额的0.2%日收取违约金至实际清偿之日。但是,宇鸿公司逾期还款的违约责任仍然过重:不仅存在对利息费收取复利的“利滚利”的情况,还存在既收取高额利息费同时又收取违约金双重惩罚的情况,总利率也明显超过了关于借贷关系所保护同期人民银行贷款利率四倍的最高幅度。因此,对于超出的部分,本院不予支持。综上,宇鸿公司应当偿还借款本金500万元,以及合同终止后以500万元为本金、按银行同期同类贷款利率的四倍标准从合同终止之次日(2012年7月1日)起计至本判决确定的还款之日止的违约金。

三、律师费等费用承担的问题

《船舶担保(典当)借款合同》约定宇鸿公司应承担国安典当公司为实现债权而支出的费用。虽然国安典当公司提交的委托代理合同约定律师费为28万元,但现有证据证明国安典当公司仅支付5万元,原审法院对国安典当公司超过5万元部分的律师费请求未予支持并无不当。国安典当公司可在实际支付后,另行向宇鸿公司主张。国安典当公司为本案还支付评估费6439元、公证费3500元,有相应的票据证实,原审法院予以支持正确,本院予以维持。

四、保证人的责任问题

1. 廖志荣、高虹和廖才培共同自愿为宇鸿公司的债务提供连带共同保证,保证的范围为主债务、利息费和违约金以及实现债权的费用。保证期间没有明确约定,只有“在任何时候向其主张”“本合同债权债务未全部履行完毕时”等措辞。根据《最高人民法院关于适用〈中华人民共和国担保法〉若干问题的解释》第三十二条第二款的规定,应当视为约定不明,保证期间为主债务履行期届满之日起二年。国安典当公司向其主张连带共同保证责任,符合法律规定。故廖志荣、廖才培、高虹作为担保方,依合同约定对前述借款本金、违约金、律师费、评估费、公证费等费用承担连带清偿责任。保证人承担保证义务后,有权向债务人追偿。2. 国安典当公司还请求廖宇哲承担连带保证责任,但廖宇哲并非本案保证人,国安典当公司的该项诉讼请求没有事实和法律依据,原审法院未予支持,本院予以认可。

五、质押人的责任问题

《中华人民共和国物权法》第二百一十二条规定:“质权自出质人交付质押财产时设立。”《中华人民共和国担保法》第六十四条规定:“出质人和质权人应当以书面形式订立质押合同。质押合同自质物移交于质权人占有时生效。”廖志荣和高虹自愿以婚后共有财产、登记在廖志荣名下的黑色奔驰轿车(车牌号码粤 A431××)作为担保物为宇鸿公司的债务提供物保至国安典当公司与宇鸿公司的全部债权债务履行完毕时止,并签订了《担保协议》。涉案车辆已经交付国安典当公司占有,故国安典当公司的质押权成立。《中华人民共和国物权法》第一百七十六条规定:“被担保的债权既有物的担保又有人的担保的,债务人不履行到期债务或者发生当事人约定的实现担保物权的情形,债权人应当按照约定实现债权;没有约定或者约定不明确,债务人自己提供物的担保的,债权人应当先就该物的担保实现债权;第三人提供物的担保的,债权人可以就物的担保实现债权,也可以要求保证人承担保证责任。提供担保的第三人承担担保责任后,有权向债务人追偿。”本案质押车辆由第三人提供,国安典当公司有权向质押人主张质权,对于国安典当公司主张就质押车辆有优先受偿权的诉讼请求,本院予以支持。但是,鉴于2010年12月10日,廖志荣与工行××支行签订的《抵押合同》和抵押登记在先,工行××支行抵押权先于本案国安典当公司的质权成立,故国安典当公司应当按次序行使质权,不得对抗工行××支行在先的抵押权。

六、抵押人的责任问题

1. 鸿宇公司与国安典当公司在签订《船舶担保(典当)借款合同》的当天还签订了《船舶抵押担保合同》,并于次日办理了抵押登记。《中华人民共和国物权法》第十四条规定:“不动产物权的设立、变更、转让和消灭,依照法律规定应当登记的,自记载于不动产登记簿时发生效力。”国安典当公司依法就抵押物宇鸿公司宇鸿坞1号船坞在为建设银行广州××支行第一债权抵押余额价值部分享有抵押权。国安典当公司主张就抵押物优先受偿,有事实和法律依据,本院予以支持。2. 廖宇哲自愿以其名下的坐落于广州市南沙区南沙街海景路的观海美寓×栋14层14××号房产[《广州市商品房买卖合同(预售)》,编号2011041074××]作为担保物为原合同提供物保,至国安典当公司与宇鸿公司的全部债权债务履行完毕时止,并签订了《担保协议》,应当视为其以该房产为涉案债务提供抵押担保。《中华人民共和国物权法》第九条第一款规定:“不动产物权的设立、变更、转让和消灭,经依法登记,发生效力;未经登记,不发生效力,但法律另有规定的除外。”《中华人民共和国物权法》第十五条规定:“当事人之间订立有关设立、变更、转让和消灭不动产物权的合同,除法律另有规定或者合同另有约定外,自合同成立时生效;未办理物权登记的,不影响合同效力。”根据国安典当公司的陈述,该房产在签订担保合同时尚处于预售阶段,无法办理抵押登记,后又与廖宇哲失去联系,无法再办理抵押登记。本院认为,由于双方并没有办理抵押登记,故抵押权未设立。在本案中,国安典当公司主张就廖宇哲名下涉案房产享有优先受偿权,因抵押权未设立而没有事实和法律依据,本院不予支持。但是,根据《中华人民共和国物权法》第十五条的规定,该涉案房产的抵押权没有设立,并不影响抵押合同本身的效力,国安典当公司仍然享有债权法上的权利,可以请求廖宇哲以上述房产价值为限承担未履行抵押合同的违约责任,但根据民事诉讼“不告不理”的原则,本院对此不能处理,国安典当公司可另循法律途径解决。

七、本案中物的担保与人的担保关系问题

本案中,不仅廖志荣、高虹和廖才培为鸿宇公司的债务提供了连带共同保证担保、廖志荣和高虹提供了质押担保,鸿宇公司还与国安典当公司就担保物办理了抵押登记,为自己的债务提供了物保。根据《中华人民共和国物权法》第一百七十六条规定和《船舶担保(典当)借款合同》第十七条约定,国安典当公司可以在宇鸿公司提供的担保物未被依法处置前,向其他保证人和担保人主张实现担保债权。

综上,本院认为,上诉人国安典当公司的上诉理由部分成立,对于上诉中有事实和法律依据的部分,本院予以支持。原审法院裁判认定事实清楚,但对于债务人、担保人的责任承担问题上适用法律不当,本院予以纠正。依照《中华人民共和国民法通则》第一百零八条,《中华人民共和国合同法》第四十四条、第六十条、第一百零七条、第二百零六条、第二百零七条,《中华人民共和国物权法》第九条第一款、第十五条、第一百七十六条、第二百零八条、第二百一十二条,《中华人民共和国担保法》第十二条、第十八条、第二十一条、第三十一条、第四十六条、第五十三条,《最高人民法院关于适用〈中华人民共和国担保法〉若干问题的解释》第十九条第一款、第三十二条第二款,《中华人民共和国民事诉讼法》第一百四十四条、第一百七十条第一款第一项、第二项、第一百七十四条、第一百七十五条,参照《典当管理办法》第二十五条、第二十六条之规定,判决如下:

一、维持深圳市福田区人民法院(2012)深福法民二初字第6332号民事判决第二项；

二、撤销深圳市福田区人民法院(2012)深福法民二初字第6332号民事判决第一、三、四、五、六、七项；

三、被上诉人广州市宇鸿船舶工程有限公司应在本判决生效之日起十日内偿还上诉人深圳市国泰君安典当有限公司借款本金人民币500万元和逾期还款违约金(逾期还款违约金以人民币500万元为本金、按中国人民银行同期同类贷款利率的四倍标准、从2012年7月1日起计至本判决确定的还款之日止)；

四、上诉人深圳市国泰君安典当有限公司对登记在先的抵押权人以依法处分被上诉人广州市宇鸿船舶工程有限公司的宇鸿坞1号船坞所得价款优先受偿后的剩余价款中,就上述第一、三判项项下的债权,享有优先受偿权；

五、上诉人深圳市国泰君安典当有限公司对登记在先的抵押权人以依法处分质押物(车牌号码为粤A431××,识别代码为WDDNG5GB8BA3617××,发动机号为272965316711××的奔驰轿车一辆)所得价款优先受偿后的剩余价款中,就上述第一、三判项项下的债权,享有优先受偿权；

六、被上诉人廖志荣、被上诉人高虹、被上诉人廖才培对上述被上诉人广州市宇鸿船舶工程有限公司第一、三判项下的债务,向上诉人深圳市国泰君安典当有限公司承担连带清偿责任。被上诉人廖志荣、被上诉人高虹、被上诉人廖才培承担责任后,有权向被上诉人广州市宇鸿船舶工程有限公司追偿；

七、驳回上诉人深圳市国泰君安典当有限公司的其他诉讼请求。

上述付款义务人如未按本判决指定的期间履行给付金钱义务,应当依照《中华人民共和国民事诉讼法》第二百五十三条之规定,加倍支付迟延履行期间的债务利息。

本案一审案件受理费人民币52,045元,保全费人民币5000元,二审案件受理费人民币52,045元,共计人民币109,090元,由国安典当公司负担人民币6723元,由宇鸿公司、廖志荣、高虹和廖才培共同负担人民币102,367元。

本判决为终审判决。

审 判 长 秦 拓

审 判 员 陈国华

代理审判员 张 盈

二〇一四年三月二十七日

书 记 员 罗娜(兼)

【案例三十三】滨州银成典当有限公司诉山东省博兴县宏达复合板不锈钢有限公司、王茂平等民间借贷纠纷案（2016年1月7日）

【法律点】典当行从事动产抵押业务而签订的动产抵押贷款合同不符合典当合同特征,不应以典当合同法律关系确认各方权利义务,当事人之间的法律关系应界定为民间借贷关系,只要不存在法定的无效情形,该借贷合同有效。

【关键词】动产抵押　典当合同　民间借贷　有效合同

山东省滨州市中级人民法院二审
民事判决书

(2015)滨中商终字第370号

上诉人(原审原告):滨州银成典当有限公司。住所地,滨州市××区×××路。

法定代表人:王雪征,董事长。

委托代理人:游延荣,山东中捷律师事务所律师(特别授权代理)。

委托代理人:郭如雪,山东中捷律师事务所律师(特别授权代理)。

被上诉人(原审被告):山东省博兴县宏达复合板不锈钢有限公司。住所地,博兴县××镇工业园。

法定代表人:王茂平,总经理。

被上诉人(原审被告):王茂平。

被上诉人(原审被告):高炳爱。

被上诉人(原审被告):山东省博兴县海瑞钢铁有限公司。住所地,博兴县××镇工业园。

法定代表人:王国峰,董事长。

被上诉人(原审被告):王云涛。

被上诉人(原审被告):滨州中捷新能源科技有限公司。住所地:滨州市××区。

法定代表人:曹永梅,董事长。

委托代理人:徐爱国,职工。

被上诉人(原审被告):李怀涛。

被上诉人(原审被告):王向杰。

被上诉人(原审被告):高芝虹。

上诉人滨州银成典当有限公司因民间借贷纠纷一案,不服滨州市滨城区人民法院(2014)滨民三初字第509号民事判决,向本院提起上诉。本院受理后,依法组成合议庭,于2015年12月28日公开开庭审理了本案。上诉人滨州银成典当有限公司的委托代理人郭如雪,被上诉人滨州中捷新能源科技有限公司(以下简称中捷新能源公司)的委托代理人徐爱国、被上诉人王云涛、李怀涛到庭参加诉讼。被上诉人山东省博兴县宏达复合板不锈钢有限公司(以下简称宏达复合板公司)、王茂平、高炳爱、山东省博兴县海瑞钢铁有限公司(以下简称海瑞钢铁公司)、王向杰、高芝虹经本院公告传唤,无正当理由拒不到庭参加诉讼。本案现已审理终结。

原审法院经审理查明,2013年1月18日,原告滨州银成典当有限公司(甲方)与被告宏达复合板公司(乙方)签订《典当合同》,乙方以其自有设备向甲方申请办理典当业务,该合同约定:当金用途为流动资金;当金金额为2,000,000元;抵押期限自2012年4月24日起至2013年4月24日止,共计365天,具体提供的当金数额、典当日期、赎当日期等,以当票记载为准,当票等典当凭证为本合同的组成部分,与本合同具有同等法律效力;当金月利率为3‰,月综合费用率为27‰,甲方按照实际典当天数收取利息和综合费用,当期不足五日的,按五日收取,当金的综合费用按典当天数预扣,利息于归还本金时结清;所当设备以工商局《抵押登记书》[博工商抵登字(2012)第0034号]载明内容为准;当金数额以甲方实际给付乙方的数额为准,甲方可将当金一次性给付乙方;当期届满或续当期满五日内,乙方一次性还清;典当期限或续当期届满后,乙方应在五日内赎当,逾期不赎当也不续当即形成绝当,甲方有权按《典当管理办法》的有关规定和本合同的约定委托拍卖行进行公开拍卖或由甲方自行出售,所得款项用以偿还拍卖费用、典当本金、综合费用、综合服务费及其他相关费用,剩余部分退还当户,不足部分向当户追索;典当方式为抵押典当,乙方以本合同第一条第五款列明的设备作为抵押,未列明的内容,应另列明典当清单,抵押典当清单为本合同的组成部分,抵押权的效力及于抵押设备的从权利、代位权和孳息;抵押担保范围为当金本金、利息、综合费用、逾期利息、复利、罚息以及律师代理费、质押物处置费、过户费等甲方实现质押权的一切费用;乙方逾期归还当金又未能与甲方协商一致,视为乙方违约;乙方在典当期满后五日,未办理赎当或续当手续的,视为绝当,甲方有权在绝当后两年内对乙方主张权利,甲方在行使权利期间所产生当金本息、综合费用、罚息、违约金,按照本合同的约定继续履行。

同日,原告滨州银成典当有限公司向被告宏达复合板公司出具当票,载明:联系人为被告王茂平,当物名称为设备;典当金额为2,000,000元,综合费用为120,000元,实付金额为1,880,000元;典当期限由2013年1月18日起至2013年3月19日止。被告宏达复合板公司在该当票上加盖公章予以确认。2013年1月18日,被告宏达复合板公司向原告出具"收到条",注明收到原告当金2,000,000元,并要求将该款汇入被告王茂平中国农业银行××县支行账户(账号622845184003366431×)。同日,原告通过其职工周小青账户分两次(各1,000,000元)将当金转入上述被告王茂平账户。2013年1月18日,被告王茂平、高炳爱,被告海瑞钢铁公司,被告王云涛,被告李怀涛,被告王向杰、高芝虹,以及滨州中捷光电科技有限公司分别向原告出具《承诺函》,同意为被告宏达复合板公司向原告典当2,000,000元(期限60天)承担连带保证责任,且自愿放弃该典当抵押物的抗辩权,保证范围为所有当金及综合费用,保证期间为该笔当金到期之日起两年。至2013年3月19日当期届满之日,以及至2013年3月14日绝当期届满,被告宏达复合板公司未按合同的约定赎当。被告宏达复合板公司于2013年1月18日向原告支付综合费用120,000元后,分别于2013年3月20日向原告支付款项124,000元,2013年6月3日支付287,600元。此后,被告宏达复合板公司再未还款或支付费用。综上,原告于2013年1月18日向被告宏达复合板公司交付当金时,该被告于当日返还原告款项120,000元。故被告宏达复合板公司实际收到原告当金1,880,000元。截至2013年6月3日,被告宏达复合板公司已实际向原告支付款项411,600元。

另查明,被告王茂平与被告高炳爱,被告王向杰与被告高芝虹分别系夫妻关系。滨州中捷光电科技有限公司于2014年7月3日更名为被告滨州中捷新能源科技有限公司。

原审法院认为,原告滨州银成典当有限公司与被告宏达复合板公司签订的《典当合同》,实为抵押借款合同,也即被告宏达复合板公司以其动产(设备)为原告设置抵押权的方式向原告借款,而非将其动产采取质押的方式向原告进行典当,不符合典当的法定形式,且违反了商务部、公安部颁布实施的《典当管理办法》第三条、第二十六条典当行不得从事动产抵押业务的规定。另外,根据国务院《非法金融机构和非法金融业务活动取缔办法》第四条、第五条的规定,原告向被告宏达复合板公司发放贷款的行为无效,被告宏达复合板公司应返还原告发放的款项。因借贷双方均对上述无效民事行为具有过错,双方均不应据此获益,根据公平原则,被告宏达复合板公司应按照中国人民银行同期贷款利率向原告支付资金占用期间的利息。被告宏达复合板公司除归还原告部分借款本金外,其已向原告支付的其余款项,应视为先行支付利息后,余款应充抵本金。原告实际交付的款项 1,880,000 元应作为本金,被告宏达复合板公司于 2013 年 3 月 20 日还款 124,000 元,其中应支付利息 17,839.11 元,余额 106,160.89 元充抵本金后,剩余本金 1773,839.11 元;2013 年 6 月 3 日还款 287,600 元,应支付利息 20,142.93 元,余额 267,457.07 元充抵本金后,剩余本金 1506,382.04 元。也即截至 2013 年 6 月 3 日,被告宏达复合板公司仍拖欠原告本金 1506,382.04 元。被告王茂平、高炳爱、海瑞钢铁公司、王云涛、中捷新能源公司、李怀涛、王向杰、高芝虹分别向原告出具承诺函,同意为被告宏达复合板公司上述债务提供连带责任保证,且自愿放弃对质押物的抗辩权。该八被告明知原告与被告宏达复合板公司之间的典当合同无效,仍对上述债务提供保证担保,其应承担不超过债务人不能清偿部分债务的 1/3。据此,原审法院依照《中华人民共和国合同法》第五十二条第五项、第五十八条,《中华人民共和国担保法》第五条、第十八条,《最高人民法院关于适用〈中华人民共和国合同法〉若干问题的解释(二)》第二十一条,《最高人民法院关于适用〈中华人民共和国担保法〉若干问题的解释》第八条,《中华人民共和国民事诉讼法》第一百四十四条的规定,判决:一、被告山东省博兴县宏达复合板不锈钢有限公司于本判决生效之日起十日内归还原告滨州银成典当有限公司借款 1506,382.04 元,并支付利息(自 2013 年 6 月 4 日起至本判决确定的履行之日止按中国人民银行同期贷款利率计算);二、被告王茂平、高炳爱、山东省博兴县海瑞钢铁有限公司、王云涛、滨州中捷新能源科技有限公司、李怀涛、王向杰、高芝虹对上述债务在不能清偿部分的 1/3 范围内承担连带清偿责任。如果未按本判决指定的期间履行给付金钱义务,应当依照《中华人民共和国民事诉讼法》第二百五十三条之规定,加倍支付迟延履行期间的债务利息。案件受理费 25,102 元,由原告滨州银成典当有限公司负担 5058 元,被告山东省博兴县宏达复合板不锈钢有限公司、王茂平、高炳爱、山东省博兴县海瑞钢铁有限公司、王云涛、滨州中捷新能源科技有限公司、李怀涛、王向杰、高芝虹负担 20,044 元。

上诉人滨州银成典当有限公司不服原审判决上诉称:1. 一审判决对案件定性错

误,应予纠正。宏达复合板公司抵押给上诉人的机器设备是板材整体加工设备,具有不可分拆性,且该宗设备已在博兴工商局登记,属于需登记的特殊动产,对其应视作不动产。按照法律规定,机器设备是可以抵押的,典当行可以进行不动产抵押典当业务。因此,应当涉案典当抵押法律关系成立。一审判决将该纠纷定性为抵押借款纠纷,认为是非金融机构放贷错误。一审判决对宏达复合板公司所交纳的利息与当金分别采取借贷、典当两种法律关系予以认定错误,应当按照当金及综合费用予以纠正。2. 一审判决适用法律错误。该案为典当合同纠纷,各被上诉人在自愿、平等基础上与上诉人签订《典当合同》《承诺函》,应当对其逾期赎当、构成绝当行为承担相应的偿还、连带清偿责任。一审判决以《非法金融机构和非法金融业务活动取缔办法》等认定该案属抵押借贷合同纠纷且无效错误。综上,请求二审法院对本案发回重审或依法改判:1. 宏达复合板公司返还上诉人当金180万元,支付综合费用439,020元,利息48,780元;2. 被上诉人王茂平、高炳爱、海瑞钢铁公司、王云涛、滨州中捷新能源科技有限公司、李怀涛、王向杰、高芝虹对以上债务承担连带清偿责任。

被上诉人中捷新能源公司答辩称,一审判决认定事实清楚,适用法律正确,请求二审法院驳回上诉,维持原判。

被上诉人李怀涛答辩称,一审判决正确,请求二审法院驳回上诉,维持原判。

被上诉人王云涛答辩称,一审判决正确,请求二审法院驳回上诉,维持原判。

被上诉人宏达复合板公司、王茂平、高炳爱、海瑞钢铁公司、王向杰、高芝虹未作答辩。

本院查明的事实与一审法院认定的事实一致。

本院认为,上诉人滨州银成典当有限公司与被上诉人中捷新能源公司、李怀涛、王云涛对一审判决认定的事实均无异议,本院予以确认。各方当事人争议的焦点问题是涉案典当合同效力应如何认定,被上诉人责任应如何确定。上诉人与被上诉人宏达复合板公司签订的涉案典当合同以设备为借款抵押,显然该合同不符合典当合同特征,不应以典当合同法律关系确认各方权利义务。根据上诉人提交的证据证实,上诉人与被上诉人宏达复合板公司之间确实发生了借贷关系,上诉人向其发放了借款,被上诉人宏达复合板公司也偿还过部分本息,上诉人与被上诉人宏达复合板公司之间的法律关系应界定为民间借贷关系,2015年9月1日起实施的《最高人民法院民间借贷司法解释》对民间借贷合同无效有明确规定,本案并不存在该解释规定的无效情形。因此,上诉人与被上诉人宏达复合板之间签订的合同应为有效。

上诉人实际交付的款项1,880,000元应作为借款本金。涉案合同约定当金月利率为3‰,月综合费率为27‰,该借款利息的约定超过了中国人民银行同期贷款利率四倍,本院对超过部分不予支持。被上诉人宏达复合板公司于2013年3月20日还款124,000元,其中应支付利息75,406元[1,880,000元×(6%×4)÷365天×61天],余额48,594元充抵本金后,剩余本金1,831,406元;2013年6月3日还款287,600元,应支付利息90,316元[1,831,406元×(6%×4)÷365天×75天],余额197,284元充抵本金后,剩余本金1,634,122元。被上诉人宏达复合板公司应向上诉人支付本金1,634,122元及2013年6月4日至债务清偿之日的利息,利息计算应以中国人民银行同期贷款利率四倍为准。

被上诉人王茂平、高炳爱、海瑞钢铁公司、王云涛、中捷新能源公司、李怀涛、王向杰、高芝虹分别向上诉人出具承诺函,同意为被上诉人宏达复合板公司上述债务提供连带责任保证,且自愿放弃对质押物的抗辩权。故,被上诉人王茂平、高炳爱、海瑞钢铁公司、王云涛、中捷新能源公司、李怀涛、王向杰、高芝虹应对被上诉人宏达复合板公司的借款本息承担连带清偿责任。

综上,上诉人滨州银成典当有限公司的上诉理由部分成立。原审判决认定事实清楚正确,但由于《最高人民法院关于审理民间借贷案件适用法律若干问题的规定》的颁布实施,因此对一审判决适用法律进行纠正。据此,依照《最高人民法院关于审理民间借贷案件适用法律若干问题的规定》第十四条、《中华人民共和国担保法》第二十一条,《中华人民共和国民事诉讼法》第一百四十四条、第一百六十九条、第一百七十条第一款第二项、第一百七十五条之规定,判决如下:

一、撤销滨州市滨城区人民法院(2014)滨民三初字第509号民事判决;

二、被上诉人山东省博兴县宏达复合板不锈钢有限公司于本判决生效之日起十日内向上诉人滨州银成典当有限公司支付借款本金1,634,122元及利息(自2013年6月3日至本债务清偿之日,以中国人民银行同期贷款利率四倍计算);

三、被上诉人王茂平、高炳爱、山东省博兴县海瑞钢铁有限公司、王云涛、滨州中捷新能源科技有限公司、李怀涛、王向杰、高芝虹对以上债务承担连带清偿责任;

四、驳回上诉人滨州银成典当有限公司对被上诉人山东省博兴县宏达复合板不锈钢有限公司、王茂平、高炳爱、山东省博兴县海瑞钢铁有限公司、王云涛、滨州中捷新能源科技有限公司、李怀涛、王向杰、高芝虹的其他诉讼请求。

如果未按本判决指定的期间履行给付金钱义务,应当依照《中华人民共和国民事诉讼法》第二百五十三条之规定,加倍支付迟延履行期间的债务利息。

一审案件受理费25,102元,二审案件受理费25,102元,合计50,204元,由上诉人滨州银成典当有限公司承担14,344元,被上诉人山东省博兴县宏达复合板不锈钢有限公司承担35,860元。

本判决为终审判决。

审 判 长 吴 琦
审 判 员 王合勇
代理审判员 邵佳宁
二〇一六年一月七日
书 记 员 赵 乙

【案例三十四】山东英大典当有限公司诉山东美驰车桥有限公司、山东鸿润油脂有限公司等典当纠纷案（2015年7月1日）

【法律点】典当行与借款人在履行动产典当借款合同中，既办理了动产抵押登记手续，又将动产交付于典当行占有并监管，典当行再发放当金的，符合典当借款的特征，双方的典当合同关系成立并有效。

【关键词】动产抵押登记　质押登记　典当借款　占有监管　非法借贷

山东省济南市中级人民法院
民事判决书

（2015）济商终字第386号

上诉人（原审被告）：山东美驰车桥有限公司。住所地，山东省齐河××区×××路。

法定代表人：刘传华，总经理。

上诉人（原审被告）：山东鸿润油脂有限公司。住所地，山东省齐河××区。

法定代表人：赵加根，总经理。

上诉人（原审被告）：刘传华。

上诉人（原审被告）：刘帅。

以上四上诉人共同委托代理人王立平，山东兴齐律师事务所律师。

被上诉人（原审原告）：山东英大典当有限公司。住所地，济南市。

法定代表人：王秀英，董事长。

委托代理人：吕建峰，职工。

委托代理人：富雅娉，山东舜翔律师事务所律师。

原审被告:孙锐。

原审被告:山东妙赛食品股份有限公司。住所地,齐河县。

法定代表人:王义,总经理。

上诉人山东美驰车桥有限公司(以下简称美驰公司)、山东鸿润油脂有限公司(以下简称鸿润公司)、刘传华、刘帅因与被上诉人山东英大典当有限公司(以下简称英大典当公司)、原审被告孙锐、山东妙赛食品股份有限公司(以下简称妙赛公司)典当纠纷一案,不服济南市历下区人民法院(2014)历商初字第1214号民事判决,向本院提起上诉。本院依法组成合议庭审理了本案,现已审理终结。

原审法院认定,2012年12月24日,英大典当公司与美驰公司签订《典当借款合同》,由美驰公司向英大典当公司典当借款300万元,约定借款期限为2012年12月24日起至2013年3月24日止,月综合费率为3%,同时约定美驰公司以其12台套机器设备进行抵押,并约定未按期支付利息及综合费按每日当金的万分之三支付逾期违约金,逾期偿还本金的,除按约定支付利息、费率外还应将所欠本金按每日万分之三支付逾期付款违约金并支付为实现债权而支付的律师费等;刘传华、刘帅、妙赛公司作为保证人在合同中签字,担保人也在合同的保证条款中约定,英大典当公司无须先向债务人追偿或处置当物,担保人承担连带责任担保,保证期间两年;合同签订后,英大典当公司按约定将300万元通过银行汇到了美驰公司指定的银行账户,并出具了当票,双方亦按约对美驰公司抵押的机器设备进行了抵押并在工商管理部门进行了抵押登记。借款到期后,美驰公司未按合同约定还款,后经续当至2013年12月26日,美驰公司仍未还清本息,在续当过程中,孙锐、鸿润公司又与英大典当公司签订了协议,对美驰公司上述债务提供连带保证责任;美驰公司先后于2012年12月24日付费27万元、2013年3月26日付费9万元。

英大典当公司因索款支付了律师代理费4万元。

原审法院认为,英大典当公司与美驰公司签订典当借款合同,系双方当事人的真实意思表示,双方应当按约履行;对于美驰公司辩称双方签订的典当借款没有质押行为,不符合典当的特征,名为典当,实为非法借贷,此合同无效,担保合同亦无效的观点,原审法院认为典当法律关系是复合法律关系,即借贷关系与担保关系混合在一起,彼此间发生有机的结合,没有主次之分,处理时应当适用民间借贷及担保法、物权法的有关规定。本案中,美驰公司称已付款661,000元,证据不足,法院认定美驰公司已支付36万元,对于未认定部分,美驰公司可另行主张权利,对于已付款项,因双方没有约定,应当按照先付利息费后还本金的原则处理。对于英大典当公司要求美驰公司支付自2014年3月19日后的违约金问题,因双方约定的利息、费及违约金超过了同期人民银行规定利率的四倍,法院确定按人民银行规定利息四倍计付,美驰公司于2014年3月26日付款9万元,应当认定为3月19日后所付利息;英大典当公司要求美驰公司赔付律师代理费问题,因合同中约定了因实现债权而产生的律师费用由被告承担,美驰公司应当按约赔付;对于英大典当公司要求对美驰公司质押的设备享受优先受偿权问题,根据双方约定,英大典当公司对美驰公司的12台套机器设备进行了抵押,且在工商部门进行了抵押登记,英大典当公司享有优先受偿权;对于英大典当公司要求担保人承担连带责任问题,由于刘传华、刘帅、妙赛公司作为保证人在合同的保证条款中约定,英大典当公司无须先向债务人追偿或处置当物,担保人承担连带责任担保,刘传华、刘帅、妙赛公司、孙锐、鸿润公司应当按约承担连带保证责任。原审法院依照《中华人民共和国合同法》第二百零六条、第二百零七条,《中华人民共和国担保法》第十八条、第二十一条,《中华人民共和国物权法》第一百七十六条、第一百七十九条,《中华人民共和国民事诉讼法》第一百四十四条的规定,判决:一、被告山东美驰车桥有限公司给付原告山东英大典当有限公司300万元,于判决生效后十日内付清;二、被告山东美驰车桥有限公司给付原告山东英大典当有限公司利息(自2014年3月19日起至判决生效之日止按人民银行规定的同期利率的四倍以300万元额计后扣除9万元),于判决生效后十日内付清;三、被告山东美驰车桥有限公司赔付原告山东英大典当有限公司律师费用4万元,于判决生效后十日内付清;四、原告山东英大典当有限公司对被告山东美驰车桥有限公司抵押的12台套机器设备享有优先受偿权;五、被告刘传华、被告刘帅、被告山东妙赛食品股份有限公司、被告孙锐、被告山东鸿润油脂有限公司对被告山东美驰车桥有限公司的上述一、二、三条债务承担连带责任;六、驳回原告的其他诉讼请求。案件受理费人民币31,720元、财产保全费5000元,由被告山东美驰车桥有限公司负担。

上诉人美驰公司、鸿润公司、刘传华、刘帅均不服原审判决,共同上诉称:1. 一审法院对《典当借款合同》效力没有进行认定,从判决结果看,不伦不类,处于"大部分有效"状态。我们认为该典当合同属于名为典当,实为非法借贷的合同,应认定为无效。故依据该合同约定的费息、违约金及律师费,均不应支持。相应的保证合同及抵押合同亦认定无效,相应的保证人就不应承担保证责任,同时英大典当公司丧失了抵押物的优先受偿权。2. 我们在一审中提供了银行的汇款手续,足以证明已付款661,000元,即使按照一审法院已认定的36万元也未给予扣除,令人费解。另外,济南市市中区人民法院(2014)市民初字第1652号判决书,对于美驰公司已支付的72万元,认定非1652号案民间借贷的付款行为,故该72万元应为本案典当借款的还款行为,也应予以扣除。综上,请求:1. 撤销一审判决,依法改判扣除美驰公司已付款项661,000元和72万元,不支持英大典当公司的利息请求和律师费用,英大典当公司对担保物无优先受偿权,担保人不承担担保责任。2. 一、二审诉讼费用由英大典当公司承担。

被上诉人英大典当公司答辩称,《典当借款合同》及相应的保证合同是各方当事人的真实意思表示,合同合法有效,一审判决认定事实清楚,适用法律正确。我公司起诉时主张的利息起算时间为2014年3月19日,美驰公司支付的第一笔27万元款项时间为2012年12月24日,我公司起诉时已经将该款项扣除。美驰公司支付的第二笔9万元时间为2013年3月26日,一审判决将该9万元作为已付利息完全正确。美驰公司在1652号案中,是将72万元付款的凭证作为其向王秀英个人的付款证据提交的,且美驰公司对1652案已提起上诉,其在上诉状中仍坚持72万元是支付给了王秀英而非英大典当公司。综上,上诉人上诉理由均不成立,请求维持原判。

原审被告孙锐、妙赛公司均未答辩。

经审理本院认定,原审判决认定事实属实,本院予以确认。

另外,1. 美驰公司口头主张其已向英大典当公司付款661,000元,但在本案一、二审期间均未能提供证据证实。

2. 美驰公司在(2014)市民初字第1652号民间借贷案件中,提交其公司向王秀英个人账户转账72万元的凭证,主张系向王秀英个人的还款行为,(2014)市民初字第1652号判决书未认定上述72万元系对该案民间借贷的付款行为。

3.《典当借款合同》第六条第八项约定,双方一致确认:英大典当公司向美驰公司收取费用未明确收费性质的,均视为收取本合同项下的利息和综合费,若收取的上述费用超过美驰公司应支付的利息和综合费金额,超收的费用自动转为后期发生的利息和综合费,不发生偿还当金本金的效力。

本院认为,英大典当公司具有合法经营资质,有权进行典当经营,其分别与美驰公司、妙赛公司、刘传华、刘帅、鸿润公司签订的《机器设备典当借款合同》及《补充协议》、《担保合同》,均系各方当事人真实的意思表示,内容未违反法律和行政法规的禁止性规定,合法有效。典当借款合同约定美驰公司以其机器设备作为当物向英大典当公司借款,美驰公司亦已经将上述质物交由英大典当公司的监管代理人孙志文占有并监管,并在工商管理部门办理了出质机器设备的抵押登记,之后英大典当公司才向美驰公司支付当金。故上述合同内容及其履行情况均符合典当借款的特征,美驰公司、鸿润公司、刘传华、刘帅仅以涉案质物机器设备办理的抵押登记而非质押登记为由,主张本案名为典当、实为非法借贷的上诉理由证据不足,不能成立。原审法院依据上述合同约定判令美驰公司赔偿英大典当公司当金本金、利息及律师费、英大典当公司对抵押物优先受偿、各担保人承担连带责任并无不当,本院予以维持。

关于美驰公司实际向英大典当公司偿还当款本金的数额。美驰公司主张其已向英大典当公司还款 661,000 元,但未能提供证据证实,本院不予采信。美驰公司主张其公司向英大典当公司法定代表人王秀英个人账户转账的 72 万元,系偿还本案典当借款的款项。因该 72 万元均系向王秀英个人账户支付,英大典当公司不认可系偿还公司的典当借款,美驰公司亦无其他有效证据证实该款项与本案关联性,故该上诉主张不能成立。关于美驰公司已向英大典当公司支付的 27 万元和 9 万元,因未明确款项性质,故根据合同约定应视为收取合同项下的利息和综合费用。美驰公司主张该 36 万元应作为本金予以扣除的上诉主张与合同约定不符,不能成立。

综上,上诉人美驰公司、鸿润公司、刘传华、刘帅的上诉理由均不成立。依照《中华人民共和国民事诉讼法》第一百七十条第一款第一项之规定,判决如下:

驳回上诉,维持原判。

二审案件受理费 31,720 元,由上诉人山东美驰车桥有限公司、山东鸿润油脂有限公司、刘传华、刘帅负担。

本判决为终审判决。

审 判 长　李　萍

审 判 员　宋海东

代理审判员　李　婷

二〇一五年七月一日

书 记 员　张天则

【案例三十五】南通金典典当有限公司诉南通辉华化工有限公司、南通昌华化学品制造有限公司等典当纠纷案（2016年9月5日）

【法律点】典当行从事动产抵押业务而未按规定办理动产质押的，违反了《典当管理办法》第二十六条有关典当行不得办理动产抵押业务的规定，但行政规章不能作为否定合同效力的依据。只要当事人意思表示真实，未违反法律、行政法规的禁止性规定，应认定为典当合同已依法成立且合法有效。

【关键词】动产抵押　抵押典当　行政规章　合同效力　综合费用

江苏省南通市中级人民法院
民事判决书

(2016)苏06民终2040号

上诉人(原审被告)：南通辉华化工有限公司。住所地，南通市××路。

法定代表人：王锦华，董事长。

上诉人(原审被告)：南通昌华化学品制造有限公司。住所地，如东县××镇××区。

法定代表人：王锦华，董事长。

上诉人(原审被告)：王锦华。

上诉人(原审被告)：蔡梅凤。

上述四上诉人共同委托诉讼代理人：戴建华，北京市炜衡(南通)律师事务所律师。

上述四上诉人共同委托诉讼代理人：戴鑫，北京市炜衡(南通)律师事务所实习律师。

被上诉人(原审原告):南通金典典当有限公司。住所地,南通市×××路。

法定代表人:柳剑英,董事长。

委托诉讼代理人:顾迎斌,北京大成(南通)律师事务所律师。

委托诉讼代理人:张周易,北京大成(南通)律师事务所律师。

上诉人南通辉华化工有限公司(以下简称辉华公司)、南通昌华化学品制造有限公司(以下简称昌华公司)、王锦华、蔡梅凤因与被上诉人南通金典典当有限公司(以下简称金典公司)典当合同纠纷一案,不服南通市崇川区人民法院(2015)崇商初字第00309号民事判决,向本院提起上诉。本院于2016年6月3日立案受理后,依法组成合议庭进行了审理。本案现已审理终结。

辉华公司、昌华公司、王锦华、蔡梅凤上诉请求:撤销原判,依法改判偿还本金560万元及按同期同类中国人民银行贷款基准利率、从《还款协议书》签订之日计算至实际还款之日止的利息。事实和理由:1.《还款协议书》《公证书》《执行证书》仅明确本金数额560万元,对利息、综合费用未予明确,故利息计算时应以560万元为本金,从《还款协议书》签订之日起至实际还款之日止,按同期同类中国人民银行贷款基准利率计算;2. 案涉《抵押典当合同》所涉抵押车辆未实际移交,所涉综合费未实际发生;3.《还款协议书》《公证书》《执行证书》未约定实现债权费用包括律师费、公证费,且上述费用不是债权实现过程中的必要费用,故一审认定该部分费用不当。

金典公司辩称:1.《还款协议书》明确了四位上诉人所欠本金数额为560万元及结欠的利息和综合费用,并约定新的逾期违约金,虽然未约定新的利息和综合费用标准,但原典当合同中关于利息和综合费用标准并未任何变更,故一审认定按照四倍利率支持利息和综合费用并未不当;2. 案涉190万元的《抵押典当合同》系有效合同,并办理了车辆抵押登记,按约提供当金,上诉人应支付相应的综合费;3. 五份典当合同均约定公证费由上诉人承担,一审认定合法有据。综上,请求判决驳回辉华公司、昌华公司、王锦华、蔡梅凤的上诉请求。

金典公司向一审法院起诉请求:1. 辉华公司、昌华公司、王锦华、蔡梅凤按中国人民银行同期同类贷款基准利率的四倍支付560万元的逾期还款期间的利息、综合费及违约金4428,414.8元(自2011年12月28日起至2014年12月1日止),2014年12月1日以后的利息按实计算至实际还清债务之日止;2. 辉华公司、昌华公司、王锦华、蔡梅凤承担公证费10,000元以及律师费用194,936元中的66,141.78元。

一审法院认定事实:2010年8月30日,金典公司作为抵押权人与辉华公司作为借款人、昌华公司作为担保人、南通市第三运输责任有限公司(以下简称南通第三运输公司)作为抵押人签订《抵押典当合同》一份,约定:辉华公司用作典当的抵押财产为重型罐式货车等车辆,辉华公司实际借款金额为150万元,借款期限自2010年8月30日起至2010年9月29日止,综合费用为每月2.5%。2010年9月29日,金典公司作为抵押权人与辉华公司作为借款人、昌华公司作为担保人、南通第三运输公司作为抵押人签订《抵押典当合同》一份,约定:辉华公司用作典当的抵押财产为重型罐式半挂车,辉华公司实际借款金额为40万元,借款期限自2010年9月29日起至2010年10月28日止,综合费用为每月2.5%。上述两份《抵押典当合同》对利率均未作约定,但均特别约定本合同约定的利率和综合费率不受本合同借款期限的限制;同时还约定,任何一方认为此合同需要公证,由公证机关公证,公证费由辉华公司承担,争议解决方法为协商解决,如协商不成,所造成的诉讼费、律师费、执行费等均由辉华公司全额承担,担保人昌华公司对借款的本金和利息等费用承担连带责任。

2010年12月10日,金典公司作为抵押权人与昌华公司同时作为借款人与抵押人签订《房地产抵押借款合同》一份,约定:昌华公司将其名下的土地抵押给金典公司,向金典公司借款,借款金额为170万元,借款期限为六个月,自2010年12月10日起至2011年7月9日止,借款月利率和月综合费率合计收取2%。2011年1月6日,金典公司作为抵押权人与昌华公司同时作为借款人、抵押人签订《房地产抵押借款合同》两份,约定:昌华公司将其名下的房地产抵押给金典公司,向金典公司借款,借款金额分别为100万元、150万元,借款期限均为六个月,自2011年1月6日起至2011年7月5日止,借款月利率和月综合费率合计收取2%。上述三份《房地产抵押借款合同》均作出如下约定:本合同约定的利率和综合费用不受合同借款期限的限制,昌华公司必须按时交纳利息和综合费用直至清偿完债务止;逾期还款、交纳利息和综合费用按借款余额每日2‰计收违约金;同时还约定,本合同项下有关的评估、登记、公证等费用由昌华公司承担。

上述合同签订后,金典公司陆续向合同所载的借款人发放了借款,借款人向金典公司共出具五份收据,五份收据确认的所收借款金额总计560万元,其中两份《抵押典当合同》所涉收据确认的借款金额为190万元,三份《房地产抵押借款合同》所涉收据确认的借款金额为370万元,付款方式包括现金和转账,最后一次出具收据的日期为2011年1月14日。

上述五份合同借款期限届满后,借款人未向金典公司偿还借款本金。2011年12月28日,金典公司作为债权人与昌华公司、辉华公司作为债务人,以及王锦华、蔡梅凤作为保证人签订了《还款协议书》一份,载明:经对账,债务人已共同结欠金典公司借款560万元及综合费率和利息合计138.8万元(尚未包括债务人此前承诺到期还款而未能如约还款的违约金,违约金以合同约定为准),为落实债务清偿时序,经协商达成如下还款方案:1. 债务人承诺将所欠原告698.8万元列为首要即期还款项目,分别于2011年12月30日、2012年1月15日、2012年2月5日前偿付所欠综合费与利息10万元、60万元、68.8万元;分别于2012年3月30日、2012年4月30日前各归还所欠本金200万元,于2012年5月30日前归还余欠本金160万元及欠款期间的全部利息与综合费用。2. 上述欠款在得到全部清偿之前,原有设定的资产抵押继续存续有效,保证人承诺对上述还款承担连带还款保证。3. 债务人对上述约定的各期还款如果能坚守承诺,金典公司同意对债务人减收或免收序言中未列入本金计算的欠款违约金;若债务人不能如约履行本约第一款还款承诺,则金典公司不仅有权收取该项违约金,而且有权向债务人按照其未能按上述约定如期还款的期间依每日万分之六的标准加收新的违约金。4. 非因不可抗拒的意外原由,金典公司在债务人任何一期约定还款未能如期履行的情况下,即有权依据公证后的本还款协议向金典公司所在地人民法院申请强制执行。同日,金典公司与辉华公司、昌华公司、王锦华、蔡梅凤向南通市崇川公证处申请对前述《还款协议书》进行公证并赋予该协议强制执行力,南通市崇川公证处于2011年12月30日出具(2011)通崇证经内字第3849号公证书,载明:自《还款协议书》生效之日起,该公证书具有强制执行力。

后因辉华公司、昌华公司未按照《还款协议书》约定的还款方案偿付借款本息,经金典公司申请,南通市崇川公证处于2012年1月18日出具(2012)通崇证执字第2号《执行证书》,金典公司可持该证书向南通市有管辖权的人民法院申请强制执行,执行标的为:本金688.8万元及相应的利息,以及申请执行人为实现债权所发生的综合费用。

2012年1月20日,金典公司向原审法院申请执行(2012)通崇证执字第2号《执行证书》。原审法院于2015年2月15日作出(2012)崇执字第0379-3号执行裁定书,认为被执行人对《执行证书》确认的内容存在异议,该公证书未能确认相应的利息及申请执行人为实现债权所发生的综合费用,无法强制执行该内容,权利人可另行诉讼解决,并裁定:对(2012)通崇证执字第2号《执行证书》中相应的利息及申请执行人为实现债权所发生的综合费用不予执行。

另查明,《还款协议》签订之后,辉华公司、昌华公司、王锦华、蔡梅凤于2012年1月6日偿付5万元,2012年4月13日偿付50万元,自2012年7月9日至2014年6月23日陆续偿付300万元。具体还款时间及金额详见判决书所附一览表一。

再查明,本案所涉两份《抵押典当合同》所涉抵押车辆已办理抵押登记但未向金典公司交付质押,三份《房地产抵押借款合同》所涉抵押房地产已办理抵押登记。

还查明,公证上述合同及还款协议的公证费 1 万元实际由金典公司支付;金典公司为实现本案债权于 2014 年 12 月 10 日与北京大成(南通)律师事务所签订《民事委托代理合同》,聘请该律师事务所的律师作为委托代理人,并已支付律师费 194,936 元。

本案争议的焦点:1. 案涉合同性质的以及效力问题;2. 金典公司主张的借款本金金额以及利息、综合费用、违约金的计算标准是否合法有据;3. 金典公司主张律师费、公证费是否超过诉讼时效。

金典公司主张系典当关系,辉华公司、昌华公司、王锦华、蔡梅凤则主张系民间借贷关系,不应收取综合费用。《还款协议书》是基于此前的两份《抵押典当合同》以及三份《房地产抵押借款合同》,因此,应依据前述五份合同的性质来确定双方之间的合同关系。本案金典公司作为典当行与辉华公司、昌华公司签订两份《抵押典当合同》以及三份《房地产抵押借款合同》,将车辆、房地产作为当物抵押以取得借款,应为典当合同。上述五份合同是各方当事人的真实意思表示,未违反法律、行政法规的禁止性规定,应认定为合法有效。虽然金典公司与辉华公司、昌华公司签订的两份《抵押典当合同》项下的抵押物未按照《典当管理办法》的规定办理动产质押,违反了《典当管理办法》第二十六条典当行不得办理动产抵押业务的规定,但《典当管理办法》作为商务部、公安部联合出台的行政规章,不能作为否定合同效力的依据。综上,本案所涉五份合同均系典当合同,已依法成立且合法有效。

金典公司主张的借款本金金额以及利息、综合费用、违约金的计算标准是否合法有据。首先,关于借款本金金额 560 万元,双方庭审中均明确该 560 万元为本案所涉五份合同项下的借款本金总额,同时辉华公司、昌华公司、王锦华、蔡梅凤在本案中就实际借款金额提出异议,认为实际借款本金金额应为 560 万元扣减当扣利息 19.6 万元后的金额。鉴于双方已签订《还款协议书》且就该《还款协议书》进行公证并赋予强制执行效力,因此在辉华公司、昌华公司、王锦华、蔡梅凤未能提供证据否认该《还款协议书》效力的情况下,依据双方签订的《还款协议书》确定辉华公司、昌华公司所应支付借款本金金额为 560 万元。其次,关于金典公司主张的利息、综合费用、违约金的计算标准。第一,昌华公司、辉华公司作为债务人所应承担的利息、综合费用、违约金的计算标准。本案纠纷产生之原因在于,具有强制执行效力的公证债权文书关于利息、综合费用的具体金额未予明确,双方对此又各执一词,由此产生诉讼。《还款协议书》明确约定了债务人给付欠款期间的利息、综合费用的付款义务，并约定若逾期除需支付原合同所约定的违约金外，还需支付新的违约金。鉴于《还款协议书》对利息、综合费用的计算标准未予明确，债务人仍应当按照《还款协议书》的基础合同即此前所签订的两份《抵押典当合同》及三份《房地产抵押借款合同》所约定的费率标准支付利息和综合费，同时还应按照《还款协议书》的约定另行支付逾期还款的违约金。辉华公司、昌华公司、王锦华、蔡梅凤提出双方系借贷关系，综合费用不应予以支持，对此认为，两份《抵押典当合同》以及三份《房地产抵押借款合同》均系典当合同，本案典当公司主张借款期限届满后的利息及综合费用的，两项合计数额不应超过按银行同期贷款基准利率四倍计算的利息，超过部分不予支持。因两份《抵押典当合同》约定的月综合费率为2.5%，三份《房地产抵押借款合同》约定的借款月利率和月综合费率合计为2%，同时约定若逾期按借款余额每日2‰计收违约金，且上述五份合同均已特别约定合同约定的利率和综合费用不受合同借款期限的限制，此后的《还款协议书》又约定逾期加收每日万分之六的违约金，现昌华公司、辉华公司未按照《还款协议书》约定的还款方案所明确的期限偿付借款本息，其作为债务人应当按五份合同以及《还款协议书》约定的计算标准继续支付利息、综合费用以及违约金，直至本金清偿完毕。因上述合同及《还款协议书》所约定的债务人所应承担的利息、综合费率以及违约金之总和，已经超过了中国人民银行银行同期同类贷款基准利率的四倍，因此金典公司主张昌华公司、辉华公司按照同期同类银行贷款基准利率的四倍支付综合费用、利息及违约金，应予支持，但该利率标准应随中国人民银行贷款基准利率的调整而相应予以调整。第二，王锦华、蔡梅凤作为保证人所应承担的利息、综合费用的计算标准。根据《还款协议书》的约定，王锦华、蔡梅凤作为保证人系对《还款协议书》所确定的还款方案第一条所约定的债务人昌华公司、辉华公司2011年12月28日对账所确认的尚欠金典公司的借款本金560万元及综合费率和利息138.8万元合计698.8万元以及欠款期间的全部利息与综合费用承担保证责任，而不包括债务人逾期付款所应支付的违约金。本案两份《抵押典当合同》约定的月综合费率为2.5%，三份《房地产抵押借款合同》约定的借款月利率和月综合费率合计为2%，上述五份合同均已特别约定合同约定的利率和综合费用不受合同借款期限的限制，因此，王锦华、蔡梅凤作为保证人所应承担的利息、综合费用的计算标准，应当按照上述五份合同的约定来确定，同理亦以不超过同期同类银行贷款基准利率的四倍为限，该利率标准亦应随中国人民银行贷款基准利率的调整而相应予以调整。

金典公司主张公证费、律师费是否超过诉讼时效的问题。关于诉讼时效，本案所涉五份合同以及《还款协议书》中对于公证费、律师费均未约定付款的期限,因此,金典公司在本案中主张公证费、律师费未超过诉讼时效。首先,关于公证费用的承担问题。金典公司与辉华公司作为借款人、昌华公司作为担保人签订的两份《抵押典当合同》均约定,公证费由辉华公司承担,担保人昌华公司对借款的本金和利息等费用承担连带责任;金典公司与昌华公司作为借款人签订的三份《房地产抵押借款合同》约定公证等费用由昌华公司承担。因本案金典公司所支出的公证费10,000元是就《还款协议书》进行公证所支出的费用,而该《还款协议书》涉及五份合同,应按合同所涉借款金额占总借款金额的比例来确定公证费的承担比例:两份《抵押典当合同》项下借款金额合计190万元占总借款金额560万元的比例为33.93%,辉华公司理应承担3393元的公证费,昌华公司对此承担连带责任;三份《房地产抵押借款合同》项下借款金额合计370万元占总借款金额560元的比例为66.07%,昌华公司理应承担6607元的公证费。其次,关于律师费用的承担问题。本案金典公司已实际支出律师费194,936元,由于三份《房地产抵押借款合同》对律师费的负担未作约定,金典公司与辉华公司作为借款人、昌华公司作为担保人签订的两份《抵押典当合同》约定双方之间的争议如协商不成,所造成的诉讼费、律师费、执行费等均由借款人承担,两份《抵押典当合同》项下借款占总借款金额560万元的33.93%,辉华公司作为借款人应承担已支出律师费194,936元中的33.93%计66,141.78元,昌华公司作为担保人对该部分律师费应承担连带清偿责任。

综上,本案系因具有强制执行效力的债权文书中对利息、综合费用金额未予明确,双方又无法达成一致,导致无法执行,金典公司对利息、综合费用提出相关主张。本案所涉五份合同签订后,金典公司已陆续发放借款,借期届满辉华公司、昌华公司作为借款人未向金典公司偿还借款本金。此后金典公司与辉华公司、昌华公司作为债务人以及王锦华、蔡梅凤作为保证人签订《还款协议书》对前述五份合同的欠款总额予以确认,并明确具体的还款方案及违约责任,各方当事人均应恪守履行还款义务,辉华公司、昌华公司未按期偿付借款本息,是导致本案纠纷的原因,理应按约承担相应的违约责任,支付欠款本金及利息、综合费用以及违约金。辉华公司、昌华公司在签订《还款协议》之后陆续偿付原告总计355万元,尚不足以清偿全部债务,且并未按照约定的期限进行还款,已构成逾期,鉴于《还款协议书》仅对约定的还款期间的债务清偿顺序作出约定,而对于逾期还款之后的债务清偿顺序未作约定,根据《最高人民法院关于适用〈中华人民共和国合同法〉若干问题的司法解释(二)》的规定,辉华公司、昌华公司所还款项应当先抵充利息、综合费用,再抵充借款本金部分。昌华公司、辉华公司作为债务人应当按照银行贷款基准利率四倍的标准支付利息、综合费用、违约金。根据金典公司所提供的利息及综合费用等一览表,金典公司所主张的利息、综合费及违约金4428,414.8元是自2011年12月28日计算至2014年12月1日的,但该金额尚未扣减被2011年11月28日之后已偿付的部分款项。对于金典公司未扣减的已还款部分款项的诉请主张,不予支持,该部分诉请金额所涉诉讼费应由金典公司承担。根据双方庭审中确认的还款金额、还款日期计算,截至最后一次还款日即2014年6月23日,债务人辉华公司、昌华公司尚欠金典公司借款本金560万元以及利息、综合费、违约金1359,181.81元,此后的利息、综合费用、违约金应继续按银行贷款基准利率四倍的标准计算,同时鉴于金典公司此前就560万元本金部分已向原审法院申请强制执行,因此2014年6月23日之后的利息、综合费用、违约金应以560万元未获清偿部分作为计算基数。公证费10,000元的3393元应由辉华公司承担,昌华公司对此承担连带责任,其余6607元应由昌华公司承担;律师费66,141.78元应由辉华公司承担,昌华公司对此承担连带责任。王锦华、蔡梅凤作为保证人未履行担保义务,理应按照《还款协议书》约定的保证责任范围承担连带清偿责任,该协议书所约定的保证责任承担范围中并未包括违约金、律师费、公证费,金典公司要求王锦华、蔡梅凤承担违约金、律师费、公证费,并无依据,不予支持,王锦华、蔡梅凤作为保证人应对辉华公司、昌华公司依据合同约定标准(不超过同期同类银行贷款基准利率四倍为限)所应支付的利息、综合费用承担保证责任。截至2014年6月23日,王锦华、蔡梅凤应对辉华公司、昌华公司尚欠金典公司的借款本金560万元以及利息、综合费1312,292.16元承担连带保证责任,此后应继续对以560万元未获清偿部分作为计算基数按此标准计算的利息、综合费用承担连带保证责任。判决如下:一、昌华公司、辉华公司于判决书发生法律效力之日起十日内一次性偿付金典公司截至2014年6月23日的利息、综合费用、违约金合计1359,181.81元以及此后以借款本金560万元未获清偿部分作为基数计算的利息、综合费用、违约金(利息、综合费用、违约金之和按照中国人民银行同期同档贷款基准利率四倍的标准计算)。二、王锦华、蔡梅凤对昌华公司、辉华公司上述第一项付款义务中的利息、综合费用承担连带保证责任:截至2014年6月23日的利息、综合费用1312,292.16元以及此后以借款本金560万元未获清偿部分作为基数、按照合同约定标准计算的利息、综合费用(利息、综合费用之和以不超过中国人民银行同期同档贷款基准利率的四倍为限)(其中两份《抵押典当合同》约定的综合费率为每月2.5%,其余三份《房地产抵押借款合同》约定的月利率和月综合费率合计为2%)。三、王锦华、蔡梅凤在承担保证责任后,有权向昌华公司、辉华公司进行追偿。四、辉华公司于判决书发生法律效力之日起十日内一次性偿付金典公司公证费 3393 元、律师费 66, 141. 78 元,昌华公司对此承担连带保证责任,在承担保证责任后,有权向辉华公司追偿。五、昌华公司于判决书发生法律效力之日起十日内一次性偿付金典公司公证费 6607 元。六、驳回金典公司的其余诉讼请求。案件受理费 42, 868 元,由金典公司负担 23, 531. 83 元,由辉华公司、昌华公司负担 19, 336. 17 元。

二审中,当事人没有提交新证据。

本案二审争议焦点为:1. 金典公司按照中国人民银行同期同档贷款基准利率四倍主张综合费用、利息是否合法有据? 2. 金典公司向辉华公司、昌华公司主张公证费、律师费是否合法有据?

本院认为,金典公司按照中国人民银行同期同档贷款基准利率四倍主张综合费用、利息合法有据。理由如下:1. 两份《抵押典当合同》以及三份《房地产抵押借款合同》系各方签订案涉《还款协议书》的基础,《还款协议书》中并未对《抵押典当合同》和《房地产抵押借款合同》中的条款进行变更,故两份合同中的权利义务仍然制约金典公司与昌华公司、辉华公司、王锦华、蔡梅凤;2. 从《还款协议书》内容来看,该协议系对两份《抵押典当合同》以及《房地产抵押借款合同》到期后结账,既约定了债务人给付欠款期间的利息、综合费用的付款义务,又约定了相应的给付期间,同时为了促进债务人按约履行该份协议的还款义务,在该协议书中还另行约定逾期还款的违约金及违约金,但债务人昌华公司、辉华公司和保证人王锦华、蔡梅凤均未按约履行协议书,债权人金典公司有权依照《抵押典当合同》和《房地产抵押借款合同》约定向债务人主张综合费用及利息。因金典公司主张系借款期限届满后的利息及综合费用,且上述两份合同约定的综合费用和利息合计计算标准已超过中国人民银行同期同档贷款基准利率四倍,故金典公司按照中国人民银行同期同档贷款基准利率四倍主张综合费用、利息合法有据。至于上诉人提出的两份《抵押典当合同》中抵押物汽车未实际交付,综合费用未实际发生之主张,依照《典当管理办法》第三十八条的规定,典当综合费用包括各种服务及管理费用,合同中也并未明确综合费用指抵押物的保管费。案涉两份《抵押典当合同》除了抵押车辆未交付给金典公司外,其他手续均已完成,况且所涉抵押汽车系重型罐式货车和半挂车等均系运营车辆,车辆不交付给金典公司,对于债务人更经济、更有利,现上诉人以车辆未交付拒付综合费用显然不合理。

辉华公司、昌华公司应当向金典公司支付公证费、律师费。虽然《还款协议书》未对公证费、律师费作出约定,但《抵押典当合同》第十一条和第十三条约定公证费及律师费均由辉华公司承担,由昌华公司对此承担保证责任;《房地产抵押借款合同》第十一条约定公证费由昌华公司承担，故金典公司向辉华公司、昌华公司主张公证费及律师费合法有据。

综上所述，上诉人辉华公司、昌华公司、王锦华、蔡梅凤的上诉理由不能成立，应予驳回；一审判决认定事实清楚，适用法律正确，应予维持。依照《中华人民共和国民事诉讼法》第一百七十条第一款第一项之规定，判决如下：

驳回上诉，维持原判决。

二审案件受理费17,295元，由上诉人南通辉华化工有限公司、南通昌华化学品制造有限公司辉华公司、王锦华、蔡梅凤负担。

本判决为终审判决。

审 判 长 刘 琰
审 判 员 陈 卓
代理审判员 蒋江华
二〇一六年九月五日
书 记 员 倪佩佳

【案例三十六】浙江电联典当有限责任公司诉吴勇森典当合同纠纷案（2014年11月3日）

【法律点】典当行经营动产抵押业务虽违反《典当管理办法》关于典当行经营业务范围的规定，但因《典当管理办法》在效力层级上为部门规章，根据《最高人民法院关于适用〈中华人民共和国合同法〉若干问题的解释（一）》第四条的规定，不应据此认定动产抵押典当合同无效。

【关键词】动产抵押　抵押登记　部门规章　善意第三人　保证　破产清算

浙江省杭州市中级人民法院
民事判决书

（2014）浙杭商终字第1650号

上诉人（原审被告）：吴勇森。

委托代理人（特别授权代理）：李欣，浙江新安江律师事务所律师。

被上诉人（原审原告）：浙江电联典当有限责任公司。

法定代表人：宋晓刚。

委托代理人（特别授权代理）：聂玉红，浙江春秋联合律师事务所律师。

上诉人吴勇森为与被上诉人浙江电联典当有限责任公司（以下简称电联典当公司）典当合同纠纷一案，不服浙江省建德市人民法院（2013）杭建商初字第1388号民事判决，向本院提起上诉。本院于2014年8月4日受理后，依法组成合议庭进行审理。本案现已审理终结。

原审法院经审理查明：2012年11月，电联典当公司与建德市时代印刷有限公司（以下简称时代印刷公司）签订物资典当合同一份，约定时代印刷公司将其所有的马天尼胶装生产线一台、对开双面单色平板印刷机两台作为当物抵押给电联典当公司，电联典当公司向时代印刷公司提供当金 40 万元,当期为 2012 年 11 月 26 日至 2012 年 12 月 5 日,电联典当公司收取当期内的综合服务费率为每日万分之十二;时代印刷公司如遇特殊情况到期不能回赎的,应在期限届满后五天内向电联典当公司提出延期回赎或续当申请,经电联典当公司同意并付清各项费用后可办理续当,续当后合同期顺延至续当期届满。合同签订后,电联典当公司于 2012 年 11 月 26 日交付时代印刷公司当金 40 万元。当期届满后,经电联典当公司同意,分八次将当期延至 2013 年 7 月 31 日。2012 年 11 月 26 日,吴勇森向电联典当公司出具保证函一份,承诺为时代印刷公司在典当合同项下负担的债务提供连带责任保证,保证范围为典当本金、综合服务费、典当利息等,保证期间为两年,自合同约定的典当期届满开始计算,如有续当,则以该续当期限届满之日起算。在电联典当公司与时代印刷公司签订典当合同前,本案所涉当物即分别抵押给浙江电联担保有限公司(以下简称电联担保公司)和杭州高科技担保有限公司(以下简称高科技担保公司)。本案所涉典当合同签订后,电联典当公司与时代印刷公司就当物未办理抵押登记手续。原审法院受理时代印刷公司破产清算一案后,电联典当公司将本案所涉债权作为普通债权向管理人进行了申报,并经管理人审核确认。

原审法院认为:电联典当公司与时代印刷公司签订的物资典当合同系双方真实意思表示,内容未违反法律、法规强制性规定,应当确认合法有效。时代印刷公司未按约定还款,构成违约。吴勇森向电联典当公司出具的保证函亦系其真实意思表示,也应确认合法有效。时代印刷公司未按约还款时,吴勇森未代为履行还款义务,也构成违约。时代印刷公司已破产清算,管理人对电联典当公司享有的普通债权已作出确认,但尚未分配。因此,债权人在破产程序中可能得到的破产财产分配额,无须预先在保证人应当承担的保证责任中扣减。但在执行过程中,为避免债权人超额受偿,电联典当公司应当向法院说明已获得的破产财产分配金额。吴勇森当庭陈述出具保证函时对时代印刷公司向电联典当公司负担的债务金额为本金 40 万元是明知的,且其对时代印刷公司以机器设备抵押的事实并不知情,因此,吴勇森出具保证函时对其可能承担的保证责任范围为 40 万元及相应费用是有预期的,因此,吴勇森提出其只在当物变现款不足以归还电联典当公司欠款的部分承担责任的抗辩,没有事实依据,不予采信;吴勇森出具的保证函载明:“如出典人和承典人协商续当的,则以该续当期限届满之日起算。”因此,吴勇森对本案所涉当金可能出现续当情况在其出具保证函时,也是有合理预期的,故吴勇森以对续当事宜不知情,不应承担还款责任的抗辩,也无事实依据,不予支持。据此,依照《中华人民共和国担保法》第十八条之规定,该院于 2014 年

7月11日作出如下判决:吴勇森于判决生效后十日内归还电联典当公司当金40万元,并支付至2013年11月7日的综合服务费47,520元(自2013年11月8日至判决确定给付之日止的综合服务费按月利率2%另行计算)。当事人如果未按判决指定的期间履行给付金钱义务,应当依照《中华人民共和国民事诉讼法》第二百五十三条之规定,加倍支付迟延履行期间的债务利息。案件受理费减半收取4119元,财产保全申请费2920元,合计7039元,由吴勇森负担。

宣判后,上诉人吴勇森不服原审法院上述民事判决,向本院提起上诉称:1. 原审判决认定事实错误。虽然电联典当公司、时代印刷公司之间于2012年11月26日签订典当合同,电联典当公司开具了当票,时代印刷公司也向电联典当公司支付了当金,但合同项下的当物并未移交给电联典当公司,仍由时代印刷公司占有使用。电联典当公司并不以设备使用、收益为目的,只在于担保放出去的款项及时回笼。因此,双方的行为不符合典当关于动产质押的法律规定,案涉合同的性质应认定为抵押借款合同,原审判决认定该合同为典当合同显属错误。2. 原审判决适用法律错误。根据《中华人民共和国物权法》第一百七十六条的规定,如典当行与当户未就实现物的担保和保证担保的顺序作出约定,而当物是由当户自己提供时,典当行应当优先实现物的担保,保证人应在物的担保之外承担补充清偿责任。本案中,时代印刷公司以自己所有的机器设备为抵押物向电联典当公司借款40万元,电联典当公司应先行使担保物权的受偿债权,而后在不能完全受偿的余额范围内再向保证人主张。原审判决仍然适用《中华人民共和国担保法》第十八条的规定作出判决,显属适用法律错误。鉴于电联典当公司先前起诉时代印刷公司,而后又放弃对时代印刷公司主张相关权利,则应免除吴勇森的保证责任。3. 电联典当公司对合同的履行负有重大过错,其将过错导致的风险和不利后果转嫁给吴勇森,并让吴勇森承担责任有违公平原则。(1)即使案涉合同被认定为典当合同,电联典当公司对本案纠纷的引起负有明显过错。电联典当公司经营动产抵押业务,而该业务系国家明令禁止典当行经营的业务项目,电联典当公司主观上存有过错。(2)双方签订的合同实为抵押借款合同,本案纠纷属于企业间借款纠纷。电联典当公司从事法律禁止的放贷业务,主观上存在明显过错,案涉合同应属无效合同。(3)电联典当公司与时代印刷公司有恶意串通、骗取吴勇森担保之行为。案涉合同前言部分及第一条均约定时代印刷公司以自己所有的机器设备抵押典当给电联典当公司,吴勇森基于该前提在电联典当公司提供的保证书上签字。但合同项下的抵押登记根本无法成就,电联典当公司、时代印刷公司明知该情况却未告知吴勇森,导致吴勇森做出与客观事实不符的错误意思表示,电联典当公司主观上存在重大过错。

4. 电联典当公司收取综合服务费显属不当。案涉合同名为典当合同、实为抵押借款合同,电联典当公司不应按《典当管理办法》的规定收取综合服务费。鉴于企业间的借款合同应属无效的规定,电联典当公司已收取的综合服务费应充抵借款本金,并由时代印刷公司偿还剩余借款。综上,请求二审法院撤销原审判决,发回重审或依法改判,判决驳回电联典当公司的原审诉讼请求,并判令本案一、二审诉讼费用均由电联典当公司负担。

被上诉人电联典当公司答辩称:1. 原审判决认定事实正确。根据《典当管理办法》第四十一条的规定,典当行在经营不动产抵押典当业务或动产质押典当业务时,均不可能以使用不动产或动产来获取收益为目的。本案中,虽然电联典当公司未实际接管时代印刷公司提供质押的机器设备,但双方签订了物资典当合同,已经确立典当关系,电联典当公司向时代印刷公司发放了当金并出具了当票,原审法院认定案涉物资典当合同合法有效完全正确。同时,电联典当公司根据《典当管理办法》的规定收取综合服务费,并不违反法律、法规的规定。2. 原审判决不存在适用法律错误的情形。本案中,因电联典当公司与时代印刷公司签订物资典当合同时,合同所涉当物即分别抵押给案外第三人,电联典当公司未能接管当物也未依法办理登记手续,故质押未设立,电联典当公司无法对当物处置款项优先受偿。电联典当公司并没有放弃向时代印刷公司主张权利,吴勇森依法不能免除本案的保证责任。事实上,因时代印刷公司被法院裁定进行破产清算,电联典当公司才撤回对时代印刷公司的起诉,选择向破产管理人进行债权申报,并已由管理人对债权作出审核确认。原审判决适用《中华人民共和国担保法》第十八条的规定作出判决,并未加重吴勇森的保证责任,不存在适用法律错误。3. 原审判决结论客观公正,未违反公平原则。(1)电联典当公司与时代印刷有限公司之间确立的典当关系受法律保护,且电联典当公司已承担未接管动产质押当物导致质押不设立的风险后果。(2)吴勇森与时代印刷公司的法定代表人吴爱仙之间是兄妹关系,其应吴爱仙的要求向电联典当公司出具保证函。吴勇森在一审庭审中确认其出具保证函时并不知道案涉借款40万元是否有当物质押的事实,后其直到收到本案诉讼材料时才知道该节事实。因此,电联典当公司并不存在与时代印刷公司恶意串通、欺骗吴勇森提供担保之行为。综上,请求二审法院依法驳回吴勇森的上诉请求,维持原审判决。

二审期间,吴勇森向本院提交以下证据:1. 杭州市上城区人民法院(2014)杭上商初字第20号民事判决书、抵押物概况复印件各一份,欲证明杭州市上城区人民法院认定案涉物资典当合同项下的当物已被时代印刷公司抵押给了高科技担保公司,无法再为物资典当合同办理抵押登记;2. 流动资金保证借款合同、动产抵押登记书、机器设备清单复印件各一份,欲证明案涉物资典当合同项下的当物已被电联担保公司设定了抵押权,该公司与电联典当公司的法定代表人均为宋晓刚,电联典当公司对当物无法再办理抵押登记的事项早已知晓;3. 公司基本情况两份,欲证明电联典当公司、电联担保公司的法定代表人均为宋晓刚,且案涉业务超过了电联典当公司的经营范围。

经质证,电联典当公司对证据1无异议,但认为其签订物资典当合同时并不知道设备已被抵押的事实;对证据2的真实性无异议,但认为与本案无关;对证据3的真实性无异议,但认为与本案无关,且其可以经营动产质押业务,并未超过经营范围。

本院经审查认为,证据1,电联典当公司对真实性无异议,本院予以确认;证据2、证据3,电联典当公司对真实性均无异议,本院予以确认,对其证明内容将综合案情予以认定。

电联典当公司未向本院提交新的证据。

本院二审查明的事实与原审法院查明的事实一致。

本院认为:从电联典当公司与时代印刷公司之间所签订的物资典当合同内容来看,时代印刷公司将其所有的机器设备作为当物抵押给电联典当公司,该批机器设备继续存放于时代印刷公司厂房内,即时代印刷公司并不转移该机器设备的占有。结合电联典当公司起诉时所依据的事实与理由,亦可印证该节事实。虽然电联典当公司经营动产抵押业务,违反了《典当管理办法》关于典当行经营业务范围的规定,但《典当管理办法》在效力层级上为部门规章,根据《最高人民法院关于适用〈中华人民共和国合同法〉若干问题的解释(一)》第四条的规定,不应据此认定案涉物资典当合同无效。因此,吴勇森关于案涉物资典当合同实为抵押借款合同且属无效合同的意见,缺乏相应法律依据,本院不予采信。案涉物资典当合同签订后,因当物未办理抵押登记手续,无法对抗善意第三人,故吴勇森关于电联典当公司放弃向时代印刷公司主张行使担保物权、应免除吴勇森的保证责任的意见,事实与法律依据不足,本院不予采信。此外,吴勇森所提交的现有证据亦不足以证明电联典当公司早已知晓当物无法再办理抵押登记的事实。况且,吴勇森在一审庭审中陈述其出具保证函时知道时代印刷公司向电联典当公司所欠债务金额40万元的事实,但对时代印刷公司以机器设备作为当物抵押的事实并不知情。因此,吴勇森关于电联典当公司隐瞒当物无法办理抵押登记的情况、骗取其担保的意见,与本院查明的事实不符,本院不予采信。综上,吴勇森的上诉理由依据不足,本院对其上诉请求不予支持。原审判决认定事实清楚,适用法律正确。依照《中华人民共和国民事诉讼法》第一百七十条第一款第一项之规定,判决如下:

驳回上诉,维持原判。

二审案件受理费8013元,由上诉人吴勇森负担。吴勇森于本判决生效之日起十五内来本院退费。

本判决为终审判决。

审　判　长　程雪原

代理审判员　夏文杰

代理审判员　朱晓阳

二〇一四年十一月三日

书　记　员　沈冰洁

【案例三十七】昌黎建业典当有限公司诉秦皇岛益民食品有限公司典当纠纷案（2014年5月14日）

【法律点】典当业务属于国家特许经营行业，依法成立的典当行应在经营范围内从事经营活动。典当行从事动产抵押业务，签订动产抵押贷款合同属于超出经营范围订立的合同，违反了金融法规的规定，影响了金融管理秩序，该典当合同属无效合同。

【关键词】动产抵押登记　经营范围　特许经营　无效合同

河北省秦皇岛市中级人民法院
民事判决书

（2014）秦民终字第152号

上诉人（原审原告）：昌黎建业典当有限公司。住所地，昌黎县。

法定代表人：林永国，执行董事。

委托代理人：邵进峰，河北滦天律师事务所律师。

被上诉人（原审被告）：秦皇岛益民食品有限公司。住所地，昌黎县。

法定代表人：常永兴，经理。

上诉人昌黎建业典当有限公司（以下简称典当公司）为与被上诉人秦皇岛益民食品有限公司（以下简称益民食品公司）典当纠纷一案，不服河北省秦皇岛市北戴河区人民法院（2013）北新民初字第136号民事判决，向本院提起上诉。本院受理后依法组成合议庭审理了本案，现已审理终结。

原审法院审理查明：2010年9月8日，典当公司与益民食品公司签订《（贷款）抵押合同》，主要内容为：双方根据《中华人民共和国合同法》《中华人民共和国担保法》《典当管理办法》等规定，订立本合同。1. 抵押典当物：见昌黎建业典当有限公司抵押物清单。2. 抵押期限：抵押期限为一个月，自2010年9月8日至2010年10月7日。

典当期限以当票规定的期限为准。3. 典当金额及支付方式：经甲乙双方对抵押典当的抵押物予以认可后，乙方向甲方支付典当金共计400,000元。4. 典当利息及费用：典当的月典当综合费率为32.05‰，综合费用共计12,820元；月利率为40.5‰，利息共计1620元。其中综合费用于典当金发放时预扣，乙方向甲方实际支付387,180元。5. 当物赎回、续当及绝当的处理：典当期满当日，甲方应保证全额偿还乙方典当本金及利息共计401,620元，以赎回当物。如不赎回在结清上期利息后，经甲方申请，乙方同意可续当一次。典当期满五日后，甲方既不赎当也不续当的，上述当物为绝当。甲方如于典当期限或者续当期限届满至绝当前赎回当物的，除须偿还当金本息外，还应当根据本合同的息费标准和逾期时间补交当金利息和相关费用。抵押物为甜玉米脱粒机三台（三种型号各一台）、风选机一台、速冻设备及生产线一套、8ASJ17氨压缩机一台、315KVA变压器一台。合同订立当日，典当公司、益民食品公司在昌黎县工商行政管理局对抵押物进行了抵押登记，典当公司依照约定向益民食品公司支付了典当金。益民食品公司支付利息至2012年9月12日。

原审法院认为：典当公司与益民食品公司签订的（贷款）抵押合同，符合典当合同特征，目前我国法律、行政法规对典当没有作出专门规定，其具体规则主要依据商务部、公安部2005年发布的《典当管理办法》。该办法第二十六条规定："典当行不得经营下列业务：（二）动产抵押业务……"典当公司营业执照批准的经营范围不包括动产抵押业务，典当公司与益民食品公司签订的上述典当合同属于超出经营范围订立的合同，而典当业务属于国家特许经营行业，故典当公司与益民食品公司所签订的上述典当合同属无效合同，益民食品公司应将典当金返还给典当公司。因综合费用于典当金发放时预扣，典当公司向益民食品公司实际支付387,180元。故益民食品公司须返还典当公司典当本金387,180元。依据《最高人民法院关于适用〈中华人民共和国合同法〉若干问题的解释（一）》第十条，《中华人民共和国合同法》第五十六条、第五十八条、第二百条，《中华人民共和国民事诉讼法》第一百四十四条的规定，判决：一、益民食品公司于判决生效后十日内返还典当公司典当本金387,180元；二、驳回典当公司的其他诉讼请求。如果未按判决指定的期间履行给付金钱义务，应当依照《中华人民共和国民事诉讼法》第二百五十三条之规定，加倍支付迟延履行期间的债务利息。案件受理费7300元，由益民食品公司负担。

上诉人典当公司不服原审法院上述民事判决，向本院提起上诉称：1. 当事人双方签订的合同属有效合同，一审认定合同无效有误。《典当管理办法》属于部门规章，不是法律或行政法规，认定合同无效应依据法律或行政法规。2. 双方所签合同虽名为典当合同,实为资金的有偿使用,与民间高利相当,双方的合同在法律关系上应贴近民间借贷。该合同并未开具当票,而当票是典当业的基本标志。请求二审法院撤销一审判决,依法改判。

二审期间,双方当事人均未提交新证据。本院审理查明的事实与原审法院查明的事实一致。

本院认为:典当是指当户将其动产、财产权利作为当物质押或者将其房地产作为当物抵押给典当行,交付一定比例费用,取得当金,并在约定期限内支付当金利息、偿还当金、赎回当物的行为。典当业务属于国家特许经营行业,其应在经营范围内从事经营活动。上诉人典当公司营业执照批准的经营范围不包括动产抵押业务,上诉人签订的上述动产抵押贷款合同属于超出经营范围订立的合同,违反了我国金融法规的规定,影响了金融管理秩序,该合同属无效合同。且本案中双方当事人均为企业,企业之间的借贷合同违反有关金融法规,亦属无效合同。综上,原审判决认定事实清楚,适用法律正确,上诉人的上诉请求不能成立。依照《中华人民共和国民事诉讼法》第一百七十条第一款第一项之规定,判决如下:

驳回上诉,维持原判。

二审案件受理费7300元,由上诉人昌黎建业典当有限公司负担。

本判决为终审判决。

审 判 长 王 巍
审 判 员 刘 京
审 判 员 刘兴亮
二〇一四年五月十四日
书 记 员 李禹林

8. 典当行对外借贷

【问题提示】(1)典当行向商业银行以外的单位和个人借款的行为效力如何认定?

【案例三十八】曹立新诉上海燎申典当有限公司民间借贷纠纷案(2013年10月16日)

【法律点】《典当管理办法》中有关典当行不得从商业银行以外的单位和个人借款的规定,并非法律、行政法规的强制性规定,且该规定规范的是典当行的经营行为,属于管理性的规定,而非效力性的规定,违反该条并不足以导致借款合同无效。只要借款合同不存在法定的无效情形,则合同合法有效,对当事人具有法律约束力。

【关键词】法定代表人　合同相对人　部门规章　效力性规定　管理性规定　以房抵债

上海市第一中级人民法院

民事判决书

(2013)沪一中民四(商)终字第1281号

上诉人(原审被告):上海燎申典当有限公司。

委托代理人:吴刚,上海合勤律师事务所律师。

被上诉人(原审原告):曹立新。

委托代理人:张立,上海市浦栋律师事务所律师。

委托代理人:唐勇强,上海市浦栋律师事务所律师。

上诉人上海燎申典当有限公司(以下简称燎申典当公司)及被上诉人曹立新因民间借贷纠纷一案,不服上海市闵行区人民法院(2013)闵民二(商)初字第779号民事判决,向本院提起上诉。本院于2013年7月18日受理后,依法组成合议庭,于2013年7月30日公开开庭对本案进行了审理。上诉人燎申典当公司的委托代理人吴刚,被上诉人曹立新的委托代理人唐勇强、张立均到庭参加诉讼。本案现已审理终结。

原审法院查明:2010年7月28日,曹立新与时任燎申典当公司法定代表人的周某签订了《借款协议书》一份,《借款协议书》约定,借款人为燎申典当公司(甲方),出借人为曹立新(乙方),燎申典当公司向曹立新借款人民币(以下币种同)200万元,借款期限为两个月,自2010年7月28日起至2010年9月27日止。两个月利息为6万元,7月28日及8月28日每月支付3万元。如逾期还款,则燎申典当公司每天按借款额的0.2%支付违约金。借款合同签订后,曹立新将200万元借款本金交付给了燎申典当公司。2010年10月28日,曹立新与周某续签了《借款协议书》,借款期限自2010年10月28日起至2010年12月27日止,其余内容与2010年7月28日的《借款协议书》一致。曹立新在周某持有的2010年7月28日的《借款协议书》左下角写明“本借款协议已结清”。2011年4月28日,曹立新与周某再次续签了《借款协议书》,借款期限自2011年4月28日起至2011年6月27日止,其余内容与2010年10月28日的《借款协议书》一致。2011年5月3日,燎申典当公司向曹立新出具金额为100万元的上海农村商业银行本票一张,用于偿还借款本金。曹立新于同日在周某持有的2010年10月28日的《借款协议书》左下角注明“本协议已结清”。上述三份《借款协议书》甲方处均有周某签字,并盖有燎申典当公司公章。另查,自2010年7月起,周某按《借款协议书》约定,按月向曹立新支付借款利息,利息支付至2013年1月27日。

原审法院认为:本案争议焦点有三点:一是燎申典当公司是否是《借款协议书》的相对人;二是《借款协议》是否有效;三是剩余100万元借款本金是否已经清偿。

对于争议焦点一,曹立新认为,《借款协议书》盖有燎申典当公司公章,并有时任燎申典当公司法定代表人的周某签字,燎申典当公司理应为合同相对人。燎申典当公司则认为,借款系周某个人行为,燎申典当公司公章系周某私盖,燎申典当公司对此并不知情,燎申典当公司不是合同相对人。根据《中华人民共和国合同法》第五十条的规定,法人或者其他组织的法定代表人、负责人超越权限订立的合同,除相对人知道或者应当知道其超越权限的以外,该代表行为有效。即使燎申典当公司未授权周某与曹立新签订借款合同,但周某在与曹立新签订《借款协议书》时系燎申典当公司的法定代表人,且《借款协议书》盖有燎申典当公司的公章,而燎申典当公司未能证明曹立新知道或者应当知道周某的行为系越权行为,故周某代表燎申典当公司与曹立新签订《借款协议书》、返还部分借款本金及支付借款利息的行为有效,燎申典当公司系《借款协议书》的相对人,应承担相应的合同责任。

对于争议焦点二,曹立新认为,《中华人民共和国合同法》第五十二条第五项规定的合同无效的情形是"违反法律、行政法规的强制性规定",而《典当管理办法》系部门规章,不能作为认定合同无效的依据,且曹立新未与燎申典当公司恶意串通。燎申典当公司则认为,《典当管理办法》第二十八条规定,典当行不得从商业银行以外的单位和个人借款。由于《借款协议书》违反了该条规定,应属无效。且曹立新明知上述规定的情况下仍与周某签订借款合同,属恶意串通,损害燎申典当公司利益,也属于合同无效的情形之一。《典当管理办法》第二十八条第一项的规定并非法律、行政法规的强制性规定,且该规定规范的是典当行的经营行为,属于管理性的规定,而非效力性的规定,违反该条并不足以导致合同无效。至于燎申典当公司所称曹立新与周某恶意串通,燎申典当公司无相应证据,故不予采纳。

对于争议焦点三,曹立新认为,燎申典当公司尚欠100万元借款本金未归还,且曹立新未与燎申典当公司达成以房屋抵偿借款的协议。燎申典当公司则主张,周某已用其所有的一套商品房抵偿了借款本金70万元,剩余借款本金30万元也已还清。燎申典当公司的主张缺乏相应证据证明且与诸多证据相矛盾,难以采信,理由如下:首先,燎申典当公司所称周某以其所有的一套商品房抵偿了70万元借款本金的事实无相应证据证明,难以采信。其次,燎申典当公司称曹立新在2010年7月28日的《借款协议书》上写的"本借款协议已结清"证明相应借款已清偿了。但是2010年10月28日的《借款协议书》上曹立新亦写了"本协议已结清",再结合双方多次签订内容相同的《借款协议书》且双方只发生了200万元借款的事实来看,该"协议已结清"的意思应理解为双方续签《借款协议书》后,即在前一份《借款协议书》上写明"协议已结清",以示前一份《借款协议书》已由后一份所代替。再次,按周某所称,其直至2013年1月仍每月向曹立新偿还15,000元借款本金,若曹立新于2011年5月3日就在2010年10月28日的《借款协议书》上确认借款已还清,显然与常理不符。最后,周某称按月支付给曹立新的款项系偿还剩余的30万元本金,但周某所称以房屋抵偿70万元的事实因无证据支持,不予采纳。而周某按月支付款项的时间、金额均与双方《借款协议书》约定的借款利息相符,因此,该款项应系周某向曹立新支付的利息。综上,燎申典当公司所称剩余100万元借款本金已清偿的主张,不予采信。

综上所述,曹立新与燎申典当公司间的《借款协议书》合法有效,曹立新向燎申典当公司出借了200万元借款,燎申典当公司仅返还了借款本金100万元,现借款期限已于2011年6月27日届满,剩余借款本金100万元燎申典当公司理应返还。曹立新要求燎申典当公司返还借款本金100万元的诉讼请求于法有据,予以支持。对于曹立新要求燎申典当公司偿付自2013年1月28日起至判决生效之日止的利息及违约金的诉讼请求,燎申典当公司虽未返还借款本金,但按约支付利息至2013年1月27日,曹立新从2013年1月28日起主张利息及逾期还款违约金,于法有据。再根据2011年4月28日的《借款协议书》对借款利息及逾期还款违约金的约定,约定的利息加违约金已超过了中国人民银行同期贷款基准利率的四倍,现曹立新仅要求以中国人民银行同期贷款基准利率的四倍计算,符合合同约定,且于法不悖。曹立新该诉讼请求,予以支持。

原审法院遂判决:一、燎申典当公司于判决生效之日起十日内向曹立新返还借款本金100万元;二、燎申典当公司于判决生效之日起十日内向曹立新支付以100万元为本金,自2013年1月28日起至判决生效之日止,按中国人民银行同期贷款基准利率的四倍计算的利息及违约金。负有金钱给付义务的当事人如果未按判决指定的期间履行给付金钱义务,应当依照《中华人民共和国民事诉讼法》第二百五十三条之规定,加倍支付迟延履行期间的债务利息。案件受理费减半收取计7107元,财产保全费5000元,由燎申典当公司负担。

原审法院判决后,燎申典当公司上诉称,其与曹立新不存在借贷关系,曹立新系与周某形成了借贷关系。而且,周某与曹立新达成了"以房抵债"的协议。因此,燎申典当公司不应承担借款的清偿责任,请求撤销原判,发回重审或改判驳回曹立新的一审全部诉请。

曹立新答辩称,周某代表燎申典当公司与其签订了借款协议,曹立新和燎申典当公司间的借贷关系真实、有效。燎申典当公司所称的"以房抵债"的事实并不成立。故曹立新不同意燎申典当公司的上诉请求,要求维持原判。

经审理查明,原判认定事实正确,本院予以确认。

本院认为,曹立新和燎申典当公司签订的《借款协议书》上既有时任燎申典当公司法定代表人周某的签字,也加盖有燎申典当公司的公章,且协议书上的内容也不具备《中华人民共和国合同法》规定的无效情形,故上述《借款协议书》合法、有效,对各方当事人均具有法律约束力。燎申典当公司上诉认为其与曹立新不存在借贷关系的抗辩缺乏事实和法律依据,本院不予采纳。本案中,燎申典当公司抗辩称,周某已通过"以房抵债"的方式向曹立新清偿了借款,故燎申典当公司不应再承担偿还责任。然而,燎申典当公司的该辩称既未得到曹立新的认可,也缺乏足够的事实依据证明其上述主张。因此,燎申典当公司认为其所欠曹立新的借款已通过“以房抵债”的方式予以清偿的抗辩本院不予采信。

综上所述,本院认为,曹立新和燎申典当公司签订的《借款协议书》内容合法有效。燎申典当公司理应偿付所欠曹立新的100万元本金及相应利息。原判认定事实、适用法律并无不当,应予维持。燎申典当公司的上诉请求缺乏事实和法律依据,本院不予支持。据此,依照《中华人民共和国民事诉讼法》第一百七十条第一款第一项之规定,判决如下:

驳回上诉,维持原判。

本案二审案件受理费人民币14,214元,由上诉人燎申典当公司负担。

本判决为终审判决。

审　判　长　严耿斌
代理审判员　季伟伟
代理审判员　刘　雯
二〇一三年十月十六日
书　记　员　陈天豪

【案例三十九】苏埃如诉鄂尔多斯市聚财典当有限责任公司达南分公司、鄂尔多斯市福海担保有限责任公司民间借贷纠纷案（2015年10月29日）

【法律点】依法成立的典当公司向他人借款引起的纠纷，按民间借贷纠纷受理，适用《中华人民共和国合同法》《最高人民法院关于审理民间借贷案件适用法律若干问题的规定》等法律和司法解释审查合同效力和责任。

【关键词】典当公司　民间借贷　借款本息　旧账转新贷　连带责任

内蒙古自治区高级人民法院
民事判决书

（2015）内民一初字第00002号

原告：苏埃如，现住陕西省××县。

委托代理人：熊宗鹏，北京大成律师事务所律师。

委托代理人：道日纳，北京大成律师事务所律师。

被告：鄂尔多斯市聚财典当有限责任公司达南分公司。住所地，内蒙古自治区××市××区。

负责人：孟克达来，总经理。

委托代理人：王丹，内蒙古鑫阳律师事务所律师。

被告：鄂尔多斯市福海担保有限责任公司。住所地，内蒙古自治区××市××区。

法定代表人：福海，董事长。

委托代理人：王丹，内蒙古鑫阳律师事务所律师。

原告苏埃如诉被告鄂尔多斯市聚财典当有限责任公司达南分公司(以下简称聚财公司)、鄂尔多斯市福海担保有限责任公司(以下简称福海公司)民间借贷纠纷一案,本院于2014年1月6日作出(2012)内民一初字第21号民事判决,苏埃如不服,向最高人民法院提起上诉。最高人民法院于2015年1月31日作出(2014)民一终字第114号民事裁定,撤销本院(2012)内民一初字第21号民事判决,将本案发回本院重审。本院依法另行组成合议庭,于2015年5月5日公开开庭审理了本案。原告苏埃如及其委托代理人熊宗鹏,被告聚财公司、福海公司的委托代理人王丹到庭参加诉讼。本案现已审理终结。

原告苏埃如诉称,自2010年11月起,被告聚财公司因企业资金紧张,向苏埃如借款,担保方为福海公司。截止到2011年10月14日,聚财公司向苏埃如借款12笔,票面金额共计2163.9万元。借款期满后,聚财公司仅偿还本金100万元,利息55万元,绝大多数款项尚未偿还。按借款协议约定,在聚财公司怠于履行还款义务的前提下,福海公司作为担保方应当承担连带责任。请求:1. 判令二被告支付欠款本金2163.9万元;2. 判令二被告支付利息到给付之日止(利息按中国人民银行同期贷款利率的四倍计算);3. 本案诉讼费由二被告负担。

聚财公司答辩称,聚财公司欠款本金数额为1243.2464万元。苏埃如主张欠款本金2163.9万元,其中利息转本金261.9万元,聚财公司2010年5月25日至2012年5月19日,分15笔已偿还借款本金658.7536万元,尚欠本金1243.2464万元,尚欠利息为253.8万元。苏埃如请求的借款本金中已经包含了利息,且借款凭证中部分利息是苏埃如私自添加的,同时利率高于相关法律规定,应按实际借款时间和相关法律核算相应利息,故不承担高于实际应承担金额的诉讼费。

福海公司答辩称,认可担保责任,其他答辩意见同聚财公司答辩意见一致。

原告苏埃如为支持其诉讼请求向本院提交了以下证据:

证据一:借款凭证(100912)、银行回单及借款协议,证明:1. 苏埃如于2009年11月8日向聚财公司支付出借款项50万元,2009年11月29日向聚财公司支付出借款项170万元,2010年11月21日向聚财公司支付出借款项7.5万元;2. 2010年11月21日,苏埃如与聚财公司签订借款协议,确认苏埃如向聚财公司出借本金230万元,双方之间该笔借款真实存在,苏埃如已履行完毕出借义务,聚财公司对于该笔欠款应依约偿还相关本金及利息;3. 该借款凭证是旧票转存所得。其中50万元、170万元及7.5万元是由旧票本金转存,其余2.5万元为转存的利息。苏埃如向聚财公司打款170万元及50万元。由于付款时间不一致,聚财公司负责人孟克达来承诺向苏埃如支付21天的利息2.5万元,苏埃如为了凑齐一个整数,又向对方打款7.5万元,时间为2010年11月21日。

证据二:借款凭证(101035)、银行回单及借款协议,证明:1. 苏埃如于2010年1月23日向聚财公司支付出借款项370万元;2. 2011年1月3日,苏埃如与聚财公司签订借款协议,确认苏埃如向聚财公司出借本金425.5万元,双方之间该笔借款真实存在,苏埃如已履行完毕出借义务,聚财公司对于该笔欠款应依约偿还相关本金及利息;3. 该借款凭证是旧票转存所得。其中370万元是由旧票(100213)本金转存,其余55.5万元是由票号100213的370万元的半年利息(2010年7月23日至2011年1月23日)。此笔借款是旧票转新票,包括370万元的未偿还部分及半年利息。

证据三:借款凭证(101267)、银行回单及借款协议,证明:1. 苏埃如于2011年1月25日向聚财公司支付出借款项30万元;2. 2011年3月28日,苏埃如与聚财公司签订借款协议,确认苏埃如向聚财公司出借本金30万元。双方之间该笔借款真实存在,苏埃如已履行完毕出借义务,聚财公司对于该笔欠款应依约偿还相关本金及利息。

证据四:借款凭证(101200)、银行回单及借款协议,证明:1. 苏埃如于2011年2月17日向聚财公司支付出借款项160万元;2. 2011年3月6日,苏埃如与聚财公司签订借款协议,确认苏埃如向聚财公司出借本金160万元。双方之间该笔借款真实存在,苏埃如已履行完毕出借义务,聚财公司对于该笔欠款应依约偿还相关本金及利息。

证据五:借款凭证(101199)、银行回单及借款协议,证明:1. 苏埃如于2010年2月20日向聚财公司支付出借款项150万元;2. 2011年3月6日,苏埃如与聚财公司签订借款协议,确认苏埃如向聚财公司出借本金195万元。双方之间该笔借款真实存在,苏埃如已履行完毕出借义务,聚财公司对于该笔欠款应依约偿还相关本金及利息。

证据六:借款凭证(101266)、银行回单及借款协议,证明:1. 苏埃如于2011年3月5日向聚财公司支付出借款项160万元;2. 2011年3月28日,苏埃如与聚财公司签订借款协议,确认苏埃如向聚财公司出借本金160万元。双方之间该笔借款真实存在,苏埃如已履行完毕出借义务,聚财公司对于该笔欠款应依约偿还相关本金及利息。

证据七:借款凭证(101359)、银行回单及借款协议,证明:1. 苏埃如于2011年5月3日向聚财公司支付出借款项180万元;2. 2011年5月9日,苏埃如与聚财公司签订借款协议,确认苏埃如向聚财公司出借本金180万元。双方之间该笔借款真实存在,苏埃如已履行完毕出借义务,聚财公司对于该笔欠款应依约偿还相关本金及利息。

证据八:借款凭证(101377)、银行回单及借款协议,证明:1. 苏埃如于2010年5月21日向聚财公司支付出借款项40万元。2. 2011年5月20日,苏埃如与聚财公司签订借款协议,确认苏埃如向聚财公司出借本金46万元。双方之间该笔借款真实存在,苏埃如已履行完毕出借义务,聚财公司对于该笔欠款应依约偿还相关本金及利息。3. 该借款凭证是由旧票转存所得。其中40万元是由旧票(100557)本金转存,其余6万元是票号100557的40万元的半年利息(2010年11月21日至2011年5月21日)。旧票换新票,原票号为100557,包括本金40万元及半年的利息6万元。

证据九:借款凭证(101378)、银行回单及借款协议,证明:1. 苏埃如于2010年5月27日向聚财公司支付出借款项60万元。2. 2011年5月20日,苏埃如与聚财公司签订借款协议,确认苏埃如向聚财公司出借本金69万元。双方之间该笔借款真实存在,苏埃如已履行完毕出借义务,聚财公司对于该笔欠款应依约偿还相关本金及利息。3. 该借款凭证是由旧票转存所得。其中60万元是由旧票(100556)本金转存,其余9万元是票号100556的60万元的半年利息(2010年11月27日至2011年5月27日)。旧票换新票,原票号为100556,包括本金60万元及半年的利息9万元。

证据十:苏埃如当庭放弃主张41.4万元。

证据十一:借款凭证(101515)、银行回单及借款协议,证明:1. 苏埃如于2011年6月25日向聚财公司支付出借款项132万元。2. 2011年7月16日,苏埃如与聚财公司签订借款协议,确认苏埃如向聚财公司出借本金132万元。双方之间该笔借款真实存在,苏埃如已履行完毕出借义务,聚财公司对于该笔欠款应依约偿还相关本金及利息。

证据十二:苏埃如当庭放弃主张76.59万元。

证据十三:借款凭证(101522)、银行回单及借款协议,证明:1. 苏埃如于2010年8月23日向聚财公司支付出借款项150万元。2. 2011年7月18日,苏埃如与聚财公司签订借款协议,确认苏埃如向聚财公司出借本金236.4万元。双方之间该笔借款真实存在,苏埃如已履行完毕出借义务,聚财公司对于该笔欠款应依约偿还相关本金及利息。3. 该借款凭证是由旧票转存所得。其中150万元是由旧票本金转存(票号100820的115万元,票号100819的35万元),其余86.4万元是其他票号转存的利息。旧票换新票。

证据十四:2012年5月5日聚财公司与苏埃如结算明细,证明:1. 2012年5月5日,聚财公司与苏埃如结算日前欠款,双方确认聚财公司欠苏埃如本金1981.89万元;2. 双方认可聚财公司已还款55万元。至此,聚财公司需向苏埃如偿还欠款本金1926.89万元。该份明细中,双方明确了聚财公司尚欠苏埃如的借款票号、时间、本金及截止到当日的相关利息。

证据十五:借款凭证(MK0000097)、银行回单、借款协议及借条,证明:1. 苏埃如于2011年10月14日向聚财公司支付出借款项300万元;2.2011年10月14日,苏埃如与聚财公司签订借款协议,确认苏埃如向聚财公司出借本金300万元;3. 双方认可聚财公司已还款100万元本金及2011年11月8日前的利息。双方之间该笔借款真实存在,苏埃如已履行完毕出借义务,聚财公司对于该笔欠款应依约偿还本金200万元及相应利息。

综上,聚财公司共欠苏埃如借款本金2008.9万元,聚财公司应依约偿还本金及相应利息。

被告聚财公司及福海公司质证意见如下:

对于证据一,其中170万元是旧票转存,其余部分是利息转存,利息由以下几部分组成:一是60万元利息,由票号100061金额170万元半年利息25.5万元,利率是2.5%,2010年5月29日至2010年11月29日;二是票号100557金额40万元半年利息6万元,利率是2.5%,2010年5月21日至2010年11月21日;三是票号100556金额60万元半年利息9万元,利率2.5%,2010年5月27日至2010年11月27日;四是票号100558金额80万元的半年的利息12万元,利率2.5%,2010年5月9日至2010年11月9日;五是票号100016金额50万元半年利息7.5万元,利率2.5%,2010年5月11日至2010年11月11日。对于借款凭证中利率30‰不予认可,是对方后添加的。打款凭证真实性无异议,但是,50万元打款凭证与本案无关,打款时间与借款时间明显不符。

对于证据二、证据三、证据四,真实性及证明内容没有异议。

对于证据五,真实性有异议,利率30‰是对方后添加的。其余45万元是150万元一年的利息,2010年2月20日至2011年2月20日。

对于证据六,真实性及证明内容无异议。

对于证据七,利率30‰是对方后添加的,是无息借款。

对于证据八、证据九、证据十、证据十三,真实性及证明内容无异议。对于证据十三补充说明,剩余86.4万元的利息由四部分构成:1. 票号101819金额35万元的半年利息5.25万元,利率是2.5%,2011年2月23日至2011年8月23日;2. 票号101199金额195万元的半年利息35.1万元,利率是3%,2011年2月22日至2011年8月22日;3. 票号101200金额160万元的半年利息28.8万元,利率是3%,2011年2月17日至2011年8月17日;4. 票号100820金额115万元半年利息17.25万元,利率是2.5%,2011年2月23日至2011年8月23日。

对于证据十四,结算明细数额与诉状数额不符,没有借款人聚财公司盖章进行确认,并且是复印件,真实性有异议。

对于证据十五,真实性和关联性予以认可。补充说明,100 万元的还款时间为 2011 年 11 月 8 日,通过陈义林账户归还,其余没有异议。

被告聚财公司及福海公司为支持其抗辩主张向本院提交如下证据:

证据一:聚财公司与苏埃如账目明细,证明:聚财公司与苏埃如的借款往来明细以及尚欠本金的余额。

证据二:聚财公司偿还苏埃如借款本金明细,证明:2010 年 5 月 25 日至 2012 年 5 月 19 日,聚财公司分 15 笔向苏埃如偿还借款本金共计 658.7536 万元。

证据三:往息转本详细说明,票号为 100912、101035、101199、101377、101378、101522(由旧票 110271 转过来的)的借款都是旧账和利息转存的,其中共有 261.9 万元是利息(包含 8.1 万元复利)。

原告苏埃如质证意见如下:

对于证据一,票号 100912 对方提出的主张没有证据支持,苏埃如已经提供了相关证据证明借款的真实性,对该笔账目明细不予认可。对方主张无息借款,不符合双方长期交易习惯,双方之间的利率约定一般为 2.5% 或 3%,对方主张借款利率由苏埃如后添加没有证据,对其主张不予认可。票号 101035、101267、101200,无异议。票号 101199,对于其主张不予认可,无法证实 45 万元是一年利息的事实,与对方提供的票号 100271 的借款凭证上所显示 180 天支付了 22.5 万元利息,没有签字,无法证明其已经支付相关利息,无息借款的主张不予认可。票号 101266,予以认可。票号 101359,对于无息不予认可。票号 101377、101378、101515、101522,予以认可,时间可能有差异。票号 MK0000097,苏埃如仅主张 200 万元本金及利息,其余的没有主张。

对于证据二,其主张扣减 658.7536 万元不予认可,属于之前的债权债务关系。对于双方之前的债权债务没有主张。对于其中 2011 年 5 月 11 日的 7.5 万元,真实性不予认可,没有体现交易时间;2011 年 7 月 28 日的 4.5 万元,予以认可,应该扣减;2011 年 9 月 15 日的 27.88 万元,没有主张,已经当庭放弃;2011 年 11 月 18 日的 110.2 万元,没有主张已经偿还的 100 万元;2012 年 1 月 17 日的 1,588,838 元,该笔还款不是对苏埃如的还款,而是对苏埃如同学的还款,是通过苏埃如还给其同学。其中 2012 年 3 月 2 日的 15 万元、2012 年 4 月 23 日的 20 万元、2012 年 5 月 19 日的 20 万元,予以认可。

对于证据三,2010 年 11 月 8 日的两张付款凭证上没有苏埃如的签字,不予认可。2011 年 1 月 4 日的两张付款凭证上苏埃如的签字不是其本人所写,真实性不予认可。

2011年5月20日三张借款凭证上苏埃如的签字不是苏埃如本人所签,但真实性认可。其余的真实性予以认可。对于无苏埃如签字或虽有苏埃如字样但非其本人签字的付款凭证,真实性、关联性不予认可,对于其他的没有异议。

经本院审理查明,聚财公司向苏埃如借款14笔如下:

1.2009年11月29日,聚财公司向苏埃如借款170万元,月利率为25‰。2010年11月21日,苏埃如与聚财公司签订借款协议,聚财公司向苏埃如借款230万元,借款期限从2010年11月29日至2011年11月29日,月利率为30‰,担保方为福海公司。该借款凭证是旧票转存所得。230万元的本金包含170万元的借款本金,60万元的利息。苏埃如提供的本金利息计算明细表中自认230万元中有60万元是利息。

2.2010年1月23日,聚财公司向苏埃如借款370万元,月利率为25‰。2011年1月3日苏埃如与聚财公司签订借款协议,聚财公司向苏埃如借款425.5万元,借款期限从2011年1月23日至2012年1月23日,月利率为30‰,担保方为福海公司。苏埃如提供的本金利息计算明细表中自认425.5万元中有55.5万元是利息。

3.2011年1月25日,苏埃如向聚财公司汇款30万元。2011年3月28日苏埃如与聚财公司签订借款协议,聚财公司向苏埃如借款30万元,借款期限从2011年1月25日至2012年1月25日,月利率为30‰,担保方为福海公司。

4.2011年2月17日,苏埃如向聚财公司汇款160万元。2011年3月6日苏埃如与聚财公司签订借款协议,聚财公司向苏埃如借款160万元,借款期限从2011年2月17日至2012年2月17日,月利率为30‰,担保方为福海公司。

5.2010年2月20日,聚财公司向苏埃如借款150万元,月利率为25‰。2011年3月6日苏埃如与聚财公司签订借款协议,聚财公司向苏埃如借款195万元(借款195万元由本金150万元加一年利息45万元构成),借款期限从2011年2月22日至2012年2月22日,月利率为30‰,担保方为福海公司。

6.2011年3月5日,苏埃如向聚财公司汇款160万元。2011年3月28日苏埃如与聚财公司签订借款协议,聚财公司向苏埃如借款160万元,借款期限从2011年3月5日至2012年3月5日,月利率为30‰,担保方为福海公司。

7.2011年5月3日,苏埃如向聚财公司汇款180万元。2011年5月9日苏埃如与聚财公司签订借款协议,聚财公司向苏埃如借款180万元,借款期限从2011年5月3日至2012年5月3日,月利率为30‰,担保方为福海公司。

8.2010年5月21日,聚财公司向苏埃如借款40万元,月利率为25‰。2011年5月20日苏埃如与聚财公司签订借款协议,聚财公司向苏埃如借款46万元(46万元由

40 万元本金加半年利息 6 万元构成),借款期限从 2011 年 5 月 21 日至 2012 年 5 月 21 日,月利率为 30‰,担保方为福海公司。

9. 2010 年 5 月 27 日,聚财公司向苏埃如借款 60 万元,月利率为 25‰。2011 年 5 月 20 日苏埃如与聚财公司签订借款协议,聚财公司向苏埃如借款 69 万元(69 万元由 60 万元本金加上半年利息 9 万元构成),借款期限从 2011 年 5 月 27 日至 2012 年 5 月 27 日,月利率为 30‰,担保方为福海公司。

10. 2011 年 5 月 20 日,苏埃如与聚财公司签订借款协议,聚财公司向苏埃如借款 41. 4 万元,借款期限从 2011 年 5 月 29 日至 2012 年 5 月 29 日,月利率为 30‰,担保方为福海公司。庭审中苏埃如明确放弃主张该权利。

11. 2011 年 6 月 25 日,苏埃如向聚财公司汇款 132 万元。2011 年 7 月 16 日苏埃如与聚财公司签订借款协议,聚财公司向苏埃如借款 132 万元,借款期限从 2011 年 6 月 25 日至 2012 年 6 月 25 日,月利率为 30‰,担保方为福海公司。

12. 2011 年 7 月 18 日,苏埃如与聚财公司签订借款协议,聚财公司向苏埃如借款 76. 59 万元,借款期限从 2011 年 7 月 23 日至 2012 年 7 月 23 日,月利率为 30‰,担保方为福海公司。庭审中苏埃如明确放弃主张该权利。

13. 2010 年 8 月 23 日,聚财公司向苏埃如借款 150 万元,月利率为 25‰。2011 年 7 月 18 日苏埃如与聚财公司签订借款协议,聚财公司向苏埃如借款 236. 4 万元(236. 4 万元由 150 万元本金加 86. 4 万元利息构成),借款期限从 2011 年 8 月 23 日至 2012 年 8 月 23 日,月利率为 30‰,担保方为福海公司。

14. 2011 年 10 月 14 日,苏埃如向聚财公司汇款 300 万元,同日苏埃如与聚财公司签订借款协议,聚财公司向苏埃如借款 300 万元,借款期限从 2011 年 10 月 14 日至 2012 年 10 月 14 日,月利率为 30‰,担保方为福海公司。2011 年 11 月 8 日已偿还本金 100 万元,尚欠本金 200 万元。苏埃如提供的借款凭证载明"2011. 10. 14—2011. 11. 18, 34 天, 利: 102,000 元已结, 付本金 100 万元; 2011. 11. 18—2012. 1. 18, 200 万两月利息 12 万,已付"字样。

综上,聚财公司向苏埃如借款本金总计为 1802 万元(170 万元 + 370 万元 + 30 万元 + 160 万元 + 150 万元 + 160 万元 + 180 万元 + 40 万元 + 60 万元 + 132 万元 + 150 万元 + 200 万元 = 1802 万元)。

另查明,聚财公司已偿还本金 100 万元,利息 558. 7536 万元。

又查明,福海公司在借款凭证担保人处均加盖公章同意担保。庭审中,福海公司同意承担聚财公司向苏埃如借款本息的连带责任。

本院认为,根据诉辩双方的主张,本案争议焦点为聚财公司应偿还苏埃如借款本息的数额。

1. 关于聚财公司应偿还苏埃如借款本金的问题。双方的借贷存在旧账转新贷的情况,新贷的借款数额中包含旧账的本金和利息。同时,新贷形成的借款日前又存在偿还利息的情况。对于230万元借款,因苏埃如提供的本金利息计算明细表中自认230万元中有60万元是利息,故此笔认定借款本金170万元。根据《最高人民法院关于审理民间借贷案件适用法律若干问题的规定》第二十八条的规定,“借贷双方对前期借款本息结算后将利息计入后期借款本金并重新出具债权凭证,如果前期利率没有超过年利率24%,重新出具的债权凭证载明的金额可认定为后期借款本金;超过部分的利息不能计入后期借款本金。约定的利率超过年利率24%,当事人主张超过部分的利息不能计入后期借款本金的,人民法院应予支持。按前款计算,借款人在借款期间届满后应当支付的本息之和,不能超过最初借款本金与以最初借款本金为基数,以年利率24%计算的整个借款期间的利息之和。出借人请求借款人支付超过部分的,人民法院不予支持”。苏埃如主张的借款均自最初汇款日计本金,不能提供汇款凭证的,不予支持。所以,苏埃如主张的230万元本金实为借款170万元,同理其主张的本金425.5万元实为借款370万元,195万元实为借款150万元,46万元实为借款40万元,69万元实为借款60万元,236.4万元实为借款150万元。聚财公司欠苏埃如本金共计1802万元。

2. 关于聚财公司应偿还苏埃如借款的利息问题。(1)计息日问题。基于上述最初汇款日计本金,借款自汇款日第二日计息,分别为,170万元利息自2009年11月30日起至给付之日止;370万元利息自2010年1月24日起至给付之日止;30万元利息从2011年1月26日起至给付之日止;160万元利息从2011年2月18日起至给付之日止;150万元利息从2010年2月21日起至给付之日止;160万元利息从2011年3月6日起至给付之日止;180万元利息从2011年5月4日起至给付之日止;40万元利息从2010年5月22日至给付之日止;60万元利息从2010年5月28日起至给付之日止;132万元利息从2011年6月26日起至给付之日止;150万元利息从2010年8月24日起至给付之日止;200万元利息自2011年10月15日的利息起至给付之日止。(2)利率问题。依照《最高人民法院关于审理民间借贷案件适用法律若干问题的规定》第二十六条“借贷双方约定的利率未超过年利率24%,出借人请求借款人按照约定利率支付利息的,人民法院应予支付。借贷双方约定的利率超过年利率36%,超过部分的利息约定无效。借款人请求出借人返还已支付的超过年利率36%部分的利息的，人民法院应予支持”之规定，对于聚财公司已支付的利息按约定计付，未支付利息按年利率24%计息。(3)聚财公司主张已还款658.7536万元，如何认定及核减问题。聚财公司向苏埃如汇款658.7536万元，其中第十四笔300万元借款中还款本金100万元。关于聚财公司于2012年1月17日向苏埃如汇款158.8838万元是否在本案中扣减问题。苏埃如承认收到此款，但认为是代收后转给贺买林、赵鹏翀、张亮如、王美凤、杨波、张彩霞、张艳艳的利息款。苏埃如代收行为与本案属不同的法律关系，聚财公司汇款给苏埃如158.8836万元应认定为偿还本案借款利息，苏埃如与他人的代收及转款行为本案不予调整。因此，聚财公司向苏埃如汇款658.7536万元，双方认可在最后一笔借款300万元本金扣减100万元，聚财公司已偿还苏埃如利息558.7536万元。已付利息按原约定利率计息扣减后，未支付利息按年利率24%计息。(4)本案中，苏埃如未主张的借款的利息应否支持的问题。因苏埃如未主张借款本金，在借款本金数额、借款期限、利息约定均不明的情况下，其主张借款利息证据不足，不予支持。

3. 关于福海公司是否承担连带责任的问题。苏埃如主张聚财公司、福海公司共同偿还欠款，福海公司明确表示同意对聚财公司向苏埃如的借款本息承担连带责任。依照《中华人民共和国担保法》第十九条“当事人对保证方式没有约定或者约定不明确的，按照连带责任保证承担保证责任”及第三十一条“保证人承担保证责任后，有权向债务人追偿”之规定，福海公司对聚财公司向苏埃如的借款本息应承担连带责任。如福海公司代为清偿，有权向聚财公司追偿。

综上，依照《中华人民共和国合同法》第一百九十六条、第二百零六条、第二百零七条，《最高人民法院关于审理民间借贷案件适用法律若干问题的规定》第二十六条、第二十八条，《中华人民共和国担保法》第十九条、第三十一条之规定，判决如下：

一、鄂尔多斯市聚财典当有限责任公司达南分公司于本判决生效之日起十日内给付苏埃如本金1802万元及相应利息(其中170万元本金，利息自2009年11月30日至给付之日止；370万元本金，利息自2010年1月24日起至给付之日止；30万元本金，利息从2011年1月26日起至给付之日止；160万元本金，利息从2011年2月18日起至给付之日止；150万元本金，利息从2010年2月21日起至给付之日止；160万元本金，利息从2011年3月6日起至给付之日止；180万元本金，利息从2011年5月4日起至给付之日止；40万元本金，利息从2010年5月22日至给付之日止；60万元本金，利息从2010年5月28日起至给付之日止；132万元本金，利息从2011年6月26日起至给付之日止；150万元本金，利息从2010年8月24日起至给付之日止；200万元本金，利息自2011年10月15日起至给付之日止。上述金额聚财公司已履行利息

558.7536万元,已付利息按原约定利率计息扣减后,未支付利息按年利率24%计息)。

二、鄂尔多斯市福海担保有限责任公司对上述借款本金及利息承担连带责任。

如果未按本判决指定的期间履行金钱义务,应当依照《中华人民共和国民事诉讼法》第二百五十三条之规定,加倍支付迟延履行期间的债务利息。

案件受理费178,429.5元,由苏埃如负担3万元,由鄂尔多斯市聚财典当有限责任公司达南分公司、鄂尔多斯市福海担保有限责任公司负担148,429.5元。

如不服本判决,可在判决书送达之日起十五日内,向本院递交上诉状,并按对方当事人的人数提交副本,上诉于中华人民共和国最高人民法院。

审　判　长　康晓曼
代理审判员　张雪琴
代理审判员　裴　彪
二〇一五年十月二十九日
书　记　员　石俊峰

【问题提示】(2)典当行以非自有资金从事放贷行为的效力如何认定?

【案例四十】万高(北京)国际典当有限公司诉天津武清开发区新中大置业发展有限责任公司、天津地铁君易投资有限公司借款担保合同纠纷案(2014年1月30日)

【法律点】典当行与借款人之间的借贷行为不符合典当关系成立的具体要求,典当行亦以借贷关系主张权利的,当事人之间仅构成借贷关系;同时典当行以非自有资金向其他企业提供借款的企业间借贷行为,违反了国家金融管制的强制性规定,该借款关系应认定无效。

【关键词】非自有资金　典当关系　企业间借贷　金融管制　借贷无效　担保责任

中华人民共和国最高人民法院
民事判决书

(2013)民二终字第116号

上诉人(原审原告):万高(北京)国际典当有限公司。

法定代表人:康天鹏,总经理。

委托代理人:习卫红,北京市中瑞律师事务所律师。

委托代理人:徐春森,北京市中瑞律师事务所律师。

被上诉人(原审被告):天津武清开发区新中大置业发展有限责任公司。

法定代表人:贺和平,董事长。

委托代理人:皮智丽,职员。

被上诉人(原审被告):天津地铁君易投资有限公司。

法定代表人:范峥,董事长。

委托代理人:杨为今,职员。

委托代理人:张伟,天津伟和律师事务所律师。

上诉人万高(北京)国际典当有限公司(以下简称万高公司)因与被上诉人天津武清开发区新中大置业发展有限责任公司(以下简称新中大公司)、天津地铁君易投资有限公司(以下简称地铁公司)借款担保合同纠纷一案,不服天津市高级人民法院(2009)津高民二初字第0007号民事判决,向本院提起上诉。本院依法组成由审判员刘敏担任审判长,代理审判员杜军、郁琳参加的合议庭进行了审理,书记员孙亚菲担任记录。本案现已审理终结。

原审法院经审理查明:2006年12月10日,新中大公司向万高公司出具《借据》,载明:“为加快我公司发展,解决公司资金紧张状况,现决定自即日起以我公司在天津地铁君易投资有限公司的全部股权及项下资产作为担保,向万高(北京)国际典当有限公司融资不超过一亿元,借款期限一年(以每笔款项到账之日起计算),年息15%。”同日,地铁公司向万高公司出具《担保函》,载明:“经我公司研究,同意为天津武清开发区新中大置业发展有限责任公司向万高(北京)国际典当有限公司借款提供担保,担保额度包括本息不超过一亿元。担保物为天津武清开发区新中大置业发展有限责任公司在我司项下股权及资产,包括但不限于在建商品房的60%(鞍山道项目地铁酒店除外)。”此后,万高公司委托六家单位将9102.5万元汇入新中大公司及其指定账户[分别为2006年12月11日山西固邦混凝土有限公司分两笔汇出135万元、1100万元至新中大公司;2007年1月24日、4月2日、12月27日大同市羚羊金牛贸易有限责任公司分三笔汇出1200万元、760万元、300万元至新中大公司;2007年9月3日、9月4日、9月7日大同市宏宜投资有限责任公司分三笔汇出1000万元、800万元、60万元至新中大公司;2008年2月25日、7月11日大同市盛翔餐饮有限责任公司分两笔汇出665万元、750万元至新中大公司、天津易利德国际贸易有限公司(以下简称易利德公司);2008年7月11日大同市正当贸易有限责任公司汇出1632.5万元至易利德公司;2008年2月26日北京铭黄交通电子工程有限公司汇出700万元至新中大公司]。新中大公司未能按期还款,地铁公司未承担担保责任。

原审诉讼期间,经地铁公司申请,原审法院委托天津市天鼎物证司法鉴定所对《借据》《担保函》的“朱墨时序”进行了鉴定。鉴定结论为:2006年12月10日《担保函》中“2006年12月10日”打印字迹与“天津地铁君易投资有限公司”印章印文形成的先后时序为先有印文后有字迹。2006年12月10日《借据》中“2006年12月10日天津武清开发区新中大置业发展有限公司”打印字迹与“天津武清开发区新中大置业发展有限责任公司”印章印文形成的先后时序为先有字迹后有印文。同时对《借据》《担保函》的盖印时间进行了鉴定。鉴定结论为:2006年12月10日《借据》中“天津武清开发区新中大置业发展有限责任公司”印章印文的盖印形成时间应为2008年以后。《担保函》检材与样本中“天津地铁君易投资有限公司”印章印文的盖印时间检出差异。

万高公司于2009年6月17日诉至原审法院称:万高公司自2006年12月11日至2008年7月11日,分期分批按照新中大公司用款指令将款项自关联单位分别打入新中大公司及其指定账户,截至2008年7月11日,共计借款9102.5万元,至今发生利息2256.9063万元。后经万高公司多次催要,新中大公司未能偿还。故请求判令:1. 新中大公司偿还借款本金9102.5万元、利息2256.9063万元;2. 地铁公司对上述借款本息承担不超过一亿元的连带清偿责任;3. 诉讼费、保全费由新中大公司和地铁公司承担。

原审法院审理认为,首先,万高公司主张新中大公司返还借款,并要求地铁公司承担担保责任,其依据是万高公司与新中大公司的《借据》及地铁公司出具的《担保函》。经该院审查,《借据》项下的资金并非出自万高公司,而是由六个案外人向新中大公司及其指定公司划款,划款时间为2006年12月11日至2008年7月11日。即使如万高公司所称系受指令划款,则接受划款指令最早当在2006年12月11日之前。《借据》经鉴定实际形成于2008年以后,而该《借据》上记载的时间是2006年12月10日。首先,万高公司从案外人处取得款项,向新中大公司发放借款行为,违反了《典当管理办法》第二十八条“典当行不得有下列行为:(一)从商业银行以外的单位和个人借款”的规定。其次,上述款项均系案外人直接划款给新中大公司,万高公司与新中大公司并没有直接的借款行为。最后,《借据》作为证明双方法律关系的主要证据,却采用倒签的方式,真实性存在重大缺陷。综上,双方借款关系因出资人、汇款指令、汇款行为、借据形成时间等问题均存在瑕疵和漏洞,相关证据不足以证明万高公司的主张,故对万高公司主张的借款关系及返还请求,该院不予支持。

关于地铁公司的担保责任问题,首先由于上述借款关系不予确认,担保关系作为从属关系,亦不应予以认定。此外,《担保函》经过鉴定,其中“2006年12月10日”打印字迹与“天津地铁君易投资有限公司”印章印文形成的先后时序为先有印文,后有字迹,这种情形与商事活动中通常先打印字迹后加盖印章的习惯做法不符,且《担保函》中印文形成时间无法确定,结合打印日期为“2006 年 12 月 10 日”,综合判断为先形成《担保函》,后出具《借据》的做法,与常理相悖。加之地铁公司自诉讼伊始便否认其曾作出担保的意思表示,故应认定《担保函》不是地铁公司的真实意思表示。万高公司关于地铁公司承担担保责任的主张,该院亦不予支持。综上,依照《中华人民共和国民事诉讼法》第六十四条、第七十六条,《中华人民共和国担保法》第五条的规定,该院判决:驳回万高公司全部诉讼请求。案件受理费 609,770 元,保全费 5000 元,鉴定费 34,000 元,由万高公司负担。

万高公司不服原审法院的上述民事判决,向本院提起上诉称:1. 原审法院认定万高公司与新中大公司之间的借款关系不成立违背客观事实,且没有法律依据。原审法院在万高公司与新中大公司之间的借款关系事实清楚,证据充分,且借贷双方均无异议的情况下,否认真实有效的借款关系,而且援引非法律法规的《典当管理办法》作为认定合同法律关系成立与否的依据,缺乏法律依据。2. 原审法院对于地铁公司的担保责任不予认定的事实基础错误,因此其认定结论不能成立。按照原审法院的逻辑分析,如果借款关系被确认,则担保关系也当然成立,故在借款法律关系应予确认的情况下,担保人地铁公司也应依法承担担保责任。此外,原审法院认定《担保函》不是地铁公司的真实意思表示的依据不足。综上,原审判决认定事实错误,适用法律不当,请求:1. 撤销(2009)津高民二初字第 0007 号民事判决;2. 改判支持万高公司原审全部诉讼请求;3. 判令新中大公司和地铁公司承担全部诉讼费用。

地铁公司答辩称:1. 万高公司从未有过其为出借人的意思表示,仅有本案原审起诉状上加盖万高公司公章,而无其他与新中大公司借款关系及履行借款合同的意思表示。2.《借据》仅为新中大公司单方意思表示,经鉴定,《借据》为 2008 年后形成,而借款关系大部分发生于 2006 年至 2008 年。大量其他证据证明均系案外人与新中大公司的资金往来,《借据》作为主要证据不能证明借贷关系。3. 由于万高公司与新中大公司的借贷关系不成立,因此原审判决对担保责任不予认定是正确的。综上,请求驳回上诉,维持原判。

新中大公司口头答辩称:新中大公司的确向万高公司借款,由于公司经营原因,至今未能偿还。

本院除对原审判决所认定的事实予以确认外,另查明:山西固邦混凝土有限公司等六家单位分别向原审法院出具了六份《证明》,载明万高公司与该六家单位分别协商借款共计 9102.5 万元,后该六家单位按万高公司指令分别将相应款项打入新中大公司及易利德公司账户。根据《证明》显示,截至2009年5月,万高公司除偿还大同市羚羊金牛贸易有限责任公司借款2260万元外,其余五家单位的借款均未偿还。

2008年7月9日,新中大公司向万高公司出具《代收函》,载明:"我司依据借据向你公司借款的资金可打入:天津易利德国际贸易有限公司,天津银行账号:3131100408××。我公司指定由该公司代收,收到的款项我司予以承认借款到账并发生。"2008年7月11日,易利德公司向万高公司出具《收款通知函》,其中载明:根据新中大公司的指令,该公司于2008年7月11日收到的两笔款项资金,系新中大公司向万高公司的借款,已由该公司代收。

《担保函》约定的用以担保本案借款的担保物,即新中大公司在地铁公司项下的股权及资产,均未办理相关登记手续。万高公司成立于2006年10月28日,注册资本为2000万元。

本院经审理认为,本案当事人二审争议的焦点问题是万高公司与新中大公司之间借款关系是否成立并合法,以及地铁公司是否应承担担保责任。

关于本案借款关系是否成立的问题。作为认定本案借款关系基础的《借据》表明,借款关系发生在万高公司与新中大公司之间,但根据银行相关汇款凭证显示,案涉借款实际是由六家单位直接汇入新中大公司及易利德公司账户。对此,六家实际付款单位均出具《证明》,证实其系接受万高公司的指令向新中大公司及易利德公司付款,新中大公司和易利德公司则分别出具了《代收函》和《收款通知函》,表示易利德公司所收款项为新中大公司向万高公司的借款。债务人新中大公司亦认可其与万高公司之间的借款关系。本院认为,万高公司与新中大公司之间虽无直接借款支付行为,但结合上述证据,本案借款关系已实际发生,应当认定双方借款关系已经成立。《借据》的签订时间并不影响本案借款关系已实际发生并成立的认定。故地铁公司关于本案借款关系不成立的抗辩理由缺乏事实和法律依据,本院不予认可。

关于本案借款关系的效力问题。根据《典当管理办法》第三条的规定,典当是指当户将其动产、财产权利作为当物质押或将其房地产作为当物抵押给典当行,交付一定比例费用,取得当金,并在约定期限内支付当金利息、偿还当金、赎回当物的行为。第三十条第一款规定,当票是典当行与当户之间的借贷契约,是典当行向当户支付当金的付款凭证。本案中,万高公司作为典当公司,虽然与新中大公司约定以相关股权及资产作为担保,向新中大公司提供借款,但万高公司就该笔借款业务并未出具当票,亦未就当物办理相关登记手续,且双方关于借贷期限及利息的约定均不符合《典当管理办法》的相关规定。同时,根据六家实际付款单位出具的《证明》显示,万高公司向新中大公司出借的款项实际由该六家单位提供,其向新中大公司出借的9102.5万元远超过其注册资本2000万元。本院认为,万高公司虽为典当公司,但本案万高公司与新中大公司之间的借款行为不符合典当关系成立的各项具体要求,且在本案诉讼中,万高公司始终是依借款关系主张权利,未对本案借款属于典当关系提供相应证据,故双方之间的借款关系应认定为企业间借贷关系。由于万高公司以非自有资金向新中大公司提供借款的企业间借贷行为,违反了国家金融管制的强制性规定,故双方之间的借款关系应认定无效。根据《中华人民共和国合同法》第五十八条的规定,新中大公司应当返还万高公司本金9102.5万元。由于双方对于借款关系无效均存在过错,故新中大公司应当参照同期贷款利率的标准,同时返还资金占用期间的利息。

关于地铁公司是否应承担担保责任的问题。根据《借据》和《担保函》记载的内容,地铁公司出具的《担保函》上虽记载了地铁公司同意为新中大公司提供担保,但紧接着明确了担保物的内容为新中大公司在地铁公司的股权及资产,该内容与《借据》中有关担保的内容相互印证。本院认为,《借据》和《担保函》体现的有关担保的意思表示是以新中大公司在地铁公司的股权及相关资产为其向万高公司的借款提供担保,与地铁公司并无关系,地铁公司与万高公司之间并未因此形成担保关系。故万高公司仅依据上述《担保函》要求地铁公司承担保证责任的诉讼请求,缺乏事实和法律依据,本院不予支持。

综上,原审判决认定事实错误,适用法律不当,应予改判。本院依照《中华人民共和国合同法》第五十八条、《中华人民共和国民事诉讼法》第一百七十条第一款第二项、第一百七十五条之规定,判决如下:

一、撤销天津市高级人民法院(2009)津高民二初字第0007号民事判决;

二、天津武清开发区新中大置业发展有限责任公司于本判决生效后十日内给付万高(北京)国际典当有限公司借款本金9102.5万元及相应利息(自借款之日起至本判决确定的给付之日止,利息按中国人民银行同期贷款利率计付)。

上述款项,天津武清开发区新中大置业发展有限责任公司到期不能履行,应按照《中华人民共和国民事诉讼法》第二百五十三条规定加倍支付迟延履行期间的债务利息。

三、驳回万高(北京)国际典当有限公司其他诉讼请求。

一审案件受理费609,770元,保全费5000元,鉴定费34,000元,共计658,770元,由天津武清开发区新中大置业发展有限责任公司承担329,385元,万高(北京)国际典当有限公司承担329,385元。二审案件受理费609,770元,由天津武清开发区新中大置业发展有限责任公司承担304,885元,万高(北京)国际典当有限公司承担304,885元。

本判决为终审判决。

审 判 长 刘 敏
代理审判员 杜 军
代理审判员 郁 琳
二〇一四年一月三十日
书 记 员 孙亚菲

【案例四十一】安徽正中典当有限责任公司诉合肥墨荷园园林发展有限责任公司典当纠纷案

(2015年6月1日)

【法律点】人民法院确认合同无效,应当以全国人大及其常委会制定的法律和国务院制定的行政法规为依据,不得以地方性法规、行政规章为依据。典当行从事不动产典当业务时,典当行违反《典当管理办法》关于"典当行不得从商业银行以外的单位和个人借款"和"房地产抵押典当单笔当金数额不得超过100万元"的规定,不应作为认定不动产典当合同无效的理由。

【关键词】资金拆借　合同效力　当金　利息　综合费用　逾期利息　律师费　诉讼时效

安徽省高级人民法院
民事判决书

(2015)皖民二终字第00205号

上诉人(原审原告):安徽正中典当有限责任公司。

法定代表人:王吉森,董事长。

委托代理人:张定稳,员工。

委托代理人:王昭文,安徽万世律师事务所律师。

上诉人(原审被告):合肥墨荷园园林发展有限责任公司。

法定代表人:陈先霞,董事长。

委托代理人:汪万海,安徽大别山律师事务所律师。

委托代理人:李登宏,安徽大别山律师事务所律师。

上诉人安徽正中典当有限责任公司(以下简称正中典当公司)、与上诉人合肥墨荷园园林发展有限责任公司(以下简称墨荷园公司)典当纠纷一案,前由本院于2013年12月15日以(2013)皖民二终字第00449号民事裁定,撤销安徽省合肥市中级人民法院(2013)合民二初字第00160号民事判决,发回重审。该院重审后于2014年8月13日作出(2014)合民二初字第00134号民事判决。宣判后,正中典当公司、墨荷园公司均不服,向本院提起上诉。本院2015年2月16日受理后,依法组成合议庭,于2015年3月30日公开开庭审理了本案。正中典当公司委托代理人张定稳、王昭文,墨荷园公司委托代理人汪万海到庭参加诉讼。本案现已审理终结。

原审法院查明:2008年12月30日,正中典当公司与墨荷园公司签订《国有土地使用权抵押典当合同》,约定,墨荷园公司以其名下的国有土地使用权[合国用(2000)字第0××6号]及地上附属物向正中典当公司抵押典当借款;当金总额为3000万元,在合同生效后分期支付,至2008年12月31日全部支付给墨荷园公司;月利率为2.3%,月综合费率为2.7%,按实际放款日开始计算;典当期限两年,期满可以续当,续当期以2010年12月31日为限,即2010年12月31日后墨荷园公司不得再续当,墨荷园公司应清偿正中典当公司全部债务,否则,正中典当公司有权处分抵押物,就拍卖、变卖抵押物的价款优先受偿;迟延还款另按迟延付款额的每日2‰支付违约金;抵押担保范围包括但不限于当金、综合费用、利息、违约金、赔偿金和正中典当公司实现债权的诉讼费、律师费等;合同还就其他事项作出约定。2009年1月12日,正中典当公司向墨荷园公司签发了编号为34036891的《当票》,载明:当物为96,839.5平方米土地;典当金额为3000万元,综合费用630万元,实付金额2370万元;月费率为2.7%、月利率为0.8%;典当期限为2009年1月12日至2009年7月11日;备注,期满可续当,续当期限至2010年12月31日,当金提前发放;其他约定见双方签订的《国有土地使用权抵押典当合同》。2009年1月,为上述国有土地使用权抵押事宜,正中典当公司与墨荷园公司至合肥市国土资源局办理了抵押物登记手续,并领取了编号为合他项(2009)第××7号他项权证书。

2009年9月17日,正中典当公司与墨荷园公司又签订了《追加抵押借款合同》,约定:正中典当公司在上述3000万元借款基础上再向墨荷园公司追加抵押借款2000万元;月利率为1.3%,月综合费率为2.7%;典当期限一年,期满可以续当,续当期以2011年9月30日为限,即2011年9月30日后墨荷园公司不得再续当,墨荷园公司应清偿正中典当公司全部债务;其他内容与前述合同基本一致。同日,正中典当公司向墨荷园公司签发了编号为3403697×的《当票》,载明:当物为96,839.5平方米土地;

典当金额为2000万元,综合费用420万元,实付金额1580万元;月费率为2.7%、月利率为0.8%;典当期限为2009年9月17日至2010年3月16日;备注,期满可续当,续当期限及其他约定见双方签订的《追加抵押借款合同》。同日,双方在合肥市国土资源局就上述追加借款办理了追加抵押登记。

上述合同签订后,正中典当公司于2008年12月31日至2009年9月25日共计向墨荷园公司支付上述两份合同项下当金42,269,392元,具体分别为:1. 2008年12月31日,正中典当公司现金存入墨荷园公司账户200万元、安徽瑞达投资集团有限公司分四笔转入墨荷园公司账户300万元(分别为30万元、90万元、90万元、90万元)。同日,安徽瑞达投资集团有限公司向正中典当公司出具转款确认函,确认其转入墨荷园公司的300万元系代正中典当公司支出借款。2. 2009年1月4日,墨荷园公司出具委托转款函,指示正中典当公司将500万元转至合肥经济学校劳动服务中心在交通银行杏花支行开立的34×××05账户。同日,王吉森转入上述账户100万元、安徽省淮合投资股份有限公司转入上述账户400万元,王吉森、安徽省淮合投资股份有限公司分别于当日向正中典当公司出具转款确认函,确认上述转款系代正中典当公司支出借款。3. 2009年1月6日,墨荷园公司出具委托函,委托正中典当公司代其向安徽省合肥市中级人民法院转款1000万元,用于归还其欠徽商银行四牌楼支行贷款600万元及合肥经济技术职业学院欠工商银行金寨路支行贷款400万元。同日,王吉森向该院账户转款115万元,并于当日向正中典当公司出具转款确认函,确认上述转款系代正中典当公司支出借款;合肥凯建商贸有限公司分别于2009年1月6日、2009年1月8日向该院账户转款450万元、400万元,并分别于转款当日向正中典当公司出具转款确认函,确认上述转款系代正中典当公司支出借款;2009年1月8日,正中典当公司向该院账户现金存入35万元。4. 2009年1月6日,墨荷园公司出具委托转款函,指示正中典当公司将500万元转至合肥经济学校劳动服务中心在交通银行杏花支行开立的34×××05账户。2009年1月13日,王吉森转入合肥经济学校劳动服务中心829,392元,并于当日向正中典当公司出具转款确认函,确认上述转款系代正中典当公司支出借款。2009年1月17日,墨荷园公司出具委托转款函,指示正中典当公司将75万元转至徐学兰在农业银行开立的12×××82账户、在建设银行开立的16×××40账户、在徽商银行开立的10×××80账户。同日,王吉森转入徐学兰在徽商银行开立的10×××80账户50万元、转入徐学兰在建设银行开立的16×××40账户15万元,并于当日向正中典当公司出具两份转款确认函,确认转入10×××80账户的50万元款项系代正中典当公司支出借款、转入16×××40账户的25万元款项系代正中典当公司支出借款。2009 年 1 月 19 日,合肥凯建商贸有限公司转入合肥经济学校劳动服务中心 325 万元,并于当日向正中典当公司出具转款确认函,确认上述转款系代正中典当公司支出借款。5. 2009 年 9 月 17 日,墨荷园公司出具委托书,指示正中典当公司将 1000 万元借款转至合肥经济学校劳动服务中心在交通银行杏花支行开立的 34 × × ×05 账户。同日,正中典当公司现金存入上述账户 20 万元;王英转入上述账户 770 万元,并于当日向正中典当公司出具转款确认函,确认上述转款系代正中典当公司支出借款;2009 年 9 月 18 日,王吉森转入上述账户 78 万元,并于当日向正中典当公司出具转款确认函,确认上述转款系代正中典当公司支出借款。6. 2009 年 9 月 18 日,墨荷园公司出具委托书,指示正中典当公司将借款 450 万元转至合肥经济学校劳动服务中心在交通银行杏花支行开立的 34 × × ×05 账户。同日,安徽梅园投资置业有限公司转入上述账户 408 万元,并于当日向正中典当公司出具转款确认函,确认上述转款系代正中典当公司支出借款。7. 2009 年 9 月 25 日,墨荷园公司出具委托转款函,指示正中典当公司将借款 478 万元转至合肥经济学校劳动服务中心在交通银行杏花支行开立的 34 × × ×05 账户。同日,安徽省淮合投资股份有限公司转入上述账户 478 万元,并于当日向正中典当公司出具转款确认函,确认上述转款系代正中典当公司支出借款。

针对典当借款 3000 万元:2008 年 12 月 31 日,墨荷园公司向正中典当公司出具收条,载明收到正中典当公司借款 500 万元。2009 年 1 月 4 日,墨荷园公司向正中典当公司出具收条,载明收到正中典当公司借款 500 万元。2009 年 1 月 6 日,墨荷园公司向正中典当公司出具收条,载明收到正中典当公司借款 1000 万元。2009 年 1 月 6 日,墨荷园公司向正中典当公司出具收条,载明收到正中典当公司借款 500 万元。2009 年 1 月 8 日,墨荷园公司向正中典当公司出具收条,载明收到正中典当公司借款 500 万元。针对追加典当借款 2000 万元:2009 年 9 月 17 日,墨荷园公司向正中典当公司出具收条,载明收到正中典当公司借款 1000 万元(其中现金 120 万元、转账 880 万元)。2009 年 9 月 18 日,墨荷园公司向正中典当公司出具收条,载明收到正中典当公司借款 450 万元(其中现金 54 万元、转账 396 万元)。2009 年 9 月 25 日,墨荷园公司向正中典当公司出具收条,载明收到正中典当公司借款 550 万元(其中现金 72 万元、转账 478 万元)。上述收条均加盖墨荷园公司印章。正中典当公司确认墨荷园公司于 2009 年 1 月 6 日出具的金额为 500 万元的收条项下的款项系墨荷园公司预付综合费用,该笔款项未实际支付。

正中典当公司确认墨荷园公司于 2009 年 9 月 16 日至 2010 年 9 月 7 日共计向其

支付上述两份合同项下款项 14, 248, 000 元,具体数额和支付款项性质分别为:1. 2009 年 9 月 16 日,徐学兰向正中典当公司在徽商银行开立的 10 × × ×55 账户存入 8, 048, 000 元,正中典当公司出具编号为 0027092 号收条一份,认可收到墨荷园公司支付的 7, 048, 000 元,系偿还当金的综合费和利息。2. 正中典当公司出具收到墨荷园公司 40 万元收条 9 张,分别为:2009 年 12 月 22 日,正中典当公司出具编号 0027701 号收条一份,认可收到墨荷园公司支付款项 40 万元;2010 年年初,正中典当公司出具编号 0027891 号收条一份,认可收到墨荷园公司支付款项 40 万元;2010 年 3 月 9 日,正中典当公司出具编号 0028110 号收条一份,认可收到墨荷园公司支付款项 40 万元;2010 年 3 月 24 日,正中典当公司出具编号 0028219 号收条一份,认可收到墨荷园公司支付款项 40 万元;2010 年 4 月 27 日,正中典当公司出具编号 0028413 号收条一份,认可收到墨荷园公司支付款项 40 万元;2010 年 5 月 25 日,正中典当公司出具编号 0028580 号收条一份,认可收到墨荷园公司支付款项 40 万元;2010 年 6 月 22 日,正中典当公司出具编号 0028727 号收条一份,认可收到墨荷园公司支付款项 40 万元;2010 年 8 月 2 日,正中典当公司出具编号 0028755 号收条一份,认可收到墨荷园公司支付款项 40 万元;2010 年 8 月 30 日,正中典当公司出具编号 0028926 号收条一份,认可收到墨荷园公司支付款项 40 万元。2009 年 12 月 22 日至 2010 年 8 月 30 日,正中典当公司实际收到墨荷园公司支付款项 360 万元,均系支付利息及综合费用。3. 正中典当公司出具收到墨荷园公司 18 万元收条九张,分别为:2009 年 12 月 22 日,正中典当公司出具编号 0027702 号收条一份,认可收到墨荷园公司支付款项 18 万元;2010 年 1 月 22 日,正中典当公司出具编号 0027895 号收条一份,认可收到墨荷园公司支付款项 18 万元;2010 年 3 月 9 日,正中典当公司出具编号 0028111 号收条一份,认可收到墨荷园公司支付款项 18 万元;2010 年 3 月 24 日,正中典当公司出具编号 0027220 号收条一份,认可收到墨荷园公司支付款项 18 万元;2010 年 4 月 29 日,正中典当公司出具编号 00284299 号收条一份,认可收到墨荷园公司支付款项 18 万元;2010 年 5 月 25 日,正中典当公司出具编号 0028581 号收条一份,认可收到墨荷园公司支付款项 18 万元;2010 年 6 月 22 日,正中典当公司出具编号 0028728 号收条一份,认可收到墨荷园公司支付款项 18 万元;2010 年 8 月 2 日,正中典当公司出具编号 0028756 号收条一份,认可收到墨荷园公司支付款项 18 万元;2010 年 9 月 7 日,正中典当公司出具编号 0028954 号收条一份,认可收到墨荷园公司支付款项 18 万元。上述款项合计 162 万元。4. 正中典当公司出具收到墨荷园公司 22 万元收条 9 张,分别为:2009 年 12 月 31 日,正中典当公司出具编号 0027760 号收条一份,认可收到墨荷园公司支付款项 22 万元;2010 年 1 月 28 日,正中典当公司出具编号 0027934 号收条一份,认可收到墨荷园公司支付款项 22 万元;2010 年 3 月 19 日,正中典当公司出具编号 0028182 号收条一份,认可收到墨荷园公司支付款项 22 万元;2010 年 4 月 8 日,正中典当公司出具编号 0028288 号收条一份,认可收到墨荷园公司支付款项 22 万元;2010 年 4 月 29 日,正中典当公司出具编号 00284300 号收条一份,认可收到墨荷园公司支付款项 22 万元;2010 年 6 月 2 日,正中典当公司出具编号 0028623 号收条一份,认可收到墨荷园公司支付款项 22 万元;2010 年 6 月 25 日,正中典当公司出具编号 0028747 号收条一份,认可收到墨荷园公司支付款项 22 万元;2010 年 8 月 2 日,正中典当公司出具编号 0028758 号收条一份,认可收到墨荷园公司支付款项 22 万元;2010 年 9 月 7 日,正中典当公司出具编号 0028955 号收条一份,认可收到墨荷园公司支付款项 22 万元。上述款项合计 198 万元。

正中典当公司以墨荷园公司未能偿还借款本金及大部分利息为由诉至原审法院,请求判令:1. 墨荷园公司立即偿还借款本金 5000 万元、利息及综合费 4868 万元;2. 墨荷园公司承担律师费 112 万元;3. 正中典当公司对墨荷园公司名下的合国有(2000)字第 0××6 号 96,839.5 平方米国有土地使用权及地上附属物享有上述抵押债权的优先受偿权。

墨荷园公司原审辩称:1. 正中典当公司的主张已超过诉讼时效期间,不应支持。2. 正中典当公司出借的本金并非其诉状上所称的 5000 万元,实际只有 3950 万元,且此后墨荷园公司已经全部偿还完毕,其诉请不应得到支持。

原审法院认为:本案中,正中典当公司与墨荷园公司签订的《国有土地使用权抵押典当合同》《追加抵押借款合同》及正中典当公司向墨荷园公司签发的两张《当票》系双方当事人真实意思表示,其内容中除关于综合费用、利息的约定外,不违反法律法规的强制性规定,均符合典当关系的法律特征,应属合法有效。

对于案涉两份典当合同项下的当金的认定。正中典当公司确认支付编号为 34036891 的《当票》项下当金时预扣综合费用 500 万元。对此,因综合费用体现并反映了典当公司的管理和服务成本,典当公司在发放当金的同时,将合同约定的综合费用预先扣除,与综合费用的性质不符。因此,本案中,正中典当公司预扣综合费用 500 万元无效,当金应以正中典当公司实际发放的金额予以认定。根据正中典当公司提交的付款凭证反映,其支付编号为 34036891 的《当票》项下当金 24,829,392 元,编号为 34036978 的《当票》项下当金 1754 万元。其中支付编号为 34036891 的《当票》项下当金 24,829,392 元的凭证中包括 2009 年 1 月 17 日王吉森取款 10 万元的回单,该回单仅能证明取款事实,并没有按照墨荷园公司的付款要求支付至指定账号,不能证明王吉森已将10万元款项交付墨荷园公司,故对该10万元不予认定。扣除上述10万元款项外,其他付款均有墨荷园公司出具的委托付款书、实际付款人出具的转款确认函及转账凭证予以证明。墨荷园公司仅对两张当票中载明的实付金额2370万元、1580万元予以认可,其他不予认可,但未提交反驳证据予以证明,不予采信。基于上述认定,确认正中典当公司实际支付编号为34036891的《当票》项下当金24,729,392元,实际支付编号为34036978的《当票》项下当金1754万元。

关于典当期限的认定。编号为34036891的《当票》约定典当期限为2009年1月12日至2009年7月11日;编号为34036978的《当票》约定典当期限为2009年9月17日至2010年3月16日。两张《当票》虽同时约定期满可续当,但后期双方并未办理续当手续,故对双方之间关于典当期限的约定,按照所出具的《当票》载明日期予以认定。对典当期限内的综合费用和利息,《典当管理办法》第三十七条第一款规定:"典当当金利率,按中国人民银行公布的银行机构6个月期法定贷款利率及典当期限折算后执行。"2009年,中国人民银行公布的六个月贷款利率为年息4.86%,折算为月息后应为0.405%。编号为34036891的《当票》和编号为34036978的《当票》均约定当期内当金按月息0.8%计算利息,约定过分高于《典当管理办法》规定的标准,其超出部分不应得到保护。上述两张《当票》均约定典当综合费率为每月2.7%,不超过《典当管理办法》规定的标准,予以确认。因双方在合同中约定,典当利息和综合费用按实际放款日开始计算,故对典当利息和综合费用,按照上述确定的标准自实际放款日计算至两张《当票》约定的典当期限届满之日。据此,编号为34036891的《当票》项下2009年1月12日至2009年7月11日的综合费用和利息为4,735,911元;编号为34036978的《当票》项下2009年9月17日至2010年3月16日期间综合费用和利息为3,223,093元。

关于墨荷园公司已付款项的认定。对墨荷园公司提交的支付凭证中,正中典当公司认可墨荷园公司已偿还编号为34036891的《当票》项下的典当利息和综合费用7,048,000元,但墨荷园公司付款凭证中向正中典当公司实际转款为8,048,000元,虽正中典当公司抗辩其中100万元为支付其他款项,对同一笔转款应认定为同一性质,故正中典当公司的抗辩理由不予采信,应认定墨荷园公司已偿还编号为34036891的《当票》项下的典当利息和综合费用8,048,000元。对正中典当公司已偿还编号为34036978的《当票》项下的典当利息和综合费用720万元,予以确认。墨荷园公司提交的五张续当凭证中当户名称、原典当金额与本案所涉典当合同内容不一致,亦未得到正中典当公司的确认,且五张续当凭证的续当期限均在2009年4月之前,而本案两张《当票》约定的当期分别于2009年7月11日、2010年3月16日才届满,在2009年4月份之前不需办理续当手续,故五张续当凭证与本案不存在关联性,不予认定。墨荷园公司提交的其他付款凭证中的付款人、收款人、借款金额等均与本案不一致,未得到正中典当公司的确认,墨荷园公司亦没有提交证据证明与本案具有关联性,故对除正中典当公司认可的付款之外的其他续当凭证和付款凭证,因与本案不具有关联性,本案不予处理,权利人可另案诉讼。墨荷园公司提出已还款应先还本再付息,墨荷园公司的该主张没有合同依据,不予采信。

关于逾期利息的计算。典当期限届满后,墨荷园公司未按照约定偿还当金,构成违约,应承担相应的违约责任。正中典当公司主张逾期利息按照同期中国人民银行规定的一年期贷款基准利率的四倍的标准计算,同时确认其诉讼请求系按照年利率6%的四倍为标准计算至2012年12月31日。对此,因正中典当公司对逾期利息的主张不违反法律规定,亦未超出合同约定,予以支持。编号为34036891的《当票》的典当期限至2009年7月11日届满,逾期利息应自2009年7月12日起计算至2012年12月31日;编号为34036978的《当票》约定典当期限为2009年9月17日至2010年3月16日,逾期利息应自2010年3月17日起计算至2012年12月31日。鉴于2009年7月12日至2010年10月19日中国人民银行一年期贷款基准利率为5.31%,2010年10月20日至2010年12月25日中国人民银行一年期贷款基准利率为5.56%,2010年12月26日至2011年2月8日中国人民银行一年期贷款基准利率为5.81%,正中典当公司按照年利率6%的四倍计算逾期利息,超出上述标准,故对此期间的逾期利息以欠付当金为基数按照银行同期贷款利率的四倍计算。2011年2月9日至2012年12月31日的中国人民银行一年期贷款基准利率均超过年利率6%,正中典当公司按照年利率6%的四倍为标准计算逾期利息未超出上述标准,对此期间的逾期利息以欠付当金为基数按照年利率6%的四倍计算。综上,编号为34036891的《当票》项下2009年7月12日至2010年9月16日的逾期利息为962,963元(24,729,392元×5.31%×4÷360天×66天),墨荷园公司于2009年9月16日偿还8,048,000元,扣除该当票项下综合费用和利息4,735,911元、逾期利息962,963元后,尚余2,349,126元,应在该当票当金中予以扣减,即2009年9月17日墨荷园公司尚欠当金数额为22,380,266元(24,729,392元-2,349,126元),此后计至2012年12月31日逾期利息为16,938,281元[22,380,266元×(5.31%×4÷360天×387天+5.56%×4÷360天×66天+5.81%×4÷360天×44天+6%×4÷360天×689天)]。正中典当公司履行编号为34036978的《当票》项下实付当金为1754万元,墨荷园公司归还编号为34036978的《当票》项下款项720万元,该当票期满前即2010年3月16日前墨荷园公司仅归还218万元,不足以支付当期内的综合费用和利息,不能对当金本金予以扣减;截至2010年9月7日,当期期满后的逾期利息为1,821,354元(17,540,000元×5.31%×4÷360天×176天),2010年9月7日前墨荷园公司已经还款720万元,扣除该当票项下综合费用和利息3,223,093元、逾期利息1,821,354元后,尚余2,155,553元,应在该当票当金中予以扣减,即2009年9月17日墨荷园公司尚欠当金数额为15,384,447元(17,540,000元-2,155,553元),此后计至2012年12月31日逾期利息为8,512,061元(15,384,447元×(5.31%×4÷360天×42天+5.56%×4÷360天×66天+5.81%×4÷360天×44天+6%×4÷360天×689天)]。综上,至2012年12月31日,案涉两份《当票》项下,墨荷园公司尚欠当金37,764,713元(22,380,266元+15,384,447元)、逾期利息25,450,342元(16,938,281元+8,512,061元)。

关于律师费。《国有土地使用权抵押典当合同》《追加抵押借款合同》中仅约定抵押担保的范围包括律师费,但在主债务的承担中均未约定正中典当公司支出的律师费应当由墨荷园公司负担。因双方对律师费的负担约定不明,正中典当公司关于律师费的主张没有合同依据,不予支持。

关于抵押权。正中典当公司与墨荷园公司就案涉两张《当票》分别签订《国有土地使用权抵押典当合同》《追加抵押借款合同》,上述两份合同对本案所涉典当借款的抵押物、抵押债权、抵押范围等作出了明确约定,并对抵押财产在相关部门办理了抵押物登记。正中典当公司要求享有优先受偿的权利,符合法律规定,予以支持。

综上,该院依照《中华人民共和国合同法》第四十四条、第六十条、第一百零七条、第一百一十四条,《中华人民共和国担保法》第三十三条、第四十六条、第五十三条,《中华人民共和国民事诉讼法》第四十条第二款的规定,判决:一、墨荷园公司于判决生效后十日内向正中典当公司支付当金37,764,713元、逾期利息25,450,342元,合计63,215,055元;二、墨荷园公司未按上述第一项确定的期限履行偿还义务的,正中典当公司有权以墨荷园公司所有的位于安徽省合肥市环湖东路中段的96,839.50平方米的土地使用权[土地使用权证号:合国用(2000)字第0××6号]的拍卖、变卖价款或者折价后优先受偿;三、驳回正中典当公司的其他诉讼请求。案件受理费435,800元,正中典当公司负担85,419元,墨荷园公司负担350,381元。

正中典当公司不服原审法院的上述民事判决,向本院提起上诉称:1. 原审判决对当期内约定的当金月利息 0.8% 没有支持,而是按照月利息 0.405% 计算不妥,该项利息费用少计 1,001,784 元。2. 原审判决对典当期限仅支持六个月不妥。合同约定期满可续当,最长可达两年;依据《典当管理办法》的规定,期满后也可以续当。因此本案至少应认定续当六个月,该项综合费及利息少算 3,804,245 元。3. 原审判决对正中典当公司实际发生的律师费不予支持与合同约定不符,该项请求应予支持。4. 原审判决对逾期利息仅计算至 2012 年 12 月 31 日,之后利息没有计算,正中典当公司将保留另案主张的权利。请求在维持原判的基础上,加判支付当金利息、综合费用 4,806,029 元。

墨荷园公司庭审中辩称:1. 合同约定的当金月利息 0.8% 超过了《典当管理办法》第三十七条的规定,超出部分不应支持。2. 案涉《当票》载明的典当期限是六个月,双方当事人虽约定期满可以续当,但并未在期满后就续当达成协议或办理续当手续。3. 案涉合同仅约定了抵押担保的范围,对律师费没有约定由墨荷园公司负担。4. 正中典当公司诉请的逾期利息只计算至 2012 年 12 月 31 日。

墨荷园公司亦不服原审法院的上述民事判决,向本院提起上诉称:1. 本案从绝当日或正中典当公司认可的墨荷园公司最后付款日即 2010 年 9 月 7 日起算,正中典当公司的起诉已超过诉讼时效,其债权不应得到保护。原审判决对墨荷园公司此节辩解理由没有给予任何否定性的认定,径行判决支持正中典当公司的诉请,程序违法。2. 案涉《国有土地使用权抵押典当合同》《追加抵押借款合同》的内容违反了法律法规及《典当管理办法》的强制性规定,属于无效合同。原审判决认定除综合费用、利息约定外不违反法律强制性规定错误。(1)正中典当公司注册资本为 500 万元,依据《典当管理办法》的规定,其房地产抵押典当单笔当金数额不得超过 100 万元,而案涉单笔房地产抵押典当金额为 5000 万元,大大超出了规定的上限,违反了商业银行法、银行业监督管理法确立的发放贷款是银行专营业务的原则。(2)正中典当公司支付当金的方式反映出案涉绝大多数当金系从第三人处拆借而来,违反了《典当管理办法》第二十八条关于典当行不得从商业银行以外的单位和个人借款的规定。3. 原审判决对正中典当公司实际支付的典当借款本金认定错误,借款本金应按当票上注明的实付金额即 2370 万元、1580 万元确认。(1)原审判决认定的事实与所涉证据印证的事实不一致。如 2009 年 9 月 18 日,墨荷园公司出具的 450 万元收条中注明"其中现金 54 万元,转账 396 万元",但该日正中典当公司提交的转账凭证为安徽梅园投资置业有限公司转入合肥经济职业技术学院的 408 万元,说明借款本金最多仅 396 万元。(2)徐学兰、合肥经济技术职业学院等均与正中典当公司存在其他借款关系,无论正中典当公司向徐学兰、合肥经济技术职业学院的转款是否经墨荷园公司委托转款,正中典当公司均应证明所转款项不是基于其相互之间的借款关系,否则不应认定为本案借款。原审法院仅要求墨荷园公司举证证明徐学兰、刘传生等支付至正中典当公司的款项不是偿还其他借款,而不对正中典当公司以同等的举证要求,举证责任分配明显不公。4. 原审判决认定墨荷园公司仅归还借款15,248,000元错误。(1)墨荷园公司已经举证证明王吉森、王亮亮、王吉正、朱纪要、王吉清、吴钢、盛勇及安徽广信投资担保有限公司均为正中典当公司关联方,正中典当公司所称出借的款项,绝大部分由上述关联方账户转出,原审法院在上述关联方未出庭确认的情况下,认定其转款系代正中典当公司支付借款,却要求刘传生、徐学兰、徐亿等出庭确认转至正中典当公司或其关联方的款项系代墨荷园公司还款,显然有失偏颇。此外,正中典当公司已认可墨荷园公司所还的部分款项实际上就是刘传生、徐学兰或者其他个人或单位支付到王吉森、王吉正、吴钢等关联方的款项,例如,2010年5月25日正中典当公司认可收到40万元和18万元,但该日仅有陶圣全转入王吉森账户80万元;又如2010年9月7日正中典当公司认可收到22万元和18万元,但该日仅有徐学兰转入王亮亮账户48万元,上述款项应全部认定。(2)正中典当公司对墨荷园公司归还款项的认定不合常理。首先,正中典当公司认可墨荷园公司最早一次还款为2009年9月16日,原审判决认定金额为8,048,000元,因此可以认定,双方在2009年9月17日第二笔借款合意达成的前一日,结清了第一笔借款,至少是第一笔借款的所有到期利费,这与正中典当公司对墨荷园公司还款的认可以及其他证据反映的情况一致,也符合《典当管理办法》第三十九条规定,故应在此基础上计算法律支持的最高利息,超出部分扣减本金。第一笔借款本金余额应为15,384,629.28元。其次,正中典当公司认可40万元、22万元、18万元还款的最早日期为2009年12月22日,从常理上来看,应确认此前2000万元借款的利费均已支付,按照13个月计算,墨荷园公司实际付款至少为1040万元。第二笔借款本金余额应为10,833,924元。5. 原审法院以中国人民银行贷款基准利率四倍的标准计息至2012年12月31日错误。(1)根据《典当管理办法》的规定,正中典当公司出借金额大大超出限额,超出部分不应按照典当借款处理。(2)原审法院在上述典当借款依法构成绝当的情况下,仍然按照中国人民银行贷款基准利率四倍的标准计息至2012年12月31日,适用法律错误。请求撤销原判,依法改判驳回正中典当公司的诉讼请求,一、二审诉讼费用由正中典当公司负担。

正中典当公司辩称:1. 本案双方有多笔往来,正中典当公司多次主张权利,墨荷园公司也声称在不同的时间内有还款行为,因此,正中典当公司的起诉没有超过诉讼时效。2. 双方签订的《国有土地使用权抵押典当合同》《追加抵押借款合同》约定的部分条款与《典当管理办法》的规定虽不完全相符,但没有违反法律法规禁止性规定,应确认有效。3. 正中典当公司提供了案涉合同、支付当金的银行转账凭证以及墨荷园公司出具的收条证明案涉当金数额,墨荷园公司主张按当票预扣的综合费用推定实际支付的当票数额与事实不符。4. 原审法院综合本案事实,根据墨荷园公司提供的还款凭证真实性、有效性、关联性加以评判认定还款数额与事实相符。此外,由于双方当事人之间存在多笔借款往来,并非每一笔都办理了抵押借款,故在实际的运作过程中是否归还本案借款,双方都以正中典当公司开具的收据为依据。5. 原审判决以中国人民银行贷款基准利率四倍的标准计息至2012年12月31日符合法律规定。现行法律法规以及《典当管理办法》没有规定典当借款在绝当后可以不支付利息。请求驳回墨荷园公司的上诉请求。

双方当事人提交的证据与原审相同,相对方的质证意见同于原审,本院的认证意见同原审一致。

除双方当事人争议的事实本院另行作出分析认定外,本院对原审法院查明的事实予以确认。

二审审理中,墨荷园公司主张其向正中典当公司另还款49,264,000元,具体为:1. 付款人记载为墨荷园公司,收款人记载为王吉森的6张收条、收据,合计款项14,448,000元。2. 付款人记载为徐学兰,收款人分别记载为王亮亮、朱纪要、吴钢、王吉正、王吉清、盛勇、王吉森、王贤俊、安徽广信投资担保有限公司的32张银行凭证,合计款项18,217,600元。3. 付款人记载为刘传生,收款人分别记载为王吉森、王贤俊(另有1张收据未注明收款人)的2张收据及1张银行凭证,合计款项1,620,000元。4. 付款人未注明,收款人分别记载为王吉森、王亮亮、盛勇、朱纪要的7张银行凭证,合计款项1,578,400元。5. 付款人记载为徐亿,收款人记载为王吉正的2张银行凭证,合计款项900万元。6. 付款人分别记载为陶圣全、学校、中策、墨荷商贸,收款人分别记载为王吉森、朱纪要、广信投资的4张银行凭证,合计款项440万元。正中典当公司认可上述付款中涉及本案的转款有以下11笔,但认为与其所出具的收条系同一笔款项,具体为:2009年12月31日徐学兰转入王亮亮账户234,000元中的22万元;2010年3月19日徐学兰转入朱纪要账户80万元中的22万元;2010年4月8日徐学兰转入王亮亮账户770,800元中的22万元;2010年4月27日徐学兰转入王吉正账户的30万元;2010年4月29日徐学兰转入王亮亮账户的374,000元;2010年5月25日陶圣全转入王吉森账户80万元中的58万元;2010年6月2日徐学兰转入朱纪要账户

272,800 元中的 22 万元;2010 年 6 月 22 日徐学兰转入王吉森账户 107 万元中的 58 万元;2010 年 6 月 25 日徐学兰转入吴钢账户 234,000 元中的 22 万元;2010 年 9 月 7 日徐学兰转入王亮亮账户 48 万元中的 40 万元;2011 年 9 月 15 日徐学兰转入王吉正账户 100 万元中的 84 万元。

本院认为,综合双方当事人举证、质证及诉辩意见,本案二审的争议焦点为:1. 案涉《国有土地使用权抵押典当合同》《追加抵押借款合同》效力如何;2. 墨荷园公司应支付正中典当公司当金和利息、综合费用、逾期利息的数额;3. 正中典当公司诉请的律师费应否支持;4. 正中典当公司的起诉是否超过诉讼时效。分析认定如下:

关于争议焦点一。案涉《国有土地使用权抵押典当合同》《追加抵押借款合同》是双方当事人的真实意思表示。双方在约定的利息之外,同时约定了一定比例的综合费用,并约定迟延还款还另按迟延付款额的每日 2‰支付违约金。因综合费用应为履行案涉典当合同产生的各种服务及管理费用,而正中典当公司未提交证据证明该费用实际发生的数额以及迟延还款给其造成的损失金额,且对于墨荷园公司来说,无论是利息还是综合费,均为其使用资金支出的成本,故结合墨荷园公司关于利费计算的上诉理由,本院酌定将本案合同期内的利息和综合费用总额的收取标准以及迟延付款违约金的收取标准均调整为中国人民银行同期同类贷款基准利率的四倍,对超出部分不予保护。除此之外,上述合同的其他内容未违反法律、行政法规的强制性规定,应确认有效。墨荷园公司上诉称案涉《国有土地使用权抵押典当合同》《追加抵押借款合同》的内容违反了法律法规及《典当管理办法》的有关强制性规定,属于无效合同。依据《最高人民法院关于适用〈中华人民共和国合同法〉若干问题的解释(一)》第四条“合同法实施以后,人民法院确认合同无效,应当以全国人大及其常委会制定的法律和国务院制定的行政法规为依据,不得以地方性法规、行政规章为依据”的规定,因商务部、公安部颁布的《典当管理办法》属于行政部门规章,正中典当公司是否违反《典当管理办法》关于“房地产抵押典当单笔当金数额不得超过 100 万元”“典当行不得有下列行为:(一)从商业银行以外的单位和个人借款”的规定,不应作为认定上述合同无效的理由。另从本案查明的事实看,案涉当金虽然大多由正中典当公司指令第三人转款至墨荷园公司账户,但以此认定上述当金系从第三人处拆借而来理由亦不充分。故墨荷园公司此节上诉理由于法无据,本院不予采纳。

关于争议焦点二。1. 关于案涉合同项下当金的认定。墨荷园公司上诉称正中典当公司实际支付给墨荷园公司的当金本金应按《当票》上注明的金额认定。经审查,案涉编号为 34036891 的《当票》虽然载明实付金额为 2370 万元,编号为 34036978 的

《当票》虽然载明实付金额为1580万元，但两张《当票》的制单时间分别为2009年1月12日、2009年9月17日；正中典当公司提交的付款凭证证明编号为34036891的《当票》至2009年1月19日，编号为34036978的《当票》至2009年9月25日，其仍在按照墨荷园公司的指令支付当金，共计支付编号为34036891的《当票》项下的当金24,729,392元，编号为34036978的《当票》项下的当金1754万元。故墨荷园公司此节上诉主张与事实不符，本院不予采纳。墨荷园公司上诉又称徐学兰、合肥经济技术职业学院等单位和个人与正中典当公司之间还存在其他借款关系，正中典当公司无论是否经墨荷园公司委托，均应证明所转款项不是基于其相互之间的借款关系，否则不应认定为本案借款。依据查明的事实，正中典当公司向墨荷园公司支付案涉合同项下当金，除直接将当金付至墨荷园公司账户之外，其通过案外人转入墨荷园公司的款项，案外人均出函予以确认系代正中典当公司支付借款；其通过案外人转入墨荷园公司指定的其他单位和个人的款项，墨荷园公司均出具了委托转款函，案外人也出函予以确认所转款项系代正中典当公司支付借款，墨荷园公司亦向正中典当公司出具了收条。故在墨荷园公司无证据推翻前述事实情形下，上述转款应当认定为系正中典当公司支付本案的当金。墨荷园公司此节上诉理由不能成立，本院不予采信。此外，墨荷园公司上诉称2009年9月18日其出具的借款450万元收条中载明的“现金54万元，转账396万元”与当日转款凭证载明的408万元数额不一致问题，二审庭审中，正中典当公司陈述因2009年9月17日墨荷园公司出具的借款1000万元收条中载明“现金120万元、转账880万元”，而实际转款868万元，对少转12万元款项，在次日予以补足。正中典当公司的上述陈述与该两日转款凭证及收条可以相互印证。故墨荷园公司此节上诉理由，本院亦不予采信。综上，原审判决认定正中典当公司支付编号为34036891的《当票》项下当金24,729,392元，支付编号为34036978的《当票》项下当金1754万元正确。

2. 关于墨荷园公司已付款项的认定。墨荷园公司上诉称原审判决对其向正中典当公司另有还款49,264,000元未予认定错误。首先，依据墨荷园公司提交的49,264,000元还款凭据，除付款人记载为墨荷园公司的五张收条、收据合计金额14,448,000元之外，其余还款凭据即银行凭证与收据合计金额34,816,000元，其上载明的付款人与收款人均非墨荷园公司与正中典当公司，墨荷园公司也未提交其系按正中典当公司指令转入他人账户的证据；正中典当公司对此主张双方当事人及有关案外人之间还存在其他借款、往来关系，其收到还款后在出具的收条中对不同的借款及往来款项加以区分；而从墨荷园公司原审提交的由正中典当公司出具的多份收条看，其上载明的姓名、原借款金额等事项确亦不尽相同,故在墨荷园公司无证据证明上述银行凭证、收据项下的款项与本案典当借款有关联的情形下,除正中典当公司认可的款项之外,本院对墨荷园公司主张的其他还款在本案中不予认定,相关权利人可另行处理。其次,对于正中典当公司认可的还款金额中,除2011年9月15日所涉84万元之外,其余款项与正中典当公司向墨荷园公司出具的收条可以相互印证,原审判决已作出认定,墨荷园公司亦无证据证明银行凭证与收条载明的款项系两笔款项,故本院不再重复认定。对正中典当公司二审中确认的墨荷园公司还款84万元,本院予以认定。最后,对于墨荷园公司主张的付款人为墨荷园公司的五张收条、收据合计款项14,448,000元还款问题。第一,墨荷园公司以2009年9月16日收条主张还款7,048,000元。经查明,2009年9月16日徐学兰向正中典当公司账户转款8,048,000元,墨荷园公司提交的同日盖有王吉森印章的收条载明收到墨荷园公司综合费用7,048,000元,墨荷园公司未提交证据证明银行凭证与收条系两笔款项,而原审判决依据银行凭证已认定墨荷园公司还款8,048,000元,故墨荷园公司以该收条主张另还款7,048,000元,本院不予采纳。第二,墨荷园公司以2009年12月16日、12月17日、12月24日、2010年1月10日的收条、收据主张还款740万元。上述收条均系正中典当公司出具,载明的金额分别为120万元、54万元、66万元、500万元,但墨荷园公司未提交上述款项的支付凭证;而墨荷园公司于2009年1月6日出具的收到借款500万元、2009年9月17日出具的收到现金120万元、2009年9月18日出具的收到现金54万元、2009年9月25日出具的收到现金72万元的收条,其上载明的款项正中典当公司亦未支付,正中典当公司原审庭审中陈述为预扣的综合费用,故在双方互有收条,墨荷园公司未提交支付凭证的情况下,本院对上述四张收条项下的款项亦不予认定。综上,墨荷园公司偿还编号为34036891的《当票》项下的款项为8,048,000元,偿还编号为34036978的《当票》项下的款项为804万元。

3. 关于案涉典当期限、当金利率和综合费用、逾期利息的认定。首先,关于案涉典当期限,正中典当公司上诉称原审判决对典当期限仅支持六个月不妥,应给予续当六个月。经查明,编号为34036891的《当票》载明典当期限为2009年1月12日至2009年7月11日;编号为34036978的《当票》载明典当期限为2009年9月17日至2010年3月16日。两张《当票》上虽注明期满可续当,但双方在期满后并未办理续当手续,故原审判决按两张《当票》载明的日期认定典当期限并无不当。正中典当公司此节上诉理由不成立,本院不予采纳。其次,关于案涉综合费用和利息,正中典当公司上诉称原审判决对当期内约定的当金月利率0.8%没有支持不妥,该项利息费用少计

1,001,784元。如前所述,案涉《国有土地使用权抵押典当合同》《追加抵押借款合同》约定的月利率及月典当综合费率总额超过了中国人民银行公布的同期同类贷款基准利率的四倍,对超出部分本院不予保护,故本案典当期限内的月利率及月典当综合费率总额应以中国人民银行公布的六个月期贷款基准利率的四倍为限。依此标准计算,编号为34036891的《当票》项下利息和综合费用为2398,713.20元;编号为34036978的《当票》项下利息和综合费用总额为1,681,614元(计算方式附后)。再次,关于案涉逾期利息,墨荷园公司上诉称原审判决以中国人民银行贷款基准利率的四倍计息至2012年12月31日错误。案涉《国有土地使用权抵押典当合同》《追加抵押借款合同》约定抵押典当期满时,墨荷园公司应清偿正中典当公司全部债务,否则,正中典当公司有权处分抵押物,就拍卖、变卖抵押物的价款优先受偿;同时还约定了迟延还款除应继续按约定的利费标准支付利息和综合费用,还应按迟延付款额的每日2‰支付违约金。据此,对墨荷园公司未还款项,酌定墨荷园公司按中国人民银行规定的一年期贷款基准利率的四倍标准支付逾期利息。墨荷园公司此节上诉理由不成立,本院不予采信。此外,墨荷园公司上诉主张正中典当公司出借金额超出限额,超出部分不应按照典当借款处理于法无据,本院亦不予采信。以此标准计算,编号为34036891的《当票》2009年7月11日到期时,墨荷园公司未清偿当金本金24,729,392元、利息和综合费用2398,713.20元,自2009年7月12日起计算逾期利息,期间的还款扣除利息和综合费用2398,713.20元后,剩余还款按先还息后还本方式抵充,至2012年12月31日,尚欠本金19,999,296.70元,逾期利息15,614,115.60元。编号为34036978的《当票》2010年3月16日到期,墨荷园公司在此之前还款合计218万元,扣除利息和综合费用1,681,614元后抵充当金本金,到期时未清偿当金本金17,041,614元;自2010年3月17日起计算逾期利息,期间的还款按先还息后还本方式抵充,至2012年12月31日,尚欠本金13,533,327元,逾期利息6,819,700元(附计算方式)。

关于争议焦点三。正中典当公司上诉称案涉抵押典当合同约定了律师费的负担,原审判决对此不予支持与事实不符。经查明,案涉《国有土地使用权抵押典当合同》、《追加抵押借款合同》仅在"抵押担保的债务范围"条款中约定抵押担保的债务范围包括律师费,但对主债权的范围未作出此项约定。故正中典当公司此节上诉主张无合同依据,本院不予支持。

关于争议焦点四。墨荷园公司上诉称正中典当公司的起诉已超过诉讼时效期间。依据查明的事实,案涉3000万元及追加的2000万元当金到期后,墨荷园公司陆续还款,其主张至2011年9月15日仍在归还本案当金本息,正中典当公司二审中对2011年9月15日徐学兰转入王吉正账户100万元中的84万元亦认可系归还本案当金本息。据此,墨荷园公司的还款持续至2011年9月15日,正中典当公司于2013年1月30日提起本案诉讼,未超过法定诉讼时效期间。墨荷园公司的此节上诉理由与事实不符,本院不予采纳。

综上,原审判决认定事实清楚,适用法律正确,但处理结果部分不当。依照《中华人民共和国民事诉讼法》第一百七十条第一款第二项之规定,判决如下:

一、维持安徽省合肥市中级人民法院(2014)合民二初字第00134号民事判决第二项、第三项,即合肥墨荷园园林发展有限责任公司未按上述第一项确定的期限履行偿还义务的,安徽正中典当有限责任公司有权以合肥墨荷园园林发展有限责任公司所有的位于安徽省合肥市环湖东路中段的96,839.50平方米的土地使用权[土地使用权证号:合国用(2000)字第0×××6号]的拍卖、变卖价款或者折价后优先受偿;驳回安徽正中典当有限责任公司的其他诉讼请求;

二、变更安徽省合肥市中级人民法院(2014)合民二初字第00134号民事判决第一项为:合肥墨荷园园林发展有限责任公司于判决生效后十日内向安徽正中典当有限责任公司支付当金33,532,623.70元、逾期利息22,422,815.60元,合计55,966,439.30元。

如果未按本判决指定的期间履行给付金钱义务,应当依照《中华人民共和国民事诉讼法》第二百五十三条之规定,加倍支付迟延履行期间的债务利息。

一审案件受理费435,800元,正中典当公司负担191,410元,墨荷园公司负担244,390元;二审案件受理费411,157元,正中典当公司负担83,282元,墨荷园公司负担327,875元。

本判决为终审判决。

审 判 长 霍 楠
审 判 员 徐旭红
代理审判员 卢玉和
二〇一五年六月一日
书 记 员 姚 璐

9. 典当合同与股票质押

【问题提示】典当行以证券交易账户资产为质押,为客户提供资金进行股票交易的,该合同性质和效力如何认定?

【案例四十二】谷明珠诉鞍山东方鑫晟典当有限责任公司典当合同纠纷案(2014年12月17日)

【法律点】典当行从事股票质押典当应属其业务范围,并非证券交易或融资融券业务。只要典当行与当户签订的股票质押典当合同是双方当事人真实意思表示,其内容不违背法律、行政法规强制性规定,则合同合法有效,受法律保护。

【关键词】股票质押　股票典当　风险系数　股票交割　证券交易　融资融券业务

辽宁省鞍山市中级人民法院

民事判决书

(2014)鞍审民终再字第45号

再审申请人(一审原告、二审上诉人):谷明珠。

委托代理人:白海昇,辽宁晟通律师事务所律师。

被申请人(一审被告、二审被上诉人):鞍山东方鑫晟典当有限责任公司。

法定代表人:杨松涛,经理。

委托代理人:梁文,辽宁弘扬律师事务所律师。

再审申请人谷明珠因与被申请人鞍山东方鑫晟典当有限责任公司(以下简称鑫

晟典当公司)典当合同纠纷一案,不服本院(2013)鞍民三终字第236号民事判决书,向辽宁省高级人民法院申请再审。辽宁省高级人民法院于2014年7月20日作出(2013)辽审三民申字第691号民事裁定书,指令本院再审本案。本院依法另行组成合议庭,公开开庭审理了本案。再审申请人谷明珠及其委托代理人白海昇,被申请人鑫晟典当公司法定代表人杨松涛及委托代理人梁文到庭参加了诉讼。本案现已审理终结。

原告诉称,2011年5月13日、6月3日,原、被告分两次达成协议(后延至12月月底),被告共向原告提供3万元贷款。原告自己出资19,500元,在被告提供的账户炒股。按照约定由原告自己炒股,由被告提供交易软件及账号。但后来发现,被告提供的交易与证券交易所不同,提供的交易清单与原告操作的交易不符,与证交所大盘也不符,同时被告擅自对原告账户内股票进行买卖,并未经原告允许擅自将原告的资金转移等,双方中止合同后,被告的行为给原告造成损失,侵害了原告的合法权益,为此原告诉至贵院,请求依法判决被告赔偿原告经济损失36,000元及利息(从2011年5月13日起至给付之日止按中国人民银行同期贷款利率计算),并承担全部诉讼费。

被告辩称,被告有权办理财产权利质押典当业务按照《典当管理办法》的规定,被告有权收取典当金、利息和综合管理费用,其标准每月为不高于2.94%。

2011年5月13日,被告与原告签订《股票质押典当合同》,约定:“乙方需在甲方指定的账户,即中信证券沈阳奉天街营业部中进行股票买卖操作。甲方向乙方提供贷款金额2万元。贷款期限1个月,自2011年5月13日起至2011年6月12日止。股票典当的月利率为典当金总额的0.5%,每月利息为100元整,每月综合费率为典当金总额的2%,月典当费为400元,利息及典当费每月为500元,乙方自愿将利息及典当费在甲方向其支付贷款时一次性缴付。典当合同记载与当票不一致时,以当票记载为准。乙方可通过投资赢家股票操作平台对该账户中的资金自由买卖股票,如乙方对账户内股票交易存有异议,需在收盘次日以书面形式向甲方提出质疑,否则视为乙方自主交易,任何责任均由乙方承担。当风险系数(客户质押的账户资金总额与贷款金额之比)降至130%时,乙方必须及时补充资金,当风险系数降至120%时,甲方有权清除或更换上述账户的交易及取款密码,有权选择卖出时间,按市价(即质押股票当日成交价均被视为有效价格)将股票卖出,用于偿还甲方的贷款本金及所发生的相关费用,余额归乙方所有,且本合同提前终止。本合同所涉及的一切行为均属乙方对甲方的授权,视同乙方本人行为,其后果及法律责任由乙方承担,与甲方和证券公司营业部无涉。”

原告于2011年5月13日存入账号9500元购买股票,作为质押。

2011年5月13日,被告将2万元交付给原告,转入奉天街营业部,并为原告出具《当票》。

2011年6月3日,被告与原告签订《股票质押典当合同》,约定:"甲方向乙方提供贷款3万元。贷款期限1个月,自2011年6月3日起至2011年7月2日止。"合同其他内容与原《股票质押典当合同》一致。

被告与2011年6月3日又存入账号4400元,包括2011年5月13日存入账号9500元,合计13,900元购买股票,作为质押。

2011年6月3日,被告将3万元交付给原告,转入奉天街营业部,并为原告出具《当票》。

2011年7月5日,被告与原告签订《股票典当合同(续当)》,约定:"甲方向乙方提供3万元贷款,贷款期限30日,自2011年7月3日起至2011年8月2日止。"被告为原告出具《当票》。

2011年8月3日,被告与原告签订《股票质押典当合同》,约定:"甲方向乙方提供贷款40万元(实际是3万元)。贷款期限1个月,自2011年8月3日起至2011年9月2日止。"合同其他内容与原《股票质押典当合同》一致。同时,被告为原告出具《当票》,金额3万元。

2011年9月14日,被告与原告签订《股票典当合同(续当)》,约定:"甲方向乙方提供3万元贷款,贷款期限30日,自2011年9月3日起至2011年10月2日止。"同时,被告为原告出具《当票》。

2011年9月22日,原告购买股票及账户内资金价值34,882.61元,低于风险系数120%,被告按照合同收回当金1万元;2011年10月21日,原告购买股票及账户内资金价值22,910.26元,再次低于风险系数120%,被告按照合同约定收回当金1万元;2011年12月22日,原告购买股票及账户内资金价值11,312.64元,第三次低于风险系数120%,被告按照合同约定平仓,收回当金1万元,余款1312.64元被告通知原告取回,遭原告拒绝。

综上所述,被告是按照合同履行义务,享有权利、行使权利,并没有损害原告的合法权益,原告的诉讼请求无事实和法律依据,请人民法院依法驳回。

一审法院经审理查明,2011年5月13日、6月3日、8月3日谷明珠与鑫晟典当公司签订股票质押典当合同,约定:贷款金额分别为20,000元、30,000元、400,000元(实贷30,000元),贷款期限一个月,典当月利率为典当金总额0.5%;月利息分别为

100元、150元、150元;月综合费率为典当金总额的2%;综合费用分别为500元、750元、750元;乙方(谷明珠)自愿将全部费用在甲方(鑫晟典当公司)向乙方支付贷款时一次性缴付。贷款期满,乙方可向甲方提出续当申请,经双方协商后签订续当手续,并向甲方交足续当期间当费,即可办理续当。典当合同记载与当票不一致时,以当票记载为准,典当或续当期满当票自动失效,在贷款合同约定期限内,乙方可通过投资赢家股票操作平台对该账户中的资金自由买卖股票,无论账户中的资金、买卖的股票发生何种改变,除甲方所提供的贷款外,其余均归属乙方所有,账户内的股票操作系乙方自行买卖交易,与甲方无关,如乙方对账户内股票交易存有异议,须在收盘次日以书面形式向甲方提出质疑,否则视为乙方自主交易,任何责任均由乙方承担。当风险系数降至130%时,乙方必须及时补充资金,甲方没有通知乙方的义务,当风险系数降至120%甲方有权清除及更换上述账户的交易及取款密码,有权选择卖出时间按市价将股票卖出,用于偿还甲方的贷款本金及所发生的相关费用,余额归乙方所有,本合同提前终止。本条款所涉及的一切行为均属乙方对甲方的授权,视同乙方本人行为,其后果及法律责任由乙方承担,与甲方和证券公司营业部无涉。

2011年7月5日、9月14日,双方分别签订了股票典当合同(续当)各一份,贷款各30,000元,当期一个月,费用各750元,月综合费率为2.5%。上述所签订的典当合同,续当合同谷明珠贷款实际总额为30,000元。同时,鑫晟典当公司为谷明珠出具了当票及综合费用结算单。

截至2011年9月22日,谷明珠购买股票及账户内资金价值为34,882.61元,低于风险系数120%,鑫晟典当公司按照合同约定,收回当金10,000元。2011年10月20日,谷明珠购买股票及账户内资金价值为22,910.26元,再次低于风险系数120%,鑫晟典当公司又收回当金10,000元。2011年12月22日至23日,谷明珠购买股票及账户内资金价值为11,312.64元,第三次低于风险系数120%,鑫晟典当公司按照合同约定平仓,收回当金10,000元,余款1312.64元并通知谷明珠取回。

谷明珠实际出资为16,000元,扣除费用1850元,余款投入账户内资金14,150元(其中2011年5月13日存入10,000元,扣除费用500元,余额9500元;6月3日存入5000元,扣除费用600元,余额4400元;9月19日存入1000元,扣除费用750元,余额250元。即应扣除费用为1850元,账户资金余款14,150元)。谷明珠用已投入的资金购买股票作为质押,在鑫晟典当公司处贷款30,000元,在鑫晟典当公司指定的账户,中信证券沈阳奉天营业部用于炒股。由于谷明珠账户内的股票三次低于风险系数120%,鑫晟典当公司分三次平仓,每次收回当金10,000元,共取回当金30,000元,谷明珠账户资金余额 1312.64 元,按照合同约定归谷明珠所有,现谷明珠提出鑫晟典当公司提供的交易与证券交易所不同,提供的交易清单与谷明珠操作的交易及大盘不符,同时,鑫晟典当公司擅自对谷明珠账户内股票进行买卖,未经谷明珠允许转移资金,给谷明珠造成经济损失 36,000 元为由要求赔偿,给付利息并承担本案诉讼费。

一审法院审理认为,谷明珠与鑫晟典当公司签订的股票质押典当合同、股票典当合同(续当)成立,是双方当事人真实意思表示,其内容不违背法律、行政法规强制性规定,其效力合法有效,受法律保护。双方当事人应当依照约定行使权利和履行义务。鑫晟典当公司依照合同约定向谷明珠提供了 30,000 元贷款,并依约,当谷明珠股票风险系数降至 120% 时,鑫晟典当公司有权清除及更换账户的交易及取款密码,有权选择卖出时间按市场价将股票卖出,用于偿还鑫晟典当公司的贷款本金及所发生的相关费用,余款归谷明珠所有,本合同提前终止。谷明珠股票出现三次风险系数降至 120%,鑫晟典当公司分三次收回当金共 30,000 元,并无不妥,且谷明珠对鑫晟典当公司扣款事实并未提出异议,故鑫晟典当公司平仓行为正当,予以认定。

关于谷明珠提出鑫晟典当公司提供的交易与证券交易所不同,提供的交易清单与谷明珠操作的交易及大盘不符,同时,鑫晟典当公司擅自对谷明珠账户内股票进行买卖,未经谷明珠允许转移资金的问题。因“股票质押典当合同”约定,账户内的股票操作系统系谷明珠自行买卖交易,与鑫晟典当公司无关,如谷明珠对账户内股票交易存有异议,须在收盘次日以书面形式向鑫晟典当公司提出质疑,否则视为谷明珠自主交易,任何责任均由谷明珠承担。且谷明珠对上述问题,并未以书面形式向鑫晟典当公司提出质疑,按照双方约定,应视为谷明珠行为,与鑫晟典当公司无关。由于谷明珠账户内股票风险系数出现三次降至 120%,鑫晟典当公司按照双方约定,对谷明珠账户内股票分三次进行平仓收回当金,不属于对原告股票进行买卖,转移资金,故对谷明珠的上述主张,该院不予采信。

关于谷明珠要求鑫晟典当公司赔偿损失 36,000 元的请求,因谷明珠对自己的损失主张所提供的证据,无法证明损失实际发生,且没有直接证据证明损失存在,故对谷明珠的该项请求,该院不予支持。综上,依照《中华人民共和国合同法》第九十四条、第一百零七条之规定,判决:驳回谷明珠要求鑫晟典当公司给付损失 36,000 元及利息的诉讼请求。案件受理费 700 元,由谷明珠负担。

上诉人谷明珠不服一审法院上述民事判决,向本院提出上诉称,一审认定事实不清,适用法律不当。1. 一审没有按照诉讼请求进行审理,没有考虑谷明珠的证据说明,鑫晟典当公司违反合同、证券法相关规定;对证据没有认真审理质证,鑫晟典当公司不明确、没有答复证据；鑫晟典当公司提供的谷明珠交款时间及用途，与谷明珠交款有出入，法庭没有认真审理查明。2. 鑫晟典当公司提供的交割单信息错误是伪造的，违反证券法规定，不符合事实，存在欺诈行为，股票交易软件及账户是鑫晟典当公司提供，谷明珠的交易必须经过此软件和账户，幕后操作是鑫晟典当公司操控，其可以随意更换账户上的交易，不符合证券法规定，当风险系数降至120%以下时，账户上只有资金和股票，鑫晟典当公司只能卖出股票而不是更换交易，其提供的交割单上没有大连证券印章也没有沈阳证券印章，在本合同前鑫晟典当公司从未给过谷明珠对账单，到其他证券公司又打印不出交割单，提供的软件查不到历史账目，没有其他查询方式。3. 鑫晟典当公司提供的交割单没有证券公司印章，也没有几时几分几秒交易及合同号，第二次开庭交的交割单与当年打的交割单对比可知，出现了不同的上海证交所和深圳证交所账号，不符合证券法交易规定。4. 鑫晟典当公司放高利贷，不应受法律保护。5. 一审程序违法，应追加大连中信证券公司和沈阳奉天中信证据营业部参加诉讼，一审认定股票质押典当合同及股票典当合同合法有效是错误的，没有确定鑫晟典当公司提供的交易与证交所的交易不同以及交易清单与谷明珠交易操作及大盘不符是错误的，没有确定其擅自买卖股票转移资金是错误的，没有对损失进行赔偿是错误的。综上，请求二审法院撤销一审判决，改判赔偿谷明珠经济损失36,000元及利息（自2011年5月13日起至给付之日止中国人民银行同期贷款利率计算），由鑫晟典当公司承担全部诉讼费用。

被上诉人鑫晟典当公司未作书面答辩，在庭审中辩称，根据合同约定，谷明珠出资包括典当金，不能超过临界点，如果超过，就要收回当金，余款返还，一审判决正确。

本院二审除确认一审查明的事实外，另查明，谷明珠投入资金及扣除费用情况分别为：2011年5月13日存入10,000元，扣除费用500元，余额9500元；6月3日存入5000元，扣除费用600元，余额4400元；7月6日扣除费用750元，8月11日扣除费用750元，9月20日存入1000元，扣除费用750元，余额250元；10月交纳当月费用750元；11月交纳当月费用750元，12月14日存入1500元，扣除费用750元，余额750元。共交纳资金19,000元，扣除累计八个月费用5600元，实际投入资金13,400元。

本院二审认为，本案的争议焦点是：谷明珠要求鑫晟典当公司赔偿经济损失的事实和理由是否成立。关于谷明珠提出交割清单与交易大盘不符的问题。因《股票质押典当合同》已经明确约定“账户内股票交易系乙方自行买卖交易，与甲方无关，如乙方对账户内股票交易存有异议，须在收盘次日以书面形式向甲方提出质疑，否则视为乙方自主交易，任何责任均由乙方承担”。因谷明珠并无证据证明向鑫晟典当公司提出过书面异议,故对此项上诉理由,本院不予支持。

关于谷明珠提出对交款数额有异议的问题。本院对照交割清单与鑫晟典当公司出具的谷明珠交款明细,经审查,谷明珠投入资金及扣除费用情况分别为:2011 年 5 月 13 日存入 10,000 元,扣除费用 500 元,余额 9500 元;6 月 3 日存入 5000 元,扣除费用 600 元,余额 4400 元;7 月 6 日扣除费用 750 元,8 月 11 日扣除费用 750 元,9 月 20 日存入 1000 元,扣除费用 750 元,余额 250 元;10 月交纳当月费用 750 元;11 月交纳当月费用 750 元,12 月 14 日存入 1500 元,扣除费用 750 元,余额 750 元。共交纳资金 19,000 元,扣除累计八个月费用 5600 元,实际投入资金 13,400 元。本院对一审查明的此项事实予以纠正。

关于鑫晟典当公司是否有权平仓及收回贷款的问题。根据谷明珠与鑫晟典当公司签订的三份《股票质押典当合同》第八条约定:当风险系数降至 120% 时,甲方有权清除及更换上述账户的交易及取款密码,有权选择卖出时间按市价将股票卖出。鑫晟典当公司三次对谷明珠股票平仓,均在风险系数降至 120% 时,按照合同约定进行的,其平仓行为并无不当,一审法院认定正确,本院予以维持。

关于谷明珠提出股票交易系统不合法,交易账户违反证券法,股票交易不是其本人操作的问题。鑫晟典当公司股票交易系统为投资赢家独立交易平台,是通过中信证券进行股票交易,也是双方签订的《股票质押典当合同》所明确的,谷明珠没有证据证明鑫晟典当公司提供股票交易系统不合法。《股票质押典当合同》已经明确谷明珠须在鑫晟典当公司指定的账户中进行股票买卖操作,与其自己在上证所和深证所开户不发生冲突。谷明珠并无证据证明其持有异议的股票是他人操作,对此项上诉理由,本院不予支持。

关于谷明珠提出鑫晟典当公司放高利贷及应当追加大连中信证券和沈阳奉天中信证券营业部参加诉讼的问题。《股票质押典当合同》中约定的月综合费率不得超过典当金总额的 2.0%,并未超过《典当管理办法》中规定的财产权利质押典当的月综合费率不得超过当金的 24‰。大连中信证券和沈阳奉天中信证券营业部并非《股票质押典当合同》相对人,也非本案一方当事人。对此项上诉理由,本院不予支持。

综上,依照《中华人民共和国民事诉讼法》第一百七十条第一款第一项、第一百七十五条之规定,判决如下:驳回上诉,维持原判。二审案件受理费 700 元,由上诉人谷明珠负担。

再审申请人谷明珠申请再审称,请求再审法院撤销原一、二审判决,并依法改判被申请人赔偿我经济损失 3.6 万元及相应的利息损失。理由是:双方当事人所签订的

《股票质押典当合同》应属无效合同;且被申请人虚构伪造交割单,其行为违反证券法和证券交易规定,属于欺诈行为。

被申请人鑫晟典当公司辩称,服从原一、二审判决。

本院再审查明的事实与原二审查明事实基本一致。

本院再审认为,公民的合法民事权益受法律保护。本案中,2011年谷明珠与鑫晟典当公司签订《股票质押典当合同》,由鑫晟典当公司向谷明珠贷款进行股票交易。现再审申请人谷明珠提出该合同应属无效的问题。经查,鑫晟典当公司是合法的典当企业,有权从事质押典当业务,其与谷明珠签订《股票质押典当合同》应属其业务范围,此行为并非再审申请人所称证券交易或融资融券业务,故鑫晟典当公司并不存在超出典当企业特许经营范围从事经营活动的情况,且其与谷明珠自愿签订《股票质押典当合同》,是双方当事人真实意思表示,该合同应属有效。再审申请人此项再审主张,没有法律依据,本院不予支持。

关于再审申请人谷明珠提出鑫晟典当公司虚构伪造股票交割单,违反证券法和证券交易规定,属于欺诈行为的问题。经查,双方当事人签订的《股票质押典当合同》明确约定"账户内股票交易系乙方(谷明珠)自行买卖交易,与甲方(鑫晟典当公司)无关,如乙方对账户内股票交易存有异议,须在收盘次日以书面形式向甲方提出质疑,否则视为乙方自主交易,任何责任均由乙方承担"。诉讼之前,谷明珠并未以书面形式向鑫晟典当公司提出其股票交易存在问题,发生的所有交易应视为谷明珠自主行为。再审申请人此项再审主张,没有事实及法律依据,本院不予支持。

综上所述,依照《中华人民共和国民事诉讼法》第一百七十条第一款第一项之规定,判决如下:

维持本院(2013)鞍民三终字第236号民事判决。

本判决为终审判决。

审 判 长 杨学军

审 判 员 邹仁武

代理审判员 孙 雪

二〇一四年十二月十七日

书 记 员 贾开萍

【案例四十三】苏州市华夏典当行有限责任公司诉刘健民间借贷纠纷案（2014年11月28日）

【法律点】 1. 典当行作为从事典当业务的特许行业组织，不得发放信用贷款，也禁止为借款人提供股票交易资金，禁止以证券交易账户资产为质押的股票典当业务。典当行通过典当合同的形式发放信用贷款供借款人融资参与股票交易的行为，超出了典当行的经营范围，违反了我国典当行业和证券市场的监管规定，该典当合同应属无效。

2. 借款人自行操作证券交易导致的损失并非典当行超越经营范围引起，也与典当合同无效之间没有直接的因果关系，因此，典当行对股票交易造成的损失不承担责任。

【关键词】信用贷款　有价证券　股票交易　经营范围　证券监管　合同无效　固定孳息　赔偿损失

江苏省苏州市中级人民法院
民事判决书

(2014)苏中民终字第03374号

上诉人(原审被告):刘健。

委托代理人:张伟峰,江苏拙正律师事务所律师。

委托代理人:汤子高,江苏拙正律师事务所律师。

被上诉人(原审原告):苏州市华夏典当行有限责任公司。住所地,苏州市××路。

法定代表人:金城彪,董事长。

委托代理人:毛勤勇,江苏新天伦律师事务所律师。

委托代理人:侍国成,江苏新天伦律师事务所律师。

上诉人刘健与被上诉人苏州市华夏典当行有限责任公司(以下简称华夏典当行)因民间借贷纠纷一案,不服苏州市姑苏区人民法院(2013)姑苏商初字第1537号民事判决,向本院提起上诉。本院于2014年9月2日立案受理后,依法组成合议庭审理了本案,现已审理终结。

原审法院审理查明:2007年8月14日,华夏典当行(甲方)与刘健(乙方)签订《有价证券典当质押贷款协议》,协议约定:乙方自愿向甲方提供刘健股东账户内总市值(有价证券加现金)200万元的资产作为典当质押物,作为其向甲方贷款的担保,甲方向乙方提供典当贷款200万元,甲方将典当贷款200万元在本协议书签订后一个工作日内支付至乙方指定的证券交易账户内。乙方贷款的用途为购买证券。典当期限自2007年8月8日起至2007年12月8日止,如需延长,以当票拟定期限为准。乙方应在典当期限届满前向甲方归还所借贷款及其他费用。典当期限届满,乙方未能向甲方清偿所有债务,又未能办理续当的,甲方将从典当期满次日起至乙方归还贷款日止,每天按典当贷款金额的1.2‰收取罚金。本协议书是编号为32404936号当票所列内容的补充条款,与该当票具有同等的法律效力。

同日,华夏典当行向刘健提供编号为32404936号当票,当票载明:当物为股票,典当金额为200万元,月费率为1.5%,典当期限为2007年8月8日起至2007年9月8日止。备注栏写明:原当票32404917转增60万。每月应缴费用为30,000元,准时赎当应付金额为2,030,000元,如逾期,则需交纳相应的滞纳金。

2007年8月14日,刘健在《典当贷款到账收执》上签字确认:"苏州市华夏典当行有限责任公司:本人刘健在贵公司申请的股票典当贷款共计人民币200万元已于2007年8月14日通过东吴证券石路营业部划至本人在该营业部的股东资金账户中。"

刘健分别于2007年10月9日、2007年12月19日、2008年2月4日、2008年4月8日,2008年12月23日各支付6万元作为综合费用。

2011年4月20日,刘健在承诺函中签字确认,内容为"我向苏州市华夏典当行有限责任公司借款本金为贰佰万元整,约定的综合费率为每月1.5%,为此签订了当票、典当借款合同约定及授权委托,我将继续履行并履行欠款的清偿义务。具体还款计划如下:2011年11月25日将本金与利息费用一次归还。否则,苏州市华夏典当行有限责任公司可按我合同约定及我的授权书处置我质押的股票权利,对其不足部分行使追索权,直至还清所有欠款为止"。但此后刘健并未偿还借款本息。

原审法院另查明,华夏典当行与刘健签订《有价证券典当质押贷款协议》后,双方未根据协议办理股票质押登记手续。

以上事实,有华夏典当行提供的《有价证券典当质押贷款协议》、当票、典当贷款到账收执、承诺函等证据及双方当庭陈述予以证明。

原审原告华夏典当行的诉讼请求为:1. 刘健归还借款本金200万元;2. 刘健支付综合费用195万元;3. 刘健承担本案的诉讼费用。

原审法院认为:《典当管理办法》规定典当行不得发放信用贷款,华夏典当行与刘健在签订《有价证券典当质押贷款协议》后并未按照协议约定办理股票质押登记手续,违反相关金融法规的规定,因此,双方签订的《有价证券典当质押贷款协议》应属无效合同,刘健应返还基于该份协议而取得的借款本金并赔偿自2007年8月14日起至判决确定的返还之日止的孳息损失。华夏典当行要求刘健支付综合费用的诉讼请求,缺乏法律依据,原审法院不予支持。刘健已支付了30万元综合费用,应自支付之日起在扣除利息后依法折抵本金。华夏典当行自愿自2007年10月9日收到第一笔综合费用时按全部30万元折抵本金,属于对自身权利的处分,原审法院予以支持。故原审法院认定刘健应向华夏典当行偿还借款本金170万元,孳息分段计算,自2007年8月14日起以本金200万元为基数,按同期同类中国人民银行贷款基准利率计算至2007年10月8日,再自2007年10月9日起以本金170万元为基数,按同期同类中国人民银行贷款基准利率计算至判决确定的履行之日止。关于刘健称因华夏典当行违法发放信用贷款,造成刘健的损失应由华夏典当行承担主要责任的观点,原审法院认为:华夏典当行与刘健因未办理质押手续导致所签订的《有价证券典当质押贷款协议》无效,但华夏典当行贷款的目的仅在于取得固定孳息收入,并未参与刘健账户的证券交易,刘健取得款项后自行操作证券交易,账户的盈亏与华夏典当行无关,刘健要求华夏典当行赔偿证券账户损失的观点没有事实与法律依据,原审法院不予支持。

据此,原审法院依照《中华人民共和国合同法》第五十二条、第五十八条的规定,判决:一、刘健于判决生效之日起十日内返还苏州市华夏典当行有限责任公司借款本金170万元并赔偿孳息损失909,958元(孳息损失暂计算至2014年6月13日,之后以本金170万元为基数,按同期同类中国人民银行贷款基准利率计算至判决确定的履行之日止)。二、驳回苏州市华夏典当行有限责任公司其他诉讼请求。案件受理费45,150元,财产保全费5000元,合计50,150元,苏州市华夏典当行有限责任公司负担17,013元,刘健负担33,137元。

上诉人刘健不服上述民事判决,向本院提起上诉称:1. 双方签订的名为《有价证券典当质押贷款协议》,实为违法发放信用贷款,超越了典当特许经营范围,应为无效合同。2. 华夏典当行通过《有价证券典当质押贷款协议》限定资金用于风险极高的股票市场,且未及时平仓,对因此造成的损失,华夏典当行存在主要过错,应承担相应的损失。综上,原审法院适用法律错误,请求二审法院撤销原判,依法改判驳回华夏典当行的全部诉讼请求,本案一、二审诉讼费用由华夏典当行承担。

被上诉人华夏典当行辩称:1. 刘健所称本案借款为信用贷款,并非事实。所谓信用贷款是指以借款人信用发放的借款,本案中完全是有具体的典当物,也即刘健股票账户中的股票,所以本案并非信用贷款;2. 华夏典当行不参与整个股票买卖过程,完全由刘健自行操作,不能将刘健炒股的损失归咎于华夏典当行;3. 平仓权是一种权利而非义务,没有行使权利不能认为是过错。综上,一审判决事实清楚,适用法律正确,请求二审法院维持原判。

本院查明的事实与原审查明的事实一致。

本院认为:刘健以其股票账户内有价证券和现金为当物向华夏典当行借款200万元,华夏典当行向刘健出具当票并向刘健资金账户内划入200万元,华夏典当行与刘健之间构成典当关系。但是,典当行业是特许经营行业,典当公司所有的营业行为均须在法律许可范围内开展,任何超越经营范围的营业行为无效。《典当管理办法》规定典当行不得发放信用贷款,《典当行业监管规定》第二十四条也明确禁止典当行违规融资参与上市股票炒作或为客户提供股票交易资金,禁止以证券交易账户资产为质押的股票典当业务。本案中,华夏典当行通过与刘健签订《有价证券典当质押贷款协议》,向刘健股东账户内提供200万元借款供其炒股使用,双方并未根据法律规定办理相应的股票质押登记,该协议实为向刘健发放信用贷款供其融资参与股票交易的行为,超出了华夏典当行的经营范围,违反了我国典当行业和证券市场的监管规定,该协议应属无效。华夏典当行作为专业典当机构,对其经营范围和股票质押应当登记的规定应当熟知,其违规操作对合同无效应负有过错,刘健作为借款人向华夏典当行融资炒股亦有过错。根据《中华人民共和国合同法》第五十八条的规定,合同无效或者被撤销后,因该合同取得的财产,应当予以返还;有过错的一方应当赔偿对方因此所受到的损失,双方都有过错的,应当各自承担相应的责任。本案中,华夏典当行是否应对刘健证券交易损失承担责任,关键在于刘健证券交易的损失与双方所订的《有价证券典当质押贷款协议》无效是否具有直接的因果关系,本院认为,刘健炒股损失是其自行操作证券交易不慎导致的后果,其损失并非由华夏典当行超越经营范围引起,该损失也与《有价证券典当质押贷款协议》无效之间没有直接的因果关系,因此,刘健主张华夏典当行应对股票交易造成的损失承担责任的理由依据不足,本院不予支持。至于刘健所称华夏典当行限定资金用途,且未及时平仓,应当承担损失的主张,本院认为:第一,协议虽对借款的投资方向有所限定,但刘健对借款具体如何使用拥有自主权,而股票交易也完全是由其自由操作,对于其证券交易操作不慎导致的损失不能归咎于华夏典当行。第二,华夏典当行贷款的目的是要取得固定孳息收入,而非要与刘健共担风险、共享收益,协议赋予华夏典当行监督权和平仓权是保全其债权的一种手段,故平仓权对于华夏典当行而言是一种权利,而非义务,不能认为华夏典当行未行使平仓权而应对刘健股票交易损失承担责任。综上,上诉人刘健要求改判的上诉理由不能成立,本院不予支持。原审判决事实清楚,适用法律正确,原判应予维持。依照《中华人民共和国民事诉讼法》第一百七十条第一款第一项的规定,判决如下:

驳回上诉,维持原判。

二审案件受理费45,150元,由上诉人刘健负担。

本判决为终审判决。

审 判 长 施 伟

审 判 员 徐 辉

代理审判员 王小丰

二〇一四年十一月二十八日

书 记 员 姚栋财

【案例四十四】上海联合典当行有限公司诉饶某典当纠纷案（2011年9月23日）

【法律点】 1. 典当行是经营典当业务的特许行业组织，不具有从事融资融券业务资质。典当行为即使形式上符合典当关系的成立要件，但典当行出借资金供投资者从事证券投资，并将自己的专用证券资金账户提供给他人使用，其实质是变相的融资融券行为，违反了典当行业和证券市场的监管规定，亦超越了典当行的经营范围，该典当法律关系应认定为无效。

2. 借款人在典当行专用证券资金账户中因股票交易遭受的损失，因双方当事人对合同无效均有过错，应各自承担相应的责任。

【关键词】典当关系　信用贷款　当物交付　当金支付　融资融券行为　特许经营业务　合同无效

上海市第二中级人民法院
民事判决书

(2011)沪一中民六(商)终字第124号

上诉人(原审被告)：上海联合典当行有限公司

法定代表人：吴某某，董事长。

委托代理人：张某某，上海市鲤庭律师事务所律师。

委托代理人：潘某某，上海市鲤庭律师事务所律师。

被上诉人(原审原告)：饶某。

委托代理人：张某某，上海高宏律师事务所律师。

上诉人上海联合典当行有限公司(以下简称联合典当行)因与被上诉人饶某典当合同纠纷一案，不服上海市长宁区人民法院(2010)长民二(商)初字第1197号民事判决,向本院提起上诉。本院受理后依法组成合议庭,于2011年7月27日公开开庭进行了审理。上诉人的委托代理人张某某、潘某某,被上诉人饶某的委托代理人张某某到庭参加了诉讼。本案现已审理终结。

原审法院查明,2007年9月25日,饶某与联合典当行签订《借款协议》一份,双方在该协议正文的第二段约定饶某自愿向联合典当行申请借款140万元,并用现金142万元作质押(协议原文写作"抵押",下同),联合典当行合并上述资金282万元,用于饶某证券投资,风险由饶某自负。同时,双方还约定了以下主要条款:1. 账户设置:饶某须在国信证券联合典当行开设的专用资金账户内进行运作,专用资金账户为1109480。2. 质押管理方式:为确保联合典当行专用资金账户资金具有投资的合法性、安全性,饶某只能用于对经证监会批准交易的证券(ST股票、权证除外)进行投资运作。联合典当行对该专用账户资金运作情况进行监督。饶某的质押期限为三个月,起始日期为联合典当行资金到账日,即自2007年9月25日起至2007年12月24日止。3. 风险管理方式:联合典当行专用账户下须使用联合典当行提供的股东账号。若由于股东账号引起法律纠纷,则联合典当行应承担全部赔偿责任。在抵押期限内饶某应确保联合典当行专用账户内资产不得低于197万元;反之,饶某须在第二个工作日中午(11:30)之前补足联合典当行专用账户下资产至197万元以上,否则联合典当行有权出售联合典当行专用账户上的有价证券,在补足了联合典当行资金损失及利息收入后,剩余部分联合典当行应无条件归还饶某。饶某无权在联合典当行专用账户内划付资金,由此造成损失饶某自行承担并放弃对此追索。4. 收益分配:饶某须确保联合典当行专用账户资金140万元,收益10.08万元,合计150.08万元。到期后本金划入联合典当行指定的银行账户,超额收益归饶某所有。联合典当行收益由联合典当行出资金额的每月2.4%,按实际天数计算,不足五天的,按五天计算。利息支付日为每月26日。5. 抵押期内联合典当行不得撤资。联合典当行专用账户下的股东账户不得转托管,不得撤销指定交易。质押期满,双方收益以第四条收益分配方法为准。6. 联合典当行专用账户资金的划付与清算,凭联合典当行单位出具的法人授权委托书且加盖公章及法人代表私章,经办人身份证方可办理。

同日,饶某委托招商银行开立一张金额为142万元的本票交予联合典当行,联合典当行随后将该本票兑现进入自己的银行账号。当天,联合典当行向饶某出具了号码为31648154的当票,饶某在该当票上签字。该当票的《典当须知》表明:"当票是典当行与当户之间的借贷契约,也是典当行收妥当物后开给当户的收据。当票不得涂改、伪造和转让。典当双方就当票以外事项进行约定的,应当补充订立书面合同。"该当票记载典当金额为140万元,期限自2007年9月25日起至2007年12月25日止,当物记载为“股票”,估价140万元,当票备注“月利率为2.4%,每月26号付利息,从2007年10月26日起。当户承诺:所当物品属于自购”。但是,当票所记载的股票,并非饶某已经购买的特定股票,饶某并未向联合典当行交付任何股票。

2007年9月26日,联合典当行按照借款协议的约定,将282万元转入双方约定的联合典当行在国信证券开设的专用资金账户。随后,该账户内发生了股票交易,但当账户资金不足197万元时,联合典当行并未行使平仓权。饶某曾于2007年11月5日和12月7日两次向联合典当行缴付典当综合费,每次缴费均为33,600元。双方协议约定的期限届满后,饶某仍然在该账户内进行股票交易,饶某为此在2008年1月26日向联合典当行申请将双方的协议延期半年,但2008年2月18日,双方终止了该协议项下的权利义务关系,联合典当行返还饶某206,346元。双方于庭审中根据国信证券提供的2007年9月26日至2008年2月18日《资金流水明细》,确认饶某的投资亏损为1,142,118.50元,饶某表示愿意承担该部分亏损的一半。庭审中,饶某承认自己通过电话委托操作了部分股票交易,但无法区分哪些交易系由自己操作,哪些交易系由联合典当行操作。

原审法院另查明以下事实:

1. 联合典当行的《典当经营许可证》载明其经营范围:动产质押典当业务;财产权利质押典当业务;房地产(外省、自治区、直辖市的房地产或者未取得商品房预售许可证的在建工程除外)抵押典当业务;限额内绝当物品的变卖;鉴定评估及咨询服务;商务部依法批准的其他典当业务。

2. 联合典当行在国信证券开设的证券账户下设多个资金账户,分别提供给包括本案饶某在内的多个投资者用于证券投资。

3. 饶某对于已支付给联合典当行的典当综合费在本案不主张返还。

原审法院认为,本案的争议焦点在于双方当事人之间行为的性质及其法律效力。对此,饶某一方面认为双方当事人之间是共同投资行为,另一方面又认为联合典当行从事商业银行的借款业务,且认为双方的行为无效;联合典当行则认为双方当事人之间构成有效的典当关系。原审法院认为,饶某的观点相互矛盾,且无事实和法律依据,原审法院不予采信。事实上,双方当事人之间构成典当关系,但由于联合典当行作为典当行,其在本案的经营行为不符合我国法律的规定,双方当事人之间的典当关系应属无效。原审法院根据庭审查明事实和我国有关法律规定,评判如下:

一、双方当事人之间构成典当关系

典当关系实质上是一种特殊的借款合同关系。根据2005年4月1日起施行的《典当管理办法》第三条的规定，所谓典当是指当户将其动产、财产权利作为当物质押或者将其房地产作为当物抵押给典当行，交付一定比例费用，取得当金，并在约定期限内支付当金利息、偿还当金、赎回当物的行为。同时，根据《典当管理办法》第三十条第一款关于"当票是典当行与当户之间的借贷契约，是典当行向当户支付当金的付款凭证"的规定，原审法院认为，在我国现有法律体制下，判断典当行与其客户之间是否存在典当关系，应当考察当事人之间是否具有以下行为：一是典当行是否向当户签发了当票；二是当户是否向典当行交付了当物；三是典当行是否向当户发放了当金；四是典当行向当户收取的费用性质上是否是综合费。至于典当行收取当物后如何处置当物，不影响典当关系的认定。据此，从本案庭审查明事实来看，饶某与联合典当行之间形式上具有了典当关系的要件，即饶某向联合典当行交付了约定的质押物本票，支付了综合费；联合典当行向饶某发放了借款140万元，并出具了当票。

但值得注意的是，饶某与联合典当行之间的典当关系徒具形式。从双方《借款协议》的意思表示和履行行为来看，饶某向联合典当行交付的作为质押物的现金本票由联合典当行在签约后立即兑现成现金，当票上面记载的当物"股票"在签发当票时也并非客观存在，双方在《借款协议》项下行为的实质目的是由联合典当行向饶某发放信用借款供饶某进行证券投资。否则，饶某在持有142万元的情况下，却以142万元本票作质押而向联合典当行借款140万元，不符合常理。

二、双方当事人之间的典当关系无效

典当行是经营典当业务的特许行业组织，其经营行为必须严格限定在经商务部批准的经营范围之内。商务部以颁发《典当经营许可证》来批准典当行的经营范围。典当行如果要经营《典当经营许可证》所准许的经营范围以外的其他业务，必须得到商务部的依法批准，否则，其行为无效。同时，根据《中华人民共和国合同法》的规定，当事人订立、履行合同，应当遵守法律、行政法规，尊重社会公德，不得扰乱社会经济秩序，损害社会公共利益，这就要求典当行在经营活动中，必须严格遵守国家有关部门基于市场监管目的而制定的规章制度，否则，就构成对社会经济秩序的扰乱，损害社会公共利益。从本案事实来看，联合典当行的行为显然不符合我国法律的上述规定，分述如下：

1. 联合典当行实质上向饶某发放了信用贷款，其行为超越了特许经营范围。前文已述，饶某与联合典当行之间的典当关系徒具形式，实质上是联合典当行向饶某发放了信用贷款,此举不仅违反了《典当管理办法》第二十六条关于典当行不得发放信用贷款的规定,也不属于其《典当经营许可证》所记载的典当借款业务,典当借款业务的一个重要特点是典当行在当期内不得处分当物,更不得把当物处分后所得价款融资给当户。

2. 联合典当行出借资金供投资者从事证券投资,既超越了特许经营范围,又损害社会公共利益。证券投资是一种典型的投机性投资,而证券市场在我国的培育和发展尚处初级阶段,它需要一个稳健的运行环境,因此,为控制证券投资风险对社会主义市场经济秩序和社会和谐稳定造成的不利影响,我国现有法律严格限制将借贷资金用于证券投资。例如,《贷款通则》第二十条第四项就明确规定借款人"不得用贷款在有价证券、期货等方面从事投机经营",可见,即便商业银行也不能贷款给投资者用于证券投资,更遑论从事典当经营活动的典当行。另外,从《中华人民共和国证券法》第八十一条关于"依法拓宽资金入市渠道,禁止资金违规流入股市"的规定来看,拓宽资金进入股市的渠道必须依法进行。当前,在拓宽资金进入股市的渠道方面,国家为保障证券市场的稳健运行,仅规定除经证监会批准从事融资融券业务试点的证券公司可以向投资者出借资金用于证券投资外,其他任何企业,均没有资格向投资者出借资金用于证券投资,因此,典当行出借资金供投资者从事证券投资,超越了其特许经营范围,客观上扰乱了我国证券市场的监管秩序,损害社会公共利益。

3. 联合典当行将自己的专用证券资金账户提供给他人使用,违反了证监会制定的《证券登记结算管理办法》第二十二条关于"投资者不得将本人的证券账户提供给他人使用"的规定。证监会制定的《证券登记结算管理办法》虽然属于行政规章,但该行政规章系"为了规范证券登记结算行为,保护投资者的合法权益,维护证券登记结算秩序,防范证券登记结算风险,保障证券市场安全高效运行,根据《中华人民共和国证券法》《中华人民共和国公司法》等法律、行政法规的规定"而制定的,其规范并不违反法律和行政法规,理应得到遵守。

综上所述,本案联合典当行发放信用贷款,出借资金供投资者从事证券投资,并将自己的专用证券资金账户提供给他人使用,既超越了其经营范围,又违反了我国典当行业和证券市场的监管规定,扰乱了社会主义市场经济秩序,损害社会公共利益,故应认定为无效。由于联合典当行出借资金供投资者从事证券投资,并将自己的专用证券资金账户提供给他人使用,构成本案双方《借款协议》的基础,该《借款协议》项下其他条款和行为均不能独立存在,因此,本案双方当事人以《借款协议》为基础建立的典当关系依法应认定为无效。

三、典当关系无效后双方当事人的民事责任承担

由于饶某交付给联合典当行的本票已由联合典当行兑现成现金,故联合典当行因《借款协议》而取得的饶某本票,不能向饶某返还。同时,饶某与联合典当行双方对本案《借款协议》的无效,均存在过错,故双方对饶某因此遭受的损失应各自承担相应的责任。原审庭审中,双方确认联合典当行的证券投资损失为1,142,118.50元,饶某表示愿意承担该部分损失的一半,于法不悖,原审法院予以支持。鉴于2008年2月18日联合典当行已返还饶某206,346元,故联合典当行尚须返还饶某投资款642,594.80元,原审庭审中,饶某对这一计算结果亦无异议,原审法院予以支持。此外,鉴于饶某对于已支付给联合典当行的典当综合费在本案不主张返还,本案亦不作处理。

综上所述,为保护合同当事人的合法权益,维护社会经济秩序,促进社会主义现代化建设,原审法院遂依照《中华人民共和国合同法》第七条、第五十二条、第五十八条和《最高人民法院关于适用〈中华人民共和国合同法〉若干问题的解释(一)》第十条之规定,判决:一、饶某与联合典当行于2007年9月25日签订的《借款协议》无效。二、联合典当行应当赔偿饶某损失642,594.80元,于本判决生效之日起十日内履行完毕。本案案件受理费10,225.90元,由联合典当行负担。

判决后,上诉人联合典当行不服,向本院提起上诉称原判以“发放信用贷款”为由认定典当关系无效无事实依据;被上诉人得到的是上诉人支付的当金,用当金投资股市购买股票是被上诉人的权利,没有任何法律法规限制;而上诉人将自己的专用证券资金账户提供给他使用,不构成典当合同无效,该行为是为了维护质押股票的安全。请求二审法院撤销原审判决,改判驳回被上诉人在原审中的全部诉讼请求。

被上诉人饶某答辩称,原审认定事实清楚,适用法律正确,请求驳回上诉,维持原判。

上诉人联合典当行与被上诉人饶某均未向本院提交新的证据材料。

本院经审理查明,原审法院查明的事实属实,本院予以确认。

本院认为,原审法院对本案性质、效力及法律适用均准确,本院不再赘述。现就针对上诉人的上诉理由作如下评判:首先,上诉人认为是向被上诉人发放的是当金,但从本案事实来看被上诉人从未将当物交予上诉人,当票上当物记载为“股票”,而上诉人签发当票时该“股票”根本不存在。其次,以后被上诉人在上诉人资金账号及股东账户上购买的股票,从法律意义上,所有权属于上诉人,因此,根据典当关系特征,本案上诉人及被上诉人在履行系争借款协议过程中,无论是当物交付还是当金支付,均存在瑕疵,不符合《典当管理办法》的规定,原审认定典当法律关系无效正确。上诉人所称

将自己的专用证券资金账户和股东账户提供给他人使用,不构成典当合同无效。本院认为,根据本案查明的事实,上诉人出借资金给被上诉人用于股票交易实质变相融资融券行为,违反了我国相关禁止性规定,同时上诉人的上述出借账号及账户也违反了《证券登记结算管理办法》关于投资者不得将本人的证券账户提供给他人使用的规定,上诉人的上述行为,均属于我国法律法规的特许经营业务范围。因此,上诉人的这一上诉理由亦不能成立,本院不予支持。据此,原审认定事实清楚,适用法律正确,程序合法。依照《中华人民共和国民事诉讼法》第一百五十三条第一款第一项、第一百五十八条之规定,判决如下:

驳回上诉,维持原判。

二审案件受理费 11,282.20 元,由上诉人联合典当行负担。

本判决为终审判决。

审　判　长　张　聪

审　判　员　贾沁鸥

代理审判员　范德鸿

二〇一一年九月二十三日

书　记　员　黄海波

10. 典当合同与让与担保

【问题提示】典当行以签订买卖合同的方式作为借款合同的担保，典当合同是否成立?

【案例四十五】芜湖市企融典当有限公司诉南陵逸和长润置业有限公司、钟君艳等借款合同纠纷案(2016年7月25日)

【法律点】 1. 典当行与借款人双方以签订商品房预售合同并办理备案登记的形式担保债务的履行，而未办理房屋预抵押登记，该种担保方式并非法律规定的抵押、质押或保证，而是一种非典型担保。双方之间的典当法律关系因欠缺当物质押或抵押要件而不成立，双方实际构成民间借贷法律关系。

2. 一般情况下，保证债务是为他人利益所负担的债务，且为无对价债务，夫妻一方以个人名义为他人提供保证担保所产生的债务，一般不应认定为夫妻共同债务。但如有证据表明夫妻一方的担保行为是为了夫妻双方的共同利益或另一方同意该担保的除外。

3. 当事人为诉讼支付的律师代理费，不仅要符合相关收费标准，同时亦应与诉讼标的额、案件复杂难易程度及当地法律服务市场行情相符。

【关键词】抵押典当　商品房预售　非典型担保　担保债务　夫妻共同债务　律师代理费

安徽省高级人民法院
民事判决书

(2015)皖民二终字第00940号

上诉人(原审原告):芜湖市企融典当有限公司。住所地,安徽省芜湖市××区××路。

法定代表人:袁先明,董事长。

委托代理人:邵晖,安徽深蓝律师事务所律师。

委托代理人:宋毅,安徽深蓝律师事务所律师。

上诉人(原审被告):钟君艳。

委托代理人:周宏,安徽皖陵律师事务所律师。

被上诉人(原审被告):南陵逸和长润置业有限公司。住所地,安徽省××县××镇。

法定代表人:毛晓东,总经理。

被上诉人(原审被告):毛晓东。

委托代理人:周宏,安徽皖陵律师事务所律师。

被上诉人(原审被告):陈援,系钟君艳之夫。

委托代理人:周宏,安徽皖陵律师事务所律师。

上诉人芜湖市企融典当有限公司(以下简称企融典当公司)、钟君艳为与被上诉人南陵逸和长润置业有限公司(以下简称逸和置业公司)、毛晓东、陈援借款合同纠纷一案,不服安徽省芜湖市中级人民法院2015年7月25日作出的(2014)芜中民二初字第00278号民事判决,向本院提起上诉。本院受理后,依法组成合议庭,于2015年12月9日公开开庭审理了本案。企融典当公司的委托代理人宋毅,钟君艳、毛晓东、陈援的共同委托代理人周宏到庭参加诉讼;逸和置业公司经本院传票传唤,无正当理由未到庭参加诉讼。本案现已审理终结。

一审法院查明:2013年1月30日,逸和置业公司因资金周转需要向企融典当公司借款,双方签订企典(借)字2013第002号《借款合同》一份,约定借款(典当)金额为290万元,借款(典当)期限自2013年1月30日起至2013年7月28日止;典当月综合服务费率为2.3%,月利率为0.5%,总计为2.8%,借款人(当户)按月缴纳利息和综合服务费;如逾期还款,典当行包括律师费在内的一切损失由借款人(当户)承担;逸和置业公司法定代表人毛晓东作为保证人加盖个人印章确认,为上述借款提供连带保证担保,担保范围包括《借款合同》项下债务及典当行实现债权的全部费用(包括诉讼费、保全费、律师费等),保证期限为借款期限届满之日起两年。同日,双方还签订《房地产抵押典当合同》一份,约定:逸和置业公司以其所有的位于安徽省××县××大道南侧的十三套预售商品房为上述借款提供抵押担保,担保范围包括《借款合同》项下借款本金、利息、违约金及实现债权费用。合同签订后,双方并未办理抵押登记。当日,双方就上述借款事宜作成当票一张。双方还就上述十三套预售商品房签订十三份《商品房买卖合同》,约定逸和置业公司将上述十三套预售商品房出卖给企融典当公司。当日,双方签订《补充协议》一份,约定:逸和置业公司以将上述十三套商品房预售给企融典当公司的方式为双方上述290万元借款提供担保;双方在《商品房买卖合同》中约定的房屋销售价格仅作为向相关部门登记备案使用,企融典当公司无须支付任何价款给逸和置业公司;如逸和置业公司履行了上述借款本息的清偿义务,则企融典当公司不得以《商品房买卖合同》达到占有房屋的目的;如逾期未能还款,企融典当公司有权以上述借款本金290万元获得上述十三套商品房产权。当日,企融典当公司依约向逸和置业公司发放了290万元借款。

2013年6月8日,逸和置业公司因资金周转需要再向企融典当公司借款,双方签订企典(借)字2013第0011号《借款合同》一份,约定:借款(典当)金额400万元,借款(典当)期限自2013年6月8日起至2013年12月4日止;典当综合服务费率为2.2%,利率为0.5%,合计为2.7%,借款人(当户)按月缴纳利息和综合服务费;如逾期还款,典当行包括律师费在内的一切损失由借款人(当户)承担;毛晓东、陈援作为保证人签字确认,为上述借款提供连带保证担保,无论典当行是否处置抵押物以实现债权,保证人均自愿清偿全部借款本息及费用,担保范围包括《借款合同》项下债务及典当行实现债权的全部费用,保证期限为借款期限届满之日起两年。当日,双方签订《土地使用权抵押典当合同》一份。约定:逸和置业公司以其位于安徽省××县××大道土地使用权证号为南土国用(2011)第××号的土地使用权为上述400万元当金提供抵押担保,担保范围包括借款本金、利息、违约金、实现债权费用等。双方就上述抵押物依法办理了抵押登记,并就400万元典当作成当票一张。当日,企融典当公司依约向逸和置业公司发放了400万元借款。

上述两笔借款发放后,逸和置业公司于2014年1月10日、1月16日分别归还290万元借款本金中的20万元、150万元,利息及综合服务费付至2014年1月16日,共计46.1533万元。400万元借款自2013年6月8日发放后,逸和置业公司未偿还本金,支付利息、综合服务费共计25.6467万元,按照月利率2.7%计算,2013年6月8日至2013年8月18日的利息及综合服务费已清偿。此后,债务人和担保人均未履行清偿责任,遂成诉。

另查明,企融典当公司为实现本案债权,支付律师代理费19万元。

2014年6月3日,企融典当公司向一审法院提起诉讼,请求判令:1. 逸和置业公司立即支付企融典当公司借款本金520万元,并支付借款利息及典当综合服务费(按合同约定的利率计算,从未还本付息之日起至实际付款之日止,截至2014年5月21日,借款利息及典当综合服务费合计为1,132,733元);2. 逸和置业公司赔偿企融典当公司实现债权费用19万元;3. 毛晓东对上述债务承担连带保证责任;4. 陈援、钟君艳对上述债务中的借款本金400万元及其相应利息、典当综合服务费、实现债权费用19万元承担连带保证责任。

逸和置业公司一审书面辩称:1. 逸和置业公司与企融典当公司间的债务名为典当,实为借款,本案案由应为借款合同纠纷,企融典当公司主张的月息2.7%和2.8%均超过银行同期贷款利率四倍,不应支持。2. 企融典当公司没有举证证明19万元律师代理费已实际发生,故其诉请没有事实依据。

毛晓东、陈援、钟君艳一审辩称:1. 本案债务性质属于借款合同,应适用借款合同相关法律规定,利息、综合费的计算不应超过银行同期贷款利率四倍。2. 本案借款既有物的担保又有人的担保,物的担保应当优先。3. 290万元借款是以商品房销售合同作为担保,实际应为信用贷款,违反了典当企业不得从事信用贷款的规定,合同应属无效,毛晓东不应对该笔借款承担连带保证责任。4. 钟君艳作为陈援的配偶,不应对陈援单方对外提供的担保承担责任。

一审法院认为,本案争议焦点为:1. 企融典当公司与逸和置业公司之间的两笔债权债务系典当还是借款法律关系,是否有效?2. 本案各保证人是否应当承担担保责任?3. 如承担责任,其与案涉抵押物的清偿先后顺序如何?

1. 典当行是依照《典当管理办法》成立的非银行金融机构,其从事典当金融业务,应当遵守相关法律和《典当管理办法》的规定。《典当管理办法》规定典当法律关系以当户将动产、财产权利作为当物质押或房地产作为当物抵押为要件。质押或抵押未成立的、提供其他担保方式的均不构成典当法律关系。本案企融典当公司与逸和置业公司之间第一笔290万元借款中,从双方签订的《商品房买卖合同》和《补充协议》可知,逸和置业公司无交付十三套商品房取得价金的意思,企融典当公司也无支付十三套商品房对价的意思,双方并无房屋买卖的合意。双方意在以该十三套房屋担保290万元借款的履行,而该十三套房屋并未办理预抵押登记,故该种担保方式并非法律规定的抵押、质押或保证,而系一种非典型担保。双方290万元典当法律关系因欠缺当物质押或抵押要件而不成立,双方实际构成民间借贷法律关系。逸和置业公司于2014年1月10日、1月16日向企融典当公司清偿借款本金20万元、150万元,尚欠借款本金120万元,逸和置业公司应向企融典当公司偿还尚欠的借款本金。双方《借款合同》约定的综合服务费率为2.3%,月利率为0.5%,总计为月利率2.8%,逸和置业公司已按此利率支付利息及综合服务费至2014年1月16日。企融典当公司依据该合同约定的利率主张后续利息及综合服务费的诉请,对于不超过中国人民银行同期贷款利率四倍的部分予以支持。对于已按月利率2.8%支付的利息部分,不作调整。

本案企融典当公司与逸和置业公司第二笔400万元借款中,双方依法办理了当物土地使用权的抵押登记,并于合同签订当日做成当票一张,故双方之间的典当法律关系合法有效。企融典当公司依约履行了出借400万元当金的义务,逸和置业公司亦应当按照双方《借款合同》约定偿还当金,并继续履行支付利息和综合服务费的义务。双方合同约定的2.7%的典当费率过高,对于不超过中国人民银行同期贷款利率四倍的部分予以支持。对于已按月利率2.7%支付至2013年8月18日的利息、综合服务费部分,不作调整。

2. 企融典当公司与逸和置业公司之间290万的《借款合同》中约定毛晓东为该笔借款提供连带保证担保,毛晓东应依约承担连带还款责任。企融典当公司与逸和置业公司之间400万元典当法律关系中,毛晓东、陈援为企融典当公司的债权提供连带保证担保,并于合同中约定无论抵押物实现情况如何,均自愿清偿全部借款,故保证人辩称其应在抵押物不能实现全部债权的情况下承担担保责任,与合同约定不符,不予采信。陈援提供的该担保系发生在其与钟君艳婚姻关系存续期间,钟君艳未能举证证明该担保债务系属法律规定的个人债务情形,故其辩称不承担担保责任的理由缺乏法律依据,不予采纳,钟君艳应对其配偶陈援的上述担保债务承担共同清偿责任。

3. 企融典当公司与逸和置业公司之间的290万元借款及400万元典当法律关系中,债务人及保证人都约定由其承担债权人的实现债权费用,故企融典当公司要求逸和置业公司、毛晓东、陈援、钟君艳承担其实现债权费用的诉请,具有合同和法律依据,予以支持。但企融典当公司诉请的19万元律师代理费过高,酌定290万元借款实现债权费用为3万元,400万元借款实现债权费用为7万元。

综上,该院依照《中华人民共和国合同法》第六十条、第一百零七条、第二百零七条,《中华人民共和国物权法》第一百八十条、第一百八十七条,《中华人民共和国担保法》第六条、第十八条第二款、第二十一条,《中华人民共和国婚姻法》第十九条第三款,《最高人民法院关于适用〈中华人民共和国婚姻法〉若干问题的解释(二)》第二十四条,《中华人民共和国民事诉讼法》第一百四十四条之规定,参照《典当管理办法》第二条、第三条之规定,判决:一、逸和置业公司于判决生效之日起十日内偿还企融典当公司借款本金120万元及实现债权费用3万元,并自2014年1月17日起以120万元本金为基数按照中国人民银行同期贷款利率四倍支付利息至判决确定的给付之日止;二、逸和置业公司于判决生效之日起十日内偿还企融典当公司当金400万元及实现债权费用7万元,并自2013年8月19日起以400万元本金为基数按照中国人民银行同期贷款利率四倍支付利息及典当综合服务费至本判决确定的给付之日止;三、毛晓东就逸和置业公司上述债务向企融典当公司承担连带清偿责任;陈援、钟君艳就逸和置业公司上述第二项债务向企融典当公司承担连带清偿责任;毛晓东、陈援、钟君艳承担连带清偿责任后,有权向逸和置业公司追偿;四、驳回企融典当公司的其他诉讼请求。案件受理费57,459元,由企融典当公司负担2459元,逸和置业公司、毛晓东、陈援、钟君艳负担55,000元。

企融典当公司不服一审判决,向本院提起上诉称:1. 案涉两笔典当借款关系均合法有效,逸和置业公司应当立即清偿借款本金,并按约定标准支付典当综合费用及月息。关于290万元典当借款,双方签订了《典当借款合同》《抵押典当合同》及相应当票,逸和置业公司提供了十三套商品房进行抵押担保,因房产当时不具备办理抵押登记的条件,所以双方只能以签订商品房预售合同并办理备案登记的方式进行担保。这一担保关系系双方真实意思表示,不违反法律的强制性规定,故该笔典当借款合法有效。逸和置业公司应当依据合同约定的标准支付典当综合服务费及利息。关于400万元典当借款,一审判决认定双方典当关系合法有效,但以双方约定的典当费率过高为由,仅支持不超过同期银行贷款利率四倍部分的典当利息、费,明显错误。2. 企融典当公司主张的实现债权费用19万元依法应予支持。诉讼中企融典当公司提交了《委托代理合同》及律师代理费发票等证据,一审判决也认定了企融典当公司支付了19万元律师代理费的事实。该19万元律师代理费符合《安徽省律师收费标准》的规定,数额亦属公平合理。一审判决以19万元律师代理费过高为由仅支持10万元不当。请求撤销一审判决中关于息费标准及律师代理费部分,依法改判逸和置业公司按照合同约定的息费标准向逸和置业公司支付综合服务费及利息,并赔偿企融典当公司为实现债权而支付的律师代理费19万元。

钟君艳、毛晓东、陈援庭审中共同答辩称:1. 关于290万元借款,一审判决将其认定为借贷关系符合法律规定。依据《典当管理办法》,典当法律关系是以当户将动产进行质押或房地产进行抵押为要件,质押或抵押未成立的,均不构成典当法律关系。

企融典当公司与逸和置业公司签订的商品房买卖合同不属于不动产抵押，企融典当公司认为该290万元应当确定为典当法律关系无法律依据。关于400万元借款，一审判决认定属于典当法律关系。典当借款也属于借款合同范围，一审法院参照民间借贷的利率限制确定典当借款的息费标准符合法律规定。2. 关于律师代理费，一审法院根据本案相关事实综合认定为10万元，二审依法应予维持。请求驳回企融典当公司的上诉，维持一审判决确定的息费标准及律师代理费。

钟君艳不服一审判决，向本院提起上诉称：依据《中华人民共和国婚姻法》及相关司法解释的规定，夫妻共同债务应是夫妻一方或双方为共同生活需要所负的债务。夫妻一方以个人财产为他人提供担保或擅自为他人提供担保所负的债务应为个人债务，不属于夫妻共同债务。本案担保合同的相对人是陈援，并不包括钟君艳。而担保之债对于担保人而言通常是无偿的，本案陈援并未从担保中获得利益，对于其和钟君艳家庭而言亦不能从担保中获取利益；企融典当公司亦不能举证证明陈援提供担保是为了日常家事所需，或者钟君艳知晓、同意陈援提供担保且愿意承担责任。故陈援的担保属个人行为，由此产生的债务属于其个人债务。一审判决以讼争的担保之债属于夫妻共同债务为由判决钟君艳承担连带清偿责任，适用法律错误。请求二审法院依法改判钟君艳不承担连带清偿责任。

企融典当公司庭审中答辩称：《最高人民法院关于适用〈中华人民共和国婚姻法〉若干问题的解释（二）》第二十四条对于夫妻共同债务的认定及例外情形均有明确规定，本案讼争的债务是陈援和钟君艳的共同债务。该条司法解释规定的举证责任在夫妻一方，钟君艳称应由企融典当公司承担举证责任没有法律依据。钟君艳上诉所称的陈援是否为家庭生活目的提供担保以及钟君艳是否知晓陈援的担保行为，均不是司法解释规定的判断夫妻债务的情形。

二审中企融典当公司提供了以下证据：

证据一、逸和置业公司的工商登记资料；证据二、银河（芜湖）房地产开发有限公司工商登记资料。证明陈援、钟君艳与逸和置业公司的关联关系。

钟君艳质证认为：证据一、证据二的真实性无异议，钟君艳曾是香港银河企业有限公司的法定代表人，但该公司法定代表人于2013年变更为张公俊，2014年变更为江国成，因变更资料在香港，其一时无法取得；即便钟君艳曾是香港银河企业有限公司的法定代表人，也不能因此将陈援基于担保所产生的债务确定为夫妻共同债务。

陈援、逸和置业公司同意钟君艳的质证意见。

本院经审查认为：当事人对证据一、证据二的真实性无异议，该两组证据的真实性应予认定;至于其能否支持当事人的诉讼主张,应结合其他证据综合分析认定。

当事人提交的其他证据与一审相同,相对方的质证意见亦同于一审。二审认证意见与一审一致。

本院二审对一审法院查明的事实予以确认。

二审另查明:陈援与钟君艳为夫妻关系。

银河(芜湖)房地产开发有限公司原为逸和置业公司股东,持有45%股权;2013年8月28日,银河(芜湖)房地产开发有限公司将其持有的股权转让给毛晓东12.5%,周群12.5%,张士水20%。

银河(芜湖)房地产开发有限公司系香港银河企业有限公司于2002年12月23日设立的外商独资企业,该公司的设立申请表及公司章程显示香港银河企业有限公司的法定代表人为钟君艳。后香港银河企业有限公司变更名称为逸和地产集团有限公司,银河(芜湖)房地产开发有限公司因此于2010年5月30日修改的章程上,陈援作为逸和地产集团有限公司的法定代表人签名。

本院认为:综合当事人的举证、质证及诉辩意见,本案二审争议焦点为:1. 一审判决对借款的综合服务费及利息进行调整是否正确;2. 一审判决确定的律师代理费是否适当;3. 钟君艳应否对案涉400万元借款本息及相关费用承担连带清偿责任。

1. 关于一审判决对借款的综合服务费及利息进行调整是否正确。案涉企融典当公司与逸和置业公司就290万元和400万元借款签订的合同,无论其程序上还是其形式上是否符合《典当管理办法》的规定,是否构成典当法律关系,其实质均为借款合同的范畴,其约定的利率及相关费用、违约金等的总体标准亦应符合国家对于借款利率标准的限制。案涉两份《借款合同》约定的综合服务费率、月利率合计分别为每月2.8%、每月2.7%,超过中国人民银行同期贷款基准利率的四倍。一审判决据此将两笔借款的综合服务费及利率调整为中国人民银行同期贷款基准利率的四倍,符合法律规定。企融典当公司关于逸和置业公司应按合同约定的息费标准支付利息及综合服务费的上诉主张,本院不予采纳。

2. 关于一审判决确定的律师代理费是否适当。当事人为诉讼支付的律师代理费,不仅要符合相关收费标准,同时亦应与诉讼标的额、案件复杂难易程度及当地法律服务市场行情相符。一审判决根据本案的具体情况,酌情将企融典当公司主张的律师代理费调整为10万元,并无明显不当。企融典当公司关于一审判决对律师费的调整不当的上诉理由,本院不予支持。

3. 关于钟君艳应否对案涉400万元借款本息及相关费用承担连带清偿责任。一般情况下,保证债务系为他人利益所负担的债务,且为无对价债务,夫妻一方以个人名义为他人提供保证担保所产生的债务,一般不应认定为夫妻共同债务。但如有证据表明夫妻一方的担保行为系为了夫妻双方的共同利益或另一方同意该担保的除外。本案中,陈援以个人名义为逸和置业公司的400万元借款提供担保,证据显示该笔借款发生时,银河(芜湖)房地产开发有限公司系逸和置业公司占45%股权的股东,钟君艳、陈援先后担任银河(芜湖)房地产开发有限公司的独资股东香港银河企业有限公司的法定代表人。钟君艳虽称香港银河企业有限公司的法定代表人于2013年和2014年进行了变更,但未提供证据证明;即便变更,亦不能确定是在本案借款及担保行为发生之前。故本院有理由相信钟君艳、陈援系逸和置业公司及其原股东银河(芜湖)房地产开发有限公司的利害关系人,系案涉400万元借款的间接受益人,陈援为该笔借款提供担保,系为了其本人及钟君艳的共同利益。故该400万元担保债务应认定为钟君艳、陈援的夫妻共同债务。钟君艳关于该400万元担保债务不是夫妻共同债务,其不应对借款本息及相关费用承担连带清偿责任的上诉理由,本院不予支持。

综上,企融典当公司、钟君艳的上诉理由均不能成立。一审判决认定事实清楚,适用法律正确,应予维持。依照《中华人民共和国民事诉讼法》第一百七十条第一款第一项之规定,判决如下:

驳回上诉,维持原判。

二审案件受理费52,999元,由芜湖市企融典当有限公司负担14,199元,钟君艳负担38,800元。

本判决为终审判决。

审　判　长　王文友

代理审判员　吕巍巍

代理审判员　李晓茜

二〇一六年七月二十五日

书　记　员　姚　璐

【案例四十六】庆阳市金泰昌典当有限公司诉宫红伟、荔红娟、庆阳隆兴苑酒店管理有限公司借贷合同纠纷案（2016年9月29日）

【法律点】典当行与借款人以不动产买卖合同的形式设定了“抵押”典当，约定如借款人不能按期归还本息，则按买卖合同执行，以其房地产抵顶借款本息，但并没有将合同约定的不动产典当物实际交给典当行占有、使用和收益并办理抵押登记，不具备典当成立的前提要件，应认定为借贷合同。在没有证据证明典当行以借款名义向社会公众发放贷款的情况下，典当行以上述形式向自然人发放借款的行为，应当认定为有效的民间借贷法律关系。

【关键词】借款合同　买卖合同　民间借贷　房屋典当　权利质押

甘肃省高级人民法院
民事判决书

（2014）甘民一初字第20号

原告：庆阳市金泰昌典当有限公司。住所地，甘肃省××市××区。

法定代表人：魏文斌，董事长。

委托代理人：刘吉颖，甘肃拓原律师事务所律师。

委托代理人：赵富祥，职员。

被告：宫红伟。

委托代理人：李俊，甘肃泰丰律师事务所律师。

被告：荔红娟。

被告：庆阳隆兴苑酒店管理有限公司。住所地，甘肃省××市××区。

法定代表人:荔红娟,董事长。

原告庆阳市金泰昌典当有限公司(以下简称金泰昌典当公司)诉被告宫红伟、荔红娟、庆阳隆兴苑酒店管理有限公司(以下简称隆兴苑公司)借贷合同纠纷一案,本院受理后,依法组成合议庭,于2014年12月19日公开开庭进行了审理。原告庆阳市金泰昌典当有限公司的委托代理人刘吉颖、赵富祥,被告宫红伟及其委托代理人李俊到庭参加诉讼。被告荔红娟,被告庆阳隆兴苑酒店管理有限公司经本院合法传唤,无正当理由拒不到庭。本案现已审理终结。

原告金泰昌典当公司诉称:被告宫红伟与荔红娟系夫妻关系,被告庆阳隆兴苑酒店管理有限公司是荔红娟出资注册的一人有限责任公司。从2012年10月15日起,三被告或单独或共同分七次向原告借款,合同本金6800万元,用于房地产的开发与建设。原告为了保障自身合法权益免受侵害,在借款时设定了抵押典当,即对被告所有的不动产(房地产)按市场价格签订"买卖合同",由被告给原告出具"权益转让书",如果被告不能按期归还本息,则按买卖协议执行,以其房地产抵顶借款本息,长余款项退还被告。其具体情况如下:

1. 2012年10月15日,宫红伟协议借原告现金300万元整,约定借款月利率为2%,月综合费用率为2.8%,借款期限从2012年10月15日到2013年4月15日。以上借款被告荔红娟提供保证,并共同承诺以其自有庆城县北区金凤苑商用楼×号×幢单独所有面积为1185.3平方米房产所有权、使用权及经营权以成本价转让给原告做为还款清息的抵押保证。原告实际给其借款285.6万元。但到期后至今,被告一直未归还借款本金,只清偿了少部分利息。

2. 2013年4月18日,被告宫红伟、荔红娟共同借原告现金1000万元,约定借款月利率为2%,月综合费用率为2.2%,借款期限从2013年4月19日到10月5日,原告实际给其借款976.2万元。到期后被告不能归还,又申请延期五个月至2014年3月5日。以上借款的当天,原告与被告签订了一份《买卖合同》,约定将被告所有的庆城县金凤苑东坡南部3000平方米建筑及庆(国)用(2013)第××号1088.44平方米国有土地使用权以1200万元出售给原告。被告同时给原告出具"权益转让书",同意若不能按期还款,将以上房地产出让给原告做清息还本来源,长余款项退还其本人,并提交了所有的房产证、土地证给原告。但借款到期后至今,被告仍未偿还本金,只清偿了少部分利息。

3. 2013年4月18日,被告宫红伟、荔红娟还与原告签订了另一份"借款合同",将原告在此之前的2012年3月28日、5月5日、8月24日、9月14日、11月6日、12月5

日和2013年3月11日共七次向被告合计借款1900万元完善为一份借款合同,约定由原告于2013年5月5日再借现金1900万元给被告,借款月利率为2%,月综合费用率为2.5%,借款期限从2013年5月5日到2013年11月5日,原告给其实际借款1553.44万元。到期后被告不能归还,又申请延期四个月至2014年3月5日。以上借款的当天,原告与被告又签订了一份《买卖合同》,约定将被告所有的11,278.1平方米建筑物及庆(国)用(2012)第××号1535.2平方米国有土地使用权作价4000万元出售给原告。被告同时给原告出具"权益转让书",同意若不能按期还款,将以上房地产出让给原告做清息还本来源,长余款项退还其本人,并提交了所有的房产证、土地证给原告。但借款到期后至今,被告仍未偿还本金,只清偿了少部分利息。

4. 2013年6月6日,被告宫红伟、荔红娟、庆阳隆兴苑酒店管理有限公司共同借原告现金1000万元,约定借款月利率为2%,月综合费用率为2.2%,借款期限从2013年6月6日到12月5日,原告实际给其借款825.18万元。到期后被告不能归还,又申请延期三个月至2014年3月5日。以上借款的当天,原告与被告又签订了一份《买卖合同》,约定将被告所有的位于庆阳市××区××道×号东侧庆阳隆兴苑酒店管理公司名下2601.81平方米国有土地使用权以1000万元出售给原告,被告同时给原告出具"权益转让书",同意若不能按期还款,将以上房地产出让给原告做清息还本来源,长余款项退还其本人,并提交了所有的房产证、土地证给原告。但借款到期后至今,被告仍未偿还本金,只清偿了少部分利息。

5. 2013年7月19日,被告宫红伟、荔红娟共同借原告现金1000万元,约定月综合利率为4.5%,原告实际给被告借款955万元。但到期后至今,被告仍未偿还本金,只清偿了少部分利息。

6. 2013年12月8日,被告宫红伟、荔红娟、庆阳隆兴苑酒店管理有限公司再借原告现金1500万元,约定借款月利率为1.8%,月综合费用率为2%,借款期限从2013年12月8日到2014年6月5日(原告实际给被告借款601.2万元)以上借款的当天,被告又与原告签订了一份《买卖合同》,约定将被告所有的位于庆阳市××区××道××号东侧庆阳隆兴苑酒店管理公司名下2601.81平方米国有土地使用权及正负零工程以1700万元出售给原告,被告同时给原告出具"权益转让书",同意若不能按期还款,将以上房地产出让给原告做清息还本来源,长余款项退还其本人,并提交了所有的房产证、土地证和建设施工手续给原告。但借款到期后至今,被告仍未偿还本金。只清偿了少部分利息。

7. 2013年12月29日,被告宫红伟向原告借款100万元,至今未归还本金,只清偿了少部分利息。

以上七笔,三被告按合同约定共借原告本金6800万元,但原告在征得被告同意后实际支付被告借款5296.62万元,按照其实际借款时间分段计息至2014年10月31日,合计利息4795.9万元,被告在此期间陆续总计支付利息1373.8万元,还欠利息3422.1万元。违约应计复息1825.61万元,原告酌情诉请400.525万元。本息合计9119.245万元。借款到期后,原告多次与被告协商要求其归还借款本息或按典当抵押合同约定交付资产,但被告均以各种理由推迟拖延。为保护原告的合法权益不受侵害,现提起诉讼,请求人民法院依法判决被告:1. 限期归还拖欠原告借款本金5296.62万元及至判决之日的未付利息(截至2014年10月31日为3422.1万元);2. 判决被告酌情支付违约之日至2014年10月31日的复息400.525万元;3. 诉讼费用由被告承担。

被告宫红伟辩称:1. 答辩人与被答辩人之间发生多笔借贷关系属实,截至2014年10月31日,被答辩人共计出借给答辩人5296.62万元,答辩人也分多次已归还1373.8万元。答辩人因建筑工程资金周转需要,多次向被答辩人申请借款,而被答辩人作为非金融机构企业,以获取高额利息为目的(月息为4.2%、4.5%、4.8%不等),且在前笔借款尚未完全归还的情况下,又再次向答辩人发放贷款,经双方2014年12月15日对账务进行核算,截至2014年10月31日,被答辩人共计出借给答辩人5296.62万元,答辩人也分多次已归还1373.8万元。对此清算结果,双方签订"宫红伟实际借款明细表"一份。因此,双方之间借贷关系的账务是十分清楚的。2. 被答辩人作为非金融企业,以获取高额借款利息为目的,向答辩人发放大额借款,其发放贷款行为违法。(1)被答辩人工商注册登记的经营范围为:"动产质押典当业务,房地产(未取得商品房预售许可证的在建工程除外)抵押典当业务,限额内绝当物品的变卖,鉴定评估及咨询服务,商务部依法批准的其他典当业务。"(2)被答辩人并不具有从事金融业务的许可资质,经营范围也无允许发放贷款的核准记录;被答辩人作为典当公司,根据《典当管理办法》第二十六条的规定,"典当行不得经营下列业务:……(四)发放信用贷款"。而被答辩人为获取高额借款利息,以"庆阳市金泰昌典当有限公司"作为出借款项主体,多次向答辩人发放借款的行为显然违反了该管理办法的禁止性规定。(3)国务院关于《非法金融机构和非法金融业务活动取缔办法》第五条第一款"未经中国人民银行依法批准,任何单位和个人不得擅自设立金融机构或者擅自从事金融业务活动"。被答辩人未经金融管理机构批准,擅自从事金融业务活动,其发放贷款行为违法。3. 被答辩人与答辩人之间产生的借贷关系应属无效民事法律行为。

(1)根据《最高人民法院关于适用〈中华人民共和国合同法〉若干问题的解释(一)》第十条的规定,“当事人超越经营范围订立合同,人民法院不因此认定合同无效。但违反国家限制经营、特许经营以及法律行政法规禁止经营规定的除外”。被答辩人不但超越经营范围经营,且违反国家限制经营、特许经营以及法律行政法规禁止经营的规定,向答辩人违法发放借款,其行为应属无效民事法律行为。(2)按照《最高人民法院关于如何确认公民与企业之间借贷行为效力问题的批复》的有关规定,公民与非金融企业之间的借贷属民间借贷,只要双方当事人意思表示真实即可认定有效。但是,企业以借贷名义向社会公众发放贷款和其他违反法律法规的行为等,被答辩人以获取高额利息为目的,除向答辩人违法发放贷款外,还向众多企业和个人进行发放,违反法律法规的禁止性规定,其与答辩人之间产生的借贷关系应属无效民事法律行为。4. 导致民事行为无效的过错责任在被答辩人,因此,答辩人不负有承担和清偿借款利息的义务。由于被答辩人以获取高额贷款利息为目的,超越经营范围,违反法律及行政法规的强制性规定,向答辩人发放贷款,从而造成该民事行为无效,其过错责任在被答辩人。《中华人民共和国合同法》第五十六条规定:“无效的合同或者被撤销的合同自始没有法律约束力。合同部分无效,不影响其他部分效力的,其他部分仍然有效。”第五十八条规定:“合同无效或者被撤销后,因该合同取得的财产,应当予以返还,不能返还或者没有必要返还的,应当折抵补偿。有过错的一方应当赔偿对方因此所受到的损失。双方都有过错的,应当各自承担相应的责任”,在本案答辩人与被答辩人之间的民间借贷合同关系中,因合同取得的财产(原物)应是借款本金,损失则是利息。由于导致借贷关系无效的原因在于被答辩人的违法行为,因此被答辩人的利息损失应当自行承担。而答辩人自身只是依法负有返还财产(本金)的责任和义务。结合双方2014年12月15日账务核算结果,截至2014年10月31日,被答辩人共计出借给答辩人本金5296.62万元,答辩人实际已归还1373.8万元。而对于下欠的借款本金3922.82万元答辩人继续负有归还的责任和义务。

被告荔红娟经本院合法传唤,无正当理由拒不到庭参加诉讼,视为放弃答辩及质证的权利。

被告隆兴苑公司经本院合法传唤,无正当理由拒不到庭参加诉讼,视为放弃答辩及质证的权利。

经审理查明:被告宫红伟与荔红娟系夫妻关系,被告隆兴苑公司是荔红娟出资注册的一人有限责任公司。

1.2012年10月15日,原告金泰昌典当行与被告宫红伟签订《借款协议》一份约定,原告向被告提供借款金额300万元整,借款期限从2012年10月15日起至2013年4月15止,利息按月利率2%,月综合费用率2.8%计算,每月应付利息60,000元,每月应付综合费用84,000元,合计144,000元,荔红娟在保证人上签字。同日,被告宫红伟、荔红娟作为共同借款人向原告金泰昌典当行出具300万元的借据一张,并共同在《权益保障书》上承诺“若按期不能还款,将本人所有的庆城县北区金凤苑商用楼×号×幢单独所有面积为1185.30平方米房产所有权、使用权及经营权以成本价转让给庆阳市金泰昌典当有限公司作为还款清息的保证”。原告实际给其借款285.6万元。

2. 2013年4月18日,原告金泰昌典当公司与被告宫红伟、荔红娟签订《借款协议》一份约定,原告向二被告提供借款金额1000万元,借款期限从2013年4月19日起至2013年10月5日止,利息按月利率2%,月综合费用率2.2%计算,每月应付利息200,000元,每月应付综合费用220,000元,合计420,000元,逾期罚息标准4.2%。原告实际给其借款976.2万元。借款到期后被告不能归还,又申请延期六个月,延长期限从2013年10月5日至2014年3月5日。

3. 2013年4月18日,被告宫红伟、荔红娟还与原告签订了另一份《借款合同》约定,原告共向被告借款1900万元,借款期限自2013年5月5日至2013年11月5日止,借款月利率为2%,月综合费用率为2.5%,罚息标准为4.5%。原告给其实际借款1553.44万元。当日,被告宫红伟、荔红娟书面承诺:若按期不能还款,原将其位于庆城县北区金凤苑东坡北部自建房(1)庆(房权证)庆城县字第×××62号518.08平方米;(2)庆(房权证)庆城县安第×××60号1753.4平方米;(3)庆(房权证)庆城县字第×××63号758.37平方米;(4)庆(房权证)庆城县字第×××58号2676.6平方米;(5)庆(房权证)庆城县字第×××59号1338.3平方米;(6)庆(房权证)庆城县字第×××64号677.45平方米;(7)庆(房权证)庆城县字第×××56号2370.6平方米;(8)庆(房权证)庆城县字第×××57号1185.30平方米共计11,278.1平方米及庆(国)用(2012)第××号1535.2平方米国有土地使用权、经营权、所有权以3500元/平方米共计4000万元出让给原告做清息还本来源。并且原告与被告签订了一份《买卖合同》,约定将被告所售房屋已经依法取得的房屋所有权证的上述房屋面积(以产权证上登记的建筑面积为准),双方同意上述房产的交易价格4000万元,原告支付了全部房款之日起五个工作日内共同配合办理完毕产权过户登记手续。被告提交了所有的房产证、土地证给原告。到期后被告不能归还,又申请延期四个月,延长期限从2013年11月5日至2014年3月5日。

4.2013年6月6日,原告金泰昌典当公司与被告宫红伟、荔红娟、隆兴苑公司签订《借款协议》一份约定,原告向三被告提供借款金额1000万元,借款期限从2013年6月6日起至2013年12月5日止,利息按月利率2%,月综合费用率2.2%计算,每月应付利息200,000元,每月应付综合费用220,000元,合计420,000元,原告实际给其借款825.18万元。到期后被告不能归还,又申请延期三个月至2014年3月5日。以上借款的当天,原告与三被告之间又签订了一份《买卖合同》,约定将被告所有的位于庆阳市××区××道××号东侧庆阳隆兴苑酒店管理公司名下2601.81平方米国有土地使用权以1000万元出售给原告。被告同时给原告出具"权益转让书",同意若不能按期还款,将以上房地产出让给原告做清息还本来源,长余款项退还其本人,并提交了所有的房产证、土地证给原告。到期后被告不能归还,又申请延期三个月,期限自2013年12月5日起至2014年3月5日止。

5.2013年7月19日,被告宫红伟、荔红娟向原告出具1000万借据一张,借款期限三个月,月综合费用率按4.5%计算。借款当日,又签订一份《房屋买卖协议》约定,被告将自己位于西峰区南大街房产证号为第×××号,土地证号为×××号的房地产及附属建筑物一次性出售总价1,700,000元,并协助办理相关房地产转让手续,并提交了土地使用权证。原告实际给被告借款955万元。

6.2013年12月8日,原告金泰昌典当公司与被告宫红伟、荔红娟、隆兴苑公司签订《借款协议》一份约定,原告向二被告提供借款金额1500万元,借款期限从2013年12月8日起至2014年6月5日止,利息按月利率1.8%,月综合费用率2%计算,每月应付利息270,000元,每月应付综合费用300,000元,合计应付570,000元,罚息标准3.8%。借款当天,被告又与原告签订了一份《买卖合同》,约定将被告所有的位于庆阳市××区××道××号庆阳隆兴苑酒店管理有限公司土地2601.81平方米国有土地使用权及正负零工程以1700万元出售给原告,被告同时给原告出具"权益转让书",同意若不能按期还款,将以上房地产出让给原告做清息还本来源,长余款项退还其本人,并提交了所有的房产证、土地证和建设施工手续给原告。

7.2013年12月29日,被告宫红伟向原告借款100万元,至今未归还本金,只清偿了少部分利息。

以上七笔被告按合同约定共借原告本金6800万元,但原告实际支付被告借款5296.62万元,被告总计归还了1373.8万元后至今拖欠不还,故原告诉至法院,请求判令:1. 被告归还拖欠原告借款本金5296.62万元及至判决之日的未付利息(截至2014年10月31日为3422.1万元);2. 被告酌情支付违约之日至2014年10月31日的复息 400.525 万元;3. 诉讼费用由被告承担。

上述事实,有已经本院依法确认的下列证据:1. 原告与被告签订的《借款合同》《买卖合同》《权益转让书》;2. 转账支票;3. 借款支取凭证;4. 借款付息凭证;5. 金泰昌典当公司的工商登记材料。

本院认为:本案争议焦点为:1. 本案《借款合同》的性质及效力如何确认;2. 被告宫红伟、荔红娟、隆兴苑公司从金泰昌公司借款本金及利息如何确定。

关于本案《借款合同》的性质及效力如何确认的问题。《典当管理办法》第三条对典当的定义,"本办法所称典当,是指当户将其动产、财产权利作为当物质押或者将其房地产作为当物抵押给典当行,交付一定比例费用,取得当金,并在约定期限内支付当金利息,偿还当金,赎回当物的行为"。本案中,双方当事人在签订《借款合同》的同时,虽然设定了抵押典当,即对被告所有的房地产按市场价格签订了《买卖合同》,如被告不能按期归还本息,则按买卖协议执行,以其房地产抵顶借款本息,被告并提交了所有的房产证、土地证,但被告并没有将合同约定的不动产典当物交给原告金泰昌典当公司占有、使用和收益并办理抵押登记,因此也就谈不上对房产进行回赎和"房不计租,钱不计息",不具备典当成立的前提要件。因此,本案双方当事人以"典当"的形式签订的协议,从其内容看,它不同于民间的一般房屋典当,不是以使用、收益为目的,实质上是一种将房地产证作为权利进行质押的借贷性质的合同,应认定为借贷合同。最高人民法院于 1992 年 3 月 16 日对黑龙江省高级人民法院作出的(1991)民他字第 15 号《关于金德辉诉佳木斯市永恒典当商行房屋典当案件应如何处理问题的函》也明确了在审判实践中,对因典当行以"典当"形式从事融资借贷的案件应定性为以房地产抵押的借款合同纠纷,并且不得将现行提取的利息计入典金计算复利。关于被告提出原告作为非金融企业,以获取高额借款利息为目的,擅自从事金融业务活动,双方之间产生的借贷关系应属无效的主张,原告是一个从事典当的企业,根据 1999 年 2 月 9 日最高人民法院公布的《关于如何确认公民与企业之间借贷行为效力问题的批复》的规定,公民与非金融企业之间的借贷属于民间借贷,只要双方当事人意思表示真实即可认定有效;但是,企业以借贷名义非法向社会集资,应当认定无效。本案中,金泰昌典当公司是向自然人宫宏伟、荔红娟进行的借款行为,据此规定应当认定为民间借贷法律关系。民间借贷中如系企业以借贷名义向社会公众发放贷款的行为则应被认定为无效,但本案被告无证据证明原告以借款名义向社会公众发放贷款,故本案双方之间的借贷关系为有效行为。

关于被告宫红伟、荔红娟、隆兴苑公司从金泰昌公司借款本金及利息如何确定的问题。根据已查明的事实,七份借款协议约定的借款金额分别为 300 万元、1000 万元、1900 万元、1000 万元、1000 万元、1500 万元、100 万元,协议签订后金泰昌典当公司实际借款本金 5296.62 万元,双方对上述事实均无异议,但被告对已归还的 1373.8 万元主张为本金,并提交了一份原告于 2014 年 12 月 16 日制作的《宫红伟实际借款明细表》予以佐证。该表载明:“截至 2014 年 10 月 31 日,宫红伟实际借款 5296.62 万元,实际清偿利息 1373.8 万元,该表数字已经借贷双方核对一致”,该表有双方的盖章、签字,但在表的右下方宫红伟注有:“借 5296.62 属实,归本 1373.8 属实。”对此,结合双方的转账凭证、典当行内部借款付息凭证,1373.8 万元实质是作为借款利息支付,并且在借款利息未归还的情况下,不可能先偿还本金,宫红伟的该主张有悖常理,该备注明显是宫红伟之后自己添加上去的,故宫红伟已归还的 1373.8 万元应为借款利息。关于原告起诉要求宫红伟、荔红娟、隆兴苑公司共同还款的请求,本院认为,宫宏伟、荔红娟属夫妻关系,并在借款时共同签名,其真实意思是被告双方共同向原告借款,应视为共同债务,共同偿还。被告隆兴苑公司为荔红娟出资注册的一人有限责任公司,多次与宫红伟、荔红娟共同向原告借款,共享借款利益,并多次将其房地产进行质押,亦应当共同承担偿还责任,原告的请求有理,应当予以支持。关于利息的计算问题。根据《最高人民法院关于如何确认公民与企业之间借贷行为效力问题的批复》的有关规定,借贷利率超过银行同期贷款利率四倍的按照最高人民法院法(民)发(1991)21 号《关于人民法院审理借贷案件的若干意见》的有关规定办理。根据《关于人民法院审理借贷案件的若干意见》第六条的规定,“民间借贷的利率可以适当高于银行的利率,各地人民法院可根据本地区的实际情况具体掌握,但最高不得超过银行同期贷款利率的四倍(包括利率本数)。超出此限度的,超出部分的利率不予保护”,民间借贷的利息及违约金折算后不得超过银行同期贷款利率的四倍。对原告主张 2014 年 10 月 31 日之前借款总额 5296.62 万元利息的请求,由于原告没有提供被告对每笔借款已归还利息的数额及具体时间段的证据,而只认可在支付借款本金时已事先扣除 1403.3 万元的利息(高于银行同期贷款利率的四倍)和被告已偿还 1373.8 万元利息的事实,故无法对每笔借款的利息欠付情况进行认定,现原告要求被告支付 2014 年 10 月 31 日之前借款总额 5296.62 万元利息及罚息的主张显然过高,不予保护。金泰昌典当公司对宫红伟享有借款本金 5296.62 万元的利息应从 2014 年 10 月 31 日起至付清之日止的利息按照中国人民银行规定的同期贷款基准利率的四倍计算。据此,依照《中华人民共和国合同法》第二百零六条、第二百一十条、第二百一十一条第二款,《中华人民共和国民事诉讼法》第六十四条、第一百三十条之规定,判决如下:

宫红伟、荔红娟、隆兴苑酒店管理有限公司于本判决生效后十日内归还金泰昌典当公司借款本金5296.62万元，并支付利息自2014年10月31日起按照中国人民银行规定的同期贷款基准利率的四倍计算至实际给付之日止。

如未按本判决指定的期间履行给付金钱义务，应当依照《中华人民共和国民事诉讼法》第二百五十三条之规定，加倍支付迟延履行期间的债务利息。

案件受理费516,006元，由宫红伟、荔红娟、隆兴苑酒店管理有限公司共同负担。

如不服本判决，可以在判决书送达之日起十五日内，向本院递交上诉状，并按对方当事人的人数或者代表人的人数提出副本，上诉于中华人民共和国最高人民法院。

审　判　员　王银伟
代理审判员　陆　路
代理审判员　马巧玲
二〇一五年三月五日
书　记　员　赵学平

【案例四十七】多伦县恒信典当有限责任公司诉张军、太仆寺旗宏昌房地产开发有限公司、白景琴等借款合同纠纷案（2016年8月31日）

【法律点】 1. 典当行在从事典当业务时，将已设立抵押的房屋作为当物，且未就当物办理抵押登记的情况下即交付借款，不符合典当合同的构成要件，该典当合同关系不成立，该合同应认定是名为典当，实为借款的合同，按借款合同关系予以认定和处理。在未有充分证据证实典当行有向不特定的、群体性的、达到一定规模和范围的社会公众发放贷款行为的，该借款合同为有效合同。

2. 当事人以签订商品房买卖合同并办理商品房备案登记的方式为借款提供担保的，该担保方式并非我国物权法规定的担保类型，违反了物权法定原则。该行为应认定为非典型的担保方式，即在借款人不能按时归还借款的情况下，典当行可以通过拍卖或者变卖案涉房屋的方式确保其能够实现债权。至于当事人约定如借款人到期不能偿还借款，则将商品房直接过户至债权人名下的，该约定违反了物权法和担保法有关流押禁止的强制性规定，约定无效。

3. 保证人既作出了自愿承担连带责任保证的承诺，又作出了承担一般保证责任的承诺，属于保证方式约定不明，应按照连带责任保证承担保证责任。

【关键词】 名为典当　实为借贷　商品房买卖合同　物权法定　非典型担保　保证方式

内蒙古自治区锡林郭勒盟中级人民法院
民事判决书

（2016）内25民终837号

上诉人（一审被告）：太仆寺旗宏昌房地产开发有限公司。住所地，内蒙古自治区锡林郭勒盟××旗。

法定代表人:马贵,总经理。

上诉人(一审被告):白景琴。

二上诉人共同委托代理人:王莅芹,内蒙古西蒙律师事务所律师。

被上诉人(一审原告):多伦县恒信典当有限责任公司。住所地,内蒙古自治区锡林郭勒盟××县。

法定代表人:杨永楠,经理。

委托代理人:史继忠,员工。

委托代理人:徐长祥,内蒙古恃法律师事务所律师。

被上诉人(一审被告):张军。

被上诉人(一审被告):岳金燕。

被上诉人(一审被告):周宝成。

委托代理人:李景文,内蒙古普照法律服务所法律工作者。

上诉人太仆寺旗宏昌房地产开发有限公司(以下简称宏昌公司)、上诉人白景琴因与被上诉人多伦县恒信典当有限责任公司(以下简称恒信公司)、被上诉人张军、被上诉人岳金燕、被上诉人周宝成借款合同纠纷一案,不服内蒙古自治区多伦县人民法院(2015)多民二初字第35号民事判决,向本院提起上诉。本院于2016年6月6日立案后,依法组成合议庭,于2016年7月20日公开开庭进行了审理。上诉人宏昌公司、白景琴的共同委托代理人王莅芹及白景琴、被上诉人恒信公司的委托代理人史继忠、徐长祥、被上诉人张军、被上诉人周宝成及其委托代理人李景文到庭参加诉讼。被上诉人岳金燕经传票传唤无正当理由拒不到庭参加诉讼,本案现已审理终结。

上诉人宏昌公司、白景琴上诉请求:依法撤销内蒙古自治区多伦县人民法院(2015)多民二初字第35号民事判决的第二项,改判上诉人宏昌公司、白景琴不承担民事责任。事实与理由:一审法院认定事实不清,适用法律错误,导致判决结果错误。1. 一审法院将本属于典当借款关系的《典当借款合同》认定为借款合同实属认定事实不清,在第一次庭审时被上诉人恒信公司明确承认是典当借款,在上诉人提出答辩观点后,又在第二次开庭时变更为借款合同,但在第二次庭审时其代理人也明确承认典当之初借款人张军是将房屋产权证留在了恒信公司的,是在绝当后由周宝成和张军借走的,而典当公司的这一行为在法律上就是放弃的价值范围外承担责任。一审法院将典当借款合同认定为借款合同属认定事实错误。2. 一审法院将《典当借款合同》认定为借款合同,该借款合同也是无效的借款合同,作为借款合同的主合同无效,法律上不能成立的从合同(上诉人与被上诉人网签的五套房屋合同)更应依法认定为无效合同。《最高人民法院关于确认公民与企业之间借贷行为效力的批复》中，明确指出非金融企业向社会公众发放贷款的借款的借贷行为是无效的，被上诉人恒信公司是一家典当公司，明显不具备金融业务资格，被上诉人张军也不是该公司的职工，他与典当公司签订了合同编号恒信典当借字(2014)第(0023)号典当借款合同，借款金额高达180万元，还约定了高利，该借款名为借款，实际上是向公众发放贷款，发放贷款是《典当管理办法》第二十六条明确禁止性行为，是无效的法律行为，双方签订的所谓的借款合同自然是无效的合同。3. 主合同无效，从合同自然无效，而所谓本案涉及的“担保类型”就是上诉人与被上诉人恒信公司网签的五套房屋合同，而这一所谓的“担保类型”又是违反物权法定原则的，也是无效的，一审法院按照《最高人民法院关于适用〈中华人民共和国担保法〉若干问题的解释》第七条判令上诉人承担债务人张军不能偿还部分1/2的赔偿责任于法无据。作为本案的二上诉人不应承担任何责任。二审法院应依法改判二上诉人不承担赔偿责任。

被上诉人恒信公司辩称，上诉人宏昌公司、白景琴的上诉请求及理由不能成立，当时网签商品房买卖合同时，双方的真实意思都是对当物价值范围内承担担保责任，这是本案不争的事实，应受《中华人民共和国担保法》的调整。一审法院认定事实清楚，适用法律正确，请求二审法院驳回上诉，维持原判。

被上诉人张军辩称，恒信公司的利息属高利贷，应降低利率。因市场不景气，买卖不好做，暂时无钱还款。

被上诉人岳金燕未到庭亦为提交书面答辩意见。

被上诉人周宝成辩称，依据《典当管理办法》《中华人民共和国担保法》及其房地产交易习惯惯例，在房地产抵押典当业务中，典当行应当和当户依法到有关部门先行办理抵押登记，未履行抵押登记手续，不发生典权设定的效力。恒信公司与张军签订的典当借款合同名为典当实为借贷。宏昌公司与恒信公司签订的《商品房买卖合同》是为了借款提供的担保，在恒信公司的债权不能实现时，由其实际取得的交易做法，均得到宏昌公司、白景琴、张军、恒信公司默认，应为有效合同。在本案中，宏昌公司、白景琴应在物保财产价值内承担连带赔偿责任。根据以上事实，请求法院公正判决。

原告恒信公司向一审法院起诉请求：1. 判令被告张军立即偿还原告典当当金162万元，并支付自2015年1月2日起至实际全部给付之日止的典当综合费用、利息、违约金及违约罚息(日均3338元)，诉讼费用由其承担；2. 被告岳金燕、宏昌公司、白景琴以其担保物承担连带责任；3. 被告周宝成对全部当金及产生的息、费和违约金承担连带责任。诉讼中，原告变更诉讼请求为：1. 被告张军、岳金燕立即偿还原告贷款本金 162 万元,并赔付自 2015 年 1 月起至给付之日止的利息损失,月利率按 2% 计算;2. 被告宏昌公司、白景琴、周宝成承担连带责任;3. 诉讼费由被告承担。

一审法院认定事实:被告张军系多伦县宝强门窗厂的经营者。2012 年 6 月 7 日,张军用其所有的房屋所有权证编号为蒙房权证多伦县字第××号的房屋作为抵押,以多伦县宝强门窗厂的名义向多伦联社借款 180 万元,并办理了抵押登记。抵押权人为多伦联社。2014 年 8 月 18 日,被告张军为偿还其在多伦联社的该笔贷款,拟向原告恒信公司借款,并由被告白景琴经手,以被告宏昌公司与原告典当公司签订五份商品房买卖合同(网签)的形式作为张军向恒信公司借款的担保。合同约定五套商品房的位置、建筑面积和价款为:锡林郭勒盟太仆寺旗宝昌镇旧医院后园丁苑小区××号楼××号商铺,138.71 平方米,464,956 元;××号楼××号商铺,161.16 平方米,540,208 元;××号楼××号商铺,76.23 平方米,255,523 元;××号楼××号商铺,85.88 平方米,287,870 元;××号楼××号商铺,75.04 平方米,251,535 元,商品房价款总计 1,800,092 元。2014 年 8 月 19 日,恒信公司与张军、岳金燕、周宝成签订合同编号为恒信典当借字(2014)第 0023 号的《典当借款合同(抵)》。合同约定,典当公司为恒信公司,当户为张军,担保人为周宝成;当金为 180 万元,当金月利率为 0.466%,月综合费率为 2.7%;当物为张军所有的房屋所有权证编号为蒙房权证多伦县字第××号的房屋;当期为两个月,自 2014 年 8 月 19 日起至 2014 年 10 月 18 日止;张军应在当期届满后五日内赎当;赎当时应提交《当票》,归还全部当金,付清全部应付当金利息;逾期不赎当也不续当的,为绝当;绝当时,恒信公司有权委托拍卖公司依法拍卖绝当物品,拍卖后所得价款在扣除张军所欠一切费用后有剩余的,剩余部分归张军,如有不足,恒信公司有权向张军追索;如张军逾期赎当,须根据典当期限内的息、费标准和逾期天数补交利息和综合费用,并对逾期赎当每日计收全部息、费 0.5% 的罚息。岳金燕在该合同落款乙方即当户处签字。同日,恒信公司与张军、岳金燕、周宝成又签订一份《房地产抵押合同》。合同约定,为确保张军与恒信公司签订的《典当借款合同》得到切实履行,张军自愿向恒信公司提供抵押担保,签订本合同;抵押权人为恒信公司,抵押人为张军;抵押担保范围为双方所签订的《典当借款合同》项下全部本金、利息、综合费用等;抵押物详见抵押清单;本合同自双方加盖公章之日起,依法需办理抵押登记的,自抵押登记之日起生效。岳金燕在该合同落款财产共有人处签字。随该《房地产抵押合同》签订的还有一份房屋抵押清单,载明房屋坐落于多伦县××镇××街××号楼,建筑面积 744.9 平方米,土地使用权证号为多国用(2012)第××号。双方就该抵押合同所约定的抵押房屋,未到登记机关办理房屋所有权抵押登记。

为签订上述合同,被告张军、岳金燕于2014年8月19日出具了财产共有人承诺书及二人的结婚证复印件,承诺将房屋所有权证编号为蒙房权证多伦县字第××号的房屋作为抵押用于向恒信公司贷款180万元;被告周宝成于同日出具担保人承诺书,承诺为张军担保,自愿承担连带保证责任,保证期间为张军取得贷款之日起至还清贷款本息之日止,如张军到期不能偿还贷款本息,由周宝成归还全部贷款本息。上述合同签订后,恒信公司于2014年8月19日分三笔向张军的银行账户汇入1,741,912元。同日,恒信公司与张军签署借据。借款载明:当金180万元,实付金额1,741,912元,预扣一个月息费56,988元及保险费1100元。2014年8月19日,张军偿还多伦联社借款本息合计1740,030.30元。2014年8月28日,被告白景琴给原告出具承诺书,称位于锡林郭勒盟太仆寺旗宝昌镇园丁苑小区的××号楼××号商铺、××号楼××号商铺、××号楼××号商铺、××号楼××号商铺、××号楼××号商铺系其自有,愿提供给恒信公司作为张军借款180万元的抵押担保;本人同意将上述五套楼房与恒信公司签订购房合同,如果借款人张军到期后不能偿还,本人负责办理产权过户手续。2014年8月29日,张军偿还多伦联社借款本息合计69,067.56元。至此,张军在多伦联社的该笔借款本息全部还清。2014年10月29日,张军与周宝成向恒信公司出具保证书,称张军于2014年10月29日从恒信公司借走蒙房权证多伦县字第××号房屋所有权证和多国用(2012)第××号土地使用权证各一本,用于在信用社办理贷款,以偿还恒信公司的贷款,如在信用社不能办理贷款,由周宝成负责将两证交回恒信公司;否则,周宝成承担一切后果及法律责任。2014年12月2日,张军与多伦联社上都河分社签订《抵押借款合同书》及《房地产抵押合同》,约定用房屋所有权证编号为蒙房权证多伦县字第××号的房屋作为抵押,向多伦联社上都河分社借款100万元。双方于2014年12月4日在多伦县房产管理局办理了抵押登记。至本案庭审时,因张军在多伦联社上都河分社尚有贷款未还清,该楼房尚处于抵押中。张军和白景琴于2014年12月19日偿还恒信公司借款30万元,于2014年12月20日偿还10万元,又于2015年1月1日偿还5万元,合计45万元(其中张军偿还30万元,白景琴偿还15万元)。恒信公司成立于2012年5月11日,其营业执照载明的经营范围为:动产质押典当业务,财产权利质押典当业务,房地产抵押典当业务,限额内绝当物品的变卖,鉴定评估及咨询服务,商务部依法批准的其他典当业务。张军与岳金燕于2005年11月20日登记结婚,案涉借款发生于二人夫妻关系存续期间。案涉《商品房买卖合同》签订时,白景琴系宏昌公司的股东。

一审法院认为,本案的争议焦点是:1. 原告恒信公司与被告张军之间就案涉借款是属于典当关系还是借款合同关系；2. 被告张军是否应当偿还原告借款本金 162 万元及利息，利息应如何计算；3. 被告岳金燕、宏昌公司、白景琴、周宝成对该笔借款是否承担责任及应承担何种责任。关于原告典当公司与被告张军之间就案涉借款是属于典当关系还是借款合同关系。根据《典当管理办法》的规定，典当是指当户将其动产、财产权利作为当物质押或者将其房地产作为当物抵押给典当行，交付一定比例费用，取得当金，并在约定期限内支付当金利息、偿还当金、赎回当物的行为。因此，典当合同与普通借款合同的权利性质和法律后果不尽相同。典当权是以担保物权的成立为前提，一旦当户到期不能赎当而形成绝当时，典当公司通过处置当物来实现典当权利；而普通借款合同中抵质押是为主债务提供的担保，具有从属性，其实现主债权的方式是对抵质押物行使优先受偿权。典当合同可以约定综合费用的支付，综合费用的产生是基于提供各种服务和管理费用；而借款合同中约定的利率在性质上属于孳息的范畴。因此，典当合同与借款性质不同，典当合同应当是基于典当行为所建立的合同关系。本案中，恒信公司虽是具备从事典当业务资质的企业法人，但其与张军签订典当借款合同时，合同约定的当物尚处于多伦联社的贷款抵押中，恒信公司在未就当物办理抵押登记的情况下即将当金交付张军使用，不符合典当合同的构成要件，该典当合同关系不成立。案涉典当借款合同是名为典当，实为借款的合同，应按借款合同关系予以认定和处理。根据《最高人民法院关于审理民间借贷案件适用法律若干问题的规定》第一条第一款以及《最高人民法院关于学习贯彻适用〈最高人民法院关于审理民间借贷案件适用法律若干问题的规定〉的通知》第三条之规定，恒信公司与张军之间的民间借贷合同合法有效，该院予以认定。宏昌公司与白景琴依据案涉典当借款合同的编号为恒信典当借字(2014)第(0023)号主张恒信公司是以借贷名义向社会公众发放贷款，借贷合同无效。但仅依据该合同编号尚不足以证明恒信公司有向不特定的、群体性的、达到一定规模和范围的社会公众发放贷款的行为，故对二被告的该项主张，该院不予采信。关于被告张军是否应当偿还原告借款本金 162 万元及利息，利息应如何计算。恒信公司与张军约定的借款金额为 180 万元，但实际出借的金额为 1, 741, 912 元，应以实际出借的金额作为借款本金。恒信公司与张军在合同中约定的借款月费率为 3. 166%。依据《最高人民法院关于人民法院审理借贷案件的若干意见》第六条的规定，民间借贷的利率最高不得超过银行同类贷款利率的四倍。案涉合同约定费率过高，应以中国人民银行公布的同期同类贷款基准利率的四倍为限，超出部分不予保护。由于张军与白景琴曾陆续还款，利息应按照不同日期张军实际占用恒信公司借款本金的数额为基数计算。对于已支付部分款项应从借款本息中如何扣除，恒信公司与张军未作具体约定。根据《最高人民法院关于适用〈中华人民共和国合同法〉若干问题的解释(二)》第二十一条"债务人除主债务之外还应当支付利息和费用,当其给付不足以清偿全部债务时,并且当事人没有约定的,人民法院应当按照下列顺序抵充:(一)实现债权的有关费用;(二)利息;(三)主债务"的规定,已支付部分款项应先扣除付款时已发生的利息,剩余部分从本金中扣除。经计算,截至2015年1月1日,被告张军尚欠原告恒信公司借款本金1481,264.96元、利息6850.12元。被告张军对此借款本息及2015年1月1日之后的利息,应承担偿还责任。关于被告岳金燕、宏昌公司、白景琴、周宝成对该笔借款是否承担责任及应承担何种责任。《最高人民法院关于适用〈中华人民共和国婚姻法〉若干问题的解释(二)》第二十四条规定:"债权人就婚姻关系存续期间夫妻一方以个人名义所负债务主张权利的,应当按夫妻共同债务处理。但夫妻一方能够证明债权人与债务人明确约定为个人债务,或者能够证明属于婚姻法第十九条第三款规定情形的除外。"本案中,案涉借款系发生于张军与岳金燕婚姻关系存续期间,岳金燕在案涉《典当借款合同》和《房地产抵押合同》中均签了字,并向恒信公司出具了财产共有人承诺书及二人的结婚证复印件,应按夫妻共同债务处理。恒信公司主张张军与岳金燕对该笔借款承担共同偿还责任,于法有据,该院予以支持。宏昌公司以网签五份商品房买卖合同的方式为案涉借款提供担保。案涉借款发生时,白景琴是宏昌公司的股东,亦是该网签商品房买卖合同的经办人,并向恒信公司称该五套商品房系其自有,愿提供给恒信公司作为张军借款180万元的抵押担保,如张军到期后不能偿还借款,由其负责办理产权过户手续,且借款到期后其代为张军偿还了15万元。白景琴的该行为应视为其与宏昌公司共同以签订商品房买卖合同的形式为案涉借款提供担保。至于白景琴是否有权处分该房屋,是其与宏昌公司之间的内部关系,不影响其向恒信公司所作出的意思表示。该担保方式并非我国物权法规定的担保类型,违反了物权法定原则。《中华人民共和国担保法》第四十条规定:"订立抵押合同时,抵押权人和抵押人在合同中不得约定在债务履行期届满抵押权人未受清偿时,抵押物的所有权转移为债权人所有。"本案中,宏昌公司、白景琴与恒信公司约定,如张军到期不能偿还借款,将五套商品房过户至恒信公司名下。该约定违反了上述规定,约定无效。《中华人民共和国担保法》第五条第二款规定:"担保合同被确认无效后,债务人、担保人、债权人有过错的,应当根据其过错各自承担相应的民事责任。"《最高人民法院关于适用〈中华人民共和国担保法〉若干问题的解释》第七条规定:"主合同有效而担保合同无效,债权人无过错的,担保人与债务人对主合同债权人的经济损失,承担连带赔偿责任;债权人、担保人有过错的,担保人承担民事责任的部分,不应超过债务人不能清偿部分的二分之一。”本案中,恒信公司与宏昌公司、白景琴均具有过错且过错相当,宏昌公司与白景琴应对张军不能清偿部分的 1/2,承担赔偿责任。案涉《典当借款合同》签订时,合同所约定的当物尚处于多伦联社的贷款抵押之中,未就典当借款办理抵押登记,且宏昌公司与白景琴以网签商品房买卖合同形式提供担保时,并未与恒信公司约定系在当物价值范围之外承担责任,故宏昌公司与白景琴以恒信公司放弃当物为由,主张在当物的评估价值范围之外承担补充连带责任,无事实和法律依据,该院不予采信。被告周宝成在案涉《典当借款合同》和《房地产抵押合同》落款担保人处签字,并出具了担保人承诺书,且从其于 2014 年 10 月 29 日与张军共同向恒信公司出具的保证书的内容来看,其对于案涉合同所约定的当物一直未办理抵押登记一事系明知,故其应按照与恒信公司约定的保证方式承担保证责任。对于保证方式,周宝成在承诺书中既作出了自愿承担连带责任保证的承诺,又作出了承担一般保证责任的承诺,即“如张军到期不能偿还贷款本息,由周宝成归还全部贷款本息”,此种承诺属保证方式约定不明。根据《中华人民共和国担保法》第十九条“当事人对保证方式没有约定或者约定不明确的,按照连带责任保证承担保证责任”的规定,周宝成的保证方式应为连带责任保证。对于保证期间,双方约定的保证期间为张军取得贷款之日起至还清贷款本息之日止。根据《最高人民法院关于适用〈中华人民共和国担保法〉若干问题的解释》第三十二条第二款“保证合同约定保证人承担保证责任直至主债务本息还清时为止等类似内容的,视为约定不明,保证期间为主债务履行期届满之日起二年”的规定,周宝成的保证期间应为《典当借款合同》约定的借款期限届满之日起两年,即 2014 年 10 月 19 日至 2016 年 10 月 18 日。被告周宝成以保证期间已过为由主张其不应承担保证责任,该院不予采信。综上所述,该院依照《中华人民共和国合同法》第五十二条第五项、第一百零七条、第二百条、第二百零五条、第二百零六条、第二百零七条,《中华人民共和国担保法》第五条第二款、第二十一条、第三十一条、第四十条,《最高人民法院关于人民法院审理借贷案件的若干意见》第六条,《最高人民法院关于适用〈中华人民共和国婚姻法〉若干问题的解释(二)》第二十四条,《最高人民法院关于适用〈中华人民共和国担保法〉若干问题的解释》第七条和《中华人民共和国民事诉讼法》第一百四十四条的规定,判决:一、被告张军、岳金燕于本判决生效之日起十日内共同返还原告多伦县恒信典当有限责任公司借款本金 1481,264.96 元,并支付利息(2015 年 1 月 1 日之前所欠利息为 6850.12 元,2015 年 1 月 1 日之后的利息按中国人民银行同期贷款基准利率的四倍计算至借款清偿之日止);二、被告太仆寺旗宏昌房地产开发有限公司、白景琴对被告张军、岳金燕上述第一项本息不能偿还部分共同承担1/2的赔偿责任;三、被告周宝成对被告张军、岳金燕上述第一项还款义务承担连带责任;四、被告周宝成承担保证责任后,有权向被告张军、岳金燕追偿;五、驳回原告多伦县恒信典当有限责任公司的其他诉讼请求。如果未按本判决指定的期间履行金钱给付义务,应当依照《中华人民共和国民事诉讼法》第二百五十三条之规定,加倍支付迟延履行期间的债务利息。案件受理费22,931元,由原告多伦县恒信典当有限责任公司承担4660元,被告张军、岳金燕、太仆寺旗宏昌房地产开发有限公司、白景琴、周宝成共同承担18,271元。

二审中,当事人没有提交新证据。本院查明的事实与一审法院认定的事实一致,本院予以确认。

本院认为,二审中双方争议焦点问题为:一是张军与恒信公司之间是典当关系还是借款合同关系;二是合同的效力问题;三是宏昌公司、白景琴是否承担责任的问题。

关于争议焦点一,即张军与恒信公司之间是典当关系还是借款合同关系。从已查明的事实能够认定,恒信公司与张军签订典当借款合同时,合同约定的当物张军在此之前已在多伦联社的贷款中设立抵押,恒信公司在未就当物办理抵押登记及出具当票的情况下即将当金交付张军使用,根据《典当管理办法》“典当是指当户将其动产、财产权利作为当物质押或者将其房地产作为当物抵押给典当行,交付一定比例费用,取得当金,并在约定期限内支付当金利息、偿还当金、赎回当物的行为”的规定,恒信公司与张军签订典当借款合同,不符合典当合同构成要件,一审法院不予认定典当借款合同关系并无不妥。因恒信公司与张军之间已实际发生借贷关系,张军未按合同约定偿还借款引起纠纷并诉至一审法院,一审法院依据查明的事实确定双方之间的法律关系为借款合同关系是正确的。宏昌公司、白景琴上诉主张本案为典当合同关系,因与《典当管理办法》规定的典当关系成立的要件不符,本院不予采信。

关于争议焦点二,即合同的效力问题。本案中,宏昌公司、白景琴未有充分有效的证据证实,恒信公司有向不特定的、群体性的、达到一定规模和范围的社会公众发放贷款的行为。诉讼中,宏昌公司、白景琴仅凭一份案涉典当借款合同主张借款合同无效的主张,证据不足,一审法院认定借款合同为有效合同,有理有据,本院予以确认。

关于争议焦点三,即宏昌公司、白景琴是否承担责任的问题。根据2014年8月28日白景琴给恒信公司出具的承诺书,记载:“位于锡林郭勒盟太仆寺旗宝昌镇园丁苑小区的×号楼×号商铺、×号楼×号商铺、×号楼×号商铺、×号楼×号商铺、×号楼×号商铺系其自有,愿提供给恒信公司作为张军借款180万元的抵押担保;本人同意将上述五套楼房与恒信公司签订购房合同,如果借款人张军到期后不能偿还,本人负责办理产权过户手续。”及白景琴是宏昌公司的股东亦是宏昌公司与恒信公司以网签五份商品房买卖合同的方式为案涉借款提供担保的经办人,能相互印证宏昌公司、白景琴是自愿为张军借款提供担保的。鉴于双方未办理抵押登记,其约定也不符合《中华人民共和国担保法》规定的担保方式,故双方签订《商品房买卖合同》并办理商品房备案登记的行为应认定为非典型的担保方式。即在张军不能按时归还借款的情况下,恒信公司可以通过拍卖或者变卖案涉房屋的方式确保其能够实现债权。白景琴在承诺书中承诺的“如果借款人张军到期后不能偿还,本人负责办理产权过户手续”亦违反《中华人民共和国物权法》第一百八十六条“抵押权人在债务履行期间届满前,不得与抵押人约定债务人不履行债务时抵押财产归债权人所有”的规定,应属无效约定。一审法院认定恒信公司与宏昌公司、白景琴均具有过错且过错相当,由宏昌公司与白景琴应对张军不能清偿部分的1/2,承担赔偿责任。恒信公司、张军、岳金燕、周宝成对此判决均未提出上诉,视为对一审判决的服判。宏昌公司、白景琴上诉主张本案为典当借款合同且已绝当,宏昌公司、白景琴不应承担责任,与已经查证的事实不符,一审法院认定案涉典当借款合同是名为典当,实为借贷,并按借款合同关系予以认定和处理并无不当,故宏昌公司、白景琴上诉理由不能成立,本院不予支持。

综上所述,上诉人宏昌公司、白景琴的上诉请求不能成立,应予驳回。一审判决认定事实清楚,适用法律正确,应予维持。依照《中华人民共和国民事诉讼法》第一百七十条第一款第一项之规定,判决如下:

驳回上诉,维持原判。

二审案件受理费11,241元,由上诉人太仆寺旗宏昌房地产开发有限公司、白景琴负担。

本判决为终审判决。

审 判 长 王建强
审 判 员 杨树平
审 判 员 黄 涛
二〇一六年八月三十一日
书 记 员 张雅洁

【案例四十八】湘潭嘉亿典当有限责任公司诉千禧龙(湘潭)房地产开发有限公司、陈立国民间借贷纠纷案(2016年9月29日)

【法律点】 1. 典当行与借款人以签订房屋买卖合同的形式作为借款的抵押担保,并办理了预告登记的,应认定当事人双方就房屋抵押担保合同的形式要件达成了一致协议,房屋抵押担保合同已生效,典当行对该抵押房屋享有优先受偿权。当事人未办理抵押物登记手续的,只是在物权法律效果上不得对抗善意第三人。

2. 同一债权既有保证又有物的抵押担保的,在抵押物不能完全清偿担保债权或抵押权不能实现的情况下,保证人对抵押物不能完全清偿(含抵押权不能实现)的债权承担连带清偿责任。

【关键词】 预先扣除利息　民间借贷　买卖合同　电子备案登记　预登记权利证书　优先受偿权　押物登记　保证　物的担保

湖南省湘潭市雨湖区人民法院
民事判决书

(2016)湘0302民初1025号

原告:湘潭嘉亿典当有限责任公司。住所地,湘潭市××区××商贸城。

法定代表人:刘珺璘,董事长。

委托代理人:张军,湖南森力律师事务所律师。

被告:千禧龙(湘潭)房地产开发有限公司。住所地,湘潭市××区。

法定代表人:陈立国,董事长。

被告:陈立国。

两被告共同委托代理人：熊燃，湖南湘晋律师事务所律师。

原告湘潭嘉亿典当有限责任公司（以下简称嘉亿典当公司）与被告千禧龙（湘潭）房地产开发有限公司（以下简称千禧龙公司）、陈立国民间借贷纠纷一案，本院于2016年4月12日受理后，依法组成合议庭，公开开庭进行了审理。原告的委托代理人张军、两被告的委托代理人熊燃到庭参加了诉讼。本案现已审理终结。

原告嘉亿典当公司诉称，2013年11月28日，被告千禧龙公司拟向原告嘉亿典当公司借款500万元，双方约定办理房屋抵押担保，由被告千禧龙公司与原告嘉亿典当公司员工刘炼为签订商品房买卖合同，以买卖合同的形式将湖南省水利厅（湘潭）×小区×号楼×楼临街×平方米门面（湘潭市九华示范区宝马路×号×栋×单元）作为借款担保抵押给原告嘉亿典当公司，并电子备案登记到了刘炼为名下。2013年12月2日，原告嘉亿典当公司（出借人）与被告千禧龙公司（借款人）、陈立国（担保人）签订了一份借款合同。合同约定：借款金额为500万元；借款期限自2013年12月2日起至2014年5月1日止；陈立国为借款合同的履行承担连带责任保证；被告将位于湖南省水利厅（湘潭）×小区×号楼及×楼临街两层共×多平方米的房屋作为抵押物，电子备案到刘炼名下；借款合同约定月利率为4.2%，按月结息，口头约定结息日为每月2日。并由被告千禧龙公司向原告嘉亿典当公司出具了借条一张。借款合同签订和借条出具当日，原告从以王敏名义在湘潭农商银行开立的账户83××11转账479万元（按月利率4.2%扣除了当月利息21万元）给被告千禧龙公司。被告在借款后，向原告只偿还了部分借款，从2015年2月起，被告未再向原告支付利息。故起诉请求：1. 判令两被告向原告支付借款本金500万元；2. 判令两被告从2015年7月起以500万元为本金按月利率2%向原告支付利息，直至借款结清为止；3. 判令两被告向原告支付违约金5万元；4. 确认原告对登记在刘炼为名下位于湖南省水利厅（湘潭）×小区×号楼一楼临街门面（湘潭市×路×号×栋×单元×1、×2、×3、×4号房屋）抵押房屋享有优先受偿权；5. 由两被告承担所有的诉讼费及原告因诉讼产生的律师费等相关费用。

被告千禧龙公司与陈立国共同辩称：1. 借款属实，但本案中借款的本金应当为479万元，原告在出借500万元时扣除了利息21万元，实际支付为479万元，故借款本金应为479万元；另被告已偿还了借款本金和利息265万元；2. 被告按月利率4.2%支付了利息，约定的年利率超过了年利率36%，至2015年1月30日超过利息的部分为41.1840万元[286万元×（4.2% －3%）]，该超出部分应作为偿还了借款本金处理；3. 陈立国作为本案的担保人，不是承担共同偿还责任，而是承担担保责任；4. 对其他事实和抵押担保的事实无异议。

原告嘉亿典当公司为支持其诉讼请求,向法庭提交如下证据:

证据1,借款合同、借条、转账流水,拟证明被告向原告借款500万元的事实。

证据2,《商品房买卖合同》、还款计划书,拟证明被告用名下房产向原告抵押借款的事实。

证据3,账号为62××74的建行银行卡交易流水及证明书,拟证明从2013年12月至2015年1月30日,被告每月向原告支付利息,总共支付利息281万元。

证据4,被告嘉亿典当公司的声明一份,拟证明被告在2014年10月24日归还了3万元、2014年12月31日归还了2万元的事实。

证据5,被告嘉亿典当公司员工刘炼为的说明书一份,拟证明被告千禧龙公司与原告嘉亿典当公司员工刘炼为签订商品房买卖合同,以买卖合同的形式将湖南省水利厅(湘潭)×小区×号楼×楼临街×平方米门面(湘潭市×路×号×栋×单元)作为被告向原告借款500万元抵押给原告嘉亿典当公司的事实。

对原告嘉亿典当公司提交的上述证据,被告千禧龙公司与陈立国共同质证认为:对证据1证据的真实性、合法性、关联性无异议,对证明目的有异议,我方认为借款本金为479万元;对证据2的真实性、合法性、关联性无异议,需要说明的是就借款设定有抵押,而陈立国是本案的保证人,同时有物的担保和人的担保时,陈立国的担保责任应该在抵押物不足部分来承担补充责任;对证据3无异议,具体数额请法官予以核实;对证据4声明没有异议,证实了被告已归还286万元(含借款时扣减的21万元);对证据5说明书的真实性无异议,当时借款要办理抵押,是以买卖合同的形式登记到了原告的员工刘炼为的名下。

被告千禧龙公司与陈立国为支持其答辩意见,向本院提交了如下证据:

证据6,中国建设银行尾号为62××74银行明细账单,拟证明被告向原告偿还了286万元本金和利息(含借款时原告扣减的21万元);支付的月利率高出了法定最高限定的36%的标准,多出来的部分应归还借款本金。

证据7,湘潭市公安局对陈立国的笔录,拟证明被告已偿还给原告286万元的事实。

原告嘉亿典当公司对被告提交的上述证据认为是复印件而不予质证。

本院根据庭审质证情况,结合原、被告的当庭陈述,对上述证据综合认证如下:证据1、证据2、证据3、证据4、证据5的证据来源合法,内容客观真实,本院予以采信。证据6、证据7虽然是复印件,但证明内容与原告提交的证据3、4的证明内容相同,证实了被告通过银行转账已向原告偿还了借款本金和利息265万元，原告方在庭审中对还款金额也予以了认可，本院予以采信。

根据双方当事人的诉辩主张和举证质证情况和本院的综合认证，本院确认如下法律事实：

2013年11月28日，被告千禧龙公司拟向原告嘉亿典当公司借款500万元，双方约定办理房屋抵押担保，由被告千禧龙公司与原告嘉亿典当公司员工刘炼为签订《商品房买卖合同》，以买卖合同的形式将湖南省水利厅（湘潭）×小区×号楼×楼临街×平方米门面（湘潭市×路×号×栋×单元）作为借款担保抵押给原告嘉亿典当公司。为此，双方将湖南省水利厅（湘潭）×小区×号楼×楼临街×5平方米门面产权（房产局登记位置为湘潭市×路×号×栋×单元×1、×2、×3、×4号房屋）电子备案登记到了刘炼为名下，产权人为刘炼为、产权证号为×号。2013年12月2日，原告嘉亿典当公司（出借人）与被告千禧龙公司（借款人）、陈立国（担保人）签订了一份《借款合同》。合同约定：借款金额为500万元；借款期限自2013年12月2日起至2014年5月1日止；如被告未在2014年5月1日前还款，原告将从2014年5月1日起至借款结清之前照常计算利息；借款合同的还款顺序为先利息后本金；陈立国为借款合同的履行承担连带责任保证，保证担保范围包括借款本金、利息、罚息、违约金及实现债权的费用；被告违约按借款合同金额的1%向原告支付违约金；被告将位于湖南省水利厅（湘潭）×小区×号楼及×楼临街两层共×多平方米的房屋作为抵押物，电子备案到刘炼为名下；借款合同约定月利率为4.2%，按月结息，口头约定结息日为每月2日。并由被告千禧龙公司向原告嘉亿典当公司出具了借条一张，借条载明：今借到嘉亿公司人民币伍佰万元整，借期伍个月，借款人处由被告千禧龙公司的法定代表人陈立国签署了自己的名字并加盖了被告千禧龙公司公章。借款合同签订和借条出具当日，原告从以王敏名义在湘潭农商银行开立的账户83××11转账479万元（按月利率4.2%扣除了当月利息21万元）给被告千禧龙公司。被告在借款后，向原告偿还了部分借款，至2015年1月30日被告已向原告归还265万元本金和利息。2015年2月起，被告未再向原告支付利息。原告遂诉至本院，形成本诉。

另查明：从2013年12月2日至2015年1月30日，被告已实际向原告支付借款本金和利息265万元，其中受法律保护的最高借款利息为201.18万元（479万元×最高月利率3%×14个月），超出部分为63.82万元，被告要求从2015年2月起将超出的利息部分算至偿还借款本金。

本院认为，被告千禧龙公司与原告嘉亿典当公司所签订的《借款合同》及被告千禧龙公司向原告嘉亿典当公司出具的借条系当事人的真实意思表示,未违反法律规定,合法有效。原告依约向被告千禧龙公司支付了借款,被告千禧龙公司应依约履行还款义务,被告未依约履行还款义务的行为构成违约,依法应承担偿还借款并支付利息的民事法律责任。对于借款本金,原告主张500万元,被告认为是479万元,本院分析认为,根据《最高人民法院关于审理民间借贷案件适用法律若干问题的规定》第二十七条"借据、收据、欠条等债权凭证载明的借款金额,一般认定为本金。预先在本金中扣除利息的,人民法院应当将实际出借的金额认定为本金"之规定,原告在向被告转账支付借款时,扣除了利息21万元,实际转账付款479万元,故借款本金只能作479万元认定。

对于原、被告双方关于月利率4.2%的约定,其年利率达到了50.4%,违反了《最高人民法院关于审理民间借贷案件适用法律若干问题的规定》第二十六条第二款"借贷双方约定的利率超过年利率36%,超过部分的利息约定无效。借款人请求出借人返还已支付的超过年利率36%部分的利息的,人民法院应予支持"之规定,对于被告已自愿按年利率36%偿还的部分未违反法律的规定,但超过的部分应作为偿还原告的借款本金,根据本院查明的事实,截至2015年1月30日,被告向原告支付借款利息超出受法律保护的最高借款利息63.82万元,被告要求将该超出部分作为偿还原告借款本金,本院予以支持,故从2015年2月1日起被告尚欠原告借款本金为415.18万元。对于2015年2月1日之后的利息计算,根据《最高人民法院关于审理民间借贷案件适用法律若干问题的规定》第二十六条第一款"借贷双方约定的利率未超过年利率24%,出借人请求借款人按照约定的利率支付利息的,人民法院应予支持"之规定,原、被告关于年利率50.4%的约定超过了年利率24%,本院按年利率24%予以计算。

对于原告嘉亿典当公司与被告千禧龙公司关于以买卖合同的形式将湖南省水利厅(湘潭)×小区×号楼×楼临街×平方米门面(湘潭市×号×栋×单元)作为借款500万元担保抵押给原告嘉亿典当公司并登记到原告公司职员刘炼为名下的约定,是原告嘉亿典当公司与被告千禧龙公司的真实意思表示,双方就房屋抵押担保合同的形式要件达成了一致协议,房屋抵押担保合同已生效。原告嘉亿典当公司以刘炼为的名义与被告千禧龙公司签订《商品房买卖合同》的真实目的是给借款提供担保,是在所涉房产尚未办理权属证书的情况下进行的抵押,双方在法庭辩论终结前已提供了相关房产的预登记权利证书,根据《最高人民法院关于适用〈中华人民共和国担保法〉若干问题的解释》第四十九条"以尚未办理权属证书的财产抵押的,在第一审法庭辩论终结前能够提供权利证书或者补办登记手续的,可以认定抵押有效。当事人未办理抵押物登记手续的,不得对抗第三人”之规定,可以认定双方抵押有效,只是在物权的法律效果上不得对抗善意第三人。现原告提出要求对该抵押房屋享有优先受偿权,被告对此并无异议,本院对此予以确认。

对于被告陈立国的保证责任的问题,被告陈立国作为保证人在《借款合同》上签字,是陈立国的真实意思表示,其保证责任方式为连带保证责任,故被告陈立国依法应承担连带偿还责任。因本案既有物的担保又有人的保证,根据《中华人民共和国担保法》第二十八条第一款“同一债权既有保证又有物的担保的,保证人对物的担保以外的债权承担保证责任”之规定,在抵押物不能完全清偿担保债权或抵押权不能实现的情况下,被告陈立国应对抵押物不能完全清偿(含抵押权不能实现)的债权承担连带清偿责任。同时根据《中华人民共和国担保法》第五十七条“为债务人抵押担保的第三人,在抵押权人实现抵押权后,有权向债务人追偿”之规定,陈立国在承担保证责任之后,可依法向被告千禧龙公司追偿。故本院对原告要求被告陈立国承担共同偿还责任的诉讼请求不予支持,对被告认为陈立国只承担连带保证责任的答辩意见本院予以采纳。

对原告要求被告承担违约责任支付违约金5万元的诉讼请求,根据《最高人民法院关于审理民间借贷案件适用法律若干问题的规定》第三十条“出借人与借款人既约定了逾期利率,又约定了违约金或者其他费用,出借人可以选择主张逾期利息、违约金或者其他费用,也可以一并主张,但总计超过年利率24%的部分,人民法院不予支持”之规定,原告的请求总计超过了年利率24%,本院已按24%计算了相关利息,故对原告的该诉讼请求本院不予支持。对原告要求被告承担律师费等相关费用(诉讼费除外)的诉讼请求,亦违反了上述规定,且无相关证据证实,本院不予支持。

综上所述,依照《中华人民共和国民法通则》第五条、第九十条,《中华人民共和国合同法》第八条、第六十条第一款、第二百零五条、第二百零六条、第二百零七条、第二百一十条,《最高人民法院关于审理民间借贷案件适用法律若干问题的规定》第二十六条、第二十七条、第三十条,《中华人民共和国担保法》第十八条、第二十一条、第二十六条、第二十八条、第三十三条、第四十条、第四十一条、第四十六条,《最高人民法院关于适用〈中华人民共和国担保法〉若干问题的解释》第四十九条之规定,判决如下:

一、由被告千禧龙(湘潭)房地产开发有限公司在本判决生效之日起十日内向原告湘潭嘉亿典当有限责任公司偿还借款本金415.18万元并支付利息(利息以本金415.18万元为基数,按年利率24%从2015年2月1日起计算至清偿完毕之日);

二、原告湘潭嘉亿典当有限责任公司对被告千禧龙（湘潭）房地产开发有限公司原名下（现电子备案登记在刘炼为名下，刘炼为身份证号码为×），位于湘潭市×号×栋×单元×1、×2、×3、×4号的房屋）的房屋（房屋产权证号为×号）在本判决第一项借款债权范围内（包含415.18万元借款本金、应付利息及实现抵押权的费用）享有优先受偿权；

三、由被告陈立国对本判决第二项415.18万元借款债权范围内（包含415.18万元借款本金、应付逾期利息及实现抵押权的费用）就房屋抵押优先受偿后原告湘潭嘉亿典当有限责任公司仍未获清偿的部分（含抵押未实现部分）承担连带偿还责任；

四、驳回原告湘潭嘉亿典当有限责任公司对被告千禧龙（湘潭）房地产开发有限公司、陈立国的其他诉讼请求。

如果未按本判决指定的期间履行给付金钱义务的，应当依照《中华人民共和国民事诉讼法》第二百五十三条之规定，加倍支付迟延履行期间的债务利息。

本案案件受理费47,150元，财产保全费5000元，合计人民币52,150元，由原告湘潭嘉亿典当有限责任公司负担7150元，被告千禧龙（湘潭）房地产开发有限公司负担45,000元。

如不服本判决，可在判决书送达之日起十五日内，向本院递交上诉状，并按对方当事人的人数提出副本，上诉于湖南省湘潭市中级人民法院。

审　判　长　陈放明
人民陪审员　罗胜华
人民陪审员　罗　丹
二〇一六年八月十二日
代理书记员　唐　璧

【述评3】典当行违规经营行为的效力

商务部、公安部于2005年联合颁布的《典当管理办法》是现行唯一有效的对典当业进行规范的专门性行政规章,亦是目前法院审理典当纠纷的主要参考。该办法对典当行的经营范围、融资渠道、资产管理、经营规则等作出了一系列较为详细的管理性规定。除前述从事无当物贷款、未设立担保物权的典当借款等违规情况外,实践中典当行在典当业务中还存在大量的其他违规经营行为,如从事动产抵押借款、让与担保借款、股票质押借款、对外融资或放贷等违规经营行为,本节即结合相关具体案例,就典当行从事相关违规典当业务的行为效力展开讨论。

一、动产抵押与典当合同的效力

虽然物权法及担保法均规定了动产抵押这一物权担保类型,但《典当管理办法》第二十六条明确规定典当行不得经营动产抵押业务。这就给实践中对典当行从事动产抵押典当合同的性质和效力认定带来争议。

观点一,动产抵押借款行为不成立典当关系。

该观点认为典当行从事动产抵押借款业务并不符合《典当管理办法》有关典当的定义,既不是动产质押典当和财产权利质押典当业务,更不是房地产抵押典当业务,因此,典当行从事动产抵押借款不成立典当合同,而对该行为具体形成何种法律关系以及效力又有不同的意见:

1. 认为典当行从事动产抵押借款为担保借款合同关系,但对担保借款合同的效力又有正反两种意见。肯定的意见认为典当行从事动产抵押典当业务,是名为典当实为担保借款关系,而各方自愿签订的借款与担保条款合法有效,按有效担保借款合同处理。如本节选编的【案例三十二】深圳市国泰君安典当有限公司诉广州市宇鸿船舶工程有限公司、廖志荣等借款合同纠纷案中,典当行已经与借款方办理了船舶抵押登记手续并发放了借款,二审法院认为:“一方面没有证据显示宇鸿公司将上述质物交付给质权人;另一方面,典当行也不得经营动产抵押业务……本案质押权并未设立,典当关系也没有成立,应系名为典当实为担保借款关系。故本案案由应为借款合同和由此而产生的担保合同纠纷。各方当事人签订的《船舶担保(典当)借款合同》中借款与保证条款等条款、《船舶抵押担保合同》和《担保协议》等合法有效,各方当事人应当诚信履行。"否定的意见认为,典当行从事担保借款业务,不仅违反了《典当管理办法》的规定,且违反了国家特许经营范围,也违反金融法规的禁止性规定,属无效合同。如【案例三十三】滨州银成典当有限公司诉山东省博兴县宏达复合板不锈钢有限公司、王茂平等民间借贷纠纷案中,一审法院就认为,"原告滨州银成典当有限公司与被告宏达复合板公司签订的《典当合同》,实为抵押借款合同,也即被告宏达复合板公司以其动产(设备)为原告设置抵押权的方式向原告借款,而非将其动产采取质押的方式向原告进行典当,不符合典当的法定形式,且违反了《典当管理办法》第三条、第二十六条'典当行不得从事动产抵押业务'的规定。另外,根据国务院《非法金融机构和非法金融业务活动取缔办法》第四条、第五条的规定,原告向被告宏达复合板公司发放贷款的行为无效,被告宏达复合板公司应返还原告发放的款项。"

2. 认为典当行从事动产抵押借款为民间借贷关系。该意见认为典当行从事动产抵押典当业务不符合典当合同特征,但双方之间确实发生了借贷关系,应界定为民间借贷关系;而就形成的民间借贷合同效力问题,也有无效与有效的意见分歧。【案例三十三】的二审法院认为:"上诉人与被上诉人宏达复合板公司签订的涉案典当合同以设备为借款抵押,显然该合同不符合典当合同特征,不应以典当合同法律关系确认各方权利义务……上诉人与被上诉人宏达复合板公司之间的法律关系应界定为民间借贷关系……本案并不存在该解释规定的无效情形。因此,上诉人与被上诉人宏达复合板之间签订的合同应为有效。"而不少借款人或保证人则会在诉讼中提出合同无效的意见,如【案例三十四】山东英大典当有限公司诉山东美驰车桥有限公司、山东鸿润油脂有限公司等典当纠纷中,美驰公司就辩称双方签订的典当借款没有质押行为,不符合典当的特征,名为典当,实为非法借贷,此合同无效,担保合同亦无效。

观点二,动产抵押借款行为成立典当关系。

该观点认为,典当行经营动产抵押业务仍符合典当借款与典当物权担保复合性的特点,因此仍成立典当关系。就此时典当合同的效力,存在不同意见。肯定的意见认为,以动产抵押为担保的典当合同不违反担保法、物权法等法律的禁止性规定,虽《典当管理办法》第二十六条禁止典当行办理动产抵押业务,但典当合同并不因此无效。[①] 本节选编的【案例三十五】南通金典典当有限公司诉南通辉华化工有限公司、南通昌华化学品制造有限公司等典当纠纷案和【案例三十六】浙江电联典当有限责任公司诉吴勇森典当合同纠纷案,法院的裁判思路是,典当行从事动产抵押业务而未按规定办理动产质押的,违反了《典当管理办法》第二十六条有关典当行不得办理动产抵押业务的规定,但行政规章不能作为否定合同效力的依据。只要当事人意思表示真实,未违反法律、行政法规的禁止性规定,应认定为典当合同已依法成立且合法有效。否定的意见则认为,典当行经营动产抵押业务已超出了其经营范围,且违反了特许经营的规定,影响了金融管理秩序,故相关典当合同为无效合同。如【案例三十七】昌黎建业典当有限公司诉秦皇岛益民食品有限公司典当纠纷案中,审理此案的两级法院均持该观点。

应当注意的是,实践中也有比较特殊的情况,即典当行与当户签订了动产抵押典当合同,不仅办理了抵押登记,而且当户又将动产向典当行进行了交付,【案例三十四】即属于这种情况。对于此时典当合同的效力,该案一审法院回避了合同效力的判断,而二审法院则给出明确的裁判意见,值得肯定,即典当行与借款人在履行动产典当借款合同中,既办理了动产抵押登记手续,又将动产交付于典当行占有并监管,典当行再发放当金的,符合典当借款的特征,双方的典当合同关系成立并有效。

我们认为,《典当管理办法》之所以禁止典当行从事动产抵押典当业务,一则是从控制典当行经营风险进行考虑,二则考虑到动产抵押脱离了典当传统特性。因此,目前情况下的动产抵押典当既无任何法律法规或规范性文件政策的支撑,亦缺乏传统典当"营业质"的特征,实践中典当行申请动产抵押亦经常会被登记部门驳回,动产抵押典当不是现行典当的业务经营范畴。但也应注意到,2011 年国务院法制办公布的《典当行管理条例(征求意见稿)》中虽未将动产抵押列入典当经营业务范围,却未再明文规定不得从事动产抵押业务;更应注意的是,典当作为借贷关系与担保关系有机结合的复合法律关系,动产抵押典当实际上是符合这一性质的。现行典当业务不仅当物类型有了突破,当物担保方式也已从传统的质押典当向抵押典当拓展,传统典当的内涵和功能已经发生了变化,典当行经营动产抵押典当的业务风险并不会必然增大,认定其无效的法律依据也不够充分。对此,最高人民法院民二庭于 2012 年 12 月 11 日作出的〔2012〕民二他字第 18 号复函表明了对动产抵押典当效力的意见,其内容为:"《典当管理办法》系行政规章,根据《最高人民法院关于适用〈中华人民共和国合同

① 参见郑摄天:《典当纠纷案件中的裁判困境及其解决路径——以近三年 86 件典当纠纷案件为研究样本》,载《研究生法学》第 28 卷第 6 期。

法〉若干问题的解释(一)》第四条规定,不能作为认定合同效力的依据。典当行与当户签订动产抵押借款合同,违反了《典当管理办法》关于典当行经营业务范围的规定,但不应据此认定合同无效。典当行办理动产抵押借款业务,亦不属于《中华人民共和国银行业监督管理法》第十九条规定的须经国务院银行业监督管理机构批准的银行业金融机构的业务活动。即不能以该办法第十九条作为认定典当行为效力的依据。”

二、股票质押与典当合同的效力

股票质押典当是指当户以其托管在证券营业部的股票账户和资金账户内的全部资产作为当物质押向典当行融通一定比例资金,到期还本付息并赎回质押物的短期融资方式。依法可以转让的股票作为担保法规定可以质押的财产权利,股票质押典当应属于典当行依据《典当管理办法》的规定经营的财产权利质押典当业务。

在典当行业,股票质押典当曾被称为国内典当业务中“最高端的业务”,[①]也成为典当行为了扩展业务而不断创新的重点领域。本节选编的【案例四十二】至【案例四十四】三个案例就是典当行在股票质押典当业务上一种“创新”之举,在这一“新型典当模式”下,典当双方约定当户将其所有的股票交付给典当行作为当物,而典当行则将双方约定的当金转化为股票资金(股票账户)交付给当户,典当行对账户进行监管作为股票质押,当户操作股票账户进行交易,在出现股票账户余额低于一定限额时,典当行有权强制“平仓”以保证自己的“当金”回收。如何认识此种“新型典当模式”下的合同性质和效力,司法实践中存在不同观点。

观点一,有效的典当合同。【案例四十二】谷明珠诉鞍山东方鑫晟典当有限责任公司典当合同纠纷案中,再审法院就认为“鑫晟典当公司是合法的典当企业,有权从事质押典当业务,其与谷明珠签订《股票质押典当合同》应属其业务范围,此行为并非再审申请人所称证券交易或融资融券业务,故鑫晟典当公司并不存在超出典当企业特许经营范围从事经营活动的情况,且其与谷明珠自愿签订《股票质押典当合同》,是双方当事人真实意思表示,该合同应属有效”。

观点二,无效的民间借贷。如【案例四十三】苏州市华夏典当行有限责任公司诉刘健民间借贷纠纷案,一审法院直接以“民间借贷纠纷”为案由,并认为“华夏典当行与刘健在签订《有价证券典当质押贷款协议》后并未按照协议约定办理股票质押登记手续,违反相

① 杨军、余春生:《股票质押典当融资业务探讨》,载《发展》2010年第1期。

关金融法规的规定,因此,双方签订的《有价证券典当质押贷款协议》应属无效合同”。

观点三,无效的典当合同。如在【案例四十四】上海联合典当行有限公司诉饶某典当纠纷案中,一审法院认定“饶某与联合典当行之间形式上具有了典当关系的要件”,二审法院进一步认为:“根据典当关系特征,本案上诉人及被上诉人在履行系争借款协议过程中,无论是当物交付还是当金支付,均存在瑕疵,不符合《典当管理办法》的规定……根据本案查明的事实,上诉人出借资金给被上诉人用于股票交易实质变相融资融券行为,违反了我国相关禁止性规定,同时上诉人的上述出借账号及账户也违反了《证券登记结算管理办法》关于投资者不得将本人的证券账户提供给他人使用的规定,上诉人的上述行为,均属于我国法律法规的特许经营业务范围。”因此认定“原审认定典当法律关系无效正确。”【案例四十三】中的二审法院亦持典当合同无效的观点,认为“刘健以其股票账户内有价证券和现金为当物向华夏典当行借款200万元,华夏典当行向刘健出具当票并向刘健资金账户内划入200万元,华夏典当行与刘健之间构成典当关系……本案中,华夏典当行通过与刘健签订《有价证券典当质押贷款协议》,向刘健股东账户内提供200万元借款供其炒股使用,双方并未根据法律规定办理相应的股票质押登记,该协议实为向刘健发放信用贷款供其融资参与股票交易的行为,超出了华夏典当行的经营范围,违反了我国典当行业和证券市场的监管规定,该协议应属无效”。

我们认为,正常的股票质押典当属于典当行经营权利质押典当业务,并不为现行法律法规所禁止。但是,本节选编的三个案例所涉及的所谓典当业务“创新”,其实质就是典当行出借当金供当户从事股票投资,同时以该股票作为当物质押,使该交易行为在形式上符合了典当业务的要求,三个案例中典当行均出具了当票,控制了当物(股票),支付了当金,并约定了综合费等,双方的交易行为已经具备了典当法律关系的特征,而并非是发放信用贷款,虽然典当双方未办理股票质押登记手续,但这并不影响典当合同的成立。需要明确的是,典当行在指定账户为当户提供股票交易资金的行为效力应该如何认定。对此我们赞同认定该行为无效的判断,其理由是典当行明知当户将当金用于股票投资而出借资金,其行为本质属于融资融券行为,违反了国家特许经营规定,典当合同无效。诚如【案例四十四】中一审法院所言,证券投资是一种典型的投机性投资,为控制证券投资风险对市场经济秩序和社会和谐稳定造成的不利影响,我国现有法律严格限制将借贷资金用于证券投资。例如,《贷款通则》第二十条第4款就明确规定借款人“不得用贷款在有价证券、期货等方面从事投机经营”,可见,即便商业银行也不能贷款给投资者用于证券投资,更遑论从事典当经营活动的典当行。同时从《证券法》第八十一条关于“依法拓宽资金入市渠道,禁止资金违规流入股市”

的规定来看,拓宽资金进入股市的渠道必须依法进行。当前,在拓宽资金进入股市的渠道方面,国家为保障证券市场的稳健运行,仅规定除经证监会批准从事融资融券业务试点的证券公司可以向投资者出借资金用于证券投资外,其他任何企业,均没有资格向投资者出借资金用于证券投资。因此,对于诸如此类股票典当的违规业务,国家商务部2012年12月在其发布的《典当行业监管规定》中明令予以禁止,该文件第二十四条规定:"加强对股票等财产权利典当业务的监督管理。禁止和预防典当行违规融资参与上市股票炒作,或为客户提供股票交易资金。禁止以证券交易账户资产为质押的股票典当业务。"综上,根据《最高人民法院关于适用〈中华人民共和国合同法〉若干问题的解释(一)》第十条"当事人超越经营范围订立合同,人民法院不因此认定合同无效。但违反国家限制经营、特许经营以及法律、行政法规禁止经营规定的除外"的规定,典当行出借资金供投资者从事证券投资,超出了正常典当经营业务的范围,违反了法律有关融资融券业务特许经营的规定,客观上扰乱了我国证券市场和典当行业的监管秩序,损害了社会公共利益,应认定为无效。

至于合同无效后的法律后果,由于此类"创新"业务常常是在股票投资发生重大损失后才引发诉讼,所以关于无效的后果一般围绕财产返还和损失赔偿两个问题。合同无效后因合同取得的财产应予返还,如当户取得的当金,典当行收取的利息、综合费,这方面的争议不大。有争议的是有关损失赔偿的问题,具体来说,有三个问题:(1)关于损失范围的确定。典当行的损失就是当金孳息的损失,而当户的损失范围就存在分歧,如有意见认为此类案件应将双方约定的"平仓线"作为损失分担的分界点,"平仓线"以上的损失部分就由当户承担;也有意见认为涉案股票交易的实际亏损均为损失。我们认为从损失范围的角度,后一种意见值得肯定。(2)关于双方的过错程度。应该认定典当行与当户均是明知从事融资融券业务的违法性,对于典当合同的无效双方均存在过错,过错程度亦基本相当。(3)关于因果关系的认定。这里应该讨论的是合同无效或当事人过错与损失结果之间的因果关系,【案例四十三】中法院认为当户股票交易的损失与典当行无关,而【案例四十四】中二审法院则认为合同双方应各半承担股票投资损失。对此,我们认为,证券市场本身就具有极高的投资风险,当户将当金用于股票交易投资所造成的损失是其自行操作证券交易不慎导致的后果,该损失与合同无效没有因果关系,与导致合同无效的典当行过错也没有直接的因果关系,典当行不应对股票交易造成的损失承担责任。当然,我们也注意到【案例四十四】的特殊之处在于,用于股票交易的证券账户系典当行开户设立的,但这个因素是否就会导致典当行对于损失承担责任值得商榷。

三、让与担保与典当合同的效力

让与担保，是指债务人或第三人为担保债务人的债务，将担保标的物的权利转移于债权人，于债务清偿后，标的物应返还于债务人或第三人，于债务不履行时，担保权人可就该标的物优先受偿的权利。[①] 实践中还有一种以商品房买卖合同为借贷合同进行担保的“后让与担保”形式，所谓“后让与担保”，是指债务人或者第三人为担保债权人的债权，与债权人签订不动产买卖合同，约定将不动产买卖合同的标的物作为担保标的物，但权利转让并不实际履行，于债务人不能清偿债务时，须将担保标的物的所有权转让给债权人，债权人据此享有的以担保标的物优先受偿的非典型担保物权。[②] 让与担保与后让与担保存在的区别主要体现为担保物的所有权等权利转移的时间上，而在其他方面，尤其在权利转移的性质、价值、功能以及归属定位等方面并无本质区别。[③] 有学者认为，《最高人民法院民间借贷司法解释》第二十四条规定这种纠纷（后让与担保）的性质认定和处理规则，表明最高人民法院已经确认了这种担保物权的效力，并且规定了具体的适用方法。[④]

在典当经营的实践中，也存在不少典当行以房屋买卖合同为典当借款进行担保的现象，即以后让与担保的形式从事典当交易，本节选编的【案例四十五】至【案例四十八】中，均出现了典当行通过与借款人或第三人签订商品房买卖合同的形式为典当借款提供担保的现象，如何看待典当行与借款人之间具有后让与担保内容的借款合同的性质和效力，实务中存在两种截然相反的观点。

观点一，不成立典当关系。该观点认为，让与担保并非法律规定的担保方式，系一种非典型担保形式，故典当法律关系因欠缺当物质押或抵押要件而不成立，合同性质应按实际构成的基础法律关系认定。如在【案例四十五】芜湖市企融典当有限公司诉南陵逸和长润置业有限公司、钟君艳等借款合同纠纷案中，法院认为：“从双方签订的《商品房买卖合同》和《补充协议》可知，逸和置业公司无交付十三套商品房取得价金的意思，企融典当公司也无支付十三套商品房对价的意思，双方并无房屋买卖的合意。

① 参见梁慧星：《中国物权法草案建议稿：条文、说明、理由与参考立法例》，社会科学文献出版社 2000 年版，第 776 页。

② 参见杨立新：《后让与担保：一个正在形成的习惯法担保物权》，载《中国法学》2013 年第 3 期。

③ 参见杜万华主编：《最高人民法院民间借贷司法解释理解与适用》，人民法院出版社 2015 年版，第 413 ~ 414 页。

④ 参见杨立新：《司法实践的后让与担保与法律适用》，载《人民法治》2015 年第 9 期。

双方意在以该十三套房屋担保 290 万元借款的履行,而该十三套房屋并未办理预抵押登记,故该种担保方式并非法律规定的抵押、质押或保证,而系一种非典型担保。双方 290 万元典当法律关系因欠缺当物质押或抵押要件而不成立,双方实际构成民间借贷法律关系。”【案例四十六】庆阳市金泰昌典当有限公司诉宫红伟、荔红娟、庆阳隆兴苑酒店管理有限公司借贷合同纠纷案和【案例四十七】多伦县恒信典当有限责任公司诉张军、太仆寺旗宏昌房地产开发有限公司、白景琴等借款合同纠纷案,法院均持类似观点,并认为在未有充分证据证实典当行有向不特定的、群体性的、达到一定规模和范围的社会公众发放贷款行为的,该借款合同为有效合同。

观点二,成立典当关系。该观点认为以让与担保形式进行担保,应视为双方就抵押担保合同的形式要件达成一致意见,抵押担保合同成立有效,进而典当合同亦成立有效。如【案例四十八】湘潭嘉亿典当有限责任公司诉千禧龙(湘潭)房地产开发有限公司、陈立国民间借贷纠纷案,法院即认为:“作为借款 500 万元担保抵押给原告嘉亿典当公司并登记到原告公司职员刘炼为名下的约定,是原告嘉亿典当公司与被告千禧龙公司的真实意思表示,双方就房屋抵押担保合同的形式要件达成了一致协议,房屋抵押担保合同已生效。原告嘉亿典当公司以刘炼为的名义与被告千禧龙公司签订《商品房买卖合同》的真实目的是给借款提供担保,是在所涉房产尚未办理权属证书的情况下进行的抵押,双方在法庭辩论终结前已提供了相关房产的预登记权利证书……可以认定双方抵押有效,只是在物权的法律效果上不得对抗善意第三人。现原告提出要求对该抵押房屋享有优先受偿权,被告对此并无异议,本院对此予以确认。”据此,不仅可以确认典当关系成立并有效,而且典当行对让与担保的标的物享有优先受偿权。

我们倾向认为,无论是先让与担保还是后让与担保,并未经过法律的确认,都属于非典型担保方式;而《最高人民法院关于审理民间借贷案件适用法律若干问题的规定》第二十四条仅是对民间借贷情况下的让与担保作出了原则性的规定,[①]并且该规定仅适用于民间借贷纠纷。需要注意的是,民间借贷与担保关系有主从关系,其担保形式具有更大的自由性;而典当关系中典当借款关系与物权担保关系属于有机结合的复合关系,并无主次之分。更为重要的是,典当经营中的担保种类和方式具有法定性

① 该条规定:“当事人以签订买卖合同作为民间借贷合同的担保,借款到期后借款人不能还款,出借人请求履行买卖合同的,人民法院应当按照民间借贷法律关系审理,并向当事人释明变更诉讼请求。当事人拒绝变更的,人民法院裁定驳回起诉。按照民间借贷法律关系审理作出的判决生效后,借款人不履行生效判决确定的金钱债务,出借人可以申请拍卖买卖合同标的物,以偿还债务。就拍卖所得的价款与应偿还借款本息之间的差额,借款人或者出借人有权主张返还或补偿。”但该司法解释并未明确实践中争议最大的让与担保是否有优先权的问题。

和物权性，由法律或其他规范性文件（如现行的《典当管理办法》）明确规定，目前允许的仅为动产质押、权利质押及不动产抵押，故典当是以质押和抵押方式进行的经营行为，超出了法律或其他规范性文件规定的方式和范围，不能认定双方成立典当法律关系。而让与担保在未得到法律的确认之前，只是典当行与借款人之间通过契约方式设定的债权担保方式，仅具有合同上的效力；根据物权法定原则，并不能承认让与担保具有物权担保效力，其不具有对抗第三人的效力。因此，典当行与借款人以让与担保的方式为借款提供担保，虽然符合特定的主体资格和特定的当物要求，但当事人之间的合意内容只有债权担保而欠缺物权担保的意思，不符合典当合同的成立要件，不成立典当法律关系。此时典当行与借款人之间的借款合同属于违规发放信用贷款关系，违反了国家特许经营的规定，应属无效合同。

四、典当行违规融资的效力

（一）典当行对外融资的效力

根据《典当管理办法》第二十八条的规定，典当行不得从商业银行以外的单位和个人借款。但实践中经常出现典当行向商业银行之外的个人或企业借贷融资的情况。如何判断典当行对外融资的性质和效力，是一个值得讨论的问题。

从选编的案例来看，司法实践中对此问题的意见似乎较为统一，认为典当行虽属于较为特殊的金融企业，其特殊性仅体现在其从事典当业务上，其向第三人融资，仅是一般的市场主体，为第三人与典当行之间形成民间借贷关系且为有效或者企业间借款合同关系。特别是在民间借贷的司法解释颁布后，法人之间、其他组织之间以及它们相互之间为生产、经营需要订立的民间借贷合同，亦在原则上被认定为有效的民间借贷关系，则更不存在仅以企业间借贷而被认定为无效的问题。《典当管理办法》有关典当行不得从商业银行以外的单位和个人借款的规定仅是部门规章的管理性规定，既不属于法律、行政法规的强制性规定，也不属于效力性强制性规定，只要不存在《合同法》第52条、《最高人民法院关于审理民间借贷案件适用法律若干问题的规定》第十四条规定的无效情形，民间借贷关系有效。例如，在【案例三十八】曹立新诉上海燎申典当有限公司民间借贷纠纷案和【案例三十九】苏埃如诉鄂尔多斯市聚财典当有限责任公司达南分公司、鄂尔多斯市福海担保有限责任公司民间借贷纠纷案中，法院均以有效的民间借贷关系作出处理。

我们认为，典当行不同于一般的市场主体，它是以经营货币即对外发放贷款为主业的特殊金融企业,其发放当金的资金主要来源于注册资本、自身积累资金和股东增资,不能经营商业银行的存款业务;典当行如果要增加资金来源,只能通过向商业银行申请一定数量的贷款,以实现其拓展资金渠道的目的,只贷不存已成为现代的典当业的本质特征之一,因此,《典当管理办法》明令禁止典当行向企业和个人借债,典当行只能贷款,不能吸收公众存款或变相吸收存款,这也是典当业异于银行业的一个显著特征。另外,《商业银行法》第十一条第二款规定:"未经国务院银行业监督管理机构批准,任何单位和个人不得从事吸收公众存款等商业银行业务,任何单位不得在名称中适用'银行'字样"。国务院《非法金融机构和非法金融业务活动取缔办法》第五条第一款则规定:"未经中国人民银行依法批准,任何单位和个人不得擅自设立金融机构或者擅自从事金融业务活动。"典当行违规对外融资的行为在本质上属于吸收公众存款或变相吸收存款行为,因此,在认定典当行对外融资借款行为的效力时,应当准确理解金融监管法律法规的强制性规定,正确把握典当行业的本质特征和经营规则,从维护国家金融市场的安全和秩序,避免典当行可能面临的资金风险的角度出发,对典当行对外融资行为的效力审慎予以审查和认定。

(二)典当行出借违规融资款项的合同效力

典当行违反《典当管理办法》有关"典当行不得从商业银行以外的单位和个人借款"的规定,将违规融资的款项作为当金按典当规则出借给当户,此时对于该典当行为的效力,实践中有不同的意见。

一种意见认为,典当行违规融资,并以该非自有资金放贷,违反了国家金融管制的强制性规定,故相应的借款合同应为无效。如【案例四十】万高(北京)国际典当有限公司诉天津武清开发区新中大置业发展有限责任公司、天津地铁君易投资有限公司借款担保合同纠纷案中,虽然典当行与借款人之间的借贷行为不符合典当关系成立的具体要求,当事人之间仅构成借贷关系,但法院认定"万高公司向新中大公司出借的款项实际由其他六家单位提供,其向新中大公司出借的9102.5万元远超过其注册资本2000万元"。并进而对出借违规融资的行为效力作出判断,认为"由于万高公司以非自有资金向新中大公司提供借款的企业间借贷行为,违反了国家金融管制的强制性规定,故双方之间的借款关系应认定无效"。

另一种意见认为,从合同相对性来看,不管典当行如何融资,根据合同相对性原则,这与当户均无直接关系,并不因为典当行将违规融资款项作为当金就影响典当合同的效力。判断合同的效力应当以法律和行政法规的效力性强制性规定为依据,《典当管理办法》关于对外融资的禁止性规定仅为部门规章的,不影响典当合同的效力。

如在【案例四十一】安徽正中典当有限责任公司诉合肥墨荷园园林发展有限责任公司典当纠纷案中,法院就认为双方当事人之间的抵押借款"均符合典当关系的法律特征,应属合法有效"。并认为"因商务部、公安部颁布的《典当管理办法》属于行政部门规章,正中典当公司是否违反《典当管理办法》关于'房地产抵押典当单笔当金数额不得超过100万元'、'典当行不得有下列行为:(一)从商业银行以外的单位和个人借款'的规定,不应作为认定上述合同无效的理由"。

我们讨论典当行出借违规融资款项行为的效力,首先应该有充分证据表明典当当金系典当行违规融资所得,例如,典当双方签订典当合同后,典当行向第三人融资并指示第三人直接向当户交付款项的情况。否则,由于货币"占有即所有"的特殊归属认定规则,当户也难以证明违规融资的事实。在此事实基础上,我们认为,典当行出借违规融资款项的行为,同样不符合典当经营"只贷不存"的本质特征,不仅违反了《典当管理办法》的禁止性规定,同时违反了有关国家金融管制法律法规的强制性规定,不管该借款合同是否构成典当合同,其效力宜按无效认定。这种司法对典当经营行为的适度干预,有利于规范典当行的日常交易行为,有利于典当营业风险的管控,也有利于金融市场的安全与稳定。

五、其他违规典当行为的效力

实践中,典当行除从事上述违规经营业务之外,还存在其他违规典当的行为,主要包括典当行超规定期限、超规定比例、超规定额度发放当金的典当行为。《典当管理办法》对典当行典当借款期限、比例、限额有明确的规定。[①] 而实际经营中典当行常常未按规定执行,而是约定了超过规定期限的当期,或者发放当金的总额超过限额,亦或

① 关于典当的期限以及典当行发放当金的额度和比例主要规定在《典当管理办法》第三十六条第三款和第四十四条。其第三十六条第三款规定,典当期限由双方约定,最长不得超过6个月。第四十四条规定,典当行的资产应当按照下列比例进行管理:(一)典当行自初始营业起至第一次向省级商务主管部门及所在地商务主管部门报送年度财务会计报告的时期内从商业银行贷款的,贷款余额不得超过其注册资本。典当行第一次向省级商务主管部门及所在地商务主管部门报送财务会计报告之后从商业银行贷款的,贷款余额不得超过上一年度向主管部门报送的财务会计报告中的所有者权益。典当行不得从本市(地、州、盟)以外的商业银行贷款。典当行分支机构不得从商业银行贷款。(二)典当行对同一法人或者自然人的典当余额不得超过注册资本的25%。(三)典当行对其股东的典当余额不得超过该股东入股金额,且典当条件不得优于普通当户。(四)典当行净资产低于注册资本的90%时,各股东应当按比例补足或者申请减少注册资本,但减少后的注册资本不得违反本办法关于典当行注册资本最低限额的规定。(五)典当行财产权利质押典当余额不得超过注册资本的50%。房地产抵押典当余额不得超过注册资本。注册资本不足1000万元的,房地产抵押典当单笔当金数额不得超过100万元。注册资本在1000万元以上的,房地产抵押典当单笔当金数额不得超过注册资本的10%。

者发放的单笔当金金额超过上述限额。此时,这些违规行为是否会影响典当合同的效力?典当双方在诉讼中存有争议,主要有无效、部分无效、有效三种意见。

无效的意见主要是当户在形成诉讼后提出的抗辩理由,认为《典当管理办法》是目前规范典当行为唯一的行政规章,违反办法的规定即导致典当行为的无效。如本节【案例四十一】中的当户在上诉意见中就提出,典当公司注册资本为500万元,其房地产抵押典当单笔当金数额依规定不得超过100万元,而案涉单笔房地产抵押典当金额为5000万元,大大超出了规定的上限,违反了《典当管理办法》及法律法规的强制性规定,典当合同应属无效。

部分无效的意见认为应区分认定典当合同的效力,即符合《典当管理办法》规定范围内的部分应认定有效,超出部分应属无效。如本书"赎当、续当、绝当"部分选编的【案例十】永康市华丰典当有限责任公司诉施妙英典当纠纷案中,当户在答辩中就提出,根据《典当管理办法》的规定,典当行注册资本在1000万元以上的,房地产抵押典当单笔当金数额不得超过注册资本的10%,本案中,华丰典当公司的注册资本为4000万元,故本案合法的典当行为只有400万元,其余1600万元属无效。同在该部分的【案例十四】泰兴市延令典当有限责任公司诉黄卫华、王亚如典当纠纷案中,法院认为典当双方约定"续当期限由2013年6月14日起至2014年6月14日止。但是,该续当凭证约定的续当期限违反了《典当管理办法》关于续当一次的期限最长为六个月的规定。因此,应当认定续当期限至2013年12月14日。此后双方未办理续当手续,典当关系终止"。

有效的意见认为,影响合同效力判断的是法律、行政法规的效力性强制性规定,仅仅违反《典当管理办法》的有关规定不会导致合同无效。如本节【案例四十一】中针对当户有关典当行违规经营的上诉意见,二审法院就是以《典当管理办法》属于行政部门规章而非属于判断合同效力的依据为由未予采纳。本节【案例十七】北京国际信托有限公司诉北京中海典当有限公司等执行异议之诉中,上诉人其中一个上诉理由是,中海典当公司将1000万元贷款分为两个500万元分别发放给海福鑫公司和玖乐坊公司,系规避《典当管理办法》第44条第2项"典当行对同一法人或自然人的典当余额不得超过注册资本的25%"的规定,中海典当公司注册资本为2000万元,若仅向一家公司贷款1000万元,则违反了上述规定,所以中海典当公司以化整为零的方式发放贷款,实为故意规避上述禁止性规定。对此,终审法院认为:"《典当管理办法》系商务部、公安部共同颁布,其效力等级属于部门规章,并非认定合同无效的法律依据,中海典当公司在放贷过程中是否存在违规行为不影响最高额库存货物质押借款合同的效力,故本院对国际信托公司提出因最高额库存货物质押借款合同违反《典当管理办法》而无效,从而导致质押无效的上诉意见不予支持。”

我们同意合同有效的意见,但同时也认为,《典当管理办法》虽然属于行政规章,并不能作为认定合同效力的直接依据,但由于目前我国尚无规范典当经营的法律和行政法规,典当传统和实践中有关典当的一些本质特征和习惯应当得到尊重,并应成为影响典当合同成立生效的因素,因此《典当管理办法》中对于“以物质钱”“只贷不存”“流质契约”的规定,与典当业的特征完全符合,应该结合我国金融业的有关法律法规而得到切实的遵守,这样才能真正有利于典当行业的规范和发展。至于典当行超规定期限、比例、额度发放典当借款当金的行为,我们应认识到《典当管理办法》之所以对典当行典当期限、比例、限额等作了较为严格的规定,是因为基于监管部门加强典当风险品种和典当风险金额的控制的需要,一是控制当期,二是控制某项业务总规模,三是结合企业资本金规模控制单笔当金规模,以尽可能保证典当行及时收回当金,减少因当金无法收回造成损失的风险,引导典当行业的健康发展,而并无因此否定合同效力的客观背景。若以超过贷款比例、限额、期限否定典当合同效力,则将导致典当行因合同无效而无法收取合法的管理费、利息等,造成不必要的损失,有违《典当管理办法》规定的初衷。因此,《典当管理办法》有关典当期限、当金比例和限额的规定均属管理性的规范,对于仅违反这些管理性规定的情况,不应认定典当合同无效。当然,违反《典当管理办法》管理性的规定,也包括违反有关典当基本特征的规定,均不影响典当监管部门依据该办法和相关监管规定履行监管职责,对典当行的违规经营行为作出行政上的处理。

11.刑民交叉的典当纠纷

【问题提示】(1)典当纠纷案件中涉及刑民交叉时,在程序上应如何把握?

【案例四十九】杭州天元典当有限责任公司诉钱国正、施寒韻典当纠纷案(2013年9月23日)

【法律点】当户的委托代理人在签订、履行不动产抵押典当合同过程中涉嫌构成经济犯罪被公安机关立案侦查的,因该典当纠纷提起的诉讼,法院应驳回起诉。

【关键词】委托代理　双方代理　恶意串通　故意诈骗　涉嫌经济犯罪　立案侦查　撤销原判　驳回起诉

浙江省杭州市中级人民法院
民事裁定书

(2012)浙杭商终字第644号

上诉人(原审被告):钱国正。

上诉人(原审被告):施寒韻。

两上诉人共同委托代理人(特别授权代理):何森炎。

被上诉人(原审原告):杭州天元典当有限责任公司。

法定代表人:平云英。

委托代理人(特别授权代理):胡蓓佶、金欣。

被上诉人(原审第三人):赵元。

被上诉人(原审第三人):徐航。

委托代理人(特别授权代理):史晓东。

被上诉人(原审第三人):朱明。

委托代理人(特别授权代理):郑毓秋。

上诉人钱国正、施寒韻为与被上诉人杭州天元典当有限责任公司(以下简称天元公司)、赵元、徐航、朱明典当纠纷一案,不服杭州市萧山区人民法院(2011)杭萧商初字第2941号民事判决,向本院提起上诉。本院于2012年5月14日受理后,依法组成合议庭进行了审理。因本案与另案的审理结果相牵连,本院于2012年11月6日中止诉讼,并于2013年9月22日恢复审理。本案现已审理终结。

原审法院审理查明:2011年2月15日,钱国正、施寒韻以其位于杭州市江干区紫阳上水陆寺巷×号×室的房屋向天元公司申请房地产抵押典当,并签订了《房地产抵押典当合同》,约定典当期限自2011年2月15日起至2011年3月30日止,月综合费率为2.7%,月利率为0.4%。抵押担保范围:当金本息、综合费用、逾期的当金利息和有关费用、违约金、损害赔偿金、保管担保财产的费用以及天元公司为实现债权和抵押权发生的费用。如钱国正、施寒韻违反本合同的其他约定,天元公司有权按当金金额以5‰每日收取违约金。合同签订后,双方办理了房地产抵押登记。天元公司依约向钱国正、施寒韻发放当金90万元。除已付典当期内的利息和综合费外,典当期限届满后,钱国正、施寒韻未能按时返还当金和支付相应的利息、综合费。原审法院另查明,天元公司为实现本案债权支出律师代理费26,000元。

原审法院审理认为:天元公司与钱国正、施寒韻之间的房地产抵押典当合同关系合法有效,钱国正、施寒韻未按期归还当金,依法应承担相应的民事责任。天元公司要求钱国正、施寒韻归还当金的诉讼请求,符合法律规定,予以支持。天元公司、钱国正、施寒韻约定的违约金条款,系双方当事人真实意思表示,应为有效,但违约金标准过高,且天元公司要求钱国正、施寒韻支付逾期当金利息和综合费,同时要求钱国正、施寒韻支付违约金,原审法院认为该两项诉讼请求均是为了弥补天元公司的损失,系重复要求,故酌情予以调整要求钱国正、施寒韻支付逾期当金利息及综合费至本判决确定的履行期限届满日止,对超出部分,不予支持。天元公司、钱国正、施寒韻约定由钱国正、施寒韻承担天元公司为实现本案债权而支出的费用,该约定亦有效,天元公司要求钱国正、施寒韻支付为实现债权而支出的律师代理费26,000元的诉讼请求,于法有据,予以支持。天元公司、钱国正、施寒韻办理的房地产抵押登记合法有效,如钱国正、施寒韻未能按期履行上述义务,天元公司有权就钱国正、施寒韻所有的位于杭州市江干区紫阳上水陆寺巷×号×室的房屋行使抵押权,故对天元公司的该项诉讼请求,予以支持。钱国正、施寒韻关于第三人赵元、徐航、朱明与天元公司系恶意串通，损害钱国正、施寒韻的合法权益，天元公司、钱国正、施寒韻之间的房地产抵押典当合同不成立的辩称，因未能提供充分有效的证据证明，不予采信。据此，根据《中华人民共和国合同法》第六十条第一款、第一百零七条、第一百一十四条第一、二款，《中华人民共和国物权法》第一百七十九条、第一百八十条、第一百八十五条、第一百八十七条和《中华人民共和国担保法》第四十六条、第五十三条之规定，判决：一、钱国正、施寒韻在判决生效后十日内返还天元公司当金 90 万元，并按月综合费率 2.7%、月利率 0.4% 支付自 2011 年 3 月 31 日起至判决确定的履行期限届满日止的利息及综合费；二、钱国正、施寒韻在判决生效后十日内支付天元公司律师代理费 26,000 元；三、如果钱国正、施寒韻未能按期履行上述第一、二项付款义务，则天元公司有权就钱国正、施寒韻所有的位于杭州市江干区紫阳上水陆寺巷×号×室的房屋拍卖、变卖所得的价款享有优先受偿权；四、驳回天元公司的其余诉讼请求。如钱国正、施寒韻未按判决指定的期间履行给付金钱义务，应当依照《中华人民共和国民事诉讼法》第二百二十九条之规定，加倍支付迟延履行期间的债务利息。案件受理费 14,616 元，由天元公司负担 729 元，由钱国正、施寒韻负担 13,887 元。钱国正、施寒韻应负担的诉讼费，天元公司已向原审法院预交，由钱国正、施寒韻在判决生效后直接向其支付。

宣判后，钱国正、施寒韻不服原审判决，共同向本院提起上诉称：钱国正、施寒韻在一审提供的《调查询问笔录》可以证明天元公司与赵元存有公司与员工之间的关系，该事实发生的时间恰好是天元公司与钱国正、施寒韻发生典当关系的前后。在这种与天元公司存有利害关系的交易中，赵元势必损害钱国正、施寒韻的利益，因为这种代理关系的利益最大化是天元公司。天元公司为主张自己的诉权，曾在 2011 年 6 月 9 日提起过诉讼，后又撤诉。在两次诉讼中，钱国正、施寒韻都请求一审法院追加赵元、徐航、朱明为案件的第三人，经一审法院审查赵元、徐航、朱明均被裁定追加为第三人共同参加诉讼。由此说明，赵元、徐航、朱明对本案的处理结果负有利害关系。赵元在天元公司与钱国正、施寒韻的典当交易中负有双重身份。对钱国正、施寒韻与天元公司的典当交易中，天元公司应当负有严格的实质审查义务。也就是说当徐航、赵元作为钱国正、施寒韻的代理人时，天元公司应当有义务知道出当人的意思表示是否真实，更应有义务审核钱国正、施寒韻作为出当人的身份是否真实。尤其是赵元在与天元公司存有公司与员工关系的前提下，对赵元与徐航的关系都没有尽到实质性的审查。为证明朱明与钱国正、施寒韻不存在关系，钱国正、施寒韻将朱明在宁波银行 2011 年 2 月 15 日的《存款凭条》《取款凭条》《个人银行账户开户申请书》向一审法院提供，这一事实充分说明了赵元、徐航、朱明之间恶意欺诈,还有天元公司凭什么当日将 90 万元当款交于朱明。朱明与钱国正、施寒韻之间不存在委托代理关系,朱明的无权代理行为更能说明天元公司 90 万元当款在与钱国正、施寒韻交易中存有恶意欺诈的行为。对赵元、徐航、朱明在本案典当抵押交易中侵犯钱国正、施寒韻的利益也应获得司法救济。因为该三人涉嫌故意诈骗的行为。其事实为 55.2 万元的当款被该三人非法占有。综上,请求二审法院依法撤销一审判决第一、二、三项判决,依法改判驳回天元公司的一审诉讼请求,一、二审诉讼费用由天元公司承担。

被上诉人天元公司答辩称:1. 赵元系钱国正、施寒韻的合法受托人,有权依据公证《授权委托书》作为钱国正、施寒韻的代理人和天元公司签订《房地产抵押典当合同》。作为具备完全行为能力的钱国正、施寒韻前往公证处办理《授权委托书》公证,对自己的授权行为所可能导致的后果理应有合理的预见。同时,赵元作为其代理人并没有超越委托权限,应当由钱国正、施寒韻来承担民事责任。2. 天元公司和赵元、徐航、朱明不存在恶意串通的行为。(1)因赵元以前曾经作为天元公司的代理人和其他当户签订过《房地产抵押典当合同》,在本案所涉合同中,赵元是否存在双方代理行为并非本案重点,因为双方代理也不必然导致一方当事人和代理人恶意串通,去损害另一方当事人利益。(2)天元公司和徐航、朱明不存在恶意串通的事实。一审庭审中,徐航和朱明都明确表示得到钱国正、施寒韻的授权,钱国正、施寒韻向法庭提交的证据,及钱国正、施寒韻将身份证、产权证原件交付给朱明、徐航,都是依法处理其民事权利的行为。一审庭审中,朱明陈述其领取的 49 万元当金当场交给钱国正,徐航陈述其领取的 40 万元当金转给了钱国正、施寒韻指定的他人。可见两笔款项都没有返还给天元公司,又何来天元公司和徐航、朱明恶意串通之说。3. 天元公司在合同履行过程中没有任何过错。天元公司作为典当合同的一方,在交易过程中的义务主要是足额发放当金。天元公司依约将 90 万元汇入钱国正开于宁波银行的账户,而不是依据授权委托书的权限,汇入其受托人赵元或是其他第三人的账户,已经表明天元公司是谨慎的。至于当金汇入钱国正账户后的流向,已非天元公司有能力或有义务控制和关注。

被上诉人徐航答辩称:本案徐航不存在与天元公司、赵元、朱明串通损害钱国正、施寒韻利益,徐航在房屋抵押过程中接受钱国正、施寒韻的委托,只起到中介的作用,不存在与天元公司、赵元、朱明串通的情形。

被上诉人朱明答辩称:1. 一审法院认定事实清楚、适用法律正确。本案的典当法律关系是建立在天元公司和钱国正、施寒韻之间,和朱明没有任何法律关系。2. 朱明和钱国正存在委托关系,仅帮助其办理银行开户手续。钱国正将身份证交予朱明,委托朱明在宁波银行开户予以收取天元公司的当金。朱明是为方便钱国正收取当金,无偿办理了开户手续。上述事实已经在一审中得到了法院的认定。综上,一审法院认定事实清楚、适用法律正确,维护了朱明的合法权益,请求驳回钱国正、施寒韻的上诉请求。

被上诉人赵元未向本院提交书面答辩。

二审期间,各方当事人未向本院提交新的证据材料。

经审理,本院二审查明:1. 2011 年 2 月 15 日,钱国正、施寒韻与赵元到杭州市国立公证处办理了委托公证手续。同日,赵元代钱国正、施寒韻与天元公司签订了《房地产抵押典当合同》一份。同日,天元公司开具转账支票向宁波银行账户名为钱国正(账号 62×××49)的银行卡支付 90 万元,而钱国正账号 62×××49 的宁波银行卡系由朱明于 2011 年 2 月 15 日代为办理开户手续。徐航在纠纷发生后出具情况说明一份,内容为徐航于 2011 年 2 月 15 日用宁波银行卡转给钱国正 90 万元,卡交于徐航,后取现金 40 万元交于钱国正,真正入钱国正账户 34×××00 元,另外作利息一次性支付于徐航,金额为 52,000 元。2. 本案二审期间,杭州市公安局萧山区分局于 2013 年 1 月 24 日就本案相关事实予以立案侦查,并于 2013 年 9 月 3 日对徐航等人采取了刑事强制措施。

本院认为:因公安机关已对本案相关事实予以立案侦查,本案存在经济犯罪嫌疑,依照《中华人民共和国民事诉讼法》第一百五十四条第一款第三项、第一百七十条第一款第二项,《最高人民法院关于在审理经济纠纷案件中涉及经济犯罪嫌疑若干问题的规定》第十一条、《诉讼费用交纳办法》第八条第一款第二项之规定,裁定如下:

一、撤销杭州市萧山区人民法院(2011)杭萧商初字第 2941 号民事判决;

二、驳回杭州天元典当有限责任公司的起诉。

一审案件受理费 14,616 元,退还给杭州天元典当有限责任公司。二审案件受理费 14,616 元,退还给钱国正、施寒韻。

本裁定为终审裁定。

审 判 长 洪悦琴
审 判 员 袁正茂
代理审判员 陈 剑
二〇一三年九月二十三日
书 记 员 倪知松

【案例五十】湖南升隆典当有限责任公司诉孟福初典当纠纷案（2015年12月8日）

【法律点】公安机关在侦查非法集资刑事案件中，发现与人民法院正在审理的民事案件属同一事实，或者被申请执行的财物属于涉案财物的，应当及时通报相关人民法院，人民法院经审查认为确属涉嫌犯罪的，应当裁定驳回起诉或者中止执行，并及时将有关材料移送公安机关。

【关键词】非法集资　同一事实　同一法律关系　及时通报　驳回起诉　中止执行

湖南省长沙市中级人民法院
民事裁定书

(2015)长中民二终字第07509号

上诉人(原审原告):湖南升隆典当有限责任公司。住所地,长沙市××路。

法定代表人:贺燕青,董事长。

委托代理人:余思澄,湖南琨霖律师事务所律师。

委托代理人:陆媛媛,系原告公司法务人员。

被上诉人(原审被告):孟福初。

上诉人(原审原告):湖南升隆典当有限责任公司与被上诉人(原审被告)孟福初典当纠纷一案,上诉人湖南升隆典当有限责任公司不服长沙市天心区人民法院(2015)天民初字第02645-2号民事裁定,向本院提出上诉。本院依法组成合议庭审理了本案。上诉人湖南升隆典当有限责任公司的委托代理人余思澄、陆媛媛到庭参加了诉讼。本案现已审理终结。

原审原告湖南升隆典当有限责任公司起诉称,原审被告孟福初因资金周转需要,以其自有车辆(湘 A×××××)作为当物向原告借款 30 万元,期限为一个月。自 2015 年 5 月 19 日起至 2015 年 6 月 19 日止。但被告孟福初逾期还款。请求判令被告孟福初偿还典当款 30 万元,利息和综合费 12,000 元以及原告为实现债权的费用 9000 元,并由被告承担诉讼费用。

长沙市天心区人民法院在审理该案中,湖南省南县公安局先后向该院发出两份公函,提出孟福初非法吸收公众存款案已经由该局立案侦查,孟福初名下财产均与该非法吸收公众存款案有关,根据《最高人民法院、最高人民检察院、公安部关于办理非法集资刑事案件适用法律若干问题的意见》第七条第三款的规定,公安机关在侦查非法集资刑事案件中,发现与人民法院正在审理的民事案件属同一事实,或者被申请执行的财物属于涉案财物的,应当及时通报相关人民法院,人民法院经审查认为确属涉嫌犯罪的,应当裁定驳回起诉或者中止执行,并及时将有关材料移送公安机关,故请求该院依法驳回起诉,并将相关材料移送南县公安局。

该院认为,湖南省南县公安局的请求于法有据,依照《最高人民法院、最高人民检察院、公安部关于办理非法集资刑事案件适用法律若干问题的意见》第七条及《中华人民共和国民事诉讼法》第一百五十四条之规定,原审裁定:驳回原告湖南升隆典当有限责任公司的起诉。案件受理费 6115 元,退还给原告湖南升隆典当有限责任公司;财产保全费 2120 元,由原告湖南升隆典当有限责任公司承担。

上诉人湖南升隆典当有限责任公司上诉称,该案与非法吸收公众存款不是同一法律关系,原审裁定适用法律错误,请求二审撤销原裁定,责令原审法院继续审理。

本院二审查明的事实与一审查明的事实一致。

本院认为,《最高人民法院、最高人民检察院、公安部关于办理非法集资刑事案件适用法律若干问题的意见》第七条第三款规定,公安机关在侦查非法集资刑事案件中,发现与人民法院正在审理的民事案件属同一事实,或者被申请执行的财物属于涉案财物的,应当及时通报相关人民法院,人民法院经审查认为确属涉嫌犯罪的,应当裁定驳回起诉或者中止执行,并及时将有关材料移送公安机关。湖南省南县公安局先后向长沙市天心区人民法院发出两份公函,已明确提出孟福初非法吸收公众存款案已经由该局立案侦查,孟福初名下财产均与该非法吸收公众存款案有关。原审法院根据《最高人民法院、最高人民检察院、公安部关于办理非法集资刑事案件适用法律若干问题的意见》第七条第三款及《中华人民共和国民事诉讼法》第一百五十四条之规定,裁定驳回原告湖南升隆典当有限责任公司的起诉。属于认定事实清楚,证据确实充分,适用法律正确,处理适当。故本院对上诉人的上诉理由不予采纳。依照《中华人民共和国民事诉讼法》第一百七十条第一款一项之规定，裁定如下：

驳回上诉，维持原裁定。

本裁定为终审裁定。

审 判 长 周立文

审 判 员 欧阳宁

代理审判员 张芳芳

二〇一五年十二月八日

书 记 员 张 智

【案例五十一】湖北环球典当有限公司诉徐伟华典当纠纷案（2016年2月1日）

【法律点】典当行的起诉因借款人涉嫌犯罪被法院生效裁定驳回起诉后，又以同一事实和理由再次起诉的，属于重复起诉，违反了"一事不再理"原则；同时，借款人的借款行为被法院认定为诈骗犯罪后，则该典当借款的争议不属于民事纠纷，法院依法不应受理。

【关键词】生效裁定　当事人　诉讼标的　诉讼请求　一事不再理　重复起诉　涉嫌犯罪　民事纠纷

湖北省武汉市中级人民法院
民事裁定书

（2016）鄂01民终542号

上诉人（原审原告）：湖北环球典当有限公司。住所地，湖北省武汉市××区××路×号。

法定代表人：张君干，总经理。

委托代理人：童春林，湖北朗勤律师事务所律师。

委托代理人：姚浩，湖北朗勤律师事务所律师。

被上诉人（原审被告）：徐伟华，现关押于湖北省沙洋监狱熊望台第六监区。

上诉人湖北环球典当有限公司（以下简称环球公司）因与被上诉人徐伟华典当纠纷一案，不服湖北省武汉市武昌区人民法院（2015）鄂武昌民初字第02436号民事裁定，向本院提起上诉。本院依法组成合议庭审理了本案，现已审理终结。

原审法院查明：环球公司于2013年9月13日起诉徐伟华典当纠纷一案至武汉市武昌区人民法院，要求法院判令偿还环球公司典当借款本金600,000元，利息及综合费用76,800元(计算至2013年8月17日)及至款项结清时的利息及综合费用;环球公司对位于硚口区世纪金苑(利济南路×号×栋)×单元×层×室的房产享有优先受偿权;徐伟华承担为本案支付的律师费30,000元;本案诉讼费用由徐伟华承担。诉讼期间,2013年11月20日,武汉市公安局硚口区分局对案外人柯桂花被诈骗案立案侦查;2013年12月27日,武汉市硚口区人民检察院以徐伟华涉嫌伪造国家机关公文、印章犯罪,对其批准逮捕。2014年3月21日,武汉市硚口区人民检察院将该案退回武汉市公安局硚口区分局补充侦查。2014年4月1日,武汉市武昌区人民法院作出(2013)鄂武昌民初字第04818号民事裁定书,裁定载明:“依照最高人民法院《关于在审理经济纠纷案件中涉及经济犯罪嫌疑若干问题的规定》第十一条‘人民法院作为经济纠纷受理的案件,经审理认为不属经济纠纷案件而有经济犯罪嫌疑的,应当裁定驳回起诉,将有关材料移送公安机关或检察机关’的规定及《中华人民共和国民事诉讼法》第一百五十四条第一款第三项的规定,裁定如下:驳回原告环球典当有限公司的起诉。”环球公司不服,上诉至武汉市中级人民法院。2014年6月6日,武汉市中级人民法院作出(2014)鄂武汉中民商终字第00733号民事裁定书,裁定驳回上诉,维持原裁定。2014年10月29日,武汉市硚口区人民法院作出(2014)鄂硚口刑初字第00562号刑事判决,判决认定:被告人徐伟华的行为已构成诈骗罪,且数额特别巨大。被告人徐伟华诈骗所得赃款未追回,应依法予以继续追缴。依照《中华人民共和国刑法》第二百六十六条、第六十四条之规定,判决认定被告徐伟华犯诈骗罪,判处有期徒刑十二年三个月,并处罚金12万元;赃款60万元继续予以追缴。上述判决宣判后,徐伟华不服刑事判决书,认为其行为不构成诈骗罪,应以伪造国家机关公文、印章罪定罪处罚;原判量刑过重为由上诉至武汉市中级人民法院。2015年2月2日,武汉市中级人民法院作出(2014)鄂武汉中刑终字第01001号刑事裁定书,裁定载明:“经审理查明,2012年8、9月份,上诉人徐伟华为了能够向湖北环球典当有限公司典当‘借款’,通过伪造武汉市硚口区人民法院法律文书的方式,骗得武汉市房地产交易和登记发证中心信任,将其自己明知离婚后已通过协议分割并公证的归属前妻何桂花和女儿所有,但房屋所有权证仍登记为自己和前妻何桂花共有的位于武汉市硚口区利济路金苑花园×单元×楼×号的房产变更登记到自己一人名下并取得新发的房产证。2013年1月,上诉人徐伟华将通过上述方式变更到自己一人名下的房产抵押给湖北环球典当有限公司,取得该公司发放的典当‘借款’60万元并随即将该款用作偿还个人债务。随后将自己名下主要财产无故无偿转移并在仅归还典当公司二至三期息、费后逃匿。上诉人徐伟华于2013年11月20日被公安机关抓获归案。赃款未追回……本院认为,上诉人徐伟华以非法占有为目的,采取虚构事实、隐瞒真相的方法骗取他人财物,其行为已构成诈骗罪,且数额特别巨大。原判认定的事实清楚,证据确实、充分,定罪准确,审判程序合法。原审根据上诉人徐伟华的犯罪事实、犯罪性质和对社会的危害程度等情节,在法定刑幅度内对其量刑并无不当,故上诉人徐伟华诉称原判量刑过重的上诉理由,本院不予采纳。裁定如下:驳回上诉,维持原判。本裁定为终审裁定。"

环球公司于2015年5月27日起诉徐伟华,诉称该公司与徐伟华于2013年1月15日签订《房地产典当借款合同》,约定徐伟华以其位于硚口区世纪金苑(利济南路×号×栋)×单元×层×室的房产向环球公司抵押典当借款,典当借款金额为60万元,典当期限为三个月,月综合费率为2.7%、月利率为0.5%;同日双方签订《房地产典当抵押合同》,约定抵押物抵押担保范围为主合同约定的当金及当金利息、综合费、违约金、罚息、赔偿金,环球公司垫付的有关费用以及为实现债权和抵押权的一切费用,同时办理了他项权证;2013年1月18日,环球公司依约发放了当金;双方经协商分别于2013年2月16日、3月18日对当期进行了展期,4月17日当期届满后,徐伟华一直未偿还当金及支付利息、综合费用;要求判令徐伟华偿还典当借款本金600,000元,利息及综合费用124,800元(计算至2015年4月17日)及至款项结清时的利息及综合费用;环球公司对位于硚口区世纪金苑(利济南路×号×栋)×单元×层×室的房产享有优先受偿权;徐伟华承担环球公司为本案支付的律师费30,000元;本案诉讼费用由徐伟华承担。

原审法院认为:2013年9月13日,环球公司以本案的同一事实起诉徐伟华典当纠纷一案。经查明案件基于涉嫌犯罪,武昌区人民法院作出(2013)鄂武昌民初字第04818号民事裁定书,驳回环球公司的起诉。环球公司不服裁定,上诉至武汉市中级人民法院。2014年6月6日,武汉市中级人民法院作出(2014)鄂武汉中民商终字第00733号民事裁定书,裁定驳回上诉,维持原裁定。现环球公司再次以上述同一案件事实起诉徐伟华典当纠纷。依照《中华人民共和国民事诉讼法》第一百二十四条第一款第五项"人民法院对下列起诉,分别情形,予以处理:(五)对判决、裁定、调解书已经发生法律效力的案件,当事人又起诉的,告知原告申请再审,但人民法院准许撤诉的裁定除外",《中华人民共和国民事诉讼法》第一百五十四条第一款第三项的规定,裁定驳回环球公司的起诉。本案案件受理费11,348元退还环球公司。

上诉人环球公司不服以上裁定,向本院提起上诉,请求:1. 撤销原审裁定;2. 本案诉讼费由被上诉人负担。上诉人认为:1. 原审法院在一审中认定的事实不清,武昌区人民法院在前一次驳回上诉人的理由是被上诉人涉嫌犯罪,正由硚口区公安局侦查中,上诉人与被上诉人之间的典当抵押借款存在经济犯罪嫌疑,而不是该院在裁定书中所说的案件基于涉嫌犯罪。因为武昌区法院在前一次驳回上诉人起诉的(2013)鄂武昌民初字第04818号民事裁定书的出具时间为2014年4月初,而硚口区法院作出的被上诉人涉嫌犯罪的(2014)鄂硚口刑初字第00562号刑事判决书的时间为2014年10月29日,由此可见,武昌区人民法院在上一次驳回起诉时,被上诉人系犯罪嫌疑人,还未定罪。因此,该院本次以上诉人起诉违反《中华人民共和国民事诉讼法》第一百二十四条第一款第五项的规定为由驳回起诉,明显属事实认定不清。2. 武昌区人民法院适用法律不当,即使被上诉人涉嫌犯罪,也不影响正常审理。最高人民法院(2013)民二终字第136号民事判决书可作依据,结合本案:1. 本案与最高人民法院判例在案件性质上一致,均为借款人骗取贷款构成犯罪,但包括硚口区法院的刑事判决书在内均无证据证明发放贷款的上诉人参与骗贷。本案与判例唯一不同之处在于担保方式,本案系物保,判例为人保。但抵押担保也属于贷款担保,仅担保的方式不同。2. 被上诉人诈骗罪的刑事判决虽已生效,但上诉人完全是按正当手续办理贷款,即在武汉市房地局办理了他项权证后才发放的贷款。从本案借贷法律关系成立及其履行看,上诉人属被欺诈一方,依《中华人民共和国合同法》第五十四条规定,对合同享有撤销权。但上诉人未主张撤销,故本案所涉典当借款合同及典当抵押合同均应有效,均应得到完全的履行。法院可以对本案进行审理。

本院对原审查明的事实予以确认。二审期间,当事人双方未提交新的证据。

本院认为,武昌区人民法院以及本院在以生效的民事裁定书驳回环球公司的起诉后,环球公司仍以相同的事实、理由再次起诉,违反了"一事不再理"原则,构成重复起诉。根据《最高人民法院关于适用〈中华人民共和国民事诉讼法〉的解释》第二百四十七条"当事人就已经提起诉讼的事项在诉讼过程中或者裁判生效后再次起诉,同时符合下列条件的:(一)后诉与前诉的当事人相同;(二)后诉与前诉的诉讼标的相同;(三)后诉与前诉的诉讼请求相同,或者后诉的诉讼请求实质上否定前诉裁判结果。当事人重复起诉的,裁定不予受理;已经受理的,裁定驳回起诉,但法律、司法解释另有规定的除外"的规定,应驳回起诉。硚口区人民法院(2014)鄂硚口刑初字第00562号刑事判决以及本院(2014)鄂武汉中刑终字第01001号刑事裁定认定徐伟华借款行为构成诈骗并作出有罪判决,证明争议不属于民事纠纷,故环球公司基于借款以及抵押合同而提起民事诉讼,依法不应受理。

综上,原审对案件处理及适用法律并无不当,环球公司的上诉理由不能成立。根

据《中华人民共和国民事诉讼法》第一百七十条第一款第一项之规定,裁定如下:

驳回上诉,维持原裁定。

本裁定为终审裁定。

审 判 长 王 勇

审 判 员 黎伟雄

审 判 员 曹文兵

二〇一六年二月一日

书 记 员 周 颖

【案例五十二】安徽潜山县正和典当有限公司诉戴春财典当纠纷案
(2016年8月1日)

【法律点】典当纠纷中因当事人涉嫌犯罪被公安机关依法采取了强制措施正在被侦查,符合应当中止诉讼情形的,裁定中止诉讼。

【关键词】涉嫌犯罪　强制措施　侦查阶段　中止诉讼

安徽省潜山县人民法院
民事裁定书

(2016)皖0824民初1467号

原告:安徽潜山县正和典当有限公司。住所地,安徽省××县。

法定代表人:韩北极,总经理。

委托代理人:邓访民,安徽安潜律师事务所律师。

被告:戴春财。

本院在审理原告安徽潜山县正和典当有限公司诉被告戴春财典当纠纷一案中,因被告戴春财涉嫌犯罪,已被公安机关采取强制措施,尚在侦查阶段,故本案需中止审理。依照《中华人民共和国民事诉讼法》第一百五十条第一款第六项的规定,裁定如下:

本案中止诉讼。

审　判　员　孔剑平

二〇一六年八月一日

代理书记员　杨　颖

【案例五十三】黄山金茂典当有限公司诉黄山市休屯华夏商贸有限公司典当纠纷案（2014年12月12日）

【法律点】借款企业的法定代表人虽因涉嫌犯罪正在审理过程中，但并不会因此影响善意且支付了当金的典当行与借款企业间典当合同的成立生效，即典当纠纷案件的审理不是必须以前述刑事案件的审理结果为依据，不符合法律规定中止诉讼的条件。

【关键词】法定代表人　涉嫌犯罪　占有质押物　善意　交付当金　中止诉讼

安徽省黄山市中级人民法院
民事判决书

（2014）黄中法民二初字第00055号

原告：黄山金茂典当有限公司。

法定代表人：柯伯成，董事长。

委托代理人：徐华勇，安徽道同律师事务所律师。

委托代理人：洪昭定，安徽利达律师事务所律师。

被告：黄山市休屯华夏商贸有限公司。

法定代表人：夏敏智，董事长。

委托代理人：李美琳，安徽李美琳律师事务所律师。

原告黄山金茂典当有限公司（以下简称金茂公司）诉被告黄山市休屯华夏商贸有限公司（以下简称华夏公司）典当纠纷一案，本院受理后，依法组成合议庭，分别于2014年8月21日和11月12日两次公开开庭审理了本案。原告金茂公司的委托代理人徐华勇、洪昭定，被告华夏公司的委托代理人李美琳到庭参加诉讼。本案现已审理终结。

金茂公司诉称:2013 年 7 月 5 日,华夏公司与金茂公司签订了金茂当字 2013(003)号《典当合同》,华夏公司以股权质押方式向金茂公司申请借款,期限自 2013 年 7 月 5 日至 2013 年 7 月 11 日。当日,金茂公司向华夏公司支付了当金 680 万元。典当到期后,华夏公司未偿还当金。2013 年 7 月 18 日,双方签订了《合同书》,约定:华夏公司确认未偿还当金 680 万元;华夏公司同意变更质物,以古井原浆酒进行质押,金茂公司同意续当;华夏公司开具提货单给金茂公司,在 15 天内将质物(与提货单同等价值的古井酒)存放在合兴物流仓库交由金茂公司保管,并签订典当合同和质押合同等。次日,华夏公司向金茂公司开具了提货单。

2013 年 7 月 29 日,华夏公司与金茂公司签订了金茂当字 2013(009)号《典当合同》、金茂当字 2013(010)号《典当合同》及金茂质押字(2013)第 006 号《动产质押合同》。该三份合同约定:华夏公司分两笔向金茂公司续当 680 万元,其中金茂当字 2013(009)号《典当合同》续当 350 万元,金茂当字 2013(010)号《典当合同》续当 330 万元;续当期限自 2013 年 7 月 30 日至 2013 年 8 月 29 日;华夏公司按月综合费率 2.533% 支付金茂公司综合费用,按月利率 4.67‰支付金茂公司利息;华夏公司以价值 1800 万元的酒类财产(详见清单)质押作为典当合同项下典当借款的担保,质物的移交场所为合兴物流仓库的 2 号仓库和 3 号仓库,金茂公司在仓库上锁即为华夏公司将质物移交给金茂公司。质押担保的范围包括当金、综合费用、利息、违约金、逾期费用、实现债权的费用(包括但不限于律师费、评估费、拍卖费用、诉讼费用)。华夏公司逾期归还借款本金的需按每日 0.05% 支付当金的违约金。

金茂公司依约履行了合同的各项义务,并办理了质物移交手续。但华夏公司并未按约定归还当金、支付月综合费用及利息。2013 年 8 月 21 日,双方又签订《补充协议》,金茂公司同意华夏公司将部分质押酒类财产运回亳州古井销售有限公司退货,并将退货所得款项用于偿还欠付金茂公司的借款,后退货未成功。至今,华夏公司仍未偿还金茂当字 2013(009)号《典当合同》项下的当金 350 万元及综合费、利息等。金茂公司多次催讨无果,故诉至法院,请求判令:1. 华夏公司归还金茂公司当金 350 万元,并按月综合费率 2.533%、月利率 4.67‰并支付当金 2013 年 7 月 30 日至还清时的综合费用及利息[综合费用及利息计算至 2013 年 12 月 31 日为 54.25 万元(3,500,000 元×3%/30 天×155 天)];2. 华夏公司按每日 0.05% 从支付当金 2013 年 8 月 30 日起至还清时止的违约金[违约金计算至 2013 年 12 月 31 日为 21.7 万元(3,500,000×0.05%×124 天)];3. 华夏公司承担律师费 8 万元;4. 金茂公司对折价、拍卖、变卖质押财产(详见清单)所得的价款优先受偿,优先受偿不足的部分由华夏公司继续清偿;5. 华夏公司承担本案的诉讼费用。

金茂公司为证明其诉讼主张,向本院提交了以下证据:

证据一:金茂公司的《企业法人营业执照》《组织机构代码证》《典当经营许可证》。证明:金茂公司的主体资格。

证据二:华夏公司的《企业法人营业执照》《组织机构代码证》。证明:华夏公司的主体资格。

证据三:金茂当字2013(003)号《典当合同》、《收款函》、徽商银行业务委托书。证明:2013年7月5日,华夏公司与金茂公司签订了典当合同,以股权质押的方式向金茂公司典当680万元,期限自2013年7月5日至2013年7月11日。当日,金茂公司依约交付了当金680万元。

证据四:《合同书》、0001672号《黄山市休屯华夏商贸有限公司商品进销货台账凭证》、0001673号《黄山市休屯华夏商贸有限公司商品进销货台账凭证》。证明:2013年7月18日,华夏公司与金茂公司签订了《合同书》,约定:华夏公司确认未偿还当金为680万元;华夏公司变更质物,以古井原浆酒质押,金茂公司同意续当;华夏公司开具提货单给金茂公司,并在15天内将质物(与提货单同等价值的古井酒)存放在合兴物流仓库交给金茂公司保管,且签订了典当合同和质押合同;如华夏公司未落实质物及典当合同,则金茂公司可提货。次日,华夏公司开具了提货单给金茂公司。

证据五:金茂当字2013(009)号、金茂当字2013(010)《典当合同》、金茂质押字(2013)第006号《动产质押合同》、《典当借款借据》、合兴物流仓库的2号仓库和3号东库仓库钥匙。证明:2013年7月29日,华夏公司与金茂公司签订了金茂当字2013(009)号、金茂当字2013(010)《典当合同》及金茂质押字(2013)第006号《动产质押合同》。该三份合同约定:华夏公司分两笔向金茂公司续当680万元,其中金茂当字2013(009)号《典当合同》续当350万元,金茂当字2013(010)号《典当合同》续当330万元;华夏公司以1800万元酒类财产作为质押,质物的移交场所在合兴物流仓库的2号仓库和3号东库,金茂公司在仓库上锁即为华夏公司将质物移交给金茂公司。双方办妥了质物的移交手续。

证据六:《补充协议》、人保财险《国内公路货物运输保险单》三份、《申请书》、《黄山市休屯华夏商贸有限公司销售单》三张。证明:2013年8月21日,华夏公司与金茂公司签订《补充协议》,金茂公司同意华夏公司将部分质押酒类财产运回亳州古井销售有限公司退货,并将退货所得款项用于偿还尚欠金茂公司的当金、综合费用及利息。同日,华夏公司向亳州古井销售有限公司提出了退货申请,并确定退货所得款项用于偿还金茂公司借款。

证据七:《委托代理合同》、《代理费发票》、徽商银行业务委托业务书,证明实现债权费用情况。

华夏公司的质证意见为:

1. 对证据一、证据二均无异议。

2. 对证据三《典当合同》,无法发表质证意见,对《收款函》无异议。

3. 对证据四,因2013年7月18日的合同没有原件,不予质证,对提货单下的酒的品牌和件数都与合同不一致,对证明目的有异议。

4. 对证据五,应当有银行到账350万元的转账凭证为依据,因没有转款凭证,只能认定该借款没有到位;钥匙并不能达到金茂公司的证明目的,夏敏智是在金茂公司法定代表人的逼迫下将已质押给他人的质押物的钥匙交给金茂公司。对双方于2013年7月29日签订的《典当合同》的真实性无异议,此质押合同是借款质押,与典当合同相互矛盾。

5. 对证据六,与本案无关联性。

6. 对证据七,因双方合同没有约定,对其证明目的不予认可。

华夏公司答辩称:华夏公司没有以典当方式获取当金350万元,双方当事人之间不是典当合同关系,而是信用借款关系。华夏公司法定代表人夏敏智因涉嫌犯罪,案件仍在审理过程中,本案与该刑事案件关联,应中止审理。综上,请法院驳回金茂公司诉讼请求。

华夏公司在庭审中提交了以下证据:

公安局调取的询问笔录,证明:根据在2013年9月8日的笔录,双方借款发生在2013年7月5日,2013年7月18日双方没有签订《合同书》。

金茂公司的质证意见为:对两份笔录的真实性应当以原件为准。该询问笔录虽未提及2013年7月18日的《合同书》,但并不能证明双方没有于2013年7月18日签订《合同书》,且该询问笔录与金茂公司提供的证据相互印证。

本院对金茂公司提交的证据的认证意见如下:

对金茂公司的证据一、证据二予以确认。对证据三中的《典当合同》[合同编号:金茂当字第2013(003)号]、《典当借款借据》、《收款函》和《徽商银行业务委托书》的真实性予以确认。对证据四中的《合同书》金茂公司虽没有提供原件,但与金茂当字2013(009)号、金茂当字2013(010)《典当合同》、质押物确已交付等事实相互印证,本院予以采信;对进销货台账凭证的真实性予以确认。对证据五的真实性予以确认。对证据六的关联性不予认定。对证据七的真实性予以确认。

本院对华夏公司的证据的认证意见如下:对询问笔录真实性予以确认,但不能达到其证明目的。

经审理查明:2013 年 7 月 5 日,金茂公司与华夏公司签订了一份《典当合同》[金茂当字第 2013(003)号],约定:华夏公司因资金周转需要,向金茂公司申请典当,典当金额为 680 万元,华夏公司以其股权作为质押,典当期限为七天,即自 2013 年 7 月 5 日起至 2013 年 7 月 11 日止,月综合费为 3.33%,当金月利率为 4.67‰。该合同还约定了其他事项。同日,金茂公司通过张五星账户向夏敏智个人账户转款 680 万元。2013 年 7 月 5 日,夏敏智向金茂公司出具收款函,该函载明:“2013 年 7 月 5 日我已收到贵公司通过张五星在徽商银行歙县支行的银行账号 62 × × ×04 汇款陆佰捌拾万元。特此证明。收款人:夏敏智。”该函下方还注明:“2013 年 7 月 5 日我夏敏智代黄山市休屯华夏商贸有限公司收到黄山金茂典当有限公司借款陆佰捌拾万元正,此款汇入休宁建行营业部。账号:52 × × ×32,特此证明。”华夏公司还加盖了公司印章。但双方并未按照合同约定办理股权质押登记手续。

另查:2013 年 7 月 18 日,金茂公司与华夏公司又签订了《合同书》,约定:因华夏公司未按 2013 年 7 月 5 日签订的典当合同归还借款,因华夏公司申请借款时间延长,金茂公司同意华夏公司继续使用 680 万元,华夏公司须变更质押物,并以其经营销售的古井原浆酒出典质押给金茂公司,并将古井原浆酒存放在合兴物流仓库,交由金茂公司保管,双方重新签订典当合同和质押合同,此前签订的合同作废。2013 年 7 月 29 日,金茂公司与华夏公司签订了《典当合同》[合同编号:金茂当字 2013(009)号],约定:华夏公司以动产质押方式向金茂公司申请典当,典当金额为 350 万元,典当方式为酒类财产质押,典当期限为 30 天(从 2013 年 7 月 30 日起至 2013 年 8 月 29 日止)。华夏公司按月综合费率 2.533% 支付金茂公司综合费用,并按当金月利率 4.67‰向金茂公司支付利息。超过典当期限赎当的,金茂公司除收取逾期期间正常的综合费用和利息外,有权按照当金余额的每日 0.05% 收取违约金。华夏公司延期赎当或绝当,金茂公司实现债权所发生的评估费、拍卖费、诉讼费及律师代理费等费用由华夏公司承担。合同还约定了其他事项。同日,金茂公司(甲方)与华夏公司(乙方)还签订了《动产质押合同》,约定:为确保金茂当字 2013(009)号及金茂 2013(010)号合同(以下简称主合同)的履行,甲方愿意以其有权处分的财产作为质押。甲方以酒类作为质押财产。合同项下的质押财产共作价 1800 万元,质押率为 40%,实际质押额为 720 万元。甲方应在本合同订立后五日内将质物移交乙方占有,双方商定移交场所为:合兴仓库的2号库和3号东库。2013年7月29日,华夏公司向金茂公司出具典当借款借据,载明:“今借到黄山金茂典当有限公司人民币(大写)叁佰伍拾万元整(小写)¥3,500,000元……借款期限为30天。自2013年7月29日起至2013年8月28日止。综合月费率25.33%……本借据是金茂当字2013(009)号《典当合同》的组成部分……”本案所涉的350万元的《典当合同》项下的质物华夏公司已经交付金茂公司,合兴仓库的2号库和3号东库钥匙已由金茂公司控制。2013年7月29日,双方还签订了另一份《典当合同》[合同编号:金茂当字2013(006)号],约定:华夏公司向金茂公司申请典当,典当金额为330万元,并以古井原浆酒为当物,期限为30天(自2013年7月30日起至2013年8月29日)。

再查:夏敏智系华夏公司法定代表人,其因涉嫌刑事犯罪,于2013年9月10日被黄山市公安局屯溪分局刑事拘留。目前,该刑事案件黄山市屯溪区人民法院正在审理过程中。

本院认为,综合双方当事人举证、质证和诉辩意见,本案的争议焦点为:1. 本案是否应当中止诉讼;2. 金茂公司与华夏公司之间是否构成典当合同关系,华夏公司是否应当归还金茂公司借款350万元及相应综合费用、利息和违约金。

关于争议焦点一。夏敏智涉嫌犯罪的刑事案件虽在审理过程中,但金茂公司已占有该质押物,且属于善意并支付了相应对价,本案的审理不是必须以上述刑事案件的审理结果为依据,不符合《中华人民共和国民事诉讼法》第一百五十条第一款第五项的规定中止诉讼的条件,华夏公司辩称该案应中止诉讼,本院不予采纳。

关于争议焦点二。典当是指当户将其动产、财产权利作为当物质押或者将其房地产作为当物抵押给典当行,交付一定比例费用,取得当金,并在约定期限内支付当金利息、偿还当金、赎回当物的行为。金茂公司具备从事典当活动资质。本案中,金茂公司与华夏公司于2013年7月5日签订的典当合同因未办理股权质押登记,故依据该合同发放的680万元借款应为信用借款。后金茂公司与华夏公司根据双方于2013年7月18日签订的《合同书》,同意继续出借680万元,并于2013年7月29日签订了本案所涉的当金为350万元的《典当合同》,该合同内容不违反法律和行政法规的强制性规定,应属合法有效。华夏公司出具了《典当借款借据》确认收到借款350万元,华夏公司根据典当合同约定交付了质物。据此,金茂公司与华夏公司之间的民事行为符合典当的法律特征。华夏公司辩称双方之间系信用借款关系,本院不予采信。金茂公司主张的综合费用、当金利息、违约金和律师费过高,鉴于本案实际情况,本院酌情调整为以中国人民银行同期同类贷款基准利率从2013年7月29日起计算至款清之日止。

律师费酌情调整为40,000元。

综上,依据《中华人民共和国合同法》第四十四条第一款、第六十条第一款、第一百零七条,《中华人民共和国物权法》第二百零八条、第二百一十二条、第二百一十九条、第二百二十一条,《中华人民共和国担保法》七十一条第二款、第三款,《中华人民共和国民事诉讼法》第一百四十二条之规定,判决如下:

一、被告黄山市休屯华夏商贸有限公司于本判决生效后十日内返还原告黄山金茂典当有限公司350万元并支付利息(利息按中国人民银行同期同类贷款基准利率从2013年7月29日起计算至款清之日止);

二、被告黄山市休屯华夏商贸有限公司于本判决生效后十日支付原告黄山金茂典当有限公司律师费40,000元;

三、原告黄山金茂典当有限公司有权对被告黄山市休屯华夏商贸有限公司所有的合兴仓库的2号库和3号东库内的酒类物品进行折价或者拍卖、变卖所得价款在上述第一项、第二项范围内优先受偿,优先受偿不足部分,由被告黄山市休屯华夏商贸有限公司继续清偿;

四、驳回原告黄山金茂典当有限公司的其他诉讼请求。

如果未按本判决指定的期间履行给付金钱义务的,应当依照《中华人民共和国民事诉讼法》第二百五十三条之规定,加倍支付迟延履行期间的债务利息。

案件受理费41,516元,由原告黄山金茂典当有限公司负担1516元,由被告黄山市休屯华夏商贸有限公司负担40,000元;保全费5000元,由被告黄山市休屯华夏商贸有限公司负担。

如不服本判决,可在判决书送达之日起十五日内,向本院递交上诉状,并按对方当事人的人数提出副本,上诉于安徽省高级人民法院。

审　判　长　邹有春
审　判　员　宋浩之
人民陪审员　焦光超
二〇一四年十二月十二日
书　记　员　汪　浩

【问题提示】(2)典当纠纷案件中涉及刑民交叉时,在认定合同效力及责任承担上应如何把握?

【案例五十四】北京宝瑞通典当行有限责任公司西城分公司诉李维欣、朱苹典当纠纷案(2016年8月22日)

【法律点】当户自愿委托代理人与典当行签订典当合同,典当行在从事发放当金等典当业务过程中已尽合理的注意和审查义务,应认定典当合同已依法成立并有效,当户应按合同约定履行相应义务。当户一方仅以受案外人诈骗且案外人已涉嫌刑事犯罪为由要求中止审理,但无法举证证明典当行与案外人共同实施了诈骗行为的,法院不予支持。

【关键词】委托代理　涉嫌诈骗　中止审理　合理的注意和审查义务　谨慎的注意义务

北京市第一中级人民法院
民事判决书

(2016)京01民终5005号

上诉人(原审被告):李维欣。

委托代理人:张斌,北京市当代律师事务所律师。

被上诉人(原审原告):北京宝瑞通典当行有限责任公司西城分公司。住所地,北京市××区××街。

负责人:高辉,经理。

委托代理人:周天晖,北京大成律师事务所律师。

原审被告:朱苹。

委托代理人:张斌,北京市当代律师事务所律师。

上诉人李维欣因典当纠纷一案,不服北京市石景山区人民法院(2015)石民(商)初字第5385号民事判决,向本院提起上诉。本院于2016年7月27日受理该案后,依法组成由审判员刘彧担任审判长,审判员李春华、代理审判员邵普参加的合议庭,于2016年8月3日以谈话的方式审理了本案。本案现已审理终结。

北京宝瑞通典当行有限责任公司西城分公司(以下简称宝瑞通西城分公司)在一审法院起诉称:李维欣、朱苹系夫妻关系。2014年1月6日,李维欣、朱苹通过公证授权委托方式委托夏雨轩与宝瑞通西城分公司签订《最高额房地产抵押典当合同》(以下简称《典当合同》),并在北京市中信公证处办理了债权公证。李维欣、朱苹将李维欣名下的位于北京市石景山区杨庄路的房产抵押给宝瑞通西城分公司,宝瑞通西城分公司取得上述房屋的他项权。宝瑞通西城分公司于2014年1月8日将典当当金全额交付李维欣之代理人夏雨轩所指定的银行账户。之后,李维欣每月向宝瑞通西城分公司交纳续当费。2015年1月18日,最后一期续当期满后,李维欣未再办理续当手续,经宝瑞通西城分公司多次催促无果,依据合同约定抵押典当房产进入绝当程序。宝瑞通西城分公司于2015年4月1日向公证机关申请出具执行证书,由于李维欣、朱苹以代理人夏雨轩未将当金支付给二人为由拒绝还款,公证机关于2015年6月12日向宝瑞通西城分公司出具《关于不予出具执行证书的决定》。根据《中华人民共和国民法通则》第六十三条之规定,李维欣、朱苹代理人的代理行为的法律后果应该由李维欣、朱苹承担,宝瑞通西城分公司的合法债权应当受到法律保护,故诉至法院。诉讼请求:1. 判令李维欣、朱苹向宝瑞通西城分公司偿还当金本金120万元;2. 判令李维欣、朱苹向宝瑞通西城分公司支付自2015年1月19日起至实际给付之日止,以当金本金为基数,按照同期同档银行贷款利率四倍支付违约金(自绝当之日起暂时计算至2015年7月31日,共计13.702万元);3. 判令李维欣、朱苹支付宝瑞通西城分公司律师费5万元;4. 案件受理费由李维欣、朱苹承担。

李维欣、朱苹在一审法院答辩称:李维欣、朱苹均系受案外人刘童的诈骗。《委托书》及《声明书》虽确为李维欣、朱苹签字,但本案所涉的房屋抵押及典当合同都是由其亲戚洪启和来操作办理,李维欣、朱苹完全不知晓,也没有收到任何当金。现本案已涉及犯罪,正在进行刑事侦查,故提请法院中止审理,待刑事部分有结果后再行处理本案。

一审法院经审理查明,李维欣与朱苹系夫妻关系,石景山区杨庄路×号院×号楼×号房屋产权人系李维欣。2014年1月6日,二人共同签署了《委托书》,委托夏雨轩、陈亚南代为办理上述房产的抵押典当及借款事宜。该《委托书》载明:"……受托人夏雨轩权限:1. 代为将上述房地产抵押典当给典当行或其下属分公司,代为确定当金数额、当期等细节,代为签署合同(包括但不限于抵押典当合同、补充协议、附件等)及当票(包括续当票);代为向公证处申请办理强制执行公证,代为作出接受强制执行的相关承诺。2. 代为办理上述房产作为抵押物向其他有资质的放款机构申请贷款、融资事宜;有资质放款机构包括但不限于银行、典当行、小额贷款公司及个人等,并根据出借人的评估结果自主决定借款数额、借款期限、利率、服务费等合同条款并代为签订房产抵押(典当)借款合同和相关法律文件,同时代为到公证处申请办理强制执行公证,赋予有关合同强制执行效力;代为领取借款、还款、续展、还款等一切相关事宜。3. 代为到北京市房屋土地权属登记机关办理上述房地产的抵押登记所涉及的一切相关手续:包括但不限于申请抵押登记、领取他项权证、房屋产权证等相关办理结果……6. 代为偿还当金、利息、罚息(如有)和综合费用;代为办理有关续当手续及赎回抵押典当房地产并解除房地产抵押登记等事宜;……8. 代为签署、收取、领取上述委托事项的相关文件……委托期限:自本委托书签署之日起三年内。委托人在事项权限内均可单独办理权限内事项……"该《委托书》由李维欣、朱苹本人分别签字并捺印。同日,李维欣出具《声明书》,声明内容为:"本人李维欣,向北京宝瑞通典当行有限责任公司(分公司)申请借款人民币壹佰贰拾万元,合同编号:2014年房抵西字第0003号并以我名下位于北京市石景山区杨庄路×号院×号楼×的房产(房屋所有权证编号:经房权证石私字第1207××号)作为上述借款的抵押担保。本人委托北京宝瑞通典当行有限责任公司(分公司)将上述当金汇入如下银行账户:户名:夏雨轩,开户行:工商银行商务中心区现代城支行账号:62220202000287134××。北京宝瑞通典当行有限责任公司(分公司)将上述款项汇入上述银行账户后视为我已经收到上述当金……"该《声明书》由李维欣本人签字并捺印。同日,北京市中信公证处就上述《委托书》《声明书》出具了公证书。

2014年1月7日,夏雨轩作为李维欣、朱苹之委托代理人,与宝瑞通西城分公司签订了《典当合同》(合同编号:2014年房抵西字第0003号),双方约定,李维欣(甲方)将其所有的上述房产作为当物抵押给宝瑞通西城分公司(乙方),宝瑞通西城分公司向其发放当金120万元。该合同约定:"……三、最高额抵押典当……4. 每笔典当业务的当期为30天。5. 当物的担保范围:当金金额;利息、典当综合费用;罚息、违约金;处置当物而支出的费用(包括但不限于诉讼费、律师费、公证费、执行费、评估费、拍卖费等)及其他应付款项。……五、利息及典当综合费用。1. 本合同项下的当金利息及典当综合费用按每月30天计收,月利率为0%;月典当综合管理费为2.5%;甲方应在领取当金之日缴纳典当综合费用。……六、续当、赎当、绝当。1. 甲方应当在每笔典当业务的当期或宽限期内续当。续当时,经乙方同意并结清利息和典当综合费用后,乙方向甲方开具续当票。2. 宽限期内甲方不续当的,应当赎当。在宽限期内,甲方除应按照约定标准支付利息和典当综合费用外,还应按照本合同第十条第二款之约定支付罚息。3. 甲方每笔典当业务中的任何一笔业务在宽限期内既不赎当也不续当的或当期届满乙方不同意甲方续当而甲方不赎当的,视为本合同项下当物绝当……八、甲方的权利义务。1. 甲方保证按本合同约定按期足额偿还当金、利息、典当综合费用及其他应付款项等。……十、违约责任……3. 绝当后,甲方应当自当期届满之日起以所欠当金总额为基数,按照每日0.5%的标准向乙方支付违约金,直至乙方全部债权获得清偿之日止。……”该合同甲方处由夏雨轩代李维欣签字,所有权人配偶处由夏雨轩代朱苹签字。同日,李维欣向宝瑞通西城分公司出具了《付款委托书》,委托宝瑞通西城分公司将李维欣应得当金存入上述经公证的《声明书》中列明的夏雨轩的账户内。该《付款委托书》系由李维欣之代理人夏雨轩签署。2014年1月9日,北京市中信公证处就上述《典当合同》出具了公证书。

2014年1月8日,宝瑞通西城分公司扣除2.5%的典当综合费用3万元后,通过平安银行北京官园支行向李维欣指定的夏雨轩之银行账户发放当金117万元,并签发了当票,典当期限为2014年1月8日至2014年2月7日。该当票亦由夏雨轩签收。

2014年1月17日,双方办理了涉案房屋的抵押登记手续,宝瑞通公司西城分公司取得了李维欣所有的涉案房屋的他项权利证书,债权数额120万元。

典当期限届满后,李维欣多次向宝瑞通西城分公司申请续当,并通过汇款方式交纳了续当综合费用。宝瑞通西城分公司按照续当期数向其开具了续当凭证。最后一期续当的期限为2015年1月4日至2015年1月18日。该期续当期满后,李维欣一直未申请赎当或续当,故宝瑞通西城分公司于2015年4月1日向北京市中信公证处申请出具涉案《典当合同》的执行证书,但因双方就当金支付行为存在争议,北京市中信公证处于2015年6月12日出具了《关于不予出具执行证书的决定》。现宝瑞通西城分公司诉至一审法院,要求李维欣及朱苹偿还当金本金120万元并支付违约金及律师费。

诉讼中,李维欣、朱苹主张其为受案外人刘童诈骗签署了《委托书》及《声明书》,

且典当手续均由其亲戚洪启和办理，洪启和已就连同本案所涉房产在内的多套房产被诈骗一事向公安机关报案，并主张本案中止审理。

一审法院前往北京市公安局丰台分局刑侦支队调取了上述诈骗案的部分卷宗材料。李维欣在询问笔录中称，其因需要资金欲用涉案房产抵押贷款，并通过洪启和认识了刘童。李维欣与朱苹将房本给了刘童进行评估，在刘童处办理了借款、抵押、委托代办人的相关手续，并在中信公证处办理了委托给夏雨轩、陈亚南办理房屋抵押的公证，但其并不知道该房产抵押给了宝瑞通西城分公司，亦未收到贷款。

另查，宝瑞通西城分公司为本案支出律师费 5 万元。

上述事实，有委托书、声明书、公证书、典当合同、付款委托书、业务回单凭证、立案告知书、受案回执及双方当事人陈述等相关证据在案佐证。

一审法院经审理认为，依法成立的合同，对当事人具有法律约束力，受法律保护。根据双方当事人在庭审中的陈述及辩论意见，本案的争议焦点在于涉案《典当合同》是否依法成立并生效，宝瑞通西城分公司是否已经履行合同义务，以及宝瑞通西城分公司是否有权向李维欣、朱苹主张民事权利。对此，一审法院认为：第一，当事人可以通过代理人实施民事法律行为，代理人在代理权限内以被代理人名义实施的民事法律行为，由被代理人承担民事责任。李维欣、朱苹向夏雨轩出具了《委托书》及《声明书》并进行了公证，根据上述《委托书》及《声明书》，夏雨轩的代理权限包含代为签署典当合同及当票、办理涉案房产的抵押登记手续等，故夏雨轩代李维欣、朱苹在《典当合同》上签字的行为有合同及法律依据，该《典当合同》已依法成立并生效，双方当事人均应按照合同约定履行自己的义务。第二，宝瑞通西城分公司将当金 117 万元发放至夏雨轩的银行账户并出具当票，系依据李维欣签署的《声明书》及夏雨轩代为签署的《付款委托书》，宝瑞通西城分公司作为典当行，依据当户本人出具的经过公证的《委托书》及《声明书》，向当户指定的银行账户发放当金、签发当票，在《典当合同》的履行过程中已尽到合理注意和审查义务，故其向夏雨轩银行账户发放当金的行为应视为其已履行合同义务，至于李维欣本人如何收取、是否收取当金，不应成为判定宝瑞通西城分公司是否履行合同的依据。第三，李维欣、朱苹虽辩称其系受骗签署《委托书》及《声明书》，但一审法院注意到上述材料中均清晰载明向宝瑞通西城分公司办理房产抵押典当、当金汇入夏雨轩账户等相关事项，李维欣与朱苹作为具备完全民事行为能力的民事主体，对其签署的法律文件的内容和行为后果应当明知且需尽到谨慎的注意义务，并承担相应的法律责任。另，公安机关虽已就案外人刘童诈骗一案立案侦查，但根据洪启和及李维欣在公安机关的询问笔录，李维欣在办理委托代理手续及典当、抵押等相关事项时系自愿且明知的，至于当金发放后其未能收到当金是否系被诈骗，与本案《典当合同》的履行并无关系，朱苹关于其二人签署《委托书》及《声明书》系被诈骗的答辩意见，一审法院不予采纳。故此，李维欣作为合同当事人应当按照《典当合同》的约定履行自己的义务。现李维欣在续当期满后未再申请续当或赎当，当物应视为绝当，故宝瑞通西城分公司有权依据合同约定实现全部债权，并要求李维欣支付违约金及律师费。现宝瑞通西城分公司自行向下调整违约金的计算标准，系其对自身权利的处分，计算方式及起算时间亦不违反相关法律规定，一审法院不持异议。本案中，朱苹作为李维欣之爱人，与李维欣共同向夏雨轩、陈亚南签署《委托书》并办理了公证手续，故朱苹亦是委托人之一，且其对将涉案房产进行典当并借款一事明知且认可，故宝瑞通西城分公司有权向李维欣、朱苹夫妻二人一并主张权利。综上，依照《中华人民共和国民法通则》第六十三条，《中华人民共和国合同法》第八条、第四十四条、第一百零七条、第一百一十四条之规定，判决如下：一、被告李维欣、朱苹于本判决生效后十日内偿还原告北京宝瑞通典当行有限责任公司西城分公司当金 120 万元并支付违约金（以 120 万元为本金，自 2015 年 1 月 19 日起至实际支付之日止，按照中国人民银行同期同类贷款基准利率的四倍计算）；二、被告李维欣、朱苹于本判决生效后十日内支付原告北京宝瑞通典当行有限责任公司西城分公司律师费五万元。

如未按本判决指定的期间履行给付金钱义务，应当依照《中华人民共和国民事诉讼法》第二百五十三条之规定，加倍支付迟延履行期间的债务利息。

判决后，李维欣不服，上诉称：本案涉嫌刑事犯罪，宝瑞通西城分公司与其他犯罪嫌疑人通谋，共同对其实施诈骗犯罪行为，其已经向北京市公安局丰台分局报案，该局已立案侦查。一审法院就本案认定事实不清，审判程序违法，将重大刑事案件当作普通民事案件审理，判决显属错误。李维欣现请求撤销一审法院判决，裁定驳回宝瑞通西城分公司的起诉。宝瑞通西城分公司同意一审法院判决。朱苹对一审法院判决虽有意见，但并未提出上诉。

本院查明的事实与一审法院查明的事实一致。

上述事实，还有本院的谈话记录在案证实。

本院认为，《中华人民共和国民法通则》第六十三条第一款、第二款规定："公民、法人可以通过代理人实施民事法律行为。代理人在代理权限内，以被代理人的名义实施民事法律行为。被代理人对代理人的代理行为，承担民事责任。"

本案中，根据李维欣、朱苹为夏雨轩出具的委托书，可以认定双方之间存在委托代理的法律关系，即夏雨轩有权代表李维欣、朱苹将涉案房屋抵押给典当行并获取当金等相关事宜的权利。此后,夏雨轩与宝瑞通西城分公司签订典当合同、办理涉案房屋抵押手续等行为,系其积极履行代理职责的行为,该行为所产生的法律后果,应当由李维欣、朱苹承担。

根据查明的事实,因李维欣、朱苹在续当期限届满后既不与宝瑞通西城分公司办理续当手续,又不与宝瑞通西城分公司办理赎当手续,故宝瑞通西城分公司依据典当合同的约定及相关规定,要求李维欣、朱苹偿还当金120万元、按照中国人民银行同期同类贷款利率的四倍支付相应的违约金并赔偿为实现债权而支付的律师费的诉讼请求,理由正当,本院予以支持。

关于李维欣上诉理由一节,本院认为:依据李维欣在一审诉讼期间所提交的立案告知书、受案回执,现仅可以证明刘童涉嫌诈骗,并无证据显示宝瑞通西城分公司在与夏雨轩签订典当合同的前后,宝瑞通西城分公司与刘童共同实施了诈骗行为,且宝瑞通西城分公司亦是按照夏雨轩出具的付款委托书的指令将当金117万元转入夏雨轩在工商银行开立的账户中,故李维欣所述宝瑞通西城分公司与其他犯罪嫌疑人通谋,共同对其实施了诈骗行为,缺乏证据证实,本院不予采信,其要求撤销一审法院判决,裁定驳回宝瑞通西城分公司的起诉的上诉请求,本院予以驳回。综上所述,一审法院判决认定事实清楚,适用法律正确,本院依法应予维持。依据《中华人民共和国民事诉讼法》第一百七十条第一款第一项之规定,判决如下:

驳回上诉,维持原判。

一审案件受理费17,284元,由李维欣、朱苹负担(本判决生效后七日内交纳)。

二审案件受理费17,284元,由李维欣负担(已交纳)。

本判决为终审判决。

审　判　长　刘　彧

审　判　员　李春华

代理审判员　邵　普

二〇一六年八月二十二日

书　记　员　段瑞强

【案例五十五】浙江中财典当有限责任公司余杭分公司诉曾鲁杭、俞顺发、胡志伟典当纠纷案(2014年4月18日)

【法律点】 1. 犯罪行为人为实现诈骗目的利用他人名义签订典当借款合同诈骗钱财的,其行为构成合同诈骗罪,典当借款合同则成为犯罪行为人实施犯罪的手段,该合同系以合法形式掩盖非法目的,应认定无效。

2. 典当行在办理典当业务过程中未尽必要的谨慎注意义务,存在严重过错,且典当借款不是名义借款人的真实意思,其亦未因此而得到利益,则典当行因诈骗犯罪所受的损失不能主张名义借款人返还款项和赔偿损失。

【关键词】 授权委托　非法占有　合同诈骗　犯罪手段　合法形式　非法目的　严重过错　谨慎注意义务

浙江省杭州市中级人民法院

民事判决书

(2014)浙杭商终字第267号

上诉人(原审原告):浙江中财典当有限责任公司余杭分公司。

法定代表人:边学波。

委托代理人(特别授权代理):金秋。

被上诉人(原审被告):曾鲁杭。

被上诉人(原审被告):俞顺发。

上述两被上诉人共同委托代理人:潘建生。

被上诉人(原审被告):胡志伟。

上诉人浙江中财典当有限责任公司余杭分公司(以下简称中财典当余杭分公司)为与被上诉人曾鲁杭、俞顺发、胡志伟典当纠纷一案,不服杭州市余杭区人民法院(2013)杭余商初字第810号民事判决,向本院提起上诉。本院于2014年1月21日立案受理后,依法组成合议庭进行审理,本案现已审理终结。

原审法院审理查明:2011年1月,俞顺发向案外人李国生借款,李国生以保证出借资金安全为由,要求曾鲁杭、俞顺发在签订借款协议的同时,交付房产三证原件,于2011年1月18日在杭州市国立公证处办理(2011)杭证民字第30454号委托书公证书一份,载明就杭州市拱墅区定海西园×幢×单元×室房产出售一事,因工作繁忙原因不能亲自前往办理,委托胡志伟为代理人,全权处理:1. 提前还贷、领取他项权证、退保、注销抵押登记;2. 签订房产转让合同等与转让相关的一切合同、协议;3. 向房地产登记部门代为提出房地产转让过户登记申请并按规定提交申请登记材料;身份核对,代为就申请转让过户登记事项接受询问,并签字确认;4. 办理产权过户手续、缴纳相关税费;5. 领取出售所得全部款项和税收补贴款项;6. 办理交房、物业交割以及水、电、煤气过户等出售上述房屋相关的一切事宜。同日,曾鲁杭、俞顺发办理(2011)杭证民字第30455号委托书公证书一份,载明就杭州市拱墅区定海西园×幢×单元×室房产办理抵押借款一事,委托胡志伟为代理人,全权处理:1. 签订房产抵押借款合同;2. 办理房产抵押登记手续,领取他项权证、保险、合同公证等相关事宜;3. 领取借款等涉及房产抵押借款的其他相关事宜。两份公证书均载明代理人在授权范围内签署的一切文件,曾鲁杭、俞顺发均予以承认,代理人有转委托权,委托期限至委托事项办理完毕止。

2011年1月19日,胡志伟持从曾鲁杭、俞顺发处取得的房产证、公证书等文件,以代理人的身份与中财典当余杭分公司签订《房地产典当借款合同》(合同编号为浙中财余典2011第04号)一份,主要约定:曾鲁杭、俞顺发以坐落于杭州市拱墅区定海西园×幢×单元×室房产为曾鲁杭向中财典当余杭分公司典当借款提供担保;借款金额为80万元整,期限为2011年1月19日起至2011年7月17日止,综合费用按照借款金额每月2.6%计算,曾鲁杭在办理典当手续时应先向中财典当余杭分公司支付综合费用;典当时,中财典当余杭分公司应向曾鲁杭出具当票,当票所列典当借款金额及利息、综合费用标准与本合同不一致时,以当票为准。胡志伟代作为借款人的曾鲁杭及抵押物共有人的俞顺发在该合同上签名捺印。该合同项下的当票载明典当金额为80万元,综合费用为20,800元,典当期限为2011年1月19日起至2011年2月17日止。胡志伟代曾鲁杭、俞顺发在当票上的当户处签名,并于当日代曾鲁杭领取了该合同项下的当金 80 万元,后将该款项交付给了李国生。当日,胡志伟向中财典当余杭分公司出具《连带责任保证函》一份,承诺:1. 对借款人的上述借款,承担连带保证担保责任,借款人未按主合同及当票、续当凭证的约定偿还借款,由担保人代为偿还;2. 担保范围为借款本金(当金)、利息、罚息、综合费用、违约金、赔偿金、债权人实现债权的费用、诉讼费用、律师费等其他费用;3. 担保期间为借款人的债务履行期限(继当的,为续当凭证约定的终止日期)届满之日起两年;4. 同意债权人享有向任一担保人主张担保责任的权利,债权人放弃其他担保(包括借款人本人或第三人提供物的担保)的,保证人仍承担全部保证责任。保证人对借款人的借款使用情况已具有充分的了解和知悉,且对借款人的借款用途不作任何抗辩。胡志伟还代俞顺发签名,于同日向中财典当余杭分公司出具了相同内容的《连带责任保证函》一份。

2011 年 1 月 28 日,俞顺发及其儿子俞一南与李国生签订《借款合同》一份,约定俞顺发向李国生借款 30 万元,借款期限为 2011 年 1 月 28 日至 2012 年 1 月 27 日,利息为每月按借款金额的 10‰计算,到期本息一次付清,俞顺发自愿把名下的财产即杭州市拱墅区定海西园×幢×单元×室房产作为抵押。俞一南作为担保人,为该借款承担连带保证责任,保证期限为债务到期之日起两年。该合同还就双方其他权利义务做了约定。合同签订后,李国生并未交付该合同项下的借款。

李国生因涉嫌合同诈骗罪,于 2011 年 8 月 13 日被刑事拘留,于 2011 年 9 月 19 日被逮捕,于 2012 年 8 月 28 日被杭州市中级人民法院以犯合同诈骗罪判处无期徒刑、剥夺政治权利终身,并处没收个人全部财产。李国生上诉后,浙江省高级人民法院经审理,维持了一审判决,该(2012)浙杭刑初字第 217 号《刑事判决书》现已生效,判决书与本案相关的合同诈骗认定的犯罪事实为:李国生对外宣称有大量资金可供低息出借,借款人只需提供房屋产权证作抵押即可,通过中介人员招揽他人借款,同时以保证出借资金安全为由,要求借款人在签订借款合同的同时,办理委托李国生抵押处置房产的公证手续,而后,李国生持从借款人处骗取的房产证、公证书等文件,隐瞒房屋产权的来源及委托代理处置房产的条件、隐瞒实际借款人的借款数额及利息,以房屋产权代理人的身份与典当行及个人签订抵押借款合同骗取资金。2011 年 1 月,李国生采用上述手段,指使胡志伟利用俞顺发提供的杭州市拱墅区定海西园×幢×单元×室房产做抵押,与中财典当余杭分公司签订抵押借款合同,骗取 80 万元全部占为己有。判决书还认定:中财典当余杭分公司在接受抵押时并未与房屋产权人进行抵押借款的意思沟通,到现场查看抵押物时,亦未与房东申明抵押关系。胡志伟在该刑事案件中作证时,证明其与李国生有借款关系,2011 年年初,因支付李国生利息有困难,只能答应李国生到浙江中财典当公司代办俞顺发、傅豪军、程栋华、朱杰利四套房产的抵押借款手续,从中财典当公司借款后,都按李国生的要求转给李国生或李国生指定的收款人。

另认定,2011 年 1 月 19 日,中财典当余杭分公司取得了杭房他证字第 114735 × × 号房屋他项权证。2013 年 5 月 6 日,杭州市住房保障和房产管理局依据(2012)浙杭刑初字第 217 号《刑事判决书》、(2012)浙刑二终字 160 号《刑事裁定书》,决定撤销杭州市拱墅区定海西园 × 幢 × 单元 × 室房产的抵押登记。中财典当余杭分公司向杭州市人民政府提出行政复议后,杭州市住房保障和房产管理局的决定得以维持。现中财典当余杭分公司向杭州市拱墅区人民法院提起行政诉讼,但未予受理。

又认定,曾鲁杭、俞顺发于 1994 年 6 月 21 日登记结婚。

原审法院审理认为:本案的争议焦点有两点:1. 关于讼争的《房地产典当借款合同》的效力问题。(2012)浙杭刑初字第 217 号已生效的《刑事判决书》认定李国生以自己非法占有为目的、骗得曾鲁杭、俞顺发的房产证及委托书后,指使胡志伟作为代理人,将房屋抵押给中财典当余杭分公司进行抵押借款的行为构成合同诈骗罪,故胡志伟以代理人身份与中财典当余杭分公司签订的《房地产典当借款合同》,系李国生为实现诈骗目的而实施的一种犯罪手段,应认定为以合法形式掩盖非法目的,故《房地产典当借款合同》应认定无效。胡志伟为《房地产典当借款合同》提供担保,因《房地产典当借款合同》无效,担保合同亦无效。因此,中财典当余杭分公司关于要求确认《房地产典当借款合同》无效的诉讼请求,理由成立,予以支持。2. 关于中财典当余杭分公司要求曾鲁杭、俞顺发赔偿损失及胡志伟承担相应还款责任的问题。(2012)浙杭刑初字第 217 号已生效的《刑事判决书》认定,指使胡志伟利用俞顺发提供的杭州市拱墅区定海西园 × 幢 × 单元 × 室房产做抵押,与中财典当余杭分公司签订抵押借款合同,骗取 80 万元全部占为己有,曾鲁杭、俞顺发未占有任何款项。曾鲁杭、俞顺发因李国生受骗出具授权委托书、交付房产三证原件,其真实意思为将房屋抵押给李国生,但并未授权李国生在约定的还款期限内处置所抵押房产,而中财典当余杭分公司在接受抵押时并未与房屋产权人进行抵押借款的意思沟通,到现场查看抵押物时,亦未与房东申明抵押关系,曾鲁杭、俞顺发直到接到中财典当余杭分公司催款时才知道自己的房产被李国生抵押的事实,故曾鲁杭、俞顺发对于李国生的诈骗行为无法进行鉴别,因此,中财典当余杭分公司要求曾鲁杭、俞顺发承担损失及胡志伟承担赔偿责任的诉讼请求,理由不成立,不予支持。综上,中财典当余杭分公司其合理的诉讼请求,予以支持。曾鲁杭、俞顺发关于其未占用中财典当余杭分公司的款项而无须承担赔偿责任的抗辩,理由成立,予以采信。据此,依照《中华人民共和国合同法》第六条、第五十二条第三项、第五十六条,《中华人民共和国民事诉讼法》第六十四条第一款、第一百四十四条,《最高人民法院关于民事诉讼证据的若干规定》第二条之规定,判决:

一、浙江中财典当有限责任公司余杭分公司与曾鲁杭、俞顺发于2011年1月19日签订的《房地产典当借款合同》(编号:浙中财余典2011第04号)无效;二、驳回浙江中财典当有限责任公司余杭分公司的其他诉讼请求。本案案件受理费2305元,由曾鲁杭、俞顺发负担80元,由胡志伟负连带责任,由浙江中财典当有限责任公司余杭分公司负担负担2225元;财产保全申请费1022元,由浙江中财典当有限责任公司余杭分公司负担。

上诉人中财典当余杭分公司不服原审法院上述民事判决,向本院提起上诉称:1. 原判决事实认定不清。曾鲁杭、俞顺发办理委托公证书,委托胡志伟办理房地产抵押借款事宜,并将房产三证交予胡志伟,让中财典当余杭分公司有理由相信胡志伟有权代理曾鲁杭、俞顺发签订房地产典当借款合同,并最终导致发放借款,该事实由原审法院判决及刑事文书予以认定。曾鲁杭、俞顺发作为完全民事行为能力人,对公证内容是明确知道的,对公证后产生的法律后果也是可以预知的。因此,《房地产典当借款合同》的签订完全是因曾鲁杭、俞顺发的意思表示才导致的,中财典当余杭分公司基于履行该合同而发放的80万元借款也是因曾鲁杭、俞顺发的过错至今未能收回。另外,胡志伟在办理典当借款事务时,提供连带保证责任,但原审法院仅以曾鲁杭、俞顺发对李国生的诈骗行为无法进行鉴别为由便免除曾鲁杭、俞顺发、胡志伟承担损失及赔偿的过错责任,存在严重逻辑错误,属于事实认定不清。2. 原判决适用法律错误。理由是:《房地产典当借款合同》确认无效后,应依据《中华人民共和国合同法》第五十八条的规定,即"合同无效或者被撤销后,因该合同取得的财产,应当予以返还;不能返还或者没有必要返还的,应当折价补偿。有过错的一方应当赔偿对方因此所受到的损失,双方都有过错的,应当各自承担相应的责任"。则,曾鲁杭、俞顺发应当依此承担赔偿中财典当余杭分公司损失的责任,同时,胡志伟应对曾鲁杭、俞顺发的行为承担连带责任。综上,原判决认定事实不清,适用法律错误,请求撤销原审判决第二项内容,改判曾鲁杭、俞顺发赔偿中财典当余杭分公司损失100,267元(以80万元为基数,按年利率6%的标准自2011年5月28日暂计算至2013年6月17日,此后以同样标准计算至款项付清之日止),胡志伟对上述债务承担相应还款责任。

被上诉人曾鲁杭、俞顺发答辩称:上诉状中提出的案由和事实,已由杭州市中级人民法院认定系诈骗行为人李国生所为。李国生因该案已于2012年8月28日被杭州市中级人民法院以合同诈骗罪判处无期徒刑,剥夺政治权利终身。在已生效的(2012)浙杭刑初字第217号刑事判决书中,认定了以下主要事实:1. 认定了李国生以非法占有为目的,以低利息抵押借款为由,骗取曾鲁杭、俞顺发房屋产权证、授权委托书,后隐瞒真相,在未取得曾鲁杭、俞顺发同意的情况下,冒用曾鲁杭、俞顺发的名义与中财典当余杭分公司签订《房地产典当借款合同》的事实。2. 证实了曾鲁杭、俞顺发与李国生签订《抵押借款合同》,并以房产作抵押及设定了抵押物处置条件的事实。3. 证实了曾鲁杭、俞顺发并未在李国生处借到钱的事实。4. 证实了中财典当余杭分公司业务经理周贤发按照诈骗行为人李国生的要求,共同对曾鲁杭、俞顺发隐瞒真相的事实。以及证实了周贤发知道胡志伟替李国生作抵押典当的事实。就以上确认的事实,依据现行的《中华人民共和国民法通则》第六十六条,《中华人民共和国合同法》第五十二条、第四十八条之规定,李国生利用以欺骗手段得到的相关文书,冒用曾鲁杭、俞顺发的名签订的合同是非法无效的;行为人没有代理权或超越代理权签订的合同,未经被代理人追认的对被代理人不发生效力,由行为人承担责任;《中华人民共和国民法通则》第五十五条第二款也明确规定了民事法律关系必须是意思表达真实。因此,曾鲁杭、俞顺发认为:1. 曾鲁杭、俞顺发与中财典当余杭分公司之间不存在民事法律关系。没有抵押典当关系。没有主债或从债关系。2. 中财典当余杭分公司在诉状中称曾鲁杭、俞顺发存在过错,那是颠倒是非混淆黑白的狡辩。事实是在本案中,中财典当余杭分公司不但存在严重过错,而且是有恶意串通和共同犯罪嫌疑的。典当作为特殊行业,国家商务部、公安部以及地方政府部门针对此行业颁布有《典当管理办法》《典当公司典当业务规则》《房产典当业务操作流程》,这些规章制度中的一个主要目的是防范收当赃物。然而,中财典当余杭分公司根本没有按照这些规章制度执行。中财典当余杭分公司在明知诈骗行为人隐瞒房主进行抵押的情况下收当、续当;不查验当物来源是否合法;不查验当户是否有处分权;发现可疑不但未尽举报义务反而协助隐瞒,与诈骗行为人合谋找人替当,等等。本案中财典当余杭分公司是明确知道当金存在巨大风险的,知道风险不规避反而为诈骗行为人积极提供便利,原因是中财典当余杭分公司与诈骗行为人有个共同的恶意,那就是从开始他们就共同计谋利用曾鲁杭、俞顺发的《委托公证书》作为工具,企图逼迫曾鲁杭、俞顺发来承担所有责任,中财典当余杭分公司与诈骗行为人借此谋取不义之财。这些事实充分暴露了中财典当余杭分公司的险恶用心和对社会的及其不负责。

中财典当余杭分公司的行为不但要为自身的损失负全部责任,也要为因此给曾鲁杭、俞顺发造成的损失负责,曾鲁杭、俞顺发将酌情另案提出赔偿。综上,原审判决是正确的,请求驳回上诉,维持原判。

被上诉人胡志伟答辩称:除同意曾鲁杭、俞顺发的答辩意见外,另外,李国生在2010年年底称因为在公司贷款多笔,故要求胡志伟出面为本案贷款提供担保,并称有房屋不用担心还不出钱。后来,中财典当余杭分公司的周贤发经理告诉胡志伟称办理的过程中,不要说是和李国生有关的,否则有可能贷不出来。并且,公司有规定,需要去房东的家里去看一下并且签字,但是周贤发当天去了房东的家里,却没有说明自己是中财典当余杭分公司经理的身份,并且签字也是找李国生的司机签的字和捺的手印。所以周贤发是存在欺骗的行为的。请求驳回上诉,维持原判。

二审期间,各方均未提交新的证据。

本院经审理查明的事实与原审法院查明的一致。

本院认为:本案争议焦点为:案涉《房地产典当借款合同》被确认无效后,曾鲁杭、俞顺发、胡志伟是否要向中财典当余杭分公司承担损失赔偿责任。本案中,《房地产典当借款合同》系因李国生的犯罪行为导致无效。中财典当余杭分公司的涉案业务负责人在办理典当业务时应李国生要求未向房屋产权人表明真实身份,也未就房屋典当借款事宜与房屋产权人进行过沟通,且该负责人明知李国生有将借款挪作私用的意图。中财典当公司余杭分公司作为专门从事典当活动的机构,在李国生提出有意隐瞒身份的不合理要求及明知款项用途不正常的情况下,没有尽到必要的谨慎注意义务,未就可疑情况进行报告或采取必要的核实防范措施,仍向李国生交付当金存在严重过错。曾鲁杭、俞顺发因受李国生欺骗而出具授权委托书及交付房产三证原件,中财典当余杭分公司相关业务负责人隐瞒真实身份的行为对曾鲁杭、俞顺发了解典当借款的真实情况造成了障碍,案涉房产被李国生抵押给中财典当余杭分公司进行典当借款并非曾鲁杭、俞顺发真实的意思表示,借款80万元亦被李国生全部占有,没有证据显示曾鲁杭、俞顺发、胡志伟因此而获益。同时,曾鲁杭、俞顺发因房产被抵押而影响其处分权,其利益也受到损失。综合上述,曾鲁杭、俞顺发、胡志伟未就借款获益,中财典当余杭分公司就其所受损失存在严重过错,中财典当余杭分公司要求曾鲁杭、俞顺发、胡志伟赔偿损失依据不足,本院不予支持。依照《中华人民共和国民事诉讼法》第一百七十条第一款第一项,判决如下:

驳回上诉,维持原判。

二审案件受理费2225元,由浙江中财典当有限责任公司余杭分公司负担。

浙江中财典当有限责任公司余杭分公司于本判决书生效之日起十五日内来本院退费。

本判决为终审判决。

审　判　长　徐鸣卉
审　判　员　韩成良
代理审判员　赵　魁
二〇一四年四月十八日
书　记　员　沈冰洁

【案例五十六】杭州天元典当有限责任公司诉钱国正、施寒韻典当纠纷案（2016年8月8日）

【法律点】1. 当事人之间的不动产抵押典当合同已经生效而刑事判决认定为合同诈骗犯罪事实的一部分,则该典当合同因违反了国家法律、行政法规的强制性规定,应认定为无效。

2. 合同认定无效后,因该合同获取的财产,应当予以返还;不能返还,应该折价赔偿。有过错的一方应当赔偿对方因此所受到的损失,双方都有过错的,应当各自承担相应的责任。

【关键词】抵押典当　合同诈骗　强制性规定　合同无效　返还　赔偿

浙江省杭州市萧山区人民法院
民事判决书

(2016)浙0109民初2642号

原告:杭州天元典当有限责任公司。住所地,杭州市××区××街道。

法定代表人:平云英,该公司执行董事。

委托代理人:胡蓓佶、孙溢翊,浙江康恒律师事务所律师。

被告:钱国正。

被告:施寒韻。

两被告共同委托代理人:唐为群,浙江天册律师事务所律师。

第三人:赵元。

第三人:徐航。

第三人:朱明。

原告杭州天元典当有限责任公司(以下简称天元公司)诉被告钱国正、施寒韻典当纠纷一案,本院于2016年2月24日立案受理后,依法由审判员杜智慧适用简易程序,2016年4月11日,本院追加赵元、朱明、徐航为本案第三人。本案依据原告的申请于2016年5月5日作出财产保全裁定,并采取了相应的保全措施,本案于2016年5月17日公开开庭进行了审理。原告委托代理人胡蓓佶,被告钱国正及两被告共同委托代理人唐为群,第三人徐航到庭参加诉讼。第三人赵元、朱明经本院传票传唤,无正当理由未到庭参加诉讼。本案原、被告均要求按简易程序审理,并同意延长审限两个月,现已审理终结。

原告天元公司诉称:由第三人赵元代理的被告钱国正、施寒韻与原告天元公司签订的《房产抵押典当合同》生效后,原告依约向被告钱国正的宁波银行萧山支行账户汇付当金90万元。典当期限届满后,两被告未能按时返还当金本息、综合费等。

杭州市萧山区人民法院于2014年6月17日作出的(2014)杭萧刑初字第372号刑事判决书,认定被告人徐航伙同他人隐瞒真实情况,将天元公司汇付给钱国正银行卡的55.2万元据为己有,其行为构成合同诈骗罪。

原告认为,因本案涉及刑事犯罪,原、被告之间签订的《房地产抵押典当合同》无效,被告至今未返还该笔款项,遂起诉请求判令:确认原、被告于2011年2月25日签订的《房地产抵押典当合同》无效,并由两被告返还原告90万元,并赔偿原告利息损失270,588.80元。

被告钱国正、施寒韻共同辩称:1. 案外人赵元的代理行为、原告依约向被告钱国正的宁波银行萧山支行账户汇付当金90万元等相关事实,已在(2012)浙杭商终字第644号民事裁定书、(2014)杭萧刑初字第372号刑事判决书中查明。2. 根据原告提供的宁波银行进账单上的银行账号,朱明伙同徐航通过不正当手段以钱国正名义开立了信用卡,并实际控制该信用卡。原告虽转款90万元至该信用卡,但实际上该款是由朱明伙同徐航收取并控制。原告提出要求两被告返还90万元当金及利息的请求缺乏事实和法律依据。3. 本案原告的起诉属于重复诉讼。综上所述,请求法庭依法查明事实,驳回原告的诉讼请求。

第三人徐航述称:本人已经被判决有罪,钱国正实际拿到的34万多元是从原告汇款的90万元中取出的,剩余的56万元由本人及朱明等人占有。被告钱国正只知道借款为40万元,而不是90万元。对于本案而言,钱国正实际到手的34万多元钱应该归还原告,剩余部分由本人及朱明等人偿还,且应该归还给钱国正。

原告为支持其主张的事实,在举证期限内向本院提供了下列证据材料:

1. (2011)杭萧商初字第2941号民事判决书及(2012)浙杭商终字第644号民事

裁定书各一份,证明原告曾于2011年9月26日向杭州市萧山区人民法院提起诉讼,判决后,两被告不服提起上诉,杭州市中级人民法院因“本案存在经济犯罪嫌疑”撤销一审民事判决,驳回原告的起诉;

2.(2014)杭萧刑初字第372号刑事判决书及(2014)浙杭刑终字第451号刑事裁定书各一份,证明法院最终认定被告人徐航伙同他人向钱国正、天元公司隐瞒真实情况的行为已构成合同诈骗罪;

3. 转账凭证一份,证明原告已将90万元汇至被告钱国正的银行卡;

4. 授权委托书及(2011)杭证民字第31058号公证书各一份,证明被告委托赵元向典当公司申请房产抵押典当;

5. 授权委托书及(2011)杭证民字第31059号公证书各一份,证明被告委托徐航全权代理房屋出售等相关事宜;

6.《房地产抵押典当合同》一份,证明原、被告之间于2011年2月25日签订了《房地产抵押典当合同》。

经质证,两被告对证据1的真实性没有异议,但待证事实不全面,两被告只认可二审所认定的事实。对证据2的真实性没有异议,对原告的待证事实也无异议。对证据3的真实性没有异议,但对待证事实有异议,客观事实是原告将90万元汇入由第三人朱明以钱国正名义开立的银行卡内,且该银行卡由朱明等人实际控制。对证据4的三性均无异议。对证据5的真实性无异议,关联性有异议。对证据6的真实性、合法性有异议,上面赵元的签名并非其本人所签,而且当时赵元也是原告的员工,赵元既代表原告又代表被告签订这份协议,而且是瞒着被告签订的,这严重损害了被告的合法权益。

第三人徐航对证据1~5均无异议,对证据6也没有异议,虽然当时本人也在合同签订现场,但没注意赵元的签名是否系其本人所签。

经审查,本院认为,原告提供的证据真实、合法,且与本案事实相关联,本院予以认定。

两被告为支持其主张的事实,在举证期限内向本院提供了下列证据材料:

1.(2011)杭萧商初字第1673号民事裁定书一份,证明被告于2011年9月13日收到贵院送达的(2011)杭萧商初字第1673号民事裁定书,裁定准许原告撤回起诉;

2.(2011)杭萧商初字第2941号民事判决书及(2012)浙杭商终字第644号民事裁定书各一份,证明原告于2011年9月26日又以相同案由(典当纠纷)向贵院提起诉讼,被告于2012年3月收到贵院送达的(2011)杭萧商初字第2941号民事判决书,该判决书将典当合同认定为有效合同,申请人依法上诉。2013 年 9 月 23 日,申请人收到杭州市中级人民法院作出的(2012)浙杭商终字第 644 号民事裁定书,该裁定书裁定撤销原判,驳回原告起诉的事实;

3.(2015)杭上民初字第 1535 号民事裁定书一份,证明 2015 年 8 月 28 日,原告以不当得利纠纷为案由起诉,后原告撤诉。被告于 2015 年 10 月 21 日收到杭州市上城区人民法院送达的(2015)杭上民初字第 1535 号民事裁定书;

4.(2014)杭萧刑初字第 372 号刑事判决书及(2014)浙杭刑终字第 451 号刑事裁定书各一份,证明被告人徐航因犯合同诈骗罪被萧山法院一审判刑及上诉后杭州中院裁定驳回的事实;

5. 当票一份、宁波银行转账支票一份、宁波银行进账单一份、宁波银行个人转账凭证一份、个人银行账户开户申请书一份、存款凭条两份、取款凭条一份、徐航出具的收条一份、保证书一份,证明 2011 年 2 月 15 日,朱明、徐航与赵元恶意串通、将被告的房屋“三证”以赵元为代理人去原告处抵押典当,原告将 90 万元转入朱明伙同徐航控制的以被告钱国正名义开立的信用卡内,朱明于 2011 年 2 月 15 日将 49 万元转走并占为己有。2011 年 2 月 16 日,徐航将信用卡内其余的 40 万元划走,将 34.8 万元支付给被告,其中 5.2 万元作为利息扣除并占为己有的事实;同时证明账号的银行卡一直由朱明伙同徐航实际控制并处置的事实。

经质证,原告认为,对证据 1 ~4 均无异议。对证据 5 的真实性无异议,但需补充说明:当时原告并不知道该银行卡是由谁开办并实际控制,且案涉 90 万元当金也是原告汇款的。

第三人徐航对证据 1 ~5 均无异议。

经审查,本院认为,两被告提供的证据真实、合法,且与本案事实相关联,本院予以认定。

根据以上所确认的证据和双方当事人在庭审中的陈述,本院认定以下事实:

2011 年 2 月 15 日,两被告钱国正、施寒韻签署委托赵元办理“向典当公司申请房地产抵押典当”的授权委托书并进行公证。同日,赵元以两被告代理人的身份,以位于杭州市紫阳上水陆寺巷 × 号 × 室房屋向原告申请房地产抵押典当,签订《房地产抵押典当合同》,并办理了房地产抵押登记。同日,原告依约向被告钱国正的宁波银行萧山支行账户汇付当金 90 万元。典当期限届满后,因两被告未能按时返还当金本息、综合费等,原告曾于 2011 年 9 月 26 日向本院提起诉讼,本院作出(2011)杭萧商初字第 2941 号民事判决书。两被告不服一审判决提起上诉,杭州市中级人民法院因“本案存在经济犯罪嫌疑"于2013年9月23日作出(2012)浙杭商终字第644号民事裁定书,裁定撤销一审判决,驳回起诉。

2014年6月17日,本院作出(2014)杭萧刑初字第372号刑事判决书,认定被告人徐航伙同他人向钱国正、天元公司隐瞒真实情况,将天元公司汇付给钱国正银行卡的当金90万元,其中以借款形式支付钱国正40万元并扣除利息5.2万元,实际占有55.2万元,其行为构成合同诈骗罪。被告徐航不服该判决提起上诉,2014年8月18日杭州市中级人民法院作出(2014)浙杭刑终字第451号刑事裁定书,裁定驳回上诉,维持原判。

据此,2011年2月15日晚,钱国正从徐航处以"借款"的名义获取款项34.8万元。

另查明,本院于2014年2月25日审理的关于杭州市萧山区人民检察院控诉被告人徐航的(2014)杭萧刑初字第372号刑事案件中,已从同案人处追回赃款195,500元。但本案原告与被告均未通过刑事追赃退赔程序获得赔偿。

本院认为:天元公司与钱国正、施寒韻之间的《房地产抵押典当合同》,属于生效刑事判决所认定的徐航合同诈骗罪事实的一部分,违反了国家法律、行政法规的强制性规定,应认定为无效。钱国正、施寒韻为该借款提供的抵押担保亦无效。据此,因该合同获取的财产,应当予以返还;不能返还,应该折价赔偿。有过错的一方应当赔偿对方因此所受到的损失,双方都有过错的,应当各自承担相应的责任。钱国正因该合同获取的34.8万元,应当返还给天元公司,并赔偿相应的利息损失。天元公司在明知第三人赵元既与本公司存在业务合作关系,又与钱国正、施寒韻具有代理关系的情况下,仍同意其经手签订《房地产抵押典当合同》,明显存在过错,应当对自己的损失承担一定责任。原告主张的利息损失,本院酌情予以支持。原告的诉讼请求,合理部分,本院予以支持。此外,天元公司的起诉符合《中华人民共和国民事诉讼法》第一百一十九条的规定,钱国正、施寒韻认为本案应当裁定驳回起诉的理由不能成立。据此,依照《中华人民共和国合同法》第五十二条第五项、第五十八条,《中华人民共和国物权法》第一百七十二条及《最高人民法院关于适用〈中华人民共和国民事诉讼法〉的解释》第九十三条第一款第五项之规定,判决如下:

一、原告杭州天元典当有限责任公司与被告钱国正、施寒韻于2011年2月15日签订的《房地产抵押典当合同》无效;

二、钱国正于本判决生效之日起十日内返还杭州天元典当有限责任公司款项348,000元;

三、钱国正于本判决生效之日起十日内赔偿杭州天元典当有限责任公司款项348,000元自2011年2月15日起至实际履行之日止按中国人民银行同期同档次贷款基准利率标准计算的利息损失的50%；

四、驳回杭州天元典当有限责任公司的其余诉讼请求。

如被告未按本判决指定的期间履行给付金钱义务，应当依照《中华人民共和国民事诉讼法》第二百五十三条之规定，加倍支付迟延履行期间的债务利息。

案件受理费15,336元，减半收取7668元，财产保全申请费5000元，合计12,668元，杭州天元典当有限责任公司负担7000元，钱国正负担5668元。

如不服本判决，可在判决书送达之日起十五日内，向本院递交上诉状并按对方当事人的人数提出副本，上诉于浙江省杭州市中级人民法院，并按照不服一审判决部分的上诉请求向浙江省杭州市中级人民法院预交上诉案件受理费。在上诉期满后的次日起七日内仍未交纳的，按自动撤回上诉处理。

审　判　员　杜智慧

二〇一六年八月八日

书　记　员　赵振华

【述评4】典当纠纷中刑民交叉的处理

刑民交叉并非是严谨的法律术语,其概念及内涵在法学理论界尚无定论。[①] 结合理论与实务界的观点,刑民交叉案件是指民事案件与刑事案件在法律事实、法律主体方面存在完全重合或者部分重合,从而导致案件的刑事、民事部分之间在程序处理、责任承担等方面相互交叉和渗透。[②] 在民商事案件的审理中,刑民交叉案件根据所涉及相关事实是否为同一,具体又可分为两类:一类是基于同一事实同时违反或涉嫌违反了刑事法律规范和民事法律规范的案件,为竞合型刑民交叉案件;另一类是基于不同事实分别违反或涉嫌违反了刑事法律规范和民事法律规范,但由于一些要素(如主体、内容)的交织重合而使相关事实之间具有一定的牵连关系,从而导致民事诉讼和刑事诉讼相互影响或依附的案件,则为牵连型刑民交叉案件。[③]

刑民交叉中的相关法律问题不仅是长期困扰法学理论的难题,也一直是民商事审判实务中的难点。具体表现为,一是刑民交叉容易造成刑、民诉讼程序上的冲突;二是合同的效力及责任承担等实体问题难以把握。在典当纠纷案件中也出现刑民交叉的情形时,同样面临着程序选择和实体处理的疑难问题。

一、典当纠纷中刑民交叉案件程序上的选择

关于刑民交叉案件的审理应采取何种程序模式,目前,主要有三种方式,即"先刑后民"、"刑民并行"和"先民后刑"。其中"先刑后民"向来被认为是解决刑民交叉案

---

① 如有学者认为,刑民交叉案件是指在民商事案件的审理中,"同一法律事实涉及的法律关系一时难以确定是刑事法律关系还是民事法律关系,或不同法律事实分别涉及刑事法律关系和民事法律关系,但法律事实之间具有一定的牵连关系的案件"。也有的学者认为,"在民事和刑事上相互交叉或牵连、相互影响的案件,此即刑民交叉案件"。还有的学者认为刑民交叉案件是指"因不同的法律事实,分别涉及经济纠纷和经济犯罪嫌疑,而且刑事案件和民事案件又相互关联的情况"。

② 参见杜万华主编,最高法院民事审判第一庭编著:《最高人民法院民间借贷司法解释理解与适用》,人民法院出版社2015年版,第123页。

③ 参见林晨、金赛波主编:《民间借贷实用案例解析》,法律出版社2015年版,第295~296页。

件最为合理、有效的传统方式,但由于近年来实务中广泛适用“先刑后民”而导致被害人权益无法得到及时救济的案件逐渐增多,“先刑后民”的价值合理性招致诸多批评。如有学者批评“先刑后民”剥夺了当事人的选择权,体现了公权张扬、私权压抑,不符合现代司法理念。[①] 也有专家主张应以“刑民并行”作为处理刑民程序冲突的基本原则,“先刑后民”或“先民后刑”均为该原则的例外。[②]

我们认为,虽然“先刑后民”并不是我国诉讼制度的法定原则,但由于长期受“刑事优先民事”“公权优先”等司法惯例和理念的影响,“先刑后民”依然是目前司法实务中处理刑民交叉案件的一个重要的司法方法,这一观点从近几年最高人民法院的相关司法解释到地方高级人民法院的有关指导意见中仍有体现。如最高人民法院、最高人民检察院、公安部联合发布的《关于办理非法集资刑事案件适用法律若干问题的意见》(2014 年 3 月)在“关于涉及民事案件的处理问题”中规定:“对于公安机关、人民检察院、人民法院正在侦查、起诉、审理的非法集资刑事案件,有关单位或者个人就同一事实向人民法院提起民事诉讼或者申请执行涉案财物的,人民法院应当不予受理,并将有关材料移送公安机关或者检察机关。人民法院在审理民事案件或者执行过程中,发现有非法集资犯罪嫌疑的,应当裁定驳回起诉或者中止执行,并及时将有关材料移送公安机关或者检察机关。”浙江省高级人民法院与省人民检察院、省公安厅联合出台的《关于当前办理集资类刑事案件适用法律若干问题的会议纪要(三)》(浙高法〔2013〕241 号)在“做好刑民交叉案件的立案审查、移送等程序衔接与处置工作”部分要求:“对于公安机关已立案侦查的涉嫌非法集资类犯罪事实,债权人以相同的事实向人民法院提起民事诉讼的,法院原则上不予受理。对于人民法院已经作为民事案件受理,尚在审理之中的借款纠纷事实,如公安机关认为该事实已涉嫌非法集资,有必要作为犯罪事实予以追究的,公安机关应及时函告相关法院,法院经审查认为该民事诉讼事实涉嫌非法集资犯罪的,可裁定驳回起诉,并将相关资料移送公安机关。”

因此,基于目前的司法政策和审判实践,“先刑后民”依然是解决刑民交叉案件程序选择合理合法的一种司法方式,但应根据刑民交叉的不同类型而有所区别,具体来说,竞合型刑民交叉案件的程序选择,应以“先刑后民”为原则,而牵连型刑民交叉案件则不应受“先刑后民”的限制。《最高人民法院关于审理民间借贷案件适用法律若

---

① 参见陈兴良等:《关于“先刑后民”司法原则的反思》,载《北京政法管理干部学院学报》2004 年第 2 期。

② 参见王林清、刘高:《民刑交叉中合同效力的认定及诉讼程序的构建》,载《法学家》2015 年第 2 期。

干问题的规定》(2015 年 8 月)第 5 条和第 6 条的规定就体现这一程序处理模式。[①]

实务中,典当纠纷中刑民交叉案件的程序处理亦应遵循上述规则,如本节选编的【案例五十三】黄山金茂典当有限公司诉黄山市休屯华夏商贸有限公司典当纠纷案,华夏公司与金茂公司之间的股权质押典当借款,与华夏公司法定代表人夏敏智个人涉嫌刑事犯罪属于牵连型刑民交叉案件,法院依“刑民并行”方式处理应属妥当。而【案例四十九】至【案例五十二】四个案例都体现了“先刑后民”的程序处理原则,如【案例四十九】杭州天元典当有限责任公司诉钱国正、施寒韻典当纠纷案,当户的委托代理人伙同他人在签订、履行不动产抵押典当合同过程中骗取当金,已构成犯罪被公安机关立案侦查,典当合同已成为刑事诈骗犯罪的手段,刑民案件事实具有直接的关联,法院采取了“先刑后民”的处理方法。【案例五十】湖南升隆典当有限责任公司诉孟福初典当纠纷案,公安机关在侦查中有证据证明孟福初涉嫌非法吸收公众存款罪,本案的典当借款事实属于涉嫌犯罪事实的一部分,构成竞合型刑民交叉案件,法院裁定驳回起诉体现了程序上的“先刑后民”。【案例五十二】安徽潜山县正和典当有限公司诉戴春财典当纠纷案中,因当户涉嫌诈骗典当行被公安机关依法采取了强制措施正在被侦查,符合中止审理的条件。

需要注意的问题是,在适用“先刑后民”的方式处理刑民交叉案件时,具体应适用“裁定驳回起诉(不予受理)”还是“裁定中止审理”,法律并未给出明确的界定,实践中也有一定的随意性。我们认为,可以按照竞合型和牵连型两种情形分别处理:对于竞合型刑民交叉案件,一般可采取裁定驳回起诉(不予受理);而对于牵连型刑民交叉案件,一般应采用“刑民并行”的方式处理,但根据关联事实之间联系的紧密程度,如果民事案件基本事实须以刑事案件的事实审理结果为依据,此时应该“先刑后民”,则可以裁定中止审理。

另一个值得讨论的问题是,在竞合型刑民交叉案件中,刑事追缴和退赔程序对民商事案件受理是否有直接的影响。如【案例五十一】湖北环球典当有限公司诉徐伟华典当纠纷案,典当的当金就是刑事被告人诈骗犯罪的对象,属于典型的竞合型刑民交叉案件,典当行在法院作出判处有期徒刑并追缴赃款的刑事判决生效后再次起诉,法

---

① 该规定第五条规定:“人民法院立案后,发现民间借贷行为本身涉嫌非法集资犯罪的,应当裁定驳回起诉,并将涉嫌非法集资犯罪的线索、材料移送公安或者检察机关。公安或者检察机关不予立案,或者立案侦查后撤销案件,或者检察机关作出不起诉决定,或者经人民法院生效判决认定不构成非法集资犯罪,当事人又以同一事实向人民法院提起诉讼的,人民法院应予受理。”第六条规定:“人民法院立案后,发现与民间借贷纠纷案件虽有关联但不是同一事实的涉嫌非法集资等犯罪的线索、材料的,人民法院应当继续审理民间借贷纠纷案件,并将涉嫌非法集资等犯罪的线索、材料移送公安或者检察机关。”

院是否应该受理？对此问题目前尚存争议，主要存在两种观点：(1)由于民刑交叉案件中，民事案件与刑事案件在诉讼目的、诉讼原则、责任构成要件、归责原则等各方面存在本质差异，故除被害人提起刑事附带民事诉讼且当事人的民事权利完全在刑事附带民事诉讼中得以实现之外，刑民案件应该分别立案审理。因此，尽管刑事上未经追赃，但由于当事人因犯罪行为造成的损失完全可通过民事诉讼程序解决，故民商事案件应该受理。(2)根据法释〔2000〕47号《最高人民法院关于刑事附带民事诉讼范围问题的规定》第五条和《最高人民法院关于在审理经济纠纷案件中涉及经济犯罪嫌疑若干问题的规定》第八条的规定，追赃系刑事诉讼中的法定程序，只有经过追赃、被害人的损失不能得到全额弥补的情况下，被害人才可以提起民事诉讼，人民法院才应该受理。[①] 我们以为，从最大限度地保护当事人的民事权益的角度分析，刑事追赃并非一种诉讼程序，而且往往实践中能通过刑事追赃追回来的财产很少，不能很好地保护当事人的民事权益，故刑事追赃并不能排除民事诉讼这种救济手段。但目前司法实务中则更多采用第二种观点，在【案例五十一】中，法院即以违反了"一事不再理"原则和该典当借款纠纷不属于民事纠纷为由裁定驳回起诉，也符合司法实务中的通常做法。

二、典当纠纷中刑民交叉案件合同的效力认定

刑民交叉案件的合同效力判断是最具争议的一个热点问题，尤其是竞合型交叉案件中犯罪行为与合同效力的关系，更是民商事审判实务中的焦点难题。在典当纠纷刑民交叉案件中，最为常见的就是行为人在刑事上已构成诈骗类犯罪，其用以实施诈骗的典当借款合同的效力如何认定？在目前的司法实践中，主要存在以下三种观点：

第一种观点认为典当合同应为无效合同。"无效说"认为，在民事行为构成犯罪的情况下，相关民事合同当然无效。根据《合同法》第五十二条的有关规定，以合法形式掩盖非法目的的合同、损害国家或社会公共利益的合同以及违反法律、行政法规的强制性规定的合同无效。在典当借款行为系整体犯罪行为的一部分或本身就是犯罪行为的情况下，基于合同形式合法但实际为刑事犯罪行为、刑事犯罪行为是最严重的损害国家利益和社会公共利益行为、刑事犯罪行为的违法性比民事违法行为更为严重等原因，典当行为应该属于损害国家利益的欺诈行为，或者是以合法形式掩盖非法目的，

---

① 参见宋晓明、张雪楳：《民商事审判若干疑难问题——民刑交叉案件》，载《人民法院报》2006年8月23日。

或者就是违反法律、行政法规的强制性规定的行为,均属于合同法规定的无效情形,故应认定典当合同无效。

"无效说"目前依然是民商事审判实践中针对刑民交叉案件认定合同效力的主流裁判思路,并且有相应的司法政策的支持。如前述浙江省的《关于当前办理集资类刑事案件适用法律若干问题的会议纪要(三)》第十条规定:"在审理民间借贷纠纷案件时,如果相关刑事判决已经生效,且讼争借款已被刑事裁判认定为非法集资犯罪事实的,为避免刑事、民事判决矛盾冲突,原则上应认定借贷合同无效。"本节的【案例五十五】浙江中财典当有限责任公司余杭分公司诉曾鲁杭、俞顺发、胡志伟典当纠纷案,法院就认为:"关于讼争的《房地产典当借款合同》的效力问题。(2012)浙杭刑初字第217号已生效的《刑事判决书》认定李国生以自己非法占有为目的、骗得曾鲁杭、俞顺发的房产证及委托书后,指使胡志伟作为代理人,将房屋抵押给中财典当余杭分公司进行抵押借款的行为构成合同诈骗罪,故胡志伟以代理人身份与中财典当余杭分公司签订的《房地产典当借款合同》,系李国生为实现诈骗目的而实施的一种犯罪手段,应认定为以合法形式掩盖非法目的,故《房地产典当借款合同》应认定无效。"而在【案例五十六】杭州天元典当有限责任公司诉钱国正、施寒韻典当纠纷案中,法院则以"天元公司与钱国正、施寒韻之间的《房地产抵押典当合同》,属于生效刑事判决所认定的徐航合同诈骗罪事实的一部分,违反了国家法律、行政法规的强制性规定"为由认定典当合同无效。

第二种观点认为典当合同应为可撤销合同。"可撤销说"认为,民事合同中的欺诈行为与构成刑事犯罪的诈骗行为在本质上是一致的,当事人一方的诈骗行为,从民法视角观察,无非属于性质更加严重的欺诈。当欺诈行为的程度与结果超过了刑法容忍的限度,就陷入刑罚的调整范畴,但这并不影响民法视野下该行为仍然被认定为欺诈。①《合同法》第五十四条第二款:"一方以欺诈、胁迫的手段或者乘人之危,使对方在违背真实意思的情况下订立的合同,受损害方有权请求人民法院或者仲裁机构变更或者撤销。"诈骗类犯罪成立,典当合同仍属于民事上可撤销的合同,并不当然无效,其民事效力取决于受欺诈一方的补充意思表示。典当行作为受欺诈方,有权决定合同有效与否,当典当行不主张撤销,则合同依然有效。"可撤销说"导致的后果往往是此类合同为有效。

"可撤销说"的观点在《最高人民法院关于审理民刑交叉案件若干问题的规定(征

① 参见杜万华主编,最高法院民事审判第一庭编著:《最高人民法院民间借贷司法解释理解与适用》,人民法院出版社2015年版,第123页。

求意见稿)》(2014年7月)已有体现,其中第二十六条规定:“行为人通过签订合同手段实施诈骗,被人民法院生效的刑事判决定罪处罚后,对行为人与合同相对人签订的合同的效力应当区分以下情形予以认定:(一)合同相对人与行为人恶意串通的,或者合同相对人明知合同违法仍签订合同的,或者存在《中华人民共和国合同法》第52条规定的其他情形的,应当依法认定该合同无效;(二)合同相对人因行为人的欺诈行为,在违背真实意思的情况下签订合同,不存在《中华人民共和国合同法》第52条规定的情形的,合同相对人可以根据《中华人民共和国合同法》第54条的规定向人民法院提起变更或撤销之诉。”近年来最高人民法院在其审理的案件中也陆续有相关案例的裁判支持了“可撤销说”的观点。①

第三种观点认为典当合同的效力应区别情况认定。“区别认定说”依区分标准不同,该观点又分为以下三种:一是以合同相对人或其工作人员参与犯罪与否为标准进行划分。合同相对人或其工作人员参与犯罪构成犯罪的,对该单位与合同相对人之间签订的合同应当认定无效;合同相对人或其工作人员没有参与犯罪的,对该单位与合同相对人之间签订的合同不因行为人构成刑事犯罪而认定无效。二是以权利人是否先向公安机关报案为标准进行划分。权利人先行向公安机关报案,则认定相对方涉嫌诈骗罪,在刑事追赃不足以弥补损失后另行提起民事诉讼的,不能认定基于诈骗行为而签订的民商事合同有效。若权利人未报案,而是直接提起民事诉讼,则若其不行使撤销权,可认定基于诈骗行为而签订的合同有效。② 三是区分市场准入型犯罪和非市场准入型犯罪,根据犯罪构成和刑法的规范目的,在个案中妥善认定合同效力,即个案中应根据刑法的犯罪构成和规范目的,结合不同的犯罪类型,准确判断合同效力。③

① 具体可参阅岳阳友协置业有限公司与交通银行股份有限公司佛山南海支行及吴荣华,佛山市友协国际贸易有限公司、常谦进、徐可明借款合同纠纷申请再审民事裁定书【(2012)民再申字第212号】、中国农业发展银行通辽市科尔沁区支行与大连利丰海运集团有限公司、通辽经济技术开发区万通粮油有限责任公司金融借款合同纠纷二审民事判决书【(2013)民二终字第136号】、靖江市润元农村小额贷款有限公司、陆东武、江苏天盛工程设备制造有限公司与潘冬英借款合同纠纷申请再审民事裁定书【(2014)民申字第1544号】、南京华新文科技有限公司、江苏紫金农村商业银行股份有限公司城中支行与南京华新文科技有限公司、江苏紫金农村商业银行股份有限公司城中支行等金融借款合同纠纷申请再审民事裁定书【(2014)民申字第2093号】等裁判文书。

② 参见宋晓明、张雪楳:《民商事审判若干疑难问题——民刑交叉案件》,载《人民法院报》2006年8月23日。

③ 这种判断方法的根本标准是,合同承载的交易行为是否属于刑法所禁止或否定性评价的对象。当交易行为构成违反市场准入型犯罪时,刑法所禁止的仅系对市场准入监管的违反,而非直接否定交易行为本身。交易上的意思表示也不因犯罪而存有瑕疵。合同不因犯罪而无效。在交易行为上成立其他类型犯罪的场合,若合同目的或整个交易行为被纳入犯罪构成,则意味交易行为被刑法所根本否定,相关合同因违反刑法强制性规定而无效。但若仅系交易的部分环节被纳入犯罪构成,合同目的并非刑法禁止的对象,则合同通常不因犯罪而无效。参见詹巍:《论商事裁判中刑民交叉案件的犯罪构成与合同效力认定》,载《法治研究》2016年第6期。

我们认为,关于刑民交叉案件中合同效力的观点争论从一个侧面反映了此类案件审理的疑难复杂程度,也说明此类合同效力的认定难以采取整齐划一的标准。“无效说”具有一定的法律依据,在司法实务中影响较广,但与私法自治的精神有所偏离;“可撤销说”自有其合理之处,但刑法应属于影响合同效力的强制性规定,完全排除刑事犯罪事实对民事合同的影响也有不妥;“区别认定说”认为区别情况认定合同效力的思路值得借鉴,但如何把握区分标准则是其关键。刑事判决认定为犯罪的事实并不当然推定民事行为的无效,民商事合同的效力要结合案件的具体情节,根据所涉犯罪的性质、种类以及该犯罪行为与合同行为的关系来确定。

以本节选编的【案例五十四】至【案例五十六】三个案例为例。首先,从所涉犯罪的性质看,三个案例均是典当交易与诈骗类犯罪的交织。但【案例五十四】北京宝瑞通典当行有限责任公司西城分公司诉李维欣、朱苹典当纠纷案中涉及的是诈骗犯罪,其受害人是当户;而【案例五十五】和【案例五十六】的罪名是合同诈骗,其受害人是典当行。其次,从当事人的主观过错分析,【案例五十四】中的当户自愿委托代理人与典当行签订典当合同,典当行在发放当金等典当业务过程中也已尽合理的注意和审查义务。而【案例五十五】和【案例五十六】中典当行在典当交易过程中均有明显过错,当户一方在委托授权的过程中亦有重大过失。最后,从犯罪行为与合同行为的关系看,这也是判断合同效力的关键。【案例五十四】中的诈骗行为与典当行为之间仅有牵连关系(受害人为当户),而非竞合关系,因此,不影响典当纠纷的受理和审理,也不影响典当合同的成立生效;而【案例五十五】和【案例五十六】中,典当合同已经是合同诈骗犯罪的手段,是合同诈骗犯罪事实的一部分,属于竞合型的刑民交叉案件,同时合同诈骗为非市场准入型犯罪,犯罪行为人利用他人名义与典当行签订典当借款合同,乃伪装行为,其借贷意思表示显然虚假,真实意图乃非法占有对方资金。这种伪装交易行为已经被刑法所直接禁止并给予否定性评价,因此,涉案合同应按违反法律强制性规定而认定无效。